PNR(Puritans and Reformed Publishing Company)
개혁주의신학사는 청교도 신학과 개혁 신학에 관한 기독교 서적을 출판하는 출판사이며, 자유주의 신학과 다원주의 신학을 배척하며 순수한 기독교 신앙을 보수하기 위하여 설립된 문서선교 기관이다. PNR KOREA(개혁주의신학사)는 CLC가 공동으로 운영하는 출판사이다.

추천사

이승구 박사
합동신학대학원대학교 조직신학 및 변증학 교수

본서는 존 프레임(John M. Frame)의 주저 시리즈인 '주권신학 시리즈'(A Theology of Lordship) 중 제일 먼저(1987년) 나온 책입니다. 본 시리즈의 다른 책들은 이미 역간되었으나, 본 시리즈의 첫 번째 책인 본서는 맨 마지막으로 번역되었습니다. 본서를 번역한 김진운 형제는 프레임의 주저 대부분을 우리말로 번역했기에 프레임을 가장 잘 아는 한국인이 되었다고 해도 과언이 아닙니다. 한 신학자와 이렇게 계속 관계를 갖고 지속적으로 그의 저작들과 씨름하는 일은 매우 귀한 일입니다. 프레임에게 헌정된 *Speaking the Truth in Love: The Theology of John M. Frame*, ed., John J. Hughes (P&R Publishing, 2009)까지 번역하면 좋을 것이라 여겨집니다. 김진운 형제는 지금 합동신학대학원대학교에서 박사 과정을 잘 마치면서 반틸과 프레임에 관한 좋은 박사 학위 논문을 쓰는 일을 앞두고 있습니다. 주께서 여러 여건을 허락하셔서 그 일도 속히 이루어주시길 바랍니다.

어떤 의미에서 본서는 가장 존 프레임다운 책이라고 할 수 있습니다. 기본적으로 반틸의 입장에서 작업하는 것을 분명히 하면서 그것을 자신의 방식대로 전개하기 위해 소위 말하는 다중 관점(multi-perspective), 즉 그의 삼중 관점을 가장 포괄적으로 적용한 책이 본서이기 때문입니다. 그러므로 프레임이 말하는 관점주의(perspectivalism), 더 정확하게는 다중관점론(multiperspectivalism)을 잘 이해하려면 반드시 본서를 봐야 합니다.

프레임은 본서의 "부록 A"에서 이것이 무엇인지 간단히 설명하고, 제6-10장에서 자기의 삼중 관점론에 따라 '규범적 관점,' '상황적 관점' 그리고 '실존적 관점'에서 하나님을 아는 우리의 지식이 어떻게 이루어지는지 설명하려고 애썼습니다.

그 후, 1988년에 프레임은 *Medical Ethics: Principles, Persons, and Problems* (P&R Publishing, 1988)에서 자신의 다중관점론을 의료 윤리 문제에 적용하기 시작하여

많은 문제에도 적용해 나갔습니다.

이 다중관점론으로 프레임은 정통주의자들이 규범적 관점인 하나님의 말씀만을 중요시하지, 우리들이 처한 상황이나 우리의 실존은 잘 고려하지 않는다는 비판에 아주 효과적으로 응답했습니다. 이후로는 정통신학자들은 규범만을 중요시하는 규범주의자라고 할 수 없게 만든 것입니다.

정통신학에 충실한 사람들은 하나님을 절대시하면서 하나님의 말씀인 성경을 강조하며 의식적으로 성경을 따라서 생각하며 살려고 하기에, 하나님의 말씀이라는 규범에 철저히 따르려 하는 규범주의자들입니다.

그러나 그들은 하나님과 성경을 강조한다고 해서 다른 점들을 전혀 도외시하지 않고, 자기들이 하나님의 피조물이나 스스로 타락한 존재로서 매우 구체적인 실존 양식을 지니고 있음을 깊이 고려하며, 자신들이 처한 모든 상황 속에 있음을 모두 고려합니다.

그러나 그렇다고 해서 그들이 상황에 따라 가변적이거나 상황에 따라 모든 것을 정당화한다고 생각하는 조셉 플레처 같은 상황주의자들은 아닙니다. 그들은 자기들이 처한 역사적 상황을 모든 면에서 매우 중요시합니다.

본서에서도 프레임은 상황을 제7-9장에 걸쳐 분석하고 논의합니다. 하나님과 성경을 참으로 중시하는 사람들은 하나님이 창조하셔서 우리가 살고 있는 이 세상과 그 역사적 흐름도 중요시하며 그곳에서 우리가 어떤 위치에 있는지 깊이 의식합니다. 상황을 중요시하되 상황에 밀려 이리저리 요동하지 아니하고, 그 상황도 하나님의 말씀에 근거해서 정확히 파악하려는 것입니다. 여기 정통주의의 참 모습이 있습니다.

그리고 정통신학에 충실한 사람들은 19세기부터 시작하여 20세기에 와서 아주 독특하게 사용되기 시작한 인간 "실존"에 깊은 관심을 가지며 인간이 처한 실존적 상황을 매우 중요시합니다. 실존에 대한 분석이 중요한 이유가 여기에 있습니다.

그러나 이런 태도가 소위 실존주의자들의 주관적 입장에 빠지지 않을 수 있는 이유는 이 모든 작업을 깊이 있게 시작한 키에르케고어(S. Kierkegaard, 1813-1855)처럼 이것이 하나님이 개관적으로 주신 계시적 진리와 관련해서만 실존적 진리를 말하는 것이지, 계시적 진리를 벗어나서 실존적 진리를 말하려 하지 않기 때문입니다.

여기에 소위 실존주의자들의 '주관적인 실존적 진리'와, 정통주의자들의 계시와 관련한 자기 존재 전체의 투사로서 '성경적인 실존적 진리' 주장 간의 차이가 있습니다. 소위 실존주의자들은 주체성이 진리라고 하는 데 비해 기독교와 정통주의는 주체성은 비진리라고 선언하며, 하나님의 계시와 전 인격이 관여할 때만 그 객관적 계시의 주체적 적용을 참(truth)이라고 말하는 것입니다.

그런 의미에서 존 프레임의 이름을 가지고 말장난을 하자면, 존 프레임(John Frame) 교수의 이런 다중관점론에 충실하면 요즈음 서구 사회와 우리 사회에서도 많이 논쟁되고 있는 프레임(frame) 전쟁에 희생 되지 않을 가능성이 있습니다. 존 프레임(John Frame)의 논의가 프레임(frame)에 매몰되지 않게 하여 프레임 논쟁에서 우리를 구할 수 있을 것입니다.

이제 문제는 우리가 참으로 이런 다중관점론에 충실한 사유를 하고, 그런 진정한 기독교적 실존 방식을 드러내는 일입니다. 이 일에 본서가 좀더 도움이 되기를 바라면서 "주권신학 시리즈"를 한국의 모든 그리스도인에게 추천하는 바입니다.

이 진 영 목사
미국 복음의빛교회 담임

규범과 상황과 실존, 이 세 가지는 존 프레임(John Frame)의 저서들에서 자주 등장하는 도식(frame)입니다. 본서에서도 이 세 가지 가치는 진가를 발휘합니다. 즉 규범적 텍스트와 환경적 여건들, 그리고 우리네 삶의 실제가 신자의 하나님 앞의 자리에서 각각, 그리고 함께 어떻게 얼기설기 엮이고 풀리는지 신학과 변증학의 언어로 그려내 주었습니다. 그래서 본서는 하나님을 아는 지식을 탐구하는 목회자와 신학도 모두에게 귀한 선물이라고 생각합니다.

신지식론

The Doctrine of Knowledge of God
Written by John M. Frame
Translated by jinwoon Kim
Copyright ⓒ 1987 by John M. Frame
Originally published in English under the title
The Doctrine of the Knowledge of God
by Presbyterian and Reformed Publishing Co.
P.O. Box 817, Phillipsburg, New Jersey 08865-0817 U.S.A.
All rights reserved.

Translated and printed by permission of P&R Publishing Company.
Korean Edition Copyright ⓒ 2020 by Puritans and Reformed Publishing, Seoul, Korea.

신지식론

2020년 5월 30일 초판 발행

지은이	존 M. 프레임
옮긴이	김진운
편집	김현준
디자인	전지혜
펴낸곳	개혁주의신학사
등록	제21-173호(1990. 7. 2)
주소	서울특별시 서초구 방배로 68
전화	02-586-8761~3(본사) 031-942-8761(영업부)
팩스	02-523-0131(본사) 031-942-8763(영업부)
이메일	clckor@gmail.com
홈페이지	www.clcbook.com
송금계좌	기업은행 073-085852-01-016 예금주: 개혁주의신학사

ISBN 978-89-7138-075-8(94230)
ISBN 978-89-7138-040-6(세트)

이 도서의 국립중앙도서관 출판예정도서목록(CIP)은
서지정보유통지원시스템 홈페이지(http://seoji.nl.go.kr)와 국가자료공동목록시스템
(http://www.nl.go.kr/kolisnet)에서 이용하실 수 있습니다. (CIP제어번호: CIP2020015430)

이 한국어판 저작권은 P&R Publishing Company와 독점 계약한 개혁주의신학사가 소유합니다.
신저작권법에 의하여 한국 내에서 보호를 받는 저작물이므로 무단 전재와 무단 복제를 금합니다.

Theology of Lordship series 주권신학 시리즈 I

The Doctrine of the Knowledge of God

신지식론

John M. Frame

존 M. 프레임 지음
김 진 운 옮김

개혁주의신학사

목차

추천사 1
   이 승 구 박사 (합동신학대학원대학교 조직신학 및 변증학 교수)
   이 진 영 목사 (미국 복음의빛교회 담임)

저자 서문 20
역자 서문 27

서론   인식론과 신학 교과 과정 45

제1부   지식의 대상들 ─────────────── 53
제1장   하나님, 언약의 주 57
제2장   하나님과 세상 157
제3장   하나님 그리고 우리의 연구 184
   부록 1 관점주의 207
   부록 2 백과사전 210
   부록 3 의미 213
   부록 4 사실과 해석 226

제2부   지식의 타당성 ─────────────── 229
제4장   타당성의 문제 231
제5장   타당성에 대한 관점 266

제3부	지식의 방법론	343
제6장	규범적 관점—성경 사용	346
제7장	상황적 관점—신학의 도구인 언어	428
제8장	상황적 관점—신학의 도구인 논리	474
제9장	상황적 관점—신학의 도구인 역사, 과학, 철학	581
제10장	실존적 관점—신학자의 자격	610
제11장	변증학의 방법	657
부록 5	신학 작품 평가하기	694
부록 6	신학 논문 작성법	698
부록 7	신학자와 변증가를 위한 격언	706
부록 8	서평: 조지 린드벡(George Lindbeck)의 『교리의 본성』 (*The Nature of Doctrine*)	713
부록 9	신 개혁파 인식론	716
부록 10	존재론적 명료성	750

참고 문헌　　　　　　　　　　　　　　　　　　　　　　　　753

분석적 개요

제1부 지식의 대상들
제1장 하나님, 언약의 주
1. 주 되심의 성경적 개념
   1) 주 되심과 언약
   2) 초월성과 내재성
   3) 통치, 권위, 현존
2. 주 되심과 지식
   1) 인식 가능성과 불가해성
      (1) 모든 사람은 하나님을 안다
      (2) 하나님을 아는 지식의 한계
   2) 언약 관계로서 앎
      (1) 주님이신 하나님에 관한(about) 지식
      (2) 주님이신 하나님께 복속한 지식
   3) 추가적 상설: 지혜와 진리
3. 불신자의 지식
   1) 유사점
   2) 차이점
      (1) 계시는 불신자에게 어떤 영향도 미치지 않는다
      (2) 불신자는 알아야 함에도 모른다
      (3) 불신자는 하나님을 "심리적으로" 안다
      (4) 불신자는 하나님에 관한 자기의 지식을 심리적으로 억누른다
      (5) 불신자가 신자와 일치하는 것은 "순전히 형식적"이다
      (6) 불신자의 "지식"은 항상 그 지식의 맥락에 의해 거짓으로 입증된다
      (7) 하나님에 관한 불신자의 지식은 불신자가 사려 깊지 못할(unreflective) 때만 존재한다
      (8) 불신자는 충분한 명제를 믿지 않는다
      (9) 불신자의 지식은 "지적"이지만 "윤리적"이지 않다

(10) 나의 공식적 진술(formulation)
(11) 기권 성명(disclaimer)
3) 불신앙의 논리

제2장   하나님과 세상
1. 언약의 법
2. 세상, 우리의 상황
3. 우리 자신
4. 지식의 대상들 사이의 관계
   1) 법과 세상
      (1) 법은 세상을 이해하는 데 필요하다
      (2) 세상은 법을 이해하는 데 필요하다
      (3) 비그리스도인은 사실과 법을 상실한다
   2) 세상과 자아
      (1) 자아에 관한 지식과 세상에 관한 지식은 서로 관련되어 있다
      (2) 사실과 사실의 해석은 서로 분리될 수 없다
   3) 법과 자아
5. 관점

제3장   하나님 그리고 우리의 연구
1. 신학
   1) 슐라이어마허
   2) 핫지
      (1) 신학과 자연과학
      (2) 주지주의와 신학
      (3) 성경, 사실들, 순서, 관계들
   3) "언약적" 정의
2. 철학과 과학
   1) 철학
   2) 과학
3. 변증학
      부록 1   관점주의
      부록 2   백과사전

부록 3   의미
1) 구문론
2) 의미론
3) 화용론
  (1) 행동에 관한(Behavioral)
  (2) 심상
  (3) 화자의 의도
  (4) 원청중 이해하기
  (5) 검증
  (6) 사용(use)
부록 4   사실과 해석

제2부 지식의 타당성
제4장 타당성의 문제
1. 지식은 타당성이 있어야 하는가?
2. 타당성에 대한 관점
3. 윤리와 지식
4. 전통적 인식론
  1) 합리주의
    (1) 본유적 지식(innate knowledge)
    (2) 감각(sensation)
    (3) 형식주의(Formalism)
    (4) 기독교적 분석
    (5) 두 번째 기독교적 분석
    (6) 분석의 역설
  2) 경험주의
    (1) 검증(verification)
    (2) 검증 가능성
    (3) 기만(deception)
    (4) 과학적 방법
    (5) 너무 제한적인 경험주의

(6) 하나님을 아는 지식
(7) 사실들
(8) 기독교 분석
3) 주관주의
(1) 상호 주관적 진리(Inter-Subjective Truth)
(2) 일관성(consistency)
(3) 사실들과 기준
(4) 기독교적 분석
4) 결합(Combinations)
(1) 플라톤
(2) 칸트

제5장　타당성에 대한 관점
1. 규범적 타당성
 1) 하나님의 인식론적 권위
 2) 전제
 3) 종교적 언어의 특이성
 4) 모든 앎은 신학화다
 5) 성경은 스스로 타당화한다
 6) 순환성
　(1) 순환성에 대해 어떤 대안도 존재하지 않는다
　(2) 제한된 순환성
　(3) 좁은 순환과 넓은 순환
　(4) 순환성과 설득
　(5) 경쟁적인 순환성
 7) 정합성
 8) 확실성
　(1) 죄
　(2) 무지
　(3) 제한된 지식
 9) 규범의 서열(Hierarchies of norms)
　(1) 자연과 성경

(2) 성경의 우선성 구조
　　　(3) 성경 사용에서 우선성
　2. 상황적 타당성
　　1) 사실과 규범
　　2) 대응
　　3) 신앙을 위한 타당성의 증거
　　　(1) 선택된 사실들
　　　(2) 개연성과 유신론
　　　(3) 증거와 성령
　　　(4) 증거와 전제
　　4) 증거와 말씀
　　　(1) 하나님의 말씀은 행위를 동반한다
　　　(2) 하나님의 행위는 해석이라는 성경적 맥락을 전제한다
　　　(3) 하나님이 행하시는 일은 하나님의 말씀이 담고 있는 의미를 드러낸다
　　　(4) 하나님이 행하시는 일은 그 말씀의 진리를 증거한다
　　5) 증거와 신앙
　3. 실존적 타당성
　　1) 지식과 삶: 실용적 진리
　　2) 설득과 증거
　　3) "인지적 휴식"—경건한 만족감
　　4) 지식, 중생, 성화
　　5) "～로서 보는 것"—실존적 관점과 규범적 관점
　　6) 공동체적인 실존적 관점
　　7) 다시 자율성인가?
　4. 어떤 관점이 궁극적인가?
　5. 변증학에서 타당성

제3부　지식의 방법론
제6장　규범적 관점—성경 사용
　1. 반추상주의
　　1) "추상"과 "구체"의 의미

2) "추상"과 "구체"의 절대적 의미
   3) "추상"과 "구체"의 상대적 의미
   4) 반추상주의가 증명하려고 하는 것은 무엇인가?
   5) 반추상주의에 대한 일반적인 철학적 관찰
2. 관점주의
3. 맥락적 주해
   1) 문장 차원의 주해(Sentence-level exegesis)
   2) 복합적인 맥락
   3) 증거 본문
   4) 모범주의(Exemplarism)
   5) 성경이 담고 있는 의미의 부요함
   6) 본문과 목적
4. 성경의 사용
   1) 성경 언어의 다양성
   2) 문예 양식
   3) 언어 행위
   4) 그림, 창문, 거울
   5) 적용 분야
5. 전통적인 신학적 프로그램
   1) 주경신학
   2) 성경신학
   3) 조직신학
   4) 실천신학

제7장 상황적 관점—신학의 도구인 언어
1. 언어의 모호성
   1) 다른 방식으로 분할하기
   2) 자연적 종류
   3) 가족 유사성
   4) 의미와 사용
   5) 언어 변화
   6) 추상성

7) 의도적인 모호성
2. 성경의 모호성
3. 전문적인 용어
4. 은유, 유비, 모형(Models)
5. 신학의 부정(Negation in Theology)
6. 대조(Contrast), 변형(Variation), 분포(distribution)
7. 비정통적 입장의 조직적인 모호성
8. 명칭
9. 모호성에 관한 교훈
10. 언어와 실재
11. 언어와 인간성

제8장　상황적 관점―신학의 도구인 논리
1. 논리란 무엇인가?
　　1) 논증의 학문
　　2) 해석학적 도구
　　3) 헌신의 학문
2. 논리의 확실성
3. 신학에서 논리 사용을 위한 성경적 근거
4. 논리의 한계
5. 논리적 순서
6. 교리들 가운데 있는 상호 함축
7. 입증 책임
　　1) 세례
　　2) 낙태
8. 몇 가지 논증 유형
　　1) 연역
　　2) 귀납
　　3) 귀류법
　　4) 딜레마
　　5) '아 포르티오리'
　　6) 넌지시 말하는 논증

7) 다른 논증들
9. 오류
   1) 관련 없는 결론
   2) 힘의 위협
   3) 비교하는 역공 논증
   4) 긍정적 상황의 역공 논증
   5) 부정적 상황의 역공 논증
   6) 침묵이나 무지에 기초한 논증
   7) 연민에 호소
   8) 감정에 호소
   9) 권위에 의거한 호소
   10) 거짓 원인
   11) 발생학적 오류
   12) 인과율의 모호성
   13) 다중 인과율과 단일 인과율 사이의 혼동
   14) 복합 질문
   15) 애매어
   16) 애매한 문장 구조
   17) 강조
   18) 결합
   19) 분할
   20) 전건부정
   21) 후건긍정

제9장   상황적 관점—신학의 도구인 역사, 과학, 철학
1. 역사
   1) 고대 역사—고고학
   2) 교회사—역사신학
      (1) 전통
      (2) 신조
      (3) 정통과 이단
      (4) 신학의 발전

        (5) 동의 서명(subscription)
        (6) 신앙고백서와 신학
        (7) 교회사와 역사신학
        (8) 교의학
    2. 학문
    3. 철학

제10장　실존적 관점—신학자의 자격
    1. 신학의 인격주의
    2. 마음
    3. 신학자의 성품—신학의 윤리
    4. 신학자의 역량- 신학의 기술
        1) 이성
        2) 인식과 경험
        3) 감정
            (1) 감정과 구속(redemption)
            (2) 감정과 결정
            (3) 감정과 지식
            (4) 관점으로서의 감정
            (5) 감정과 신학
            (6) 경건한 감정을 계발하기
        4) 상상력
        5) 의지
        6) 습관, 기술
        7) 직관

제11장　변증학의 방법
    1. 방어적 변증학
        1) 규범적 관점
        2) 상황적 관점
        3) 실존적 관점
            (1) 증거와 설득
            (2) 설득의 신비

(3) 변증자의 인격
　2. 공격적 변증학
　　1) 규범적 관점—성경 vs 변증법(dialectic)
　　2) 상황적 관점—불신앙의 오류
　　　(1) 불명확성
　　　(2) 사실에 입각한 오류
　　　(3) 논리적인 오류
　　3) 실존적 관점—접촉점
　　　부록 5　　신학 작품 평가하기
　　　부록 6　　신학 논문 작성법
　　　부록 7　　신학자와 변증가를 위한 격언
　　　부록 8　　서평: 조지 린드백(George Lindbeck)의 『교리의 본성』
　　　　　　　　(The Nature of Doctrine)
　　　부록 9　　신 개혁파 인식론
　1. 몇몇 개괄적인 비교
　　1) 신앙의 논증과 합리성
　　　(1) 증거주의의 도전
　　　(2) 고전적 토대주의
　　　(3) 기독교적 경험
　　　(4) 월터스토프의 대안적인 기준
　　　(5) 호박 대왕
　　　(6) 믿음에 대한 근거
　　　(7) 특정한 상황에 놓여 있는 합리성
　　2) 마브로즈의 교정
　　　(1) 적극적인 변증학: 왜 안되겠는가?
　　　(2) "기본적인" 신념과 "비기본적인" 신념은 뚜렷하게 구별되는가?
　　3) 나의 답변
　　　(1) 근거와 이유
　　　(2) 특정한 상황에 처해 있는 합리성과 객관적인 합리성
　　　(3) 궁극적인 전제
　　　부록 10　　존재론적 명료성

참고 문헌

저자 서문

존 M. 프레임 박사

나는 캘리포니아 소재 웨스트민스터신학교에서 "기독교 정신"(The Christian Mind) 과목을 수업했는데, 그 수업의 교과서로 본서를 작성했다. 이 과목은 신학과 변증학의 서론으로 개혁신앙에 대한 간단한 소개로 시작하고 하나님의 말씀에 관한 단원이 이어지며 변증학이 가진 일부 문제 논의로 끝이 난다(예: 하나님의 존재, 악의 문제). 하나님의 말씀과 변증학의 문제라는 이 두 단원 사이에 본서의 주제인 지식 신학에 관한 단락(말하자면, 기독교 인식론)이 나온다.

본서에서 특히 성경 무오성과 같은 문제는 논증 없이 개혁신학을 전제(前提)로 할 정도로 너무 교리적이다. 나의 과목 배열이 그 이유를 설명할 것이다. 내가 수업하는 다른 과목 자료도 출판할 수 있을 줄 믿는다.

하지만 독자가 나의 전반적인 신학적 견해에 찬성하지 않다면 인내할 것을 요구한다. 왜냐하면, 독자는 분명히 이 자료 가운데 일부가 자기에게 도움이 된다는 것을 발견할 수도 있기 때문이다.

게다가 본서가 다른 신학을 추구하는 일부 독자가 정통적인 개혁파 견해를 "내부에서" 이해하는 데 일조하기 바란다. 나는 어느 정도 그런 독자들에게 개혁파 정통주의를 이용할 수 있는 풍성한 신학 자료를 보여 주길 희망한다. 이것으로 개혁파 정통주의 견해가 그들에게 더 매력적이 될 것을 희망한다.

따라서 다소 간접적으로 본서는 나의 미심쩍은 면을 기꺼이 좋게 해석해 주려는 독자들에게 나의 신학 입장을 위한 일종의 논거가 된다.

실제로, 서로 다른 다양한 신학적 입장을 가진 독자들은 나에 대해 어느 정도 그러한 호의를 베풀어야 할 것이다!

내가 본서를 꼼꼼히 읽어 보니, 본서에는 거의 모든 종류의 독자에게 난점으로 여겨질 수 있는 것이 있는 것 같다. 난점 가운데 일부는 신학적 훈련이 없는 사람들에게 너무 어렵다(예: 반추상주의[anti-abstractionism] 및 "논리의 기초"에 관한 부분). 또한, 다른 부분은 신학적 훈련을 **받은** 사람들에게 너무 단순하게 보일 수 있다(예: 변증 방법[apologetic method]에 관한 자료). 어떤 부분은 단순히 다른 저자들이 진술했던 전통적인 개념(예: 반틸의 전제주의[presuppositionalism], 반틸의 합리주의-비합리주의 변증법[dialetic])을 함께 모았다. 다른 부분은 적어도 정통주의 맥락에서는 다소 새롭다(적용으로써 신학, 다관점주의, 주관주의에 대한 이해, 반추상주의에 대한 반대, 성경신학과 조직신학 비판, 신학에서 완전한 정확성이라는 개념에 대한 논박, 단어 차원에서 이루어지는 비판에 대한 공격, "논리적 순서"에 대한 공격 등). 따라서 나는 그럭저럭 전통주의자들과 전위(前衛)적인 사람(the avant-garder)을 모두 불쾌하게 한다.

또한, 본서가 담고 있는 대부분 요점에서 논증이 더 많을수록 유용할 것이라는 생각이다. 그러나 본서는 이미 지나치게 크다. 또한, 내가 주장하는 주제 중 하나는, 신학 논증은 어디에서든 시작하고 멈춰야 한다는 것이다. 모든 사람을 만족시킬 내용을 모두 주장할 수 있는 것은 아니다. 나에 대해 미심쩍은 점을 기꺼이 좋게 해석해 주려는 이들에게 본서가 적어도 그런 호의로운 입장을 위한 합당한 논거의 주된 윤곽을 충분히 제시할 줄로 믿는다.

아마 내가 불쾌하게 할 수도 있을 또 다른 집단은 여성 독자들 또는 적어도 언어 사용에 대한 현재 어떤 페미니스트 개념을 공유하는 여성들(그리고 남성들)이다.

한편, 우리가 사용하는 언어는 다소 남녀를 차별하지 않는 방향으로 변화하고 있고, 종종 나 자신이 어떤 맥락에서 "men"(man[남성, 사람]의 복수형)이라 말을 쓰기보다 오히려 "인간"(human beings) 또는 "사람"(persons)이라는 말을 쓰는 것을 발견했다.

다른 한편, 나는 항상 일반 남성 대명사를 피하지 않았음을 인정한다. 부정 주어(indefinite subject)를 쓸 때 전통적인 "그"(he) 대신 "그 또는 그녀"(he or she)를 항상 썼던 것은 아니다. 가령, "그 신학자"를 "그 또는 그녀"나 "그녀"(종종 최근 출판물에서)로 부르기보다 "그"로 불렀다.

내가 사용하는 관례는 여성이 신학자가 될 수 없다는 신념을 반영하지 않는다. 오히려 그 반대다.

왜냐하면, 본서에 따르면 모든 사람이 신학자이기 때문이다!

나는 분명히 남성만 교회에서 가르치는 장로직에 부르심을 받았다고 믿는다. 하지만 본서의 관심은 이보다 더 광범위하다.

그렇다면 왜 나는 어느 정도 "비성별적"(nonsexist) 언어 경향에 저항하는가?

① 일반 대명사로 "그" 대신에 "그 또는 그녀"를 사용하는 것은 여전히 어색하다. 아마 이것이 10년이나 20년 안에 변하겠지만, 나는 1986년에 글을 쓰고 있다.

② 영어는 새로운 완곡어법 없이 완벽하다. 남성 대명사의 일반적인 용법은 여성을 배제하지 않는다(사전에서 "그"를 찾아보라). 따라서 이런 새로운 언어는 언어학적으로 불필요하다.
③ 신학적으로 내가 믿기로는, 하나님이 많은 상황에서 남자에게 여자를 대표하라고 명하셨다(참조, 고전 11:3). 따라서 일반 남성 대명사는 단순히 언어학적인 것 이상의 적절성이 있다. 일반 남성 대명사를 어떤 목적을 위해 "그 또는 그녀"로 바꾸는 것이 잘못이 아니라 더 오래된 언어를 비난하는 것이 잘못일 것이다.
④ 언어가 변한다는 것과 어느 정도 우리가 "그런 흐름과 함께 가야" 한다는 것을 깨닫는다. 하지만 정치 이데올로기, 특히 내가 완전히 동의하지 않는 정치 이데올로기를 위해 언어를 바꾸려는 시도에 분노한다. 나는 언어 변화가 "일반 대중"에게서, 그리고 어떤 문화상의 합의에서 발생할 때 그런 언어 변화를 수용해야 할 의무를 느낀다. 하지만 사람들이 정치적인 압력을 통해 언어 변화를 부과하려고 시도할 때 적어도 잠시 저항해야 할 권리가 있다고 믿는다.
⑤ 일반 대명사가 여성들을 불쾌하게 하는가?
　나는 많은 여성이 그럴 것으로 믿지 않는다. 아마 불쾌한 여성들은 대개 "전문직에 종사하는" 페미니스트일 것이다. 어쨌든 나는 여성들이 기분 나빠할 **권리**가 있다고 믿지 않는다. 왜냐하면, 사실 일반 언어는 여성들을 배제하지 않기 때문이다(위의 ②를 보라). 게다가 나는 전문직에 종사하는 페미니스트들이 이런 언어가 불쾌하다고 주장할 때 그들 자신이 여성을 모욕하는 데 책임이 있다고 생각한다. 왜냐하면, 그들은 여성들이 전에 불쾌한 의미가 없는 용어에 대해 불쾌해한다고 말하므로 사실 여성들이 영어를 이해하지 못한다고 말하고

있기 때문이다.
⑥ 가장 중요한 점은 본서가 "여성" 문제에 대한 책이 아니라는 것이다. 따라서 가령, 독자가 상황적 타당성에 대해 생각하길 원할 때 독자의 주의를 딴 데로 돌리거나 독자가 여성의 권리에 대해 생각하게 하는 말투를 사용하길 원하지 않는다.

많은 독자에게 본서는 참고 텍스트가 될 것이다. 수고롭게 시종일관 본서를 읽을 사람은 많지 않을 것이다(비록 나의 학생들에게 읽으라고 할 수 있지만!). 그래도 좋다. 하지만 그런 독자들은 본서가 연결된 논증이고 끝으로 갈수록 이 자료는 이전 단락을 읽지 않았던 사람을 어리둥절하게 할 수도 있다는 것을 인식해야 한다(그렇게 읽는다고 해서 전혀 쓸모 없는 것은 아니지만).

일반적으로 나의 사고와 특히 본서에 기여했던 많은 사람의 도움을 인정하길 원한다. 나의 인격 형성기에 많은 신학적인 넌센스를 용납하셨던 어머니와 (지금은 돌아가신) 아버지에게 감사드린다.

처음에 내가 하나님, 예수 그리스도, 그리스도인의 삶에 매력을 느끼도록 자극하셨던 밥 켈리(Bob Kelly)와 앨버타 메도우크로프트(Alberta Meadowcroft)에게도 감사드린다. 처음으로 진지하고 철저한 신학적 사고를 소개하셨고, 그런 사고가 정통 기독교 신앙고백에서 가능하고, 심지어 정통 기독교 신앙고백이 그런 사고를 요구한다는 것을 보여 주셨던 존 거스트너(John Gerstner)에게 감사드린다.

성경을 깊이 연구하도록 도전하며 하나님의 응답이 삶의 모든 영역에서 가장 중요한 것임을 상기시켜 주셨던 에드워드 모건(Ed Morgan) 목사님, 도널드 풀러톤 박사님(Dr. Donald B. Fullerton), 프린스턴복음주의협의회

(Princeton Evangelical Fellowship)에게도 감사드린다.

프린스턴대학교의 두 교수님에게 감사드리는데, 한 분은 내가 "관점적"인 방향에서 사고하게 하셨던, 약간 비정통적 로마 가톨릭 신자인 데니스 오브라이언(Dennis O'Brien)이고, 다른 한 분은 과격한 반기독교적 성향이 심에도 내게 철학과 신학이 재미있을 수 있다는 것을 그럭저럭 가르쳐 주셨던 월터 카우프만(Walter Kaufmann)이다.

나의 신학교 시절과 그 이후 계속해서 중요한 지적 영향력을 미치셨던 코넬리우스 반틸(Cornelius Van Til)에게 감사드린다. 내가 가진 가장 환상적인 상상력을 뛰어넘는, 성경의 풍요함을 보여 주셨던 신학교의 다른 교수님들, 특히 에드먼드 클라우니(Edmund P. Clowney), 메리데스 클라인(Meredith G. Kline), 존 머레이(John Murray)에게 감사드린다.

나의 지성에 많은 근원적 사고를 심어 주셨던 예일대학교의 지도 교수 폴 홀머(Paul Holmer)에게 감사드린다(분명히 그는 내가 그런 근원적 사고를 통해 행한 것을 발견하면 기겁할 것이다!).

나와 유익한 대화를 나누었던 많은 학생과 동료, 특히 그레그 반센(Greg Bahnsen), 번 포이트레스(Vern Poythress), 짐 조단(Jim Jordan), 칼 엘리스(Carl Ellis), 수잔 크렙퍼 보로윅(Susanne [Klepper] Borowik), 리치 블레드소이(Rich Bledsoe)에게 감사드린다.

공들여 본서를 편집하고 조판하며 엄청나게 많은 귀중한 제안을 했던 존 휴스(John Hughes)에게 감사드린다. 일부 원고를 타자로 옮겨준 로이스 스와거티(Lois Swagerty)와 잔 크렌쇼(Jan Crenshaw)에게 감사드린다.

기독교적인 친교로 여러 면에서 나를 양육했고 강하게 했던 돔백스(the Dombeks) 가정과 라브렐(Laverells) 가정에 감사드린다.

나를 많이 격려해 주고, 수년 동안 (상대적으로) 책을 출판하지 못했던 교수인 나를 받아 주는 인내를 보여 주었던 웨스트민스터신학교들(필라델피아와 에스콘디도)의 교수진과 이사회에 감사드린다.

복음의 귀중한 사역으로 항상 나의 믿음을 새롭게 했던 딕 카우프만(Dick Kaufmann)에게 감사드린다.

내가 아는 가장 친절하고 사랑스럽고 경건한 사람인 사랑하는 메리에게 감사드린다. 왜냐하면, 그녀의 사랑이 나를 지탱해 주었고 내가 인내하며 작업하도록 동기를 부여했기 때문이다.

그리고 마지막으로,

> 우리를 사랑하사 그의 피로 우리 죄에서 우리를 해방하시고 그의 아버지 하나님을 위하여 우리를 나라와 제사장으로 삼으신 그에게 영광과 능력이 세세토록 있기를 원하노라 아멘(계 1:5, 6).

역자 서문

김 진 운

칼빈(Calvin)이 올바로 파악하고 자신의 저서 『기독교 강요』에서 적절하게 언급했듯이 하나님을 아는 지식은 인간이 자신을 아는 지식과 서로 밀접하게 연결되어 있다. 인간이 자신을 이해하기 위해서는 하나님을 아는 지식이 선행되어야 한다. 마찬가지로 인간이 하나님에 대한 참된 지식을 갖기 위해서는 인간 자신을 알아야 한다.

왜냐하면, "먼저 하나님의 얼굴을 바라보고 나서 거기서부터 내려와 자기 자신을 살피게 되지 않고서는 절대로 자기 자신에 대한 명확한 지식을 얻을 수 없기" 때문이다.[1]

하나님을 창조자로 인정하고 모든 지식의 근원으로 이해할 때 인간은 비로소 자신을 올바로 이해하게 된다.[2]

하나님을 아는 지식과 인간이 자신을 아는 지식은 서로 긴밀하게 연결되어 있다. 이 두 종류의 지식은 서로를 필요로 하고 한 분야의 성장은 다른 분야의 성장으로 이어진다. 인간은 자신을 하나님의 형상으로 보아야

---

[1] 존 칼빈, 『기독교 강요 (상)』(*Institutes of the Christian Religion*), 원광연 역 (고양: 크리스천다이제스트, 2003), 42.
[2] 칼빈, 『기독교 강요 (상)』, 41.

자신에 대한 올바른 관점을 가질 수 있다. 프레임은 다음과 같이 말한다.

> 나는 피조물과 종으로서, 하나님을 알려고 애쓰고 나서야 올바르게 하나님을 알 수 있다. 그렇다면 이 두 종류의 지식은 동시에 오고 함께 성장하는 것이다.[3]

이 두 종류의 지식은 인간 지식의 양면이다.

지식 이론, 즉 인식론적 문제는 근대 철학과 현대 철학이 집착했던 문제다. 존재하는 자아에 지식의 확실성을 두려고 했던, 데카르트로 대변되는 대륙의 합리주의와 로크로 대변되는 영국의 경험주의가 인식론 문제에 천착했다. 하지만 이 두 철학 사조는 흄의 회의주의에 따라 근간이 흔들렸다.

칸트에 이르러 합리주의와 경험주의가 종합되고 이성의 한계가 정해졌지만, 칸트의 순수 이성 비판 작업조차 하나님 없이 인식 작업을 하고 하나님 외에 다른 곳에서 절대적 확실성(certainty)을 찾으려는 시도였다.[4]

지식의 확실성을 하나님의 말씀 외의 것에 토대를 두려는 시도는 집을 반석이 아닌 모래에 세우려는 시도와 같다. 왜냐하면, 반틸(Van Til)이 지적한 대로, 하나님은 모든 실재의 원천이시고 따라서 모든 진리, 모든 지식, 모든 합리성, 모든 의미, 모든 사실성, 모든 가능성의 원천이시기 때문이다. 즉 하나님은 만물의 창조자이시고 따라서 모든 의미, 질서, 이해 가능성의 원천이시기 때문이다.[5]

---

[3] 본서 제1부 제2장 "3. 우리 자신."
[4] 제2부 제4장 "4. 전통적 인식론."
[5] John Frame, *Apologetics: A Justification of Christian Belief* (Phillipsburg, NJ: P&R Publish-

따라서 인간은 지식의 토대를 하나님의 말씀 위에 두고 계시 의존 사색을 할 때 참된 지식과 영생에 이르는 지식을 얻을 수 있다.

프레임은 본서에서 성경적 지식론과 하나님을 아는 지식을 연구한다. 그는 또한 어떻게 성경의 가르침이 기독교 지식론과 관련이 있는지 체계적으로, 분석적으로 보여 준다.

본서의 목적은 하나님의 계시인 성경 말씀에 기초해서 지식 이론, 즉 인식론을 발전시키는 것이다. 프레임이 언급하는 것처럼 인간의 사고는 자율적이고 중립적일 수 없으므로 인간의 모든 사고와 행동은 하나님의 권위에 지배를 받아야 한다.[6]

그래야 참다운 지식에 도달할 수 있다.

본서의 내용과 중심 내용을 개략적으로 살펴보자.

1. 『신지식론』의 구조와 내용

본서는 주로 세 부분으로 나뉜다.

제1부 "지식의 대상"(the Objects of Knowledge)에서 프레임은 우리가 알 수 있는 것에 초점을 맞춘다. 하나님을 아는 지식의 일반적 본질과 하나님을 아는 지식의 "대상," 즉 우리가 무엇을 아는지에 관한 질문을 주로 다룬다. 특히 그는 하나님, 하나님의 법, 창조, 하나님의 형상인 인간, 그리고 신학과 철학과 과학과 변증학에 있어서 지식의 대상에 초점을 맞춘다.

---

ing, 2015), 69(『개혁파 변증학』, PNR[개혁주의신학사] 刊).

6 John Frame, "My Books: eir Genesis and Main Ideas" in *Speaking the Truth in Love*, 4-5.

프레임은 하나님을 지식의 대상으로 간주한다. 무엇보다 그는 하나님을 언약의 주님으로 제시한다. 하나님이 언약의 주님이라는 사실은 두 가지 중요한 측면을 보여 준다.

첫째, 하나님의 초월성이다.

하나님은 하늘에 계시고 인간은 땅 위에 있다(전 5:2). 따라서 인간은 하나님을 완전히 알 수 없다. 인간의 지식은 유한자의 지식이고 파생적인 지식이다. 반면, 하나님의 지식은 무한자의 지식이고 창조자의 지식이다. 하지만 인간은 하나님이 성경을 통해 계시하신 범위 안에서 하나님을 참되게 알 수 있다. 인간은 하나님을 따라 하나님을 생각할 때 하나님을 알 수 있다.

둘째, 하나님의 내재성이다.

창조자-피조물의 구분이 명확하지만 주님으로서 하나님은 자기 피조물과 자기 백성과 깊은 관계를 맺으신다.[7]

프레임은 그리스 철학이 신학에 미친 해로운 영향을 알기 때문에 초월성이라는 단어보다 하나님의 권위(authority)와 통치(control)를 통해 표현된 하나님의 주 되심(God's lordship)을 선호한다. 또한, 그는 내재성(immanence)이라는 단어 대신 하나님의 현존(presence)이라는 단어를 선호한다.

프레임은 여기서 독자에게 하나님에 관한 인간의 지식이 특성상 언약적임을 상기시킨다. 더 나아가 앎의 행위(act of knowing)는 하나님의 언약적 종(covenant servants)의 행위다. 이것은 우리가 하나님을 알아갈 때 우리는 그의 통치, 권위에 의해 지배를 받고 우리 삶에 그의 현존과 마주하는 것

---

[7] 본서 제1부 제1장 1. 주 되심의 성경적 개념 "1) 주 되심과 언약."

을 의미한다.⁸

또한, 우리는 하나님과 맺고 있는 언약 관계의 일부분으로 인식 행위를 순종이나 불순종으로 추구할 수 있다. 우리가 언약적 종으로서 "종의 지식"(servant-knowledge)을 추구하는지 그렇지 않은지, 우리가 가진 지식이 참된 지식인지 거짓된 지식인지 결정할 것이다.

제2부 "지식의 타당성"(the Justification of Knowledge)에서 지식의 기초와 타당성에 초점을 맞춘다. 여기서 다음과 같은 질문을 다룬다.

특별히 "어떻게 지식에 대한 주장을 타당화할 수 있는가?

우리는 무슨 권리로 우리 자신이 행하는 것을 믿어야 하는가?"

일반적으로 인식론에서 지식은 종종 "타당성이 증명된 참된 신념"(justified true belief)으로 정의된다. 하나님을 아는 지식도 마찬가지다. 프레임은 다음과 같이 말한다.

> 성경에서 하나님을 아는 지식도 타당성이 증명된 신념을 포함한다. 성경에서 믿음(faith)은 "어둠 속에서 도약"이 아니라 우리가 제1부에서 살펴보았듯이 자연, 인간, 성경에서 분명히 드러난 하나님의 자기 계시에 근거한다. 성경의 하나님은 자신이 신실하고 신뢰하기에 합당하신 분임을 입증하신다. 그렇다면 그리스도인들은 "신앙주의자"(fideists), 즉 종교적 문제에서 이성을 포기한 사람이 될 필요가 없다.⁹

지식의 타당성은 지식을 구성하는 핵심적인 요소다. 하지만 모든 지식이 근거, 즉 타당성을 요구하는 것은 아니다. 왜냐하면, 증거에 기초해서

---

8 본서 제1부 제1장 2. 주 되심과 지식 "2) 언약 관계로 앎."
9 본서 제2부 제4장 "1. 지식은 타당성이 있어야 하는가?"

모든 것을 깨달을 수 없기 때문이다. 그런데도 프레임은 그리스도인들이 "타당성"에 관심을 가져야 한다고 주장한다. 또한, 할 수 있는 한 그리스도인은 믿기 위한 근거를 의식해야 한다. 이것이 인식론의 유용함이다.

그러나 프레임은 그리스도인들이 지식의 타당성을 사고하는 데 시간을 들이는 것은 적합하지만 인식론적 광신론자가 되는 것은 피하라고 충고한다.[10]

지식을 올바로 파악하기 위해 삼관점으로(triperspectivally) 바라봐야 한다. 모든 지식이 법, 객체(대상), 주체를 삼요소로 갖는다. 즉 우리의 모든 지식은 하나님의 기준에 관한 지식이고, 세상에 관한 지식이며, 주체에 관한 지식이다. 이런 구분은 지식에 관한 세 가지 "관점"으로 이어진다. 프레임은 다음과 같이 말한다.

> 우리는 세상에 관한 지식에 관해 사고할 때 이 지식을 "상황적" 관점에서 살펴보는 것이다. 자기를 아는 지식은 "실존적" 관점을 구성한다. 그리고 법이나 기준에 관한 법의 지식은 "규범적" 관점을 구성한다.[11]

이 세 가지 관점은 구분되지만 서로 분리되지 않는다. 하나의 관점은 다른 두 관점을 이해하는 데 필수적이다. 다른 두 관점을 파악하지 못하면 나머지 관점을 파악하지 못한다. 이 세 가지 관점이 지식을 통합적으로 파악할 수 있도록 서로 일조한다.

규범적 관점에서 타당성은 하나님이 탁월한 궁극적 권위라는 사실에 초점을 맞춘다. 프레임은 성경의 하나님이 존재하시고 하나님은 성경을 통해 자신을 계시하셨다고 말한다. 그리고 이것이 기독교의 전제다. 따라

---

[10] 본서 제2부 제4장 1. 지식은 타당성이 있어야 하는가?
[11] 본서 제2부 제4장 2. 타당성에 대한 관점.

서 성경은 지식의 규범이다.¹² 성경은 모든 인간 지식을 위한 궁극적 타당성이다.

이런 믿음을 어떻게 타당화해야 하는가?

성경을 통해서다. 왜냐하면, 하나님의 궁극적 계시인 성경 그 이상의 어떤 궁극적 권위도 존재하지 않기 때문이다. 다른 신뢰할 만한 출처가 존재하지 않을 뿐 아니라 다른 확실한 검증 도구도 존재하지 않는다.¹³

2. 순환성의 문제

프레임은 성경의 타당성 주장이 순환론적(circular)이라는 주장에 대해 문제 되지 않는다고 지적한다. 그리스도인들이 순환성 문제로 기독교적 전제를 포기하는 것은 어리석은 일일 것이다. 또한, 어떤 체계도 순환성 문제를 피할 수 없다. 무엇보다 성경은 하나님의 계시이고 최고의 권위이다. 따라서 최고의 권위인 성경은 그 자체 외에 다른 타당성을 갖지 않는다.¹⁴

상황적 관점에서 타당성은 이 세상의 사실들이 규범적 관점과 부합한다는 의미다. 즉 우리가 가진 지식은 사실과 부합한다. 이런 사실들은 기독교적 전제를 위한 증거로 사용될 수 있다. 프레임은 성경이 참되다고 주장한다. 왜냐하면, 성경은 실재(reality), 진리, "증거"와 일치하기 하기 때문이다.¹⁵

---

12 본서 제2부 제5장 1. 규범적 타당성.
13 본서 제2부 제5장 1. 규범적 타당성 5) 성경은 스스로 타당화한다.
14 본서 제2부 제5장 1. 규범적 타당성 6) 순환성.
15 본서 제2부 제5장 "2. 상황적 타당성."

실존적 관점에서 타당성은 "인지적 휴식"(cognitive rest)과 관련이 있다. 인지적 휴식은 느낌과 유사한 것으로 한 가지 일을 완성했을 때 오는 느낌인데, 우리가 이 믿음에 헌신할 수 있고 이 믿음으로 "살 수" 있는 느낌이다.[16]

신학적으로 논의할 때 인지식 휴식, 즉 경건한 만족감은 성령의 사역과 관련 있다. 구원을 적용하시는 성령은 예수 그리스도를 증거하시고 신자의 마음에 확신을 주신다. 인지식 휴식은 중생과 칭의과 성화라는 성령의 사역이다. 따라서 인지적 휴식은 하나님의 은혜다. 또한, 인지적 휴식은 구원의 요소다.[17]

제3부 "지식의 방법론"은 지식을 얻는 방법에 초점을 맞춘다.

특별히 지식이 가진 세 가지 관점 가운데 실존적 관점에 초점을 맞춘다.

다른 영역처럼 방법의 영역에서도 세 가지 관점이 존재한다.

규범적 관점은 성경 사용과 관련된다.

상황적 관점은 성경 외적 사용 및 "도구"와 관련된다.

한편, 실존적 관점은 인식자의 역량, 기술, 능력, 태도와 관련된다.[18]

3. 반틸의 기독교 인식론에 대한 창조적 재진술

본서를 이해하기 위해 먼저 반틸의 기독교 인식론을 이해할 필요가 있다. 반틸의 기독교 인식론은 기독교 존재론을 전제하고 서로 불가분의 관

---

16 본서 제2부 제5장 3. 실존적 타당성 3) "인지적 휴식"—경건한 만족감.
17 본서 제2부 제5장 3. 실존적 타당성 3) "인지적 휴식"—경건한 만족감.
18 본서 제3부 서론.

계를 맺는다.

인간이 참된 지식을 얻고 확실성에 도달하려면 하나님의 존재와 그의 작정을 전제해야 한다. "모든 인지 상황에서 우리는 우리 경험의 구체적인 것들을 보편적인 것들과 연관시켜야 한다"라는[19] 반틸의 말처럼 참다운 지식과 확실성의 토대는 자존하시고 자충족적이시며 삼위일체로 계신 하나님의 존재다.

하나님의 존재가 참다운 지식의 토대를 제공한다. 왜냐하면, 앞에서 언급했듯이 하나님은 모든 실재의 원천이시고, 따라서 모든 진리, 모든 지식, 모든 합리성, 모든 의미, 모든 사실성, 모든 가능성의 원천이시기 때문이다.

하나님은 "일관된 완벽한 체계"로 존재하시고 필연적으로 존재하신다.[20] 삼위일체 하나님은 자신의 영원한 계획에 따라 인간을 창조하셨다. 즉 하나님은 우리를 절대적인 합리성에 따라 창조하셨다.

하나님의 영원한 계획에 따라 창조된 인간은 하나님과 합리적 관계에 있음이 틀림없다. 이런 합리적 관계에 기초해서 견실한 지식의 체계가 설 수 있다. 따라서 반틸은 모든 비기독교적 인식론을 기독교적 인식론과 비교해 보면, 기독교적 인식론은 궁극적 합리주의를 믿는다는 것을 알 수 있다고 한다.[21]

---

[19] Cornelius Van Til, *An Introduction to Systematic Theology: Prolegomena and the Doctrines of Revelation, Scripture, and God*, ed. William Edgar, 2nd ed. (Phillipsburg, NJ: P&R Publishing, 2007), 84(『개혁주의 신학 서론』, CLC 刊).
[20] Cornelius Van Til, *The Defense of the Faith*, ed. K. Scott Oliphint, 4th ed. (Phillipsburg, NJ: P&R Publishing, 2008), 61(『변증학』, RNR[개혁주의신학사] 刊).
[21] Van Til, *The Defense of the Faith*, 62(『변증학』, RNR[개혁주의신학사] 刊).

이것은 참다운 지식의 근원이신 하나님을 배제한 합리주의, 경험주의, 주관주의처럼 세속 철학의 인식론이 궁극적으로 비합리주의로 귀결될 수밖에 없는 이유를 보여 준다. 반틸에 의하면 인간의 사고는 자율적이지 않다. 인간 지식을 위한 궁극적 규범은 단지 하나님 안에서만 발견된다. 하나님은 자신과 우주를 완벽하게 아신다. 하나님의 지식은 전 포괄적이고 철저하다.

하나님은 무한하시고 인간은 유한하다. 하나님의 지식은 원형이고 본원적이지만 인간의 지식은 파생적이다. 인간은 하나님과 우주와 이 세상의 것들에 관한 지식에 있어 포괄적이지 않고 단편적이고 파생적이다. 따라서 반틸은 하나님의 형상을 따라 창조된 인간은 하나님을 따라 하나님의 생각을 사고(to think God's thoughts after him)해야 한다고 주장한다.

프레임의 말처럼 우리는 겸손히 하나님의 손에서 참된 지식을 수용해야 한다.[22] 인간은 하나님의 생각을 따라 사고할 때 하나님과 우주와 자신에 관해 완전하지는 않지만 참된 지식을 가질 수 있다. 인간은 하나님이 성경과 자연을 통해서 계시하신 진리를 겸손하게 유비적 재해석(analogical reinterpretation)을 통해서 배울 때 완벽하지는 않지만 참된 지식을 얻을 수 있다.

4. 삼관점적 인식론(Triperspectivalism epistemology)

반틸의 후계자인 프레임은 스승의 철저한 개혁신학에 영향을 받았고 이

---

[22] John Frame, *Conerlius Van Til: An Analysis of His Thought* (Phillipsburg, NJ: P&R Publishing, 1995), 56.

를 건설적으로, 창조적으로 발전시킨다. 철저한 개혁파 변증학을 추구했던 반틸은 개혁파 변증학을 위한 많은 통찰을 제공했다.

프레임이 발견했던 통찰 중 하나는 관점주의(perspectivalism)고, 이를 창조적으로 발전시킨 것이 다관점주의(multiperspectivalism)와 삼관점주의다.

구체적으로 프레임의 관점주의는 반틸의 『개혁주의 신학 서론』(*An Introduction to Systematic Theology*)(CLC 刊)에서 힌트를 얻은 것 같다. 반틸은 하나님의 계시, 특히 자연계시, 인간 자신에 대한 계시, 하나님에 대한 계시로 시작해서 계시를 9개로 확장시켰다.[23] 반틸은 하나님의 계시가 담고 있는 다면적 특성(multifaceted nature)을 강조한다.[24] 프레임은 이런 개념을 기초로 자신의 다관점주의를 발전시키고 『신지식론』에서 자신의 신학 방법론으로 소개한다.

그렇다면 프레임이 말하는 삼관점주의는 무엇인가?

프레임은 다음과 같이 말한다.

> 인간의 지식은 하나님의 규범, 우리의 상황에 관한 지식, 우리 자신에 관한 지식이라는 세 가지 방식으로 이해될 수 있다. 어떤 것도 다른 것 없이 합당하게 성취될 수 없다. 각각 서로를 포함한다. 따라서 각각 전체 인간 지식에 관한 "관점"이다.[25]

---

[23] Van Til, *An Introduction to Systematic Theology*, 제6장(『개혁주의 신학 서론』, CLC 刊); Frame, *Conerlius Van Til*, 119-23.
   (1) 자연에 관한 계시: ① 자연으로부터 ② 자아로부터 ③ 하나님으로부터
   (2) 사람 자신에 관한 계시: ① 자연으로부터 ② 자아로부터 ③ 하나님으로부터
   (3) 하나님에 관한 계시: ① 자연으로부터 ② 자아로부터 ③ 하나님으로부터
[24] John Frame, "Perspectives on Multiperspectivalism" in *Speaking the Truth in Love*, 111.
[25] 본서 제1부 제3장 5. 관점, "도형 2."

삼관점주의는 인간의 지식을 전체적으로 이해하는 방식이다. 인간의 인식 행위에는 인식 행위의 주체, 지식의 대상, 지식을 획득하게 하는 기준과 같은 삼요소(triad)가 관여한다.

이 삼요소는 인식 행위에서 서로 관련되고 각각 전체 인식 과정에서 하나의 관점이다. 프레임은 인간 지식에 대한 균형 잡힌 연구는 규범적(normative) 관점, 상황적(situational) 관점, 실존적(existential) 관점이 필요하다고 말한다.

규범적 관점은 믿음과 행동을 위한 규칙, 규범에 초점을 맞춘다. 규범적 관점은 또한 권위라는 하나님의 주 되심의 속성의 표현이기도 하다. 상황적 관점은 역사, 과학 등을 포함한 인간 경험의 사실과 성경을 경험세계에 적용하는 것에 초점을 맞춘다. 실존적 관점은 인식하는 인간, 성경을 알고 적용하는 데 인간의 능력에 초점을 맞춘다.

프레임의 삼관점주의를 비판하는 신학자들은 삼관점주의가 상대주의(relativism)와 전통 개혁신학과 양립할 수 없다는 이유로 비판한다. 하지만 포이트레스(Poythress)는 프레임이 정통 개혁신학에 기초해서 신학을 전개한다는 점과 다관점주의와 개혁신학의 관계가 직접적인 관계라기보다 단순히 함께 나란히 존재한다는 점을 들어 프레임의 관점주의를 옹호한다.

특별히 권위, 통치, 현존과 같은 프레임의 하나님 주 되심의 삼요소는 칼빈의 하나님의 주권(the sovereignty of God) 사상과 직접 관련을 맺고 있으며, 개혁파 전통에서 언약신학이라는 고전적 주제의 표현으로 이해할 수 있다고 지적한다.[26] 즉 프레임의 관점주의는 개혁신학의 토양에서 기원하고 무엇보다 그의 스승 반틸(Van Til)의 개혁파 변증학이라는 자양분을 먹

---

[26] John Frame, "Multiperspecivalism and the Reformed Faith" in *Speaking the Truth in Love*, 176-177.

고 발전되었다고 말할 수 있다.

프레임은 자신의 관점주의를 뜨거운 신학 논쟁 가운데 하나인 타락 전 예정론과 타락 후 예정론에 적용하고 있다. 하나님의 작정 순서(order of divine decree)를 놓고 타락 전 예정론과 타락 후 예정론 사이에 논쟁이 벌어졌다.

이 고전적 논쟁에 대한 관점적 접근은 선택이 타락에 앞서는지에 관한 갈등을 해결한다. 논리적 순서에서 이 두 이론 가운데 어떤 것도 우선하지 않는다. 왜냐하면, 이 두 이론은 단일 실재에 대한 관점일 수 있기 때문이다. 프레임은 다음과 같이 말한다.

> 사실 타락 전 예정론자들은 다음과 같이 말한다.
> "하나님이 선택하시는 사랑의 맥락에서 모든 것을 바라본다."
> 타락 후 예정론자들은 다음과 같이 말한다.
> "모든 것을 하나님이 전개하시는, 역사적인 순서가 매겨진 드라마라는 맥락에서 바라본다."

프레임의 관점에서 이 논쟁은 단순히 교육적 우선성의 문제다.

프레임은 만약 이 두 이론이 관점의 결과라는 것을 양 진영이 인정했다면 논쟁은 피할 수 있었다고 본다.[27]

그러나 프레임은 여기서 우리에게 신학의 모든 측면을 관점적인 관계에서 바라볼 수 있는 것은 아니라고 경고한다. 가령, 우리는 칭의와 성화를 똑같은 진리에 대한 두 관점으로 동일시해서는 안 된다. 구원을 가져오는

---

[27] 본서 제3부 제8장 "6. 선택한 자들을 영화롭게 하기로 작정함."

사건의 순서인 구원의 서정(*ordo salutis*)도 마찬가지다.

5. 의미는 적용이다(meaning is application)

프레임은 신학을 하나님의 말씀을 삶의 모든 영역에 적용하는 것으로 정의한다. 사람들의 필요를 충족시키기 위해 성경을 사용해야 한다. 또한, 신학은 올바른 성경 공부를 위해 일조해야 한다.

신학의 임무는 예수 그리스도의 복음을 사람들에게 소개하는 것이고 신자들이 모든 영역에서 하나님을 영화롭게 하는 삶을 살도록 일조하는 것이다. 이런 의미에서 신학은 적용이라고 말할 수 있다.[28]

또한, 프레임은 하나님의 말씀을 삶의 모든 영역에 적용하는 것이 신학의 정의라면, 변증학(Apologetics)은 성경을 불신앙에 적용하는 것으로 정의할 수 있고 그 자체로 신학의 하위 분과로 이해할 수 있다고 말한다.[29]

프레임은 어떤 의미에서 모든 사람이 신학자라고 말한다. 모든 신자는 믿음의 크기와 성숙도와 상관없이 어떤 의미에서 신학자라고 말할 수 있다. 신자들은 매일의 삶 속에서 성경을 읽는다. 그리고 성경을 통해 자신을 향한 하나님의 뜻을 발견하려 하고 그 뜻을 자신에게 적용하여 그대로 살려고 애쓴다.

반면, 어떤 의미에서 불신자, 무신론자, 불가지론자들은 신학자들이다. 왜냐하면, 그들은 성경의 내용을 자신들의 불신앙을 위해 잘못 적용하기

---

[28] John Frame, "Reflections of a Lifetime Theologian: An Extended Interview" in *Speaking the Truth in Love*, 76-77.
[29] 본서 제1부 제3장 "3. 변증학."

때문이다.

 프레임은 비트겐슈타인(Wittgenstein)의 "사용으로써 의미"(meaning as use)에 대한 분석에서 이 개념을 더욱 발전시킨다. 비트겐슈타인에 의하면 어떤 표현의 의미는 언어를 구성하고 있는 다양한 언어 활동 맥락에서 결정된다. 그는 언어 활동 맥락의 규칙을 설명하기 위해 "언어 놀이"라는 개념을 도입한다. 규칙은 언어를 지배하고, 언어 사용은 언어 놀이에 참여하는 것이다. 그리고 언어의 의미는 언어 놀이라는 다양한 맥락에서 결정된다. 즉 어떤 표현의 의미는 사용에 달려 있다.[30]

> 비트겐슈타인과 라일(Ryle)은 "사용"(use, 단순한 "용법"[usage]과 반대로)을 규범적 개념으로 생각했다. 즉 "사용"은 어떻게 사람들이 실제로 표현을 사용하는지가 아닌, 어떻게 그들이 그것을 사용해야 하는지 우리에게 말해 준다.

프레임은 다음과 같이 질문한다.

> 그러나 어떻게 우리가 그런 규범을 발견하는가?
> 누구의 사용이 의미에 관한 우리의 판단에서 규범적인 것이 되어야 하는가?
> 화자의 사용인가?
> 원청자의 사용인가?
> 우리의 사용인가?

---

[30] 신상규, "비트겐슈타인 『철학적 탐구』," 「서울대학교 철학사상연구소」 (2004), 33-34.

프레임은 규범을 하나님의 말씀의 적용으로 본다.

> 하나님이 말씀하시지 않으셨다면 어떤 규범도 존재할 수 없다. 따라서 우리는 표현이 담고 있는 의미는 하나님이 정하신 사용(God-ordained use)이라고 말해야 한다.[31]

이런 통찰을 기초로 프레임은 "의미는 적용이다"라는 결론을 도출한다. 의미를 묻는 것은 적용을 묻는 것이다. 의미가 적용이듯이 적용은 의미다.
하나님의 말씀을 적용할 수 없는 사람들은 하나님의 말씀의 의미를 참되게 이해하지 못한 것이다. 우리는 하나님의 말씀을 이해하기 위해 하나님의 말씀을 우리 상황에 적용해야 한다.[32]

6. 결론

우리는 거대 담론의 체계를 부정하는 포스트모더니즘이 유행하는 시대에 살고 있다. 사람들은 하나님과 절대적 진리를 거부하고 자기 소견에 옳은 것을 옳고 그름의 기준으로 삼는다. 또한, 현대는 세속주의, 인본주의, 물질주의, 자아가 우상이 되는 시대고 사람들은 이런 것들에서 구원과 영혼의 안위를 찾으려 한다.

기독교 역사를 보면, 그리스도인들은 시대마다 다양한 영적 도전에 직면했다. 아직도 세계의 한구석에서는 신앙을 위해 순교하는 자가 많다. 우

---

[31] 본서 제1부 "부록 C. 의미."
[32] 본서 제1부 "부록 C. 의미."

리는 신앙 때문에 이런 박해와 고난을 겪지 않지만, 어떤 의미에서 더 큰 위험인 영적 도전에 직면해 있다.

이런 상황에서 그리스도인들이 영원한 하나님의 말씀을 기준으로 삼아 말씀을 바르게 이해하고 하나님의 말씀에 기초하여 바르게 신학함이 절실히 필요하다. 이런 의미에서 철저한 개혁신학과 변증학을 추구했던 반틸과 그의 제자 프레임의 신학은 21세기를 사는 우리에게 많은 도움이 된다.

지금까지 존 프레임의 『신지식론』의 내용을 간략히 살펴보았다. 본서는 개혁파 인식론에 대한 가치 있는 연구서다.

그가 어느 정도 깊이 있게 반틸의 전제주의 기독교 인식론을 계승 발전시키고 있는지 더 깊이 연구하는 것은 독자의 몫이다.[33]

『신지식론』은 번역하기 어려운 책이다. 본 역자는 번역할 때마다 항상 완벽한 번역은 없다는 것을 느낀다. 항상 주님과 성령을 의지하여 최선을 다할 뿐이다.

이 귀한 책이 개혁신학을 추구하는 독자들에게 도움이 된다는 생각으로 번역에 임했다. 최선을 다해 저자가 말하려는 원의도를 이해하며 번역하려 했지만, 오역은 피할 수 없는 일이다. 독자의 너그러운 마음과 이해를 구한다.

이제 본서가 출간됨으로써 존 프레임의 "주권신학 시리즈" 네 권 모두 한국교회에 소개되어 너무 감사하다.

이 과정에서 이 책들의 출간을 결정하시고 끝까지 믿고 맡겨 주신 기독교문서선교회(CLC)의 박영호 목사님께 감사드린다. 또한, 역자의 은사이며 기꺼이 추천서를 써 주신 합동신학대학원대학교의 이승구 교수님

---

[33] 특히, 반틸신학과 연속성과 불연속성에 대해 다음을 참조하라. 이승구, 『코넬리우스 반틸: 개혁파 변증학의 선구자』(파주: 살림, 2007), 200-214.

과 미국에서 귀중한 목회 사역을 하시며 추천서를 써 주신 이진영 목사님께 감사드린다. 그리고 항상 기도로 옆을 지켜 주는 아내 장성원에게 감사드린다.

  하나님께 모든 영광을 돌린다.

서론

인식론과 신학 교과 과정

칼빈의 『기독교 강요』는 "하나님을 아는 지식"에 관한 논의로 시작했지만, 칼빈 이후 대부분 개혁신학자는 성경 권위나 신론에 관한 논의로 시작했다. 책의 첫 주제는 반드시 저자의 사고에 "중심적"이거나 "토대적"(foundational)인 것은 아니지만, 분명히 『기독교 강요』는 칼빈의 마음속에 매우 가까이 있던 주제로 시작한다.

『기독교 강요』에서 "하나님을 아는 지식"은 근본적이고 독특하다. 왜냐하면, 칼빈 이전 사람이나 이후 사람의 글에서 이 주제와 비교되는 것은 거의 없기 때문이다. 요점은 칼빈이 처한 역사적 맥락에서 단지 칼빈만 하나님을 아는 것(knowing God)에 관해 폭넓게 글을 쓴 것은 아니다.

많은 신학자가 하나님의 가지성(knowability)과 불가해성(incomprehensibility), 인간 이성, 신앙, 조명, 계시, 성경, 전통, 설교, 성례, 예언, 성육신과 같은 주제를 논의할 때 하나님을 아는 지식에 관해 글을 썼다.

물론 많은 신학자가 구원에 관한 글도 썼다. 왜냐하면, (우리가 살펴보겠지만) 구원은 다른 관점에서 볼 때 사실 "하나님을 아는 지식"에 상응하는 것이기 때문이다.

그러나 칼빈은 독특하게 "하나님을 아는 지식"이란 어구를 좋아했던 것 같다. 또한, 칼빈이 이 용어를 좋아했다는 것은 단순히 언어적 특성 이상에 대한 그의 선호를 시사한다. 칼빈에게 "하나님을 아는 지식"은 "토대적" 개념이었다. 그는 이 개념을 통해 자기의 다른 개념들을 명확히 하려 했고, 이 개념을 통해 자기의 다른 개념들이 이해되기를 추구했다.

"하나님을 아는 지식"은 칼빈이 사용했던 유일한 "중심적" 개념은 아니다. 또한, 이 개념이 필수적으로 가장 중요한 개념도 아니다. 현대의 많은 신학자와 달리 칼빈은 이런저런 류(말씀, 개인적 만남, 자기 이해, 위기, 과정, 희망, 해방, 언약, 부활, 심지어 "하나님을 아는 지식")의 신학자가 아니었다.

그런데도 칼빈은 "하나님을 아는 지식"을 성경이 모두 유용하게 이해될 수 있게 하는 하나의 중요한 **관점**으로 인식했다. 또한 성경 전체 메시지를 요약하는 유용한 수단으로 인식하고 어떤 특정 영역의 성경적 가르침에 대한 열쇠로 인식했다.

어디서 칼빈은 이런 주목할 만한 생각을 얻었는가?

의심할 여지 없이 자신의 성경 연구를 통해서였다. 우리는 성경에서 매우, 자주 하나님이 자신이 주님이시라는 것을 사람들이 "알도록" 전능한 행동들을 하셨다는 것을 잊곤 한다(참조, 출 6:7; 7:5, 17; 18; 8:10, 22; 9:14, 29f.; 10:2; 14:4, 18; 16:12; 사 49:23, 26; 60:16 등).

우리는 성경이 어떤 의미에서 모든 사람은 하나님을 알고 있지만,(참조, 롬 1:21) 다른 의미에서 하나님을 아는 지식은 구속받은 하나님의 백성의 독점적 특권이고 실제로 신자의 삶의 궁극적 목적이라고 매우, 자주 강조한다는 것을 망각하곤 한다.

이런 사실보다 더 "중심적"이 될 수 있는 것은 무엇인가?

그러나 이런 표현(주님을 안다는 것 - 역주)은 오늘날 신학 연구(theologizing)에서, 즉 정통주의와 자유주의, 학문적 또는 대중적 신학 연구에서 선뜻 우리 입에 붙지 않는다.

우리는 주님을 아는 것에 관해 말하기보다 구원받고, 중생하고, 의롭다 함을 받고, 양자(養子)되고, 성화되고, 성령으로 세례받고 하나님 나라에 들어가는 것, 그리스도와 함께 죽고 부활하는 것, 믿고 회개하는 것에 관해 훨씬 더 쉽게 말한다.

칼빈에게 그런 종류의 과묵함은 없었다. 그는 성경 언어에 매우 정통했고, 진실로 성경 언어를 자신의 것으로 만들었다. 그의 작업으로, 오늘날 우리 대부분이 잘 모르는 성경의 가르침의 풍부한 보고(treasury)를 열어 보였다.

그러나 우리는 분명히 성경의 가르침의 풍부한 보고를 갈망한다.

우리 시대는 지식에 관한 문제, 즉 인식론적 문제에 집착한다. 흄(Hume)과 칸트(Kant)가 제기한 기본적 문제는(과학자들, 신학자들, 예술가들, 사회학자들, 심리학자들, 다른 사람들뿐만 아니라) 현대 철학자들이 "우리는 무엇을 알 수 있고 어떻게 알 수 있느냐"는 문제에 천착하게 했다.

또한, 이런 주제가 학문을 전문적으로 전공하지 않는 그리스도인들 사이에서 빈번히 논의를 지배한다. 즉

어떻게 나는 성경이 참임을 알 수 있는가?

어떻게 나는 내가 구원받은 것을 알 수 있는가?

어떻게 나는 내 인생을 향한 하나님의 뜻을 알 수 있는가?

20세기 미국식 편견과 선입견을 품은 우리가 어떻게 성경이 의미하는 것을 알 수 있는가?

하나님을 아는 지식에 관해 성경이 말하는 교리는 이 문제에 관해 흄이나 칸트, 일반적인 현대 회의주의나 고대 회의주의에 답변하기 위해 날조

된 것이 아니었다. 하나님을 아는 지식에 관한 교리는 주로 다른 종류의 문제를 다룬다.

그러나 하나님을 아는 지식에 관한 교리는 분명히 강력한 방식으로 현대 문제들을 **다룬다**.

또한, 하나님이 (더디지만 절대 늦지 않는 그의 신비로운 역사 진행에서) 이런 진리들을 다시 자신의 교회에 가르치고 있음을 알려 주는 표시들이 존재한다. 성경의 "지식" 개념에 관해 성경 관련 학술지와 사전들에 많은 유용한 글이 게재되었다.

또한, 심지어 이 주제에 관한 몇 권의 책도 있다(참고 문헌을 보라). 제랄드 다우닝(F. Gerald Downing)의 『기독교에는 계시가 있는가?』(*Has Christianity a Relvalation?*; 다우닝은 "아니오"라고 답한다)[1]는 다소 터무니없이 극단으로 치우치고 있지만, 그 과정에서 성경 안에 있는 계시와 지식에 관해 몇 가지 매우 유용한 것을 언급한다.

코넬리우스 반틸(Cornelius Van Til)의 변증은 우리의 기독교 인식론과 신학 방법을 개혁하는 데 위대한 발걸음을 내딛었다.

그러나 이런 발전이 현대 조직신학의 가르침이나 설교, 우리 시대의 대중적인 신학 연구에는 심오한 영향을 주지 못했다.

따라서 그 해결책의 일환으로 내가 칼빈을 따르고자 할 때(그러나 칼빈이 활동하던 시대 이후 개혁신학에서 벗어나) 조직신학에 관한 가르침의 한 부분으로 "하나님을 아는 지식"에 관한 정규 교육을 도입했다.

이 착상은 십 년 전에 떠올랐다. 그 당시 웨스트민스터신학교(Westminster Seminary)는 첫 학기 신학 과목(신학서론, 하나님의 말씀, 계시, 영감, 무오성[in-

---

[1] London: SCM Press, 1964.

errancy]에 관한 과목들을 포함한다)을 첫 학기 변증학 과목과 결합했다. 신학 과목과 변증학 과목은 인식론과 깊은 관련이 있다.

신학 과목에서 우리는 하나님이 자연과 말씀(Word)과 성령으로 우리와 교통하시는 일, 신학의 본질, 신학 방법과 구조에 대해 질문했다.

변증학 과목에서 우리는 불신자들이 지닌 하나님의 지식, 그 지식과 신자들의 지식의 차이점, 하나님이 불신자들이 지닌 하나님의 지식을 신자들의 지식으로 바꾸시는 수단을 다루었다.

따라서 인식론에 관한 교육을 하나로 합친 신학-변증학 과목에 도입하는 것은 교육적으로 건전해 보였다. 또한, 하나님을 아는 지식에 관한 성경적 가르침의 많은 부분을 우리의 "체계"에 재도입하는 것을 이상적인 수단으로 보았다.

이것은 공교롭게도 우리 시대에 진실로 "개혁파"(Reformed)적인 것, 즉 칼빈의 추종자가 되는 것이 무엇을 의미해야 하는지에 관한 신선한 생각을 제시하는 유용한 방법으로 보였다.

그렇다면 이런 목적이 내가 수업에서 강의하고 본서가 의도하는 것을 규정한다.

그러나 이 인식론 교육은 "하나님의 말씀"과 다양한 변증학 주제를 포함하는 신학-변증학 과목이라는 더 큰 구조에서 어느 위치여야 하는가?

일반적으로 신학 백과사전에 관한 질문들(즉 우리는 X를 우리 체계의 어디에서, 무엇 앞에 또는 무엇 뒤에서 논의하는가?)은 나를 지루하게 만들었다. 왜냐하면, 이런 질문들은 일부 사람이 중요하게 생각하지만 사실 그렇게 중요하지 않기 때문이다.

종종 이 질문들은 신학적 실체에 관한 것이라기보다 교육학에 관한 것이다. 따라서 답변은 성경이 말하는 진리 자체의 본성만큼 특별한 청중이나 상황의 본성에 더 많이 의존한다는 것이다.

신학 체계에서 인식론을 논의해야 하는 **한 지점**(one point)은 존재하지 않는다.

그러나 하나님의 말씀에 관한 서론적 교육이 있은 후 인식론을 논의해야 한다는 나의 결정은 다음과 같은 논리에 기초를 두고 있다.

우리는 하나님을 아는 지식에 관한 교리가 학생들이 첫 번째로 배워야 하는 조직신학 서론임을 주장할 수 있다. 결국, 우리가 특정적인 것들을 알려고 하기 전에 앎(knowing)이란 무엇인지 알아야 하는 것처럼 보인다. 우리는 신학을 할 수 있기 전에 신학이 무엇인지 알아야 한다.

그렇지 않은가?

물론 그렇기도 하고 그렇지 않기도 하다. 확실히 학생의 신학 교과 과정을 위해 인식론을 논의한다는 생각에는 많은 장점이 있다. 왜냐하면, 분명히 남은 공부를 부요하게 하는 개념과 방법을 제공하기 때문이다.

한편, 대부분 신학생의 철학적, 언어학적, 기초 교리적 배경의 부족은 1학년 학생들이 아주 난해한 학문 영역을 다룰 준비가 되어 있는지 의문을 갖게 한다.

또한, 더 심각한 것은, 어떤 앎이라는 활동을 하기 전까지 "지식"을 정의할 준비가 되어 있지 않은 것처럼, 학생들은 "신학"을 정의하기 전까지 신학을 정의할 준비가 되어 있지 않다는 것이다.

일반적으로 우리의 지성적 편견과 반대로 무언가 실행하는 것이 그것에 관한 정의보다 앞선다 (아리스토텔레스가 시를 정의하고 논리를 공식화하기 전에 사람들은 시를 썼고 논리적으로 생각했다).

신학이 무엇인지 알지 못하고 신학을 할 수 있는가?

물론 우리는 마치 "시간"에 대한 정의 없이도 시간을 알 수 있는 것처럼, 그리고 걸음, 먹는 것, 호흡을 정확하게 정의하지 않고도 걷거나 먹거나 호흡할 수 있다. 또한, 때때로 우리는 무언가 정의할 수 있기 전에 그것을 **해야 한다**. 누군가 무엇을 보지 않고 "보는 것"을 정의할 수 있다는 것은 생각할 수 없다.

또한, 맹인이 점자(braille) 사전으로 읽는 것을 통해 보는 것을 정의할 수 있다면, 그의 시력이 회복한 후 보는 것에 대한 그의 이해는 얼마나 더 깊어질 것인지 상상해 보라.

내가 볼 때, 만약 학생이 신학을 공부해 오지 않았거나 하나님을 알지 못한다면 그는 "신학"이나 "하나님을 아는 지식"의 정의를 알 준비가 된 것이 아니다!

따라서 나는 하나님을 아는 지식에 관한 교육을 두 번째, 즉 하나님의 말씀에 관한 교육 다음에 놓는다. 이것은 하나님을 아는 지식에 관한 교리를 교과 과정 처음에 놓으려는 타당한 바람을 충족시킨다(비록 많은 학생에게 있는 부적당한 배경이라는 문제를 해결하진 못하지만). 또한, 이것은 분명히 학생들이 형식적인 의미에서 신학을 배우기 전에 어떤 경험을 제공한다.

게다가 이 과정은 우리 연구의 주요 주제, 즉 하나님을 아는 지식은 하나님의 말씀에 대한 인간의 반응이고, 하나님의 말씀에 부합함으로 타당한 근거를 가진다는 주제 지지의 이점을 갖고 있다. 하나님의 말씀 다음에 하나님을 아는 지식. 이것이 경험과 우리의 교과 과정에 모두 해당되는 순서다.

수업의 교육 내용과 본서 안에서 구조는 다음과 같다.

제1부: 지식의 대상들(우리는 무엇을 아는가?)

제2부: 지식의 타당성(우리는 어떤 근거 위에서 아는가?)

제3부: 지식의 방법론(우리는 어떻게 아는가?)

이런 질문들은 독립적이지 않다. 우리는 하나의 질문에 답하기 위해 다른 영역에서 일부 답변하고 있어야 한다.

가령, 우리는 지식의 대상을 정의 할 때(제1부) 올바른 기초 위에서 합당한 방법으로 정의하지 않는다면 지식의 대상을 정의할 수 없다. 공교롭게도 다른 학문 분과처럼 신학도 질문들이 이런 식으로 상호의존하는 일이 종종 발생한다.

그러나 이것은 우리가 어떤 것을 알 수 있기 전에 모든 답을 알아야 한다는 의미는 아니다.

하나님은 자기의 진리를 명확히 계시하셨고 우리 모두 의존하는 각 영역에서 일부 지식을 갖고 있다.

우리는 첫 번째 질문으로 시작할 것이다. 두 번째 질문의 답을 위해 첫 번째 질문을 사용할 것이다. 그러면 두 번째 질문이 첫 번째 질문과 다른 질문들에 완전한 이해를 제공하는지 알게 될 것이다. 따라서 이 질문들이 서로 의존한다는 것은 우리의 연구를 방해하지 않고 일조하는 것이 될 것이다.

끝으로, 서론적인 말을 하겠다. 본서의 자료는 철학적 인식론에 속한 모든 작업을 하려는 게 아니다. 물론 본서와 지식 이론에 관한 책들 간에 일부 중첩되는 부분이 있겠지만, 감각 자료(sense data), 선험적 개념(a priori concept), 감각, 인식, 추상, 그 밖에 관계되는 주제들을 상세히 다루진 않겠다.

그런 주제에 관한 연구는 각각 위치가 있다(그 주제들이 차지하는 위치는 인식론적 확실성의 궁극적 출처 역할을 하지 않는다). 또한, 그 연구들은 특히 기독교적 전제들 위에서 전개될 때 가치를 가질 수 있다.

그러나 우리의 목적은 다르다.

제1부

지식의 대상들

제1장 하나님, 언약의 주
제2장 하나님과 세상
제3장 하나님 그리고 우리의 연구
  부록 1 관점주의
  부록 2 백과사전
  부록 3 의미
  부록 4 사실과 해석

하나님을 아는 지식의 "대상"은 무엇인가?

하나님을 알아갈 때 우리가 알게 되는 것은 무엇인가?

물론 **하나님**이다!

그렇다면 언급해야 할 것은 무엇인가?

언급할 것은 많다.

첫째, 우리가 어떤 하나님을 알려고 하는지 명확히 하는 게 중요하다.

다양하고 많은 종류의 지식이 존재한다. 또한, 지식의 타당성(justification)과 방법들의 차이는 종종 우리가 아는 대상의 차이에 기초한다.

우리는 중세 시대를 알게 되는 방식으로 우리의 친구들을 알게 되진 않는다.

또한, 샌디에이고(San Diego)의 인구를 아는 것은 바흐의 브란덴부르크 협주곡(Brandenburg Concerti)을 아는 것과 다르다. 어떤 대상을 알고자 할 때 우리가 가진 기준, 방법, 목적은 우리가 알려는 대상에 의존한다. 하나님을 아는 것은 완전히 독특한 것이다.

왜냐하면, 하나님 자신이 독특하신 분이기 때문이다. 인간들은 많은 것을 신으로 부르지만, 오직 살아 계시고 참된 한 분 하나님만 존재하신다. 또한, 하나님은 피조물과 근본적으로 다르시다. 우리는 단지 신을 알려고 하지 않는다.

오히려 주 여호와(Jehovah) 하나님, 성경의 하나님, 우리 주 예수 그리스도의 하나님, 예수 그리스도의 아버지 알려고 한다. 따라서 내가 저자 서문에서 밝혔듯이 나의 가르침과 글에서 이 주제는 본서의 주제인 하나님을 아는 지식에 관한 교리를 따르지만, 우리는 "신론"(doctrine of God)에 시간을 더 할애해야 한다.

둘째, 우리는 단절된 상태에서 하나님이나 다른 것을 알게 되지 않는다.

우리는 하나님을 알아갈 때 그가 세계와 맺고 계시는 관계와 세계 안에 존재하는 많은 것, 특히 우리 자신과 맺고 계시는 관계를 알게 된다. 우리가 이런 관계의 일부분이라도 알지 못하면 하나님을 알 수 없다.

성경이 가르치는 하나님은 언약의 하나님, 세상의 창조자와 유지자, 인간의 구속자와 심판자시다. 그러므로 우리는 동시에 다른 것들, 즉 제1부의 제목 안에 있는 복수로 된 "대상들"(objects)을 알지 못하면 하나님을 알 수 없다.

또한, 매우 의미심장한 것이지만 하나님을 올바르게 알지 못하면 다른 것들을 올바로 알 수 없다. 따라서 유신론적 인식론, 즉 하나님을 아는 지식에 관한 교리는 일반 인식론, 즉 만물을 아는 지식에 관한 교리를 암시한다.

따라서 이 단락에서 우리는 적어도 제한된 방식으로 인간 지식의 모든 "대상"을 논의해야 할 것이다.

이전에 인식론을 연구했던 독자들에게 당부하고 싶은 말은 다음과 같다. 내가 지식의 "대상"에 관한 논의로 본서를 시작할 때 "주체"(subject)와 "객체"(object, 대상) 사이에 큰 분리의 벽을 세우지 않을 것이다. 그렇게 하면 모든 지식을 파괴할 것이고 성경과 완전히 배치될 것이다.

그러면 독자들은 주체와 객체를 이원화(dichotomize)하는 불합리한 위험에 빠지는 것보다 주체와 객체를 너무 밀접하게 관련시키는 더 큰 위험에 빠진 것을 보게 될 것이다.

그렇지만 어딘가에서 시작해야 한다. 더군다나 동시에, 즉시 모든 것을 그 외의 것과 관련시킬 수 없다. 왜냐하면, 그렇게 되면 그 대상은 하나님일 것이기 때문이다.

따라서 나는 지식의 "대상"(객체)으로 시작한다. 또한, 때맞춰 우리는 객체가 얼마나 인식 주체(knowing subject)와 직접 밀접하게 관련을 맺고 있는지 보게 될 것이다.

심지어 누군가 이것들을 구분하는 것이 불합리한 분리를 전제하고 있다고 주장한다면 넌센스라고 응답하겠다. 샛별과 금성, 캘리포니아와 골든 스테이트(the Golden State)[1] 사이를 의미 있게 완전히 분리하지 않아도 이것들을 구분할 수 있다.

제1부에서 세 가지 논의할 것이다.

① 하나님, 언약의 주
② 하나님과 세상
③ 하나님, 우리의 연구

이 세 장에서 우리는 하나님, 하나님의 법, 창조, 하나님의 형상인 인간, 신학과 철학과 과학과 변증학에서 지식의 "대상들"을 논의할 것이다. 우리는 이런 분야에서 우리가 알려는 것이 무엇인지 물을 것이다.

---

1 미국 캘리포니아주 속칭.

제1장

하나님, 언약의 주

우리가 알려는 하나님은 누구신가?

성경은 하나님을 많은 방식으로 설명한다. 또한, 그 방식 가운데 어떤 것을 다른 방식보다 더 근본적이거나 중요한 것으로 여기는 것은 위험하다.

하지만 우리는 성경의 가르침을 요약할 때 하나님의 "주 되심"(lordship)이라는 개념을 출발점으로 사용하면 확실히 잘 요약할 수 있다.

"주"(Lord, 히브리어로 '야훼'[Yahweh, 여호와])는 하나님이 이스라엘과 언약을 맺기 시작하실 때 밝히셨던 하나님 자신의 이름이다(출 3:13-15; 6:1-8; 20:1f.).

"주"라는 이름(그리스어로 '퀴리오스'[kurios])은 새 언약의 머리, 즉 하나님의 구속받은 사람들 전체의 머리로 예수님께 주어진 이름이다(요 8:58; 행 2:36; 롬 14:9).

신구약성경의 기본적인 신앙고백은 하나님, 즉 그리스도를 주로 고백한다(신 6:4ff. 롬 10:9; 고전 12:3; 빌 2:11). 하나님은 "내가 여호와[주]인 줄 네가 알게 하기 위하여" 위대한 행동을 하신다(참조, 출 7:5; 14:4, 18; 서론에서 언급한 구절들; 시 83:18; 91:14; 사 14:4, 52:6; 렘 16:21; 33:2; 암 5:8). 구속사의 중대 시점에 하나님은 다음과 같이 선언하신다.

> 나는 여호와 [주] 라 내가 곧 그니라(사 41:4; 43:10-13, 25; 44:6; 48:12; 참조, 사 26:4-8; 46:3f.; 신 32:39f., 43; 시 135:13; 호 12:4-9; 13:4ff.; 말 3:6은 출 3:13-15을 암시한다).

이런 구절에서 "주" [여호와, 야훼] 뿐만 아니라 동사 "~이다"(to be)에 대한 강조는 출애굽기 3:14의 이름 계시(name-revelation)를 생각나게 한다.

예수님도 빈번히 자신의 특성(character)과 직분을 제시하실 때 "나는 ~ 이다"(I am)라고 말씀하신다(요 4:26; 8:24, 28, 58; 13:19; 18:5ff.; 참조, 6:48; 8:12; 9:5; 10:7, 14; 11:25; 12:46; 14:6; 15:1, 5).

예수님의 신격(deity)에 대한 가장 주목할 만한 증거 중 하나는 예수님과 제자들이 예수님을 출애굽기 3장의 야훼(*Yahweh*[여호와])와 동일시한 방식이다. 그리고 이 이름은 하나님과 너무 밀접하게 관련되었기 때문에 언제부터인지 유대인들은 그 이름을 발음하는 것도 두려워했다.

이 요점들을 요약해 보자.

구속사 전체를 통해 하나님은 인간에게 자신을 "주"로 밝히시고 그들에게 그 개념이 담고 있는 의미를 가르치시고 보여 주시려 하신다. "하나님은 주시다"라는 메시지가 구약성경이 담고 있는 메시지다. 마찬가지로 "예수 그리스도는 주시다"는 신약성경이 담고 있는 메시지다.

1. 주 되심의 성경적 개념

하나님의 주 되심이란 무엇인가?

'야훼,' '아도나이,'(*adonai*) 또는 '퀴리오스'의 어원에서 배울 수 있는 것은 거의 없다.

첫째, 이 어원들은 불확실하다(특별히 '야훼'의 어원).

둘째, 어원이 항상 의미에 관한 신뢰할 만한 지침은 아니다.

가령, 영어 단어 "nice"(좋다)는 라틴어 "*nescius*"(네스키우스)에서 기원하는데, 이 라틴어는 "무지하다"(ignorant)를 의미한다.

이 두 단어의 의미는 각각 매우 다르다!

단어가 가진 활용을 조사함으로써 이 단어가 가진 의미를 발견하는데, 이런 연구는 분명히 성경의 주 되심(lordship)과 관련된 어휘 연구에서 유익한 것으로 증명된다. 나의 연구는 다음과 같이 요약될 수 있다.

1) 주 되심과 언약

우선 주 되심은 언약 개념이다. "주"는 하나님이 모세 언약의 머리(head)로서 하나님 자신과 새 언약의 머리이신 예수 그리스도께 부여하신 이름이다(이것에 관해 앞에서 인용한 구절들을 보라). 따라서 우리는 하나님의 주 되심을 언약적 머리 되심(covenant headship)으로 정의할 수 있다.

언약은 동등한 사람 사이의 계약이나 협정이나 주인과 종 사이에 맺는 관계를 의미할 수 있다. 물론 성경에서 하나님과 인간 사이의 언약은 후자 유형에 속한다.

가장 두드러진 언약에서 하나님은 언약 주(covenant Lord)로서, 어떤 백성을 자기의 백성으로 삼으시기 위해 세상 열방 가운데 그들을 선택하신다. 하나님은 그들을 자기의 법(law)으로 다스리신다. 하나님의 법이라는 측면에서 순종하는 사람은 축복을 받고 불순종하는 사람은 저주를 받는다.

하지만 언약은 법일 뿐 아니라 은혜다. 언약은 하나님의 은혜 또는 받을 자격이 없는 호의였다. 하나님은 은혜로 언약 백성을 택하셨다. 또한, 모든 사람이 죄인이므로 오직 하나님의 은혜를 통해서만 언약의 복이 주어진다.

심지어 유기자(reprobate)들, 즉 하나님의 복을 받지 않은 사람들도 은혜의 그릇들이요 수단들로, 하나님이 자신의 은혜로운 목적을 이루시기 위해 사용하신다(롬 9:22-23).

넓은 의미에서 하나님이 피조물과 맺고 계신 모든 관계는 언약적이라는 특징이 있다. 메리데스 클라인(Meredith Kline)과[1] 다른 신학자들은 창세기 1-2장의 창조 이야기가 중요한 면에서 언약 체결을 설명하는 다른 이야기와 유사하다는 것을 알았다.

창조가 이루어지는 한 주 동안 모든 사물, 식물, 동물, 사람이 하나님의 법을 준수하고 하나님의 은혜로운 목적의 도구(긍정적이든지 부정적이든지)가 되기 위해 언약적 종으로 임명된다. 따라서 모든 사물과 모든 사람은 하나님과 언약 관계에 있다(참조, 사 24:5: "땅의 모든 거주민"이 "영원한 언약"을 배반했다).

창조자와 피조물의 관계는 언약 관계, 즉 주님과 종의 관계(Lord-servant relation)다. 주님이 특별한 방식으로 이스라엘의 주님이 되시기 위해 이스라

---

1 Meredith G. Kline, *Images of the Spirit* (Grand Rapids: Baker Book House, 1980)을 보라.

엘을 자신의 특별한 백성으로 선별하셨을 때, 하나님은 그들에게 절대적인 독특한 지위를 부여하지 않으셨다. 오히려 하나님은 본질적으로 모든 사람이 점하고 있지만 인정하지 않는 그런 지위로 부르셨다. 확실히 이스라엘은 어떤 독특한 특권(가나안 땅, 희생제사 제도, 선지자, 제사장, 왕 등)을 받았다.

또한, 하나님은 세상에 구속(그리스도)을 가져오시기 위해 독특한 방식으로 이스라엘을 사용하셨다. 따라서 이스라엘은 어떤 독특한 책임이 있었고, 이런 책임은 그들이 가진 식습관(diet), 의복, 달력, 다른 것들을 통해 다가올 구속의 본성을 세상에 설명하는 것이었다.

하지만 본질적으로 이스라엘은 단순히 모든 사람같이 하나님의 종이었다. 이것이 말하는 바는 오직 하나님이 만물의 주님이시고, 하나님은 세상과 맺으신 모든 관계에서 주님으로 말씀하시고 행동하신다는 것이다.

2) 초월성과 내재성

하나님이 언약적 **머리**(head)시라면 자신의 백성보다 높은 분으로 계신다. 다시 말해 하나님은 초월해 계신다. 하나님이 **언약적** 머리시라면 자신의 백성과 깊은 관련을 맺고 계신다. 다시 말해 그는 내재해 계신다.

성경적으로 이해할 때 이 두 개념이 얼마나 아름답게 조화를 이루는지 주목하라.

역사적으로 심각한 문제가 초월성과 내재성이라는 개념을 놓고 전개되었다.

하나님의 초월성(하나님의 높으심과 신비로우심)은 하나님이 피조물과 무한히 동떨어져 계시고, 우리와 너무 멀리 떨어져 계시며, 우리와 너무 다르시고, "전적 타자"(wholly other)시며, "완전히 숨어"(wholly hidden) 계셔서 우리는 그에 관한 어떤 지식도 가질 수 없고 그에 관한 참된 진술을 할 수 없는 것으로 이해되었다. 따라서 그런 신(a god)은 자신을 우리에게 계시하지 않고(아마 계시할 수도 없을 것이다), 인간 삶과 단절되어 있다. 따라서 실제적 목적을 위해 우리가 우리 자신에게 신이 된다.

하나님은 우리에게 어떤 것도 말씀하지 않으시고, 우리는 그에게 어떤 책임도 갖고 있지 않다.

이와 유사한 내재성 개념도 비기독교 사상에서, 심지어 일부 자칭 기독교 신학에서도 왜곡됐다. 내재성은 하나님이 실제로 세계와 구분되지 않으시고 하나님이 세상에 들어오실 때 너무 "세속화"(worldly)되셔서 그를 발견할 수 없는 것으로 이해하는 것이다. "기독교 무신론자들"은 하나님이 자신의 신성을 버리셨고 더는 하나님으로 존재하지 않으신다고 말한다.

바르트(Barth)와 불트만(Bultmann) 같은 덜 "급진적"인 신학자들은 하나님이 여전히 존재하시지만, 그의 활동을 시간과 공간에서 식별할 수 없다고 주장했다.

또한, 그들은 이런 사실이 동일하게 모든 시대와 장소에 영향을 주고 있지만, 특별한 어떤 것에는 영향을 주지 않는다고 주장한다. 사실 어떤 계시도 존재하지 않는 것이다. 따라서 우리는 하나님 앞에 어떤 책임도 없다.

초월성과 내재성에 관한 이런 잘못된 개념은 특별한 방식으로 서로 조화된다. 즉 이런 잘못된 개념은 하나님의 계시에서 도피하고, 책임을 회피하며, 불순종을 변명하려는 인간의 죄악 된 욕구를 만족시킨다. 하지만 사실 이 두 개념은 조화되지 않는다.

어떻게 하나님이 우리와 무한정 동떨어져 계시면서 동시에 우리와 완전히 동일하실 수 있는가?

게다가 이 두 개념 모두 일관성이 없다.

하나님이 "전적 타자"(wholly other)라면 어떻게 그가 "전적 타자"임을 알 수 있고 그렇게 말할 수 있는가?

이것이 사실이라면 도대체 무슨 권리로 신학을 해야 하는가?

또한, 하나님이 세상과 구분되지 않는다면 어째서 신학자들은 수고하며 하나님에 관해 말하려 하는가?

세상에 관해서만 말해야 하지 않는가?

이런 담론을 입증하는 것이 신앙인가?

무엇에 근거한 신앙인가?

그런 신앙은 어둠 속에서 비합리적 도약 이상의 것일 수 있는가?

그러나 만약 초월성이 언약적 머리이고 내재성이 하나님이 자기 백성과 맺고 계시는 언약적 관여(covenant involvement)라면 우리는 확고한 기초 위에 있는 것이다. 우리는 불신 철학자들이 고안해 낸 개념이 아닌 성경이 가르치는 개념을 사용하고 있다. 아무리 이 개념들이 설명하기 어렵다 해도(사실 이 개념들은 설명하기 어렵다) 매일의 삶 속에서 인간과 인간이 맺고 있는 관계(아버지-아들, 통치자-시민, 남편-아내)와 유사한 관계를 고려하고 있다. 이런 질문에 관한 성경적 사고와 비성경적 사고 사이의 차이점은 도형 1을 통해 분명해질 수 있다(일부 사람에게!).

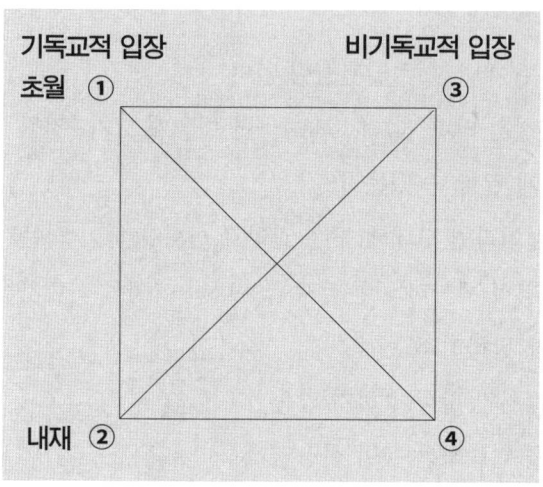

도형 1. 종교적 대립을 보여 주는 정사각형

네 개의 모서리는 네 개의 주장을 나타낸다.

① 하나님은 언약적 머리시다.
② 하나님은 주님으로서 자신의 피조물과 관계하신다.
③ 하나님은 피조물과 무한정 동떨어져 계신다.
④ 하나님은 피조물과 동일하시다.

①과 ②는 성경적 주장이고 ③과 ④는 비성경적 주장이다.
①은 신적 초월성에 관한 성경적 견해를 나타낸다.
②는 신적 내재성에 관한 성경적 주장을 나타낸다.
③은 초월성에 관한 비성경적 주장을 나타낸다.
④는 내재성에 관한 비성경적 주장을 나타낸다.

따라서 이 좌우 두 측면은 하나님의 내재성과 초월성 질문에 대한 기독교적 접근 방식과 비기독교적 접근 방식을 구분한다. 정사각형의 위쪽 반은 초월성 개념을 다루고 아래쪽 반은 내재성 개념을 다룬다.

대각선은 직접적인 반박을 가리키고 어떻게 두 입장이 서로 다른지 정확히 보여 준다.

①은 하나님이 주님으로서 피조물과 구분되심을 주장하고 ④는 어떤 구분도 부인한다.

②는 의미 있는 관여를 주장하고 ③은 그러한 관여를 부인한다.

수평선은 언어적 유사성을 가리킨다.

①과 ③은 "초월," "존귀," "신비" 등에 관한 견해로 표현될 수 있다.

②와 ④는 "관여," "내재성" 등의 형태로 설명될 수 있다.

따라서 많은 오해의 여지가 존재한다. 이 두 견해가 정반대임에도 서로 혼동될 수 있다. 심지어 성경 구절도 혼란스럽게 사용될 수 있다.

하나님의 위대함, 존귀, 불가해성 등에 관한 구절들은 ①이나 ③에 적용될 수 있고 하나님의 가까이 계심에 관한 구절들은 ②나 ④에 적용될 수 있다.

이것은 본질적으로 비기독교적인 철학적 사변인 ③과 ④가 신학자들과 교회 가운데 어느 정도 용인되어 온 이유를 보여 준다.

우리가 현대 신학 사조에 분명히 말하려면 이 차이점들을 명확히 하고 모호성을 공격해야 한다.

수직선 ①-②와 ③-④는 각 체계의 내부 구조를 나타낸다. 우리가 살펴보았듯이 기본적인 수준에서 ③-④는 조화되지 않지만, ①-②는 성경으로 해석된 일상 경험에서 의미와 일관성 있는 유사성(analogy)을 제시한다.

3) 통치, 권위, 현존

초월성(언약적 머리)과 내재성(언약적 관여) 개념에 대해 조금 더 연구해 보자.

성경에서 하나님의 초월성은 통치와 권위 개념에 초점을 맞추는 것처럼 보인다. 통치는 하나님의 주권적 권능이 언약을 발생시킨다는 점에서 명백해진다.

하나님은 언약적 종들을 존재하게 하시고(사 41:4; 43:10-13; 44:6; 48:12f.) 그들에 대한 완전한 통치를 행사하신다(출 3:8, 14).[2]

주님으로서 하나님은 그들을 속박에서 주권적으로 구원하시고(출 20:2) 그들을 위한 자신의 계획을 이루시기 위해 전체 자연환경(참조, 애굽[이집트]에서 역병)에 지시하신다. 권위는 순종을 받으실 하나님의 권리다.

또한, 하나님은 통치와 권위가 있으시므로 힘과 권리를 구현하신다. 반복해서 언약의 주님은 자기 종들이 어떻게 명령에 순종해야 하는지 강조하신다(출 3:13-18; 20:2; 레 18:2-5, 30; 19:37; 신 6:4-9).

하나님의 권위가 절대적이라는 말의 의미는 그의 명령에 이의가 제기돼선 안 되고(욥 40:11ff.; 롬 4:18-20; 9:20; 히 11:4, 7, 8, 17, 여러 다른 구절), 하나님의 권위는 다른 모든 충성심을 초월하며(출 20:3; 신 6:4f.; 마 8:19-22; 10:34-38; 빌 3:8) 인간 삶의 모든 영역으로 하나님의 권위 확장을 의미한다(출애굽기; 레위기; 신명기; 롬 14:32; 고전 10:31; 고후 10:5; 골 3:17, 23).

통치와 권위라는 두 개념은 주님이 피조물 위에 존귀하신 분으로 제시되실 때 전면에 등장하는 개념이다. 또한, 이 개념은 "전적 타자" 또는 "무

---

2 참조, 출 33:18; 34:6; Geerhardus Vos, *Biblical Theology* (Grand Rapids: Wm. B. Eerdmans Pub. Co., 1959), 129-34(『성경신학』, CLC 刊).

한히 떨어져 있는"과 같은 하나님 개념과 멀리 떨어져 있다.

더 나아가 하나님의 내재성은 "언약적 연대"(covenant solidarity)로 설명될 수 있다. 하나님은 자신의 언약 백성을 택하시고 그들의 목적을 자신의 목적과 동일시하신다. 이런 관계의 핵심을 다음과 같은 말로 표현한다.

> 나는 … 너희의 하나님이 되고 너희는 내 백성이 될 것이니라(레 26:12; 참조, 출 29:45; 삼하 7:14; 계 21:27).

하나님은 자신을 그들의 하나님, 즉 "이스라엘의 하나님"으로 명명하신다. 따라서 하나님은 자신을 그들과 동일시하신다. 이스라엘을 무시하는 것은 하나님을 무시하는 것이고 하나님을 무시하는 것은 이스라엘을 무시하는 것이다.

이런 방식으로 하나님은 "그들과 함께하시고"(출 3:12) 그들에게 가까이 계시는(신 4:7; 참조, 30:14), 임마누엘의 하나님이시다(참조, 창 26:3; 28:15; 31:3; 46:4; 출 3:12; 33:14; 신 31:6, 8, 23; 삿 6:16; 사 7:14; 렘 31:33; 마 28:20; 요 17:25; 고전 3:16ff; 계 21:22). 따라서 우리는 때때로 하나님의 "언약적 연대"를 "현존"이나 "가까이 계심"으로 설명할 것이다.

또한, 하나님의 존귀하심처럼 이 가까이 계심은 하나님의 주 되심을 규정하는 특징이다(출 3:7-14; 6:1-8; 20:5, 7, 12; 시 135:13f.; 사 26:4-8; 호 12:4-9; 13:4ff.; 말 3:6; 요 8:31-59; 참조, 레 10:3; 시 148:14; 욘 2:7; 롬 10:6-8; 엡 2:17; 골 1:27).

하나님 자신과 이스라엘 사이의 영적 가까움을 강조하기 위해 하나님은 시내 산, 구름, 광야의 기둥, 약속의 땅, 장막과 성전처럼 공간적으로 그들에게 가까이 오신다.

또한, 하나님은 시간적으로도 가까이 오신다. 하나님은 "여기" 존재하실 뿐 아니라 "지금" 존재하신다. 사람들이 언약을 먼 과거의 유물로 생각하려는 유혹을 받을 때 하나님은 그들에게 자기가 어제나 오늘이나 동일한 하나님이심을 상기시켜 주신다.

하나님은 아브라함과 이삭과 야곱의 하나님이신 것만큼 현재와 미래의 하나님이시다. 또한, 하나님은 지금 구원할 준비가 되신 하나님이시다(참조, 출 3:15; 6:8; 사 41:4, 10, 13; 신 32:7, 39f., 43; 시 135:13; 사 26:4-8; 호 12:4-9; 13:4ff.; 말 3:6; 요 8:52-58).

따라서 하나님의 주 되심은 매우 인격적이고 실질적인 개념이다. 하나님은 모호하고 추상적인 원리나 힘이 아니라 자기 백성과 교제를 나누시는 살아 계신 인격이시다.

하나님은 이 세상의 모든 귀먹고 어리석은 우상과 반대로 살아 계신 참 하나님이시다. 따라서 하나님을 아는 지식은 인격 대 인격(person to person)의 지식이다.

하나님의 현존은 우리가 세련된 이론적 지성을 통해 발견하는 무엇이 아니다. 오히려 하나님은 자기 피조물과 불가피하게 가까이 계신다. 우리는 항상 그와 관련을 맺는다.

통치자(controller)와 권위에서 하나님은 "절대적"이시다. 즉 하나님의 권능과 지혜는 너무 위대해서 누구도 그의 권능과 지혜에 성공적으로 도전할 수 없다. 따라서 하나님은 영원하시고, 무한하시며, 전지하시며, 전능하시며, 그 밖에 다른 속성도 갖고 계신다.

그러나 이런 형이상학적 절대성은 (비기독교 사상처럼) 하나님을 추상적 원리 역할로 내몰지 않는다. 물론 비그리스도인들이 절대적인 존재를 수용할 수 있는 경우는 그런 절대성이 비인격적이고 따라서 어떤 요구도 하지 않고 축복이나 저주를 할 힘도 없을 때다.

이교에도 인격적 신들이 존재하지만 그 신들 가운데 어떤 것도 절대적이지 않다. 또한, 이교에도 절대적인 존재들이 있지만, 그 어떤 것도 인격적이지 않다. 단지 기독교에서만 (또한, 성경이 영향을 준 다른 종교에는) "인격적 절대"와 같은 개념이 존재한다.

통치, 권위, 인격적 현존이라는 삼요소(triad)를 기억하라.

이 세 가지 요소가 종종 본서에서 등장할 것이다. 왜냐하면, 나는 하나님의 주 되심보다 성경적 개념을 요약하는 더 좋은 방법을 알지 못하기 때문이다.

또한, 주 되심 자체가 너무 중심이 되기 때문에 우리는 이 삼요소를 반복해서 마주할 것이다. 나는 이 세 가지 개념을 총괄하여 하나님의 "주 되심의 속성"이라고 부를 것이다.

또한, 초월과 내재, 인격적 절대(즉 절대적 인격성)라는 하나님의 개념을 기억하라.

우리가 기독교 세계관을 요약할 때, 그리고 이것을 비기독교 세계관과 대조할 때 이 범주들이 매우 유용하다는 것을 알게 될 것이다.

우리가 주 되심의 세 가지 속성을 서로 분리된 것이 아닌 하나의 단일체로 형성해서 이해하는 것이 중요하다.

신학적인 의미에서 하나님은 "단순하시다"(simple, 부분으로 구성되지 않은). 따라서 어떤 의미에서 우리가 하나의 속성을 소유한다면 속성 모두 소유하는 것이다. 하나님의 모든 속성은 서로를 포함하고, 이것은 분명히 주 되심의 삼요소에서도 사실이다.

성경에 의하면, 하나님의 통치는 권위를 포함한다. 왜냐하면, 하나님은 진리와 옳음의 구조를 다스리시기 때문이다.

통치는 현존을 포함한다. 왜냐하면, 하나님의 권능이 너무 편만하기에 우리는 모든 경험에서 그와 대면하게 되기 때문이다.

권위는 통치를 포함한다. 왜냐하면, 하나님의 명령은 그 명령을 실행하는 이가 가진 완전한 능력을 전제하기 때문이다.

권위는 현존을 포함한다. 왜냐하면, 하나님의 명령은 분명하게 드러났고 하나님이 곧 우리 가운데 복과 저주를 이행하시는 분이기 때문이다.

현존은 통치를 포함한다. 이는 하늘이나 땅에 있는 무엇이 우리를 하나님에게서 떼어 놓지 못하게 하기 위함이다(요 10 장; 롬 8장).

현존은 권위를 포함한다. 왜냐하면, 하나님은 결코 자신의 말씀(His Word)과 떨어져 현존하지 않으시기 때문이다(참조, 신 30:11ff.; 요 1:1ff. 등; 또한 나의 책 『성경론』[*The Doctrine of the Word of God*][PNR<개혁주의신학사> 刊]을 보라).

요약해 보자.

하나님을 아는 것은 그를 주님으로 아는 것, 즉 "내가 여호와인 줄 아는 것"이다. 또한, 하나님을 주님으로 아는 것은 그의 통치, 권위, 현존을 아는 것이다.

2. 주 되심과 지식

어떻게 주님이신 하나님의 특징이 우리가 그를 아는 방식에 영향을 주는가?

앞서 언급한 논의가 가진 몇 가지 함의를 고려해 보자.

1) 인식 가능성과 불가해성

(1) 모든 사람은 하나님을 안다

하나님은 주님이시므로 알려질 수 있을 뿐 아니라 모든 사람에게 **알려졌다**(롬 1:21). 하나님이 존재하시는지 알 수 없다고 말하는 "불가지론자"는 자신을 기만하는 것이고 다른 사람까지 기만하려는지도 모른다. 하나님의 언약적 현존은 그의 모든 사역과 함께하므로 그의 현존을 피할 수 없다(시 139편).

게다가 만물은 하나님의 통치 아래 있다. 또한, 우리가 살펴보겠지만 모든 지식은 진리를 위한 신적 규범(norms)을 인식하는 것이다. 따라서 모든 지식은 하나님의 권위를 인식하는 것이다. 그러므로 우리는 어떤 것을 알 때 하나님을 안다.

심지어 성경이 없는 사람들에게도 이런 지식이 있다. 즉 그들은 하나님을 알고 그에 대한 의무를 알고(롬 1:32), 불순종 때문에 자신들에게 드리운 진노를 안다(롬 1:18).

하지만 더 심오한 의미에서 단지 신자들만 하나님을 안다. 즉 그리스도인들에게만 영생의 본질인 하나님을 아는 지식이 있다(요 17:3; 참조, 마 11:27; 요 1:14; 고전 2:9-15; 13:12; 고후 3:18; 딤후 1:12, 14.; 요일 5:20).

이 지식을 고려해서 비교할 때, 불신자들은 무지하다고, 즉 그들은 하나님을 알지 **못한다**고 말할 수 있다(고전 1:21; 8:2; 15:34; 갈 4:8; 살전 4:5; 딤후 3:7; 딛 1:16; 히 3:10; 요일 4:8).

비그리스도인들도 하나님을 안다. 하지만 그들은 빈번하게 자신들이 하나님을 알고 있으며, 심지어 알 수 있다는 것을 부인한다. 그들은 하나님의 영광, 하나님의 요구, 하나님의 심판과 대면하는 것을 피하려 한다. 그들은 하나님 사랑의 어떤 부분도 원하지 않는다. 하나님에 대한 인식 가능성을 부인하는 것은 개인적이고 도덕적 상황에서 기인한다.

다시 말해 그리스도인과 비그리스도인 모두 하나님에 관한 견해는 항상 그들이 하나님과 맺고 있는 관계, 즉 한 사람의 윤리적이고 종교적인 지향에서 형성된다.

우리가 앞에서 언급했듯이 초월성과 내재성에 관해 불신자의 입장이 어떻게 불신자의 견해와 관련을 맺고 있는지 파악함으로써 불신자의 입장을 이해할 수 있다. 한편, 하나님이 너무 멀리 떨어져 계셔서 발견할 수 없다면(즉 초월하신다면) 당연히 하나님은 알려질 수 없다.

다른 한편, 하나님이 이 세상에 너무 가까이 계셔서 그를 이 세상과 구분할 수 없다면(즉 내재하신다면), 우리는 그를 알지 못한다. 아니면 하나님이 너무 내재하셔서, 너무 "우리와 가까이 계셔서" 아마 인간 이성(즉 합리주의)의 도움 없이 또는 어떤 종류의 신비적 직관에 의해 완벽하게 하나님을 알 수 있다고 말할 수 있다.

하지만 그런 방법을 통해 알려진 신(the god)은 성경의 하나님이 아닐 것이다. 오히려 그런 신은 인간 자신이 고안한 신, 즉 인간의 통치에 복속하고 인간 자신의 인식 방법에 굴복하며 인간의 기준에 지배를 받는 신일 것이다.

따라서 초월성과 내재성에 대한 비기독교적 관점은 성경이 말하는 하나님에 대한 인식 가능성을 부인한다.

형이상학과 인식론은 서로 관련되어 있다. 왜냐하면, 하나님의 본성이 하나님에 대한 인식 가능성을 결정하기 때문이다. 일단 하나님의 주 되심을 부인하면 그에 대한 인식 가능성을 변호할 수 없을 것이다.

단지 하나님이 성경이 말하는 하나님이실 경우에만 그를 알 수 있다고 주장할 수 있다. 또한, 우리가 살펴보았듯이 하나님이 주님이시라면 이 세상에서 그의 통치, 권위, 현존은 불가피하게 그를 인식 가능하게 만든다.

불신자들이 하나님은 인식될 수 없다고 주장할 때 일반적으로 그들은 인간 지식에 내포된 한계에 호소한다. 흄(Hume)처럼 그들은 우리의 지식은 감각 인식(sense perception)에 제한되어 있다고 주장하거나 우리는 단지 실체 자체가 아닌 "외관"(appearance)이나 "현상"(phenomena)만 알 수 있다고 칸트(Kant)처럼 주장한다. 아니면 그들은 더 최근의(그러나 현재 유행하지 않는) 실증주의(positivism)처럼 우리가 단지 어떤 과학적 방법으로 규명할 수 있는 것만 안다고 주장한다.

따라서 하나님은 결코 인식될 수 없으시거나(초월성에 대한 비기독교적 관점) 유한한 감각 인식, 즉 "현상" 또는 과학의 영역 안에 들어맞으셔야 한다. 그러므로 하나님은 성경이 말하는 하나님 이하의 존재(내재성에 대한 비기독교적 관점)이어야 한다.

그렇지 않으면 우리는 이런 두 입장 사이에서 임의로 왔다 갔다 해야 한다(현대 변증법적 신학 및 철학의 접근 방식).

확실히 우리 지식이 유한한 것은 사실이다. 불가지론자는 어느 정도 지식의 유한을 인식했지만, 자신의 목적을 위해 그 지식을 불합리하게 사용한다.[3]

그러나 인간 지식의 한계는 흄, 칸트, 실증주의자들이 제안했던 종류의 한계와 매우 다르다는 것을 보게 될 것이다.

하지만 지금 우리는 단순히 주님이 누구신지 상기해야 한다. 하나님은 **만물을 통치하시므로** 세상에 의해 상대화되심 없이, 즉 자신의 신성을 상

---

[3] 다음 섹션에서 우리의 지식의 한계를 논의할 것이다.

실함 없이 자신이 창조하신 세상, 즉 우리 세상에 들어오신다.

따라서 우리는 세상을 알 때 하나님을 안다. 하나님은 우리가 판단하거나 결론에 도달하게 하는 최고의 **권위**, 모든 기준의 창시자이시므로 우리는 세상의 다른 사실을 아는 것보다 더 확실히 하나님을 안다.

또한, 하나님은 지고(至高)하게 **현존하는** 분이시므로 아무도 그를 회피할 수 없다. 세상이 하나님을 차단하지 못한다. 또한, 하나님은 인간 정신의 유한성 때문에 자신을 계시하지 못하시는 것이 아니다. 이와는 반대로 모든 실재는 하나님을 계시한다.

그렇다면 불가지론적 주장은 하나님에 관한 비성경적 개념을 전제한다. 하나님이 성경이 말하는 하나님이시라면 그를 아는 데 있어 어떤 장애물도 존재하지 않는다.

(2) 하나님을 아는 지식의 한계

하나님이 주님이라는 사실은 우리가 가진 지식이 그가 가진 지식과 동일하지 않다는 것을 암시한다. 종은 자신의 주님을 알게 됨에 따라 자신이 아는 것이 얼마나 적은지 점점 깨닫게 된다. 또한, 종은 자신의 주님을 알게 됨에 따라 하나님이 얼마나 많이 종이 가진 이해력을 초월하는지 점점 깨닫게 된다. 우리가 가진 한계는 몇 가지 종류에 속한다.

첫째, (우리가 언급했듯이) 죄는 타락한 사람들이 진리를 왜곡한다. 진리에서 도피하며 진리를 거짓으로 바꾸며 진리를 남용하도록 유도한다. 이것은 우리의 사고, 심지어 구속 받은 정신(mind) 안에 자리 잡고 있는 거짓과 무지의 강력한 출처다. 그리스도로 인해 그리스도인들은 이런 문제를 통제하지만(롬 6:14), 이런 문제는 마지막 때까지 완전히 사라지지 않을 것이다.

둘째, 우리 지식 안에 있는 오류는 미성숙과 연약함에서 발생한다.

아담이 타락하지 않았더라도 지식의 습득은 즉시 발생하지 않았을 것이다. 지식의 습득은 역사적 과정, 즉 "땅을 정복"하는 과정의 일환이었을 것이다(창 1:28; 참조, 2:19f.).

심지어 예수님도 지혜와 키에서 "자라가시며"(눅 2:52), 완전한 사람으로서 자신의 삶 속에서 순종을 "배우셨다"(히 5:8).

그렇다면 심지어 죄가 없어도 인간 지식은 확실히 불완전할 수 있다. 게다가 후에 알게 될 수도 있는 것과 비교해 본다면 무지할 수 있다. 따라서 나는 타락하지 않은 인류가 계속되는 지식 탐구에서 시행착오의 방식을 통해 진전하지 않았을지도 모른다고 주장하는 이유를 모르겠다.

엄밀한 의미에서 그런 오류는 고통이나 불법 행위를 일으킬 필요가 없다. 왜냐하면, 고의성 없는 실수는 그 자체로 죄가 아니기 때문이다.

따라서 타락하지 않은 아담은 어떤 것들에는 틀렸을지 모른다. 그리고 **우리는** 훨씬 더 실수할 것 같다. 왜냐하면, 우리의 연약함과 미성숙은 마음의 죄성과 혼합되어 있기 때문이다.

타락하지 않은 아담은 하나님 앞에서 현재 자신의 의무에 대해 실수했을 리가 없지만, 다른 종류의 실수, 심지어 신학적 진술(theological formulations)에서 실수했을지 모른다.[4]

---

4 가령, 제한 속죄(limited atonement)에 관해 잘못된 견해를 주장하는 것은 죄인가? 이 교리(또는 다른 교리)에 관해 잘못된 교리를 주장하는 것은 단지 다음과 같은 경우에만 죄가 될 것이다. ① 사람이 자신의 정신적 역량에 맞는 수준에서 제시된 그 자신의 언어로 된 성경을 가지고 있을 경우. ② 그가 올바른 결론에 도달하는 시간과 자원을 가졌을 경우. ③ 그런데도 그가 고의로 이 진리(그의 사고의 어떤 수준에서)를 거절하는 경우. 우리는 우리 자신과 의견이 다른 사람들에게 온화해야 한다. 왜냐하면, 그들이 동의하지 않는 것은 반항적이거나 죄악 된 것이 아니라 단지 성숙하지 않은 것일 수 있기 때문

하지만 이런 한계들은 단지 시작일 뿐이다. 왜냐하면, 심지어 완전한 피조물의 지혜, 즉 피조물이 소유할 수 있을 만큼 많은 정보를 소유한, 죄성이 없고 성숙한 피조물의 지식도 제한적인 지식일 것이기 때문이다. 피조물이 된다는 것은 삶의 다른 모든 영역처럼 사상과 지식에서도 제한적이 됨을 의미힌다.

우리는 창조자, 즉 우리의 주님에 의해 제한을 받는다. 우리는 시간 안에서 시작하지만 하나님은 그렇지 않으시다. 하나님이 우리를 다스리시고 우리는 그의 권위에 복속한다. 또한, 우리는 궁극적인 언약적 축복이나 저주의 대상이다.

따라서 우리는 사고 속에서 종으로서 우리가 가진 지위를 반영해야 한다. 우리의 사고는 "종으로서 사고"(servant-thinking)해야 한다.

이런 근거로 신학자들은 하나님의 "불가해성"(incomprehensibility)을 언급했다. 불가해성은 이해할 수 없음(inapprehensibility, 즉 알 수 없음[unknowability])이 아니다. 왜냐하면, 불가해성은 하나님이 알려지신다는 것을 전제하기 때문이다.

하나님이 불가해하다고 말하는 것은 우리가 가진 지식이 결코 하나님 자신의 지식과 동일하지 않고, 우리는 결코 하나님이 자신을 아시는 것처럼 하나님을 정확하게(precisely) 알지 못한다는 것을 의미한다.

1940년대에 하나님의 불가해성 개념에 관해 정통 장로교회(OPC: Orthodox Presbyterian Church) 내에서 논란이 있었다. 주요한 논쟁 상대들은 코

이다(그들은 다른 면에서 우리를 능가할 수 있다). 그리고 우리는 항상 우리가 틀릴 수 있다는 가능성과 동의하지 않는 형제나 자매도 우리를 가르칠 무엇을 가질 수도 있다는 것을 인정해야 한다.

넬리우스 반틸(Cornelius Van Til)과 고든 클락(Gordon H. Clark)이었다.[5]

두 사람 모두 이 논의에 최선으로 임하지 않았다. 게다가 우리가 살펴보겠지만, 각자 심각하게 서로를 오해했다. 하지만 두 사람 모두 타당한 우려를 하고 있었다.

반틸은 지식의 영역에서 창조자-피조물 구별을 보존하길 원했다. 그리고 클락은 우리가 정말 계시에 기초해서 하나님을 분명히 안다는 것을 주장하기 위해 불가해성 교리에서 회의적인 추론을 예방하길 원했다.

따라서 반틸은 심지어 하나님과 인간이 동일한 것(예: 특정한 장미)을 사고하고 있을 때도 그 장미에 관한 하나님과 인간의 생각은 절대 **동일하지**(identical) 않다고 주장했다. 즉 하나님의 생각은 창조자의 생각이고 인간의 생각은 피조물의 생각이다.

그런 표현 때문에 클락은 회의주의를 우려했다. 인간이 "이것은 장미다"라고 하는 것과 하나님이 (동일한 장미에 관해) "이것은 장미다"라고 하시는 것 사이에 어떤 차이점이 존재한다면, 인간의 주장은 어찌됐든 진리에 미치지 못할 것이 틀림없다고 보았다.

왜냐하면, 진리의 본질은 하나님의 정신과 동일하기 때문이다. 따라서 모든 점에서 하나님의 정신과 인간의 정신 사이에 필연적인 차이점이 존재한다면 인간은 어떤 것도 참되게 알 수 없는 것처럼 보일 것이다. 즉 회의주의가 발생할 것이다.

---

5 이 문제에 관한 위원회 보고서를 참고하려면 OPC의 "제15회 총회 회의록"(1948)을 보라. 총회 기간에 다른 회의록도 이 논쟁을 언급한다. 반틸(Van Til)은 자신의 책, *Introduction to Systematic Theology*, 159-93(『개혁주의 신학 서론』, CLC 刊)에서 자신의 설명을 제시한다. 프레드 클루스터(Fred Klooster)는 *The Incomprehenisibility of God in the Orthodox Presbyterian Conflict* (Franeker: T. Wever, 1951)에서 이 논쟁을 분석했다. 이 책은 유용한 책이지만 이 논쟁에서 사용된 언어의 모호성에 대해 충분히 세심하지 않다.

따라서 이 논의에서 불가해성 논의는—특히 인간의 생각과 하나님의 존재 간의 관계에 관한 교리는—더 협소하게 인간의 생각과 하나님의 생각 사이의 관계에 관한 논의로 바뀌었다.

하나님이 불가해하다고 말하는 것은 하나님에 관한 우리의 생각(따라서 피조물에 관한 우리의 생각)과 하나님 자신에 관한 하나님의 생각(또한, 피조물에 관한 하나님의 생각) 사이에 어떤 비연속성(클락이 가진 견해보다 반털이 가진 견해에서 훨씬 더 깊은)이 존재함을 의미하게 되었다.

이 논의에 관한 나의 기여는 다음과 같다.

첫째, 나는 독자에게 하나님의 생각과 인간의 생각 사이에 불연속성 목록을 제공할 것인데, 나는 이런 불연속성 목록이 성경에서 입증될 수 있다고 믿는다.

둘째, 나는 인정되어야 할 하나님의 생각과 인간의 생각 간의 연속성 목록을 제공할 것이다.

셋째, 나에게는 모호하게 진술된 것처럼 보여서 어떤 의미에서는 단언될 수 있고 다른 의미에서는 부인될 수 있는 하나님의 생각과 우리 생각 사이에서 추정된 관계 목록을 제공할 것이다.

① 불연속성

성경은 하나님의 생각과 우리의 생각 사이에 다음과 같은 불연속성이 있다고 가르친다.

첫째, 하나님의 생각은 창조되지 않았고 영원하다. 반면, 우리의 생각은 창조되었고 시간에 제한된다.

둘째, 궁극적으로 하나님의 생각은 발생할 것을 결정하거나 작정한다. 하나님의 생각은 하나님이 생각하시는 진리의 원인이지만, 우리의 생각은 그렇지 않다.

이것이 지식 영역에서 통치라는 주 되심의 속성이다.

셋째, 따라서 하나님의 생각은 스스로 타당성(self-validating)을 가진다. 즉 하나님의 생각은 진리에 관한 기준 역할을 한다.

하나님의 생각은 정말 참이다. 왜냐하면, 하나님의 생각은 하나님의 것이기 때문이다.

우리 가운데 누구도 그런 자증하는(self-attesting) 생각이 있다고 주장할 수 없다. 우리의 생각은 반드시 참된 것이 아니다.

또한, 우리의 생각이 참되다면, 그 이유는 우리의 생각이 누군가의 생각, 즉 하나님의 생각과 일치하기 때문이다. 왜냐하면, 하나님은 우리 사고의 기준(criteria)을 제공하시기 때문이다. 이것이 지식 영역에서 권위라는 주 되심의 속성이다.

넷째, 하나님의 생각은 항상 하나님에게 영광과 명예를 가져다준다. 왜냐하면, 하나님은 항상 자기 자신에게 "복되게(in blessing) 현존"하시기 때문이다.

하나님은 "단순"(simple)하시기 때문에(하나님의 비공유적 속성 가운데 하나는 단순성[simplicity]이다 - 역주). 그의 생각은 항상 자기 표현이다.[6]

우리의 생각은 우리와 함께하시는 하나님의 언약적 현존에 의해서만 복되다.

---

[6] 나의 책 *The Doctrine of the Word of God*(『성경론』, CLC 刊)을 보라. 하나님의 생각과 말씀(speech)은 신적 속성이다. 따라서 (단순성 교리에 의해) 하나님의 생각과 말씀은 하나님 자신과 일치한다. 따라서 하나님의 생각과 말씀은 존재하시는 하나님의 모든 것을 표현한다.

이것은 지식에 적용되는 현존이라는 주 되심의 속성이다.

"**첫째**"에서 "**넷째**"까지 "불가해성"은 하나님의 주 되심이 가진 한 측면임에 주목하라.

하나님의 모든 속성은 하나님의 주 되심의 나타남이며, 또한 하나님의 주 되심을 인간 삶의 다른 영역에 적용하는 것으로서 이해될 수 있다.

다섯째, 하나님의 생각은 처음부터 존재하는 원형적인 것(the originals)이다.

우리의 생각은 기껏해야 단지 복사된 것이요 비슷한 것(images)일 뿐이다. 따라서 우리의 생각은 하나님의 언약적 현존 없이는 존재하지 않을 것이다(위의 "**넷째**"를 보라).

여섯째, 하나님은 자신에게 "계시된"(revealed) 무엇이 필요 없으시다. 하나님은 단순히 자신이 누구인지, 자신이 무엇을 하는지 통해 자신이 무엇을 아는지 아신다. 그렇다면 하나님은 스스로(at His own initiative) 아신다.

하지만 우리가 가진 모든 지식은 계시에 기초한다. 우리가 무엇을 알 때 그 이유는 하나님이 성경을 통해, 또는 자연을 통해 우리에게 그것을 알게 하시기로 하셨기 때문이다.

그렇다면 우리가 가진 지식은 또 다른 지식에 의해 시작된다. 우리가 가진 지식은 은혜의 결과다. 이것은 "통치"라는 주 되심의 속성의 또 다른 나타남이다.[7]

일곱째, 하나님은 우리에게 모든 진리를 계시하지 않기로 결정하셨다.

---

[7] 참조, Van Til, *Introduction*, 165(맨 위)(『개혁주의 신학 서론』, CLC 刊).

가령, 우리는 성경이 가르치는 것을 넘어 미래를 알지 못한다. 우리는 하나님, 심지어 피조물에 관한 모든 사실을 알지 못한다. OPC 논쟁에서 하나님의 지식과 우리의 지식 간의 차이는 "양적 차이"(quantitative difference)로 불렸다. 즉 하나님은 우리가 아는 것보다 더 많은 사실을 알고 계신다.[8]

여덟째, 하나님은 우리와 다른 방식으로 지식을 소유하신다.

그는 형체가 없으시므로 감각 인식 기관으로 지식을 얻지 않으신다. 또한, 하나님은 일련의 일시적 활동으로 이해되는 "추론 과정"을 수행하지도 않으신다. 또한, 하나님의 지식은 기억이나 예측(foresight)의 오류 가능성에 제한받지도 않는다. 혹자는 하나님의 지식을 "영원한 직관"으로 특징지었다. 그리고 우리가 아무리 하나님의 지식을 설명해도 분명히 하나님의 지식은 우리의 앎의 방법(methods of knowing)과 완전히 다른 것이다.

OPC 논쟁에서는 하나님의 지식과 우리가 가진 지식 사이의 이런 불연속을 지식의 "양태"(mode) 차이라고 불렀다.[9]

---

[8] 클락은 하나님이 자신의 본성에 관한 진리를 계시하시는 경우를 제외하고 하나님(더 정확하게 하나님의 본질)은 불가해하다고 언급함으로써 이 생각을 표현했다. 반틸은 계시가 없다면 하나님은 불가해할 뿐 아니라 불가지(즉 알 수 없다. 168f.) 하다고 올바르게 답변했다. 그렇다면 합당한 결론은 클락이 불가해성(incomprehensibility)과 알 수 없음(inapprehensibility)을 합당하게 구분하지 못했다고 말하는 것이거나 불가해성에 관한 합당하지 않은 개념을 갖고 있다고 말하는 것일 것이다. 하지만 반틸은 클락이 기꺼이 그런 구분을 한다고 가정했다. 반틸은 클락이 하나님은 불가해하시지만, 계시 없이 하나님을 알 수 있다고 말하는 것으로 이해했다. 따라서 반틸은 클락을 하나님은 계시 없이 알 수 있다고 주장한다고 비판했다. 하지만 나는 클락에 대한 그런 해석을 타당하게 하는 어떤 증거도 찾을 수 없다. 여기서 반틸의 주장은 독창적이지만, 클락의 입장에 대한 잘못된 이해다.

[9] 클락은 하나님의 지식과 우리의 지식 사이의 "양적 차이"뿐 아니라 양태의 차이도 인정했다(위의 "**일곱째**"를 보라). 그러나 반틸은 "우리가 하나님의 앎의 양태(God's mode of knowing)에 관해 전혀 모른다면 우리는 하나님의 존재에 관해 아무것도 알 수 없다"

아홉째, 하나님은 분명히 우리에게 계시하시는 것을 피조물적 형식으로 계시하신다.

계시는 하나님의 마음에 존재하는 형식으로 우리에게 오지 않는다. 가령, 성경은 하나님의 언어가 아닌 인간의 언어로 되어 있다. 즉 성경은 "맞춰진"(accommodated) 것이다.

성경은 우리의 이해하는 능력에 어느 정도 적합하게(adapted) 되었다. 비록 성경이 그런 맞춰진 형태로도 완전히(exhaustively) 이해될 수 없어도 말이다.[10]

열째, 종합해 볼 때 하나님의 생각은 완전한 지혜를 구성한다.

하나님의 생각은 혼란스럽지 않고 서로 일치한다. 하나님의 작정은 지혜로운 계획을 구성한다. 하나님의 생각은 일관된다(coherent). 또한, 신적 사고는 신적 논리와 일치한다. 이것이 항상 우리의 생각에 적용되는 것은 아니다.

또한, 심지어 우리가 계시를 다룰 때 우리의 논리가 체계화할 수 없는 진리를 만나지 않을 것으로 가정하거나, 그 진리가 다른 진리와 일관성 있게 부합할 수 없다고 가정할 근거는 전혀 없다.

따라서 계시에서 반틸이 "외관상 모순"(apparent contradiction)으로 부르는 것을 발견할 수도 있다.[11]

열한째, 계시의 진전이 "**일곱째**" 불연속성에 영향을 준다.

라고 답변했다(ibid., 170). 이것도 클락에 대한 오해를 반영하는 것처럼 보인다. 왜냐하면, 반틸 자신의 설명에 의하면 클락은 그 양태가 알 수 없는 것이 아니라 다르다고 말했기 때문이다.

[10] 참조, Van Til, *Introduction*, 165.
[11] 나는 후에 우리가 논리라는 주제를 다룰 때 이것들에 관해 더 많은 것을 말할 것이다. 나의 책, *Van Til The Theologian* (Phillipsburg, N.J.: Pilgrim Publishing, 1976)은 이 주제에 관한 분석을 시도한다.

하나님이 더 많이 계시하실수록 우리는 더 많이 안다. 비록 우리는 하나님만큼 많은 사실을 아는 지점에 도달할 수 없지만 말이다. 하지만 다른 불연속성들은 계시에 전혀 영향을 받지 않는다.

하나님이 아무리 많이 자신에 관해 계시하셔도 "하나님의 무한한 충만함, 하나님의 지식과 유한한 피조물의 능력 및 지능 사이의 본질적인 불균형"은 항상 남아 있다.[12]

따라서 심지어 하나님이 계시하셨던 것은 중요한 의미에서 우리의 이해를 넘어선다(참조, 사 13:18; 느 9:5; 시 139:6; 147:5; 사 9:6; 55:8f.).

이 구절들에 의하면 우리의 능력을 벗어나는 미지의 영역이 존재할 뿐 아니라 우리의 능력 안에 있는 것, 즉 우리가 아는 것은 우리가 경외감으로 예배하도록 이끈다. 로마서 11:33-36의 경이의 찬송은 계시되지 않은 것이 아닌 정확하게 계시된 것, 즉 사도가 아주 자세하게 설명했던 것에 대한 놀라움을 표현한다.

우리가 더 많이 알면 알수록 우리의 경이감은 점점 더 늘어나야 한다. 왜냐하면, 늘어난 지식은 우리를 하나님의 불가해성과 더 접촉하게 해 주기 때문이다.[13]

---

[12] 나는 이 단락의 이 진술과 다른 진술들에 관해 나의 동료 노먼 쉐퍼드(Norman Shepherd)의 신론 강의에 빚을 졌다. 내가 이러한 호의 덕에 그의 신론 강의를 사용한 것에 대해 전적인 책임감을 느낀다.

[13] 성경에는 하나님의 지식과 인간의 지식 사이의 차이가 잠정적임을 암시하는, 즉 추가 계시를 통해 개선되는 차이라고 암시하는 것처럼 보이는 구절이 적어도 두 개 존재한다. 마 11:25-27에서 예수님은 모든 피조물과 구별되는 자기의 지식을 계시하는 것이 아들의 특권이라고 말씀하신다. 또한, 고전 13:12(참조, 2:6-17)에서 바울은 마지막 완성의 때(in the consummation) 우리는 주님이 우리를 아시는 것 "같이"(even as) 알게 될 것이라고 말한다. 여기서 우리가 주목해야 할 것은, 계시가 우리의 지식과 하나님의 지식 사이의 거리(위의 "**일곱째**")를 좁힌다는 확실한 한 가지 의미가 있다는 것과 종종 성경은 성경의 다른 곳에서 발견할 수 있는 구별을 하지 않고, 넓고 일반적으로 말한다는 점이다. 고전 13:12에 관한 하지(Hodge)의 주석에 주목하라.

때때로 OPC 논쟁에서 창조자와 피조물 사이의 이런 "본질적인 불균형"은 위의 "**일곱째**"에서 설명했던 "양적 차이"와 구별되는 만큼이나 하나님의 지식과 인간의 지식 사이의 "질적(qualitative) 차이"로 설명되었다.

열두째, 또한, 의심할 여지없이 훨씬 더 많은 것이 존재한다.

우리는 하나님의 정신과 우리의 정신 사이의 차이점들을 완벽하게 설명할 수 없다.

우리가 할 수 있다면 우리는 신적 존재가 될 것이다. 따라서 우리는 우리가 이미 열거했던 11개의 차이점에 "기타 등등"(et cetera)을 추가해야 한다.

이 "기타 등등"은 OPC 논쟁에서 "질적 차이"(qualitative difference)라는 어구가 의미했던 것의 또 다른 부분으로 보인다. 이 논쟁의 한 시점에서 클락 진영은 반틸 진영에 하나님의 생각과 우리의 생각 사이의 질적 차이가 무엇인지 "명확하게 진술"하라고 도전했다.

반틸 진영이 그런 도전을 수용하는 것은 자신들의 전체 입장을 철회하는 것이 될 수 있다고 답변했다. 즉 우리가 이런 질적 차이를 "명확히 진술"할 수 있다면 이 차이는 더는 존재하지 않을 것이다.

다시 말하지만 나는 양측 간에 얼마간 오해가 있었다고 생각한다. 하나의 수준에서 그 차이의 본성을 분명하게 진술하는 것이 가능하다

"하늘에 계신 우리 아버지의 온전하심과 같이 우리도 온전해야 하듯이(마 5:48) 우리는 심지어 우리 자신이 알려진 것 같이 안다고 말해질 수도 있다. 하나님의 영역에서 하나님이 완전하시듯이 우리 자신의 좁은 영역에서 우리는 완전할 수도 있다. 그런데도 하나님과 우리 사이의 거리는 무한한 채로 남아 있다. 바울이 고린도 교인들에게 이해시키고 싶은 것은 다음과 같다. 즉 고린도 교인들이 그렇게 많이 자랑했던 은사(gifts)는 하나님의 백성을 위해 예비해 놓으신 것과 비교할 때 지극히 작은 것들이었다."

(그리고 필요하다). 그 차이는 생각의 세계에서 창조자와 피조물 사이의 차이다. 즉 이 차이는 신적 사고와 인간의 사고, 즉 궁극적인 주님의 사고와 종의 사고 사이의 차이다. 내가 위에서 설명하려고 했듯이, 이 기본적 차이가 주는 함의를 또한 어느 정도 자세히 설명할 수 있다. 클락 진영이 이런 종류의 정보를 요구하는 한에서는 그들의 요구가 타당했다.

하지만 우리는 불가해성 개념이 자기 준거적(self-referential)임을 기억해야 한다. 즉 하나님이 불가해하신 분이라면 심지어 그의 불가해성도 이해할 수 없다는 것을 기억해야 한다. 우리가 하나님의 영원성, 무한성, 의, 사랑에 관해 완전한 설명을 할 수 없는 것처럼 하나님의 불가해성에 관해 완전한 설명을 할 수 없다.

② 연속성

성경은 하나님의 사고와 우리의 사고 사이에 다음과 같은 연속성(하나님의 생각과 인간의 생각이 비슷하다는 방식)이 있다고 가르친다. 진리가 가진 이런 측면을 고려하지 못하면 우리는 회의주의에 이를 것이다. 어떤 종류의 지식이 가능해지려면, 인간의 사고가 하나님의 사고와 "일치"할 수 있고 우리가 하나님을 따라 하나님의 생각을 사고할 수 있다(계시 의존 사색을 할 수 있다)는 어떤 의미(들)가 존재해야 한다.

첫째, 하나님의 사고와 인간의 사고는 진리라는 동일한 기준에 묶여 있다. 반틸은 다음과 같이 말한다.

개혁신앙은 명제에 대한 준거점(reference point)이 하나님과 인간에게 동일

하다는 것을 가르친다.[14]

나는 더 모호한 "준거점"이라는 용어보다 "표준"(standard)이라는 용어를 선호한다. 하나님의 생각은 스스로 타당성이 있지만, 인간의 생각은 하나님의 생각에 따라 입증된다.

따라서 하나님의 생각과 인간의 생각 모두 동일한 기준, 즉 하나님의 생각에 대한 참조로 입증된다.

인간의 생각은 인간 사고에 대한 하나님의 규범들에 일치하는 한, 참이다. "왜냐하면, 인간의 사고는," 당연히 앞에서 논의했던 이런 불연속성을 우리에게 상기시켜 주기 때문이다.

또한, 우리의 생각은 하나님의 생각과 같은 규범에 복속하지만 그 규범과 동일하지 않다는 것을 강조해야 한다. 그런데도 신적 사고와 인간의 사고는 규범들에 일치해야 한다. 그리고 이 두 경우에 이런 규범들은 신적인 것이다.

둘째, 신적 생각과 인간의 생각은 동일한 것들에 관한 것일 수 있다. 아니면 철학자들이 언급하듯이 신적 생각과 인간의 생각은 동일한 "대상"(objects)을 가질 수 있다.

인간이 특정한 장미를 생각하고 하나님이 같은 것을 생각하실 때(하나님은 항상—영원히—전지하시기 때문에 당연히 항상 그것을 생각하신다) 인간과 하나님은 동일한 것을 생각한다.

종종 이런 대상은 "명제"(proposition), 즉 사실에 관한 주장일 때도 있다. 반틸은 "2×2=4는 잘 알려진 사실이다"라고 말한다. 하나님은

---

[14] *Introduction*, 171; 참조, 165(『개혁주의 신학 서론』, CLC 刊).

그것을 아신다. 인간도 그것을 안다.[15] 바울은 그리스도가 부활하셨다는 것을 믿었다. 하나님도 그것을 믿으신다.

물론 우리는 우리가 가진 불연속성을 명심해야 한다. 그리스도의 부활에 대한 하나님의 믿음은 창조자, 즉 주님의 믿음이기에 **모든** 면에서 바울의 믿음과 동일하지 않다.

하지만 하나님의 믿음은 동일한 **대상**(object)을 가진다. 또한, 하나님의 믿음은 동일한 진리를 단언한다. 이것을 부인하는 것은 하나님과 인간 사이의 "일치"에 관한 담화를 불가능하게 한다.

하나님과 인간이 동일한 것들에 대해 생각할 수 없다면 어떻게 하나님과 인간이 그 동일한 것들에 관해 일치할 수 있는가?

게다가 이것을 부인하는 것은 명백한 불합리를 나타내도록 꼬드긴다. 가령, 내가 부활을 믿는다면, 하나님은 그것을 믿지 마셔야 한다.[16]

셋째, 하나님의 신념(belief)뿐 아니라 인간의 신념도 참일 수 있다.

참 신념은 잘못 인도하지 않은 신념이다. 하나님의 신념은 자신을 잘못 인도하지 않는다. 또한, 참 인간의 신념도 인간을 잘못 인도하지 않는다.

하지만 차이점이 존재한다. 즉 인간의 삶을 지도하는 데 합당한 신념

---

15 *Introduction*, 171; 참조, 165(『개혁주의 신학 서론』, CLC 刊).
16 독자는 당연히 내가 그런 분명한 요점을 장황하게 논하는 이유를 물을 수 있다. 이유는 다음과 같다. 일부 반틸의 제자는 하나님의 불가해성에 대해 너무 열심을 내서 반틸 자신을 훨씬 넘어섰고 자신들의 요점을 위험하고 터무니없는 정도까지 과장했다. 가령, 짐 할세이(Jim Halsey)는 자신의 논문 "A Preminary Critique of 'Van Til: the theologian'," *WTJ* 39 (1976): 129에서 하나님과 인간이 동일한 신념을 가질 수 있고 동일한 것에 대해 생각할 수 있다는 나의 진술에 이의를 제기한다. 그는 정말 하나님이 부활을 믿지 않으신다고 암시하려는가? 개혁파 신학자가 그런 터무니없는 입장을 가질 수 있다는 것을 믿기 힘들다. 내가 그를 오해했거나 아니면 그가 자신의 의견을 매우 불명확하게 표현했다. 후반에 할세이에 관해 더 논의한다.

이나 인간의 삶을 인도하는 신념은 하나님에게 합당하지 않을 것이다. 하지만 하나님의 삶은 자신의 형상인 인간의 삶과 충분할 정도로 비슷해서 하나님의 신념과 인간의 신념은 의미 있게 참되다고 기술될 수 있다.

하나님에게 참인 명제가 하나님의 삶에서 하는 역할과 비슷한 역할을 하고, 인간에게 참인 명제는 인간의 삶에서 한다.

진리가 전혀 존재하지 않거나 인간이 가진 진리가 하나님의 진리와 "완전히 다르면," 즉 전혀 일치하지 않으면, 지식은 불가능하다.

넷째, 하나님이 전지하시듯이 어떤 의미에서 인간의 지식도 보편적이다. 반틸은 다음과 같이 말한다.

> 인간은 모든 것에 관해 무언가 안다.[17]

우리는 하나님을 알고 있으므로 우주에 있는 모든 것이 창조되고 하나님의 권위에 지배를 받으며 그의 현존으로 가득하다는 것을 안다.

하나님은 모든 것을 알고 계시므로 어떤 지식을 우리에게 계시하실 수 있다. 따라서 모든 것은 잠재적으로 알 수 있지만, 어떤 것도 하나님이 아시는 것처럼 정확히 우리에게 알려질 수 없다.

다섯째, 하나님은 자신을 인식하심으로써 모든 것을 아신다.

하나님은 자신의 본성이나 계획을 인식하심으로써 자신이 알고 있다는 것을 아신다.

우리가 앞에서 언급했듯이(위의 **여섯째** 불연속성) 하나님은 자신 밖에

---

[17] *Introduction*, 164; 참조, 166(『개혁주의 신학 서론』, CLC 刊).

서 "계시된" 무엇이 있을 필요가 없으시다.

우리가 보았듯이 우리의 사고는 이 점에서 매우 다르지만, 어떤 의미에서 유사하다. 우리도 우리 자신을 인식함으로써, 즉 우리 자신의 감각과 생각과 행동을 인식함으로써 지식을 얻는다.

우리가 외부에서 유래하는 모든 것을 알려면 "외부에서 유래하는" 모든 것이 우리 마음에 들어와야 한다. 그렇다면 어떤 의미에서 모든 지식은 자기에 관한 지식이다.

하나님의 지식과 다르게 우리가 가진 지식은 내부에서 기인하지 않다. 하지만 의미심장하게도 우리 지식의 내적 특징은 하나님의 지식의 내적인 것(inwardness)과 유사하다.

여섯째, 우리가 살펴보았듯이(위의 "**넷째**" 불연속성) 하나님의 지식은 스스로 타당성을 지니며 자증하지만 우리의 지식은 그렇지 못하다. 하지만 우리는 하나님의 형상이기 때문에 우리 안에 하나님의 자증을 반영(reflection)하는 것이 일부 존재한다.

우리가 알고 있는 모든 것이 우리 의식에 들어와야 하므로(위의 "**다섯째**" 연속성을 보라) 심지어, 우리가 규범들을 사용하고자 한다면, 우리는 사고할 때 사용하는 규범들을 채택해야 한다.

우리는 선택했던 규범들에 근거해서 생각하지만 이런 사실이 우리를 자율적으로 만들지는 않는다. 규범들은 하나님에게서 기원하고 그의 궁극적 권위(우리의 것이 아닌)를 선포한다.

또한, 우리는 참으로 권위적인 규범들을 **선택**해야 할 의무가 있다. 따라서 어떤 경우에 우리가 순종하는 규범들은 우리가 선택했던 규범들일 것이다.

일곱째, 하나님의 생각은 궁극적 창조자다. 하나님의 생각은 하나님이 생각하시는 진리의 원인이지만, 우리의 생각은 그렇지 못하다(위의 "**둘째**" 불연속성).

그런데도 우리의 생각은 어떤 의미에서 창조적이다. 우리는 이차적 창조자들이다. 한편, 우리는 하나님의 규범에 따라 사고하기를 거부할 때 동시에 하나님이 창조하신 세계에 살기를 거부하는 것이고 그 세계를 대체할 우리 자신의 세계를 고안하는 것이다.

다른 한편, 우리는 순종적으로 생각할 때 우리 자신을 위해 하나님이 우리를 위해 창조하셨던 것을 재창조하는 것이다.

로마서 1장이 가르치듯이 타락한 인간은 진리를 거짓으로 바꾼다. 거짓을 채택하는 것은 우리 지성의 내용뿐 아니라 우리 삶의 모든 영역에 영향을 미친다.

타락한 인간은 마치 이 세상이 하나님이 창조하신 세상이 아닌 것처럼 산다. 오히려 타락한 인간은 마치 이 세상이 자신의 궁극적인 피조물인 것처럼 산다.

또한, 인간은 계시가 제공한 기준, 즉 인간이 진리와 거짓을 구분할 수 있는 유일한 기준을 버릴 때, 자신의 실수를 교정할 방법이 없다. 그가 가진 거짓 기준을 기초로 삼을 때, 거짓 세계는 실제 세계, 즉 존재하는 유일한 세계처럼 보인다.

따라서 중요한 의미에서 죄인은 자신이 지어냈던 세계—꿈의 세계—에 살기를 선택한 사람, 즉 "이차적 창조자"(secondary creator)다. 신자도 하나님의 세계를 자신의 세계(위의 "**여섯째**" 연속성을 보라)로 채택하는 사람, 즉 이차적 창조자다.

왜 여기서 "창조"를 언급하는가?

인간이 창조 자료(data)를 다른 방식으로 "해석한다"고 단순하게 말하지 않는 이유는 무엇인가?

확실히 이런 활동을 "해석"으로 특징지을 수 있다는 것은 사실이다. 하지만 우리가 이 문제를 이런 식으로 남겨 둔다면, 우리는 신자와 불신자가 그 자체로 중립적인 자료를 단순히 조직하거나 분석하고 있다고 할 수 있고, 그들의 분석이나 해석이 그 자체로 해석되지 않는, 어느 쪽으로나 이해될 수 있는 자료와 비교될 수 있다고 그릇되게 제안하는 것이 될 수 있다. 하지만 이런 추정은 그릇된 것이다.

창조의 사실들은 서로 반대되는 해석에 지배를 받는 원자료(raw data)나 순수 사실(brute facts, 이 용어는 해석되지 않은 사실 자체를 의미하는데, 본서에서 자주 등장한다 - 역주)이 아니다. 하나님이 창조의 사실들을 먼저 해석하신다.

반틸이 다음과 같이 말한다.

> 하나님의 해석은 논리적으로 모든 사실에 … 앞선다.[18]

따라서 인간의 해석은 결코 단순한 사실의 해석이 아니다. 오히려 인간의 해석은 항상 하나님이 하신 해석의 재해석이다.

하나님의 해석을 부인하는 것은 단순히 대안적이면서 동일하게 타당한 해석을 채택하는 것이 아니라, 참으로 존재하는 그대로의 사실들을 거절하는 것이다. 즉 실재(reality)를 거절하는 것이다.

타락한 인간이 하나님의 해석에 대항해 자신의 해석을 입증하려고 시도할 수 있는 "해석되지 않은 사실"과 같은 것은 존재하지 않는다.

---

[18] Van Til, *Christian Theistic Evidence* (unpublished syllabus), 51.

타락한 인간은 단지 사실들을 거절할 수 있고 자기 자신이 만든 세계에 살려고 할 수 있다.

이와 유사하게 신자는 사실에 대한 신실한 해석 작업을 할 때 자료를 "해석할" 뿐 아니라 실제로 존재하는 그대로의 창조를 긍정하고 있다. 그래서 그는 창조를 하나님이 창조하셨던 세계로 수용하고, 실제로 존재하는 그대로의 세계에서 살아야 할 책임을 수용하고 있다.

토머스 쿤(Thomas Kuhn)은 자신의 저서 『과학혁명의 구조』(*The Structure of Scientific Revolutions* [Chicago: University of Chicago Press, 1962])에서, 경쟁 관계에 있는 해석(understandings)을 판결할 "해석되지 않는 사실"이 존재하지 않을 때 해석 활동은 창조 활동과 매우 비슷하다고 주장한다.

나는 쿤의 상대주의를 거절하지만(그는 비신론자[nontheist, 무신론과 달리 신 자체를 가정하지 않는다 - 역주]로서 사실들을 규정하기 위한 우리의 체계를 넘어서는 어떤 기준도 없다고 가정한다), 그의 견해에 내포된 "재창조"라는 개념을 너무 강한 것으로 보진 않는다.

"이차적 창조"(secondary creation)와 "이차적 자증"(secondary self-attestation)에 관한 논의(위의 "**여섯째**" 연속성을 보라)는 성경이 가르치는 것에 관한 개혁파적 이해가 없는 사람들에게는 놀라운 것일 수도 있다.

어떤 의미에서 인간을 창조자나 입증자로 만드는 것은 하나님의 궁극적 인과율과 권위를 손상시키는 것처럼 보일 수도 있다.

하지만 우리는 주님이 권위가 있으시고 통치하실 뿐 아니라 언약적으로 현존해 계시다는 것을 잊지 말아야 한다.

하나님은 우리의 해석 작업을 완벽히 통치하시므로 우리의 모든 사고는 그를 계시함(a revelation of Him)이고 그의 현존을 나타냄이다. 따라서 우리는 인간 정신 작업이 반드시 하나님의 권위와 경쟁한다고 두려

위할 필요가 없다. 왜냐하면, 주님은 자신을 우리의 사고 안에서, 또 우리의 사고를 통해 계시하시기 때문이다.

그렇다면 인간의 자유가 하나님의 계시를 차단할 필요가 없다. 따라서 우리는 사고(thinking)와 앎을 두려워할 필요가 없다. 그래서 성경이 가르치는 것에 관한 알미니우스주의적 이해가 아닌 개혁파적 또는 칼빈주의적 이해는 인간 생각의 참된 자유를 옹호한다.

이것이 사실이라면, 자신이 자율적으로("자유롭게") 사고할 수 있다는—(성경에 대한 개혁파적 이해에 의하면) 실제로 그렇지 않음에도—알미니우스주의자의 자랑은 인간의 생각이 우연이란 무작위 힘에 속박되어 있다는 것을 암시할 뿐이다.

우리는 하나님의 말씀에 순종하는 가운데, 사고할 때 전개되는 그 사고 과정이 우리 자신에게 하나님을 계시할 것임을 안다.

우리의 정신은 심지어 통치와 권위라는 하나님의 주 되심의 속성에 있어서도 하나님을 반영한다(image).

③ 문제 영역들

하지만 일부 문제 영역이 있다. 우리는 하나님의 생각이 어떤 면에서 우리의 생각과 같지 않고 다른 면에서 우리의 생각과 비슷하다는 것을 살펴보았다. 나는 이런 문제들을 논의하는 데 있어 일반적으로 사용한 언어 사용을 일부러 피했다.

이런 논의에 친숙한 사람들은 어째서 내가—가령—"하나님 자체"(-God in Himself)를 우리가 알 수 있는지에 관한 질문에 답하지 않았는지 궁금해 할 것이다.

물론 나의 입장은 다음과 같다. 즉 이런저런 표현들은 모호하므로 그런 표현들이 담고 있는 어떤 주장을 하나 이상의 의미에서는 단언해야 하고 다른 의미에서는 부정해야 한다는 것이다.

이런 문제 영역 가운데 일부 영역을 조사해 보자.

첫째, 우리는 하나님에 관한 "적절한"(adequate) 관념을 갖고 있는가? 반틸[19]과 바빙크(Bavinck)[20]는 아니라고 말한다. 왜냐하면, 그런 생각은 비합리적으로 보이기 때문이다. 확실히 우리는 하나님이 불가해하시지만 적어도 그에 관한 "적절한" 지식, 즉 우리 필요를 충족시키는 지식을 갖고 있다고 말하길 원한다.

물론 이런 문제는 단순히 모호성에 관한 경우다. 고전 신학에서 '아데쿠아티오'(*adequatio*)는 "adequate"(적절하다)가 일반적으로 우리에게 의미하는 것보다 훨씬 더한 것, **이해**(comprehension)와 더 유사한 어떤 것을 의미했다. 반틸과 바빙크는 "adequate"의 현대적 용법보다 고전적인 '아데쿠아티오'를 더 생각하고 있다.

둘째, 우리는 하나님의 "본질"을 아는가?

신학에서 우리가 하나님의 본질을 안다는 것을 부인하는 것은 일반적이었다. 따라서 바빙크는 다음과 같이 말한다.

> 칼빈은 "하나님의 본질에 관한 연구"를 시도하는 것을 헛된 사변으로 생각했다. 우리는 "하나님의 특성을 알게 되고 그의 본성에 상응하는 것을 아는 것"으로 충분하다.[21]

---

[19] *Introduction*, 183(『개혁주의 신학 서론』, CLC 刊).

[20] H. Bavink, *The Doctrine of God* (Grand Rapids: Wm. B. Eerdmans Pub. Co., 1951), 33(『개혁주의 신론』, CLC 刊).

[21] H. Bavink, *The Doctrine of God* (Grand Rapids: Wm. B. Eerdmans Pub. Co., 1951),

하지만 반틸은 우리가 하나님의 본질을 포함한 모든 것에 관해 무엇이라도 인식하지만 그것을 이해할 수 없다고 말한다. 따라서 반틸은 다음과 같이 가르친다.

즉 하나님의 "본질"에 관한 지식과 관련해 우리는 기본적으로, 하나님에 관한 다른 모든 지식과 관련하여 우리가 처한 위치와 같은 위치에 있다. 하나님의 본질을 인식하는 데 있어 어떤 특별한 문제도 존재하지 않는다.

이제 여기서 우리는 주의해야 한다. 신학적 복잡성을 가진 그런 상황에서 우리는 종종 단어들이 가진 의미보다 오히려 단어들의 어감에 반응하려는 유혹을 받는다. 어떤 사람들에게는 하나님의 본질에 관한 지식을 주장하는 것이 합리적으로 들린다.

다른 사람들에게는 하나님의 본질에 관한 지식을 부인하는 것이 비합리적으로 들린다. 그래도 신학자는 분석을 먼저하고 그 이후에 반응하는 것을 배워야 한다. 사실 "본질"에 대한 관념은 완전히 명확한 것은 아니다.

일반적으로 본질은 무엇을 규정하는 특성(들), 어떤 것이 무엇으로 존재하게 하는 특성(들)이다. 신학에서 우리는 칭의를 하나님의 의의 전가와 죄의 용서로 정의한다. 칭의에 대해 많은 것이 사실이지만, 이 두 어구는 어떻게든 칭의가 "실제로" 무엇인지, 즉 칭의의 본질이 무엇인지 구체적으로 설명하는 것처럼 보인다.

규정하는 특성("본질적인" 특성)과 비본질적인 특성 사이의 차이점은 무엇인가?

25(『개혁주의 신론』, CLC 刊).

이것은 답하기 어려운 질문이지만(일부 문제를 무시하고), "본질적 특성"에 해당하는 네 가지 기준을 제시하겠다.

① 본질적인 특성은 어떤 실재적 의미에서 단지 외관상의 것이 아닌, 아마 심지어 무엇에 관한 "가장 실재적"(most real)인 특성일 것이다. 우리가 무엇의 "본질"에 도달할 때 우리는 "실제로" 무엇인지에 도달하고 있다고 느끼는 것처럼 보인다.
② 본질적인 특성은 사물의 존재에 필요한 특성이다. 따라서 그런 속성이 없다면 사물은 존재하는 사물이 될 수 없을 것이다. 가령, 삼각형은 세 변 없이 삼각형일 수 없다. 세 변은 삼각형을 이루는 데 "필수적"이다. "세 제곱 피트의 면적을 갖는 것"은 이런 의미에서 필요하지 않다.
③ 본질적 특성은 규정되는 사물의 유형에 독특하다. 삼각형은 세 변으로 되어 있고, 삼각형이 아닌 어떤 것도 세 변으로 되어 있지 않다.
④ 본질적 특성은 우리가 규정된 사물을 이해하는 데 반드시 중요하다. 또한, 우리는 심지어 본질적 특성이 우리의 이해를 위해 가장 기본적인 특성이 되어야 한다고 주장할 수도 있다. 일반적으로 우리는 세 변이 삼각형을 이해하기 위한 "가장 기본적인" 사실이라고 생각한다.

이런 논의의 측면에서 볼 때 우리는 하나님의 "본질"을 아는가?

확실히 우리는 많은 신적 속성이나 특성을 안다. 하나님은 영이시고 자신의 존재, 지혜 등에 있어 무한하시고, 영원하시고, 변하지 않으신다. 확실히 이런 속성들은 실제적인 것들이다(위의 ①을 보라).

하나님의 생각과 우리의 생각 사이에 차이점이 존재하지만 우리는 감히 이런 차이점들이 우리에게서 하나님의 실재(reality)를 뺏어 가도록 차이점들을 너무 크게 만들 수 없다.

우리는 하나님을 영원하신 분으로 언급할 때 단순히 어떻게 그가 우리에게 나타나시는지가 아닌, 어떻게 그가 정말로, 진실로 존재하시는지 말하는 것이다.

우리는 하나님을 인간적인 방식이지만 참된 방식으로 말한다. 왜냐하면, 확실히 하나님은 우리에게 하나님 자신에 관해 참되게 말할 수 있는 능력을 주셨다.

게다가 적어도 영원성 같은 몇몇 신적 속성은 필수적이다(위의 ②를 보라). 하나님이 영원하지 않으시다면 하나님은 하나님일 수 없으실 것이다.

영원성도 하나님에게 독특한 것이다(위의 ③을 보라). 왜냐하면, 중요한 의미에서 하나님만 영원하시기 때문이다.[22]

또한, 하나님의 어떤 속성(들)이 "가장" 중요한지 판단하는 것은 위험하지만 확실히 영원성은 우리가 하나님을 이해하는 데 중요하다(위의 ④를 보라).[23]

그렇다면 **본질**이 함유한 가장 자연스러운 의미에 관해 반틸이 옳다. 우

---

[22] 또 다른 의미에서 우리는 성경이 "영원하다"(eternal)고 말하는 삶을 소유할 수 있지만, 이것은 창조자의 특징인 영원성(eternity)과 다르다.
[23] 어떤 의미에서 하나님의 모든 필수적 속성은 동등하게 중요하다. 왜냐하면, 하나님의 필수적 속성들은 모두 서로 "경계가 같기"(coterminous) 때문이다. 즉 그것들은 서로 다른 관점에서 보이는 하나님의 완전한 존재를 나타낸다. 다른 의미에서 하나님에 관한 "우리의 이해를 위해" 가장 중요한 것을 결정하기는 어렵다. 확실히 "본질"이라는 전체 개념에 대해 문제를 제기하는 주관적 고려사항들이 여기에 개입한다. 아마 "본질적인" 것이 "객관적 실재"(objective reality)와 맺고 있는 관련만큼이나 그것은 우리의 주관적 필요와 관련을 맺고 있다. 그런데도 우리가 살펴보았듯이 본질(위의 ①을 보라)은 종종 주체(subject)에 관한 모든 가능한 술어적 서술(predication) 가운데서 객관성(objectivity)의 패러다임(paradigm)인 것으로 생각된다.

리는 하나님에 대해 무엇을 알 수 있을 만큼(우리가 앞에서 언급했던 한계 내에서) 하나님의 "본질"을 알 수 있다. 우리가 하나님에 관한 다른 지식에 설정하지 않았던 어떤 제한을 "본질"에 대해 설정할 이유가 없다.

아마 하나님의 "본질"을 알려고 시도하는 것에 대한 반론은 거의 대체적으로 사변, 특히 하나님의 본성에 관한 사변(성경이 타당한 것으로 인정하지 않는 주장들)을 막으려고 의도되었다.

확실히 사람들은 종종 자신들이 하나님의 본성과 속성에 관한 질문에 답하려 할 때 분명히 사변으로 빠진다.

또한, 하나님의 "본질"에 관한 탐구는 종종 다양한 속성이 가진 중요성을 서로 저울질하려는 시도, 즉 일반적으로 완전히 무익한 추구가 된다. 우리 자신에게 그런 실수에 대해 경고하는 것이 합당하지만 하나님의 본질에 관한 연구를 일반적으로 비판하는 것보다 그러한 경고를 표현하는 더 좋은 방법이 존재한다.

셋째, 우리는 "하나님을 그 자체로"(God in himself) 아는가, 아니면 "우리와 관계를 맺고 계시는 하나님" 정도로만 아는가?

신학자들은 종종 우리가 "하나님을 그 자체로" 알고 있다는 것을 매우 단호히 부인한다. 불행히 그들은 종종 이런 모호한 어구가 가진 의미를 명확하게 하지 않는다.

심지어 위대한 개혁파 신학자 바빙크도 이 문제에 관해 혼동하고 있다. 그는 『개혁주의 신론』(*The Doctrine of God*)(CLC 刊) 32페이지에서 다음과 같이 말한다.

> 하나님 그 자체에 관한 지식은 존재하지 않는다.

하지만 337페이지에서 바빙크는 다음과 같이 말한다.

지금까지 우리는 하나님의 존재 그 자체를 논의했다.

또한, 152페이지에서 바빙크는 하나님이 변하지 않으시지만, 피조물과의 관계는 변한다고 말한다. 따라서 그는 다음과 같이 가정한다.
하나님이 우리와 맺으신 관계와 상관없이 하나님의 변화하는 능력(change-ability)에 관한 일부 지식을 우리는 갖고 있다.
"하나님 그 자체에 관한 지식"이 의미할 수도 있는 다양한 것을 살펴 보자.

① 인간 해석의 혼합 없이 하나님을 아는 것. 물론 그런 지식은 인간에게 불가능하다. 왜냐하면, 모든 인간의 지식은 인간의 해석이 가미되기 때문이다.
② 우리의 실질적인 필요나 관심과 전혀 관련 없이 "완전히 이론적인(theoretical)" 방식으로 하나님을 아는 것. 후에 나는 이런 의미에서 "완전히 이론적인 지식"으로 그런 것은 존재하지 않는다고 주장할 것이다. 모든 지식은 실제적이다. 왜냐하면, 그것은 인간의 필요를 충족하기 때문이다. 확실히 성경에서 하나님을 아는 지식은 이런 특징을 갖고 있다. 따라서 이런 타당하지 않은(illegitimate) 의미에서는 "하나님 그 자체"에 관한 어떤 지식도 존재하지 않는다. 칼빈은 『기독교 강요』 III. ii. 6에서 이런 종류의 요점을 염두에 둔 것처럼 보이지만, "이론적"이라는 것에 관해 내가 현재 생각하는 것보다 덜 전문적인 개념을 갖고 있다.

③ 계시 없이 하나님을 아는 것. 확실히 그런 지식은 인간에게 존재하지 않는다. 칼빈은 종종 우리의 모든 생각을 계시에 복종시키는 것에 관심을 두고 있다. 『기독교 강요』 I. x. 2의 문맥에 주목하라.

④ 하나님이 자신을 아시듯이 하나님을 아는 것. 이것 역시 배제된다. 존 머레이(John Murray)는 칼빈이 하나님 '아푸드 세'(*apud se*, "그 자체로"[in himself])에 관한 지식을 부정할 때 의미한 바는 하나님이 자신을 아시는 것처럼 우리가 하나님을 알지 못한다는 것을 의미한다고 주장한다. 머레이는 '인 세'(*in se*["자신에 의해" - 역주])와 '아푸드 세'를 구별한다. 왜냐하면, (그가 주장하기를) '인 세'는 더 광범위한 의미를 가질 것이기 때문이다.

⑤ 하나님을 완전히(exhaustively) 아는 것. 우리가 앞에서 했던 주장도 이것을 배제한다.

⑥ 하나님의 본질을 아는 것. 위의 **"둘째"** 문제 영역을 보라.

⑦ 하나님에 관한 사실들(예: 그의 영원성)을 아는 것. 하나님이 세상을 창조하지 않으셨다 해도 하나님에 관한 사실들을 아는 것은 참일 것이다. 이런 의미에서 우리는 "하나님을 그 자체로" 알 수 있다. 성경이 이것을 계시하기 때문에 우리는 이런 사실들을 안다. 바빙크는 337페이지에서 이것을 염두에 두었다.

⑧ 하나님을 실제 존재하시는 대로(as He really is) 아는 것. 그렇다! 때때로 현대 신학자들이 하나님의 가지성(knowability) 부인을 부추기기 위해 『기독교 강요』 I. x. 2에 있는 칼빈의 진술을 사용했지만, 그런 생각은 결코 칼빈의 마음에 있지 않았다. 어쨌든 성경은 분명하다. 우리는 하나님을 알 수 있고 또한 안다. 우리는 하나님을 참되게 알고 실제 존재하시는 대로 하나님을 안다.

어떤 사람들은 하나님에 관한 우리의 지식이 계시를 통해서, 그런 후에 우리의 감각과 이성과 상상을 통해서 오기 때문에, 이 지식은 실제 존재하시는 대로의 하나님에 관한 지식일 수 없고 단지 어떻게 하나님이 우리에게 나타나시는지에 관한 지식이라고 주장했다. 확실히 하나님이 우리에게 나타나시는 대로 우리가 그를 안다는 것은 사실이다.

하지만 그렇다고 해서 우리는 이런 나타남이 거짓되고 우리에게 진리를 말하지 않는다고 가정해야만 하는가?

우리는 단지 진리가 우리 의식으로 들어올 때 항상 상대화된다는 칸트식 전제를 믿을 때만 그 실재가 영원히 우리에게 감춰진다고 가정할 것이다. 하지만 이것은 비성경적 개념이다. 성경에서 실재(특히 하나님)는 알려지고 우리의 감각과 이성과 상상은 이런 지식에 장애물이 아니다. 이것들이 반드시 지식을 왜곡하는 것은 아니다.[24] 오히려 우리의 감각과 이성과 상상 자체는 하나님의 계시이다. 즉 하나님이 자신의 진리를 우리에게 이해시키기 위해 사용하시는 수단이다. 하나님은 주님이시다. 따라서 하나님은 세상에서 배제되지 않으신다.

우리는 이 논의에서 몇 가지 교훈을 배워야 한다. 신학 용어에서 모호성은 아주 흔하다. 우리는 신학적 표현의 어감에 대한 감정적 반응을 피해야 한다.

우리는 용어의 모호성을 해결해야 하고 그것을 채택하거나 공격하기 전에 표현들이 의미하는 바를 결정해야 한다.

---

[24] 이것들은 죄악 되게(sinfully) 사용될 때 지식을 왜곡한다.

"하나님 그 자체"와 같이 하나의 표현이 많은 의미가 있을 수 있을 때 우리는 어떤 의미에서 이 표현을 수용할 수 있고 어떤 의미에서 수용할 수 없는지 결정하기 위해 의미들을 주의 깊게 구별해야 한다.

넷째, 하나의 인간 언어가 인간에게 동일한 의미가 있듯이 하나님에게도 동일한 "의미"를 갖는가?

가령, "2+2=4"라는 진술이 인간에게 동일한 의미가 있듯이 하나님에게도 동일한 의미를 가진다고 말하는 것이 클락(Clark)에게는 중요했다.

그는 다음과 같은 대안은 회의주의라고 주장했다. "살인하지 말라"가 하나님에게 "무를 심어라"를 의미할 수 있다면, 하나님과 인간 사이의 소통은 불가능할 것이다.

클락이 주장하는 요점은 설득력이 있지만, **의미**의 의미(후에 내가 논의할 주제)가 무엇인지 설명이 요구된다. **의미**의 의미가 무엇인지는 우리 세기의 많은 논쟁 주제였다.

의미가 하나님이 재가하신 언어의 **용법**을 가리킨다면 가장 잘 사용된다고 믿는다.[25]

나중에 살펴보겠지만, 이런 견해를 가정한다면 신학적으로 다양한 중요한 결론이 도출된다. 이런 결론 가운데 하나는 다음과 같다. 의미를 배우는 것은 정도(degree)의 문제다.

각각의 언어는 많은 쓰임이 있다. 또한, 우리는 이런 쓰임을 단계적으로, 즉 하나씩 하나씩, 더욱 좋게 배운다. "2+2=4"와 같은 문장의 의미를 아는 것은 완벽하게 단번에 이루어지는 것이 아니다.

---

[25] 물론 하나님은 우리에게 단어가 가진 의미에 대해 특별 계시를 제공하지 않으시지만(일반적으로 말해서), 우리가 하나님 자신의 창조 맥락 안에서 언어를 연구함으로써 언어를 합당하게, 즉 참되고, 명확하고, 애정을 기울여 사용하기를 기대하신다.

따라서 우리는 그 의미를 알거나 모른다. 오히려 우리는 그 문장의 함의, 그 문장이 다른 진술과 갖는 관계, 전문어에 적용하기 등을 점점 더 파악함에 따라 이 문장의 의미(즉 용법들)에 대해 점점 배운다.

물론 하나님은 모든 단어와 어구와 진술의 의미를 완벽히 아신다. 하나님은 이것들의 실제적이고 잠재적인 모든 용법을 아신다. 또한, 하나님은 우리가 할 수 있는 것보다 더 잘 우리의 언어를 사용하실 수 있다.

또한, 더 깊은 차원에서 우리는 우리의 언어에 관한 하나님의 지식이 우리의 언어에 관한 우리의 지식과 다르다고 말해야 한다. 왜냐하면, 하나님의 지식은 창조자의 지식, 즉 언어의 주님이 가지신 지식이기 때문이다(참조, 앞에서 논의한 불연속성).

하나님의 불가해성이라는 맥락에서 반틸의 기본적인 관심은 기본적으로 성경에 대한 우리의 이해에 있다.

우리가 한 구절을 올바르게 주해했을 때 그 구절을 "완전히" 이해했다고 말할 수 있는가?

본질적으로 내가 위에서 언급했던 근거들을 반틸은 아니라고 말한다.[26] 하나님의 지식, 심지어 인간 언어에 관한 하나님의 지식은 우리가 가진 지식과 근본적으로 다른 질서에 속한다.

이것은 성경이 불명확하거나 심지어 이해할 수 없다는 것을 의미하는가?

만약 그렇다면 우리는 하나님의 소통 시도가 실패라고 말해야 했을 것이다!

그렇지 않다. 성경은 아주 명확해서 불순종에 대한 어떤 변명도 할 수

---

[26] *Introduction*, 181ff.(『개혁주의 신학 서론』, CLC 刊).

없다. 우리는 하나님이 의도하신 대로 성경을 사용하기에 충분하게(정도에 대한 강조에 주목하라) 언어를 잘 안다.

하지만 인간의 언어가 너무 풍부하고 인간 언어에 관한 하나님의 지식이 너무 포괄적이므로 성경은 항상 우리의 이해를 초월한 의미의 깊이를 담을 것이다.

이런 의미의 깊이가 우리의 이해를 초월하기 때문에 우리와 관련이 없는가?

그렇지 않다. 성경이 전달하는 신비의 의미, 즉 독자에게서 유발되는 경외감(awe)의 태도는 성경에서 가장 중요하다.

심지어 "2+2=4"라는 진술에 대해 하나님이 우리가 알지 못하는 의미의 깊이를 아실 뿐 아니라 창조자-피조물 구별에 내포된 다른 불연속성도 있다고 말할 수 있다.

하나님은 또한 확실히 우리가 아는, 의미의 제한된 차원을 동일하게 인식하시고 그런 영역 안에서 우리에게 어떤 핑계도 남기지 않는 명확성으로 소통하신다.

다섯째, 하나님에 관한 모든 언어는 문자적 보다 오히려 비유적인가?

"**넷째**" 질문은 하나님의 인간 언어 사용을 다루었다. 반면, "**다섯째**" 질문은 우리의 언어 사용을 다룬다. 여기서 우리는 단어가 다른 용법이 아닌 하나님에게 적용될 때 다른 의미를 갖는지 묻고 있다.

우리 모두 성경이 하나님을 언급할 때 하나님의 "손," 하나님의 "눈"과 같이 비유(figure of speech)를 사용한다는 것을 안다.

어떤 사람들은 하나님에 관한 모든 언어가 비유적이라는 견해를 가졌다. 그들은 인간 언어는 이 세상 언어, 즉 주로 유한하고, 일시적인 실재들을 가리키는 언어라고 주장한다.

그런 언어가 하나님을 언급해야 한다면 그 자체의 자연적 용법과 다른 방식으로 사용되어야 한다. 즉 그 언어를 "비유적으로"(figuratively) 또는 "유비적"(analogically)으로 사용해야 한다.

하지만 이것은 너무 광범위해 여기서 상세히 논의할 수 없는 문제다.

이 문제는 특별히 토마스 아퀴나스(Thomas Aquinas) 시대 이후 종교철학의 주요 문제였다. 다른 많은 종류의 유비가 서로 구별되었다.

하지만 어떤 기본 요점을 고려할 필요가 있다.

① 다른 의미가 아닌 다른 지시대상(referents)

단어들이 하나님에게 적용될 때 그 단어들은 중요하게 다른 지시(reference)를 가진다는 것은 확실히 사실이다. 가령, 하나님의 의는 의미 심장하게 인간의 의와 다르다. 하지만 한 용어가 가진 의미는 그 용어의 지시대상이 아니다.[27] **의자**는 의미에 있어 다양하지 않다. 왜냐하면 서로 다른 의자들을 가리키기 위해 사용되기 때문이다. 우리는 **의**(righteousness)라는 단어를 하나님에게 적용할 때 그 단어에 비유적인 의미가 있다는 것을 증명하려 한다면 하나님의 의는 우리 의와 다를 뿐 아니라 이런 차이점은 비유적 용법을 요구하는 그런 종류에 속한다는 것을 보여 주어야 할 것이다.

② 부정확한 구별

"문자적" 용법과 "비유적" 용법 사이의 차이점은 부정확하다. 한 용어의 "문자적" 용법은 이 용어의 "표준적"(standard) 용법이거나 주요한 용법이지만, "표준적" 용법과 비표준적 용법을 예리하게 구별하

---

[27] 폼페이(Pompei)가 파괴되었지만 폼페이의 의미는 남아 있다.

는 것이 항상 가능한 것은 아니다.

③ **인간의 언어는 자연스럽게(naturally) 하나님을 가리킨다**

기독교 인식론은 인간 언어가 필연적으로 유한한 실재(reality)를 주로 가리킨다는 전제를 거절할 것이다. 왜냐하면, 이 전제는 우리가 초월성에 관한 비기독교적 견해, 즉 하나님은 창조 안에 명확히 계시 되지 않으셨다는 것에 근거하기 때문이다.

기독교적 기초 위에서 우리는 하나님이 자신의 목적을 위해 인간 언어를 만들었다고 말해야 한다. 그리고 하나님의 주요 목적은 우리와 관계를 맺는 것이었다. 인간 언어는 우리가 서로 하나님에 관해 논의할 수 있는 (아마 주된 또는 "주요한") 매체다. 우리는 잘못된 가정에서 자유롭게 될 때 모든 종류의 용어가 피조물보다 오히려 하나님과 주요한 ("문자적") 관련이 있다는 것을 알 수 있다. **하나님**, **의**, **사랑** 등이 적절한 예들이다.

어째서 우리는 하나님의 의가 인간의 의를 본으로 삼기보다는 오히려 인간의 의가 하나님의 의를 본으로 삼아야 한다고 생각하지 않는가?

사실 이것은 성경이 보여 주는 패턴이다. 또한, 우리는 모든 언어가 종교적 어휘를 갖고 있다는 것에 주목해야 한다. 또한, 이런 종교적 어휘들이 그 이전에 존재하는 사실적(naturalistic) 어휘들의 정교한 추정(extrapolation)으로 발전했다는 어떤 증거도 존재하지 않는다. 종교 언어는 인간 담화(discourse)의 자연스러운 일부분이다. 왜냐하면, 하나님은 책상, 의자, 새, 나무만큼이나 인간 생활에 관련돼 있으시기 때문이다.

④ 하나님을 가리키는 어떤 언어(God-language)는 분명히 문자적이다

분명히 어떤 용어들은 하나님을 비유가 아닌 문자적으로 가리킨다. 가령, "하나님은 거짓말쟁이가 아니다"와 같은 부정적인 속성을 예로 들어 보자.

이 문장에서 비유적인 것으로 해석될 수 있는 것은 무엇인가? "아니다"는 분명히 일반적인 의미가 있다. "거짓말쟁이"도 문자적이다. 즉 이 경우에 우리는 하나님을 비유적인 거짓말쟁이와 구별하는 것이 아니라 문자적인 거짓말쟁이와 구별한다.

다른 예로 **사랑**을 들어 보자.

확실히 우리가 언급했듯이(위의 ①을 보라) 여기에, 즉 하나님의 사랑과 인간의 사랑 사이에 다른 많은 지시대상이 존재한다. 하지만 여기서 **사랑**이 가치를 가지는 한, 하나님의 사랑은 자기희생, 도움, 헌신, 동정처럼 우리가 최상의 인간적 사랑에서 기대하는 바를 하나님의 것으로 돌린다. 이것은 하나님의 팔과 손으로 언급하는 것과 확실히 다르다. 왜냐하면, 우리는 하나님이 "실제로" 팔과 눈을 갖고 있지 않다고 의미 있게 말할 수 있다. 하지만 하나님의 사랑에 대해 비슷한 부인을 할 수는 없다. 하나님의 사랑은 우리 언어가 파악할 수 있는 것 이상이다. 하지만 확실히 그 이하는 아니다. **사랑**이 비유적인 의미에서만 하나님에게 적용된다고 말하는 것은 아무 덧붙임 없이 내용을 약화하는 힘을 가진다.

⑤ "유비"(analogy)에 관한 반틸의 견해

반틸은 분명히 하나님에 관한 우리의 모든 사고가 "유비적"(analogical)이라고 가르친다. 그가 사용하는 어휘에서 **유비적**이라는 말은 "하나님이 가지신 원래의 사고를 반영하는" 것을 의미한다.[28] 반틸이 의도하는 의미에서 "문자적" 언어와 "비유적" 언어 모두 "유비적"일 수 있으므로 유비에 대한 그의 견해는 우리 앞에 놓인 이 문제를 해결하지 못한다. 내가 아는 한, 반틸은 하나님에 관한 언어가 문자 그대로일 수 있는지에 대한 질문에 대해 어디에서도 말하지 않다.

⑥ **절대로 하나님의 가지성(knowability)을 위태롭게 하지 말라**

다른 곳처럼 여기서도 하나님의 생각과 우리의 생각 사이에 심한 구별을 해서 하나님의 가지성을 위태롭게 하는 것에 주의해야 한다. 심지어 하나님에 관한 비유적 표현이 사용된 곳에서도 비유적 표현들은 진리를 전달할 수 있다. 성경의 일부 언어가 내포하고 있는 비유적 특징은 그 언어의 의미를 빼앗지 않는다.

"하나님은 바위시다"라는 표현은 참되다. 또한, 이 표현은 문자적 표현이 전달할 수 없는 의미를 전달한다. 하나님은 바위를 만드셨다. 또한, 하나님은 세상이 토대를 갖추기 전부터 자신의 힘과 불변성을 반영하기 위해 바위를 미리 정하셨다. 바위는 하나님을 계시한다. 또한, 이런 근거로 바위는 합당한 비유다.[29]

이런 언어는 거짓임에도 하나님이 사용하실 수밖에 없는 단순한 편법이 아니다. 존 머레이는 다음과 같이 말한다.

---

[28] 여기서 "반영하다"(reflective)는 두 가지 의미가 있다. 어떤 의미에서 모든 인간의 사고는 하나님을 반영한다. 또 다른 의미에서 단지 순종하는 신앙의 사고만이 하나님을 반영한다. 이런 구분은 하나님의 형상에 관한 "더 넓은" 의미와 "더 좁은" 의미 사이의 전통적 개혁파의 구별과 일치한다. 불신앙적 사고는 하나님의 진리와 선을 반영하지 않지만(역설적인 방식으로 반영하는 것을 제외한다), 분명히 그 노련함(skillfulness)에 있어 하나님을 반영한다. 불신자의 지식에 관한 후반의 논의를 보라.

[29] 하나님의 형상인 전체 피조계에 관한 성경적 자료를 참고하려면 Kline, *Images*를 보라.

우리는 유비를 통해 하나님을 안다. 하지만 우리가 아는 바는 단순한 유비가 아닌 참 하나님이다.[30]

여섯째, 하나님의 "사상 내용"(thought-content)은 항상 인간의 사상 내용과 다른가?

내용(content)은 OPC 논쟁에서 중요한 역할을 했다. 반틸 추종자들은 다음과 같이 주장했다.

가령, 인간이 특정한 장미를 생각할 때 그의 정신에 있는 "내용"은 하나님이 그 동일한 장미를 생각하실 때 하나님의 정신 안에 있는 "내용"과 항상 다르다는 것이다.[31] 우리가 **사상 내용**이 완벽하게 명확한 의미가 있다고 가정한 후, 이런저런 것을 지지하는 것은 실수일 것이다.

나의 소책자 『신학자 반틸』(*Van Til the Theologian*)에서 나는 "사상 내용"의 개념이 모호하다고 주장했다.[32] 어떤 의미에서 나는 반틸이 옳다고 주장할 것이다.

다른 의미에서 나는 클락이 옳다고 주장할 것이다.

---

[30] 머레이의 출판되지 않은 "신론에 관한 강의"(Lectures on the Doctrine of God)에서 다른 말로 바꾸어 표현했다. 나는 머레이가 **유비**를 위의 ③에서 설명한, 반틸이 의도한 의미가 아닌 전통적인 언어적 의미에서 사용한다고 생각한다.

[31] 명제 "2×2=4"에 관해 반틸의 *Introduction*, 172(『개혁주의 신학 서론』, CLC 刊)를 참조하라. 반틸은 그런 명제에 관해 하나님의 정신과 인간의 정신 간의 내용적 동일성이 존재해야 한다는 것을 부인한다.

[32] 흥미롭게도 반틸은 다른 맥락에서 이 개념의 모호성을 확증한다. 그는 *Introduction*, 194(『개혁주의 신학 서론』, CLC 刊)에서 그리스도인과 비그리스도인 간에 하나님에 관한 "사상 내용"은 일치하지 않는다고 주장한다. 그러나 195페이지에서 그는 하나님에 관한 비그리스도인의 지식은 추측건대 그리스도인들이 동의할 실제적 사상 내용이라고 힘차게 주장한다. 또한, 심지어 더 두드러지게 194, 195페이지에서 "사상 내용"은 "단순한 형식"과 대조가 되고 "단순한 형식"을 유사하게 모호하도록 만든다.

① **내용**은 **심상**(心像, mental images)을 가리킬 수 있다. 반틸이 『개혁주의 신학 서론』(*An Introduction to Systematic Theology*)(CLC 刊)의 184페이지에서 이것을 염두에 두고 있다고 생각한다.

> 사람은 하나님이 영원하시다고 말할 때 자신이 가진 한계 때문에 하나님을 단지 매우 나이가 많은 분으로 생각할 수 있다. 그는 영원을 단지 끝없이 계속되는 횟수(endless years)라는 측면에서 생각할 수 있다.

만약 "~에 대해 생각하다"라는 어구가 어떤 유형을 마음에 그리는 것, 즉 우리에게 영원하다는 것이 어떤 모습인지 상상하는 것을 의미하지 않는다면, 위의 진술은 거짓이다. 마음에 그리는 것이 고려되지 않는다면 우리가 영원을 끝없는 시간 이외의 것으로 생각할 수 있는 방식이 확실히 존재한다.

마음에 그리는 것이 고려되지 않는다면, 어떻게 신학자들(반틸을 포함해서)은 영원을 초시간적인 것으로 정의하기에 이르는가?

그 논쟁에서 **내용**이 "심상"을 의미한다면 전체 논증은 사변적이고 어리석다. 우리는 하나님이 우리의 심상과 같은 것으로 생각하신다고 가정할 어떤 근거도 갖고 있지 않다(심지어 우리는 상[像, image]을 사용하지 않고 생각할 수 있다). 또한, 하나님이 그렇게 하신다 해도 하나님이 생각하시는 상(image)이 우리가 생각하는 상과 동일하거나 동일하지 않다고 가정할 어떤 근거도 존재하지 않는다.

② **내용**은 **생각의 대상**(objects of thought)을 가리킬 수 있다. 그렇다면 하나님과 인간이 동일한 "사상 내용"을 가진다고 말하는 것은 단순히 하나님과 인간이 동일한 것들을 생각하고 있다는 것을 의미할 것이

다. 이것이 **사상 내용**의 의미라면 분명히 하나님과 인간은 공통의 사상 내용을 가진다. 나는 나의 타자기에 대해 생각한다. 확실히 하나님도 그것에 대해 생각하신다!³³

③ **사상 내용**은 **신념**(belief)이나 **진리 판단**(judgments of truth)을 가리킬 수 있다. 확실히 이런 의미에서 하나님과 인간이 동일한 "사상 내용"을 갖는 것이 가능하다. 왜냐하면, 성경은 항상 우리에게 하나님의 판단에 동의하라고 종용하기 때문이다. "유비적 추론"(analogical reasoning)이라는 반틸의 개념은 그런 동일성과 관계없이는 생각할 수 없다.

④ **내용**도 정신 안에 있는 단어와 관련된 **의미**를 가리킬 수 있다. 이 점에 관해 문제 영역 "**넷째**"와 "**다섯째**"를 보라.

⑤ **내용**은 우리 이해의 **완전함**(fullness)을 가리킬 수 있다. 이런 해석에 기초할 때 분명히 하나님과 인간 사이의 차이점이 항상 존재한다. 왜

---

33 짐 할세이(Jim Halsey, "A Preminary Critique of 'Van Til: the theologian'," 129)는 실제로 하나님과 인간은 동일한 신념(beliefs)을 가질 수 있고 동일한 것들에 대해 생각할 수 있다는 나의 진술에 이의를 제기한다. 나는 이것이 나를 완전히 당황하게 한다고 고백한다. 하나님의 신념과 생각의 대상에 관해 나는 기꺼이 내가 다른 곳에서 가정했던 동일한 차이점들을 가정할 것이다. 즉 하나님의 생각은 창조자의 생각이므로 파생적(derivative)인 것과 대조적으로 본래적(original)인 것이다. 기타 등등. 하지만 내가 주장하는 연속성을 할세이가 부정하는 것은 나에게 전혀 타당하지 않다. 나는 예수님이 죽은 자 가운데서 부활하셨음을 믿는다.
할세이는 하나님이 이 사실을 단언하지 않으신다고 말하려 하는가?
나는 개혁신학자가 그렇게 어리석은 것을 주장할 수 있다고 믿기 어렵다. 물론 할세이의 관심은 모든 점에서 창조자-피조물 구별을 주장하는 것이다. 따라서 그의 견해에 따르면, "동일성"(sameness)이라는 개념을 전면적으로 거부되어야 한다. 그러나 나의 견해에 따르면, 이것은 극단적인 기계적 접근 방식이고 거기에 다른 종류의 "동일성"이 존재하고 있음을 의식하지 못하는 것이다. 게다가 단순히 전반적으로 "동일성" 개념을 거부하는 것은 심각한 신학적 문제를 만든다. 잘못된 종류의 "동일성"이 창조자-피조물 구별을 위태롭게 한다면 모든 동일성을 부정하는 것은 우리 세계에서 하나님의 현존을 위태롭게 한다. 왜냐하면, 그것은 하나님과 인간이 같은 우주에 항상 거하고 있고 동일한 역사를 공유하며 서로 의미 있는 관계를 맺는다는 생각을 불가능하게 만들기 때문이다.

냐하면, 무엇에 대해 하나님이 가지신 개념은 항상 동일한 것에 관해 인간이 가진 개념보다 더 풍부하고 완전하기 때문이다.

⑥ 마지막으로 **내용**은 논의 중인 사고가 함유한 모든 **속성**을 가리킬 수 있다. 하나님의 생각은 질(quality)에 있어 모두 신적이고 우리의 생각은 어떤 것도 신적이지 않기 때문에(위의 "불연속성"을 보라) 이런 점에서 하나님의 생각과 우리의 생각 사이에 내용에서 항상 차이가 존재한다.

그런데도 "사상 내용"이라는 표현에서 우리가 파악했던 모호성으로 우리는 이 표현에 대한 정의되지 않은 사용을 확실히 반대해야 한다.

나는 "사상 내용"이라는 이 어구의 의미에 대한 혼란이 클락 진영과 반틸 진영 의 상호 이해에 현저한 장애물이었다고 확신한다.

일곱째, 하나님의 생각과 우리의 생각 사이에 "질적 차이"가 존재하는가?

질적 차이는 클락 진영에 반대하는 반틸 진영의 위대한 구호였다. 한편, 클락은(우리가 듣기로) 하나님의 생각과 우리의 생각 사이에 단지 "양적 차이"만 존재한다고 주장했다.

하나님은 우리가 아는 것보다 더 많은 사실을 알고 계신다. 다른 한편, 반틸은 이 차이점이 "질적"인 것으로 믿었다.

나는 기꺼이 하나님의 생각과 우리의 생각 사이에 질적 차이가 존재한다고 단언한다. 하지만 현재 논쟁에서 나는 이 용어의 가치를 확신하지 못한다.

"질적 차이"란 무엇인가?

가장 단순히 정의할 때 그것은 질(quality)의 차이다. 따라서 파란색과 녹색의 차이점은 "질적 차이"일 수 있다. 물론 이렇게 사용하는 것은 반틸 진영이 제대로 다루려 애썼던 창조자-피조물 구별을 제대로 다루는 데 완전히 부적절하다. 공평하게 말하자면 우리도 영어에서 **질적 차이**는 일반적으로 파란색과 녹색 같은 차이점(색이라는 특성의 차이점 - 역주)이 아닌, 질의 **매우 큰** 차이를 의미한다는 것을 인식해야 한다.

우리는 차이점이 양적으로 측정되지 않을 때 "질적 차이"를 언급하는 경향이 있다. 심지어 그런 최대한의 정의(maximal definition)에서도 이 용어는 여전히 피조계 **안에서** 차이점을 나타내고 있다. 또한, 이 용어는 특유하게(uniquely) 창조자-피조물 구별을 규정하지 않는다.

따라서 나는 "질적 차이"라는 용어를 피하는 경향이 있지만, 이 용어에 대해 어떤 반대도 하지 않는다.

창조자-피조물 관계를 설명하기 위해 이와 같은 최상의 용어를 사용하는 것이 합당하지만 우리는 "질적"이라는 용어가 자동으로 우리를 피조계 안의 관계(intracreational relations)라는 영역 밖으로 데려간다는 생각을, 그리고 그런 맥락에서 다른 어떤 용어도 "질적"이라는 용어를 대체할 수 없다는 생각을 바로잡아야 한다.[34]

나는 **질적 차이**라는 용어를 사용하기보다 오히려 창조자와 피조물 간의 차이, 주님과 종 간의 차이, 아버지와 아들 간의 차이, 본래적인 것과 파생적인 것 간의 차이, 자증과 다른 것에 의한 증명 간의 차이 같은 성경의 언약적 용어와 직접 관계되는 용어를 사용하길 선호한다.

어떤 맥락에서 이런 용어들도 피조계 안의 관계를 가리킬 수 있다. 왜

---

34 이런 생각이 할세이의 글에 만연한 것처럼 보인다. 그는 계속해서 내가 "질적 차이"를 언급하지 않기 때문에 내가 고려 중인 차이점은 단순히 "양적"인 것으로 생각해야 한다고 제안한다. 이런 제안은 완전히 잘못된 것이다.

냐하면, 인간 언어에서 모든 용어는 피조계 안의 이런저런 것에 적용할 수 있기 때문이다. 그러나 이 용어들은 하나님과 인간 간의 차이를 의미할 때 **질적 차이**라는 용어만큼 명확하고, 모든 면에서 더 명확하다.

질적 차이라는 용어가 어떻게든 이런 다른 용어들보다 더 큰 차이점을 나타낸다거나 논의하고 있는 그 차이를 가리키는 성경적 용어들보다 더 합당하다는 제안은 전적으로 근거 없다.

질적 차이가 OPC 논쟁에서 일종의 당파적 구호가 된 것은 가장 유감스러운 일이었다. 그런 논쟁에 이 용어는 전적으로 합당하지 않다.

하나님의 불가해성에 관한 우리의 논의를 요약하자.

하나님의 주 되심을 인간 삶의 다른 모든 영역에서뿐 아니라 생각의 영역에서도 인정해야 한다. 우리는 하나님의 생각이 전적으로 주권적이고 따라서 우리의 생각과 몹시(sharply) 다르다는 것을 인정해야 한다. 왜냐하면, 우리의 생각은 종의 생각이기 때문이다.

하나님의 존재도 우리의 이해를 완전히 초월한다. 하지만 우리가 하나님의 가지성을, 또는 우리의 사고와 인식 과정에서 하나님의 관여하심을 위태롭게 하는 그런 방식으로 하나님의 불가해성을 해석하지 말아야 한다.

하나님은 자신을 계시하신다. 또한, 우리는 그를 참되게 안다. 하지만 이 계시 안에서, 그리고 이 계시로 인해 우리는 경이 가운데 서 있다.

"클락 사건"(Clark Case)은 사람들이 우선 서로를 이해하고 자신들의 표현에서 모호성을 분석하며 피해야 하는 한 종류 이상의 신학상의 위험을 인식하려는 수고 없이 난해한 신학 문제를 독단적으로 다룰 때 발생할 수 있는 고통의 고전적 사례다.

2) 언약 관계로서 앎

우리는 하나님에 관한 우리의 지식을 위한, 하나님의 주 되심이 담고 있는 함의를 논의해 오고 있다. 우리는 어떻게 하나님의 주 되심이 그의 가지성뿐 아니라 그의 불가해성도 암시하는지 살펴보았다.

이제 우리는 더 구체적으로 어떤 종류의 지식이 하나님의 주 되심과 일치하는지 묻기 원한다. 무엇보다 우리는 모든 인간 활동이 특성상 언약적인 것처럼, 하나님에 관한 인간의 지식도 특성상 언약적임을 인식해야 한다.

앎은 하나님의 언약적 종의 행위다. 이것은 다음과 같은 것을 의미한다. 즉 인간 삶의 다른 모든 면에서처럼 우리는 하나님을 알 때 그의 통치와 권위에 복속하고 피할 수 없는 그의 현존을 직면한다.

우리는 하나님의 불가해성에 관한 논의에서 배웠듯이 하나님이 스스로 갖고 계시는 그런 종류의 지식을 감히 열망하지 말아야 한다.

또한, 우리는 종이 자신의 주님에 관해 가질 수 있는 그런 종류의 지식, 심지어 그런 지식이 신비 지식이나 우리 자신의 무지에 관한 지식이라도 그런 종류의 지식에 만족해야 한다.

이제 이런 "종의 지식"(servant-knowledge)을 더 자세히 살펴보자.

나는 종의 지식이 주님이신 하나님**에 관한**(about) 지식과 주님이신 하나님**께 복속한**(subject to) 지식이라고 제안할 것이다.

(1) 주님이신 하나님에 관한(about) 지식

하나님을 아는 것은 주님으로서 그를 아는 것이고, 그의 이름 야훼 (*Yahweh*, 여호와)를 아는 것이다(출 14:18; 33:11-34:9; 왕상 8:43; 대상 28:6-9; 시 83:18; 91:14; 잠 9:10; 사 43:3; 52:6; 렘 9:23; 16:21; 33:2; 암 5:8). 우리가 앞에서 살펴보았듯이(제1장 서두 - 역주),

하나님은 "사람들이 내가 여호와인 줄 알게" 하시려고 위대한 행동을 하신다.[35] 이러한 강조가 성경의 언약적 조약(covenant treaty)에서 두드러진다. 그 조약 초반에 위대한 왕(the Great King)은 "나는 여호와 너희의 하나님이라"라는 자신의 주 되심을 주장하신다.

하나님을 주님으로 아는 것은 그분의 **통치**를 아는 것을 포함한다.[36]

앞에서 언급했듯이, 하나님은 자연(롬 1:18-20)과 역사(시 106:2, 8; 145:4, 12; 마 11:20f.; 고후 12:12; 히 2:4)에서 자신의 위대한 사역을 통해 자신을 계

---

[35] 클라인(Meredith)은 자신의 책, *Treaty of the Great King* (Grand Rapids: Wm. B. Eerdmans Pub. Co. 1963)에서 성경의 어떤 부분(예로, 출 20:1-17, 신명기)을 히타이트 "종주권 조약"(suzerainty treaty) 형식을 가진 것으로 확인했다. 히타이트 종주권 조약에서 강한 왕은 덜 강한 왕에게 자기 뜻을 부과할 것이다. 이 문서는 일반적으로 다음의 내용을 포함한다. ① 위대한 왕의 신원(身元, identification): 그의 이름, ② 역사적 서언(prologue): 종주(the great king)가 봉신(the lesser[vassal] king)을 도왔던 방법들에 초점을 맞춘, 종주와 봉신 사이의 과거 관계, ③ 법(조약 내용): 첫째, "사랑"이라고 불리는 기본적인 조약 상의 충성, 둘째, 봉신이 순종해야 할 상세한 계명, ④ 제재(制裁, sanction): 순종에 약속된 축복, 불순종에 약속된 저주, ⑤ 조약 집행: 문서 사용, 승계 협정(succession arrangements) 등.
십계명과 신명기에서 하나님은 위대한 왕, 즉 종주시고 이스라엘은 봉신이다. 클라인은 십계명 언약이 사실 정경의 원형적(original) 부분이고 하나님이 추가적인 성경에 영감을 불어넣으셨기 때문에 추가된 부분은 계속 본질적으로, 주님의 이름이라는 신원, 언약적 역사, 언약의 법, 언약적 제재, 언약적 집행과 같은 동일한 역할을 수행한다.

[36] 클라인이 설명 같이, 현저하게 조약 패턴(성경적 패턴과 성경 외적 패턴 모두)은 '통치-권위-현존' 패턴을 밀접하게 따른다. 주님은 자신의 이름을 밝히신 (name-identification) 후 역사적 서언에서 자신이 행하셨던 위대한 일을 설명하고(통치), 자신의 법을 주시며(권위), 축복과 저주를 선언하신다(현존). 그런 후 이 "언약적 집행" 부분은 언약적 역사, 언약적 법, 언약적 제재의 공표와 집행을 다룬다.

시하신다. 이런 사역은 심판의 사역(출 14:8)이나 은혜의 사역(마 5:4; 행 14:17; 마 11:20f.)일 수 있다.

또한, 하나님을 주님으로 아는 것은 그의 **권위**를 아는 것, 즉 하나님이 궁극적 권위이심**을** 아는 것과 그가 우리에게 하라고 명령하신 **바**를 아는 것을 포함한다.

창세기에 의하면, 아담의 첫 번째 경험은 하나님의 명령을 듣는 것이었다(창 1:28f.; 참조, 2:16f.). 인간은 항상 하나님의 뜻을 알고 지내 왔다. 심지어 중생하지 못한 사람들도 하나님이 요구하시는 바를 안다(롬 1:21, 32, 아마 2:14f.).

또한, 구속언약들도 항상 하나님의 법규에 대한 갱신된 적용을 포함한다(출 33:13, 34:5f.; 대상 28:6-9; 렘 9:24).

게다가 하나님의 권위를 아는 것은 언약 관계를 통해 우리를 자신과 하나 되게 하는 분이신 하나님이 **현존**하시다는 사실을 아는 것을 포함할 것이다.

아담은 에덴 동산에서 하나님과 동행했고 이야기를 나누었다.

심지어 불신자들도 하나님을 명확하게 본다(롬 1:19f.). 모든 인간은 하나님의 형상대로 지음 받았다(창 1:27ff.; 9:6; 고전 11:7; 약 3:9).

따라서 하나님이 그들의 삶 속에 반영되어 있기 때문에 그들은 하나님을 안다. 왜냐하면, 하나님은 너무 가까이 계셔서 아무도 그를 피할 수 없기 때문이다.

구속에서 하나님은 자신의 백성에게 다시 가까이 다가가시고, 그들을 친밀하게 부르시며(참조, 마치 하나님이 한 사람을 부르시는 것처럼, 십계명의 "나-너"라는 언어) 그들과 함께 거하시고 그들에게 복을 내리신다(신 33:13).

(2) 주님이신 하나님께 복속한 지식

그러나 앎이 언약적이라고 말하는 것은 앎이 언약**에 관한**(about) 것이라고 말하는 것 이상이다. 주님을 아는 것은 확실히 하나님의 주 되심을 아는 것이라도, 단지 하나님의 주 되심에 관해서만 아는 것이 아니다.

앎 자체는 하나님의 주 되심에 **복속한** 과정이다. 다른 모든 과정처럼 인간 지식은 하나님의 통치 아래 있고 그의 권위에 복속하며 그의 현존에 노출된다.

따라서 하나님은 마치 우리가 아는 사물들에 관여하시듯이, 우리의 앎에도 관여하신다. 앎 자체의 과정은 획득한 정보와 별도로 하나님의 계시다. 우리는 하나님을 알게 되면서 불가피하게 하나님을 알게 된다.

이런 점에서 주 되심의 속성을 고려해 보자.

① 하나님의 통치 아래 있는 지식

먼저, 하나님에 관한 우리의 지식은 항상 계시에 근간을 두고 있다. 우리가 하나님을 알아 갈 때 하나님이 주도권을 쥐신다. 하나님은 우리가 자기를 찾도록 수동적으로 기다리시는 것이 아니라 자기를 계시하신다.

게다가 적어도 타락 후의 맥락에서[37] 이 계시는 은혜로운 계시다. 우리는 이 계시를 받을 자격이 없지만, 하나님은 이 계시를 자신의 구속적 자비의 일부분인 "호의"로 우리에게 제공하신다(출 33:12f.; 대상 28:6-9; 잠 2:6; 사 33:5f.; 렘 9:23.; 31:33f.; 마 11:25-28; 요 17:3; 엡 4:13; 빌 1:9; 골 1:9f.; 3:10; 딤후 2:25; 벧후 1:2f.; 2:20; 요일 4:7).

---

[37] 타락 전에는 받을 만한 자격이 없는 축복이라는 의미에서 은혜가 존재했지만, 진노를 진정시킨다는 의미의 은혜는 존재하지 않았다.

이런 과정은 객관적 의미의 계시를 포함할 뿐 아니라(즉 세상이 하나님에 의해 창조되고 성경이 하나님에 의해 영감되었기에, 세상과 성경은 열린 마음에 하나님을 계시한다) 주관적 의미의 계시를 포함하고 있는데, 이런 계시는 성경이 "조명"이나 "깨달음"(enlightenment)으로 부르는 것으로, 우리의 마음을 열어 우리가 하나님의 진리를 인정하고 이해하며 올바르게 사용할 수 있게 하는 성령의 사역이다(고후 4:6; 엡 1:18; 히 6:4; 10:32; 참조, 살전 1:5).

따라서 지식의 기원은 삼위일체적(trinitarian)이다. 즉 성부는 모든 것을 아시고, 성자의 은혜에 의해, 우리 마음속의 성령 사역을 통해 진리를 우리에게 계시하신다.

어떻게 삼위일체의 각 인격(person)이 앎의 과정에 관여하는지 주목하라(참조, 삼상 2:3; 시 73:11; 사 11:2; 28:9; 53:11; 마 11:25f.; 엡 1:17; 골 2:3).

따라서 지식은 모두 하나님께 속한 것이고 모두 은혜에 속한다. 하나님이 먼저 우리를 자기의 자녀로 아셨기 때문에 우리가 그를 안다(참조, 출 22:12; 고전 8:1-13; 갈 4:9).[38]

② 하나님의 권위에 복속한 지식

성경에서 지식은 의와 거룩함과 매우 밀접하게 관련되어 있다(참조, 엡 4:24; 골 3:10). 의와 거룩함은 "함께 간다"(고전 8:1-3; 요일 4:7f.). 완전한 의미에서 하나님을 아는 지식은 불가피하게 **순종하는** 지식이다. 지식과 순종 사이의 다섯 가지 중요한 관계를 간략하게 살펴보자.

---

[38] 이 시점에서 자연스럽게 제기되는 질문은 다음과 같다. 지식이 구속 은혜의 산물이라면 어떻게 중생하지 못한 사람들이 하나님을 안다고 말할 수 있는가? 답변은 다음과 같다. 신앙의 지식과 불신앙의 지식이라는 두 종류의 "하나님을 아는 지식"이 있다는 것이다. 이후에 우리는 "불신앙의 지식"을 다룰 것이다. 여기서 우리는 신자의 지식에 관해서만 말할 것이다.

첫째, 하나님을 아는 지식은 순종을 낳는다(요 17:26; 벧후 1:3, 5; 2:18-20). 하나님의 친구들은 반드시 하나님께 순종하려 한다(요 14:15, 21 등). 또한, 그들은 하나님을 더 잘 알수록 더욱 순종하게 된다.

하나님과 이런 관계는 피할 수 없는 성화의 경험이다. 하나님의 백성에게 옮겨지는 하나님의 영광에 대한 성경적 모습처럼, 하나님의 백성에게 임하는 하나님의 영에 대한 성경적 모습처럼, 하나님의 형상에 일치되어 가는 하나님 백성에 대한 성경적 모습처럼 하나님을 가까이함은 우리를 변화시킨다.

둘째, 하나님께 대한 순종은 지식으로 인도한다(요 7:17; 엡 3:17-19; 딤후 2:25f.; 요일 3:16; 참조, 시 111:10; 잠 1:7; 15:33; 사 33:6).**³⁹**

이것은 앞에서 지적한 요점의 정반대다. 성경에서 지식과 순종 사이에 "순환적"(circle) 관계가 있다.

이 둘 가운데 어떤 것도 일시적으로나 인과적으로 다른 것에 앞서지 않는다.

지식과 순종은 분리할 수 없고 동시적이다. 각각 서로를 풍성하게 한다(참조, 벧후 1:5f.).

내가 볼 때, 일부 개혁파 "주지주의자들"(intellectuals, 클락은 이 명칭을 자신에게 적용했다)은 이런 순환성(circularity)을 공정하게 다루지 못했다.

심지어 그레샴 메이천(J. Gresham Machen)의 글에서도 우리는 "삶은 교리 위에 세워진다"라는 구호를 발견하는데, 이 구호는 어떤 의미에서 그 반대(교리는 삶 위에 세워진다) 역시 참이라는 사실을 왜곡하는 방식

---

39 "하나님을 두려워함"은 존경과 경외의 기본적 태도인데, 경외는 불가피하게 하나님의 뜻을 행하려는 갈망을 동반한다.

으로 사용된다.

우리는 하나님께 더 완전하게 순종하길 원한다면 그를 알아야 한다. 이것은 확실한 사실이다.

하지만 우리는 하나님을 더 잘 알기 원한다면 그에게 더 온전히 순종해야 한다는 것도 사실이다.[40]

이런 강조점은 우리가 앞에서 언급한 은혜가 지식을 낳는다는 요점과 모순되지 않는다. 하나님은 예수 그리스도의 희생을 기초로 지식과 순종을 우리에게 동시에 **주신다**.

일단 지식과 순종이 주어지면 하나님은 지식과 순종을 점점 충만하게 계속 제공하신다. 하지만 하나님은 수단을 쓰신다.

하나님은 우리에게 지식을 주시는 수단으로 우리의 순종을 사용하신다. 또한, 하나님은 우리에게 순종을 주시는 수단으로 우리의 지식을 사용하신다.

셋째, 순종은 지식이고 지식은 순종이다.

성경에서 매우 자주 **순종**과 **지식**을 서로 동격으로 놓거나(예: 호 6:6) 서로를 규정하기 위해 사용함으로써 거의 유의어(synonyms)로 사용된다(예: 렘 22:16). 또한, 가끔 **지식**은 뚜렷한 윤리적 범주의 일반 목록 안에 있는 용어로 나타난다(예: 호 4:1f.).

따라서 지식은 일종의 순종으로 제시된다(참조, 렘 31:31f.; 요 8:55[문맥, 특히 19, 32, 41 절에 주목하라]; 고전 2:6[참조, 13-15절; 여기서 "온전한"<-

---

[40] 이런 순환성은 훨씬 더 확대된다. 즉 지식은 하나님의 은혜에서 기원하고 더 많은 은혜로 이어진다(출 33:13). 또한, 더 많은 은혜는 더 다양한 지식으로 이어진다. 그러나 이 경우에 "일방적"(unilateral)인 시작이 존재한다. 은혜가 지식을 창출하지만 지식이 은혜를 창출하진 않는다.

mature>은 윤리-종교적 특성이다]; 엡 4:13; 빌 3:8-11; 살후 1:8f.; 벧후 1:5; 2:20f.). 이 구절들에서 순종은 지식의 결과일 뿐 아니라 지식을 이루는 구성적 측면(constitutive aspect)이다. 순종 없이는 지식이 없고, 지식 없이는 순종이 없다.[41]

여기서 요점은 **순종**과 **지식**은 모든 맥락에서 호환되어 사용될 수 있는 유의어가 아니라는 것이다.

이 두 용어는 분명히 다르다. **지식**은 우리 자신과 하나님 사이의 친교(friendship)를 나타낸다(아래를 보라).

또한, **순종**은 그 관계 안에서 우리의 활동을 나타낸다. 하지만 이 두 개념은 서로 분리할 수 없어 종종 유의어로 정당하게 사용될 수 있고 각각 개념이 특정한 관점에서 다른 개념을 설명할 수 있다.

넷째, 따라서 순종은 지식의 기준이다.

누군가 하나님을 아는지 결정하기 위해 우리는 단순히 그에게 필기 시험을 낼 뿐 아니라 그의 삶을 조사한다.

성경에서 무신론은 단순히 이론적인 입장이 아닌 실천적인 입장이다. 왜냐하면, 하나님을 부인하는 것이 우리 인생의 부패 가운데 보이기 때문이다(시 10:4ff.; 14:1-7, 53).

이와 유사하게 기독교 신앙이나 지식을 검증 하는 것은 거룩한 삶

---

[41] 제럴드 다우닝(F. Gerald Downing)은 자신의 책, *Has Christianity a Revelation?* (London: SCM Press, 1964)에서 **지식**의 개념적 의미에서 하나님에 관한 계시된 지식의 존재를 실제로 부인하는 방식으로 지식을 순종과 동일시한다. 내가 볼 때 그는 자신의 주장을 너무 지나치게 강조한다(예: 약간 이상한 그의 빌 3:8 주석을 보라). 그러나 그는 많은 유용한 제안을 한다. 또한, 이 책은 "지식"에 관한 우리의 전통적 심상—지식은 단지 (merely) 지적인 어떤 것이다—과 싸우는 데 있어 매우 유용하다("단지"라는 말이 신학에서 그렇게 유용할 수 있다! 다우닝은 지식이 **단지** 지적이기**만** 한 것이 아니라고 말했다면 참되고 유용한 것을 말한 것이다.)

이다(마 7:21ff.; 눅 8:21; 요 8:47; 14:15, 21, 23f.; 15:7, 10, 14; 17:6, 17; 요일 2:3-5; 4:7; 5:2f.; 요이 6f.; 계 12:17; 14:12).

거룩한 삶이 기독교 신앙이나 지식의 검증 잣대인 궁극적 이유는 다음과 같다. 하나님은 정말 살아 계신 참 하나님이시고, 우리가 단지 이론화할 수 있는 추상 개념이 아니시며, 우리 각자의 삶에 깊이 관여하시는 분이시다.

야훼(*Yahweh*, 여호와)의 "나는 존재한다"(I am)라는 어구는 그의 현존을 가리킨다. 프란시스 쉐퍼(Francis Schaeffer)가 말한 것처럼, 하나님은 "거기 계시는 하나님"이시다.

따라서 우리와 하나님의 관계(involvement)는 실제적인 관계, 즉 우리의 이론적 활동뿐 아니라 우리의 모든 삶에서의 관계다. 불순종하는 것은 괘씸하게도 하나님이 우리 삶에 관여하심에 무지한 것이다. 따라서 불순종은 무지 포함하고 순종은 지식을 포함한다.[42]

다섯째, 따라서 지식 자체를 순종으로 추구해야 함이 분명하다.
성경에는 어떻게 우리가 지식을 추구해야 하는지 매우 직접적인 관련을 맺고 있는 계명이 있다. 또한, 이런 계명은 참 지식과 거짓 지식의 차이점을 식별한다.

이와 관련해 우리는 고린도전서 1:2; 3:18-23; 8:1-3; 야고보서 3:13-18을 묵상해야 한다.

우리는 순종으로 하나님을 알려고 애쓸 때, 기독교 지식이 권위 아래 있는 지식이라는 것과 지식에 관한 우리의 탐구는 자율적이 아닌 성경의 지배를 받아야 한다는 근본적인 핵심을 가정한다.

---

[42] 이 "**넷째**"에서 앞서 인용했던 쉐퍼드(Shepherd)의 강의에서 많은 생각이 나온다.

또한, 이것이 사실이라면, 성경의 진리(또한, 어느 정도 성경의 내용)를 우리가 가진 가장 확실한 지식으로 간주해야 한다는 결론이 도출된다.

이 지식은 다른 모든 지식을 위한 기준이 된다.

다른 명제의 수용이나 거부를 지배한다면, 이 지식에 의문을 제기할 수 있는 어떤 명제도 존재하지 않는다. 따라서 우리는 하나님을 알 때 다른 무엇을 아는 것보다 더 확실히 그를 안다.

하나님이 우리에게 말씀하실 때, 그의 말씀에 대한 우리의 이해가 그 밖의 모든 것에 대한 우리의 이해를 지배해야 한다. 이것은 난점이다. 왜냐하면, 결국 성경에 대한 우리의 이해는 오류가 있고 때때로 교정할 필요가 있을 수 있기 때문이다. 하지만 이런 교정은 어떤 다른 종류의 지식에 기초해서가 아닌, 단지 성경에 대한 더 깊은 이해를 기초로 이루어질 수도 있다.

반틸의 변증학에서 가장 잘 알려진 용어, 즉 **전제**(presupposition)라는 용어를 소개할 시점이다. 전제는 다른 신념(belief)보다 우선하는 신념이므로 다른 신념의 기준 역할을 한다.

궁극적 전제는 어떤 다른 신념도 앞서지 못하는 신념이다.[43] 그리스도인에게 성경의 내용은 그의 궁극적 전제 역할을 해야 한다. 성경에 대한 우리의 신념이 성경에 대한 다른 신념으로 교정될 수 있다.

그러나 우리가 소유한 성경 외적 정보의 대부분과 관련된 그 신념들은 특징이 전제적(presuppositional)이다.

이 교리는 단지 하나님의 주 되심을 인간 생각의 모든 영역에 적용하

---

[43] 혹자는 **전제**에 관한 이런 정의에서 너무 많이 주지주의 느낌이 난다고 생각할 수 있다.

는 것이다. 이 교리는 단지 성경 무오성(infallibility) 교리를 앎의 영역에 적용하는 것이다.

나는 이런 식으로 생각해 볼 때, 복음주의 그리스도인이 이것을 받아들이는 데 문제가 있어야 하는 이유를 이해할 수 없다. 우리가 단지 확언하는 바는 인간의 지식이 종의 지식이라는 것, 우리가 무엇을 알고자 할 때 우리의 첫 번째 관심은 우리 주님이 그것에 대해 생각하시는 바를 발견하고 주님의 판단에 동의하며 주님의 생각을 따라 사고하는 데 있다.

무슨 대안이 있을 수 있겠는가?

우리가 전적으로 그리스도께 헌신되었을지라도, 우리의 지적 작업에 그런 헌신의 여지가 없다고 누가 감히 제안할 수 있는가?

따라서 전제들에 관한 이 교리는 완전히 인간 생각에 대한 그리스도의 주 되심을 주장하는 것이다. 주님은 이것 이하의 어떤 것도 용납하실 수 없다.

③ 하나님의 현존에 노출된 지식

우리는 일반적으로 사실에 관한 지식("~을 앎"), 방식(skills)에 관한 지식("~하는 방식을 앎"), 인물들에 관한 지식("~한 사람을 앎") 사이를 구별한다.[44] 이 세 가지가 서로 관련돼 있지만, 서로 동일한 것은 아니다. 한 사람을 아는 것은 그에 관한 사실을 아는 것이 관련되지만(일부 "인격주의"[personalistic] 신학자와 반대로), 우리는 어떤 이를 알지 못하면

---

[44] 사물에 관한 지식은 네 번째 범주일 수 있다. 종종 우리는 사물(바나나, 스위스, 곡물 시장의 가격 구조)을 말할 때 사실적 지식(factual knowledge)을 말하는 것이다. 다른 때, 또는 아마 어느 정도 항상 우리는 인물들에 관한 지식과 다소 유사한 면식(acquaintance)을 생각할 것이다. 나는 지금 이런 질문들을 분류하려고 노력하는 것이 건설적이라고 생각하지 않는다.

서 그에 대한 사실을 알 수 있고 그에 대한 사실을 알지 못하면서 그를 알 수 있다.

정치학자는 자신이 미국 대통령을 "안다"(knows)고 말할 수 없을지라도 그 대통령에 관한 많은 사실을 알 수 있다. 백악관 정원사는 그 대통령에 대해 훨씬 더 적은 사실을 알고 있어도 자신이 대통령을 아주 잘 안다고 말할 수 있다.

성경에는 이 세 종류의 지식 모두 언급되어 있고 세 가지 모두 신학적으로 중요하다. 신자는 하나님에 관한 사실, 즉 그가 누구시고 무엇을 행하셨는지에 관한 어떤 사실들을 알아야 한다.

언약 구조 안에 있는 "역사적 서언"의 중요성에 주목하라. 즉 주님은 자신이 행하셨던 것을 말씀하심으로 언약 문서를 시작하신다. 언약은 은혜로 시작한다.

기독교 안에 있는 사실적 지식(factual knowledge)의 중요성을 경시하는 사람들은 사실 은혜의 메시지를 경시하는 것이다(참조, 시 100:3; 롬 3:19; 6:3; 요일 2:3; 3:2—신자에게 있어서 중요한, 사실적 지식의 임의적 예들). 게다가 신자는 신자들 간에 서로 다른 방식들—설교, 복음 전도, 집사로서의 섬김 등—뿐 아니라 새로운 방식—하나님께 순종하는 방법, 기도하는 방법, 사랑하는 방법—도 배우는 사람이다(참조, 마 7:11; 골 4:6; 딤전 3:5).

하지만(그리고 아마 가장 중요하게) 기독교 지식은 인격에 관한 지식이다. 기독교 지식은 하나님과 예수 그리스도와 성령을 아는 것이다.[45]

---

[45] 세 종류의 지식이 뚜렷이 구별되지만 각 지식은 서로를 포함한다. 우리는 어떤 인물에 관한 어떤 사실들을 알지 못하고는, 그리고 그와 의미있게 관계를 맺을 어떤 능력이 없이 그를 알 수 없다. 따라서 우리는 기독교 지식을 다음의 세 가지 "관점"으로 설명할

때때로 성경에서 어떤 사람을 "아는 것"은 주로 그에 관한 사실을 아는 것을 의미하지만 자주 이것은 그를 친구나 적으로 관련을 맺고 있는 것을 의미한다(참조, 창 29:5; 마 25:24; 행 19:15; 고전 16:15; 살전 5:12. 이 시점에서 성관계를 의미하는 "알다"의 일반적 용법도 주목해야 한다. 예: 창 4:1). 성경에서 하나님이 사람을 "아신다"(knowing)라고 말할 때 일반적으로 이런 언급은 전혀 사실적 지식에 관한 것이 아니다(왜냐하면, 말할 것도 없이 하나님은 그 사실들을 아시기 때문이다). 그런 맥락에서 **앎**은 일반적으로 "사랑하는 것"(loving)이나 "친구가 되어 주시는 것"을 의미한다(출 33:12, 17; 시 1:5f.; 렘 1:5; 암 3:2; 나 1:7; 마 25:12; 요 10:14, 27).

이것은 특별히 로마서 8:29에서 빈번하게 중요한 주해적 요점이다. 로마서 8:29에서 하나님이 어떤 사람들을 "미리 아셨다"(foreknew)라는 진술은 하나님이 그들이 믿을 것을 아셨다는 것을 의미할 수 없다. 따라서 예정(predestination)은 인간의 자율적 선택을 하나님이 미리 예견하셨다는 것에 기초한다고 가르칠 수 없다. 오히려 이 구절은 구원이 선택된 자들에 대한 하나님의 주권적 지식(즉 사랑)에 기원하고 있음을 가르친다.

따라서 성경은 거의 절대로 하나님이 불신자를 "아신다"라고 말하지 않는다. 그것에 관해 내가 발견할 수 있는 유일한 예(요 2:25; 5:42)는 분명히 사실적인 지식과 관련된다.

그렇다면 하나님에 관한 인간의 지식은 인간에 관한 하나님의 지식

수 있다. 즉 사실을 배우고 이런 사실의 함의와 용도들에 숙달하는 것(고든 클락 [Gordon Glark]), 또는 우리가 서로 그리고 하나님과 맺고 있는 관계에서 사실을 사용할 때 방식(skills)을 개발하는 것, 또는 하나님 알기를 배우는 것인데, 이런 맥락에서 우리가 사실들과 방식을 배운다.

과 매우 유사하다. 하나님을 아는 것은 친구나 적으로 그와 관계하는 것이다. 신자에게 하나님을 아는 것은 그를 사랑하는 것이다.

따라서 이는 하나님을 아는 지식의 구성적 측면으로(우리가 살펴보았듯이), 순종에 강한 강조점을 두는 것이다.

하지만 여기서 우리는 우리가 알고 사랑하는 하나님이 필연적으로 우리와 함께하신다는 사실에 초점을 맞추기 원한다.

따라서 우리가 하나님과 맺고 있는 관계는 참다운 인격적 관계다. 사랑의 친밀함은 사랑받는 자(the beloved)가 소유한 현재적 실재(reality)를 가정한다. 우리는 멀리서 어떤 이를 사랑할 수 있지만, 단지 그 사람이 우리의 생각, 결정, 감정에서 중요하고 지속적인 역할을 하고, 그런 의미에서 우리와 가까울 경우에만 그러하다.

하지만 하나님이 모든 것을 다스리시고 우리의 모든 결정에 궁극적 권위 역할을 하신다면 하나님은 매 순간 우리와 대면하시는 것이다. 하나님의 권능은 모든 장소에서 분명하고 그의 말씀은 계속 우리의 주의를 요구한다.

하나님은 거기 존재하시는, 가장 회피할 수 없고 가장 친밀한 실재시다. 왜냐하면, 하나님의 통치와 권위는 영혼의 가장 깊은 곳(recess)까지 확장되기 때문이다.

하나님의 통치와 권위가 갖는 그 포괄성으로 우리는 하나님을 멀리 떨어진 분으로 생각하지 말아야 한다(이 땅의 통치자들과 권세자들이 멀리 떨어진 것처럼 보이는 이유는 바로 그들의 권위와 통치가 너무 제한되어 있기 때문이다).

따라서 하나님은 통치자요 권위이시며, 우리가 친밀히 아는 분이시다.

성경이 담고 있는 언약적 언어는 이런 친밀감을 드러낸다. 하나님은 마치 이스라엘 국가 전체가 하나의 인격인 것처럼 2인칭 단수를 사용해 이스라엘에 말씀하신다.

하나님은 "나와 너"라는 언어를 사용하신다. 하나님은 자신의 백성에게 자신의 계속적인 (제사장적) 현존의 표지인 복과 저주를 선포하신다. 구속사가 발전해 감에 따라 이런 언약 관계는 결혼(호세아서; 엡 5장 등), 아들 됨(sonship, 요 1:12; 롬 8:14-17 등), 친교(요 15:13-5)의 측면에서 묘사된다.[46]

신자가 하나님의 영광을 위해, 그리고 하나님의 현존(God's presence, *coram deo*) 안에서 모든 것을 행한다는 의식은 개혁신앙을 가진 사람들에게 귀중한 진리였다. 하나님은 다스리시고 명령하실 뿐 아니라 우리가 경험하는 모든 것에서 궁극적으로 "우리와 관계를 맺으시는 분"이시다.

칼빈주의를 결정론적이고, 비인격주의적이고, 지성적이고, 비감정적 유형의 종교로 보는 대중적인 풍자는 사실과 동떨어져 있다.

요약하자면 "하나님을 아는 지식"은 본질적으로 사람이 하나님과 맺고 있는 친교(또는 적대)를 의미한다.

이런 친교가 다른 의미의 지식, 즉 하나님에 대한 사실의 지식, 의로운 삶의 방식에 관한 지식 등을 전제한다.

---

[46] 일부 신학자는 여기에서 율법-언약적(legal-covenantal) 범주에서 친밀한 인격적(intimate-personal) 범주인 위대한 "발전"이 이루어짐을 발견한다. 하지만 나는 친밀한 인격적 범주의 은유(metaphors)를 언약 관계에 이미 관련된 친밀함의 자연스러운 적용(outworking)으로 본다. 무엇이 신 6:5에서 취해진 관계보다 더 친밀할 수 있겠는가? 율법이 반드시 차갑고 비인격적인 것이라는 생각은 성경이 아닌 현대 인본주의적 사고에서 유래한다.

따라서 이 친교는 순종이든지 불순종이든지 삶의 모든 영역에서 하나님에 대한 전인(全人)의 언약적 반응을 포함한다.

가장 주목할 것은, 이것이 하나님의 통치, 권위, 현존적 실재(present reality)와 같은 하나님의 주 되심에 관한 지식을 포함한다는 것이다.

3) 추가적 상설: 지혜와 진리

성경이 말하는 지혜와 진리 개념은 중요한데, 지식 개념과 유사하다. 넓게는 **지식**이 하나님과 인간 사이의 언약적 친교(또는 적대)를 나타내지만, **지혜**는 실제적 지식(know-how)이나 기술(skill)의 요소에 초점을 맞춘다.

현명한 사람은 무언가 **할 수 있는** 능력, 즉 무언가에 관한 사실적 지식뿐 아니라 자신의 지식을 올바르게 **사용할 수 있는** 능력을 갖춘 사람이다.

이런 사용은 다양한 영역에 있을 수 있다. 가령, 우리(Uri)의 아들 브살렐은 성막을 위한 정교한 일(cra work)을 하기 위해 "하나님의 영과 지혜로 충만"했다(NIV는 "기술," "능력"으로 번역했다. 출 31:1-6).

하지만 종종 **지혜**는 도덕적-종교적 함의(connotation)를 가진다. 따라서 우리는 지혜를 "경건한 삶의 기술"로 정의할 수 있다(참조, 특히 약 3:13-17).

그때 우리는 어떻게 지혜가 지식처럼 실제적으로 주님께 대한 실제적 순종뿐 아니라 하나님의 주권에 대한 이해를 포함하는지 이해할 수 있다 (잠 9:10; 참조, 1:7).[47]

또한, 우리는 지혜가 지식처럼 하나님 은혜의 선물이고 삼위일체적 기원이 있음을 파악할 수 있다.

---

[47] **지혜**와 **지식**은 잠언과 다른 지혜 문학에서 거의 유의어다.

성부 하나님은 지혜의 출처이시고 성자 안에 지혜의 모든 보고가 감추어져 있으며 성령은 지혜의 영이시다. 지혜는 말씀(the Word)과 성령(the Spirit)으로 전달된다(참조, 출 28:3; 31:3; 신 34:9; 잠 3:19; 8:30; 28:7-9; 30:5; 렘 8:8f.; 행 6:3; 고전 1:24, 30; 2:6-16; 골 2:3; 3:16; 딤후 3:15).

성경에서 **진리**는 다양한 의미로 사용된다. 우리는 "형이상학적" 의미(진리는 상대적인 것, 부분적인 것과 반대로 절대적인 것, 완전한 것이다. 요 6:32, 35; 15:1; 17:3; 히 8:21; 요일 5:20), "인식론적" 의미(진실은 올바른 것이다. 신 17:4; 왕상 10:6; 엡 4:24—즉 "명제적 진리"), "윤리적" 의미(진리 안에 "걷는 것," 즉 바로 행하는 것이다. 느 9:33; 시 15:2; 25:5; 26:3; 51:6[지혜와 비교됨을 주목하라]; 86:11; 겔 18:9; 호 4:1; 요 3:20f.; 갈 5:7; 요일 1:6)를 구별할 수도 있다.[48]

진리는 지식과 지혜처럼 은혜로써, 삼위일체적 교통에 의해, 말씀에 의해, 성령에 의해 온다(단 10:21; 요 8:31f.; 14:6; 17:17[참조, 6, 8절; 삼하 7:28; 시 119:142, 160]; 롬 2:8; 고후 4:2; 6:7; 갈 2:5; 엡 1:13; 골 1:5; 살후 2:12; 딤전 3:15; 약 3:14; 벧전 1:22; 벧후 2:2; 계 6:10; 15:3; 16:7).

지혜와 진리에 대한 성경적 개념은 정확하게 "지식"과 유의어는 아니다. 하지만 이것들은 지식에 관한 우리의 논의에서 이루어진 어떤 강조점을 입증한다.

지혜와 진리는 의미심장하게 명제적이나 개념적 지식과 관계되어 있다. 하지만 어느 것도 명제적 범주로 완전히 설명될 수 없다.

완전히 성경적 의미에서 "지혜"로움이나 "진리를 앎"은 단순히 신학에 대한 사실을 아는 것이 아니다(또한, 이것은 일종의 명제적 내용이 결여된 신비적 지식도 아니다).

---

[48] 세 가지 구분에 관해 John Murray, *Principles of Conduct* (Grand Rapids: Wm. B. Eerdmans Pub. Co., 1957), 123-28과 Vos, *Biblical Theology*, 382f.(『성경신학』, CLC 刊)를 보라.

지식과 같이 지혜와 진리는 하나님의 은혜로써 제공되고, 이 용어들이 가진 가장 심오한 의미에서 순종과 창조자와 피조물 사이의 친밀하고 인격적인 관계를 포함한다.

3. 불신자의 지식

지금 우리는 한 가지 문제에 봉착해 있다.
만약 성경에서 **지식**이 사실적 지식을 포함할 뿐만 아니라

① 하나님의 구속적 은혜의 은사(gift),
② 하나님께 대한 언약적인 순종의 반응,
③ 다정하고 인격적인 관계(involvement)이기도 하다면,

어떻게 불신자가 하나님을 안다고 말해질 수 있는가?
성경에 따르면 불신자도 분명히 하나님을 안다는 것을 우리는 살펴보았지만, 어떻게 그런 일이 있을 수 있는가?
물론 성경은 우리에게 불신자들이 하나님을 모른다고 말한다(참조, 앞에서 열거했던 구절들).
그렇다면 분명히 불신자들은 어떤 의미(들)에서는 정말 하나님을 알고, 어떤 의미(들)에서는 하나님을 모른다. 이제 우리는 이런 차이점을 정리해야 한다.

1) 유사점

중요한 방식에서, 불신자가 가진 지식은 신자가 가진 지식과 같다. 앞 부분의 개요를 살펴볼 때 우리는 다음과 같이 말할 수 있다.

① 하나님은 알려지실 수 있지만, 신자와 불신자 모두에게 불가해 (incomprehensible)하시다.
② 이 두 경우 지식은 언약 지식으로 설명될 수 있다.

신자와 불신자 모두 하나님의 통치, 권위, 현존에 **관해** 안다. 신자의 지식처럼 불신자의 지식도 하나님은 주님이시라는 것이다(참조, 앞에서 언급한 구절들). 또한, 두 형태의 지식 모두 하나님의 통치, 권위, 현존의 **지배를 받는다**.

신자와 같이 불신자도 단지 하나님의 주도로 그를 알지만, 그는 그 권위에 순종하기를 거부한다. 불신자의 지식은 하나님에 관한 지식일 뿐 아니라 하나님 자신에 관한 지식이다(롬 1:21). 비록 불신자가 하나님의 구속적인 복이 아닌 하나님의 진노의 현존을 경험한다 해도(롬 1:18; 참조, 출 14:4, 이 구절에서 하나님에 관한 애굽인들의 지식은 심판의 경험 가운데 발생한다), 사실 불신자의 지식은 주어진, 하나님과의 대결(confrontation)이다.[49]

---

[49] 물론 불신자도 분명히 하나님의 "일반은총"이 제공하는 복을 경험한다(마 5:45ff.; 행 14:17ff.). 하나님이 주시는 일반은총의 복은 그의 비구속적 친절함인데, 하나님은 이 비구속적 친절함에 의해 애정 어린 손길로 인간을 회개와 믿음으로 인도 하신다.

2) 차이점

앞의 논의에서 본질적인 차이점이 도출될 수 있다. 불신자의 지식은 다음의 내용을 수반한다.

① 구원하는 은혜의 결여.
② 순종하기를 거절함.
③ 구속적 복의 결여.

하지만 우리는 더 구체적이어야 한다.
어떻게 이런 차이점이 불신자가 살아가고 결정을 내리며 주장하며 철학 작업을 하며 신학 작업을 할 때, 불신자의 의식과 그런 의식에 대한 그의 표현에 영향을 주는가?

(1) 계시는 불신자에게 어떤 영향도 미치지 않는다

우리는 불신자의 "지식"도 단순히 하나님의 계시에서 비롯된 것이라고 말하고 싶은 유혹을 받을 수도 있다. 그런 계시가 불신자의 의식에 전혀 영향을 미치지 않을지라도 말이다.

그런 견해로 우리는 확실히 어떤 의미에서 하나님이 자신을 모든 사람에게 계시하셨다고 말할 수 있다.

또한, 우리는 타락이 지식에 미치는 영향을 강조하여 말할 수 있다. 즉 죄인이 너무 부패해 하나님을 자신의 마음에서 완전히 추방하고, 하나님의 계시는 그의 사고에 전혀 영향을 미치지 못한다는 것이다.[50] 나는 이 견해가 다음과 같은 이유로 부적절하다고 생각한다.

① 이 견해에 의하면 우리는 타락한 사람에게 자신을 계시하시는 하나님에 대해 말할 수 있다. 하지만 우리는 확실히 타락한 인간이 하나님을 아는 지식을 소유하고 있다고 말할 수 없을 것이다. 하지만 성경은 불신자들이 하나님을 알고 있는 것으로 표현한다.
② 성경은 불신자들, 심지어 귀신도 항상 하나님의 계시와 상호 작용을 하고 있는 것으로 제시한다. 하나님은 불신자들에게 계시되었을 뿐 아니라 "분명히 보여 알려"졌다(롬 1:20). 그들은 하나님을 "안다"(롬 1:21). 또한, 그들은 "하나님의 진리를 거짓 것으로 바꾼다"(롬 1:23, 25).
어떻게 우리가 우리 마음에 떠오르지 않은 것을 바꿀 수 있는가? 성경에 의하면 불신자들도 하나님에 관해 참되게 말한다. 이에 대해서는 우리가 살펴볼 것이다.

(2) 불신자는 알아야 함에도 모른다

짐 할세이(Jim S. Halsey; 또 다른 것과 관련해서 앞에서 언급했다)는 자신의 책 『이와 같은 때를 위하여』(*For a Time Such as This*)에서[51] 불신자는 참 하나님이 세상의 창조자이시고 그의 섭리가 그의 모든 사역을 다스리신다는 것

---

50 어떤 성경 번역에서 롬 1:28은 다음과 같은 것을 암시한다. 불신자는 자기의 의식(consciousness) 안에 하나님을 두길 원하지 않는다. 따라서 그의 의식은 하나님이 빠져 있다. 그러나 그리스어 '에피그노세이'(*epignosei*)는 "의식"보다 훨씬 많은 것을 의미한다. 어쨌든 이 구절에서 예측된 이런 거절은 어떤 시점에서 하나님을 아는 지식을 전제하는 고의적인 행동이다. 즉 불신자는 자신이 아는 것을 거절하고 있다.
51 Nutley, N.J.: Presbyterian and Reformed Pub. Co., 1976.

을 자연을 통해서만 알아야 한다고 제안한다. 그는 다음과 같이 덧붙인다.

> 위의 내용은 모든 사람이 도달해야 하는 결론임을 주의 깊게 말해야 한다. 하지만 모든 사람이 실제로 그런 결론에 도달할 수 있다는 것을 암시하지 말아야 한다 … "당위"(ought)가 반드시 능력을 암시하는 것은 아니다.[52]

할세이가 주장하는 요점은 다음과 같다. 즉 불신자의 지식은 실제적인 것이 아니라 단지 잠재적(potential)이다. 또한, 불신자는 알아야 함에도 사실 알지 못한다.

반틸도 가끔 그런 식으로 말하지만 나는 그런 표현이 부적절하다고 확신한다. 본질적으로 위의 "(1) 계시는 불신자에게 어떤 영향도 미치지 않는다"는 불신자가 정말로 모른다는 것과 동일한 입장이다. 그래서 불신자는 단지 알아야 할 의무가 있다.

우리가 살펴보았듯이 성경은 불신자가 분명히 알고 있다고 말한다. 게다가 우리가 살펴보겠지만 할세이나 반틸 모두 이런 입장을 일관되게 취하지 않는다.

(3) 불신자는 하나님을 "심리적으로" 안다

할세이는 자신의 책 65페이지에서 또 다른 공식적 진술을 다음과 같이 제안한다. 불신자는 "인식적인"(epistemological) 의미가 아닌 "심리적인"(psychological) 의미에서 하나님을 안다.[53]

---

[52] Nutley, N.J.: Presbyterian and Reformed Pub. Co., 1976, 63.
[53] 할세이가 지적하듯이 반틸도 일부 동일한 용어를 사용하지만 나는 할세이가 그러하듯 이 반틸도 동일한 언어를 사용하는지 잘 모르겠다. 어쨌든 반틸이(할세이와 대조적으

할세이가 의도하는 "인식적"이 무엇을 의미하는지 나에겐 좀 명확하지 않다. 다음 페이지에서 그는 반복해서 그것을 "해석학적 활동"과 관련시킨다.

따라서 할세이는 다음처럼 주장하는 것으로 보인다. 즉 불신자는 하나님을 알지만, 그의 해석학적 활동은 항상 하나님을 부인한다는 것이다.

① 이 견해는 할세이도 분명히 주장하길 원하는 "(2) 불신자는 알아야 함에도 모른다"와 모순된다. 할세이의 견해에 의하면 불신자의 지식은 잠재적일 뿐 아니라, 가령 단지 "심리적"이라 하더라도 실제적이다. 할세이는 자신의 책에서 여기와 관련된 어떤 문제의식도 보여 주지 않는다.
② 해석이 완전히 결여된 인간의 지식("심리적")에 대해 말하는 것은 무슨 의미인가?

어떤 의미에서 모든 지식은 해석을 포함하지 않는가?

지식이 알려진 것의 해석을 필연적으로 포함하지 않는가?

나는 이 견해를 이해할 수 없다고 고백해야겠다.

(4) 불신자는 하나님에 관한 자기의 지식을 심리적으로 억누른다

개혁파 변증학을 배우는 일부 학생은 이 문제를 다소 프로이트적인 용어로 생각하고 싶어 했다. 즉 불신자는 자신의 지식이 완전히 잠재의식적인 것이 되거나 무의식적인 것이 될 정도로 자신이 가진 "지식"을 억누른다.[54]

로) 이런 구분을 이 문제에 대한 명확한 해결책으로 간주하지 않은 것은 분명하다.
54 반틸은 가끔 이런 식으로 말한다. 불신자가 "마음속으로"(deep down)는 진리를 알고 있다고 그가 빈번히 반복했던 말에 주목하라. 또한, 때때로 반틸의 언어는 그것보다 훨씬

다른 견해들과 다르게 이런 견해는 우리가 불신자의 "지식"에 대해 말할 수 있는 다소 이해할 수 있는 의미를 제시한다. 하지만 동시에 우리는 불신자의 부패가 너무 철저해서 그 부패가 하나님을 아는 지식을 "의식"에서 추방하고 있는 것으로 간주한다.

여기서 문제는 다음과 같다. 성경은 불신자들, 심지어 귀신도 (적어도 때때로) 진리를 의식하고 기꺼이 진리를 확언한다고 말한다(마 23:3f.; 막 1:24; 눅 4:34; 8:28; 요 3:2; 행 16:17; 약 2:19).

(5) 불신자가 신자와 일치하는 것은 "순전히 형식적"이다

가끔 반틸은 신자와 불신자 사이의 "일치"를 "순전히 형식적"인 것으로 언급한다. 즉 그들은 완전히 다른 의미를 표현하기 위해 같은 단어를 사용한다.[55]

이 같은 상황은 가령, 이단 성향의 신학자들이 **계시**를 자신들의 종교적 통찰을 가리키기 위해 사용할 때 분명히 발생한다.

분명히 이것은 불신앙이 진리를 억누르는 한 가지 방식이다. 하지만 불신자들과 성경 사이의 모든 일치가 이런 특징이 있다고 일반화하며 말하는 것은 잘못일 것이다.

더 심리학적(psychologistic)이다. 그러나 나는 이런 표현이 반틸이 언급하는 다른 것들과 일관성을 갖는다고 생각하지 않는다. 또한, 나는 이것이 그가 가진 관점에 중심적이라고도 생각하지 않는다.

[55] 참조, Van Til, *Introduction*, 92, 113(『개혁주의 신학 서론』, CLC 刊); *The Defense of the Faith* (Philadelphia: Presbyterian and Reformed Pub. Co., 1955, 1967), 59(『변증학』, RNR[개혁주의신학사] 刊).

① 이것이 사실이라면 불신자가 지식을 갖고 있다고 말할 수 없을 것이다. 즉 그가 가진 지식은 단지 외형(apparent)일 뿐이다. 내가 "2+2=4"라고 말하지만 이것이 의미하는 바가 "2+2=7"이라면 나는 어떤 지식도 표현하지 못하고 단지 오류만을 표현한 것이다. 하지만 참된 지식이 없다면 불신자는 자신에 대해 변명할 것이라고 로마서 1장은 우리에게 말한다.

② 성경은 사탄이나 불신자들의 진술을 단지 **형식에서**(formally) 참이라고 제시하지 않는다(위의 "⑷ 불신자는 하나님에 관한 자기의 지식을 심리적으로 억누른다" 아래의 목록을 보라). 그런 진술은 진리와 오류의 교묘한 조합이다.

③ 불신자들이 단지 형식적인 진리만을 말한다면 그들과 소통은 불가능할 것이다. 즉 그리스도인은 불신자들에게 나무들에 관해 말할 수 없을 것이다. 왜냐하면, 그들에게 **나무**(tree)는 나무들을 의미하지 않을 것이기 때문이다.

④ 나는 **순전히**(purely) 형식적인 일치와 같은 그런 것이 존재하는지 의심스럽다. (나무들이나 하나님에 관한) 대화에서 심지어 "동일한 단어들을 사용"하려는 결정은 진리에 관한 형식적인 지식 이상의 것을 전제하는 결정이다. 심지어 현대 신학자는 자신의 종교적 통찰을 가리키기 위해 **계시**를 사용할 때도 자신의 종교적 통찰, **계시**에 관한 잠재성, 자신이 교묘하게 피하려는 진리에 관한 무언가를 알고 있다는 것을 보여 준다.

(6) 불신자의 "지식"은 항상 그 지식의 맥락에 의해 거짓으로 입증된다

아니면 우리는 불신자가 받아들이고 있는 명제가 맥락에서 벗어나 있을 때는 참이지만, 그가 명제에 제공하는 맥락에 의해 거짓으로 입증된다고 말해야 하는가?[56]

가령, 불신자는 "장미는 붉은색이다"라고 참되게 말한다. 하지만 이런 진술을 "삼위일체 하나님이 창조하지 않은 장미는 우연으로 인해 붉은색이다"라는 그의 전반적인 사고 틀 안에서 이해할 때 이 진술은 거짓이 된다.

그리고 진술은 "맥락을 벗어나서"라기보다 오히려 "맥락 안에서" 합당하게 이해되기 때문에 우리는 불신자의 모든 진술이 합당히 이해된다 해도 거짓이라고 말할 수 있다.

물론 일반적으로 참인 진술이 잘못된 맥락 안에 놓일 때 거짓을 전달하는 데 사용될 수 있다는 것은 사실이다. 그리고 확실히 (모든 불신자가 채택하는) 반유신론적 구조(antitheistic framework)가 잘못된 맥락이라는 것은 사실이다.

하지만 거짓 체계의 일부분으로 사용된 참인 문장이 그렇게 함으로써 거짓 자체가 된다는 생각은 어떤 기독교적 기초도 갖지 않은 일종의 언어 이상주의 이론이고, 이상주의 언어학자들을 포함한 거의 모든 언어학자에 의해 거절될 것이다!

우리는 때때로 불신자들도 분명히 진리를 거짓된 포괄적 구조 안에 통합하려 함으로써 진리를 억누른다고 타당하게 주장할 수 있다. 하지만 ("(5) 불신자가 신자와 일치하는 것은 '순전히 형식적'이다"에서처럼) 우리는 모든 불신

---

[56] 참조, Van Til, *Introduction*, 26(『개혁주의 신학 서론』, CLC 刊).

자가 항상 그렇게 한다고 말할 정도로 지나치게 일반화하지 말아야 한다. 그렇게 말하는 것은(심지어 의심스러운 언어적 전제들을 받아들이는 것) 불신자에게 "지식"으로 타당하게 부를 수 있는 무엇을 부정하는 것일 수 있다.[57]

(7) 하나님에 관한 불신자의 지식은 불신자가 사려 깊지 못할(unreflective) 때만 존재한다

불신자들이 사려 깊지 못하고 자기들의 "사고 체계"가 없을 때 진리를 말한다고 반틸이 기꺼이 말하는 것은 다소 위의 내용(그리고 "(3) 불신자는 하나님을 '심리적으로' 안다")과 관련된다.[58]

이런 주장에 어떤 요점이 존재한다. 일반적으로 비기독교적 철학자들은 진리에 대한 자기들의 반대 입장을 강조하고 반복하여 가르치기 위해 자신들의 철학을 사용하려 한다.

또한, 그들은 자신들의 불신앙을 타당하게 하고, 어떻게 사실들이 불신앙의 기초 위에 가장 잘 다루어지는지 보여 주려 애쓴다. 그들은 자신들의 실제 생활보다 이론적인 작업에서 진리를 억압하는 데 더 큰 노력과 에너지 바치려는 경향이 있으므로, 우리는 그들이 실제 상황에서 더 경계를 늦추고 있을 것이고 그런 후 자신도 모르게 하나님을 인정하는 경향이 있을 것으로 예상할 수 있다. 물론 나는 이것이 일반적으로 사실이라고 생각한다. 그러나 확실히 그것은 너무 성급한 일반화에 지나지 않는다. 우리는

57　따라서 반틸이 불신자의 지식이 "어느 정도는 참이다"라고 말할 때 우리는 이것을 언어 이상주의 이론(idealist theory of language)으로 도약하는 구실로 이용하지 말아야 한다. 내가 이해하듯이 반틸은 언어에 관한 이상주의 이론을 반박한다.
58　나는 학생 때 쓴 과제에서 반틸을 비판했는데, 왜냐하면, 그는 불신자가 "정말 아무 것도 모른다"라고 주장했기 때문이다. 그는 자기가 볼 때 불신자들의 무지가 "자기들의 체계"에 집중되어 있다고 여백에 여러 번 썼다. 참조, Van Til, *Introduction*, 81-84, 104(『개혁주의 신학 서론』, CLC 刊).

이 규칙에 대한 예외를 부정하기 위한 어떤 근거도 갖고 있지 않다.

또한, 우리는 확실히 여기서 신앙의 지식과 불신앙의 지식 사이의 기본적인 차이점을 찾기 위한 어떤 정당한 이유도 갖고 있지 않다.

불신 철학자는 **필연적으로** 자기의 직업적 생활보다 개인적 생활에서 덜 부패하다고 누가 말할 수 있는가?

또한, 만약 불신 철학자가 진리를 조금이라도 알고 있다면, 어떻게 그런 지식이 그의 일상생활에 영향을 미치는 것처럼 그의 학문에 영향을 미치지 않을 것이라고 주장할 수 있는가?

확실히 성경은 삶과 이론 사이에 이런 종류의 선을 긋지 않는다. 이와 반대로, 성경에서 사고는 삶의 일부분이고, 삶의 나머지 다스리는 같은 도덕적, 종교적 영향 아래 있다.

(8) 불신자는 충분한 명제를 믿지 않는다

고든 클락은 자신의 책 『종교, 이성, 계시』(Religion, Reason and Revelation,[59] 87-110)와 『사도 요한의 로고스』(Johannine Logos,[60] 69-90)에서 구원하는 믿음(saving faith)을 어떤 명제에 대한 동의로 정의하려 한다. 그는 "신뢰"(trust, fiduca)로써 믿음은 "동의"(assent) 이상의 것이라는 전통 개혁파 입장을 거부한다. 그렇다면 불신자는 단순히 명제를 필요한 수효만큼 동의하지 않은 사람일 뿐이다. 클락은 야고보서 2:19에서 귀신들도 하나님이 한 분이심을 믿지만, 다른 명제들을 믿지 않기에 버려졌다고 주장한다. 그는 기꺼이 이런 입장을 일종의 "주지주의"(intellectualism)의 한 형태로 설명하고,

---

[59] Philadelphia: Presbyterian and Reformed Pub. Co., 1961.
[60] Nutley, N. J.: Presbyterian and Reformed Pub. Co. 1972; 참조, Gordon H. Clark, *Faith and Saving Faith* (Jefferson, MD.: Trinity Foundation, 1983).

그 입장은 실제 그러하다.

그러나 우리는 의지가 동의에 깊이 관련되고, 사실 의지와 지성을 뚜렷히 구별하는 것은 현명하지 못하다는 클락의 강한 주장을 잊지 말아야 한다. 의지는 모든 지적인 활동에 활발히 작용하고, 지적인 활동은 의지에 활발히 작용한다. 게다가 "동의"라는 클락의 개념은 건실한 개념이다. 그에게 동의한다는 것은 단지—칼빈이 즐겨 사용한 표현처럼—"뇌 속에 스쳐 지나가는" 관념을 갖는 것이 아닌, 명제에 따라 행동하기에 충분할 정도로 그 명제를 전적으로 받아들이는 것이다.

따라서 클락은 지식과 순종 사이의 성경적 관계를 파악하고 있다. 그의 견해가 더 전통적인 견해보다 훨씬 더 주지주의적인 성향을 갖고 있지만, 우리는 클락의 "동의"가 종교개혁의 '피두키아'(*fiduca*)보다 덜 부요하다고 진지하게 주장할 수 없을 것이다. 오히려 내가 문제 삼는 것은 클락의 견해가 **신념의 심리**(psychology of belief) 안에 있는 어떤 복잡성(complications)을 간과하는 점이다.

① 클락은 신념이 더 강할 수도 있고 약할 수도 있다는 한 가지 인정하지만 이러한 원리는 그의 분석에서 거의 역할을 하지 않는다. 일반적으로 말해 클락에게는 사람이 명제를 믿거나 믿지 않거나 인데, 그런 신념의 강도(strength)가 이런 분석에 포함되지 않는다.

하지만 신념이 가진 상대적인 강도라는 문제는 현재 우리의 관심과 매우 관련이 있다. 상대적으로 약한 신념은 행동에 거의 영향을 미치지 않을 수 있고, 그래서 그런 신념은 결코 성경적인 '피두키아'(*fiduca*)가 아니다.

가령, 어떤 사람은 자기 아들이 스케이트를 길에 놓았다는 것을 알 수 있다. 그러나 그는 그런 지식에 거의 주의를 기울이지 않아 스케이트에 걸려 넘어진다. 만약 그렇다면, 확실히 동의뿐 아니라 **동의의 강도**(strength of assent)라는 측면에서도 믿음이 분석되어야 한다.

여기서 단순히 동의를 언급하는 것은 클락이 옹호하는 진리에 대한 전적인 헌신과 같은 것을 우리에게 제공하지 않을 것이다. 오히려 이것이 종교개혁가들이 믿음을 동의로 정의하는 것에 만족하지 못했던 이유의 일부가 아닌가 의심한다.

② 일단 이와 관련해 믿음의 강도를 논의하는 것의 중요성을 인식한다면, 어떻게 **상충하는**(conicting) 신념이 사람에게 있을 수 있는지 이해하기 더 쉬워진다.

종종 사람은 모순되는 명제들을 믿을 것이다. 그리고 그는 이런 신념이 사실 일관되지 못함을 배워야 한다. 여기서 가장 적절한 예는 자기기만의 경우다. 누군가 룰렛(roulette, 도박의 일종 - 역주)이 손해를 끼치는 제안(proposition)이라는 것을 안다. 하지만 그는 룰렛이 손해를 끼치는 제안이라는 것이 적어도 바로 지금 자신에게 참이 아니라고 스스로 자신을 설득한다. 그런데도 그는 "마음 깊은 곳에서" 계속 진실을 알고 있다. 그가 그 사실을 믿지만, 그래도 그 사실을 믿지 않는다. 이 상황은 역설적이다. 또한, 이런 상황이 가진 심리는 해석하기 어렵지만, 이런 상황은 항상 발생한다.[61]

우리는 이 두 신념의 상대적인 강도(strength)라는 측면에서 이 두 가지 신념을 해석할 때 이 상황을 약간 더 이해할 수 있게 된다. 자기

---

[61] 기독교 철학자이며 신학자가 분석한 탁원한 자기기만을 참고하려면 이 주제에 관한 반센(Greg Bahnsen)의 (출판되지 않은) 박사 논문을 보라(University of Southern California, Philosophy Department).

가 적은 성공 확률을 극복할 수 있다는 자기기만적인 확신은 어느 정도 그의 행동을 지배한다. 그런 확신이 그를 계속 룰렛을 하게 한다. 저녁이 지나고 그는 자신이 잃은 손해를 계산한 후 "정신을 차릴" 수도 있고 자신을 책망할 수도 있다. 왜냐하면, 그는 승산이 없었다는 것을 "내내 알고 있었기 때문이다." 아마 룰렛을 하면서도 불안했을 것이다.

따라서 사실은 다음과 같다. 비록 두 신념이 상반되지만, 두 신념은 어느 정도 그의 행동, 태도, 생각을 지배한다는 것이다. 따라서 믿음은 동의, 그리고 어떤 강도(strength)를 가진 동의뿐 아니라 상반되는 동의의 상대적 부재도 포함해야 한다. 그렇다면 만약 이런 동의가 그 사람을 지배하는 상반되는 동의들과 결합된 약한 동의라면, 불신앙은 성경의 진리, 아마 성경의 모든 진리에 대한 동의와 어느 정도 조화될 수도 있다(참조, 롬 6:14. 신자와 불신자의 차이점은 신자가 죄가 없다는 것이 아니라 죄가 그를 "지배"하지 않는다는 것이다).

③ 귀신들이 가진 지식에 관해서는 이런 종류의 분석이 필요하다는 점이 더욱 대두된다(약 2:19). 클락이 볼 때 귀신들이 가진 지식은 결함이 있다. 왜냐하면, 귀신들은 어떤 명제는 믿는 반면, 다른 명제는 믿지 않기 때문이다.

귀신들은 어떤 명제를 믿지 못하는가?
하나님이 주권적이시라는 것을 믿지 못하는가?
그리스도가 하나님이라는 것을 믿지 못하는가?
이런 종류의 사변은 오히려 타당하지 않다(implausible). 왜냐하면, 일반적으로 말해 성경에서 귀신들은 인간이 아는 것보다 하나님의 계획을 더 잘 알고 있는 매우 지능이 높은 존재로 제시되기 때문이다.

귀신들이 자신들의 행동을 좌우하는 불신앙으로 믿는 동시에 믿지 않는다고 설명하는 것이 훨씬 더 설득력이 있다. 게다가 귀신들의 불신앙은 확실히 지능이나 정보의 단순한 결핍 때문이 아니다. 귀신들의 불신앙은 비난 받을 만한 불신앙이다.

하지만 우리가 진리로 **아는** 바에 대한 불신앙 외에 무엇이 비난할 만한 불신앙인가?

사실 인간 불신자도 마찬가지다. 따라서 불신앙은 단순히 어떤 명제에 대한 동의의 결핍일 뿐 아니라 어떤 강도(strength)를 가진 상반되는 동의(들)과 결합된, 어떤 강도를 가진 동의의 결핍이기도 하다. 불신앙은 정신적인(따라서 실제적인[practical]) 갈등의 상태다. 불신앙은 진리에 대한 신념이고, 거짓에 대한 신념으로 지배된다. 따라서 불신앙은 성경이 보증하는 언어를 사용하는 비합리성이고 미련함이며 어리석음이다.

사탄도 미련한 자니, 사탄을 더 지혜롭게 만들려고 하지 말자.

또한, 추가적인 질문이 있다.

우리가 동의의 강도와 상반되는 동의들에 대한 언급을 덧붙이는 한, 믿음을 동의라는 관점에서 분석하는 것이 타당한가?

우리가 살펴보았듯이 클락의 분석은 분명히 믿음(지식)과 순종 사이의 성경적 결합을 제대로 다루고 있다. 아마 클락은 우리가 그렇게 핵심적인 것으로 발견한 친교의 요소(사람을 아는 지식)도 제대로 다루었다고 주장할 수 있을 것이다. 친교가 사실적 지식으로 축소될 수 없지만, 확실히 하나님의 말씀이 담고 있는 모든 명제를 전심으로 믿는 사람은 하나님의 친구가 될 것은 사실이다.

우리는 동의, 순종, 친교 중 나머지 둘 없이 하나를 가질 수 없다. 각각 서로를 암시하기 때문에 이것들 가운데 하나는 믿음을 정의하는 데 사용할 수 있다.

따라서 "동의"는 적합하지만(앞에서 언급된 조건들 [qualifications]과 더불어), 유일하게 가능한 분석(analysis)도 아니고 반드시 가장 좋은 분석도 아니다.

클락은 **동의**가 담고 있는 주지주의적 함의가 우리 시대의 반진리적 사고 방식과 투쟁하는 데 아주 가치가 있다고 올바르게 생각한다.

그리고 이런 주지주의적 함의는 사람들을 오도해서 하나님과 우리의 관계가 본질적으로 이론적이거나 성격상 학문적이라고 생각하게 하는 경향이 있다.

클락이 사용하는 동의라는 용어는 그러한 혼란을 정당화하지 않지만, 그러한 혼란을 일으킬 수 있다.

그리고 더욱 심각한 것은, 클락은 다른 관점들(예: 순종, 친교)이 적어도 믿음의 특성을 기술하는, 동등하게 합당한 방법이라는 사실을 인식하지 못하는 것 같다. 이것들은 '피두키아'(*fiduca*)라는 용어에 반영된 개념들이다.

따라서 (클락이 언급하듯이) 가령, 믿음은 동의 "이상"(more)의 어떤 것이 아니라 해도, 적어도 동의가 암시하는 지적인 다른 측면 이외의 측면을 갖고 있다.

그렇다면 우리는 왜 종교개혁가들이 그 "이상"(more)의 어떤 것의 필요를 느꼈는지 이해할 수 있다.

(9) 불신자의 지식은 "지적"이지만 "윤리적"이지 않다

또 다른 가능한 분석으로 가 보자.

어째서 우리는 단순히 불신자가 지적인 의미에서 하나님을 알 수 있지만, 윤리적 의미에서는 하나님을 알 수 없다고 말하지 말아야 하는가?

이것은 불신자가 하나님에 관한 많은 명제를 알 수 있지만, 그는 그 명제에 따라 행동하지 않고 하나님께 순종하지 않는다고 말하는 것이다.

이것이 전적 부패 교리를 제대로 다루려 애쓰며 동시에 기독교적인 추론과 비기독교적인 추론 사이에 어떤 근본적인 차이도 존재하지 않는다고 주장하려고 시도하는 존 거스트너(John H. Gerstner)[62]같은 개혁파 신학자들이 지지하는 분석이다.

개혁파 신학자들은 차이점이 인식론적이지 않고 윤리적이라고 주장할 것이다. 이 입장은 확실히 성경이 말하는 모습을 떠올려 준다.

성경은 불신자들이 그런 지식을 알지만, 합당하게 그 지식에 따라 행동하지 않는다고 종종 표현한다(다음을 보라. 마 23:2f.; 눅 12:47f.; 롬 1:18-21; 살후 1:8; 약 2:19f.). 하지만 내가 이해하는 것처럼 성경은 윤리적 지식과 인식론적 지식 사이에 그런 예리한 이분법을 허락하지 않는다.

우리가 살펴보았듯이 지식은 삶의 일부분이므로 하나님을 존경하는 방식으로 획득되고 주장되어야 한다. 이것은 지식의 윤리가 존재함을 말하는 것이다. 사유하고 배우기 위한 옳고 그른 방법이 존재한다. 그리고 타락이 전체적이고 삶의 모든 영역으로 확장된다면 불신자는 틀리게 **사고하는** 사람이다.

그리고 사람들은 틀리게 사고할 때 틀린 결론에 도달한다. 성경 언어를

---

[62] R. C. Sproul, John H. Gerstner, and A. Lindsley, *Classical Apologetics* (Grand Rapids: Zondervan Publishing House, 1984)을 보라.

사용하자면 그들의 사고는 어리석고 우둔하다. 하나님은 격분하여 "이스라엘은 알지 못하고"라고 말씀하신다(사 1:3).

우리는 불순종 자체가 하나님에게 무지하고 우둔한 반응이고 심지어 "지적인" 의미에서도 우둔하다고 말해야 한다. 하나님은 하나님이시고 우리는 우리라면, 우리가 순종하지 않는다는 것은 전혀 말이 되지 않는다.

지성적으로 유명한 불신자들은 자신들이 가진 지력(mental power)을 매우 예리하고 독창적으로 사용한다는 의미에서 참으로 총명하지만 명백한 것을 거절한다는 점에서 어리석다.

나는 하고자 하는 말은 다 했기 때문에 불신자가 하나님에 관한 모든 종류의 참된 명제를 알 수 있다고 주장한 거스트너에게 동의해야 한다. 그러나 문제는 다음과 같다.

불신자는 자기의 불순종의 일부로써 하나님에 관한 많은 거짓된 명제를 지지할 것이다. 사실 그는 자신이 가진 참된 명제를 반박하는 명제를 지지할 것이다. 그의 정신에 "상충하는 동의"(참조, 위의 "(8) 불신자는 충분한 명제를 믿지 않는다")가 존재할 것이다.

그리고 이런 거짓으로 이끄는 사고 습관에 정면으로 이의를 제기해야 한다. 성경의 설명이 정확하다.

불신자들은 "알지만 행하지 않는" 사람들이고, 그런 "행하지 않음"의 일부분은 하나님이 요구하시는 대로 생각하지 않음이다.

(10) 나의 공식적 진술(formulation)

따라서 우리는 내가 가장 합당하다고 고려하는 분석에 이르렀다. 이 분석을 몇 단계로 나누어 보자.

① 모든 불신자는 변명의 여지가 없을 정도로 하나님에 관한 충분한 진리를 알고 있고, 인간이 이용 가능한 만큼 더 많이 알 수도 있다. 불신자가 알 수 있는, 하나님에 관해 참되게 계시된 명제의 수는 제한이 없다.

② 그러나 불신자들은 완전한 성경적 의미의 "지식," 즉 신자의 지식에 본질적인 순종과 하나님과의 친교가 결핍되어 있다. 그러나 매 순간 그들은 개인적으로 하나님과 원수로 관계된다. 따라서 하나님에 관한 불신자의 지식은 단순히 명제적인 것 이상이다.

③ 불신자의 불순종은 지적인 함의를 가진다.

첫째, 불순종은 그 자체로 하나님의 계시에 대해 어리석게 반응하는 것이다.

둘째, 불순종은 일종의 거짓말이다. 우리는 하나님께 불순종할 때 하나님의 말씀이 참되지 않다고 다른 사람들과 우리 자신에게 증거하는 것이다.[63]

셋째, 불순종은 진리와 싸우기[64]—진리 전파와 싸우기, 진리를 우리 자신과 다른 사람들과 사회에 적용하는 것에 반대하는 것을 포함한다. 죄인들은 다양한 방식으로 진리와 싸운다.

---

[63] 나는 롬 1:18에 '카터콘'(*katechon*)을 "방해하는," "저지하는"(holding back)으로 이해한다(참조, John Murray, *The Epistle to the Romans* [Grand Rapids: Wm. B. Eerdmans Pub. Co., 1960]). 전치사 '엔'(*en*)은 수단일 수 있다. 즉 "자신의 불의로써 진리를 방해하는" 요점은 다음과 같다. 불순종 자체가 진리에 대한 공격이다. "지성적인" 불신자만이 기독교 진리를 공격하는 것이 아니다. "실천적인"(practical) 불신자들도 불순종의 삶을 통해 기독교 진리를 공격한다. 그들의 불순종은 거짓이고 진리에 대한 공격이다.

[64] 즉 "방해하기."

㉠ 죄인들은 단순히 진리를 부정한다(창 3:4; 요 5:38; 행 19:9).

㉡ 죄인들은 진리를 무시한다(벧후 3:5).

㉢ 죄인들은 심리적으로 진리를 억누른다.

㉣ 죄인들은 입술로 진리를 인정하지만 행위로 부인한다(마 23:2f.).

㉤ 죄인들은 진리를 오도하는 맥락 안에 놓는다(창 3:5, 12, 13; 마 4:6).

㉥ 죄인들은 하나님을 대적하기 위해 진리를 사용한다.

우리는 모든 죄인이 항상 같은 전략을 사용한다고 가정하는 함정에 빠지지 말아야 한다. 죄인들은 말로 표현된 진리를 항상 부인하는 것이 아니고, 진리를 자기들의 잠재의식에서 항상 억압하지 않는다.

넷째, 거짓말을 하고 진리와 싸우는 것은 거짓의 확증을 수반한다. 불신자가 말하는 모든 문장이 거짓일 것이라고 가정하지 말아야 한다. 왜냐하면, 불신자들은 거짓을 말하는 방식 외의 방식으로 진리와 싸울 수 있기 때문이다. 그러나 불순종은 무신론의 수용을 말로 잘 진술하건, 아니면 단순히 삶에서 행동으로 보여 주건, 무신론의 수용을 수반한다(하나님이 존재하신다는 것을 부인하는 것과 마치 하나님이 존재하지 않으시는 듯이 행동하는 것 사이에 중요한 차이점이 없다).

다섯째, 이런 거짓들은 죄인들이 가진 참된 생각과 상충할 수도 있다. 어떤 차원에서 모든 불신자는 하나님은 주님이시고 하나님은 주님이 아니라는 상충하는 신념을 가진다.

여섯째, 이런 거짓은 인식론적 영역을 포함한, 삶의 모든 영역에 영향을 준다. 따라서 불신자는 심지어 어떻게 추론하는지에 관한 잘못된 견해, 즉 자기가 이미 가진 참된 견해와 상충할 수 있는 견해를 가진다.

일곱째, 신자에게는 진리가 거짓을 지배하고 불신자에게는 거짓이 진리를 지배한다는 점에서 신자와 불신자는 인식론적으로 다르다. 어떤 것이 지배적인지 항상 명확한 것은 아니다. 이는 우리가 다른 사람의 마음에 관해 무오한(infallible) 지식을 갖고 있지 않다는 것을 의미한다.

여덟째, 불신자의 목표는 진리를 완전히 파괴하고 하나님을 어떤 대체 가능한 신적인 존재로 바꾸려는 것으로써 이는 불가능한 목표다. 그런 목표는 불가능하므로 그런 임무는 자기좌절적인(self-frustrating) 것이다(다음을 보라. 시 5:10; 잠 18:7; 렘 2:19; 눅 19:22; 롬 8:28; 9:15f.).

불신자는 자기 자신의 입으로 유죄임을 드러낸다. 왜냐하면, 그는 자신이 반대하는 진리를 확언하지 않을 수 없기 때문이다. 또한, 불신자의 견해는 거짓이기 때문에 심지어 그의 제한적 성공도 단지 하나님이 그것을 허락하시기 때문에 가능하다(다음을 보라. 욥 1:12; 사 10:5-19).

불신자가 자기를 좌절하게 한다는 사실과 더불어, 하나님도 그를 좌절시키시고, 그가 자신의 목적을 성취하지 못하게 하시며(창 11:7), 대신 하나님 자신의 목적을 성취하도록 그를 사용하신다(시 76:10; 사 45:1f.; 롬 9:17). 따라서 불신자의 노력은 자신도 모르게 선을 달성한다.

(11) 기권 성명(disclaimer)

마지막으로, 내가 알고 있는 문제에 관한 가장 적절한 견해를 표명하고자 한다. 그러나 이 문제는 매우 이해하기 어려운 문제로 남아 있다. 성경은 불신자가 알지라도 모른다고 말한다.

성경은 많은 용어에 있어 인식론적인 설명을 우리에게 제공하지 않는다. 따라서 인식론적인 설명은 성경이 다른 문제에 관해 언급하는 것에서 주의 깊게 도출되어야 한다.

또한, 일반적으로 교회(심지어 개혁교회들)의 신뢰를 얻을 만한 공식적인 진술을 우리가 가지기 위해 먼저 되어야 할 훨씬 많은 작업이 남아 있다. 반틸은 자신의 책 『개혁주의 신학 서론』(*An Introduction to Systematic Theology*, 24-27)(CLC 刊)에서 자기 생각을 가장 명확하게 제시하고 있다.

그 책에서 그는 이 문제의 어려움을 인정하고(그가 좀처럼 인정하지 않는 문제) 자연인을 "진리와 오류의 혼합체"로 묘사하는 것에 만족한다(p. 27).

나는 위의 "(10) 나의 공식적 진술"에서 했던 분석으로 도출한 진리를 계속 가정할 것이지만, 누군가에게 그 상세한 내용에 대해 독단적(dogmatic)이 되라고 충고하진 않을 것이다. 확실히 이런 상세한 내용을 정통주의의 검증 잣대로 사용하지 말아야 한다.

3) 불신앙의 논리

우리는 하나님에 관한 신앙적 지식과 하나님에 관한 불신앙적 지식 사이의 유사점과 차이점을 조사했기 때문에, 이제 불신앙적 사고의 일반적인 구조를 살펴볼 것이다.

불신자는 무엇을 믿는가?

물론 분명히 불신자들은 많은 것에서 서로 간에도 다르다.

하지만 그들이 공통으로 가진 무엇이 존재하는가?

그렇다. 그들은 모두 믿지 않는다!

따라서 우리는 다음과 같이 묻는다.

성경의 하나님을 믿지 않은 불신앙의 지식이 함축하는 것은 무엇인가?

그런 불신앙 자체가 사람의 사고에 어떤 구조를 부여하는가?

성경의 하나님(the biblical God)이 존재하지 않으신다면 두 가지 대안이 존재한다.

첫째, 신(god)은 전혀 존재하지 않는다.
둘째, 성경의 하나님 이외의 다른 어떤 것이 신이다.

한편, 신이 전혀 존재하지 않는다면 모든 것은 우연이고 모든 사고는 무익하며 모든 윤리적 판단은 무효하다. 따라서 나는 이것을 비합리적 대안이라 부를 것이다. 비합리주의는 신의 존재가 부정될 때뿐 아니라, 신이 확증되지만 너무 멀리 떨어져 있거나 신비에 쌓여 있어서(또는 둘 다) 이 세상에 실질적인 관여를 할 수 없다고 생각될 때 발생한다.

비합리주의는 다음과 같은 어떤 진실에 의지해 기생적으로 산다. 즉 인간은 작다는 것, 그 정신은 제한되어 있다는 것, 하나님은 우리를 초월해 계시고 불가해하다는 진실이다. 따라서 비합리주의는 종종 하나님의 초월성에 대한 존중을 가장하여 신학에 들어온다. 따라서 우리는 앞에서 이런 입장을 "초월성에 관한 비기독교적 견해"로 설명했다.

다른 한편, 불신자가 세상의 어떤 것, 즉 유한한 어떤 것을 신성화하기로 선택하면 그 결과로 일종의 비합리주의가 등장한다. 인간의 정신은 새로운 신이거나, 이런 새로운 신을 자율적으로 발견하기에 유능하다고 간주된다. 하지만 이 두 가지는 동일한 것이다. 이것을 우리는 앞에서 "내재성에 관한 비기독교적 견해"로 설명했다. 또한, 이것은 성경적 진리로 가장하고 하나님이 언약적으로 가까이 계심, 그가 세상과 결속하심에 관한 성경적 언어를 이용한다.

그러나 죄가 항상 무익(futile)하고 자멸적임이 틀림없듯이, 합리주의와 비합리주의 모두 무익하고 자멸적이다. 비합리주의가 참이라면 그것은 거짓이다.

모든 사고가 우연의 산물이라면 비합리주의를 공식화하는(formulate) 것조차 어떻게 신뢰할 수 있는가?

합리주의는 모든 사람에게 분명한 진리 위에서 발버둥 친다. 즉 인간의 정신은 자율적이지 않고 모든 진리의 최종 기준이 되기에 적합하지 않다. 우리는 유한하다.

그렇다면 합리주의자는 자신의 합리주의를 자기가 생각하기에 문제가 없는 어떤 진리들, 즉 우리가 존재한다는 것, 우리가 생각한다는 것 등에 국한시킴으로써만 자신의 입장을 변호할 수 있다. 그런 후 이런 진술에서 다른 모든 진리를 연역하려 하고, 그렇게 연역할 수 없는 무엇의 참됨을 부인하려 애쓴다.

그러나 이것의 결과는 다음과 같다. 즉 정신은 정신 자체만을 안다는 것 또는 더 정확하게는 단지 사유(thinking)만을 안다는 것이 드러난다. 사상(thought)은 사유의 사상이다. 단지 이것만 확실히 알 수 있다.

일단 더 구체적인 어떤 내용이 명시된다면 확신은 사라진다. 따라서 일관성이 있는 합리주의자는 궁극적으로 "순수 생각"(pure thought), "순수 존재"(pure being) 등을 제외하고 무언가 존재한다는 것을 부인할 것이다. 그 밖에 모든 것은 환상이다(그러나 어떻게 이 환상을 설명할 것인가!?).

무언가에 대한 생각이 아닌 "순수 생각"이란 무엇인가?

이런 관념에 도대체 의미가 있는가?

이것은 순수 공백(pure blank)이다. 합리주의가 자랑하는 지식은 결국 무(nothing)에 관한 지식임이 드러난다.

따라서 결국 분위기와 양식에서 서로 너무 반대되는 합리주의와 비합리주의는 동일한 것으로 드러난다. 합리주의는 우리에게 완벽한 지식, 즉 무에 관한 완벽한 지식을 제공한다.

비합리주의는 우리를 무지한 상태, 즉 모든 것에 무지한 상태로 남긴다. 합리주의와 비합리주의는 자체를 반박한다. 왜냐하면, 합리주의와 비합리주의 모두 자체에 대해 이해할 수 있는 설명을 제공할 수 없기 때문이다. 비합리주의자는 일관되게 자신의 비합리주의를 확언할 수 없다.

이와 유사하게 합리주의자도 자신의 합리주의를 확언할 수 없다. 오히려 그는 합리주의에 대한 내용을 구체적으로 명시함 없이 "순수 생각"만을 확언할 수 있다.

따라서 합리주의자들과 비합리주의자들은 자신들 입장이 가진 파괴적인 결과를 피하려고 서로에게서 관념을 빌려온다는 것은 놀랄 만한 일이 아니다. 합리주의자가 어떤 내용을 자신의 "순수 존재"에 넣으려 할 때 비합리주의에 의존한다. 비합리주의자는 합리적 기초, 즉 자신이 가진 자율성이라는 기초에서만 비합리주의를 주장할 수 있다.

따라서 이런 입장들은 자기 자신들과 서로를 파괴한다. 그런데도 합리주의와 비합리주의는 서로를 필요로 한다. 이들은 기독교 변증가에게 많은 수단을 제공한다. 또한, 기독교 변증가가 비합리주의를 의존함으로 합리주의자와 맞서고 합리주의를 의존함으로 비합리주의자와 맞서서, 어떻게 비합리주의의 입장과 합리주의의 입장이 자기 파괴적인지 보여 주는 것은 아주 합당하다. 물론 진리가 이런 파괴성을 대체하지 않는다면, 우리의 증거(witness)는 어떤 도움도 되지 않을 것이다.

제2장

하나님과 세상

1. 언약의 법

지금까지 본서 대부분은 하나님을 인간 지식의 대상으로 다루었다. 이 부분과 다음 부분에서 우리는 계속 지식의 대상인 하나님의 법(law), 세상, 우리 자신을 논의함으로써 "지식의 대상"을 고려할 것이다.

현재 이 단락은 다소 불필요한 부분이다. 왜냐하면, 우리는 이미 하나님의 권위에 관한 지식을 논의했고, 하나님의 권위와 하나님의 법을 아는 것 사이에 중요한 차이점이 전혀 존재하지 않기 때문이다.

사실 중요한 의미에서 하나님의 말씀(Word of God, 그리고 그 말씀의 한 양식인 율법[the law])은 신적이다. 하나님의 말씀(speech)은 신적 속성을 가지고(창 18:14; 시 19:7ff.; 119:7, 86, 89, 129, 137, 140, 142, 160; 사 55:11; 눅 1:37; 요 17:17), 예배 대상으로 기능하며(시 9:2; 34:3; 56:4, 10; 68:4; 119:120, 161f.; 138:2; 사 66:5) 신적이라고 일컬어진다(요 1:1; 롬 10:6-8; 참조, 신 30:11ff.).[1]

---

[1] 나는 본 장에서 나의 책 *The Doctrine of the Word of God*(『성경론』, PNR[개혁주의신학사] 刊)에서 상세하게 이 요점과 다른 요점들을 논한다.

따라서 우리는 하나님의 말씀을 알지 않고 하나님을 알 수 없고, 하나님을 알지 않고 말씀(the Word)을 알 수 없다. 그런데도 나는 언약의 법을 아는 것에 관한 특별한 단락을 여기에 포함시켜야 할 어떤 체계적인 이유들이 있다.[2]

하나님의 권위, 통치, 현존을 아는 것은 하나님의 법, 세상, 우리 자신에 관한 지식을 포함한다. 이런 삼요소(triad)는 분석할 만한 가치가 있다.

하나님을 아는 것은 하나님의 법을 아는 것이다. 하나님 자신은 반드시 하나님 자신 이외의 모든 존재에게 법으로 행동하신다. 주님이 되신다는 것은 궁극적 법의 수여자와 궁극적 실행자가 되는 것이다.

따라서 성경은 하나님의 본성을 말씀, 이름, 빛으로 언급한다. 법에 순종하는 것은 하나님 자신에게 순종하는 것이다. 따라서 하나님의 법은 권위, 권능, 영원성, 궁극성에서 신적이다.

우리는 하나님을 법으로 아는 것 없이 하나님을 알 수 없다. 그렇다면 하나님의 법은 하나님 자신이다. 즉 하나님 자신은 그의 피조물에게 법이시다. 또한, 그 법은 자연, 역사, 양심, 신의 현현, 예언, 성경과 같은 피조적 매체를 통해 우리에게 계시된다. 이런 "양식"(forms)에서 그 법은 하나님과 본질적 동일성에서만큼이나 신적이다.

---

[2] 구약성경의 토라(Torah)는 적어도 "율법"(law)보다 "가르침"(instruction)으로 종종 더 잘 번역된다는 사실에 관한 일부 논의가 최근에 있었다. 혹자는 이런 사실을 하나님 명령의 **규범성**, 즉 절대적 순종이라는 필요조건에 관한 개혁신학의 전통적 강조를 느슨하게 하기 위한 타당성으로 받아들인다. 답변으로 우리는 다음의 사항에 주목할 수 있다. ① 우리가 토라에 관해 무엇을 언급하든지, 또한 성경에서 "규례"(statues), "계명," "증거" 등(예: 시 119편을 보라)처럼 엄청나게 중복되는 다른 "규범-용어들"(norm-terms)의 모음을 제대로 다루어야 한다. ② 신 4:1-14; 6:1-9; 8:1-9과 다른 많은 구절은 하나님의 말씀(심지어 "가르침"으로 이해한다 해도)은 절대적 순종을 요구하고 있음을 명확히 하고 있다. 신약성경에서 마 4:4; 요 14:15; 롬 4:16-25; 고전 14:37f. 등을 보라. 하나님의 말씀은 **규범적** 가르침이다.

따라서 하나님을 아는 것은 하나님의 법을 아는 것과 그 말씀에 순종하는 것을 포함한다. 하나님을 아는 것("완전한"[fullest] 의미에서)은 순종적으로 하나님을 아는 것이고 그가 알려지시기 원하는 대로 그를 아는 것이다.

그리고 지식을 지배하는 신적 법이 존재한다. 순종하는 신자는 하나님의 말씀을 자신이 아는 가장 확실한 진리와 자신의 "전제"(presupposition)로 간주한다.

왜냐하면, 그의 마음이 가진 가장 깊은 헌신은 하나님의 말씀을 섬기는 것이기 때문이다. 불신자는 이런 전제를 거절하지만 또한 어느 정도 이 전제를 계속 붙들고 있다(위를 보라). 그의 마음이 가진 헌신은 하나님을 반대한다. 따라서 그는 지식을 위한 규범을 포함한 모든 성경적 법에 순종해야 하는 자신의 책임을 회피하려 한다.

그러나 그는 성공할 수 없다. 사실 심지어 그 법이 함유한 진리를 가정하지 않고는 그 법을 공격할 수 없다. 따라서 그의 사고는 혼란스럽다.

따라서 인식론을 윤리의 한 분야로 간주하는 것은 가능하고 유용하다. 그러나 이것이 인식론을 분류하는 유일한 방식은 아니다(다른 분류는 다른 목적을 위한 가치를 가진다. 그러나 하나의 "올바른" 분류란 존재하지 않는다).

우리는 윤리가 일반적인 인간 삶을 위한 규범이나 법을 다룬다고 말할 수 있다. 인식론은 사고를 다스리는 규범을 다룬다. 인식론을 윤리의 한 분야로 간주함으로써 우리는 앎이 자율적이 아니라는 것을 가장 생생한 방식으로 상기한다.

오히려 인간 삶의 모든 것이 하나님의 권위의 지배를 받듯이 인식은 하나님의 권위의 지배를 받는다. 또한, 이런 과정은 우리에게 앎, 사유, 이론화 등을 사실 전체로써 인간 삶의 일부분임을 상기시킨다. 이런 요점이 분명해 보이지만, 우리는 종종 이론은 실천의 부분이고, 사유는 행동의 일종이며, 앎은 일종의 성취임을 고려하지 못한다.

종종 우리는 "인식론적" 활동을 특별한 종류의 범주로 넣고 싶어 한다. 이런 범주에서 인식론적 활동은 삶의 모든 나머지 영역에 규범을 제공하고 인식론적 활동 자체는 어떤 규범에도 지배를 받지 않는다. 절대 지배를 받지 않는다!

생각은 우리를 인간성이라는 보통 수준 이상으로 높여 주는 활동이 아니다. 생각은 인간 삶의 평범한 부분이고, 삶의 나머지 영역과 같이 동일한 법에 지배를 받으며, 인간의 다른 활동과 마찬가지로 자율적이지 않다.

사실 생각이 인간 삶의 전체 과정을 결정하지 않기 때문에 다른 활동이 생각에 의존하는 만큼 생각도 다른 활동에 의존하고 있음을 보여 줄 것이다.

그렇다면 인식론은 믿음을 위한 규범을 분석한다. 인식론은 우리에게 믿어야 하는 것, 어떻게 사고해야 하는지, 어떤 타당성을 수용해야 하는지 말해 준다. 이런 "의무"(oughts)는 윤리적 의무다.

2. 세상, 우리의 상황

몇 가지 근거로써 하나님을 아는 것은 그가 창조하신 세계를 아는 것을 포함한다.

① 마치 하나님의 권위를 아는 것이 그의 법을 아는 것을 포함하듯이, 하나님의 통치를 아는 것은 그의 "위대한 사역," 즉 그의 창조 사역과 섭리 사역과 구속 사역을 아는 것을 포함한다. 세상 자체는 하나

님의 위대한 사역이고 자연과 역사의 전체 과정도 이 범주에 든다.
② 게다가 우리는 세상을 통해 하나님을 안다. 하나님의 모든 계시는 사건, 선지자, 성경을 통해서든지, 단순히 인간의 눈이나 귀를 통해서든지, 피조적인 수단을 통해 온다. 따라서 우리는 동시에 세상에 관한 무언가 알지 못한다면 하나님에 대한 무언가를 알 수 없다.
③ 하나님은 자기 백성이 말씀을 그들 자신의 상황에 적용하길 원하신다. 또한, 이것은 하나님이 자기 백성이 그들 자신의 상황을 이해하길 원하신다는 것을 암시한다. 우리는 세상을 연구해야 할 신적 근거가 있다. 그렇다면 우리는 하나님을 순종적으로 알기 위해 세상에 관한 무언가도 알아야 한다.

그 반대도 사실이다. 우리는 하나님을 알지 못하고 세상을 알 수 없다. 우리가 살펴보았듯이 하나님은 창조 안에서 "분명하게 보인다."

하나님은 피조물의 부분이 아니시지만 "우리의 상황"이라는 의미에서 세상의 부분이시다. 다른 말로, 하나님은 우리가 경험하는 가장 의미심장한 사실이시다. 하나님은 자신이 창조하셨던 세상과 현존해 계시고 가까이 계신다.

3. 우리 자신

존 칼빈은 『기독교 강요』의 첫 페이지에서 하나님을 아는 지식과 우리 자신을 아는 지식이 서로 관련되어 있음을 주목한다. 우리는 물론 칼빈이 (훌륭한 칼빈주의자로서!) 두 지식 가운데 하나님을 아는 지식이 "첫 번째 온다"고 덧붙이길 기대할 수도 있다.

그러나 놀랍게도 그 대신 칼빈은 어느 것이 먼저 오는지 모른다고 말한다. 나는 이 견해가 굉장히 통찰력이 있다고 생각한다. 그 문제를 바라보는 가장 좋은 방식은 다음과 같다.

하나님을 아는 지식도, 우리 자신을 아는 지식도 다른 하나의 지식이 없이 불가능하고 한 분야의 성장은 항상 다른 한 분야의 성장을 동반한다는 것이다.

나는 나 자신을 하나님의 형상으로 보고 나서야 나 자신을 올바르게 볼 수 있다. 즉 나는 타락했지만, 은혜로 구원받았다. 또한, 피조물과 종으로서, 하나님을 알려고 애쓰고 나서야 올바르게 하나님을 알 수 있다.

그렇다면 이 두 종류의 지식은 동시에 오고 함께 성장한다. 이것에 대한 근거는 다음과 같다. 우리 모두 하나님을 아는 지식(위를 보라)에 본질적으로 중요한 "상황"의 일부분일 뿐 아니라 우리 모두 하나님의 형상으로 창조되었다는 추가적인 사실의 부분이기도 하다. 하나님이 우리 자신 안에 반영되어 있으므로 우리는 그를 안다.

게다가 우리가 자연, 성경, 또는 그 어떤 출처를 통해서든지 수용하는 하나님의 모든 정보는 우리의 눈과 귀와 정신과 뇌, 즉 우리 자신을 통해 우리에게 온다.

때때로 우리는 허황되게 하나님에 관한 "순전히 객관적"인 지식, 즉 우리의 감각, 정신, 경험, 준비 등의 한계에서 자유로운 하나님을 아는 지식을 꿈꾼다.

그러나 이런 종류의 어떤 것도 가능하지 않다. 또한, 하나님은 우리에게 이런 것을 요구하지 않으신다. 오히려 하나님은 성전에 거하시는 것처럼 자신을 낮추셔서 우리 안에, 그리고 우리와 함께 거하신다.

하나님은 우리의 생각, 개념, 경험 안에서, 그리고 이런 것들을 통해 자신을 밝히신다. 또한, 그렇게 밝히시는 바는 명확하다. 게다가 이것은 기독교적 확실성에 합당하다.

"순전히 객관적"인 지식은 정확히 우리가 원하는 것이 아니다. 그런 지식은 우리의 피조성(creaturehood)을 부인하는 것을 전제하므로 하나님과 모든 진리에 대한 부인을 전제할 것이다.

4. 지식의 대상들 사이의 관계

우리는 하나님을 아는 지식이 하나님의 법과 세상과 우리 자신에 관한 지식을 포함한다(그리고 관여한다)는 것을 살펴보았다.

또한, 하나님의 계획에서 상호 조화로 세 가지 형태의 지식이 서로 관여하고 있다는 것을 파악하는 것이 중요하다.

1) 법과 세상

(1) 법은 세상을 이해하는 데 필요하다

우리가 가진 모든 지식은 법의 지배를 받는다. 따라서 세상("사물," "사실")에 관한 모든 지식은 하나님 말씀의 규범의 지배를 받는다. 법 자체는 하나의 사실, 즉 우리가 주의 깊게 고려해야 할 우리 경험의 일부분이다. 또한, 법은 다른 사실에 대해 우리가 내리는 해석을 다스리는 하나의 사실이다.

주의 깊은 분석을 기초로 성경과 모순되는 것으로 발견되는 가설이나 해석은 기독교적 사상에서 어떤 위치도 차지할 수 없다. 불신자는 법을 거절할 때 불가피하게 사실을 잘못 해석한다.

(2) 세상은 법을 이해하는 데 필요하다

우리가 로마서 1:32에서(문맥 가운데) 보는 것처럼, 하나님은 자신의 법을 세상, 즉 자연계시를 통해 계시하신다. 자연에 계시된 법은 성경의 법을 넘어서지 않는다.

다른 말로 말해, 성경은 하나님의 뜻을 계시하는 데 충분하다(딤후 3:17). 그런데도 성경이 없는 사람들은 다른 매체(media)를 통해 성경에서 발견되는 것과 같은, 본질적으로 동일한 하나님의 법(divine law)에 접근한다.

그러나 세상도 우리가 또 다른 의미에서 법을 이해하는 데 일조한다. 법은 세상에서 사용하도록 만들어졌다. 하나님은 자신의 법을 인간 삶의 상황에 사용하고 적용하도록 계시하셨다. 법을 사용하기 위해 세상에 관한 일부 지식이 필요하다.

하나님은 아담에게 선악을 알게 하는 나무의 열매를 먹지 말라고 명령하셨다. 이런 명령은 아담 편에서는 상당한 지식을 가정했다. 이 명령은 나무가 무엇인지, 열매와 잎의 차이, 열매를 먹는 방법 등을 아담이 알고 있다는 것을 가정했다.

이런 정보 가운데 어떤 것도 하나님 명령에 포함되지 않았다. 오히려 하나님은 아담이 그런 정보를 획득하는 다른 수단이 있을 것이라 가정하셨다. 사실 나는 모든 관련 정보가 인간의 언어, 심지어 하나님의 목소리로 구체적으로 명시되는 것이 가능했는지 의구심이 든다.

하나님이 아담에게 나무가 무엇인지, 열매가 무엇인지, 먹는 것이 무엇인지 등을 말씀 하셨더라도 실제 **이** 대상이 과일인지 인지하기 위해 아담이 이런 정의를 자신의 경험과 관련시키는 것이 필요했을 것이다.

아무리 언어적 설명이 정교하다 해도 설명을 자신이 사는 상황과 관련시키고, 따라서 그 언어를 이해하는 것은 항상 청자의 책임이다. 누구도 그를 위해 그것을 할 수 없다.

또한, 누구도 다른 누구를 위해 언어를 이해해 줄 수 없다. 따라서 법을 합당하게 적용하려면 법은 세상에 대한 지식을 요구할 것이다. 따라서 일반적인 "도덕적 삼단 논법"(moral syllogism)은 다음과 같다.

> 권위에 불순종하는 것은 잘못이다.
> 제한 속도를 위반하는 것은 권위에 불순종하는 것이다.
> 따라서 제한 속도를 위반하는 것은 잘못이다.

권위에 불순종하는 것에 대한 계명을 제한 속도의 "상황"에 적용하기 위해 우리는 성경 외적 지식이 필요하다.

나는 심지어 법이 담고 있는 **의미**는 적용이라는 이런 과정에서 식별된다고 주장할 것이다.

제8계명을 논의하고 있는 두 명의 학자를 상상해 보자.

한 명은 제8계명이 횡령을 금한다고 주장한다. 다른 한 명은 자신이 이 계명을 이해하지만 횡령에 적용하는 것을 이해할 수 없다고 생각한다.

현재 우리는 첫 번째 학자가 옳다는 것을 안다.

그러나 첫 번째 학자가 두 번째 학자보다 제8계명의 **의미**를 더 잘 이해한다고 말하지 말아야 하는가?

문장의 의미를 안다는 것은 단순히 그 문장을 대응 문장(equivalent sentence)으로 대체할 수 있다는 것이 아니다(예: 그 히브리어 문장을 그 영역 문장으로 대체하는 것). 동물은 그렇게 하도록 훈련받을 수 있다. 의미를 아는 것은 의미가 담고 있는 함의, 힘, 적용을 이해하기 위해 그 문장을 **사용**할 수 있다.

누군가 자신이 성경 한 구절의 의미를 이해하지만 어떻게 그것을 적용하는지 전혀 알지 못한다고 말한다고 상상해 보자.

이 주장을 문자적으로 받아들이는 것은 그가 텍스트에 관한 어떤 질문에도 답할 수 없고 다른 언어로 된 번역을 전혀 추천할 수 없으며 그 문장에서 어떤 함의도 도출할 수 없음을 의미할 것이거나, 자신의 말로 그 용어들을 전혀 설명하지 못하리라는 것을 의미할 것이다.

우리가 진지하게 그런 주장을 받아들일 수 있는가?

우리가 문장을 어떻게 "적용"하는지에 관한 지식이 결핍되었을 때 "의미"를 안다는 우리의 주장은 공허한 주장, 즉 무의미한 주장이 된다. 그렇다면 의미를 아는 것은 어떻게 적용하는지 아는 것이다. 성경의 의미는 의미의 적용이다.

이런 추론(line of reasoning)이 가져오는 흥미 있는 결과는 다음과 같다.

우리는 성경의 의미를 이해하기 위해 세상을 알 필요가 있다. 세상에 관한 연구를 통해 우리는 법이 담고 있는 의미에 관해 점점 더 큰 지식에 도달한다.

아담은 땅을 채우고 정복하라고 명령받았다. 그러나 "정복하는 것"(subduing)은 놀랄 정도로 다양한 임무를 수반했다. 우리에게 유리하게 이해하자면, 정복하는 것은 수력 발전의 개발, 음극선(cathode ray), 소형화된 트랜지스터(transistor)를 낳았다고 볼 수 있다.

그러나 아담은 이 모든 것을 몰랐다. "정복"의 의미가 점차 아담의 마음에서 자랐을 것이다. 그는 바위를 보았을 것이고 "내가 땅을 정복하는 데 이 바위를 어떻게 사용할 수 있을까?"라고 물었을 것이다.

그는 바위를 연구하고, 분석하고, 그것으로 다양한 프로젝트를 시도했을 것이다. 결국, 바위의 용도를 발견했을 것이므로 "정복하다"가 가진 의미 이상의 어떤 것을 배웠을 것이다.

성경을 이해하기 위해 성경 외적 지식을 획득해야 하는 이런 필요는 불가피하지만 성가신 일이 아니다. 이것은 우리 임무의 자연스러운, 정상적인 일부분이다. 또한, 하나님은 우리가 이것을 하도록 기대하신다.

하나님은 아담이 이해하는 데 필요한 정보를 얻기를 기대하셨다. 또한, 성경은 정기적으로 현안(current issues)에 성경을 적용하도록 요구한다.

바리새인들은 구약성경을 자기들이 처한 시기의 사건, 즉 예수님의 사역에 합당하게 적용하지 못했기 때문에 책망을 받았다(참조, 마 16:3; 22:29; 눅 24:25; 요 5:39f.; 롬 15:4; 딤후 3:16f.; 벧후 1:19-21).

따라서 모든 사실은 우리에게 하나님의 법에 관한 중요한 무엇을 말해 준다. 우리가 달걀이나 석유나 태양 에너지나 한랭 전선에 관해 배우는 모든 것, 즉 이 모든 정보는 우리에게 우리가 하나님이 창조하신 피조물을 사용하는 데 있어 어떻게 그에게 영광을 돌릴 수 있는지에 관한 중요한 무엇을 보여 준다.

이것은 우리가 고린도전서 10:31과 훨씬 더 많은 구절을 주해하는 데 도움을 준다.

또한, 나는 훨씬 더 놀라운 진술을 할 수 있다. 마치 법이 하나의 사실(a fact)이듯이 사실들(facts)은 어떤 의미에서 법(laws)이다. 사실들은 규범적인 효력(normative force)을 갖고 있다.

왜 그런가?

우리가 살펴보았듯이 사실들은 법의 의미를 결정한다. 사실의 의미를 발견하는 것은 동시에 법의 구체적 적용, 즉 법 자체만큼이나 구속력 있는 적용을 발견하는 것이다.

세상을 연구할 때 우리는 우리가 해야 할 의무가 무엇인지 점점 더 자세히 연구한다. 또는 다르게 표현해 보면 법 자체는 우리에게 지혜롭게 살라고 명령한다. 즉 실제(reality)를 이해하는 것을 따라 살라고 명령한다.

법은 우리에게 사실에 의해 지배를 받고 존재하는 것을 고려하라고 명령한다. 따라서 법은 사실에게 규범적 지위(normative status)를 **부여한다**.

이 모든 것을 언급하는 것은 성경적 고려사항과 성경 외적 고려사항 사이의 중요한 구별을 허물어뜨리려는 것이 아니다. 단지 성경적 고려사항만이 오류가 없는 신적 규범이다. 즉 한편에 있는 성경과 다른 한편에 있는, 성경적 적용을 결정하는 추론 사이에 중요한 차이점이 존재한다.

우리는 오류 있는 수단을 통해 이루어지는 적용을 발견한다. 물론 그것은 성경에 관한 모든 주해 및 모든 이해와 관련해서 사실이다. 일단 우리가 성경의 참된 적용을 발견하면 이런 적용은 무조건 구속력이 있다. 가령, 누구도 다음과 같이 말할 권리가 없다.

"나는 훔치지 않을 것이지만 횡령은 할 것이다. 왜냐하면, 횡령 금지는 단지 '적용'이기 때문이다."

그렇다면 세상을 아는 것은 법을 아는 것을 포함한다. 또한, 법을 아는 것은 세상을 아는 것을 포함한다. 하나님의 법은 사실이고 그의 사실은 법이다. 궁극적으로 법을 아는 것은 사실을 아는 것과 동일한 것이다.

이 둘은 다른 "관점"에서 파악된 것으로써 하나의 과정을 나타낸다. 성경을 세상에 적용하고 세상을 성경의 관점에서 이해한다면 "사실들"과 "법" 사이에 어떤 갈등도 존재하지 않을 것이다. 이 둘은 하나일 것이다.

(3) 비그리스도인은 사실과 법을 상실한다

그러나 그리스도인에게 참인 것은 비그리스도인에게 참이 아니다. 성경의 하나님에 대한 믿음을 결핍한 비기독교적 철학자들은 규칙적으로 종종 "사실들"이나 "법"을 통해 확실성에 관한 어떤 다른 기초를 찾으려 시도했다.

반틸이 지적하듯이, 특히 경험주의 전통 안에 있는 많은 사람은 지식의 전체 체계(edifice)를 세울 수 있는 일종의 기반(bedrock)을 "사실"에서 찾으려 시도했다.

한편, 경험주의자들에 의하면 기준, 법, 규범에 관한 모든 관념은 "사실들"의 기초 위에서 검증되어야 한다.

아니, 정반대로 우리는 어떤 종류의 "사실들"을 말하고 있는가?

우리가 말하는 사실들은 분명히 다음과 같다. 즉 그 사실들 자체는 모든 법을 초월하고, 우리가 규범에 전혀 순종함 없이 그 사실들을 발견할 수 있으며, 그 사실들에 의해 모든 규범은 판단될 수 있다.

그러나 그런 사실들은 해석되지 않은 "순수"(brute) 사실들, 즉 의미가 모자란 사실들일 것이다.

다른 한편, 합리주의 전통은 우리가 사실성(facticity)에 관한 어떤 기준을 가정함 없이 사실들을 전혀 식별할 수 없다고 인정한다. 따라서 합리주의자들은 법, 즉 우리가 사실을 식별하고 해석하는 이런 원리의 "토대"를 찾으려 한다.

그렇다면 이 "법"은 모든 사실적 지식보다 뛰어나야 한다. 따라서 이 법은 또한 하나의 사실로 알려질 수 없다. 법에 대한 기독교적 견해에서 흔히 있듯이 사실들은 법이 담고 있는 의미를 결정할 수 없다.

그 결과는 다음과 같다. 이 "법"은 빈껍데기, 즉 어떤 적용도 갖고 있지 않은 원리, 어떤 의미도 없는 일종의 말이 된다.

이 두 경우에서 문제는 우상, 즉 "사실"이나 "법"을 신성화하려는 시도다. 일단 우리가 "사실"에서 하나의 신을 만들려고 시도한다면 우리는 완전히 사실성을 상실한다. 이 경우, "사실주의자"(factualist)는 우리가 앞에서 "비합리주의자"로 부른 자다. 반면, 법의 옹호자는 "합리주의자"다.

2) 세상과 자아

(1) 자아에 관한 지식과 세상에 관한 지식은 서로 관련되어 있다

먼저, 인간은 하나님의 피조물이다. 따라서 인간은 세상 일부분이다. 우리는 배워야 할 "사실들" 가운데 속해 있다.

또한, 이런 창조된 사실 체계의 일부분으로 우리는 우리 자신이 다른 사람들과 사물들, 특히 하나님과 그의 말씀뿐 아니라 다른 피조물과 상호 작용함에 따라 우리 자신을 알게 된다.

"자아에 관한 순수 생각," 즉 그 밖의 어떤 것이 아닌 단순히 자아에 관한 사고가 어떤 모습일지 상상하기는 어렵다.

한편, "그 자체"(in itself)로 자아는 하나님처럼 불가해하다. 우리는 다른 사물들을 인식함으로써 우리 자신을 인식한다. 나무에 관한 모든 생각은 나무를 사유하는 나의 생각이다.

우리는 거울에 비친 우리 자신의 모습을 볼 때, 우리가 만드는 소리를 들을 때, 우리가 내리는 결정을 경험할 때 우리 자신을 인식한다.

그러나 중요하게도 자아는 파악하기 어렵다(elusive). 눈이 눈 자체를 직접 볼 수 없는 것처럼(거울 없이) 우리는 자아 자체를 응시할 수 없다. 우리는 세상을 인식함으로써 우리 자신을 인식한다.

다른 한편, 그 반대도 사실이다. 우리는 우리 자신을 인식함으로써 세상을 인식하게 된다. 어떤 의미에서 모든 지식은 자기를 아는 지식이다. 물론 하나님과 다르게 우리가 가진 지식은 절대, 전적으로 자증적이지 않다. 오히려 하나님의 선지식(God's prior knowledge)이 우리가 가진 지식을 입증하거나 정당성을 입증한다.

게다가 어떤 의미에서 하나님 자신에 관한 지식은 자충족적이다(self-sufficient). 즉 하나님은 자신과 자신의 계획을 아심으로써 모든 것을 아신다. 하나님은 자신을 인식함으로써 만물을 완전히 아신다.

그러나 우리는 그렇지 못하다. 왜냐하면, 우리는 창조자와 세상의 결정자가 아니기 때문이다. 우리 밖의 누군가, 즉 하나님이 우리에게 계시를 제공하셨기 때문에 우리는 안다.

그럼에도 우리는 하나님의 형상이기 때문에 어떤 의미에서 모든 지식은, 심지어 우리에게도 자신에 관한 지식이다. 우리가 가진 모든 정보는 우리 자신의 능력, 즉 눈과 귀와 뇌와 직관 등을 통해 우리에게 온다.

사실을 아는 것은 우리 경험의 내용, 우리의 사고, 이해할 수 있는 우리의 능력에 관한 무엇을 아는 것이다.

따라서 우리는 "주체와 객체의 관계"라는 유명한 문제에 다다른다. 철학사 전반에 걸쳐 이 주제는 온갖 종류의 혼란을 초래했다.

자아가 세상 속으로 사라지거나 세상이 자아 속으로 사라지는("유아론"[唯我論, solipsism], 즉 자아[the self] 외에는 어떤 것도 존재하지 않는다는 견해) 것처럼 보인다.

비기독교적 철학자들은 여기서 가능한 균형을 유지하는 데 완전히 실패했다. 세상이 자아에 완전히 낯선 어떤 것, 즉 너무 낯설어 거의 인식할 수 없거나 말할 수("초월") 없든지, 아니면 자아와 동일해서 언급할 세상은 전혀 존재하지 않고 단지 자아만("내재") 존재하는 것처럼 보인다.

자포자기한 일부 철학자는 이른바 "주체-객체 구별을 초월"하는 특별한 종류의 지식을 추구하지만 그들은 이런 지식이 무엇인지 또는 어떻게 그런 지식을 획득할 수 있는지 일관되게 진술할 수 없다.

본질적으로 그들의 요구는 알 수 없는 것(the unknowable)을 알 수 있다는 주장이고, 신비스러운 도약을 통해, 보통 수단으로 알 수 없는 초월성에 접근할 수 있다는 주장이다.

그리스도인은 주체-객체 구별에 관한 합당한 공식적 진술에 수반하는 난점을 완전히 피할 수 없다.

그러나 그는 믿음으로, 하나님의 계시로 자신이 우주에 존재하는 유일한 존재가 아니라는 것을 안다. 그는 신적(divine)이지 않으므로 혼자 존재할 수 없다. 오히려 그 자신을 초월한 무언가 분명히 존재한다.

또한, 그리스도인은 자신이 단순한 "객체," 즉 다른 것들 가운데 존재하는 단순한 물건이 아니라는 것을 안다. 그는 세상 속으로 사라지는 것을 두려워할 필요가 없다. 왜냐하면, 인간의 자아는 하나님의 형상, 즉 다른 모든 피조물과 구분되는 하나님의 형상이고 땅을 지배하기 위해 창조되었다.

단지 하나님의 계시만이 이 두 가지 원칙에 대한 우리의 확증을 동시에 정당화할 수 있다. 그렇지 않다면 어떤 것도 우리가 세상을 잃거나 우리 자신을 잃어버리는 것을 막지 못한다.

만약 비그리스도인이 이 두 극(pole)의 실재(reality)를 주장한다면 그는 자신의 반유신론적(antitheistic) 이론의 기초가 아닌 하나님 계시의 압박 아래 이 두 극의 실재를 주장한 것이다.

자아를 인식하는 것과 관련된 문제가 하나님을 인식하는 것과 관련된 문제와 다소 유사하다는 것은 흥미로운 일이다. 이 두 경우에 지식은 "간접적"이다. 즉 수단을 통해 이루어진다.

또한, 이 두 경우에 지식은 "직접적"이다. 즉 대상(객체)은 항상 수단 안에, 그리고 수단과 함께 존재한다.

한편, 우리는 단순히 우리의 감각 경험(sense experience)에 나타나는 "사실들"을 나열한다면 자아를 나열하지 않을 것이다. 왜냐하면, 자아를 보거나 듣지 못하기 때문이다. 하나님에게도 마찬가지다.

심지어 하나님은 "간접적으로"(시내산에서처럼) 말씀하실 때조차 창조된 매체를 통해 나타나신다(시내산에서 창조된 매체는 연기, 불, 소리였다).

다른 한편, 하나님은 사실과 너무 긴밀히 연관되었기에 하나님을 떠나서 어떤 사실도 설명될 수 없다. 또한, 자아와 관련해서도 마찬가지다.

나는 이것이 하나님과 인간 사이에 존재하는 유사성의 일부분으로 믿는다. 변증학에서 다음과 같이 지적하는 것은 유용하다.

즉 하나님에 대한 믿음이 비합리적이라면 인간의 마음에 대한 믿음도

비합리적이라는 것이다.³

내가 말하는 것의 또 다른 함의는 이것이다. 오직 그리스도인만이 사람과 사물 사이를 구별하기 위한 개념적 자원을 가지고 있다. 이 구별은 우리가 우리 시대의 비인간화에 대해 신뢰할 만한 항의를 하려면 필요하다.

동시에 자아와 세상 사이의 일치성도 인식해야 한다.

우리는 결코 자아에 의해 해석되지 않는 "순수 세계"(bare world)를 발견하지 못한다. 또한, 우리는 어떤 환경이 결핍된 "순수 자아"(bare self)를 발견하지 못한다. 한쪽 아니면 다른 쪽을 찾으려는 것은 비기독교적 탐구다. 이런 탐구는 하나님의 계시 이외의 어떤 궁극적인 참조점(point of reference)을 발견하려는 시도다. 우리가 살펴보았듯이 이런 탐구는 무익하다.

자아와 세상을 함께 경험한다. 즉 자아와 세상은 지식이라는 단일 유기체를 구성하는 측면이다. 자아는 사실들 안에서, 또한 사실들을 통해 인식된다.

그리고 세상은 나의 경험과 생각 안에서, 나의 경험과 생각을 통해 인식된다. 자아와 세상이 서로 다르지만, 자아와 세상을 인식하는 것은 궁극적으로 동일하다. 이 둘은 서로 다른 관점에서 이해된 동일한 과정이다.

(2) 사실과 사실의 해석은 서로 분리될 수 없다

유사한 근거로 "사실"과 "해석" 사이의 일반적 구별은 성경에 비추어 다시 고찰돼야 한다. 만약 우리가 "사실들"을 하나님의 관점에서 파악한 (또는 아마 인간적 관점에서 참되게 파악한) 세상으로 간주한다면, 그리고 참이든지 거짓이든지 "해석"을 이런 사실들에 대한 우리의 이해로 간주한다면

---

3 참조, Alvin Plantiga, *God and Other Minds* (Ithaca, N. Y., and London: Cornell University Press, 1967).

이런 일반적 구분은 합당하게 우리에게 도움이 될 것이다. 그러나 철학에서 종종 이런 "사실"은 일종의 실재 자체(reality-in-itself), 즉 하나님의 해석이나 인간의 해석이 완전히 모자란 실재, 즉 해석하려는 모든 시도를 검증하는 실재로 생각된다. 이에 대한 답변은 다음과 같다.

① 우리는 해석이 완전히 결핍된 사실은 존재하지 않는다고 주장해야 한다. 반틸의 용어를 사용하자면 "순수 사실"(brute facts)은 존재하지 않는다. 하나님이 모든 사실을 해석하셨다. 또한, 모든 사물이 하나님의 영원한 계획에 의해 현재 존재하기 때문에 우리는 "사실의 해석이 사실보다 선행한다"(반틸)라고 말해야 한다. "순수 사실"이라는 개념은 우리에게 하나님의 계시 이외의 진리 기준을 제공하기 위해 의도된 창안물이다. 그러나 그런 다른 모든 대용어들(substitutes)이 그러하듯, 이 개념도 이해될 만한 것이 될 수 없다. 규범적 해석이 결여된 "사실"은 의미 없는 사실, 특징 없는 사실, 간단히 말해 무(nothing)일 것이다.

② 또한, 우리는 인간의 해석이 사실들에 관한 어떤 지식과 관련되어 있다고 주장해야 한다. 우리는 인간의 해석이 결여된 사실에 관한 어떤 지식도 가질 수 없다. 왜냐하면, 앎 자체가 해석이기 때문이다. 우리는 해석 능력 없이 실재에 절대 접근할 수 없다. 그런 접근을 추구하는 것은 피조성의 탈출을 추구하는 것이다(위를 보라). 우리는 우리 자신의 피부 밖으로 나갈 수 없다.

모든 해석을 위한 권위적인 기준으로 기능할 수 있는 인간의 해석이 완전히 결여된 "사실"이 있기를 바라는 것은 비기독교적 바람, 즉 하나님의 말씀을 어떤 다른 권위로 대체하려는 바람이다. 또한, 다시 말하지만 이런 바람은 이해할 수 없는 넌센스로 귀결된다. 즉 사실로 인식될 수 없거나 해석될 수 없는 "사실"로 귀결된다.

그렇게 해서는 안 된다!

사실에 관한 모든 진술은 실재에 관한 해석이고 모든 참된 해석은 사실에 근거를 두고 있다는 것을 솔직히 인정하는 것이 더 좋다. 우리는 "사실을 확인하는 것"에 관해 말할 때 확실하지 않은 생각(해석)을 더 확실한 생각(해석)과 비교하는 것에 대해 말하는 것이다.

그러나 우리는 순수한 사실성이라는 어떤 "기반"(bedrock)에, 즉 해석 활동으로 더럽혀지지 않은 사실에 도달할 수 있을 만큼 깊이 파고들지 않는다. 정의상 그런 사실은 전혀 알려질 수 없을 것이다. 왜냐하면, 지식 자체는 항상 해석이기 때문이다.

따라서 사람들은 분명히 자신들의 해석이 "사실들"과 일관성을 갖게 하려고 노력함에도, 자신들의 해석 체계를 참조함으로써 그 사실들이 무엇인지 결정한다는 것은 놀라운 일이 아니다.[4]

또한, 이것은 합당하고 올바른 방법이다. 사실이 무엇인지 결정하는 것과 가장 좋은 해석적 "이해" 체계를 결정하는 것은 두 개의 과정이 아니라 (두 개 가운데 하나가 다른 하나보다 완전히 "앞서는" 상태를 가진다), 서로 다른 관점에서 파악된 동일한 과정이다.

우리의 지식(심지어 신학에 관한 우리의 지식)이 "사실에 기초해야" 한다고 말하는 것은 완전히 참이다.

그러나 사실에 기반을 둔 우리의 판단이 우리가 처한 상황에 관한 합당

---

[4] 참조, Thomas Kuhn, *The Structure of Scientific Revolutions* (Chicago, Ill.: University of Chicago Press, 1962).

한 해석에 "기초해야" 한다고 말하는 것도 똑같이 참이다.

일부 변증가들은 기독교 전체 체계가 기독교적 헌신(Christian commitment, 이 용어에 관한 이해를 위해 제1장 각주 43번을 참조하라. - 역주) 없이 이해될 수 있는 "사실들"로 불리는 무엇을 참조함으로써 확립될 수 있다고 꿈꾸었다.

가령, 존 몽고메리(John W. Montgomery)는 자신의 저서 『사실에 근거한 믿음』(*Faith Founded on Fact*)[5]에서 이런 방법을 주장한다. 그러나 몽고메리에게 사실을 구성하는 것(예를 들어, 부활)은 모든 사람에게(예: 루돌프 불트만[Rudolf Bulmann]) 하나의 사실로 받아들여지지 않을 것이다.

철학적 근거나 신학적 근거에서 사실이 무엇인지 일치하지 않을 수 있다! 따라서 사실의 선택은 신학의 선택에 의존하지, 단순히 신학의 선택이 사실의 선택에 의존하지 않는다. 또한, 신학이나 철학 없이, 즉 사실을 위한 체계(framework)나 방법론(methodology) 없이 어떤 사실이 식별되거나 파악된다고 이해하는 것은 불가능하다.

따라서 몽고메리의 꿈은 이뤄지지 않을 것이다. 기독교와 모든 사고의 기초는 하나님의 계시다. "사실들"은 그런 계시에 관한 사실이고 하나님에 의해 해석되고 알려졌으며, 따라서 인간에 의해 이미 해석되었다.

그런 해석이 결여된 사실은 존재하지 않는다. 설령 존재한다 해도 무엇의 기초로 사용되기는커녕 알려질 수도 없을 것이다.

---

5   Nashville and New York: Thomas Nelson Publishers, 1978.

3) 법과 자아

여기서 유사한 언급을 할 수도 있다. 자아는 법이 아니고 법도 자아가 아니다. 그러나 자아를 아는 것과 법을 아는 것은 본질적으로 동일한 과정이다. 왜냐하면, 우리는 하나를 알지 못하고 다른 하나도 알 수 없기 때문이다.

비기독교 철학은 법과 자아를 혼동한다. 왜냐하면, 비기독교 철학은 사실과 법, 그리고 세상과 법을 혼동하기 때문이다. 다른 경우같이 비기독교 철학은 이것들을 서로 분리하거나 동일시한다.

가령, 실존주의에서 법은 자아와 동일시된다. 실존주의에서 자율성의 교리가 가장 생생한 방식으로 나타난다. 사르트르(Sartre)는 존재하는 유일한 법이 자아라고 믿었다.

그러나 사실 이것이 의미하는 바는 법이 전혀 존재하지 않고, 완전히 우연의 산물인 자아가 인간성(personhood), 즉 자아성(selood)을 상실한다는 것이다.

그러나 관념론(idealism)에서 자아는 보편 법칙의 한 예로 축소된다. 따라서 자아가 가진 개인성은 파괴되고 법 자체(관념론자들의 소원과 반대로)는 완전히 추상적인 것—법 자체 외에 어떤 것에 관한 것도 아닌 법—이 된다.

그러한 견해들에서 법이 존재하기 위해 법은 법의 주체와 근본적으로 구별되어야 한다. 또한, 주체, 자아는 완전히 자율적이어야 하고 법과 구별되어야 한다. 아니면 주체와 자아는 자기 자신의 법이 되어야 하는데, 이 경우, 이 법은 동일한 것이다.

기독교에서 우리는 첫째로 자아와 법을 서로 구별하고, 그런 후 어떻게든 종합하는 것을 통해서가 아닌, 계시를 통해 자아와 법을 구별한다. 자아와 법은 동시에 발견된다. 왜냐하면, 자아와 법은 다른 하나를 이해하는 데 필요하기 때문이다.

법은 우리에게 우리 자신에 관해 말해 준다. 또한, 우리 자신에 관한 연구는 법의 적용을 보여 준다(위를 보라. 어떤 의미에서 사실이 규범적이듯, 자아도 규범적이다).

법은 우리 위에 새겨져 있고 우리 안에도 새겨져 있다. 왜냐하면, 우리는 하나님의 형상이기 때문이다. 또한, 우리가 그리스도의 형상으로 새롭게 되듯이 우리는 하나님의 의를 점점 더 반영하게 된다. 그래서 우리는 점점 더 우리 자신과 다른 사람들에게 계시의 출처(source), 하나님 법의 출처가 된다.

5. 관점

마지막 단락에서 나는 다음과 같이 주장했다. 비록 법, 세상, 자아가 뚜렷이 구별된 지식의 "대상"이라도, 이것들은 너무 서로 밀접하게 관련돼 있어서 법, 세상, 자아를 아는 것은 서로 다른 관점에서 이해된 모두 같은 과정이라는 것이다. 이 관점들을 더 많이 언급할 필요가 있다.

내가 본 장의 앞 부분에서 다음과 같이 제안했다. 즉 우리가 인식론을 윤리학의 한 분과로 보고, 그 분과는 지식의 영역에서 우리의 의무를 기술하고, '우리가 무엇에 관한 지식을 주장해야 하는지,' '우리가 어떻게 지식을 추구해야 하는지'에 관한 질문, 즉 윤리적 "의무"(ought)를 사용하는 질문에 답한다고 보는 것이 유익할 것이다.

우리는 윤리적 결정을 할 때 다시 우리가 논의했던 법, 상황, 자아와 같은 요소들과 대면한다. 모든 윤리적 결정은 사람(자아)이 법(규범, 원리)을 상황에 적용하는 것을 포함한다. 따라서 문제를 갖고 사람들을 상담할 때 일반적으로 우리는 세 가지 확인하려 한다.

① 상황(문제)이 무엇이었나?
② 어떻게 우리가 그것에 반응하는가?
③ 성경이 말하는 것은 무엇인가?

우리가 살펴보았듯이 그리스도인에게 이 질문들은 상호의존적이다. 개인과 성경은 상황의 일부분이고 상황과 성경은 이 개인이 경험하는 것의 일부분이다. 또한, 상황과 사람에 대한 분석은 우리가 성경이 말하는 것(즉 이 경우 어떻게 성경을 적용하는가)을 보여 주는 데 일조한다.
그러나 비기독교 윤리학에서 이 세 요소는 분리되거나 완전히 서로 다른 요소 안에 상실 되는 경향이 있다.
칸트의 윤리학은 도덕법을 중시하지만(또한, 어느 정도 자아를 중시한다) 그의 이론에서 상황은 윤리적 결정에 의미심장한 기여를 전혀 하지 못한다. 그러나 존 스튜어트 밀(John Stuart Mill)에게 올바른 행동은 거의 완전히 상황적 요소에 근거해 산출될 수 있다. 또한, 사르트르에게 단지 확실성(authenticity)을 추구하는 자아만 주목을 받을 자격이 있다.
비기독교 윤리학은 한 요소나 다른 요소를 절대화하거나 제거하려는 경향이 있다. 왜냐하면, 비기독교 윤리학은 하나님의 계시 밖에서 어떤 절대적 준거점을 찾으려 하며 또한 어떻게 이런 요소들이 협력하는지 보여 주기 위한 어떤 자원도 갖고 있지 않기 때문이다.

그러나 성경은 우리에게 하나님이 다스리시고, 하나님이 권위이시며, 하나님이 존재하신다고 말한다. 따라서 상황, 법, 사람은 하나님의 주 되심을 함께 계시하는 유기적 전체의 일부분이다.

따라서 나는 그리스도인들이 비기독교적 모델을 따르지 말고 "상황 윤리"나 "진정한"(authentic) 실존 윤리와 대조되는 "법의 윤리"를 지지하라고 주장할 것이다. 오히려 기독교 윤리는 법, 상황, 윤리 주체를 유기적 통일체로 제시해야 한다. 법에 관한 기독교적 이해는 본질적으로 상황과 사람에 관한 기독교적 이해와 동일할 것이다.

이 세 가지 요소는 서로에게, 그리고 전체에 대한 "관점"일 것이다. 각각 서로를 (배제하지 않고) 포함할 것이다. 따라서 각각 다른 강조점을 가진 동일한 근거를 발견할 것이다.

나는 이 세 가지 "관점"을 규범적(법), 상황적(사실, 세상), 실존적(사람) 관점으로 부른다.

규범적 관점은 성경을 상황과 사람에게 적용하는 도덕법으로 연구한다. 이런 적용 없이 법은 어떤 것도 언급하지 않는다.

상황적 관점은 세상을 윤리적 활동의 장, 특별히 우리가 윤리적으로 문제가 되는 상황의 장으로 연구한다. 그러나 이렇게 할 때 상황적 관점은 세상에 대한 성경적 기술과 세상에서 사람이라는 실재(reality)를 수용한다.

실존적 관점은 윤리 주체, 즉 윤리 주체의 슬픔, 행복, 결정하는 능력을 연구하지만 단지 성경이 해석하는 윤리 주체와 윤리 주체가 처한 상황적 환경의 맥락에서 윤리 주체를 연구한다.

동일한 "관점"을 인식론에 관해 사용할 수 있다.

규범적 관점은 자신의 법으로 표현된 것으로 하나님의 권위에 초점을 맞춘다.

이런 권위는 자증적이다. 즉 어떤 더 높은 기준이 이 권위를 검증할 수 없다.

인간은 하나님의 법에 따라 사유하도록 창조되었지만, 그는 반역했다. 타락한 인간이 이 법에 관해 자신이 가진 지식을 억압하지만 그는 계속 이 법을 알고 있고 심지어 하나님이 창조하신 세상에서 생존하기 위해 그 법을 사용한다.

구속받은 사람들은 한 번 더 하나님의 법을 수용하게 되고 심지어 그 법을 기뻐하게 된다. 하나님의 법이 구속받은 자들의 근본적 "전제"가 되지만, 그들은 마지막 날 자신들이 영화될 때까지 완전한 일관성을 가지고 그 법을 붙들지는 않을 것이다.

이 법은 포괄적이고 삶의 모든 영역을 다스린다. 또한, 이 법과 상충하는 모든 주장은 거짓으로 거절돼야 한다.

상황적 관점은 성경과 피조계에 일반적으로 계시된 법에 초점을 맞춘다. 하나님은 우리에게 성경을 삶의 모든 영역에 적용할 정도로 충분히 피조계를 이해하라고 명령하신다.

우리가 성경을 합당하게 적용하려면 피조물에 관한 지식이 필요하다. 모든 사실은 윤리적 문제를 제기하고(예: 어떻게 내가 하나님의 영광을 위해 이것을 사용할까?) 답을 제안한다(앞의 예에서 하나님의 영예를 위한, 그것의 사용을 가리키는 객체의 특성들). 따라서 상황적 관점은 세상에 대한 성경적 이해를 제안하기 위해 세상에 대해 우리가 알고 있는 것을 분석할 것이다.

실존적 관점은 하나님의 형상인 인간 안에 계시된 법에 초점을 맞춘다. 우리는 우리 자신을 더 잘 알게 됨에 따라 법을 더 잘 알게 된다. 게다가 우리는 어떻게 중생과 성화(즉 순종)가 완전한 의미에서 지식에 필수적이고, 어떻게 법과 상황과 이런 상호 작용이 우리를 진리로 인도하는지 배운다.

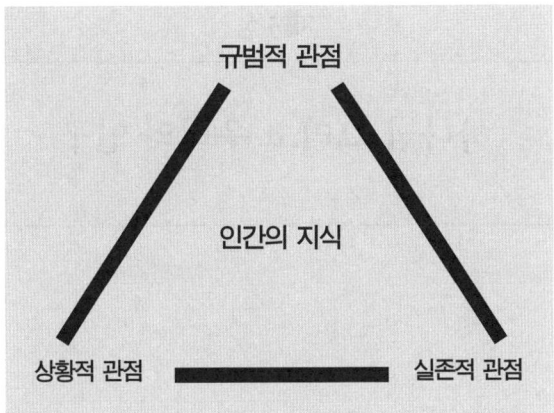

도형 2. 인간의 지식은 하나님의 규범, 우리의 상황에 관한 지식, 우리 자신에 관한 지식이라는 세 가지 방식으로 이해될 수 있다. 어떤 것도 다른 것 없이 합당하게 성취될 수 없다. 각각 서로를 포함한다. 따라서 각각 전체 인간 지식에 관한 "관점"이다.

제3장

하나님 그리고 우리의 연구

1. 신학

우리는 하나님과 법을 아는 것뿐 아니라 "신학을 아는 것"에 관해 말한다.

우리가 "신학을 안다"라고 주장할 때 무엇을 안다고 주장하는 것인가?

또는 다르게 표현해 보면 신학적 지식의 대상은 무엇인가?

신학이 안다고 주장하는 그것은 무엇인가?

어떤 의미에서 신학은 종종 하나님을 아는 지식과 동일시되어 왔다.[1]

나는 이런 동일시에 반대하지 않지만, 여기서 다루고 있는 하나님을 아는 지식을 더 정확하게 규정하는 데 어떤 가치가 존재한다고 생각한다. 이어지는 부분에서 나는 우리가 신학을 "사람들이 하나님의 말씀을 삶의 모든 영역에 적용하는 것"이라고 유용하게 정의할 수 있다고 주장할 것이다.

---

1   참조, Abraham Kuyper, *Principles of Sacred Theology* (Grand Rapids: Wm. B. Eerdmans Pub. Co., 1965), 228-340.

먼저, 정의들(definitions)에 대해 한마디 하자.

신학에 대한 하나의 "올바른" 정의는 존재하지 않는다. 언어는 유연한 유기체이고, 화자가 자신의 말을 이해시키기 위해 합리적인 노력을 기울이는 한, 용어에 대해 수많은 다양한 정의를 용납할 수 있다. 이것은 모든 정의가 동일하게 타당하다는 것을 의미하지 않는다.

만약 우리가 **재떨이**(ashtray)가 "타자기"를 의미하는 것으로 정의한다면 아무 도움이 되지 않고 특히 혼란만 일으킬 것이다.

그러나 하나의 용어에 두 개 또는 그 이상의 정의, 심지어 상충하는 정의가 있을 수 있다. 또한, 이런 정의들은 거의 동일하게 타당하다.

따라서 누군가 **신학**을 "하나님에 관한 연구," 또는 "성경에 관한 연구," 심지어 "인간 실존의 신앙적 측면"(도예베르트[Dooyeweerd])[2]으로 정의하기 원한다면, 이런 정의들이 내가 **신학**이라는 용어를 사용할 권리를 인정하지 않거나 신학에 대한 **나의** 개념을 표현할 다른 어떤 용어를 내게 허용하지 않는 한, 불만은 가장 적을 것이다.

일반적으로 말해 **신학**은 하나님에 관한 연구, 하나님을 아는 지식, 하나님에 관해 말하는 것, 하나님에 관해 가르치는 것, 하나님에 관해 배우는 것을 의미한다.

이러한 "대략적인"(ball park) 의미 가운데 정의가 내려지도록 추구해야 한다. 만약 우리가 신학이라는 용어를 역사적으로 책임 있는 방식으로 사용하려면 말이다. 그러나 이런 일반적 범위 내에 그 개념에 관한 다른 많은 설명이 있었다.

---

[2] 다음을 보라. Herman Dooyeweerd, *In the Twilight of Western Thought* (Nutley:N.J.: Presbyterian and Reformed Pub. Co., 1968), 132-56.

1) 슐라이어마허

가령, 슐라이어마허(Schleiermacher)는 다음과 같이 말했다.

기독교 교리는 언어로 진술된 그리스도인의 종교적 감정의 설명이다.

의심할 여지없이 그리스도인의 종교적 감정(느낌, 직관, 감성들)을 설명하는 것은 좋은 일이다. 또한, 그런 설명을 의미하기 위해 **신학**이라는 용어를 사용하는 것에 나는 강한 반대도 없다.

그러나 반대할 수 있는 것은 이것이다. 슐라이어마허는 이런 설명이 더 일반적으로 신학으로 불렸던 것, 즉 성경의 가르침에 관한 주해를 대체하려고 의도했다는 점이다.

그는 인간의 감정(Gefühl, 게퓔)을 신학에 대한 최종 권위, 우리가 처한 상황에 관한 명확한 해석, 영적 성장을 위한 궁극적 힘으로 여기고, 이 감정으로 성경을 대체하려고 했다.

따라서 슐라이어마허는 자신이 내린 정의를 통해 자신의 일반적인 "주관주의"(subjectivism)를 공표하려 했다. 나는 그런 주관주의와 거리를 두기 원하므로 그가 내린 정의를 사용하지 않을 것이다.

2) 핫지

다른 한편, 우리는 "객관주의"로 설명될 수 있는 정의에 이르렀다. 19세기 프린스톤신학교의 위대한 개혁파 신학자 찰스 핫지(Charles Hodge)는 성경 진리를 다른 형태로 표현하기 위해 신학이라는 용어는 필수적이라고 주장했다. 성경은 "사실들"을 담고 있다. 또한, 과학자들이 자연에서 사실들을 수집하고 그 사실들에 대한 "법칙"을 공식화하듯, 신학자도 이런 사실들을 수집한다. 핫지는 다음과 같이 말했다.

> 신학은 성경의 사실들을 적절한 순서와 관계로써, 사실들 자체와 연관된, 전체에 두루 미치고 전체를 조화시키는 원리들 및 일반적인 진리들과 함께 제시하는 것이다.[3]

슐라이어마허는 인간의 주관적 상태를 기술하는 것에 만족했지만, 핫지는 그것에 만족하지 않았다. 오히려 핫지는 신학이 진리, 즉 우리의 감정과 별도로 사실인 "객관적" 진리를 기술하길 원했다.

그는 사실들을 그 자체로(객관적으로), 단지 우리의 느낌들을 강화하는 순서가 아니라 그 사실들의 고유한 순서(객관적 순서)대로, 그 사실과 실제로(객관적으로) 관련된 그 원리들 또는 일반적 진리들과 함께 제시하기를 원했다.

확실히 핫지는 슐라이어마허보다 진리에 더 가까웠다. 왜냐하면, 신학에서 참과 거짓을 구별하고 성경에 기초해 진리를 결정하는 데 관심이 있었기 때문이다. 그러나 핫지의 공식화는 많은 문제를 제기한다.

(1) 신학과 자연과학

핫지는 신학과 자연과학 사이의 유사점을 너무 많이 중시한다. 확실히 성경에는 신학자들이 조사해야 할 "사실들"이 존재한다.

---

[3] *Systematic Theology* (Grand Rapids: Wm. B. Eerdmans Pub. Co., 1952), I. 19.

그러나 이런 사실들(일반적 사실에 관해 내가 앞에서 지적했던 것처럼)은 "순수 사실"(brute facts)이 아니고, 준항성(準恒星, quasar)이나 전자(electrons)처럼 인간의 언어로 설명할 수 있을 때까지 과학의 발전을 수동적으로 기다리는 사실들이 아니다.

그렇지 않다. 성경은 **언어**다. 성경은 성경 자체를 설명한다. 하나님이 성경을 미리 해석하실 뿐 아니라(모든 사실같이) 성경은 성경 자체가 담고 있는 사실을 해석하고 설명한다.

또한, 성경의 자기 해석과 자기 설명은 오류가 없고 규범적이다. 게다가 가장 중요한 의미에서 성경의 자기 해석과 자기 설명은 더 개량될(improved upon) 수 없다.

핫지는 지금 확실히 이 모든 것을 알았다. 그러나 그는 신학의 본질을 위해 성경의 독특성이 가진 함의를 더 고려했어야 했다. 신학자의 임무는 인간 언어로 성경에 대한 첫 번째 설명이나 가장 명확한 설명을 제공하는 것일 수 없다.

왜 그런가?

왜냐하면, 성경은 이미 그런 작업을 했기 때문이다.

따라서 신학자의 임무는 무엇인가?

신학자가 "성경을 과학적으로 연구하는 자"가 되려면 어떻게 그의 "과학적 방법"이 다른 학문이 가진 방법과 다른지 훨씬 많은 것을 언급해야 한다.

(2) 주지주의와 신학

또한, 핫지는 신학에 관해 너무 주지주의적(intellectualist) 개념으로 향하고 있다는 점에서 오류를 범한다. 왜냐하면, 다시 말하지만 신학과 과학

간의 유비(analogy)가 핫지 다소 오도했기 때문이다. 그는 신학을 이론 구축의 훈련, 사실들을 기술하는 훈련, "원리"나 "일반 진리"를 정확히 진술하는 훈련으로 보았다.

그러나 왜 신학을 그런 학문적 측면에서 파악해야 하는가?

성경은 단순히 일련의 사실에 기반을 둔 진술일 뿐 아니라 명령(imperative), 의문(interrogative), 약속, 맹세, 시, 잠언, 감정적 언어 등 같은 다른 종류의 언어로 가득하다. 성경의 목적은 단지 우리에게 우리 자신이 믿어야 하는 것의 권위적인 목록을 제공해 주는 것뿐 아니라 우리에게 권면하고, 명령하고, 상상력에 영감을 불어넣고, 마음으로 노래를 표현하고, 우리에게 질문하고, 우리를 성화시키는 일도 한다.

확실히 교회의 가르침 사역은 사람들이 믿어야 할 것을 열거할 뿐만 아니라 성경의 다른 모든 내용을 그들에게 전달하는 것이다.

왜 신학은 신학 자체를 학문적 이론화에 한정하는가?

지금 의심할 여지없이 그런 한정에 찬성하는 어떤 주장이 주어질 수 있다. 가령, 혹자는 신학이 성경의 명제적 내용을 선포해야 하고 설교와 같은 몇몇 다른 학과는 성경의 다른 측면에 관심을 두어야 한다고 주장할 수 있다. 뒤에서 나는 이런 종류의 제안을 논박할 것이다.

그러나 내가 이해하는 한, 핫지는 전혀 논거를 제시하지 않는다.

문제는 다음과 같다. 즉 이런 맥락에서 핫지는 성경을 "일련의 사실들"(body of facts)로 간주하고 있었고 성경도 언어라는 사실을 도외시하고 있었다.

단순한 "일련의 사실들"을 가지고 어느 정도 우리가 할 수 있는 것은 설명하고 분석하는 것이다. 그러나 언어를 가지고 우리는 훨씬 더 많은 것을 할 필요가 있다.

(3) 성경, 사실들, 순서, 관계들

나 역시 신학이 "**적절한** 순서와 관계로"(강조는 내가 한 것이다) 성경의 사실들을 보여 주는 것이라는 핫지의 진술에 불편함을 느낀다. 다시 말하지만 핫지는 성경이 사실일 뿐 아니라 언어라는 사실을 도외시한다.

따라서 그는 성경이 이미 질서정연하게 사실들을 보여 주었고, 기술했고, 설명했다는 사실을 도외시한다(참조, 눅 1:3).

그렇다면 어째서 우리는 또 다른 순서가 있어야 하는가?

그리고 더 심각한 것은 왜 신학의 순서(추측건대 성경의 순서와 반대로)를 "적절한" 순서로 기술해야 하는가?

성경 순서 자체에 관한 "부적절한" 무엇이 존재하는가?

나는 이런 표현("부적절한" - 역주)은 실수로 잘못 쓴 것이 아닌가 의심이 든다. 왜냐하면, 핫지는 결코 성경 비평가로 알려지길 바라지 않았을 것이기 때문이다.

그러나 신학의 순서와 성경의 순서 자체 사이의 관계는 수수께끼(mystery)로 남아 있다. 그리고 이런 관계는 해결되어야 할 수수께끼다. 왜냐하면, 여기에 성경의 완전성(perfection)과 규범성이 걸려 있기 때문이다.

이런 곤경에서 나오는 길은 다음과 같은 사실을 인정하는 것이다. 성경은 언어이고, 자체의 합리적 순서를 갖고 있으며, 구속의 사실에 관해 완전하고, 규범적이고, 합리적인 설명과 분석을 제공한다는 것이다.

그런 규범적 설명과 분석을 제공하는 것이 신학의 임무는 아니지만, 그런 설명은 계시를 통해 신학**에** 제공되었다. 그렇다면 신학은 성경이 담고 있는 명제적이고 비명제적인 내용에 대한 **부차적인**(secondary) 설명이자, 성경의 재해석과 재선포여야 한다.

왜 우리에게 그런 재해석이 필요한가?

인간의 필요를 충족시키기 위해서다. 신학의 임무는 누군가 성경을 이해하든 안 하든지 상관없이 엄밀한 의미의 그런 진리에 관한, 추상적으로 완전한 어떤 종류의 설명을 제공하는 것이 아니라, 사람들이 성경을 더 잘 이해할 수 있도록 돕는 것이다.

오히려 신학의 임무는 사람들에게 하나님의 진리를 가르치는 것이다. 성경이 명확하지만 다양한 이유로 사람들은 성경을 합당하게 이해해서 사용하지 못한다.

신학은 단지 진리의 일치로 타당화될 뿐 아니라—만약 이것이 기준이라면 신학은 단순히 성경을 반복하는 것 이상으로 더 좋게 할 수 없을 것이다—사람들을 돕는 것을 통해서도, 즉 사람들이 진리를 성공적으로 사용하도록 돕는 것을 통해서도 타당화된다.

이것이 적어도 내가 다음 부분에서 더 체계적으로 주장하려는 견해다. 또한, 솔직히 만약 핫지가 오늘날 살아 있고 이런 주장과 대면했다면 그가 이 주장을 받아들였을 것이라 믿는다.

왜냐하면, 이 주장을 거부하면 성경이 어떻게든 부적당하고 신학이 성경의 부적절성을 교정해야 한다는 대안밖에 남지 않기 때문이다.

그러나 핫지는 내가 겪는 문제를 공식적으로 다루지 않았다. 왜냐하면, 그는 아마 어떤 주관성의 요소가 자신이 공식화한 신학의 본질 안에 들어오는 것을 원하지 않았기 때문일 것이다.

그는 슐라이어마허의 환영(ghost)을 두려워했다. 핫지는 자신이 인간의 필요를 충족시키기 위해 신학을 성경의 재해석으로 만든다면 이런 인간의 필요가 다소 성경 구조와 내용을 결정할 것이고 따라서 인간의 필요가 성경을 대신해 인간 권위의 역할을 할 것이라 두려워했다. 이것이 핫지가 가졌던 동기라면 이해할 만하고 부분적으로 칭찬할 만하다.

핫지는 성경 권위와 충족성이 인간의 종교적 감정의 권위와 충족성과 대조될 때 성경의 권위와 충족성에 관심을 가졌을지라도, 신학에서 인간의 **필요**를 구조적 역할에서 체계적으로 배제하는 것이 정확히 성경의 권위와 충족성을 상실하는 것임을 깨닫지 못했다.

신학이 인간의 필요와 별개로 과학자가 "실제로 존재하는 진리"를 결정하는 순전히 "객관적"인 학문 분과라면 그 과학자는 성경과 경쟁할 수밖에 없다. 그는 성경 자체가 담고 있는 공식화보다 더 좋은 공식화를 추구하거나 적어도 더 좋은 "순서"를 추구할 것이다.

"객관주의"는 계속 정통 기독교 진영에 위험이 되고 있다. 우리는 우리 자신이 단순히 사람들을 돕는 임무보다 더 높은 임무를 갖고 있다고 상상하기 너무 쉽다. 우리의 자만은 항상 섬기는 종의 모델에 반대한다.

또한, 우리가 신학 공식화를 사람을 위한 진리(truth-for-people) 이상의 어떤 것으로, (성경의 저자들이 우리만큼 알았다면 기록했을) 하나님 자신에 관한 일종의 특별한 통찰로 생각하기 너무 쉽다.

그러나 그렇지 않다. 신학은 "순전한 객관적 진리"가 아니다. 왜냐하면, 우리가 앞에서 살펴보았듯이 순전히 객관적 진리나 "순수 사실"(brute fact) 같은 것은 존재하지 않는다.

심지어 우리의 신학이 모든 시대와 장소의 사람들을 위한, 진리에 관한 가장 좋은 공식화도 아니다. 오히려 성경이 그렇다. 우리의 신학은 일반적으로 특정 시대와 장소에서 사람들이 성경을 더 잘 사용하도록 돕는 단순한 시도다.

그렇다면 신학에 대한 합당한 정의는 우리가 앞에서 논의했던, 지식에 관한 세 가지 "관점"의 상호의존성을 제대로 다루는 개념일 것이다. 신학에 대한 합당한 개념은 사람들이(실존적 관점) 성경을 상황(상황적 관점)에 적용(규범적 관점)하는 것을 포함할 것이다. 이 개념은 성경을 대체하거나 개선하려 하지 않고, 오히려 인간의 삶이라는 상황에 성경을 사용하려 할 것이다.

지금 이런 신학의 개념을 다루어 보자.

3) "언약적" 정의

나는 우리가 신학을 다음과 같이 정의한다고 제안할 것이다.

사람들이 하나님의 말씀을 삶의 모든 영역에 적용하는 것.

이런 정의의 의미는 **적용**을 제외하고 아주 명확해야 한다. 나는 적용을 신약성경적 의미인 "가르침"(teaching, 디다케[*didache*], 디다스칼리아[*didaskalia*])으로, 즉 몇몇 역본에서 **교리**(doctrine)로 제시한 개념으로 정의할 것이다.

신약성경에서 가르침은(내가 생각하기에 구약성경에서도 그러하다) 사람들의 영적 필요를 충족시키고, 경건함과 영적 건강을 증진하는 하나님 계시를 사용하는 것이다.

종종 신약성경에서 **가르침**은 '후기아이노스'(*hugiainos*, 건강한)나 '칼로스'(*kalos*, 좋은 또는 아름다운)와 같은 형용사, 또는 가르침이 영적 성장에 도움이 된다는 다른 어떤 말(indication)과 결합되어 있다.

그렇다면 자연스럽게 **가르침**은 인간의 종교적 감정에 대한 단순한 기술(슐라이어마허)도 아니고, 어떤 단순한 "객관적" 의미(이것이 핫지가 취했던 입장의 경향성이었지만, 확실히 그는 그런 경향성이 미치는 나쁜 함의를 거절했을 것이다)에서 진리를 표현하려는 시도도 아니다.

가르침은 협소한 지성주의나 학문적 훈련이 아니다.

그리고 일종의 "전문가들"(신약성경의 "교사들")이 있지만, 중요한 의미에서 모든 신자는 말과 행동으로, 심지어 찬양으로(골 3:16) 가르친다(히 5:12).

또한, 이런 신학 개념이 우리가 논의했던 지식에 관한 세 가지 관점을 조직화한다.

이런 신학 개념은 하나님의 말씀(규범적)에 기초한다. 또한, 이 개념은 하나님의 말씀을 개인 대 개인(실존적)에 기초한 상황(상황적)에 적용한다.

다른 두 정의에 대한 명확한 대안이 된다는 것 이외에 이 정의는 많은 장점이 있다.

① 이 정의는 신학 연구를 위한 분명한 타당성을 제공한다. 신학은 성경의 형식적 결함(찰스 핫지?)이나 내용적 결함(슐라이어마허)을 바로잡는 데 필요한 것이 아니라 우리 자신, 성경의 청자와 독자들이 안고 있는 결함을 바로잡는 데 필요하다.

② 이런 의미에서 신학은(다른 의미에서는 신학과 대조된다) 분명한 성경적 근거를 가진다. 즉 성경은 우리에게 이런 방식으로 "가르치라"고 명령한다(참조, 마 28:19f, 다른 많은 구절).

③ 인간의 필요에 대한 초점에도 이런 정의는 성경의 권위와 충족을 완전히 제대로 다룬다. 오직 성경(Sola scripura)이라는 교리는 성경이 이런 필요(그리고 제시된 문제의 적절성)에 대한 답변에 최종 발언권을 갖고 있다는 것 외에 신학에서 인간의 필요를 무시해야 한다고 요구하지 않는다.

④ 따라서 신학은 거짓된 지성주의나 학문주의(academicism)에서 자유롭

다. 신학은 과학적 방법과 학문적 지식이 유용한 곳에서 그 방법과 지식을 사용할 수 있지만, 성경 자체가 보여 주는 것—권면하기, 질문하기, 비유를 말하기, 풍유(諷喩, allegory)와 시와 잠언과 노래를 만들기, 사랑과 기쁨과 인내를 표현하기 … 이런 목록은 한계가 없다—처럼 비학문적 방식으로도 말할 수 있다.

⑤ 이런 정의로 우리는 인위적으로 세 "관점"을 분리하는 것이 아닌, 자연계시에서, 인간 자신에게서 기인하는 자료를 사용할 수 있다.

그러나 왜 우리는 이런 정의를 내릴 때 **적용**이라는 용어를 사용해야 하는가?

적용이 "가르침"을 의미한다면, 왜 단순히 "가르침"을 말하지 않는가?

물론, 우리는 그렇게 할 수 있다. **적용**이라는 용어에 신성한 어떤 것도 존재하지 않는다. 내가 믿기로 하나님의 백성에게 큰 피해로 이어졌던 "의미"와 "적용" 사이의 어떤 잘못된 구별을 막기 위해 나는 이것을 선택했다.

반복해서 설교자(그리고 다른 사람들)는 본문의 "의미"를 선포하고 그런 후 적용을 선포하려 한다. 즉 첫 부분은 "본문이 의미하는 것"이고 두 번째 부분은 "본문이 우리에게 의미하는 것"이다.

때때로 우리는 우리가 "어떻게 본문을 적용하는가"를 이해할 수 있기 전에 "본문이 의미하는 것은 무엇인가"를 이해해야 한다고 듣는다. 의미가 "먼저 나오고" 적용은 이 의미에 "기초한다."

심지어 이런 식으로 다양한 훈련(disciplines)이 구별되지만, 항상 매우 일관된 것은 아니다.

때때로 우리는 성경 "역본들"이 우리에게 "의미"를 제공하지만 "의

역"(paraphrases)은 우리에게 "적용"을 제공한다고 듣는다. 아니면 번역과 의역 모두 의미를 제공하고 주해자나 해석자는 적용을 제공한다고 우리는 듣는다. 아니면 다르게 주해자는 의미를 제공하고 신학자는 적용을 제공한다고 하거나, 아니면 신학자는 의미를 제공하고 설교자가 적용을 제공한다고 한다.

우리는 비록 많은 사람이 의미와 적용 간의 구별이 중요하다고 확신할지라도 둘 중 하나가 어디서 끝이 나고 다른 하나가 어디서 시작하는지 확신하지 못하고 있다는 인상을 다소 쉽게 받는다.

구별을 더 정확하게 함으로써 이런 구별을 보존할 수 있는가?

시도해 보자.

제8계명의 예를 사용해 보자.

① "본문"은 히브리어일 것이다.
② "번역"은 "도둑질하지 말라"일 것이다.
③ "해석"은 "너에게 속하지 않은 것을 취하지 말라"일 것이다.
④ 그렇다면 우리는 "횡령하지 말라," "소득세를 속이지 말라," "값을 지불하지 않고 도넛을 먹지 말라" 등과 같은 다양한 "적용-형식"(application-formulations)을 생각할 수 있다.
⑤ 그렇다면 "실제적인" 적용, 실제 생활의 적용, 즉 우리가 횡령, 속임 등을 하지 않으려는 실제적 결정은 적용-형식을 넘어설 것이다.

심지어 말하기에 대한 더욱 정확한 방식도 최종적 분석에서 무너진다. 왜냐하면, 네 개의 본문 변형 모두(②-⑤)는 "의미"로 설명될 수 있고 모두 "적용"으로 설명될 수 있기 때문이다.

우리가 단지 ②와 ③만 있고 ④와 ⑤가 없다면 의미에서 무언가 부족한 것이다.

이와 유사하게 심지어 ②와 ③ 단계에서도 적용은 계속된다.

분명히 "의미"는 ② 단계에서 발견된다.

번역은 히브리어가 가진 의미를 제공한다(중요한 의미에서 확실히 의미는 ① 단계에서도 발견된다. 왜냐하면, 모든 각 본문은 그 본문이 말하는 것을 의미하기 때문이다).

그러나 의미는 ③ 단계에서도 발견된다. 사실 일반적인 의미는 사람들이 "의미"를 요구할 때 그들이 요구하고 있는 "해석"이다.

그러나 ④는 어찌 되는가?

"도둑질하지 말라"라는 번역에 동의하지만 적용-공식에는 동의하지 않는 두 명의 학자가 있다고 상상해 보자.

가령, 한 학자는 도둑질이 잘못된 것이지만 본문이 사람들에게 고용인에게서 횡령하는 것을 허락한다고 믿는다. 다른 학자는 동의하지 않는다.

두 학자 모두 "의미"를 동일하게 잘 이해하고 있지만 "적용"이 다르다고 말해야 하는가?

분명히 아니다. 확실히 두 학자는 "적용"뿐 아니라 본문의 의미에서도 서로 다르다. "훔친다"에 대해 서로 이해하는 바가 전적으로 다르다.

확실히, 만약 두 사람 모두 번역에는 동의하지만(②) 실제로 한 사람은 횡령하고 다른 사람은 횡령하지 않는다면(⑤), 두 사람 모두 본문에 매여 있다고 고백할지라도, 행동의 차이는 이해의 차이를 보여 준다.

그렇다면, "의미"는 다섯 가지 요점 모두에서 발견된다. 또한, "적용"도 마찬가지다. "적용"은 어떤 사람의 필요를 충족하기 위한 성경의 사용이라는 것을 기억하라.

우리는 단순히 히브리어 본문을 반복함으로써(히브리어 학자에게! ①), 또는 번역함으로써(②), 또는 해석함으로써(③), 또는 방침을 형성함으로써(④), 또는 방침을 실행함으로써(⑤) 그런 필요를 채울 수 있다. 중요한 요점은 다음과 같다. 이 모든 단계에서 어떤 인간적 필요는 충족되고 있다는 것이다.

이런 활동 가운데 어떤 것도 우리에게 모든 인간적 질문과 우려가 제거된 "완전히 객관적인" 진리를 제시하지 않는다. "의미"에 대한 모든 요구는 적용에 대한 요구다.

왜냐하면, 우리는 구절의 의미를 물을 때마다 우리 자신 안에 있는 결핍, 무지, 즉 그 구절을 사용할 수 없는 무능력을 표현하는 것이기 때문이다. "의미"를 요구하는 것은 성경을 필요에 적용해 달라는 요구다.

우리는 그런 부족, 무지, 무능력을 치료해 달라고 성경에 요구하는 것이다.

이와 유사하게 적용에 대한 모든 요구는 의미에 대한 요구다. 묻는 사람은 자신이 그 구절을 사용할 정도로 충분히 그 구절을 잘 이해하지 못한 것이다.

그렇다면, 모든 단계에서 의미는 발견되고, 모든 단계에서 적용은 이루어진다. 사실 **의미**와 **적용** 사이에 만들어진 어떤 중요한 구분도 존재하지 않는다. 따라서 나는 의미와 적용을 호환해서 사용할 것이다.

"의미"를 발견하는 것은 성경에 질문하는 것이고, 필요를 표현하는 것이며, 그런 필요를 충족시키는 것이다. "적용"하는 것은 본문 안에 있는 더 많은 것을 배우는 것이고, 더 많은 가능성과 능력과 지혜를 이해하는 것이다.

나는 의미와 적용 간의 구별을 객관주의의 잔재로, 즉 본문에 대한 서로 다른 모든 사용이 근거해야 할 순수한 사실성(의미)의 "기반"(bedrock)을 어딘가에서 찾으려는 시도로 이해한다.

그러나 성경이 함유한 의미의 참된 기반은 인간 독창성의 어떤 산물이 아닌 성경 자체이고, 우리는 사람들이 참된 기반을 거짓된 것으로 대체하려 할 때 무슨 일이 발생하는지 다른 곳에서 살펴보았다.

즉 "순수 사실"이라는 개념이 순수 사실이란 개념 자체를 파괴할 정도로 길게 나타난다.

그렇게 해서는 안 된다. 신학의 임무는 인간적인 모든 것에서 추상적으로 어떤 진리 자체(truth-in-itself)를 발견하는 것이 아니라 오히려 성경의 진리를 갖고 가르치고 설교하며 상담하며 복음을 전함으로써 겸손하게 하나님의 백성을 섬기는 것이다.

사실 이것이 성경 자체가 제시하는 그림이다. 앞에서 우리가 살펴보았듯이 우리가 성경의 의미를 상황에 적용함에 따라 성경이 가진 의미를 배운다. 아담은 자신이 피조물을 연구하고 "땅을 정복하라"는 명령에 대한 적용을 발견함에 따라 그 명령이 의미하는 바를 배웠다.

성경은 우리에게 만약 사람이 성경을 새로운 상황, 심지어 원본문에서도 예상하지 않았던 상황에 적용할 수 없다면, 그 사람은 성경을 이해하지 못한 것으로 말한다(마 16:3; 22:29; 눅 24:25; 요 5:39f.; 롬 15:4; 딤후 3:16f.; 벧후 1:19-21—문맥에서).

게다가 성경의 적용은 성경이 담고 있는 구체적 진술만큼 권위적이다. 위에서 언급한 구절에서 예수님과 다른 사람들은 청자들이 성경을 합당하게 적용하지 못하면 청자들이 책임이 있다고 생각했다.

하나님이 "도둑질하지 말라"라고 말씀하심에도 내가 값을 지불하지 않고 도넛을 먹는다면 나는 성경이 도넛을 언급하지 않았다고 변명할 수 없다. 적용이 성경의 분명한 가르침만큼 권위적이라면(참조, 『웨스트민스터 신앙고백서』 제1장의 "정당하고 필연적인 결론"에 관해), 성경 권위는 죽은 문자가 된다.

확실히 우리는 합당한 적용을 결정하는 데 오류가 있을 뿐만 아니라 성경의 분명한 진술을 번역하고, 주해하고, 이해하는 데 오류가 있다. 분명한 진술과 적용 사이의 구별이 우리가 오류성(fallibility)이 미치는 영향에서 벗어나지 못하게 할 것이다.

그러나 우리는 두려움이 아니라 자신감 있게 번역하고, 주해하고, "적용"해야 한다. 왜냐하면, 하나님의 말씀은 명확하며 권능이 있고, 하나님은 우리 자신의 유익을 위해 성경을 우리에게 주셨기 때문이다.

따라서 번역에서 삶의 적용에 이르는 전체 과정을 "해석" 또는 "의미를 발견하기"로 부를 수 있다. 아니면 그 전체 과정을 "적용"으로 부를 수 있고 다른 이름들도 발견될 수 있다.

나는 어떤 용어를 사용해야 하는지 확고한 생각은 없지만, 분명히 그 과정 전체에서 동일한 것들이 이루어지고 있다는 것을 가리키기 위해 전체 과정을 설명하는 한 가지 용어를 사용하는 것이 좋다고 생각한다.

그리고 나는 개인적으로 **적용**이라는 용어를 선호한다. 왜냐하면, 우리는 신학을 "적용"으로 정의한다면 "의미"와 "적용" 간의 치명적인 이분법을 만들 가능성이 적기 때문이다.

마지막 한 가지 주의 사항을 언급해야겠다. 나는 신학을 적용이라고 정의함으로써 신학자들의 이론적 작업을 무시하려는 게 아니다. 이론은 일종의 적용이다. 신학은 어떤 종류의 질문에 답변하고 어떤 종류의 인간적 필요를 충족시킨다.

그러나 나는 신학이 설교, 상담, 그리스도인의 친교에서 계속되는 실천적인 가르침과 반대로 "고유하게" 이론적인 것, 학문적인 개념의 사용이 억제되게 하려는 것이다.

일단 우리는 "해석"과 "적용" 사이의 본질적인 유사점을 파악하면 신학 연구를 이론적 영역에 한정하거나 기독교의 가르침이 더 이론적일수록 더 "신학적"이라고 생각하는 것이 자의적인 판단임을 알게 될 것이다.

게다가 우리는 신학이 형식적이고 학문적인 방식으로 진술돼야 한다는 주장이 자의적이라는 것을 알게 될 것이다. 오히려 신학자들은 성경 자체가 그런 것처럼 시, 드라마, 감탄, 노래, 비유, 상징 같은 인간 언어를 광범위하게 사용해야 한다.

2. 철학과 과학

1) 철학

기독교 신학과 기독교 철학 사이를 분명히 구별하는 것은 어렵다. 일반적으로 철학은 세계를 가장 넓고 일반적인 특징으로 이해하려는 시도로 이해된다. 철학은 형이상학 또는 존재론(존재[being; what "is"]에 관한 연구), 인식론(앎에 관한 연구), 가치에 관한 이론들(윤리학, 미학 등)을 포함한다.

참된 기독교 철학을 발전시키기 원한다면 확실히 성경의 권위 아래서 그리 해야 할 것이고, 성경을 철학적 질문에 적용할 것이다.

우리가 내린 정의에 따라 엄밀한 의미의 그러한 신학을 할 것이다. 그렇다면, 기독교 철학은 신학의 한 분과다.

게다가 철학이 광범위하고 포괄적인 의미에서 실재(reality)에 관심을 두기 때문에 철학은 "하나님의 말씀을 삶의 모든 영역에 적용하는 것"을 자신의 임무로 받아들이는 것이 당연하다.

이런 정의는 철학을 신학의 한 분과가 아닌 신학과 동일시하게 한다.

기독교 신학자와 기독교 철학자 사이에 차이점이 존재한다면 그 차이점들은 다음과 같을 것이다.

① 기독교 철학자는 신학자보다 더 많은 시간을 자연계시를 연구하며 보내고 신학자는 성경을 연구하는 데 더 많은 시간을 보낸다.
② 신학자가 성경의 적용인 공식적인 신학적 진술을 추구하고, 따라서 절대적으로 권위가 있다. 신학자는 "여호와가 이같이 말씀하시니라"라고 말할 수 있기 전에 공식적인 신학적 진술을 만드는 목적을 가진다. 그러나 기독교 철학자는 더 평범한 목적, 즉 성경이 가르치는 것과 일치하는 현명한 인간적 판단을 가질 수 있다. 그 판단이 반드시 성경의 보증을 받는 것은 아닐지라도 말이다.

기독교 철학은 우리가 성경적 세계관을 상세히 강조하는 데 큰 가치가 있을 수 있다.

그러나 우리는 "철학적 제국주의"를 조심해야 한다. 철학의 포괄성은 종종 철학자들이 다른 모든 학문 분과, 심지어 신학, 하나님의 말씀을 지배하는 일을 추구하도록 이끌었다.

심지어 기독교 철학을 세우려 시도하는 철학자들도 이 부분에서 잘못을 범했다. 또한, 일부 철학자들은 철학자가 지시한 방식으로 성경을 읽지 않으면 심지어 성경 자체를 합당하게 이해할 수 없다고 주장했다.

확실히 철학은 우리가 성경을 해석하는 데 일조할 수 있다. 가령, 철학자들은 언어에 대한 흥미로운 통찰력이 있다. 그러나 분명한 선을 그어야 한다.

철학적 도식이 성경을 반박하거나 성경적인 타당성 없이 주해의 자유를 억압할 때 철학적 도식은 거부되어야 한다.

2) 과학

과학자들은 피조계의 다양한 영역을 연구한다. 그리스도인 과학자는 하나님의 말씀의 권위 아래서 이런 다양한 영역을 연구할 것이다. 따라서 그 시간 가운데 많은 부분을 신학 연구(즉 성경 적용)에 사용할 것이다.

그러나 성경이 우리에게 과학적 원리를 담은 종합적인 카탈로그로 주어지지 않기 때문에 과학자의 시간 대부분은 자연을 통한 하나님의 계시 연구에 사용될 것이다.

이 과학자는 자신의 기독교적 헌신(참조, 제1장 각주 43번 - 역주)과 일치하는 정도까지, 특히 과학자로서 성경의 가르침이 자신의 작업과 관련을 맺음에 따라 자연에 관한 자신의 연구에서 성경 가르침의 진리를 전제할 것이다.

비록 성경은 주로 물리학이나 생물학이나 심리학 교과서로 의도되지 않았어도, 이런 학문 분과들과 관련 있는 많은 것, 몇 가지 예를 말하자면, 창조, 타락, 구속에 관한 광범위한 실재뿐 아니라 인간의 생물학적 독특성, 죄책감의 진정성, 인간 문화 연구에서 가치 판단의 타당성, 이스라엘 역사의 연대기 등에 관해 말한다.

그리스도인 과학자는 보통의 논리적, 방법적, 수학적 근거뿐 아니라 종교적인 근거에 대해 다른 과학자들의 이론을 비판해야 한다.

자율성의 전제 아래 이론을 개발하는 과학자에게 해명을 요구해야 한다. 그러한 해명 요구는 일반적으로 기독교 신학자보다 그리스도인 과학자가 더 쉽고 효과적으로 한다.

최근에 비기독교적 생물학자들과 지질학자들은 유일한 대안이 성경적 창조론이라는 이유로 오히려 진화론을 추천하는 것이 일반적이었다.

사실 그들은 자신들의 견해가 종교적 가정(assumptions)에 영향을 받는다(biased)는 것을 인정하고 있다. 이런 사실은 크고 오래 선포되어야 한다. 또한, 이것은 단지 우리가 수행해야 할 비판의 단 한 가지 예다.

토마스 쿤(Thomas Kuhn)의 『과학혁명의 구조』(The Structure of Scientific Revolution)[4]는 기독교적 관점에서 저술되지 않았지만 소위 과학의 "객관성"이라는 신화를 파괴하는 데 매우 유용하다. 비기독교적 과학이 광범위하게 신성화되어 있고 숭배되고 있지만 지난 사백 년 동안보다 지금이 더 취약하다.

3. 변증학

변증학은 성경을 불신앙에 적용하는 것으로 정의할 수 있고 그렇게 정의하는 것은 신학의 한 분과로 보일 수 있다.

이런 정의가 변증학을 신학을 위한 "중립적 기초"가 아닌 신학의 한 부분으로 만든다는 것을 이해하는 것이 중요하다.

종종 너무 이런 문제로 신학자들은 변증가의 임무가 불신자를 설득하는 것이고 신앙과 불신앙 모두 받아들일 수 있는 기준과 전제를 사용하는 것으

---

[4] Chicago: University of Chicago press, 1962.

로 가정했다.

　이런 추론에 기초해 변증가는 신 존재, 복음의 확실한 진리, 성경의 권위를 규명한다고 가정한다. 일단 이런 요점을 규명하면 나머지 기독교 교리는 성경 주해에 기초할 수 있다.

　따라서 변증학에서 조직신학으로 이행(移行)하는 것은 중립적 추론에서 성경 권위 아래서 추론으로 이행하는 것이다.

　그러나 이런 일반적 견해는 건전하지 못한 것으로 거절해야 한다. "중립적" 추론, 즉 성경적 권위에 지배 받지 못하는 추론은 심지어 "예비"(preliminary) 단계에서 금지된다(오히려 우리는 **특히** "예비" 단계에서 말해야 한다. 왜냐하면, 모든 순차적 결론이 따라야 할 구조[framework]가 이 단계에서 확립되기 때문이다). 추론, 심지어 불신자의 추론도 순종적이고 경건해야 한다.

　이런 추론이 불신앙의 마음에 어리석게 보일 수 있을지라도 그렇다. 오직 그런 추론만 진리를 주장하고 변호할 수 있다. 불신자 자신의 유익을 위해 특히 이 점에서, 그를 구원할 수 있는 유일한 메시지를 위태롭게 하지 말아야 한다.

　그리고, 요컨대, "중립성"(neutrality)이 금지될 뿐 아니라 가능하지도 않다. 우리는 하나님을 찬성하거나 반대한다. 즉 하나님 말씀의 권위를 버리는 것은 자율적이 되려는 사람의 권위와 마귀의 거짓말을 받아들이는 것이다.

　그러나 변증학이 "중립적"이지 않다면 변증학이 신학에 "기초"나 "전제"를 제공한다고 말할 어떤 특별한 근거도 존재하지 않는다. 아마 반대로 표현하는 것이 더 분명할 것이다.

　신학이 변증학에 전제를 제공한다. 신학은 변증가가 변호해야 할 진리를 공식화하고, 변증가가 해야 할 추론의 종류를 설명한다.

(비중립적으로 추론하는) 변증가가 신 존재와 성경의 권위와 같은 진리를 규명하는 한, 그가 신학에 "기초"를 쌓고 있다고 말할 수 있지만 오직 그 자신이 신학자인 한에서만 그렇다. 신학의 기초는 하나님의 말씀이라고 말하는 것이 최선이다. 우리가 의존해야 할 "순수 사실"이나 "추상적 법칙"의 영역이 존재하지 않듯, 하나님의 말씀과 신학자 사이를 중재할 어떤 다른 분과나 지식 체계도 존재하지 않는다.

부록 1

관점주의

나는 하나님의 법, 세계, 자아에 관한 지식이 상호의존적이고 궁극적으로 동일하다고 주장했다. 우리는 법이 세상과 자아와 맺고 있는 관계, 즉 법의 "적용"을 연구함으로써 법을 이해한다. 그래서 궁극적으로 법이 가진 의미와 적용은 동일하다.

따라서 모든 지식은 법에 관한 지식이다.

또한, 모든 지식은 세계에 관한 지식이다. 왜냐하면, 우리가 가진 모든 지식(하나님이나 세계에 관한 지식)은 창조된 매체를 통해 오기 때문이다.

그리고 모든 지식은 자아에 속한다. 왜냐하면, 우리는 우리 자신의 경험과 사고를 통해 모든 것을 인식하기 때문이다.

그렇다면 이 세 종류의 지식은 동일하지만 "관점적으로" 관련되어 있다. 이 세 종류의 지식은 세 개의 다른 "각"(angle)이나 "관점"에서 보이는 동일한 지식을 나타낸다.

이 모든 것이 일부 개혁파 성향의 사람들에게 다소 이상하게 들릴 수 있다고 여긴다. 우리는 하나님의 법(성경)을 특권적 위치에 놓는 데 익숙하다.

그래서 성경에 관한 우리의 지식이 자아와 세계에 관한 지식을 결정하지만 자아와 세계에 관한 지식이 성경에 관한 우리의 지식을 결정하지는 않는다. 물론 나는 성경 무오성과 충족성의 확고한 변호자다. 확실히 성경은 분명히 특권적 위치를 지키고 있다.

성경이 말하는 것이 세계와 자아에 관한—그리고 성경에 관한—우리의 사고를 지배해야 한다. 이런 상호 관계(reciprocity)는 이런 식으로 작동한다. 우리는 우리 감각, 마음(자아), 성경이 세계의 나머지 부분과 맺고 있는 관계를 통해 성경을 알게 된다.

그러나 성경에서 우리가 읽는 것이 이런 다른 영역에 관해 우리가 형성했던 생각을 교정하도록 허용되어야 한다. 그렇다면 우리는 다른 영역을 더 잘 이해함에 따라 성경을 더 잘 이해하게 된다.

여기에 일종의 순환성, 즉 "해석학적 순환성"이 존재하지만 우리가 원한다면 그런 순환성은 성경이 우리 사고를 지배하는 것을 막지 못한다. 오히려 순환성은 단순히 규칙이 발생하는 과정을 설명한다.

이 모든 것이 개혁파 성향의 사람들에게 이상하게 들릴 수 있지만, 나는 이런 접근 방식이 일반 칼빈주의와 다르지 않다고 주장한다. 개혁신앙에서는 자연을 계시로 가장 진지하게 다룬다. 왜냐하면, 하나님이 주권적이시고 편재해 계시므로 만물이 그를 계시하기 때문이다.

그리고 개혁신학은 인간이 하나님을 계시한다는 하나님 형상에 관한 성경적 개념을 최대한 사용한다.

따라서 칼빈은 『기독교 강요』에서 하나님을 아는 지식과 자신을 아는 지식의 상호의존성을 말한 후 어떤 것이 먼저 오는지 잘 모르겠다고(우리 중 일부는 이 말에 놀랄 수도 있다) 진술한다!

따라서 반틸의 『개혁주의 신학 서론』(*Introduction to Systematic Theology*)(CLC 刊)에 "자연을 통해 본 자연 계시," "인간을 통해 본 자연 계시," "하나님이 하신 자연 계시," "자연을 통해 본 인간에 대한 계시" 같이 일반계시에 관한 네 개의 장이 있고 자연 계시, 인간에 대한 계시, 하나님의 음성으로 인한 계시를 서로 관련시킨다. 나는 개혁파 신학자만 이런 식으로 글을 쓸 수 있다고 본다. 나는 이런 전개를 한 단계 더 진행하려고 한다.

부록 2

백과사전

위대한 네덜란드 신학자 카이퍼(Kuyper)와 도예베르트(Dooyeweerd)처럼 "학문의 백과사전"이 매우 중요하다고 믿는 신학자들이 있다.

"학문의 백과사전"에서는 각 학문의 합당한 주제(subject matter)와 그 주제가 다른 모든 학문과 맺고 있는 관계의 진술을 시도한다.

일부 네덜란드 신학자에게 이것은 철학의 최고 문제—아마 유일한 문제—여서 일단 학문의 관계가 결정되면 대체로 더 이상 문제가 없을 것이라는 인상을 받는다.

또한, 이런 철학자들 가운데 학문을 분류하는 단 하나의 올바른 방법이 존재하며, 학문의 정의는 가능하면 정확해야 한다고 생각하는 경향이 존재한다.

나는 이런 모든 가정에 의문을 제기한다. 마치 케이크를 자르는 많은 방법이 존재하고 설명을 목적으로 스펙트럼 색을 나누는 방법이 많이 존재하듯이 연구를 위해 우주라는 주제를 체계화하는 타당한 많은 방법이 존재할 수 있는 것처럼 보인다(어떤 언어에서는 다섯가지 색, 다른 언어에서는 여덟가지 색이 있을 수 있고, 그 밖의 경우도 있을 수 있다. 그리고 한 언어의 색 용어들은 종종 다른 언어의 색 용어들과 겹친다).

또한, "학문의 백과사전"의 중요성과 어마어마한 엄밀함의 필요성에 의문을 제기한다. 흥미롭게도 반틸은 네덜란드 사람이다. 그러나 그는 카이퍼나 도예베르트의 견해보다 나의 견해에 더 가까운 것처럼 보인다.

『개혁주의 신학 서론』(Introduction of Systematic Theology)의 3페이지에서 반틸은 하나의 학문 분과와 다른 분과 사이에 명백한 우선성을 세우길 원하는 네덜란드식 경향성과 반대로 다른 분과들의 상호의존성을 인정한다. 그는 "교의학"과 "조직신학" 사이의 구분은 중요하지 않다고 주장한다 (p. 3).

또한, 하나의 학문 분과는 어떤 것을 "주로" 다루고 다른 어떤 것은 "부차적으로" 다룰 수 있음도 인정한다(p. 1, 2).

일부 신학자가 백과사전에 매우 관심을 갖는 것과 관련해서 내가 가진 우려는 다음과 같다.

이런 관심은 부분적으로 일종의 명백한 "기반"(bedrock), 즉 궁극적 우선성, 성경 이외의 절대적 "출발점"(starting point)에 대한 탐구를 나타낸다는 것이다. 결국, 도예베르트는 자신의 "아르키메데스의 점"(Archimedean point)[1]을 인간의 마음에서 발견했다. 왜냐하면, 어떤 이상한 의미에서 인간의 마음은 시간을 초월하는 것으로 생각되기 때문이다.

카이퍼는 절대 이런 종류의 결정적인 방식으로 "우선성"의 문제를 해결하지 않았다.

---

1 이 표현은 고대 그리스의 과학철학자 아르키메데스가 충분히 긴 지렛대와 그것이 놓일 장소만 주어진다면, 지구라도 들어올릴 수 있다고 주장했던 것에서 유래한 것으로, 관찰자가 탐구 주제를 총체적 관점에서 객관적으로 지각할 수 있는 유리한 가설적 지점을 가리킨다. – 역주

그러나 우리는 반틸에게서 다른 모든 것보다 "우선"하는 어떤 형태의 인간적 생각을 찾을 필요를 느끼지 않는 신학자를 발견한다. 왜냐하면, 반틸은 성경 자체의 우선성이 가진 함의를 훨씬 더 의식하기 때문이다.

우리가 성경에서 우리의 "출발점"을 발견한다면 어떤 학문에 근간을 두어야 하는지는 별로 중요하지 않다. 중요한 것은 모든 것이 성경의 가르침에 근거를 둔다는 것이다. 그리고 이것을 넘어, 성경의 가르침은 지혜롭게 보이는 모든 것의 상호 관계를 해결할 수 있다.

또한, 학문 분과가 각각 감히 다른 분과가 침범할 수 없는 완전히 정확한 경계를 갖는다는 것도 그렇게 중요하지 않다. 성경이 우리의 권위라면 우리는 이 영역에서 융통성을 두려워할 필요가 없다. 성경은 신자들에게 신학 내부 분야의 "경계"를 초월하는 포괄적인 비전을 제공한다.

부록 3

의미

"의미가 가진 의미"(meaning of meaning)는 언어학자들, 철학자들, 신학자들, 그 밖의 사람들이 빈번히 논의한 주제다. 다른 용어들과 마찬가지로 **의미**(meaning)에 대한 정확하고 단일한 정의는 존재하지 않는다.

그러나 어떤 유형의 정의는 오해를 증진하고 다른 어떤 정의는 그런 오해를 완화하는 데 일조한다. 그 점과 관련해 우리는 몇 가지 접근 방식을 "의미가 가진 의미"와 비교할 것이다.

이 부록에서 나의 논의는 윌리엄 올스턴(William P. Alston)의 『언어 철학』(*Philosophy of Language*)[1]에 빚지고 있지만, 나는 일부를 개작했다.

찰스 모리스(Charles W. Morris)는 자신의 저서 『기호 이론의 기초』(*Foundations of the Theory of Signs*)[2]에서 기호 이론(theory of signs)의 요소로 구문론(syntactics, 통사론), 의미론(semantics)과 화용론(話用論, pragmatics, 어용론)을 구분했다. 모리스는 구문론을 다음과 같이 정의했다.[3]

---

[1] William P. Alston, *Philosphy of Language* (Englewood Cliffs, N.J.: Prentice Hall, 1964).
[2] Charles W. Morris, *Foundations of the Theory of Signs* (Chicago: University of Chicago Press, 1938).
[3] Charles W. Morris, *Foundations of the Theory of Signs*, 13.

기호들이 대상들(objects)이나 해석자들과 맺고 있는 관계에서 추출한 기호들 간의 구문론적 관계에 관한 연구.

모리스는 다음과 같이 말했다.

[의미론은] 기호들과 가리키는 것들(designata)의 관계, 그리고 기호들이 의미할 수 있거나 의미하는 대상들과 기호들의 관계를 다룬다.[4]

또한, 모리스는 화용론이 "기호들와 기호 사용자들의 관계"를 다룬다고 말했다.[5] 이런 범주들을 통해 **의미**에 관한 다양하고 가능한 개념을 구별할 수 있다.

1) 구문론

종종 우리가 단어나 어구가 가진 의미를 요구할 때 원하는 것은 유사한 의미 표현이다. 유의성(synonymy)은 의미의 **동일성**(sameness)이므로 의미를 유의성과 동일시하려 한다. 의미가 유의성이라면, 어떤 표현이 가진 의미는 그 표현과 의미가 유사한 일련의 표현들이다.

이런 접근 방식은 의미가 "순수 구문"(pure syntax)에 의해 결정되게 하도록 한다는 장점이 있는 것처럼 보인다. 반면, 표현이 가진 의미는 그 의미의 지시물(referents)이나 그 의미의 용어(terms) 사용(uses)을 아는 것 없이 결정될 수 있다.

---

4   Charles W. Morris, *Foundations of the Theory of Signs*, 21.
5   Charles W. Morris, *Foundations of the Theory of Signs*, 29.

그러나 이런 장점은 환상에 불과하다. 유의성 개념 자체는 우리가 순수 구문을 넘어서게 한다.

만약 두 단어의 지시물이나 그것이 사용되는 방식에 관해 무언가 알지 못한다면 두 단어가 유의어인지 알 수 없다. 동일한 근거로 **유의성**에서 **의미**의 합당한 정의를 도출할 수 없다. 가령, '아마레'(라: *amare*, 사랑하다)와 '애매'(프: *aimer*, 사랑하다)의 의미를 모르고도 두 단어가 유의어임을 알 수 있다.

2) 의미론

일부 학자는 단어의 의미가 그 단어가 지시하는 대상, 즉 지시물(referent)이라고 주장했다. 이것이 참이라면 문장의 의미는 이 문장이 주장하는 사태(事態, a state of affairs)일 것이다. 다섯 가지 고려사항이 왜 그런 이론이 부정확한지 보여 준다.

① 두 개의 표현이 같은 지시물을 가질 수도 있지만 다른 의미가 있을 수 있다(의미가 가진 어떤 보통 의미에서). 가령, **월터 스콧**(Walter Scott)과 『**웨이벌리**』(*Waverley*, 1814[저자가 스콧이지만 익명으로 출판되었다. - 역주]) **의 저자**는 동일한 지시물을 갖지만 서로 교환이 되거나 의미에 서 동일하지 않다.

② 표현은 그 지시(reference)에서 하나의 대상으로부터 또 다른 대상에 이르기까지 다양할 수 있지만 동일한 의미, 가령 인칭대명사를 유지할 수 있다.

③ **의미**와 지시물은 일반적으로 서로 교환될 수 없다. **폼페이**(Pompeii)

라는 지시물은 폼페이라는 도시지만, 이 도시는 **폼페이**가 가진 의미는 아니다.

폼페이가 파괴되었을 때 **폼페이**가 가진 의미는 소멸하지 않았다!

④ 모든 단어가 지시하기 위해 사용되지 않는다.

이 이론에 의하면 "그리고"(and), "오"(Oh)!, "만약"(if)의 의미는 무엇일 수 있는가?

사태를 주장하지 않지만, 질문하거나 명령하는 문장의 의미는 무엇일 수 있는가?

⑤ 지시가 가진 바로 그 개념이 우리를 의미론 너머로 이끈다.

어떻게 우리는 단지 말하기를 배우고 있는 사람에게 어떤 사물(referent)을 가르칠 수 있는가?

가리킴으로써?("실물 지시적 정의"[ostensive definition])

그렇다면, 어떻게 지시하는 몸짓이 가진 의미(확실히 이것도 언어의 일부)를 설명하는가?

무엇이든 가리킴으로써는 아니다!

가리키는 행위를 정의하기 위해 우리가 가리킬 수 있는 사물은 없다. 우리는 언어의 화용론에 관한 일부 지식이나 언어 능력이 없이 지시물을 배울 수 없다.

따라서 계속 논의를 진행해 보자.

3) 화용론

이 범주에 여섯 개의 하위 유형(subtype)이 존재한다.

(1) 행동에 관한(Behavioral)

레오나르드 블룸필드(Leonard Bloomfield)는 『언어』(*Language*)[6]에서 표현의 의미를 다음과 같이 정의했다.

> 화자가 표현을 발화하는 상황과 표현이 청자 안에서 불러일으키는 반응.

블룸필드는 행동주의 심리학자들이 강조했던 자극-반응 관계(stimulus-response relationship)에서 힌트를 얻었다. 그는 언어적 표현을 청자에게서 특정한 반응을 불러일으키는 특정한 상황에서 일어난 일종의 자극으로 이해했다.

그러나 일반적으로 **의미**가 사용될 때, 상황과 반응이 가진 유사점은 의미의 유사점들과 연관성이 그다지 없는 것처럼 보인다.

한편, 다른 의미가 있는 단어들은 비슷한 상황에서 말해질 수 있고 유사한 반응을 불러일으킬 수 있다.

다른 한편, 심지어 두 개의 동일한 표현도 다른 상황에서 발화될 수 있고(있거나) 아주 다른 반응을 일으킬 수 있다.

---

[6] Leonard Bloomfield, *Language* (London: Allen and Unwin, 1935), 139.

(2) 심상

때때로 우리는 표현이 가진 의미를 화자나 청자가 그 표현과 관련시키는 심상(mental image)과 동일시하고 싶어 할 수 있다.

그러나 가령, **당근**(carrot)이 항상 화자의 마음에 있는 당근 상(image)의 존재(presence)를 가리킨다거나 청자의 마음에 그런 상을 불러일으킨다는 것은 사실이 아니다.

게다가 그런 상의 존재나 부재(absence)는 전적으로 비트겐슈타인(Wittgenstein)이 『철학적 탐구』(*Philosophical Investigation*)[7]에서 보여 주듯, 표현이 가진 의미를 결정하는 것과 관련이 없다.

(3) 화자의 의도

이것은 **의미**의 정의(定義)에 대한 더 그럴듯한 후보 가운데 하나다. 종종 우리는 "이것이 화자(또는 저자)가 의도했던 거야"라고 말함으로써 표현이 가진 의미에 대한 논의를 결말짓는다.

그런데도 몇 가지 특성이 다음과 같이 정리된다.

① **의도**가 저자의 숨겨진 심리 상태를 의미한다면, 우리는 저자의 심상에 접근할 수 없는 것처럼 저자의 심리 상태에도 접근하지 못한다(위의 "(2) 심상"을 보라). 또한, 그런 숨겨진 심리 상태는 그의 심상과 관련이 없듯이 저자나 화자가 의미하는 것을 결정하는 데도 관련이 없다. 물론 **의도**는 심리 상태 이외의 어떤 것, 즉 적어도 일시적으로 우리가 찾을 수 있는 객관적인 어떤 것을 가리키는 것으로 정의될

---

[7] Ludwig Wittgenstein, *Philosophical Investigations* (New York: Macmillan, 1958), 175ff., passim.

수 있다.

그러나 **의도**에 대한 그런 정의는 저자의 의도를 찾으려는 것을 아래에 있는 "(4) 원청중 이해하기"나 "(6) 사용"과 같은 그 밖에 어떤 것을 찾으려 하는 것과 동일하게 만든다.

② 사람들이 말하는 것은 종종 그들이 말하려고 의도했던 것과 다르다. 만약 누군가 "죄의 인지적(noetic) 효과"라고 말하려 해도 "죄의 시적(poetic) 효과"라고 말한다면, "시적"이 "인지적"을 **의미하는가**?

확실히 그렇지 않다. 나는 성경 저자들이 그런 실수를 하지 않았다고 믿는다. 본문의 변형으로 이런 종류의 오류가 때때로 성경 사본에 나타날지라도 말이다. 성경 저자들은 분명히 자신들이 의식적으로 말하려고 의도했던 것보다 **더** 말한다.

모세가 아브라함과 하갈의 이야기를 풍유(allegory)로 사용하려 의도하는가?(갈 4:21-31)

다윗이 얼마큼 자신이 시편 110편에서 예수님에 대하여 언급하고 있다고 깨달았는가?

따라서 주석가는 인간 저자의 의도뿐 아니라 저자이신 **신적** 저자의 의도를 고려해야 한다.

그러나 우리가 그렇게 행하기 위한 방식은 무엇인가?

의미에 대한 다른 설명은 의도에 기초한 이론보다 더 구체적인 지침을 제공한다.

(4) 원청중 이해하기

종종 우리는 다음과 같은 질문을 함으로써 의미를 결정한다.

즉 원청자들(original hearers)은 이 표현을 어떻게 이해했는가?

이 질문은 유용한 질문이지만 다음과 같은 이유로 적합한 의미의 기준은 되지 못하다

① 청자들과 언어의 독자들은 종종 서로 **오해한다**. 따라서 우리는 원청중(original audience)이 언설(utterance)을 어떻게 이해했는지 질문하면 방향을 잃을 수 있다. 또한, 심지어 원청자들은 올바른 방향을 향하고 있을 때도 종종 그 언설을 오랫동안 심사숙고함으로 드러낼 수 있는 완전한 의미를 이해하지 못한다.

가령, 어떻게 예수님의 제자들이 처음에 주님의 비유를 이해했는지 물음으로써 그 비유가 담고 있는 의미를 결정해야 하는가?

② 성경 주해 분야에서 우리는 본문의 신적 저자가 원청자와 독자들뿐 아니라 우리에게도 말씀하려 했다는 것을 기억해야 한다(롬 15:4). 성경이 의도했던 청중은 수 세기와 많은 문화에 걸쳐 있다.

(5) 검증

실증주의 철학자들은 다음과 같이 주장했다.

> 진술의 의미가 그 진술의 검증(verification) 방법이다.

때때로 우리가 난해한 표현에 봉착할 때 "어떻게 우리가 이 표현의 참이나 거짓을 규명할 수 있는가?"라고 묻는 것이 유용하다는 것은 사실이

다. 때때로 그런 질문은 의미를 결정하는 데 도움이 된다.

① 그러나 검증 가능성(verifiability)은 단지 직설적인 표현, 즉 사실을 진술한다고 주장하는 표현은 의미로 이끄는 지침이다. 검증 가능성은 질문, 감탄, 명령이 담고 있는 의미를 결정하는 데 일조하지 않는다.
② 검증 가능성이라는 개념이 철학적으로 논란이 되어 왔다. 많은 철학자는 검증 가능성을 정확하게 정의하려고 시도했지만 모두 실패했다.[8] 검증 가능성의 개념이 종교적 진술의 의미성에 도전하는 데 사용되어 왔기 때문에 이 개념도 신학적인 근거에 입각해 비판 받아 왔다.[9]
③ 조지 마브로즈(George Mavrodes)가 지적했듯이 대부분 경우, 우리는 어떻게 표현이 담고 있는 의미를 검증하는지 배울 수 있기 **전에** 표현의 의미를 알아야 한다. 따라서 의미는 진술을 검증하려는 방법과 독립된 것처럼 보인다.

(6) 사용(use)

비트겐슈타인(Wittgenstein)은 **의미**를 사용하는 모든 경우가 그런 것은 아니지만, 많은 경우, 표현이 담고 있는 의미는 사용이라고 주장했다.

그는 단어를 사회에서 다른 일들을 하는 데 합당한 도구에 비유했다. 따라서 언어가 가진 의미는 언어가 어떤 일을 수행하는지 발견함으로써 찾

---

[8] Carl Hemepl, "The Empiricist Criterion of Meaning," in A. J. Ayer, ed., *Logical Positive* (Glencoe, Ill.: The Free Press, 1959), 108-29과 나의 글 *Christianity and the Great Debates*, 20-22을 보라.
[9] 나의 글 "God and Biblical Language," in J. W. Montgomery, ed., *God's inerrant Word* (Minneapolis: Bethany Fellowship, 1974), 159-77을 보라.

을 수 있다. 그러나 어느 정도 설명이 필요하다.

비트겐슈타인과 라일(Ryle)은 "사용"(use, 단순한 "용법"[usage]과 반대로)을 규범적 개념으로 생각했다.

"사용"은 어떻게 사람들이 **실제로** 표현을 사용하는지가 아닌, 어떻게 그들이 그것을 사용**해야** 하는지 우리에게 말해 준다.

그러나 어떻게 우리가 그런 규범을 발견하는가?

누구의 사용이 의미에 관한 우리의 판단에서 규범적인 것이 되어야 하는가?

화자의 사용인가?

원청자의 사용인가?

우리의 사용인가?

기독교적 관점에서 규범은 하나님 말씀의 적용이다. 하나님이 말씀하시지 않으셨다면 어떤 규범도 존재할 수 없다. 따라서 우리는 표현이 담고 있는 의미가 **하나님이 정하신 사용**(God-ordained use)이라고 말해야 한다.

물론 하나님은 우리에게 단어를 어떻게 사용하는지 가르쳐 주는 사전을 제공하지 않으신다!

오히려 표현이 담고 있는 의미는 이 표현이 이해와 책임감으로 사용될 때 담고 있는 의미다. 그러나 이것은 신성모독과 거짓말이 무의미하다는 것을 의미하지 않는다.

오히려 일반적으로 단어의 무책임한 사용과 책임 있는 사용 사이에는 연속성이 존재한다. 죄악 된 언어(speech)는 종종 경건한 언어를 모방하고 주님을 대적하며 말하기 위해 하나님이 정하신 의미를 사용한다.

그러나 경건한 언어는 규범이다. 경건하지 않은 언어는 단지 기생적으로만 의미가 있다. 즉 경건하지 않은 언어는 경건한 언어에서 규범을 차용한다(borrow). 이것이 내가 가장 유용하다고 생각하는, 의미에 관한 설명이다. 즉 구별된 기독교적 규범에 근거를 둔 비트겐슈타인식의 "사용 견해"(use view)다. 이것은 내가 "의미는 적용이다"라고 앞에서 언급했던 진술을 설명하는 데 도움이 된다.

요약하자면 우리는 다음과 같은 내용으로 말할 수 있다.

① 표현이 가진 의미를 묻는 것은 적용을 묻는 것이다. 우리가 단어나 문장이 가진 의미를 알기 위해 질문할 때 우리는 문제를 표현하는 것이다. 우리는 문제가 되는 언어를 우리가 **사용**할 수 없다는 것을 지적하는 것이다. 이런 문제는 광범위하게 다양한 방식으로 완화될 수 있다. 즉 유의어 표현(synonymous expressions), 실물 지시적 정의(ostensive definition), 심상에 대한 지시(references), 의도, 검증 방법 등 모두 도움이 될 수 있다. 그러나 목적은 단순히 이것들 가운데 하나를 제공하는 것일 뿐 아니라 문제를 완화하고 질문자가 문제가 되는 언어를 사용하도록 돕는 것이다.

② 의미가 적용이듯이 적용은 의미다. 우리는 본문이나 언어를 어떤 식으로 사용할 수 없다면 그 본문이나 언어의 의미를 알지 못한다. 성경은 하나님의 말씀을 **적용**할 수 없는 사람들이 **참되게** 하나님의 말씀을 이해하지 못한다는 것을 분명히 한다. 하나님의 말씀을 이해하기 위해 우리는 하나님의 말씀을 본문 자체가 분명히 언급하지 않는 상황에 적용할 수 있어야 한다(마 16:3; 22:29; 눅 24:25; 요 5:39f.; 롬 15:4; 딤후 3:16f.; 벧후 1:19-21, 또한 이 구절들은 성경이 현시대의 거짓 교사들과 싸우기 위해 사용되어야 함을 가리킨다).

③ 일부 사람은 이런 설명이 너무 주관적이라 생각하고 의미가 모든 적

용을 위한 객관적인 **기초**가 되길 바란다.

그리스도인들은 주관주의(subjectivism)에 대한 건강한 저항을 하고 있다!

그리고 적용이 무언가**의** 적용이어야 함은 분명한 사실이다!

그러나 내가 볼 때, 적용의 객관적 기초는 본문 자체 그 이상도 그 이하도 아니어야 한다.

나는 정의(definition)의 문제에 유연하다. 누군가 **의미**를 본문 자체라고 정의하길 원한다면, 나는 의미와 적용 사이의 구별을 받아들일 수 있다. 의미는 본문이고, 적용은 본문에 대한 우리의 사용이다. 그러나 저런 정의들은 완전히 표준적인 용법에 맞지 않고, 이것이 내가 저런 정의들을 피하는 이유다.

그러나 우리가 분명하게(categorically) 거절해야 하는 것은 이해하기 힘든 어떤 매개(intermediary)로, 본문과 그 적용 **사이**에 있는 "의미"(the meaning)라 불리는 것이다. 그런 매개는 우리 지식의 객관성을 증가시키기는커녕 오히려 불가피하게 우리의 본문 자체의 이해를 흐리게 하는 주관적 개념(construct)이다.

④ 이런 종류의 주관성은 특히 신학적 맥락에서 분명하다.

본문과 구별되고 성경의 적용과 구별되는, 성경이 가진 "의미"라 불리는 무언가가 존재한다고 가정하자.

그런 의미는 어디에서 기인할 것인가?

신학에서 누가 의미를 제공하는가?

주석가?

성경신학자?

조직신학자?

기독교 철학자?

다양한 시기에 이 사람들 모두 다른 모든 형태의 신학이 적용하려고 했던, 성경이 가진 근본적인 의미를 제공했다고 주장했다. 그러나 이런 다양한 주장은 서로 무용지물로 만든다.

신학의 객관적 기초는 신학적 노력의 산물이 아닌 성경 본문이다.

'오직 성경'(*Sola scriptura*).

부록 4

사실과 해석

철학사에서 **사실**(fact)이란 다양한 것을 의미했다. 어떤 사람에게 사실이란 단지 논의의 특정한 맥락에서 동의된 사건이다. 다른 사람에게 사실은 세상 자체와 세상에 대한 인간 지식이 구성되는 궁극적인 구성 요소(building block)다.

우선, 본서에서 사실은 사태(a state of affairs)다. 사태는 사물(thing)이 아니다. 사태는 사물을 포함하고, 그 사물의 속성과 그 사물과 다른 사물들 간의 관계도 포함한다. 사물을 명사로 명시(designate)할 수 있지만, 사태는 단지 문장이나 절로 표현될 수 있다. **의자**(chair)는 사물을 나타낸다. "그 의자는 파란색이다"라는 문장은 사태에 대해 확고히 말한다. **지우개**는 사물을 나타낸다. "이 의자가 지우개 오른편에 있다"라는 문장은 사태에 대해 확고히 말한다. 따라서 [영어에서] 종종 "fact" 뒤에 "that 절(節)"이 뒤따른다. 우리는 의자가 파란색이라는 "사실"(fact that ~)이나 분필은 지우개 오른편에 있다는 "사실"(fact that ~)을 말한다.

이런 구분은 철학 논쟁에서 중요한 역할을 했다. 아리스토텔레스의 『형이상학』(*Metaphysics*)은 세상을 형상(form)과 질료(matter)로 만들어진, 사물들(things)이나 "실체"(substances)의 모음으로 설명한다. 그러나 비트겐슈타인의 『논리철학 논고』(*Tractatus Logico-Philosohicus*)[1]는 다음과 같이 가르친다.

세계는 사물이 아닌 사실들의 총체(totality)다(section 1.1).

비트겐슈타인에 의하면, 가령 우리가 세상의 모든 사물을 안다 해도 세상을 알지 못할 것이다. 왜냐하면, 우리는 어떻게 사물들이 실제로 서로 관련을 맺는지 알지 못할 것이기 때문이다. 우리는 이런 사물들에게 무엇이 **발생하는지** 알지 못할 것이다.

화이트헤드(Whitehead)와 그의 추종자들, 과정철학자들과 신학자들은 이 논쟁을 한 단계 더 진행한다. 그들은 사물이 단지 사실이라는 맥락에서만 이해할 수 있듯이 사실은 단지 과정이라는 맥락에서만 이해할 수 있다고 주장한다. 그러나 이 시점에서 우리는 이런 특별한 논쟁에 들어가지 않을 것이다. 왜냐하면, 우리의 현재 관심은 사실에 있기 때문이다.

또한, **사실**이란 **사실의 진술**(statement of fact)에 대한 약칭일 수 있다. 직설법 문장과 절과 같은 어떤 형태의 언어는 어떤 사태가 존재하고 무엇무엇이 그 경우라고 확고히 말한다. 물론 사실의 진술은 참이거나 거짓일 수 있다. 따라서 어떤 의미에서 사태의 진술은 사실에 기반을 둔 것(factual)이 아닌 것으로 드러날 수 있다.

본서에서 내가 "사실과 해석은 하나다"라고 말할 때 **사실**을 두 번째 의미, 즉 사실의 **진술**로 사용하고 있다. 사태의 의미에서 사실들은 그 사실들에 대한 해석들과 동일하다고 말하는 것은 참되지 않지만, 사태의 의미에서 사실들은 해석들이라고 말하는 것은 참될 것이다. 사실의 진술을 하

---

[1] Ludwig Wittgenstein, *Tranctatus Logico-Philosophicus* (London: Routledge and Kegan Paul, 1961).

는 것은 실재에 대한 해석을 제공하는 것이다. 사실의 진술과 실재의 해석 사이에 중요한 차이점은 존재하지 않는다.

또한, 이 세상에 대한 우리의 모든 인식(perception)은 우리가 내리는 해석에 영향을 받는다는 것을 기억하라.[2]

즉 우리의 해석 활동에 영향을 받지 않는, 사실에 관한 지식은 존재하지 않는다. 그리스도인은 세상이 자신의 창작에 속하지 않았다는 것과 우리의 해석과 별도로 존재하는 "실제 세계"(real world)—사실의 세계—가 존재한다는 것을 믿음으로 안다.

그러나 실제 생활에서 우리는 단지 우리가 내리는 해석이라는 매개를 통해서만 이 세상과 조우한다. 따라서 우리가 사는 세계는 어느 정도 우리 자신이 만들어 가는 세상에 속한다. 이것이 본서에서 이차적 창조자인 인간에 대한 나의 강조를 설명하는 데 도움이 된다.

무엇이 우리가 완전히 **미친** 세상을 만들지 못하게 하는가?

그것은 오직 우리의 믿음이다. 오직 우리의 믿음이 우리가 내리는 해석과 별도로 존재하는 "실제 세계"가 존재한다고 우리에게 확신시켜 준다. 오직 하나님의 계시가 이 세상에 대한 확실한 지식을 우리에게 제공하므로 우리의 환상을 제지하는 역할을 한다. 그렇다면 불신자들은 기생적으로 기독교 자원(capital)에 의지해 살아가는 그들의 경향성만 제외하고 그런 광기에 대한 어떤 방어책도 갖고 있지 않다.

---

[2] 참조, Thomas Kuhn, *The Structure of Scientific Revolution* (Chicago: University of Chicago Press, 1962).

제2부

지식의 타당성

제4장 타당성의 문제
제5장 타당성에 대한 관점

제1부에서 우리는 하나님을 아는 지식의 일반적 본질과 하나님을 아는 지식의 "대상," 즉 우리가 **무엇**을 아는지에 관한 질문을 고려했다.

지금 제2부에서 우리는 지식의 기초나 타당성을 고려할 것이다.

어떻게 지식에 관한 주장을 타당화할 수 있는가?

우리는 무슨 **권리**로 우리가 행하는 것을 믿어야 하는가?

전과 같이 본서의 이 부분에서 우리는 주로 하나님을 아는 지식에 관심을 가진다. 우리는 창조된 세계를 통해 하나님을 알고, 하나님의 자기 계시로 창조된 세계를 안다. 따라서 하나님을 아는 지식을 고려할 때 우리는 지식을 일반적으로 살펴보아야 한다.

제4장

타당성의 문제

1. 지식은 타당성이 있어야 하는가?

우리는 하나님을 아는 지식을 언약적 친교(covenantal friendship)로 정의했다. "지적 지식"(Intellectual knowledge), 즉 하나님에 관한 사실을 아는 것은 지적 책임성을 갖춘 나이에 도달한 사람들을 위한 언약적 친교가 가진 한 측면이다.

우리가 하나님을 사랑한다면 우리는 그의 완전성과 놀라운 행위 때문에 그를 찬양하려 애쓸 것이다. 그렇게 하기 위해 우리는 하나님의 본성과 행위를 알아야 한다. 또한, 우리는 계속 하나님의 본성과 행위을 더 많이 알려고 해야 한다.

"지적"인 의미에서 지식은 종종 "타탕성을 인정받은 참된 신념"(justified true belief)으로 정의된다. 분명히 지식에 대한 주장은 **신념**을 표현한다.

또한, 그러한 신념이 **참**(true)이 아니라면 "지식"의 자격을 얻지 못한다. 게다가 그런 신념이 단지 **우연히** 참이 되었다면 그런 신념은 지식이 아닐 것이다.

대통령 선거의 결과를 올바르게 예측한 점성가를 상상해 보자. 그는 그 선거에 대해 "참된(true) 신념"을 가졌다. 그는 그렇게 함으로써 미리 선거 결과를 **알았는가**?

일반적으로 우리는 아니라고 말할 것이다. 점성가는 지식이 아닌 참된 신념을 가졌다.

왜 그는 그 선거에 대해 참된 지식을 갖지 못했는가?

왜냐하면, 그는 단지 **우연히** 맞았기 때문이다. 그는 참된 신념이 있었지만, 그런 신념에 대한 합당한 **타당성**(justification)은 전혀 없었다.

그는 그 맞는 것(truth)를 믿었지만, 부적당한 근거에서 믿었다. 또한, 그는 맞는 것을 믿었지만 그것을 믿는 데 있어 **타당성을 증명하지**(justified) 못했다.

성경에서 하나님을 아는 지식도 타당성이 증명된 신념을 포함한다. 성경에서 믿음(faith)은 "어둠 속에서 도약"이 아니라 우리가 제1부에서 살펴보았듯이 자연, 인간, 성경에서 드러난 분명한 하나님의 자기 계시에 근거한다.

성경의 하나님은 자신이 신실하고 신뢰하기에 합당한 분임을 입증하신다. 그렇다면 그리스도인들은 "신앙주의자"(fideists), 즉 종교적 문제에서 이성을 포기한 사람이 될 필요가 없다.[1]

따라서 (일부 철학자가 이 점에 대해 논쟁을 벌여 왔지만) 나는 타당성이 지식

---

[1] 일반적으로 반틸을 비평하는 이들은 반틸이 신앙주의자(fideist)라고 주장한다. 그러나 반틸의 글에서 그런 주장의 타당성을 증명하는 어떤 것도 존재하지 않는다. 그리고 반틸은 신앙주의를 자주 공격한다. *Christian Theistic Evidence*, 34f.; *Common Grace and the Gospel* (Nutley, N.J: Presbyterian and Reformed Pub. Co., 1972), 184; *The Defense of the Faith* (Philadephia: Great Commission, n. d.), 16(『변증학』, RNR[개혁주의신학사] 刊)을 보라.

을 구성하는 본질적인 요소라 믿는다. 그러나 이것은 타당성에 대한 모든 요구가 타당하다는 것을 의미하진 않는다.

아이는 창문 밖에 새가 있다고 믿는다. 우리가 그 아이에게 그런 신념의 타당성을 증명하라고 요구한다면 아마 그 아이는 그렇게 하지 못할 것이다.

이것이 그 아이가 가진 신념이 타당하지 못하거나 근거가 없다는 것을 의미하는가?

전혀 그렇지 않다. 우리가 가진 신념들 가운데 대부분이 이런 방식으로 보유된다. 즉 우리는 그것들을 믿고 그것들을 믿을 권리가 있지만, 그것들을 믿는 우리의 근거(reasons)를 분명히 표현할 수 없다.

신념에 대한 "근거를 제공"할 수 없으면서 신념에 대한 "근거를 가질 수" 있다는 조지 마브로즈(George Mavrodes)의 주장은 확실히 옳다.[2]

사실 일부 철학자가 요구하는 식으로 우리의 신념 중 **어느 것**의 타당함을 증명할 수 있는 사람은 우리 가운데 많지 않다!

때때로 철학자들은 우리가 완전히 분명하게 표현된 신념의 **철학**, 즉 인식론을 가지지 못한다면 타당성이 증명된 어떤 신념도 가질 수 없다고 말하는 것 같다.

그러나 그것도 확실히 잘못된 것이다. 만약 우리가 모든 신념에 대한 근거를 제시할 수 있어야 한다면 모든 근거에 대한 근거를 제시할 수 있어야 한다. 따라서 타당화의 과정은 무한히 연속된 추론을 요구할 것이다. 타당화는 희망 없는 과업이 될 것이다.

그렇다면 인식론을 관점 가운데 파악해야 한다. 인식론은 유용한 학문

---

2 George Mavrodes, *Belief In God* (Philadelphia: Great Commission, n.d.), 16.

분과지만 모든 사람이 하나님과 동행하는 데 절대 필요한 것은 아니다. 인식론이 부속적이나 이차적 관심사인 추가적인 근거들이 존재한다.

① 마브로즈가 주장하는 것처럼 인식론적 질문은 빈번히 "실체에 관한" 질문이나 "내용-"(content) 질문에 의존한다. 가령, 하나님의 존재를 증명할 수 있는지에 관한 인식론적 질문은 하나님이 존재하는지에 관한 실체에 관한 질문에 의존한다.[3]

② 게다가 우리가 증명(proof)에 대한 전제 역할을 할 어떤 지식을 가지고 있지 않다면 하나님의 존재나 그 밖에 어떤 것에 대해서도 증명할 수 없다. 따라서 사람은 "증명에 의해 아는 모든 것을 배울" 수 없다고 마브로즈는 주장한다.[4]

③ 인식론은 정말 너무 전문적이고 복잡한(따라서 너무 불확실한) 분과여서 모든 지식의 기초 역할을 할 수 없다는 논의도 있다. 지금 나는 창밖에 상록수가 있다고 믿는다. 그러나 일부 인식론자에게 이런 신념은 의심할 대상이다. 아마 그럴 것이다. 그러나 인식 이론**도** 의심할 대상이다. 그리고 나는 인식 이론이 잘못 판단하는 모든 복잡한 방식들을 고려하므로, 인식론자가 상록수에 대한 나의 신념이 거짓이라고 설득할 것을 도저히 상상할 수 없다. 나에게 그런 신념을 버리도록 요구하는 이론에 무언가 잘못된 것이 있음이 틀림없다. 그렇다면 인식론은 단지 모든 것에 관해 내가 가진 모든 신념을 지배하는 충분

---

[3] George Mavrodes, *Belief In God*, 41f.; 참조, 72ff., 76f., 95ff., 112ff.
[4] George Mavrodes, *Belief In God*, 41f. 우리가 어떤 것에 관한 정의를 고안할 수 있기 전에 정의 내리고자 하는 그 어떤 것을 행하는 경험을 어떻게 자주 가져야 하는지, 그리고 그것을 특별하게 신학에 적용하는 것에 관해 내가 본서의 서론에서 말했던 것을 기억하라.

한 신뢰성이 없다. 오히려 인식 이론은 내가 가진 근본적 신념을 **존중**해야 하고 그 신념 위에 세워져야 한다.

종종 지식의 "토대"(foundation)나 "타당성"에 관한 탐구도 **신학적으로** 반대 받을 만하다. 이것이 이상하게 들릴 수 있다.

누구보다 그리스도인들이 "타당성"에 관심을 가져야 할 권리와 의무가 있는 것은 사실이지 않은가?

살펴보겠지만, 어떤 의미에서 그렇다. 그리스도인들은 자신들이 가진 모든 생각과 결정을 하나님의 말씀에 일치시킬 의무가 있다.

그러나 종종 "토대"와 "타당성"에 대한 탐구는 정확히 성경에 대한 불경건한 **불만족**의 결과다.

가끔 일부 그리스도인은 성경이 판단에 관한 **궁극적** 기준 역할을 하기에 충분하지 못하다고 생각한다. 따라서 그들은 자신들이 그런 기준 역할을 하는 무엇이 필요하다고 믿는다.

그들은 자신들의 궁극적 기준을 성경 **안에** 있는(예: 아마 "중심 주제"), 또는 성경**에서** 인간의 방법으로(humanly) 도출한 어떤 것 안에 있는(예: 주해의 체계나 신학의 체계로 이해된 성경의 "의미"—제1부를 보라), 또는 **성경 외적인** 어떤 것 안에 있는 어떤 것으로 밝히는 시도를 할 수 있다.

따라서 다시 한번 우리가 알게 되는 것은, 타당성이 지식의 당연한 측면이라도 우리가 타당성, 특히 어떤 종류의 타당성을 **제공**해야 한다는 요구는 마치 우리가 인식론적 이론을 참조해 우리의 신념들을 뒷받침해야 한다는 요구처럼 종종 불합리하다.

그렇다면 인식론의 유익함은 무엇인가?

우리가 믿는 바를 믿는 근거에 관해 할 수 있는 한 스스로 의식하게 되는 것이 유용하다. 우리가 무엇을 믿는 우리의 근거를 의식하지 못할 때 그런 믿음을 분석하고 평가하기는 어렵다.

또한, 확실히 그 믿음을 다른 사람과 함께 논쟁하기도 어렵다. 그러므로 우리는 지식의 타당성을 생각하는 데 시간을 들이는 것이 합당하다. 단, 인식론적 광신자가 되는 것은 피해야 한다.

2. 타당성에 대한 관점

제1부에서 나는 법, 객체, 주체(자아)를 모든 지식이 가진 요소로 논의했다. 지식은 항상 어떤 표준이나 기준(법)에 따라 대상을 아는 주체와 관련된다. 또한, 제1부에서 나는 법, 객체, 주체는 서로 구별되지만, 이 요소들은 서로 분리되지 않는다고 주장했다.

우리는 다른 두 요소를 알지 못하고 나머지 한 요소를 알 수 없다. 따라서 우리가 가진 모든 지식은 세상(객체)에 관한 지식이고, 모든 지식은 자아에 관한 지식이며, 모든 지식은 하나님의 기준에 관한 지식이다.

그렇다면 이런 구별은 지식에 관한 세 가지 "관점"을 낳는다. 우리는 세상에 관한 지식에 관해 사고할 때 이 지식을 "상황적" 관점에서 살펴보는 것이다.

자기를 아는 지식은 "실존적" 관점을 구성한다. 그리고 법이나 기준에 관한 법 지식은 "규범적" 관점을 구성한다.

이런 관점들은 지식을 구성하는 구별된 "부분들"이 아니다. 이것들은 "관점들"이다. 각 관점은 어떤 방식으로 **전체** 지식을 설명한다.

실존적 관점은 **모든** 지식을 자기에 관한 지식으로 설명하고, 상황적 관점은 모든 지식을 세상에 관한 지식으로 설명하고, 규범적 관점은 모든 지식을 법에 대한 관점으로 설명한다.

본서의 구조는 이런 삼요소(triad)에 기초한다.

제1부는 "상황적" 관점의 지식과 함께 지식의 "대상"(객체)을 다루었다.

제3부는 지식의 "방법," 어떻게 주체인 우리가 앎을 시작하게 되는지, 즉 "실존적 관점"을 다룰 것이다. 여기에서는 지식의 타당성과 기준을 논의하는 "규범적 관점"에 초점을 맞춘다.

그러나 독자는 정확히 이 세 가지가 관점이므로 뚜렷이 분리되지 않는다는 것을 기억해야 한다. 따라서 우리가 세상(상황적)과 우리 자신(실존적)에 관한 무엇을 이해하지 않는다면 지식의 타당성(규범적)을 이해할 수 없다.

다시 말하지만 어떻게 인식론적 질문이 내용 질문(content questions, 나의 용어로 "상황적 질문")에 종속되는지 마브로즈(Mavrodes)가 지적한 요점을 기억하라.

마브로즈도 어떻게 인식론적 질문이 우리가 후에 논의할 주제, 즉 "인격 변수적"(person-variable["실존적"])인지에 대해 일부 유용한 관찰을 한다. 나는 정반대의 요점을 주장할 수 있다는 것을 마브로즈가 부정하지 않을 것으로 생각한다.

기준이 없다면 인격과 내용 질문에 답할 수 없지만 이런 기준이 항상 인식론자들이 요구하는 종류에 속하는 게 아닐 수 있다(위의 "1. 지식은 타당성이 있어야 하는가?"를 보라).

따라서 우리는 타당성을 논의하는 것처럼 기준뿐 아니라 객체와 주체도 논의해야 한다. 다르게 표현하면, 지식의 기준은 어떤 식으로든 객체와 주체를 **포함한다**.

하나님의 규범적 계시는 성경이라는 특별한 매체를 통해서뿐 아니라 모든 객체와 주체를 통해 우리에게 온다. 또한, 객체와 주체 자체는 어떤 의미에서 규범적이다.

지식은 올바르게 지식의 대상을 나타내야 하고(규범적 "당위"), 지식의 주체에 적합"해야" 한다.

따라서 "지식의 타당성"은 규범적 관점에 초점을 맞출지라도 세 가지 관점 모두가 가진 "규범적 기능"에 주의를 기울여야 한다. 그런 후에 우리는 세 종류의 타당성을 구별할 것이다.

① 규범적 타당성은 자신이 "사고 법칙"(이 맥락에서 인간 사고를 위한 하나님의 법을 의미함)과 일치한다는 것을 보여 줌으로써 신념을 타당하게 만들 것이다.
② 상황적 타당성은 자신이 "증거"(성경에 따라 해석된 창조의 사실들, 즉 자연계시)와 일치함을 보여 줌으로써 신념을 타당하게 만들 것이다.
③ 실존적 타당성은 주체의 필요—성경으로 정의된 그 필요들로—에 부응하는 자체의 능력을 보여 줌으로써 신념을 타당하게 만들 것이다.

이 세 가지 관점은 서로 일관성이 있으므로 같은 결과로 이어질 것이다.

3. 윤리와 지식

인식론을 윤리의 한 부분으로 보는 것은 유용하다. 인식론같이 윤리에 있어서도 우리는 "타당성," 즉 인간의 의도와 태도와 결정과 행동의 타당성에 관심이 있다.

윤리적 타당성은 삼요소 체계(system of triads, 규범적 관점, 상황적 관점, 실존적 관점 - 역주)와 일치하는 세 가지 방식으로 성취될 수 있다. 윤리 철학자들은 다음 세 가지 보여 줌으로써 행동을 타당화하려고 시도해 왔다.

① 행동이 윤리 기준(전통적으로 "의무론적 윤리"[deontologism]로 불렀던 규범적 윤리)에 일치함을 보여 줌으로써 타당화했다.
② 행동이 바람직한 결과("상황적 관점"에 초점을 맞추는 "목적론적" 또는 "공리주의적" 윤리)를 가져온다는 것을 보여 줌으로써 타당화했다.
③ 행동이 선한 동기의 결과("자기실현의 윤리" 또는 "실존적" 윤리)임을 보여 줌으로써 타당화했다.

기독교 윤리는 이런 세 가지 접근 방식이 가진 일부 타당성을 인식해야 한다. 성경의 중심성 때문에 확실히 기독교에 규범적 윤리를 위한 자리가 존재한다.

그러나 성경이 이런 문제가 우리 사고를 다스리게 한다면 기독교 윤리는 우리 행동의 결과와 동기에 관심을 가져야 한다.

그리스도인은 자신들이 하는 모든 일에 하나님의 영광을 구해야 한다(고전 10:31, 즉 귀결들). 또한, 그들은 항상 사랑과 믿음으로 행해야 한다(롬

14:23; 고전 13:1-13, 즉 선한 동기들).[5]

사람에게 **신념**을 타당화하라고 요구하는 것은 윤리적인 질문을 하는 것이다. 그것은 이러이러한 것을 믿기 위해 이 사람은 어떤 **윤리적 권리**(ethical right)가 있어야 하는지 묻는 것이다.

또한, 그것은 우리가 그것을 믿어야 할 **윤리적 의무**가 있는지, 또한 그렇게 해야 할 이유가 있는지 묻는 것이다.

타당성이 입증된 신념을 수용하는 데 우리가 느끼는 "압박"은 무엇인가? 그것은 뇌에 환각을 일으키는 마약과 같은 육체적 압박이 아니다.

적어도 우리는 그렇지 않기를 희망한다!

또한, 그것은 단순히 편리한 것이나 우리에게 최선의 이익이 되는 것을 믿으려는 바람도 아니다. 타당성이 입증된 대부분의 신념은 편리하지 않다 (not convenient).

또한, 타당성이 입증되지 않은 대부분 신념은 편리하다. 나는 단지 이런 압박을 양심의 압박과 같은 **도덕적** 압박으로 이해할 수 있다고 믿는다.

결국, 믿는다는 것은 인간적 활동들 가운데 있는 하나의 인간적 활동이고, 이런 모든 활동처럼 믿는다는 것은 윤리적 평가를 받아야 한다.

신념은 하나님께 대해 책임이 있을 수 있거나 책임이 없을 수도 있고, 하나님께 순종적이거나 순종적이지 않을 수 있다.

따라서 우리는 "진리에 따라" 살기 위해 타당성이 입증된 신념을 수용하고 그 믿음에 따라 행동할 **의무**(obligation)를 느낀다.

우리는 그런 의무에 저항할 수 있고, 그러한 점에서 우리 양심을 무디게 할 수 있지만, 그런 의무는 항상 여전히 유효하다.

---

5 나의 *The Doctrine of the Christian Life*(『기독교 윤리학』, PNR[개혁주의신학사] 刊)에 이 문제에 관한 더 많은 논의가 있다.

따라서 세 가지 인식론적 관점은 세 가지 윤리적 관점과 동일하다. 우리는 지식의 규범적 관점을 조사할 때 하나님의 계시된 규범이라는 측면에서 우리가 **믿어야 하는** 것을 묻는 것이다.

우리는 지식의 상황적 관점을 조사할 때 사실 어떤 신념이 하나님 나라의 목적에 가장 도움이 되는지 묻는 것이다. 또한, 우리는 지식의 실존적 관점을 조사할 때 마음의 동기에서 발생하는 무슨 신념이 가장 **경건한** 신념인지 묻는 것이다.

윤리와 인식론 사이의 상호 관계는 전제(presuppositions)의 중심성에 대한 우리의 강조점을 강조한다.

내가 옳다면 **모든** 신념은 윤리적 가치 판단을 전제한다. 사람이 무언가 안다고 주장할 때 그는 어떤 윤리적 의무 아래 있다. 즉 어떤 윤리적 권리가 있다고 주장하는 것이다.

그러나 지식에 대한 주장이 그런 식으로 가치 판단을 전제한다면 윤리적으로나 종교적으로 "중립적인" 지식 같은 것은 존재하지 않는다. 지식에 관한 두 종류의 주장이 존재한다. 즉 경건한 윤리적 기준을 가정하는 지식의 주장과 그렇지 않은 주장이다.

4. 전통적 인식론

이 부분에서 나는 인식론 역사 전체에 걸쳐 나타났던 어떤 "경향성"을 설명할 것이다. 나는 이것들을 "견해"라기보다 "경향성"으로 간주한다. 왜냐하면, 이것들은 좀처럼 "순수한" 형태를 유지하지 않았기 때문이다.

대부분 철학자, 특히 가장 위대한 철학자들은 이런 경향성 가운데 하나 이상이 가진 요소를 결합하려고 시도했다. 그런데도 이런 경향성은 분명하게 구별될 수 있다.

또한, 누군가 이런 경향성이 없었다 해도 많은 사람이 그런 경향성 때문에 논쟁을 벌여 왔다!

다음 목록이 그런 경향성에 관한 가능한 가장 좋은 분류인지 너무 과도한 분류인지 나의 논증에서는 중요하지 않다.

우리는 이런 세 가지 경향성이 존재했고 기독교적 사고와 비기독교적 사고 모두에 영향을 주었음을 인식하는 것으로 충분하다.

첫 번째 경향성인 합리주의(rationalism)**나 선험주의**(priorism)**는 인간** 지식이 감각 경험(sense-experience)과 독립해서 알려진 어떤 원리를 전제하고 이 원리가 우리가 가진 감각 경험의 지식을 지배한다는 견해다.[6]

두 번째 경향성인 경험주의(empiricism)는 지식이 감각 경험에 기초한다는 견해다.

세 번째 경향성인 주관주의(subjectivism)는 어떤 "객관적"인 진리도 존재하지 않고 단지 주체 내부의 기준으로 검증된 인식 주체를 "위한" 진리만

---

6 이것은 제1부에서 사용했던 개념과 약간 다른 "합리주의"에 대한 개념이다. 제1부에서 **합리주의**는 모든 비기독교적 사고의 특징과 관련되었고, 다른 의미에서 기독교적 사고가 가진 특징과도 관련되었다. 여기서 **합리주의**는 특정 인식론 학파를 의미한다.

존재한다는 견해다.

이런 세 가지 경향성은 각각 규범적, 상황적, 실존적 관점과 일치한다. 합리주의자에게 지식이란 정신이 법, 즉 사고의 규범에 일치하는 것이다. 경험주의자에게 지식이란 관념이 하나의 대상에 일치하는 것이다. 주관주의자에게 지식이란 주체의 의식 상태다.

이런 경향성이 나의 "세 가지 관점"을 반영하는 것은 흥미롭지만 놀랄만한 것은 아니다. 인식론은 주체, 객체, 기준을 제대로 다뤄야 한다.

사람들은 대부분 유명한 철학자들처럼 하나님 없이 인식론 작업을 하려할 때 하나님 외에 다른 곳에서 절대성을 찾으려 함이 틀림없다.

그런 사람들에게 그것은 주체(주관주의), 객체(경험주의), 또는 법(합리주의)과 같은 인간 지식의 세 가지 요소 가운데 하나를 절대화, 즉 신격화해보려고, 그리고 다른 두 요소를 의심해 보도록 유혹하는 것이다.

이런 인식론적 체계에서는 이 세 요소가 긴밀히 서로 협력한다는 것을 보증할 하나님이 없다. 따라서 철학자는 해결할 수 없는 갈등이 있을 것이라는 자기의 가정(assumption)처럼 해결할 수 없는 갈등이 있을 때 이런 요소 가운데서 선택할 준비가 되어 있어야 한다.

어떤 철학자도 일관된 합리주의자, 경험주의자, 또는 객관주의자가 되는 데 성공하지 못했지만, 일부 철학자는 그렇게 되기 위해 노력했다. 파르메니데스(Parmenides)는 거의 일관된 합리주의자가 될 뻔했고, 존 스튜어트 밀(John Stuart Mill)은 일관된 경험주의자가 될 뻔했고, 프로타고라스(Protagoras)와 다른 소피스트들(Sophists)은 일관된 주관주의자가 될 뻔했다. 그러나 그런 시도의 실패는 철학 문헌에서 매우 잘 알려졌다.

플라톤, 아리스토텔레스, 아퀴나스, 칸트와 같은 가장 위대한 철학자들은 우리의 범주(categories)에 따른, 인식론적 순수성을 달성하려고 시도하지 않았다. 대신 이런 철학자들은 다양한 인식론적 관심을 제대로 다루려고 애썼다.

그러나 그런 시도 역시 매우 곤란한 작업인 것으로 증명되었다. 합리주의, 경험주의, 주관주의는 서로 전혀 조화될 수 없다.

그리고 기독교적 헌신(참조, 제1장 각주 43번 - 역주)이 없다면 그것들을 합당하게 만들기 위해 이런 접근 방식을 충분히 재구성하는 것은 불가능하다고 믿는다.

그런데도 철학자들이 이런 일관되지 못한 경향성을 결합하려고 시도했다는 것은 놀랄 일이 아니다. 왜냐하면, 이 각각의 경향성은 우리가 이 모든 접근 방식을 순서대로 더욱 면밀히 살펴볼 때 명확하게 될 타당한 관심사에서 발생하는 것으로 보이기 때문이다.

1) 합리주의

합리주의자의 주요 관심은 **확실성**(certainty)이다. 주관적 상태가 불확실하고 문제가 있어 보이듯이 합리주의자에게 감각 경험은 불확실하고 문제가 있어 보인다.

따라서 그는 감각 경험에서 도출되지 않고 인간의 주관성으로 왜곡되지 않는 어떤 지식 양식이 대안으로 존재해야 한다고 생각한다.

합리주의자는 사실 그런 지식이 가능하다고 믿는다. 그런 지식은 **기준**(criteria)에 관한 지식이다.

가령, 우리는 엄청나게 많은 "둥근"(circular) 대상을 경험하지만 그것들 가운데 어떤 것도 **완벽하게** 둥글지 않다.

이 모든 둥근 대상에는 결함이 존재하는데 어떤 것은 작은 결함이 존재하고 다른 것은 더 분명한 결함이 존재한다. 따라서 우리는 결코 완벽한 원을 경험하지 못했다. 그런데도 왜인지 신비하게도 우리는 완벽한 원이 무엇인지 안다.

우리는 원이 얼마나 완전성에 가까운지 또는 완전성에서 거리가 먼지 이해하기 위해 원을 검증할 수 있다. 왜냐하면, 어떻게든 우리는 우리 마음에 원형의 **기준**이 있기 때문이다.

합리주의자인 플라톤은 이런 증거를 기초로 우리가 가진 지식 대상을 위한 기준 역할을 하는 완벽한 객체들의 세계(그는 "형상"[form]으로 부른다)가 존재한다고 대략 결론을 내렸다.

또한, 그는 우리가 다른 무엇을 인식하는 것보다 더 큰 확실성을 가지고 이런 형상들을 인식해야 한다고 주장했다. 가령, 우리가 경험하는 원이 그런 것처럼 원형의 기준은 미심쩍지 않고, 변할 수 없고, 부정확하게 이해될 수 없다.

따라서 이 기준에 관해 우리가 가진 지식은 감각 경험 이외의 출처에서 와야 한다. 따라서 플라톤은 우리가 우리 지식을 억제하는 육체라는 걸림돌 없이 형상의 세계에 살았던 전생(a previous life)에서 기준을 알게 되었다고 추측했다.

선재(preexistence)에 관한 플라톤의 추측과 상관없이 합리주의자들은 기준이 인간 지식의 구조에 독특한 역할을 한다고 믿는다. 그들은 우리가 감각 경험**에서** 기준을 도출하지 않는다고 주장한다. 오히려 우리는 그 기준을 감각 경험**으로** 가져간다. 이 기준은 "선험적"(a priori, 전부터), 즉 경험의 분석에 **전제되어** 있다.

따라서 우리는 우리의 기준이 있다.

그렇다면 그다음은 무엇인가?

일반적으로 합리주의자들은 우리가 가진 지식이 연역 과정으로 쌓인다고 주장했다.

우리는 기준이 되는 사실들로 시작하고 그런 후에 연역 논리로 그 사실들에서 결과를 도출한다.

어째서 **연역** 논리인가?

왜냐하면, 단지 연역 논리만이 합리주의자가 갈망하는 **확실성**을 보존하기 때문이다. 우리는 확실한 전제로 시작하고 논리 법칙을 합당하게 이런 전제에 적용하면 확실한 결론을 얻을 것이다.

따라서 데카르트(Descartes)는 자신이 사고하는 존재로 존재한다는, 기준이 되는 확실성으로 시작했고, 이것을 근거로 하나님의 존재, 세상의 실재 등 많은 결론을 연역할 수 있다고 생각했다.

따라서 합리주의자의 목적은 감각 경험과 주관성이 가진 불확실성에서 완전히 자유로운 지식 체계(a body of knowledge)를 구축하는 것이다.

이 모든 것이 놀랍게도 플라톤, 데카르트, 다른 합리주의자들에게 유망하게 들렸음에 틀림없지만, 오늘날 이것은 단순히 역사적 호기심처럼 보인다.

지금 누구도 이런 오랜 철학자들이 원했던 방식으로 합리적이 되길 원하지 않는다. 현대 철학자들은 합리적 접근 방식이 다음과 같은 근거로 부적절하다고 생각했다.

(1) 본유적 지식(innate knowledge)

우리가 감각 경험에서 발생하지 않는, 신비스런 기원을 가진 오류 없는 관념이 있다는 생각은 20세기 사람들에게는 신화적인 것으로 보인다. 따라서 그런 기준의 출처에 대한 대안적인 설명이 제공됐다. 어떤 사람들은 가령, "원형" 같은 개념이 감각 경험을 포함한 우리가 가진 인식 능력의 전체 범위에 걸쳐 발견될 수 있는 다양한 인간의 필요(예: 건축과 항해)에서 결국 발생하는, 언어적 정의의 산물로 주장했다. 또한, 그들은 논리와 수학에서 사용하는 개념도 이런 식으로 이해할 수 있다고 주장했다.[7]

그러나 나는 이런 대안적 접근 방식이 적절하다고 생각하지 않는다. 왜냐하면, 그것은 기준의 **규범성**(normativity)을 설명하지 않기 때문이다. 규범성이 존재하지 않는다면 어떤 인식론도 존재할 수 없다(위의 "3. 윤리와 지식"을 보라).

그런데도 나는 지식에서 규범성에 대한 요구가 우리를 합리주의자의 방향으로 나아가게 하고 있다고 생각하지 않는다. 성경은 법, 즉 하나님의 법이 창조를 통해 모든 사람에게 이용 가능하다고 우리에게 말해 준다(롬 1:31, 참조, 20절).

나는 감각 경험이 이런 법을 아는 역할을 한다는 것을 부인할 이유가 없다고 본다. 감각 경험에서 이런 법이 파생된 것이 이해하기 힘든 것이라면 확실히 감각 경험에 기초하지 않는 본유관념이라는 개념에도 똑같이 매우 이해하기 힘든 것이 존재한다.

(2) **감각**(sensation)

누군가 감각은 틀리기 쉽고, 따라서 기준을 위한 출처나 부분적인 출처로 부적절하다고 주장한다면, 합리적 기준도 감각 경험만큼 틀리기 쉽다고, 그리고 우리 자신의 감각 경험보다 우선해서 철학자의 추론으로 지도를 받아야 하는지 결코 확실하지 않다고 답변해야 한다.

---

[7] 제3부의 논리와 수학에 관한 논의를 보라.

파르메니데스는 이성이란 움직임이 없는 우주를 요구한다고 주장했고, 따라서 감각 경험의 모든 증거를 반박했지만, 대부분 사람은 자신의 감각이 파르메니데스의 추론보다 더 신뢰할 만하다고 생각했다.

(3) 형식주의(Formalism)

본유적 지식을 반대하는 모든 논증을 제시된 후(위의 "(1) 본유적 지식"를 보라) 합리주의자들의 논증이 설득력을 갖는 영역은 많지 않지만, 일부 영역은 남아 있다.

논리 법칙의 지식, 우리 자신의 정신 상태에 관한 지식, 객관적 지식의 존재에 관한 지식은 아마 본유적이기까지 한 선험 관념(감각 경험에서 독립된 관념)이라고 그럴듯하게 주장될 수 있다.

그러나 우리는 그런 선험 관념에서 거의 아무것도 연역할 수 없다. 확실히 우리는 선험 관념에서 인간 지식의 전체 구조를 연역할 수 없거나 심지어 의미 있는 철학을 구성하는 충분한 지식을 연역할 수 없다.

논리 법칙만을 취하였을 때 아무리 해도 더 많은 논리 법칙 외에 아무것도 따라 나오지 않는다. 우리 자신의 정신 상태에 관한 명제에서는 우리 자신의 정신 상태에 관한 추가 명제 외에 아무것도 따라 나오지 않는다.

"객관적 진리가 존재한다"는 진술에서 구체적인 어떤 것도 따라 나오지 않는다. 또한, 우리에게 구체적인 어떤 것도 말해 주지 않는 진술(어떤 "적용"도 없는)은 의미 있는 진술이 아니다(참조, 제1부와 부록 3에 있는 의미와 적용에 관한 논의).

따라서 지식이 우리가 조사했던 종류의 명제에만 제한된다면 우리는 실제 세계가 아닌 단지 우리 자신의 마음[8]에 관해서만 알게 될 것이다. 우리는 우리의 정신 상태에서 실제 세계를 추론할 수 없다. 왜냐하면, 우리의 정신 상태는 종종 우리를 속이기 때문이다.

따라서 합리주의는 우리를 플라톤과 데카르트가 꿈꾸었던 확실성의 체계에 맡기지 않고, 실제 세계에 관한 완전한 무지에 맡긴다.

따라서 결국 한편으로 합리주의와 주관주의 간에 차이가 없고, 다른 한편으로 합리주의와 회의주의 간에 차이점이 없다.

(4) 기독교적 분석

기독교적 관점에서 볼 때 합리주의자가 겪는 난관에는 영적 기원이 있는 것이 분명하다. 합리주의자는 하나님의 말씀 밖에서 확실성을 추구한다. 그는 자기 자신이 가진 관념이나 연역 추론 안에서 생각을 위한 궁극적 기준을 찾는다. 성경적으로 말하자면 합리주의자의 탐구는 우상숭배다. 왜냐하면, 그것은 인간 사유를 신성화하는 것이기 때문이다.

그러나 우리가 거짓 신들을 세울 때 그것들은 반드시 우리를 실망시킨다. 따라서 우리는 인간의 논리적 사고가 우리에게 오류 없는 지식 체계를 전혀 제공할 수 없다는 것을 살펴보았다.

인간의 논리적 생각이 어떤 지식을 제공하려 할 때, 합리적 생각은 그 지식의 범위를 가장 추상적 진리에 한정함이 틀림없는데, 그 추상적 진리는 사실 실제 세계에 관해 전혀 지식을 제공하지 못한다. 따라서 우리는 제1부에서 전개했던 도식을 사용할 때 어떻게 비기독교적 합리주의가 비합리주의가 되는지 파악할 수 있다.

---

[8] 즉 논리와 정신적 상태에 관해.

(5) 두 번째 기독교적 분석

본질적으로 약간 다르게 동일한 주장을 할 수 있다. 반틸은 인간의 생각이 이 세상에서 "단일성"(unity)을 "복수성"(plurality)에 관련시키려 애쓴다고 말한다. 인간의 생각은 우리가 개별자(the particulars)를 이해하도록 돕는 패턴을 개별자 가운데서 발견함으로써 개별자를 통합하려 한다.

따라서 철학자들(특히 합리주의자들)은 종종 추상적인 합리적인 개념을 추구하되 그 영역 아래 많은 개별자를 포함할 정도로 충분히 광범위한 개념을 추구했다. 가령, **곰**은 세상의 모든 곰을 포함한다.

또한, **나무**는 모든 나무를 포함한다. **생명체**는 모든 나무, 곰, 그 외 더 많은 것을 포함한다. 또한, **존재**는 모든 것을 포함한다.

우리의 개념이 추상적이면 추상적일수록 그 개념은 개별적인 것에 대해 덜 말해 준다. **개**(dog)는 **웰시 코기**(Welsh corgi)보다 더 많은 동물을 포함하지만 개라는 단어가 지시하는 동물을 더 설명하지 않는다.

존재는 모든 것을 포함하지만 무엇에 대해 거의 어떤 것도 말하지 않는다. 합리주의는 가능한 가장 추상적인 지식을 추구하지만 그렇게 할 때 이 세상에 대해 어떤 구체적인 주장도 할 수 없다는 것을 발견한다(위의 "(3) 형식주의"를 보라).

완전한 인간 지식에 대한 우상숭배적인(idolatrous) 탐구는 항상 공허감, 회의주의, 무지로 귀결된다.

(6) 분석의 역설

동일한 주장을 하는 또 다른 방식은 "분석의 역설"로 설명되어 왔다. 내가 "캥거루=포유류," "캥거루=유대류(有袋類)," "캥거루=호주에서 발견되는 유대류"와 같은 다양한 등식을 공식화함으로써 캥거루에 관한 지식을 얻으려 한다고 가장해 보자.

그런 과정을 "캥거루"에 대한 개념 "분석"으로 부를 수 있다. 이 과정은 내가 이 등식의 두 항 사이에 절대적 동일성이 틀림없이 존재한다고 판결할 때까지 잘 작동한다.

이 과정은 캥거루에 관한 완전한 지식을 얻으려는 갈망이다. 나는 그런 요구를 할 때 단지 "캥거루=캥거루"라는 등식으로만 그런 요구를 만족시킬 수 있다.

이 등식이 나에게 절대적 동일성을 제공하지만 이 등식은 나에게 어떤 유용한 정보를 전혀 제공하지 않는다.

도덕도 동일하다. 즉 우리는 하나님에게 합당하고 완벽하며 무오한 지식을 추구할 때 단지 완전한 무지만을 얻을 것이다. 합리주의는 비합리주의를 낳는다.

2) 경험주의

나는 경험주의(empiricism)가 과학적 방법에 대한 일반적 이해를 기초로 타당성을 획득한다고 생각한다. 일반적 견해는 다음과 같다. 즉 고대와 중세 동안 인간 지식의 성장은 더뎠다. 왜냐하면, 지식을 획득하는 방법은 전통과 사변에 기초하고 있었기 때문이다.

그러나 베이컨과 뉴턴 같은 위대한 사상가들은 세상에 더 좋은 방식이 있음을 확신시켜 주었다.

　　　전통과 사변을 망각하라.
　　　사실들을 통해서 당신의 가설(hypothesis)을 검증하라.

실험하고, 관찰하고, 측정하라.

점차 관찰된 사실들이 축적되어 신뢰할 수 있는 지식 체계가 될 것이다.

이것은 현대를 엄청난 과학적 발전의 시대로 만들었던 방법이 아닌가?

이런 종류의 연구가 성공적이라는 주장이 있다. 왜냐하면, 이런 연구는 공개적으로 관찰 가능한 검증 절차를 제공하기 때문이다.

만약 우리가 어떤 이론에 동의하지 않는다면, 우리는 가서 그 이론을 검증할 수 있다. 우리가 볼 수 있는 사실은 거기에 존재하므로 단지 그 이론을 사실과 비교하면 된다.

경험주의자들은 합리주의자들만큼 확실성에 관해 관심을 두지 않지만, 자신들의 절차가 우리가 가능한 많은 확실성을 얻는 방법이라고 믿는다.

경험을 통해 획득한 사실을 직접 만남으로 나오는 확신보다 어떤 더 큰 확신이 존재하는가?

나는 내 셔츠가 갈색이라고 믿는다. 나는 내가 철학적 인식론을 믿는 것보다 더 확실하게 이것을 믿고, 심지어 내가 논리와 수학의 어떤 명제를 믿는 것보다 더 확실히 이것을 믿는다.

그렇다면, 경험주의는 사변과 환상을 피하려 하고 우리가 가진 모든 관념을 명백한 실재(hard reality)라는 기준, 즉 "사실"로 검증하려 애쓴다.

그렇다면 여기에 또 다른 유망한 프로그램이 존재한다!

합리주의와 다르게 경험주의는 철학을 현대 과학의 엄격한 기준에 부합시키는 데 관심 있는 20세기 철학자들 가운데 매우 인기 있는 운동이었다. 그러나 그렇다 해도 합리주의처럼 경험주의는 우리에게 지식에 대한 기초를 제공하지 못했다. 다음의 근거를 고려하라.

(1) 검증(verification)

우리는 단지 무엇을 경험적으로 검증한 후, 즉 사실을 살펴봄으로 그것을 직접 점검한 후에 그것을 아는가?

전혀 그렇지 않다. 우리는 우리 자신이 검증하지 않았고 우리 자신이 검증**할 수 없는** 많을 것을 안다. 나에게 이런 지식에는 고대 역사, 핵 분자, 천국과 지옥 같은 명제가 포함된다.

우리는 비록 <u>스스로</u> 사물을 검증할 수 없지만, 많은 영역에서 우리가 신뢰하는 사람에게서 나오는 증거를 수용한다. 마브로즈(Mavrodes)가 주장하듯이[9] 검증을 요구하는 것은 때때로 합당한 요구지만 항상 합당한 것은 아니다.

우리가 의심하고 있을 때 합당하지만 검증을 지식을 위한 일반적 요구 사항으로 만드는 것은 모든 검증을 무한정(*ad infinitum*) 검증해야 한다는 것을 의미할 것이다.

(2) 검증 가능성

따라서 검증은 지식에 본질적이지 않다. 오히려 우리는 경험적으로 지식을 검증하지 않고 무언가 알 수 있다.

그러나 아마 적어도 검증의 **가능성**은 본질적으로 중요할 것이다. 검증이 지식의 기준이 아니지만 아마 **검증 가능성**(verifiability)은 지식의 기준일 것이다. 어떤 사람들은 기독교가 **아마** 검증될 수 없고 따라서 기독교는 진지한 논의를 할 가치가 없다고 비판했다.

하지만 이런 비판은 다음과 같다.

---

[9] Mavrodes, *Belief*, 75ff.

① 종종 논리적 실증주의 철학이[10] 주장하는 전제에 기초한다. 따라서 신학 노선에 대한 비판에 열려 있다. 또한, 논리적 실증주의자들이 요구하는 검증의 **유형**(type)은 자율적(autonomous) 학문 방법을 사용한다. 그러나 그리스도인은 그런 자율적 학문 방법을 수용할 수 없다.
② 마브로즈는 더 단순한 답변을 제공한다. 즉 검증 가능성은 지식을 위한 일반 기준이 될 수 없다. 왜냐하면, 우리는 종종 우선 하나의 진술이 참인지 확인하지 않으면 그 진술이 검증 가능한지 구별할 수 없기 때문이다.[11]
③ 검증과 다르게 검증 가능성은 지식을 위한 기초 역할을 할 수 없다. 기껏해야 검증 가능성은 지식의 필요조건이 될 수 있을 뿐이다. 가령, 모든 지식을 검증해야 한다 해도 모든 검증 가능한 명제가 지식을 구성하는 것은 아니다. "달은 녹색의 치즈로 이루어져 있다"는 진술을 검증할 수 있지만 거짓 명제이고 따라서 지식의 항목이 아니다

(3) 기만(deception)

대부분 철학자는 우리 감각이 우리 자신을 기만하고 감각 경험으로 "사실을 점검"하는 것이 보이는 것만큼 쉽지 않다고 지적했다.

(4) 과학적 방법

우리가 앞에서 언급했던 "과학적 방법에 관한 일반적 이해"는 정말 심

---

[10] 나의 글 "God and Biblical Language," in J. W. Montgomery, ed. *God's Inerrant Word* (Minneapolis: Bethany Fellowship, 1974), 159-77과 아직 출판되지 않은 필자의 *Christianity and the Great Debates*를 보라.
[11] Mavrodes, *Belief*, 76ff.

각하고 지나친 단순화다. 과학자들은 감각 경험을 통해 단지 "사실을 점검"하지 않는다.

① 일반적으로 그들은 자신들의 순수 감각(naked senses)보다 오히려 도구를 사용한다. 왜냐하면, 일반적으로 감각 자체는 과학적 목적을 위해 충분히 정확하지 않기 때문이다. 그러나 과학자들이 사용하는 도구는 엄청 많은 인간의 이론적 독창성을 관찰자와 관찰자가 관찰하는 사물 사이에 놓는다. 그가 그런 도구를 사용할 때 과학자는 자기 이론을 관찰로 점검할 뿐 아니라 이론에 의존하는 도구를 통해 자기 관찰을 점검하고 있는 것이다.
② 과학적 작업은 단지 관찰하고 관찰을 보고하는 것이 아닌, 자료를 **분석**하고 **평가**하는 데 놓여 있다.
③ 과학 이론은 단순히 관찰상의 자료를 보고할 뿐 아니라 그것을 뛰어넘는다. 과학 법칙은 보통 보편적이다. 과학 법칙은 우주 전체에도 적용된다고 주장한다.
④ 우리의 기대는 우리가 "보고," "듣고," "냄새를 맡고," "느끼는" 것에 영향을 준다. 이런 기대는 단지 감각 경험뿐 아니라 이론, 문화 경험, 집단 충성심, 선입견, 종교상의 헌신에서도 온다. 따라서 "전적으로 경험적인" 연구는 존재하지 않는다. 우리는 결코 "순수"(brute) 사실, 즉 해석되지 않은 사실을 발견하지 못한다. 우리는 단지 우리의 기존 헌신(commitments)의 측면에서 해석되어 온 사실을 만난다.[12]
⑤ 그렇다면 종종 과학자들은 자신들의 이론을 반박하는 자료를 인정하

---

[12] Thomas Kuhn, *The Structure of Scientific Revolution* (Chicago: University of Chicago Press, 1970).

지 않는다. 그러나 심지어 그들은 인정할 때도 즉시 그런 자료를 논의가 되고 있는 이론을 반박하는 것으로 받아들이지 않는다. 외관상 모순되는 자료는 그 이론을 반박하는 것이 아닌 그 이론의 측면에서 해결해야 할 "문제"가 된다. 문제들이 크게 증가하고 대체 이론들이 더 가능해 보이기 시작할 때만 과학자는 다른 이론을 위해 자기 이론을 포기할 것이다.

이 모든 근거에도 과학 작업은 단순히 "사실을 점검하는 것" 이상의 작업이다. 또한, 과학자들이 이론을 사실에서 분리할 수 없다면 비과학자들이 그렇게 할 것이라 거의 기대할 수 없다.

과학은 순수 경험주의로 작동하지 않는다. 또한, 확실히 우리 중 나머지도 순수 경험주의로 기능할 것으로 기대할 수 없다.

(5) 너무 제한적인 경험주의

우리는 일관되게 지식에 대한 경험적 접근 방식을 따른다면, 그렇지 않으면 주저 없이 주장했을, 지식에 대한 많은 주장을 포기해야 할 것이다.

① 경험주의는 "모든 사람은 죽는다"나 "F=MA"와 같은 **보편적** 명제의 타당함을 보여 줄 수 없다. 이런 보편적 명제는 항상 우리가 관찰할 수 있는 것을 넘어선다. 왜냐하면, 이런 명제는 전 우주를 아우르기 때문이다. 이와 유사하게 논리와 수학의 명제, 즉 보편적으로 참이라 주장하는 명제는 경험적 기초 위에서 규명될 수 없다.

② 경험주의는 미래에 관한 진술의 타당성을 보여 줄 수 없다. 왜냐하면, 누구도 감각 경험으로 미래를 알지 못했기 때문이다. 따라서 경

험주의는 과학적 예측을 타당화할 수 없다. 따라서 우리는 "지식"이
라고 부르는 영역을 철저하게 제한하든지 경험주의를 버리든지 해
야 한다.
③ 흄이 지적했듯이 경험주의는 윤리적 가치에 관한 어떤 진술도 타당
화할 수 없다. 감각적 사실(sensible facts)에 관한 진술은 윤리적인 선함
이나 악함, 옳음이나 그름, 의무나 금지에 관한 것을 암시하지 않는
다. 그러나 우리가 위의 "3. 윤리와 지식"에서 살펴보았듯이 인식론
은 윤리학의 한 부분이고 지식은 윤리적 가치에 대한 우리의 채택과
사용에 의존한다. 경험은 경험적 가치에 관한 언어를 타당화할 수 없
기 때문에 지식에 대한 주장을 타당화할 수 없다.
④ 따라서 경험주의는 경험주의를 타당화할 수 없다. 왜냐하면, 경험주
의는 어떻게 우리가 우리의 신념을 타당화**해야 하는지**(윤리적 "당위")
에 관한 견해이고, 또한 우리는 경험주의에 기초할 때, 우리가 경험
주의적 방식으로 우리 신념을 타당화**해야 한다**는 명제를 감각 경험
으로 타당화할 수 없다.

(6) 하나님을 아는 지식

하나님이 보이지 않다거나 다른 점에서 경험적 "검증 절차"에 반한다고
(resistant) 생각된다면, 경험주의는 하나님을 인식한다는 주장을 배제한다.
어떤 경험주의자들은 그런 사실로 하나님을 아는 지식을 배제한다.

그리스도인들은 그런 사실로 지식의 일반 이론인 경험주의를 배제한다.

(7) 사실들

경험주의자들은 우리가 직접 "사실들"을 경험한다고 믿는데, 그 "사실

들"은 무엇인가?

우리가 살펴보았듯이 이런 "사실들"은 식별하기 어렵다.

우리가 **확신**(certain)할 수 있는 어떤 "사실들"이 존재하는가?

일부 사람들은 만약 우리가 감각을 통해 오류 없이 이 세상을 알 수 없다면 적어도 우리는 우리 자신의 감각 경험을 오류 없이 알 수 있다고 제안했다!

가령, 나는 녹색(greenness)을 감지(sensation)했다. 이것은 내 근처에 녹색(green)을 띤 어떤 것이 존재한다는 것을 의미할 수 있거나 그렇지 않을 수 있다. 또한, 나의 감각(senses)은 나를 속일 수 있다. 그러나 내가 분명히 아는 한 가지는 내가 녹색에 대한 **물리적 느낌**(sensation)을 받았다는 것이다(때때로 이것은 녹색 "감각자료"[sense-datum]로 불린다). 물론, 아마 그럴 것이다.

그러나 여기서 경험주의자가 자신의 근거를 매우 급격히 바꾸어 왔다는 것에 주목하라. 경험주의자는 감각 경험**이라는 수단으로** 이 세상을 인식한다는 주장 대신, 지금 자신의 감각 경험**만**, 자기 자신의 관념(ideas)**만** 안다고 주장한다.

"사실들"을 아는 것 대신 지금 우리는 사실의 어떤 유형만, 즉 우리 자신의 주관성에 대한 사실들만 안다.

그리고 우리는 이런 사실들을 기초로 우리 마음을 초월한(beyond) 세상에 대해 어떤 것도 결정할 수 없다.

우리는 합리주의와 주관주의 간에 어떤 차이점도 없다고 결론적으로 파악한 것처럼 지금 경험주의와 주관주의 사이에 어떤 차이점도 없다는 것을 파악한다.

(8) 기독교 분석

합리주의가 안고 있는 문제처럼 경험주의가 안고 있는 문제는 본질적으로 영적(spiritual)이다. 합리주의자들처럼 경험주의자들은 하나님의 계시와 별도로 확실성을 찾으려고 시도했다. 또한, 그런 거짓된 확실성은 그 자체가 파산되었음을 증명했다.

가령, 논리 법칙이 우리에게 알려진다 해도(또한, 어떻게 논리 법칙이 경험적 기초 위에 있을 수 있는지 확실하지 않다), 우리는 감각에 대한 진술에서 기껏해야 감각에 관한 다른 진술을 제외하고 어떤 것도 연역할 수 없다.

따라서 다시 말하지만 합리주의는[13] 비합리주의가 된다. 즉 지식 체계를 자율적으로 세우려는 대담한 계획은 결국 완전한 무지로 귀결된다.

3) 주관주의

그렇다면 우리는 주관주의(subjectivism)에 갇혀 있는 것처럼 보이는데, 이는 제거의 과정을 통해 그러하고, 또한 합리주의와 경험주의가 주관주의와 구별이 안 되는 형식에서만 변호될 수 있기 때문이기도 하다.

그러나 합리주의와 경험주의가 안고 있는 문제와 별도로 주관주의는 자신을 추천할 내용이 많이 있다.

마브로즈가 보여 주듯이 명제의 증명은 "인격 변수"(person-variable)다.[14] 가령, 우리는 우리가 논쟁하는 사람을 설득하지 못하는, 논리적으로 타당하고(결론을 암시하는 전제) 건전한(전제가 참인) 논증을 할 수 있다.

---

13 제1부에서 논의했던 "합리주의"란 의미에서 경험주의 자체는 합리주의의 한 형태(form)다.
14 Marvrodes, *Belief*, 7f., 27ff., 31-41, 80-89, 101-11.

그럴 때 우리는 타당하고 믿을 만한 주장을 하지만 어떤 의미에서 우리의 주장을 "증명"하진 못한 것이다.

증명이나 설득은 불가능한 것이 아니지만, 일반 인식론으로 공식화하기 어려운 많은 미묘한 개인적 요인에 의존한다.

내가 드디어 무언가 이해했을 때 무슨 일이 일어나는가?

설득의 순간, 즉 가설이 신념이나 지식이 되는 순간을 확인하는 한 가지가 존재하는가?

이것은 답하기 어려운 질문이다.

그 "한 가지"는 타당한 주장이 될 수 있는가?

그러나 마브로즈가 가리키듯이 타당한 주장이 항상 설득하는 것은 아니다. 나는 타당한 주장에 직면할 수 있지만 나에게 발생하는 다양한 반론으로 그 주장이 아직 타당하지 않다고 생각할 수 있다.

그런데도 때때로 나는 그 주장을 반론들과 비교할 때 어떤 시점에서 그 주장의 타당성을 확신하게 된다. 반론들은 나에게 덜 설득력 있는 것이 되고 논증은 더 설득력 있는 것이 된다. 그래서 어떤 시점에 나는 그 주장을 확언하고 반론들을 거절하기로 결정한다.

무엇이 발생해서 내가 그렇게 하게 하는가?

말하기 어렵다. 단지 내 안에서 일어나는 무엇은 아마 심리적 변화, 즉 하나의 결론에 점증하는 친근함과 다른 결론에 대한 적대감일 것이다. 이런 변화는 많은 원인이 있을 수 있다.

논리적 추론이 한 원인이지만, 그 논리적 추론을 **설득력 있게** 만드는 것은 무엇인가?

감각 경험이 또 다른 원인이지만, 내가 다른 해석보다 우선하여 감각 경험의 해석을 받아들이게 하는 것은 무엇인가?

종교적 전제, 그룹 충성심, 미적 취향, 사회 경제적 및 인종적 편견, 즉 설득 과정에 영향을 줄 수 있는, 많은 좋은 또는 나쁜 요소다.

따라서 결국 지식의 주장(knowledge-claims)은 심리적 상태로 보인다. 또한, 우리 모두 광범위하게 매우 개인적이고 개별적인 기준으로 이런 주장을 평가한다.

"객관적인" 진리, 즉 보편적으로 받아들인 기준으로 공개적으로 접근할 수 있는 진리는 존재하지 않는다.

단지 개별적인 것을 "위한"(for) 진리만 존재한다. 따라서 객관적 진리에 관한 지식은 존재하지 않고 다만 나 자신의 내적 기준에 기초한, 나 자신의 경험에 관한 지식만 존재한다.

또는 그렇게 보인다. 그러나 주관주의에도 문제가 존재한다!

(1) 상호 주관적 진리(Inter-Subjective Truth)

주관주의를 일관되게 주장하거나 논증할 수 없다. 주관주의자는 다른 사람에게 자신의 견해를 설득하려 한다. 따라서 그는 자신 외에 다른 사람에게 알려질 수 있는 어떤 진리가 존재함을 인정한다.

그러나 그의 이론은 그런 상호 주관적 진리를 부정한다. 그는 객관적 진리가 전혀 존재하지 않는다는 진리를 객관적으로 알고 있다고 주장한다. 그리고 이런 주장은 자기 파멸적 논증, 즉 일종의 모순이다.

이런 주장은 파르메니데스와 플라톤에게 거슬러 올라가고 주관주의와 회의주의에 반대하는 합리주의와 경험주의자들이 수 세기 동안 사용했다. 주관주의자는 불가피하게 독단적(dogmatic)으로 자신의 주관주의를 주장하기 때문에 그의 비기독교적 비합리주의는 합리주의로 축소된다(마치 비기독교적 합리주의가 비합리주의로 축소되듯이).

(2) 일관성(consistency)

이런 모순성에 직면할 때 주관주의자는 더 비합리주의적이 되는 것을 선택할 수 있다. 그는 주관주의가 자신에게 참인 경우만 제외하고 주관주의가 객관적으로 참이 아니라고 답변할 수 있다.

그러나 여기서 반대자는 합당하게 주관주의자가 기꺼이 자신의 이론을 자기의 **삶**에 적용할 수 있는지 물을 수 있다.

주관주의자가 적색 신호등에서 멈추고 독성 물질을 먹는 것을 피하려 한다면 우리는 그가 정말 마음속으로 객관주의자라고 결론을 내릴 수 있다.

한편, 주관주의자가 어떤 객관적인 제재 없이 살아간다면 그는 제정신이 아니며, 또한 우리가 증언하는 것 외에 그에게 말할 수 있는 것이 별로 많지 않다.

(3) 사실들과 기준

게다가 가령, 우리가 진리와 지식이 주체에게 내적인 것이며 그것들이 내적인 주관적 기준에 의존한다 해도 우리는 아직 합리주의와 경험주의의 주장을 해결하지 못했다.

주관주의자는 계속 "사실들"과 "기준"에 관한 질문에 직면해야 한다.

어떤 "객관적" 진리도 존재하지 않는다는 것을 인정한다 해도 개인이 가진 "주관적 진리"에 대한 기준은 무엇인가?

주관주의자는 "자신의 내적 경험에 갇혀 있다"는 것을 인정해도 그런 내적 경험에서 자기 인생을 결정하는 판단을 내려야 한다.

가령, 그의 내적 경험의 일부분이 성경이나 성경에 관한 일련의 상(image)이나 생각일 것이다. 개인은 성경이 자기 삶을 다스리게 할지, 또는 자기 경험의 어떤 요소가 자기 삶을 다스리게 할지 물어야 한다.

성경이 외적 사실인지 내적 자료인지 중요하지 않지만, 성경은 반드시 다뤄져야 한다. 또한, 논리 법칙, 자아, 세상의 사실들에 대해서도 마찬가지다.

주관주의자는 어떻게 이 모든 것이 서로 관련을 맺는지 물어야 한다. 그의 주관주의는 이런 인식론적 문제로 씨름하는 자신을 전혀 자유롭게 하지 못했다. 즉 그의 주관주의는 이 모든 문제를 전혀 해결하지 못했다.

주관주의자는 주관적 합리주의자인지, 주관적 경험주의자인지, 주관적 객관주의자인지, 아니면 아마 주관적 그리스도인지 결정해야 한다!

따라서 주관주의적 조치가 어떤 것도 성취하지 못하기 때문에 그것을 거의 합리주의와 경험주의에 대한 의미 있는 인식론적 대안으로 간주할 수 없다. 따라서 주관주의가 함유한 비합리주의는 단지 또 다른 형태의 합리주의나 경험주의임이 분명해진다.

(4) 기독교적 분석

다시 한번 말하지만 이 문제는 영적이다. 주관주의자는 자신 밖에 있는 무언가에 대한 책임을 회피하려 한다. 또한, 그는 자기 자신의 주인이 되려 한다. 그리고 이것은 일종의 우상숭배다. 신으로서 자아는 실패자다.

또한, 그가 사실들과 기준에 대한 책임을 회피하려고 자신 안으로 도피하듯이 주관주의자는 자신의 존재 안에서 사실들과 기준을 발견하며 자신의 존재를 응시한다. 왜냐하면, 참 하나님은 심지어 주관주의자의 마음 안에서도 자신을 계시하시기 때문이다.

심지어 우리가 우리 자신의 내면 안으로 도피하려 할 때도 하나님은 거기 계신다. 그의 법들과 사실들을 회피할 수 없다.

4) 결합(Combinations)

물론 그 누구도 순수한 합리주의자, 경험주의자, 또는 주관주의자일 수 없다. 플라톤은 감각 경험이나 "억견"(opinion)의 세계에 대해 주관주의자였고 "형상의 세계"에 대해 합리주의자였다.

칸트는 형이상학과 신학에 대해 회의적이었지만 수학과 과학에 관한 자신의 설명에서 합리주의와 경험주의의 요소를 결합했다.

더 단순한 인식론이 실패하는 곳에서 이런 더 정교한 인식론 중 하나가 성공할 수 있겠는가?

나는 그럴 수 없다고 생각한다. 영(zero)에 영을 더하면 영이 된다. 하나의 파산한 인식론을 다른 인식론에 결합하는 것은 아무 도움이 되지 않는다.

(1) 플라톤

플라톤은 감각 경험의 세계에 회의적이었지만 지식에 관한, 오류 없는 기준, 즉 또 다른 세계에 존재하는 형상(the forms)을 우리가 가질 수 있다고 믿었다. 형상은 모형(models)으로 여겨지는데, 그 모형의 상(image)은 경험 세계다.

그러나 경험 세계는 형상의 세계에 대한 **부적절한** 상이다. 경험 세계는 형상의 세계에 없는 불완전한 것들을 포함한다.

그렇다면 결국 형상은 자체의 임무를 수행하지 않는다. 즉 형상은 경험의 세계가 가진 **모든** 특성을 설명하지 않는다. 이 세상의 불완전한 점들은 형상을 불완전하게 만든다.

그러나 형상이 완전했다면 불완전한 것은 존재하지 않았을 것이다. 불완전한 것은 형상의 세계와 동일할 것이다. 따라서 합리주의(형상)를 비합리주의(경험의 세계)와 결합하려는 플라톤의 시도는 실패한다. 이 둘이 동일한 우주에 공존하면 반드시 서로 파괴하거나 하나가 다른 하나로 변한다.

(2) 칸트

칸트는 "실제로 존재하는 것"(그 자신의 용어로 "본체"[the "noumenal"])에 대해 회의적이었고 "현상"(appearances, "현상"[the "phenomenal"])에 대해 합리적이었다.

칸트에 의하면 우리는 실제로 존재하는 것을 알 수 없지만, 현상에 대해 완전하고 합리적인 이해를 할 수 있다.

그러나 우리가 실재를 모른다면 어떻게 현상이 실제로 존재함을 이해할 수 있는가?

또한, 우리가 현상과 본체를 분명히 구별할 수 있어도 결국 우리는 본체, 즉 존재하는 것에 관해 아무것도 모르지 않는가?

회의주의에 반대하는 모든 전통적인 논증(위의 "3) 주관주의"를 보라)은 본체에 관한 칸트의 설명에 반대하기 위해 사용될 수 있다. 또한, 합리주의와 경험주의에 반대하는 모든 전통적인 논증(위의 "1) 합리주의"와 "2) 경험주의"를 보라)은 현상에 관한 그의 설명에 반대하기 위해 사용될 수 있다.

제5장

타당성에 대한 관점

1. 규범적 타당성

어떤 그리스도인도 역사적으로 사용된 의미의 합리주의자, 경험주의자, 주관주의자가 되지 말아야 한다. 주로 믿지 않는 철학자들이 이 세 가지 인식론적 전통을 발전시켜 왔지만, 이 세 가지 인식론적 전통은 분명히 어떤 긍정적인 가치가 있다. 이런 전통이 가진 불신앙적 본질에도 이것들은 진리에 관한 지식을 보여 준다.

합리주의는 기준이나 표준에 대한 필요성을 인식한다. 그리고 경험주의는 객관적이며 공개적으로 알 수 있는 사실의 필요성을 인식한다.

주관주의는 우리 자신의 내적 기준을 충족하기 위해 우리 신념에 대한 필요성을 인식한다. 기독교 인식론은 이 모든 관심을 인식하겠지만, 중요한 측면에서 합리주의, 경험주의, 주관주의 학파와 다를 것이다.

그리스도인은 지식 영역에서 하나님의 주 되심을 더 중요하게 인식할 것이다.

하나님은 주권적이시다. 또한, 하나님은 법, 객체, 주체를 조직화하시고, 따라서 이것들은 긴밀히 협력한다. 즉 하나를 참되게 설명하는 것은 결코 다른 것들을 참되게 설명하는 것과 상충하지 않을 것이다. 그렇다면 우리는 이 세 요소 중 하나를 선택해 하나를 지식에 대한 "열쇠"로 만들고 하나를 다른 두 개와 대립 관계로 놓을 필요가 없다.

사실 모든 경우에 그런 "열쇠"를 추구하는 것은 우상숭배다. 그것은 진리의 다른 절대적 기준을 찾기 위해 하나님의 말씀 외에 오류 없는 지침을 찾으려는 시도다.

그러나 그리스도인들이 인식론적 절망에 빠질 필요가 전혀 없다. 우리는 오류 없는 무언가를 성경 너머에서 찾으려는 합리주의적 탐구를 피해야 하지만 마치 회의주의가 유일한 대안인 것처럼 회의주의에 빠질 필요가 없다.

하나님은 성경과 창조에서 자신을 분명히 계시하셨기 때문에 우리는 하나님을 아는 지식의 타당성, 즉 세 가지 관점에서 설명할 수 있는 타당성을 자신 있게 말할 수 있다.

"규범적 타당성" 아래 지식을 위한 타당성인 신적 법칙, 즉 하나님의 계시를 고려할 것이다. 또한, 이어지는 부분에서 우리는 창조("상황적")와 우리 자신("실존적")이 하나님에 관한 우리의 지식을 타당화하는 데 갖는 역할을 고려할 것이다.

1) 하나님의 인식론적 권위

우리는 하나님의 주 되심이 포괄적이고, 우리가 가진 사고, 신념, 지식을 포함한 인간 삶의 모든 영역으로 확장됨을 살펴보았다. 성경은 이런 종류의 주 되심을 다양한 방식으로 가르친다.

① 성경은 하나님이 자신의 진리나 공의에 관한 논쟁에서 이기셔야 한다고 가르친다. 하나님은 자신에 대한 비난에 답하실 의무가 없으시다. 사실, 비난당하실 때 하나님은 판세를 뒤엎으신다. 또한, 하나님은 비난자들을 비난하신다. 창세기 3:4에서 뱀은 하나님이 거짓말을 한다고 악의적으로 비난했고, 아담과 하와는 마귀의 견해를 수용했다. 그러나 하나님이 나타나셨을 때 거짓 비난에 대해 자신을 변호하지 않으셨다. 대신 하나님은 그 비난자들을 심판하셨고 그들을 이기셨다(창 3:14-19). 하나님의 명령으로 아브라함이 자기 아들에게 칼을 들었을 때(창 22:1-18), 하나님은 어떻게 자신이 정당하게 사람이 그의 아들을 죽이라고 명령하실 수 있는지 설명하지 않으셨다. 그 대신 하나님은 단순하게 아브라함에게 순종할 것을 명령하셨다.[1]

② 하나님은 이 세상 지혜를 거절하시고 자기 백성을 이 세상 가치와 첨예하게 갈등을 벌이는 자신의 특별한 지혜로 부르신다. 신자들은 심지어 가장 어려운 도전 아래서도 하나님의 지혜를 **지지해야** 하고 거짓 가르침을 **대적해야** 한다.[2]

이것은 현대인들에게 민감한 주제다. 즉 지적 권위주의를 매력적으로 제시하기 어렵다! 지적 자유, 학문적 자유, 언론과 사고의 자유 등은 우리 시대의 중요한 가치다.

---

1 또한, 욥 38-42장; 사 45:9f.; 마 20:1-15; 롬 3:3f., 26을 보라. 그리고 바울이 어떻게 의심하는 질문들에 대해 감탄사 '미 제노이토'(*me genoito*), 즉 "그럴 수 없느니라!"(may it not be)라고 먼저 책망함으로 그 질문들에 답했는지 주목하라. 나의 책 *The Doctrine of God*(『신론』, PNR[개혁주의신학사] 刊)에서 악의 문제에 관한 항목을 통해 이 구절들을 더 면밀히 살펴볼 것이다.

2 잠 1:7, 다른 여러 구절; 렘 9:23f.; 고전 1:18-2:16; 3:18-23; 8:1-3; 고후 10:2-5; 갈 1:8f.; 엡 3:8f.; 골 2:2-23; 딤전 1:3-11; 4:1-5; 딤후 3:1-17; 약 3:13-17; 벧후 1:16-2:22; 요일 1:20-23; 4:1-6; 유 3-4; 계 2:14-15을 보라.

현대인들이 지적 권위주의자(authoritarian)이신 하나님을 예배하게 될 수 있는가?

물론 이것은 하나님과 그의 은혜에 달려 있다.

그러나 사실은 다음과 같다. 이런 권위주의가 참된 지적 자유의 출처라는 것이다. 인간의 사고는 규범, 기준의 지배를 받아야 한다.

우리는 하나님을 우리의 규범으로 거절하면 또 다른 규범(합리주의)을 찾거나 완전히 지식을 단념해야 한다(회의주의). 합리주의는 지적 속박을 인간적 체계에 부여한다. 그리고 회의주의는 지적 사망이다.

그러나 우리가 하나님을 섬길 때 우리 정신은 인간 전통에서, 그리고 그 정신의 위대한 임무를 성취하려는 회의주의라는 죽음에서 자유롭게 된다.

2) 전제

앞에서 우리는 궁극적 전제를 "어떤 다른 것도 그것보다 우선하지 않는 신념," 또는 더 심오하게 "마음의 기본적 헌신"으로 정의했다. 하나님은 주님이시고 자신의 말씀으로 우리를 다스리시므로 그리스도인들은 전제가 있다.

우리 마음은 그에게 헌신되어 있다. 또한, 어떤 다른 신념도 하나님과 그의 말씀보다 우선할 수 없다.

"전제"라는 용어는 어떤 점에서 혼란을 줄 수 있다. 마크 한나(Mark Hanna)의 『변증학에서 중대한 질문들』(*Crucial Questions in Apologetics*),[3] 스프롤 (R.

---

[3] Grand Rapids: Baker Book House, 1981.

Sproul)과 거스트너(J. Gerstner)와 린스레이(A. Lindsley)의 『고전적 변증학』(*Classical Apologetics*)[4] 같은 최근의 몇몇 책에서 **전제**(presupposition)는 단순한 "추정"(supposition), "가정"(assumption), "상정"(想定, postulae), 즉 어떤 합리적 기초가 전혀 없는, 임의로 선택된 신념을 가리키는 것 같다.

그러나 이것은 내가 사용하는 개념이 아니고 반틸(Van Til)의 개념도 아니다.

확실히 많은 사람이 자신들의 전제를 독단적으로 선택하거나 적어도 충분하지 못한 근거에서 선택한다. 불신자들이 정확하게 그런 위치에 있다.

그러나 임의적 선택이라는 관념은 전제 개념을 구성하는 필요한 부분이 아니다. 사실 기독교적 전제는 가능한 가장 강력한 합리적 근거가 있다.

기독교적 전제는 하나님의 계시에 기초한다. 한나의 용어로 그것은 "상정"이 아닌 "참된 지식"(veridical knowledge)이다. 우리가 살펴보겠지만, 참된 지식을 일종의 논증(확실히 순환적이지만 설득력 있는)으로 증명할 수 있다.

나는 잘못된 이해의 가능성에도 아직 반틸과 다른 신학자들이 때때로 **전제**에 해당하는 유의어(類義語)로 사용하는 **출발점**(starting point)보다 **전제**를 선호한다.

출발점은 **전제**보다 훨씬 더 모호하고, 내가 믿기로 인식론과 변증학에 관한 논의에서 많은 혼란을 일으켰다. 논의를 위한 출발점은 다음과 같은 것일 수 있다.

① 우리가 논의를 말 그대로 **시작하는** 지점일 수 있다(예: 이것은 농담이

---

[4] Grand Rapids: Zondervan Publishing House, 1984.

나 그 밖의 "어색함을 누그러뜨리기 위한 말이나 행동"[icebreaker]).

② 논의에서 주된 **강조**를 받는 지점.

③ 논의 과정에서 평가해야 하는 **가설**(hypothesis).

④ 우리가 자료를 제시하는 **방법**.

⑤ 가장 **중요한** 것에 관한 확신(반드시 ②와 동일하지 않다).

⑥ 다른 요점들, 가령 **교육적** 근거 앞에 가장 잘 제시되는 요점.

⑦ 주장하는 결론의 필요한 또는 충분한 **조건**.

⑧ 분석을 위해 제시하는 **자료**. 또는

⑨ **전제**.

물론 마지막의 것은 다른 것들과 혼동되지 말아야 한다. 그러나 불행히도 반틸의 제자들과 그의 비판가들 사이에 이런 종류의 혼동이 있었다.

신자들뿐 아니라 불신자들도 전제가 있다. 모든 사람은 전제를 가진다. 왜냐하면, 그들은 특별한 시간에(이것은 인정된다 해도 저것은 변할 수 있다) 자신에게 "기본적인" 어떤 헌신(commitment)을 가지기 때문이다.

우리 모두 나머지 모든 것보다 우선하는 하나의 충성에 도달할 때까지 하나의 충성이 다른 충성에 우선하는 가치의 등급을 가진다. 이런 가치는 사람이 가진 전제, 그의 기본적 헌신, 그의 궁극적 기준이다.

신학적으로 이 요점을 이런 식으로 표현할 수 있다. 사람들이 참되신 하나님을 버릴 때 그들은 우상의 속박에 들어간다. 그들은 참된 기준을 거절할 때 거짓된 기준을 채택한다.

따라서 그리스도인들은 자기들의 전제로 "편향되었거나" "선입견"을 갖고 있다고, 또 불신자들은 "중립적이고 편향되어 있지 않으며" "객관적"이라고 말하는 것은 잘못이다. 양자 모두 똑같이 편향되었고 선입견을 가진다. 예수님은 "나와 함께 아니하는 자는 나를 반대하는 자"라고 말씀하셨다(마 12:30). 신자가 하나님을 사랑하는 만큼 불신자도 하나님을 거절하는 데 열정적인 관심이 있다.

에덴 동산에서 하와는 자신이 하나님의 말씀과 사탄의 말 사이에서 선택할 수 있는 "중립적인" 재판관 역할을 한다고 생각했겠지만, 사실 같은 기초에서 이런 경쟁적인 계시들을 고려하겠다는 그녀의 결정은 타락한 마음에서 기인한 것이다.

그녀는 "중립적"이지 않았다. 오히려 그런 시간을 통해 그녀는 하나님을 미워했다.

상황은 불신자가 하나님을 안다(제1부에서 우리가 살펴보았듯이)는 점에서 더 복잡하다. 또한, 불신자의 이러한 지식은 다양한 정도와 방식으로 그의 생각, 언어, 행동에 영향을 준다.

그렇다면, 어떤 의미에서 불신자는 **두 개의** 전제를 가진다. 그는 진리와 거짓, 하나님의 실재와 하나님의 비실재 모두 전제한다. 따라서 그의 사고는 철저히 이율배반적이다.

그러나 우리는 그의 **궁극적** 전제가 무엇인지, 즉 그의 마음에 있는 가장 기본적 헌신이 무엇인지 묻는다면, 그것이 불신앙, 즉 하나님의 목적을 반대하고 좌절시키려는 열정적인 욕망이라고 말해야 할 것이다.

3) 종교적 언어의 특이성

언어 분석 학파에 속한 철학자들은 종교적 언어가 다른 종류의 언어와 비교될 때 다소 "특이하다"(odd)고 종종 주장했다. 물론 전혀 특이하지 않은 어떤 유형의 종교 언어가 존재한다. "찬송가 215장을 펴세요"는 이런 종류의 종교적 언어지만 철학적으로 문제 되지 않는다.

그러나 종교적인 사람들이 하나님, 그리스도, 구원에 관한 명제들을 언급하기 시작할 때, 즉 그들이 교리적 언어를 사용하기 시작할 때 난점들이 나오기 시작한다. 언어 분석 학파 철학자들은 다음과 같은 것을 말한다.

① 그런 종교적 언어는 다른 언어보다 훨씬 더 **확실성**을 가지고 언급되는 경향이 있다.
② 종교적 언어는 가령, 과학 명제가 지배를 받는 시험 잣대의 종류 (예: 검증[verification], 반증[falsification])에 개방된 것으로 보이지 않는다.
③ 종교적 언어는 공동체를 규정하는 표시(defining mark)가 된다. 그래서 그 공동체가 가진 명제에 동의하는 사람들을 좋은 지위에 있는 회원으로 허락한다.
④ 종교적 언어는 강한 감정적인 요소가 있다. 즉 종교적 언어를 열정, 종교적 경외, 경이, 기쁨으로 포용한다.

나의 글, "하나님과 성경적 언어"(God and Biblical Language)[5]에서 나는 종교적 언어의 특이성은 그런 언어가 전제적 신념(presuppositional commitments)을 표현하고 적용한다는 사실에서 기인한다고 주장한다.

종교적 언어는 확실성의 언어다. 왜냐하면, 종교적 언어는 사람이 가진 가장 근본적 신념, 그의 가장 큰 확실성을 표현하기 때문이다.

종교적 언어는 다른 경우라면 정상적인 검증에 대한 요구를 거부한다. 왜냐하면, 종교적 언어는 검증을 위한 **표준**(standard)이나 **기준**(criteria)을

---

[5] In J. W. Montgomery, ed., *God's Inerrant Word* (Minneapolis: Bethany Fellowship, 1974).

제공한다고 주장하기 때문이다.

종교적 언어는 공동체를 규정한다. 왜냐하면, 공동체는 이런 신념에 대한 상호 충성을 통해 존재하기 때문이다.

또한, 종교적 언어에는 강한 감정적 요소가 존재한다. 왜냐하면, 종교적 신념이 감정을 포함한 우리 삶의 전체를 지배하기 때문이다.

우리가 자기의 신념으로 일관되게 사는 한, 우리가 가장 견고히 헌신하는 것은 우리가 가진 가장 큰 열정의 출처일 것이다.

나의 글에서 나는 이 점을 더 자세히 주장한다. 나는 일반적으로 종교를 이해하기 위한, 그리고 특별히 기독교와 비기독교의 종교적 신념 사이의 유사성을 증명하기 위한 전제적 분석이 가진 유용성을 보여 주고자 나의 글을 요약한다. 왜냐하면, 기독교적 언어와 다른 특정한 종교적 신념의 언어는 우리가 위에서 언급했던 방식으로 특이한, 종교적 언어의 유일한 종류는 아니기 때문이다.

무신론, 휴머니즘, 세속주의도 동일하게 특이한 방식으로 언어를 사용한다. 인간의 완전성, 세속 도시의 즐거움, 심지어 하나님의 부존재(nonexistence)도 내가 의미하는 "전제"로 기능한다.[6] 분명한 종교적 전제처럼 이런 전제들은 확실성을 가지고 화자되고, 검증에 저항하며, 사상의 공동체들을 창출하며, 그 전제들을 고수하는 사람들의 감정을 자극한다.[7]

---

[6] 나의 글에서 나는 앤토니 플루(Antony Flew) 같은 기독교 비판가들의 형세를 역전시키기 위해 모든 궁극적 신념의 언어가 가진 특이성에 관해 이러한 논증을 사용하려 한다.
[7] "하나님과 성경적 언어"는 종교적 언어가 "특이하다"는 의미뿐 아니라 "평범하다"는 의미도 논의한다.

4) 모든 앎은 신학화다

하나님이 성경에서 자신을 계시하신다는 기독교적 전제는 인간을 위한 최고의 "사유 법칙"이다. 따라서 성경은 인간의 모든 지식을 타당화한다. 그러나 어떻게 성경은 인간의 모든 지식을 타당화하는가?

① 가령, 하나님이 이 세상을 너무 사랑하셔서 우리 죄 때문에 죽게 하시려고 자기 아들을 보내셨다는 성경의 가르침은 우리가 가진 일부 신념을 **분명하게** 타당화할 수 있다(요 3:16).

② 다른 믿음은 성경적 전제에서 논리적 **추론**(deduction)으로 타당화 될 수 있다(참조, 본서 제3부에서 논리에 관한 나의 설명). 이것에 관한 예는 삼위일체 교리일 것이다. 왜냐하면 (니케아와 콘스탄티노플에서 공식화했듯이), 삼위일체 교리는 성경에서 분명하게 발견되지 않지만, 성경에서 분명하게 발견되는 교리에서 연역될 수 있기 때문이다.

③ 다른 신념들은 성경의 **적용**으로 연역될 수 있다. "소득세를 속이지 말라"라는 신념은 성경적 전제들(premises)에만 근거해서는 변호될 수 없다. 즉 "소득세를 속이지 말라"는 분명히 제8계명의 적용이고, 따라서 이 계명이 함유한 "의미"의 일부분일지라도(제1부를 보라), 소득세의 본질에 관한 성경 외적 정보는 필요하다.

④ 이런 범주 가운데 어떤 것에도 맞지 않아 보이는 "새크라멘토(Sacramento)는 캘리포니아의 주도(capital)다" 같은 신념들은 어떻게 타당화되는가?

어떤 의미에서 성경은 이런 신념들도 타당화하는가?

그렇다. 타당성을 구성하는 한 가지 요소는 하나의 신념이 지닌 성경과의 **일관성**이다. 성경은 "인간은 진화했다" 같은 성경의 가르침과 일치하지 않는 신념에 대해 일종의 거부권(veto-power)을 갖고 있다. 성경은 성경 가르침과 일치하는 신념을 거부하지 않는다. 또한, 그런 일관성은 타당성을 구성하는 필연적인 조건이다.

그러나 성경과 일치하는 모든 신념이 다 참은 아니다. "에스콘디도(Escondido)는 캘리포니아의 주도다"라는 신념은 어떤 분명한 방식 때문에 성경과 불일치하지 않지만, 그렇다고 참인 것은 아니다. 따라서 성경과의 일관성은 믿음을 타당화하는 데 **충분하지** 않다.

그러나 범주 ④에는 성경이 신념을 타당화한다는 더 강한 의미가 존재한다. 성경은 우리에게 진리를 발견하고 진리로 살도록 최대한 부지런하라고 명령한다.[8]

우리가 이런 성경적 원리에 순종하려 할 때 이것은 무엇보다 새크라멘토가 캘리포니아의 주도라는 것을 확언하도록 우리를 이끈다. 그렇다면 어떤 의미에서 심지어 이런 종류의 믿음도 성경의 적용이다. 모든 앎은 신학화다!

그렇다면 어떤 의미에서 성경은 인간이 가진 모든 지식의 "근간"이다. 그러나 내가 주장하는 입장을 "토대주의"(foundationalism)로 불려 왔던 것과 혼동하지 말아야 한다.[9]

토대주의의 견해는 다음과 같다. 즉 지식이 절대적 확신으로 알려지는 일련의 명제로 시작하고, 그 지식을 기초로 우리가 가진 나머지 지식을 논

---

[8] 다음을 보라. 신 17:6f.; 19:15; 마 18:16; 살전 5:21; 딤전 5:19; 요일 4:1ff.
[9] 참조, 가령 월터스토프(N. Wolterstor), *Reason Within the Bounds of Religion* (Grand Rapids: Wm. B. Eerdmans Pub. Co., 1976), 24ff.

리적 연역을 통해(또는 아마 귀납을 통해) 도출할 수 있다는 것이다.

앞에서 "합리주의"와 "경험주의"를 논의했듯이 합리주의와 경험주의는 토대주의의 형태들(forms)인데, 합리주의는 토대주의적 확신을 이성이라는 선험적(*a priori*) 진리에서 발견하고, 경험주의는 자체의 토대를 감각 경험의 보고들(reports)에서 발견한다.

일반적으로 나는 이런 형태의 토대주의에 대한 월터스토프(Wolterstor)의 비판에 동의한다. 즉 지식에 대한 합당한 토대를 확립하기 위한 충분한 토대적 명제를 발견하기 어렵다.

또한, 제안된 토대에서 일련의 합당하고 확실한 지식을 연역하거나 귀납하기는 거의 불가능에 가까울 것이다. 게다가 그럴듯한 일군의 "토대적 확실성"에서 연역되지 않는 것처럼 보이는, 타당성이 증명된 많은 참된 신념(창밖에 새가 있다는 아이의 신념 같은)이 존재한다.

합리주의와 경험주의도 성경 밖에서 오류 없는 지식을 추구하는 것에 반대하는 나의 제한(stricture)을 위반한다.

또한, 월터스토프는 성경이 토대로 역할하는 토대주의의 형식을 언급한다. 나는 성경이 우리가 확신할 수 있는 지식을 포함하고 있다는 "성경적 토대주의자들"과 의견을 같이 한다. 월터스토프가 이것에 동의하는지 나는 확실히 알지 못한다.

그러나 그가 동의하지 않는다면 그는 틀린 것이다. 그러나 나는 연역 과정이나 귀납 과정으로 인간의 모든 지식을 성경에서 도출하려 하진 않을 것이다.

나의 견해로 성경이 인간의 모든 지식을 타당화하는 과정은 이 두 과정과 다르다. 또한, 사람이 믿음에서 타당성을 입증받기 위해 성경적 근거를 제시할 수 있어야 한다고 말하지 않을 것이다(제4장 "1. 지식은 타당성이 있어야 하는가?"를 보라).

 따라서 우리는 토대주의를 확언할 필요는 없지만, 우리는 중요한 의미에서(비토대주의적 의미에서) 성경이 인간의 모든 지식을 타당화한다는 것을 인정해야 한다.

 우리의 지식이 그런 종류의 성경적 타당성을 요구하기 때문에 성경 권위의 부정은 효과적으로 인간 지식을 어떤 타당성도 없는 상태가 되게 한다. 따라서 다시 말하지만 또 다른 방식으로 우리는 어떻게 비기독교적 합리주의가 회의주의로 귀결되는지 이해한다.

5) 성경은 스스로 타당화한다

 성경이 모든 인간 지식을 위한 궁극적 타당성이라면 어떻게 우리는 성경 자체에 대한 우리의 믿음을 타당화해야 하는가?

 물론 성경을 통해서다!

 그 이상의 궁극적인 권위도 존재하지 않는다. 그 이상의 신뢰할 만한 정보의 출처가 존재하지 않는다. 또한, 성경을 검증할 수 있는 그 이상의 확실한 어떤 것도 존재하지 않는다.

 성경 자증성(self-attestation)은 우리가 성경 권위를 지지하는 데 있어 성경 외적 증거를 사용하지 않아도 된다는 것을 암시하는가?

 우리는 그런 증거를 사용할 수 있다. 사실 우리는 사용해야 한다. 그러나 심지어 우리가 증거를 선택하고, 해석하고, 평가함에 따라 우리는 성경적 인식론을 전제해야 한다. 따라서 어떤 의미에서 성경에 대한 우리의 논증은 항상 순환적일 것이다. 심지어 우리가 증거를 사용하는 데 있어 성경은 성경 자체의 타당성을 보여 줄 것이다.

6) 순환성

따라서 우리는 주요 문제에 봉착한다.

즉 순환 논증을 일반적으로 불합리한 것으로 간주했기 때문에 어떻게 그리스도인이 기독교에 찬성하는 논증에서 순환성(Circularity)을 타당화할 수 있는가?

(1) 순환성에 대해 어떤 대안도 존재하지 않는다

비판은 단지 비판자가 더 좋은 방법을 제안할 수 있을 때 효과적이다. 그러나 순환성에 대한 대안은 전혀 존재하지 않는다.

첫째, 주님에 대한 충성은 심지어 우리가 그에 관한 주장을 타당화하려 할 때도 우리가 그에게 충성할 것을 요구한다.

우리는 순환성이라는 비난을 피하고자 우리가 가진 언약적 헌신(commitment)을 포기할 수 없다.

둘째, 어떤 체계도 순환성을 피할 수 없다.

왜냐하면, 모든 체계(우리가 살펴보았듯이), 즉 기독교 체계뿐 아니라 비기독교 체계도 자신들의 인식론, 주장, 증거의 사용을 다스리는 전제에 기초하기 때문이다. 따라서 합리주의자는 단지 합리적 주장을 사용함으로써만 이성의 우위성을 입증할 수 있다.

경험주의자는 단지 감각 경험에 대한 몇몇 종류의 호소로써 감각 경험의 우위성을 입증할 수 있다. 무슬림(이슬람교도)은 단지 코란에 호소함으로써만 코란의 우위성을 입증할 수 있다.

그러나 모든 체계가 그런 식으로 순환적이라면 그런 순환성은 전혀 기독교에 반대해 주장될 수 없다. 비판자는 불가피하게 순환성에 대해 그리스도인만큼 책임이 있을 것이다.

(2) 제한된 순환성

하나의 체계에서 순환성은 **단지** 한 시점에서**만** 합당하게 타당성이 입증된다. 즉 체계가 가진 **궁극적** 기준을 찬성하는 논증에서 타당성이 입증된다.

그리스도인은 성경에 대한 자신의 찬성 논증에서 순환성을 이용하고 합리주의자는 이성에 대한 자신의 찬성 논증에서, 경험주의자는 감각 경험에 대한 자신의 찬성 논증에서 순환성을 이용하지만 그것은 순환성이 다른 종류의 논증에서 허용됨을 암시하진 않는다.

"바울은 디모데후서를 저술했기 때문에 디모데후서는 바울이 저술했다"는 논증은 순환성이 타당화되지 않는 순환 논증이다.

디모데후서의 바울 저작(authorship)보다 더 차원 높고 광범위한 원칙에 기초해 디모데후서의 바울 저작을 주장하는 것이 가능하다. 따라서 체계의 한 지점에 순환성을 허락하는 것은 우리가 모든 지점에서 순환성을 허락하도록 의무 지우지 않는다.

(3) 좁은 순환과 넓은 순환

"좁은"(narrow) 순환과 "넓은"(broad) 순환 사이를 구분하는 것이 중요하다. "성경은 하나님의 말씀이기 때문에 성경은 하나님의 말씀이다"라는 주장은 "성경은 성경이 하나님의 말씀이라고 말하기 때문에 성경은 하나님의 말씀이다"라는 유사한 주장처럼 "좁은" 순환이다.

그러나 이런 순환을 확장할 수 있다. 확장할 수 있는 한 가지 방법은 더 많은 성경 자료를 논증 안으로 가져 가는 것이다.

"성경은 하나님의 말씀이다. 왜냐하면, 출애굽기, 신명기, 그 밖의 다른 곳에서 하나님은 기록된 텍스트로 자기 백성을 다스리려는 바람을 나타내시기 때문이다.

성경은 하나님의 말씀이다. 왜냐하면, 디모데후서 3:16과 베드로후서 1:21에서 구약성경은 언약적 헌법과 동일시되기 때문이다.

또한, 예수님이 권위적인 말씀을 기록하기 위해 사도들을 임명하셨고, 다른 이유로 성경은 하나님의 말씀이다."

이런 논증은 아직 순환적이지만(우리는 성경이 성경에 대해 말하는 것을 듣는다), 이 논증이 더 많은 자료를 제공하므로 더 설득력이 있다.

또한, 우리는 이것 이상으로 순환을 확장할 수 있다. 즉 "고고학, 역사, 철학이 성경의 가르침을 검증하기 때문에 성경은 하나님의 말씀이다."

올바르게 사용한다 해도 이런 논증은 아직 순환적일 것이다.

왜냐하면, 고려되고 있는 고고학, 역사, 철학은 성경적 세계관을 전제하는 **기독교** 학문일 것이기 때문이다.

그러나 이런 논증은 **텅 빈** 순환보다 더 설득적일 것이다. 따라서 기독교를 찬성하는 우리의 논증이 순환적이라고 말하는 것은 **좁은** 순환을 암시할 필요가 없다. 이런 사실은 우리가 순환성을 인정하는 것에서 어떤 불편한 느낌을 제거한다.

(4) 순환성과 설득

그러나 순환 논증, 심지어 광범위하게 순환론적인 순환 논증은 어떻게 설득력이 있을 수 있는가?

몇 가지 방법이 있다.

첫째, 순환 논증은 결론이 담고 있는 의미를 더 생생히 드러낸다.

가령, 성경 권위를 위한 성경적 증거와 성경 외적 증거를 제시할 때 성경 권위의 의미는 더 명확해진다(앞에서 의미와 적용의 동일시를 보라).

또한, 우리가 성경 권위를 더 잘 이해할수록 성경 권위라는 개념이 우리에게 더 설득력이 있게 된다.

둘째, 순환 논증은 참된 근거(rationale), 즉 순환 논증을 수용해야 하는 이유와 함께 결론을 제시한다.

이것이 논증이 할 수 있는 모든 것이다.

불신자가 이런 참된 근거를 수용하길 원하지 않을 수 있지만, 그런 완강한 태도(recalcitrance)는 그 논증이 순환적이든지 아니든지 상관없이 존재한다.

셋째, 심지어 불신자도 "자기 의식의 어떤 차원에서" 결론과 그 결론의 근거가 담고 있는 의미를 인식할 것이다.

이것이 로마서 1장의 메시지다. 불신자는 하나님의 형상으로 창조되었고 따라서 하나님의 방식으로 사고하도록 만들어졌다.

현 맥락에서 순환성은 하나님의 방법이다. 따라서 신자는 의식의 어떤 차원에서 기독교를 찬성하는 순환 논증이 가진 설득성을 인식할 것이다.

넷째, 순환 논증은 전제적 방법론, 개념적 도식과 같은 기독교 해석을 위한 틀(framework)을 제시한다.

이것은 항상 한 입장이 가진 타당성을 이해하는 도구다.

(5) 경쟁적인 순환성

지금 전개된 관점은 우리가 "경쟁적인 순환성"(competing circularities) 문제를 해결하는 데 도움을 주어야 한다. 무슬림은 코란이 하나님의 말씀인 것을 코란이 증거하므로 코란은 하나님의 말씀이라고 주장한다.

그리스도인은 성경이 하나님의 말씀인 것을 성경이 증거하므로 성경은 하나님의 말씀이라고 주장한다.

어떻게 그들은 이런 교착 상태를 해결할 수 있는가?

그들은 서로에게 소리 지르는 상황에 처할 것인가?

우리는 이 두 입장 사이에서 임의적인 선택을 해야 하는 상황에 처할 것인가?

첫째, 우리는 그리스도인으로서 임의적으로 이슬람교를 거절하는 것이 아니라 우리가 진리로 알고 있는 하나님의 계시에 기초해 거절한다는 것을 고려하라.

둘째, 기독교 자체가 설득력이 있다는 것과 같은 근거로 우리가 이슬람교를 거절하는 것은 설득력이 있다.

셋째, 기독교를 지지하는 넓은 순환 논증은 기독교 입장의 내적 일관성을 드러낼 것이다.

기독교는 그것 자체의 방식대로 일관되고, 이는 이슬람교나 다른 비기독교적 체계의 일관성과 비교될 수 있는 일관성이다.

비그리스도인은 자신의 체계를 일관되게 주장할 수 없을 것이다. 또한, 그는 중요한 점에서 기독교 개념을 의지할 것이다.

넷째, 무슬림은 하나님의 형상으로 창조되었기 때문에 어떤 차원에서 기독교 순환성의 타당성과 자신들이 가진 순환성이 타당하지 못함(implausibility)을 이해할 수 있다.

헤어(R. H. Hare)의 예화 중 하나에서 각색한 예화를 숙고해 보자.

모든 교수가 자기를 죽이려 모의한다고 믿는 피해망상증 학생을 우리가 다루고 있다고 상상해 보자.

  그 학생은 자신의 전제에 따라 우리가 말한 모든 것을 해석하고 그것을 자신의 견해를 위한 증거로 바꾼다. 우리는 교수들이 그에게 친절했고 관대했다고 말하지만 그는 그들이 후에 자신을 더 쉽게 죽이기 위해 단지 자신의 신뢰를 얻기 위해 모의하고 있다고 답변한다.

  여기서 다시 말하지만 우리는 우리가 가진 순환성과 피해망상증 학생의 순환성이라는 두 개의 순환성을 가진다.

  어떻게 우리가 그 학생을 다뤄야 하는가?

  물론 우리는 확실히 **그 학생의** 순환성을 수용하지 않는다. 또한, 우리는 우리가 가진 진리와 그의 왜곡된 진리 사이에 제3의 입장, 소위 "중립적" 입장을 만들려 하지 않는다.

  우리가 늪에 빨려 들어가는 누구를 구출하려면 견고한 땅에 있어야 한다. 우리는 단순히 그 진리를 지지하는 논증(그것의 근거)과 함께 그 진리를 선포한다.

  우리는 이 편집증 학생이 우리의 자료를 자신의 체계로 동화하는 데 재간이 아무리 많아도 자신이 틀리고 우리가 옳다는 것을 여전히 어떤 수준에서 "알고" 있거나 적어도 알 수 있다고 여긴다. 그렇지 않으면 대화는 완전히 가망이 없다.

  그러나 우리는 대화가 절망적이지 않다는 것을 안다. 때때로 피해망상증 환자는 분명히 현실로 돌아온다. 의사소통은 가능하다.

7) 정합성

위에서((5) 경쟁적인 순환성) 나는 넓은 순환 논증이 문제가 되는 체계의 내적 정합성을 드러내기 때문에 부분적으로 설득력이 있다고 언급했다. 지금 나는 정합성(coherence)이라는 개념을 전개할 것이다.

세속 철학자들은 때때로 "진리 정합론"(coherence theory of truth)을 지지했다. 이 이론은 사유 체계가 내적으로 그 자체와 일치하면 그 사유 체계는 참이라는 것을 의미한다.

진리 정합론은 때때로 진리는 생각과 실재 사이의 대응(correspondence)이라는 믿음, 즉 진리 "대응론"("correspondence theory" of truth)과 대조가 된다.

경험주의자들은 진리 대응론을 지지하는 경향이 있었다. 합리주의자들(우리가 살펴보았듯이)은 감각 경험을 통해 "사실"에 접근할 수 있다는 경험주의자들의 주장을 의심한다. 따라서 그들은 그런 접근 없이 검증할 수 있는 일종의 진리, 즉 우리가 가진 관념(ideas)만 참조함으로 검증할 수 있는 종류의 진리를 추구한다.

우리의 "규범적 관점"은 일종의 "기독교 합리주의"를 제시하기 때문에 우리가 이 지점에서 정합성에 대해 숙고하고, 이후에 상황적 관점 아래서 대응성에 대해 숙고하는 것이 합당하다.[10]

확실히 하나님의 진리는 일관성이 있다. 하나님은 혼동이 아닌 질서의 하나님이시다. 하나님은 거짓이 아닌 진리를 말씀하신다. 하나님은 거짓을 말하실 수 없다.

하나님은 약속하시고 그런 후 그 약속을 어길 수 없으시다. 하나님이 하

---

[10] 기본적으로 나의 견해는 다음과 같다. 이 두 이론을 수정하면 진리 개념에 관한 "관점" 역할을 할 수 있지만, 이 두 이론 모두 유일한 정의나 기준으로 역할하지 말아야 한다.

시는 모든 것은 분명히 무한하고 지혜로운 영원한 계획을 반영한다. 따라서 우리 하나님은 합리적이고 논리적인 분이시다. 그렇다면, 정합성은 그가 가지신 진리의 표지(mark)다. 성경에서 정합성은 종교 진리의 잣대로 사용된다.[11]

그러나 우리가 이런 정합성을 식별하는 것이 항상 쉬운 일은 아니다. 성경에는 "외관상 모순"(apparent contradictions)이 존재한다.[12] 이런 모순 가운데 일부는 인간의 논리와 독창성으로 해결할 수 있지만, 어떤 것들은 해결하지 못할 수 있다. 따라서 기독교 신학이 자명한 연역 체계라고 성공적으로 공식화될 수 있을 것 같지 않다.

우리가 공식적으로 기독교 체계의 **완벽한** 정합성을 증명할 수 없지만, 적어도 우리는 성경의 하나님을 거절하는 체계가 정합성은 말할 것도 없이 이해 가능성(intelligibility)을 유지할 수 없다는 것을 증명할 수 있다. 가령, 모든 문제를 해결하지 못해도 기독교 체계가 가진 상대적 정합성은 하나의 자산(asset)으로 보일 것이다.

그러나 고려되고 있는 정합성 자체는 기독교적 전제의 측면에서 정의해야 한다. "정합성"이나 "논리적 일관성"은 모든 종교적 주장을 검증할 수 있는 일종의 중립적 원칙이 아니다.

"신학적 정합성"의 의미 자체가 성경에서 유래해야 한다. 그렇지 않다면 아마 하나의 충분히 일관된 체계 이상이 존재할 수 있다는, 정합 이론에 대한 반론을 피하기 어렵다.

---

11 다음을 보라. 신 18:20-22; 마 12:22-28; 고전 15:12-20.
12 제3부와 나의 책 *Van Til the Theologian* (Phillipsburg, N.J.: Pilgrim Publishing, 1976)에 있는, 논리에 관한 나의 논의를 보라. 또한, 이 글은 "The Problem of Theological Paradox" in *Foundations of Christian Scholarship*, ed. Gary North (Vallecito, Calif.: Ross House Books, 1976)로 출판되었다.

그러나 우리가 성경에서 정합성 개념을 발전시킨다면, 그때 우리는 결국 경쟁 체계들이 일관된 것으로 드러나지 않을 것, 경쟁 체계들이 그 자체로 불안정하다는 것, 우리는 경쟁적 체계들이 외관상 타당성(plausibility)을 위해 기독교 개념—"차입 자본"(borrowed capital)—에 의존하고 있다는 것을 전제한다.

우리가 하나님의 지혜를 압도했기 때문이 아니라 성경에 드러난 하나님의 지혜가 우리를 압도했기 때문에 우리는 정합성을 가치 있게 생각한다. 정합성을 진리의 검증 잣대로 사용하는 것은 단순히 모든 놀라운 통일성으로 그 지혜를 드러내는 것이다.

8) 확실성

우리는 합리적 전통이 주로 확실성을 얻는 데 관심이 있었다는 것을 상기할 수 있다.

우리의 "규범적 타당성"(세속적 합리주의를 반대하지만 세속적 합리주의와 유사한)은 우리에게 확실성을 제공할 수 있는가?

결국, 우리는 인간의 지식 주장(knowledge-claims)의 오류성, 즉 성경 밖에서 오류 없는 권위를 찾으려 하는 것이 우상숭배임을 강조해 왔다.

이것은 우리가 소유한 모든 지식이 잠정적이고 불확실하다는 것을 의미하는가?

그렇지 않다. 하나님은 자신이 우리에게 지시하셨던 것들을 우리가 확신하길 원하신다.[13]

---

[13] 눅 1:4을 보라. 다음을 참조하라. 행 1:3; 롬 5:2, 5; 8:16; 딤후 1:12; 벧후 1:10; 요일 2:3; 5:13.

궁극적 전제가 담고 있는 본질은 다음과 같다. 즉 궁극적 전제는 확실성을 갖춘 것으로 여겨진다는 것이다. 궁극적 전제는 진리에 대한 궁극적 기준이다.

따라서 궁극적 전제는 소위 모든 다른 확실성을 검증하는 기준이다. 이런 전제가 담고 있는 확실성을 의심하게 하는 더 높은 기준은 존재하지 않는다.

따라서 전제가 가진 바로 그 본질 때문에 이런 전제는 우리가 아는 가장 확실한 것이다. 또한, 전제에 속한 확실성은 전제의 함의(implications)와 적용에 속한다. 함의와 적용은 전제가 함유한 **의미**를 구성한다.

전제의 의미가 불확실하다면 어떻게 이 전제가 명확할 수 있는가?

"도둑질하지 말라"가 계시에 담긴 분명한 명령이라면 "횡령하지 말라"는 이 명령의 적용상 주해이며 적잖게 명확하다. 이 두 가지 명령은 하나님의 명령이다. 또한, 어떤 의미에서(위의 "4) 모든 앎은 신학화다"를 보라) 모든 지식은 우리가 가진 전제의 적용으로 이해할 수 있으므로 우리가 가진 모든 지식은 확실하다고 말할 수 있다.

그러나 우리는 항상 **확신하지**(feel certain) 않는다. 확실성에 대한 우리의 감각은 몇 가지 이유로 부침(rise and fall)이 있다.

(1) 죄

이생에서 우리는 무죄하게 완전하지 않으므로 주님께 대한 충성에서 순수하지 않다. 따라서 하나님 말씀이 진리라는 우리가 가진 전제는 우리 마음에서 반대 전제들과 경쟁하고 의심과 동요를 만든다.

『하이델베르그 요리문답』(*Heidelberg Catechism*)은 확신을 믿음의 필수 요소로 삼지만(질문 21번), 『웨스트민스터 신앙고백서』(*Westminster Confession of*

Faith)는 확신에 "참여하기 전에는 참된 신자라도 오래 기다리고 많은 어려움과 갈등을 겪을 수 있다"(18.3)라고 상기시킨다.

이 두 입장에 진리가 존재한다. 믿음과 확신은 분리될 수 없다. 왜냐하면, 믿음의 본성은 하나님의 말씀을 우리의 최고 확신으로 수용하기 때문이다.

그러나 이생에서 믿음 자체는 불완전하다. 겨자씨만한 믿음, 즉 가장 약한 믿음도 구원을 얻기에 충분하지만 약한 믿음은 많은 난관과 의심을 동반할 것이다.

(2) 무지

죄성 있는 의심이라는 문제에 덧붙여 지적 문제도 존재한다. 일부 신자는 단순히 자신들이 가진 신앙의 함의를 의식하지 않게 되었다. 그들은 정직하게 그리스도를 자신들의 주님으로 고백하고, 자신들의 궁극적 전제로 고백하지만 자신들의 지적 삶을 위한 그리스도의 주권이 가진 함의를 통해 사유하지 않았다.

따라서 그들의 신앙이 지닌 확실성은 다소 잠재의식적이다. 그들이 배워야 하는 것은 신앙의 전제를 의미한다는 것과 전제는 확실성을 의미한다는 것이다. 그리스도인은 의심할 수 있지만, 자신이 가진 전제라는 측면에서 의심할 어떤 **권리**, 의심에 대한 어떤 **정당성**도 갖고 있지 않다.

(3) 제한된 지식

또 다른 종류의 지적 문제가 존재한다. 우리가 성경의 많은 부분을 이해하고 싶어 하는 만큼 성경의 많은 부분을 아직 잘 이해하지 못한다. 따라서 대부분 우리의 공식적인 신학적 진술은 다소 잠정적이다.

또한, 이것은 성경의 많은 윤리적 적용에도 마찬가지다.

비핵화, 대마초에 반대하는 법안의 타당성에 관해 성경이 가르치는 것은 무엇인가?

이런 많은 영역에서 지식이 제한되어 있으므로 우리는 불확실하다. 여기서 우리의 **모든** 신학이 이런 식으로 잠정적이지 않다는 것을 기억하는 것이 중요하다. 대부분 그리스도인이 일반적으로 다른 무엇보다 하나님의 존재, 그리스도의 주 되심, 부활, 은혜로 인한 구원에 관해 의심하진 않는다.

그렇다면 신학의 발전은 성경의 전체 가르침을 위한 그런 "근본적인" 교리에 관해 우리가 가진 확실성을 확장하는 것을 포함한다.

따라서 심리적 상태로 간주된 확실성은 다양한 이유로 부침을 겪는다. 그리스도인들은 확신해야 할 권리가 있다. 성경은 그리스도인들이 확신하도록 격려한다. 또한, 모든 그리스도인은 단순히 자신의 신앙을 통해 어느 정도 확실성을 얻었다.

그러나 확실성에 대한 그런 강조가 신학에는 개연성(probability)을 위한 어떤 역할도 존재하지 않는다는 것을 의미하는가?[14]

나는 그런 역할이 존재한다고 생각한다. 우리가 살펴보았듯이 우리 신앙의 연약함 때문에 우리가 가진 확실성이 항상 완전하진 않다. 우리가 확실성을 결핍하는 정도까지 우리가 가진 모든 것은 개연성이다. 게다가 일부 문제가 있는데, 이는 문제의 본질에서 개연성의 문제다.

가령, 우리의 믿음이 완전해도 우리의 유한성으로 우리는 단지 개연적 지식만 가질 수 있다는, 신학과 관련된 몇몇 문제가 존재할 것이다. 가령, 심지어 타락하지 않은 아담이 현재에 살고 있다면 절대적 확신으로 히브

---

[14] 내가 신학 논증에서 "개연성"이라는 단어를 사용했다는 이유로 나를 버틀러 주교(Bishop Butler)의 제자로 불렀던 동료를 기억한다.

리서 저자를 알 수 있을 것이라는 것을 나는 의심한다. 또한, 아담은 하나님이 특별히 미래를 계시하셨던 범위를 제외하고 절대적 확신으로 미래를 알 수 없었을 것이다.

버틀러는 우리가 내리는 삶의 많은 결정이 절대적 확신보다 오히려 개연성에 기초하고 있다고 옳게 말했다. 그가 말했듯이 우리가 절대적 확신이 없음에도 가장 개연성이 높을 가능성을 수용할 도덕적 책임이 있다는 것도 사실이다. 성경은 우리에게 지혜에 따라 살라고 명령한다. 또한, 그런 판단은 확실히 지혜의 일부분이다.

가령, 지진이 집 앞에서 일어나 나를 산 채로 매장할 것이라는 극심한 공포 가운데 사는 것은 매우 어리석은 일일 것이다. 나는 그런 지진이 **일어나지 않을** 것이라고 절대적으로 증명할 수 없지만, 지진이 일어날 가능성은 너무 요원해서 내가 그런 희박한 개연성이 내 인생을 다스리게 하는 것은 무책임한 일일 것이다.

버틀러가 틀렸던 부분은 구원을 위해 예수 그리스도를 믿는 우리의 믿음이 단지 개연성의 문제이고 그런 개연성은 성경 전제와 별도로 "중립적"이고 합리적인 방법을 통해 알 수 있다고 언급하는 데 있었다.

9) 규범의 서열(Hierarchies of norms)

(1) 자연과 성경

우리는 어떤 의미에서 피조계 전체가 "규범적"임을 살펴보았다. 성경이 규범적이지만, 성경이 가진 규범성은 성경의 분명한 가르침뿐 아니라 성경의 함의와 적용에서도 발견된다. 그것이 의미하는 바는 우리가 성경에서 분명히 논의하지 않는 광범위한 문제에 대한 규범적 계시를 가지고 있고, 이런 넓은 범위는 모든 인간의 활동, 태도, 모든 인간 지식을 아우를 정도로 충분히 폭넓다는 것이다("4) 모든 앎은 신학화다"를 보라).

게다가 우리는 하나님이 자연과 우리 자신 안에도 자신을 계시하셨음을 안다. 따라서 "사실"과 "자아"는 규범적 차원이 있다. 따라서 모든 것은 어찌 됐건 규범적인 것으로 보인다.

그러나 모든 것이 규범적이라면 이것은 어떤 것도 존재하지 않는다는 것을 의미하지 않는가?

또한, 이것은 성경 자체가 많은 규범 가운데 단지 하나의 규범이라는 것을 의미하지 않는가?

우리는 성경의 독특한 권위를 파괴하지 않았는가?

"모든 것이 규범적이다"라는 진술은 단순히 우리가 하나님의 통치 아래서 진리, 즉 우주 안에 있는 모든 진리에 따라 살아야 할 의무가 있다는 것을 의미한다. 따라서 우리는 우리의 경험 안에서 각각의 사실과 모든 사실에 합당하게 반응해야 한다.

그러나 어떻게 우리가 그렇게 하는가?

은혜가 없다면 우리의 능력(faculty)은 오류를 범하고 우리의 성향은 죄악 되게 진리를 억누르려고 한다. 그러나 하나님은 지적 축복에 이르는 방안을 모색하셨다. "모든 것이 규범적"이지만, 하나님의 축복 방식에 관한 한 모든 계시가 동등한 입장에 있지 않다.

로마서 1장에서 바울은 우리에게 비록 하나님이 자신을 자연 가운데 명확하게 계시하셨지만, 중생하지 못한 인류는 그 지식을 거절하고 거짓으로 바꾼다고 말한다. 따라서 자연계시만 통해서는 어떤 구원도 존재하지 않는다. 구원은 또 다른 계시, 즉 자연이 아닌 설교자들을 통해 계시되는 그리스도의 복음을 통해 온다

(롬 10:9-15; 참조, 행 4:12). 계시의 목적은 우리를 오류에서 벗어나게 해 주는 것이기 때문에 심지어 관념이 자연계시에서 파생되었어도 계시는 반드시 이런 관념보다 우선해야 한다.

단순한 예화가 문제의 핵심을 설명할 것이다. 아이가 아무리 노력해도, 다양한 이유로 자기가 풀고 있는 수학 과제의 올바른 답을 얻지 못하고 있다. 아빠가 와서 그 아이에게 일부 답을 제공한다. 아빠가 그 아이에게 답을 제공하고 어떻게 다른 답을 얻는지 설명한다. 이 아이는 아빠의 도움을 수용한다면 아빠의 말을 자기 생각보다 우선하도록 허락할 것이다.

성경은 이런 종류의 교정 작업에 매우 적합하다. 왜냐하면, 성경은 단지 **말씀(the Word)의** 계시가 아니라, **말로 된**(in word) 계시이기 때문이다(왜냐하면, 모든 계시가 그렇기 때문이다). 예화의 아빠처럼 하나님은 우리에게 우리가 얻을 필요가 있는 답들을 **말씀하신다**.

그러나 하나님의 도움을 받아들이는 것은 하나님의 말씀이 우리 자신의 생각보다, 심지어 나머지 계시에 대해 우리가 가진 생각보다 우위에 있다는 것을 받아들이는 것이다.

심지어 에덴 동산에서 아담은 하나님이 입으로 말씀하시는 말씀(spoken word)을 들었고(창 1:28ff.; 2:16f.), 그 말씀에 순종해야 했으며, 그 말씀이 아담 자신이 자연계시의 사용을 다스리게 할 의무가 있었다.

성경이 자연계시보다 더 권위적인 것은 아니다. 하나님이 말씀하신 모든 것이 똑같이 권위적이다. 또한, 자연 이해가 때때로 우리가 성경 이해를 교정하게 이끌 수 있다는 것을 부정하고 싶지 않다.

이런 일은 종종 일어난다. 또한, 나는 우리가 자연계시 내용에 확실성을 얻을 수 있다는 것을 부정하고 싶지도 않다. 우리가 살펴보았듯이 하나님의 모든 계시는 우리가 확실성에 대한 권리를 제공한다.

그러나 나는 분명히 일단 우리가 어떤 문제에 관한 성경 가르침의 의미에 대해 확신했다면 그런 가르침이 우리가 다른 출처에서 획득했을지 모르는 생각보다 우선해야 한다고 언급하고 싶다.

여기서 나는 단순히 아브라함이 가진 믿음을 설명하고 있다. 왜냐하면, 그는 그 반대에 관한 일련의 커다란 분명한 증거에도 하나님의 말씀(롬 4장)을 믿었기 때문이다. 우리가 이런 요점을 확언하지 않는다면 믿음으로 행하는 것과 보는 것으로 행하는 것 사이에 어떤 구별도 할 수 없다.[15]

(2) 성경의 우선성 구조

심지어 성경적 정경 안에서도 특별한 상황에서 다른 규범보다 우선하는 어떤 규범들이 존재한다. 가령, 성경은 우리를 다스리는 권세자들에 복종하라고 명령하지만(출 20:12; 롬 13:1; 벧전 2:13ff.), 이런 권세자들이 우리에게 하나님의 법과 반대되는 무엇을 하라고 명령할 때 우리는 거절해야 한다(출 1:15-22; 단 3, 6장; 행 5:29; 참조, 마 10:35-37; 눅 14:26). 하나님에 대한 우리의 순종이 인간 권위에 대한 순종보다 우선한다.

또 다른 예를 고려하라. 일반적으로 인간 삶을 지배하는 어떤 규칙은 응급상황 시 잠정 중단된다(마 12:3ff.).

또한, 예수님은 긍휼이 희생제사보다 더 중요하다(마 9:13; 23:23; 참조, 5:24)고 가르치셨다. 그렇다면 법과 관련된 어떤 문제는 다른 문제들보다 "더 중대하고" 따라서 더 많은 강조점과 관심을 받을 만하다.

---

[15] 이 문제에 관한 더 긴 논의를 참조하려면 나의 글 "Rationality and Scripture," in *Rationality in the Calvinian Tradition*, ed. Hendrick Hatt, Johan Vander Hoeven, and Nicholas Wolterstor (Lanham, MD.: University Press of America, 1983), 293-301을 보라.

(3) 성경 사용에서 우선성

우리는 유한하므로 하나님의 모든 계명을 동시에 지킬 수 없다. 종종 하나님의 모든 계명을 지킬 수 없는 우리의 무능력은 잘못된 죄책감을 낳는다. 어떤 설교는 우리에게 기도하는 데 시간을 들이라고 명령하고, 다른 설교는 굶주린 자들을 먹이라고 명령하고, 다른 설교는 성경을 집중해서 연구하라고 명령하고, 또 다른 설교는 정치적인 활동을 하라고 명령한다.

이 모든 명령이 성경적 규범에 기초하는 것으로 보이지만 우리는 종종 그런 엄청난 요구에 압도당한다. 우리는 '하라'고 권면 받는 이 모든 것을 그날에 할 충분한 시간이 없다.

하나님은 우리에게 기도하고, 복음을 전하고, 가난한 자들을 돕고, 다른 것을 하라고 명령하실 때 주로 전체 교회에 말씀하시고, 부차적으로만 개인인 우리 각자에게 말씀하신다. 이런 명령들은 교회가 해야 할 일이다. 교회에 소속된 모든 개인은 이런 명령을 완수하는 쪽으로 이바지해야 한다.

그러나 **어떻게** 개인이 이바지하는지는 그가 가진 은사와 소명에 달렸을 것이다. 우리가 모두 하루 여섯 시간을 기도하거나 우리 이웃 지역의 초인종을 누르거나 정치적 운동을 시작하라고 부르심을 받은 것은 아니다.

그렇다면 우리 각자 기도하면서 성경의 인도 아래 이런 공동체적 규범 가운데 일련의 자신만의 우선순위를 만들어야 한다. 이것은 위험하게 들린다.

어떻게 궁극적인 것 가운데 "우선순위"(priorities)가 존재할 수 있는가?

또한, 어떻게 사람은 자신을 위해 어떤 우선순위를 하나님의 법에 부여할 것인지 선택할 수 있는가?

그 사람은 할 수 있다. 왜냐하면, 성경은 그 사람이 할 수 있고 해야 한다고 말하기 때문이다.

우리가 이런 원칙들을 염두에 둔다면 그리스도인 가운데 많은 오해를 피할 수 있다. 전도에 힘을 쏟는 목사는 교회법 학자 유형의 사람(당회나 노회에서 합당한 절차를 시행하려는 데 많은 힘을 쏟는 사람)을 바라보고 그 사람이 주님의 지상명령(Great Commision)을 위반하는 것으로 인식한다.

그러나 교회법 학자가 볼 때 전도에 힘을 쏟는 목사는 "모든 것을 품위 있게 하고 질서 있게 하라"(고전 14:40)라는 성경 명령을 위반하는 것처럼 보인다.

이런 예에서 나는 전도에 힘을 쏟는 목사가 교회법 학자보다 대체로 더 옳다고 믿는다. 긍휼이 제사보다 더 중요하듯이 성경적 관점에서 복음 전도가 교회법 절차보다 더 중요하다.

그러나 교회법 학자가 지상명령 자체도 합당한 절차가 필요하다고 답변할 때 그의 주장을 완전히 받아들이기 어려운 것은 아니다.

얼마나 자주 조직의 무질서가 전도를 위한 노력을 방해했던가?

따라서 성경의 우선순위 구조에 관한 연구 자체가 이런 난국을 헤쳐 가는 데 충분하지 않을 수 있지만, 이런 논쟁에서 각 당사자가 상대측이 단순히 부분적으로 자신의 은사나 소명에 좌우되는 우선순위를 따르려는 것을 고려하는 것(유감스럽게도 그들이 거의 그렇게 하지 않기 때문에)은 종종 유용하다.

우리가 그런 개인적 우선순위 구조에 대한 필요를 더 잘 인식한다면 서로 더 잘 이해하는 데 도움이 될 것이다. 또한, 그것은 교회일치를 조성하는 데 도움이 될 것이다.[16]

---

[16] 이 주제에 관해 나의 책 *The Doctrine of the Christian Life*(『기독교 윤리학』, PNR[개혁주의신학사] 刊)을 보라.

2. 상황적 타당성

규범적 관점에서 우리의 지식이 사고를 위한 하나님의 법을 충실히 지킴으로써 타당성이 입증된다는 것을 배웠다. 지금 우리는 상황적 관점을 다룰 것이다.

상황적 관점에서 우리의 지식이 사실과 부합함으로 타당성이 입증된다는 것을 이해하게 될 것이다. 성경은 실재(reality), 진리, "증거"와 일치하기 하기 때문에 참되다.

1) 사실과 규범

규범적 관점에서 나는 모든 사실이 규범적이므로 규범적 관점이 모든 실재를 포함한다고 주장했다.[17]

또한, 모든 규범은 사실임이 분명하다. 하나님이 우리에게 말씀하셨다는 것은 하나의 사실이다. 성경이 타당성을 입증하는 믿음은 사실이 타당성을 입증하는 믿음과 동일한 믿음일 것이다. 성경은 우리가 진리, 즉 사실 그 이상도 그 이하도 아닌 것을 믿을 것을 요구한다.

따라서 "해석되지 않는 사실"(brute facts), 즉 해석이 모자란 사실은 존재하지 않는다. 모든 사실은 그 사실에 대한 하나님의 해석을 통해 현재 있는 그대로 존재하는 것이다.

또한, 사실이 그 사실에 대한 하나님의 해석과 분리할 수 없듯이 사실에 대한 **우리의** 이해도 그 사실에 대한 우리의 해석과 분리할 수 없다. 사실

---

[17] 또한, 제1부 "부록 4"를 보라. 또한, 본서의 맨 뒤에 있는 "부록 10"을 주목하라.

을 진술하고 그것을 해석하는 것은 동일한 활동이다(제2장 4. 2) "(2) 사실과 사실의 해석은 서로 분리될 수 없다"와 "부록 4"를 보라).

비기독교 철학은 항상 사실을 규범에서 분리하고 그 사실을 어떻게든 서로 이항 대립적인 것으로 보려고 애썼다. 플라톤과 아리스토텔레스의 형상-질료의 변증법, 합리주의-경험주의 논쟁, "존재"(is)에서 "당위"(ought)를 도출하기를 반대하는 흄(Hume)의 논증은 모두 이런 경향성을 보여 준다.

한편, "규범"은 합리적 원리, 즉 사유 법칙이다. 규범은 세상에서 분리되고, 그래서 세상**에 대해** 정확하게 궁극적인 신적 법칙이 될 수 있다. 규범은 불변하지만 세상은 가변적이다.

또한, 규범은 완전하지만 세상은 불완전하다. 규범은 하나(one)지만 세상은 다수(many)로 이뤄져 있다.

그러나 일단 규범이 잘 정의되면 규범과 세상 사이에 **어떤** 의미 있는 관계를 발견하기 어렵다. 규범의 조항 가운데 어떤 것도 변화와 불완전의 세상에서 실행될 수 없다. 이런 조항은 적용 없는 원칙이며 따라서 의미가 없다.

다른 한편, "사실"은 어떤 가치도 단정(predicate)할 수 없는 것으로 "불합리한"(brutish) 것으로 여겨진다.

그러나 아리스토텔레스와 다른 철학자들이 인식했듯이 그런 "사실"은 거의 "무"(無)와 구분이 되지 않는다.

이와 반대로 기독교 인식론은 사실을 규범적인 것으로 또한 규범을 사실적인 것으로 이해할 것이다. 사실에 관한 우리의 지식은 단지 "관점"에서만 규범에 관한 우리의 지식과 다를 것이다.

사실은 규칙으로 가득하다(law-laden). 사실은 우리에게 하나님의 존재와 우리를 향한 그의 뜻을 전달한다(롬 1:20, 32).

관점, 강조, 또는 초점에는 차이점이 존재한다. 즉 규범적 관점은 성경의 역할에 초점을 맞추고, 상황적 관점은 자연계시에 초점을 맞춘다.

또한, 규범적 관점은 법(명령)에 초점을 맞추고, 상황적 관점은 사실(직설)에 초점을 맞춘다.

그런데도 관점의 통일성은 특히 우리가 심지어 상황적 관점에서도 성경에 주의를 기울여야 한다는 사실에서 항상 분명할 것이다. 성경은 우리에게 어떻게 자연계시를 이용할 것인지 말해 줄 것이다.

2) 대응

우리가 앞에서(제2장 "4. 지식의 대상들 사이의 관계"를 보라) 진리 정합론에 대해 언급했을 때 나는 진리 정합론은 일반적으로 진리 대응(correspondence) 이론과 대조된다고 언급했다.

일반적으로 경험주의자들은 진리를 생각과 실재 사이의 대응으로 규정하는, 진리 대응 이론을 지지했다. 왜냐하면, 단지 감각 경험만이 마음의 생각과 외부 세계의 실재 사이의 관계를 제공할 수 있다고 종종 생각했기 때문이다.

일반적으로 합리주의자들과 주관주의자들은 감각 경험의 신뢰성을 부정하므로 진리 대응 이론을 부정한다. 그들은 우리가 이런 생각들을 합리적 개념(합리주의)으로 이해하든 의식의 완전한 흐름(주관주의)으로 이해하든 관계없이 우리 자신의 생각과 독립된 실재를 모른다고 여긴다. 따라서 우리의 생각에 "대응"하는 어떤 것도 존재하지 않는다.

그러나 기독교 인식론에서 정합(coherence)을 위한 입지가 존재하듯이 대응을 위한 입지도 존재한다. 정합과 대응이 성경적 세계관이라는 구조 안에서 작동하는 한, 정합과 대응 모두 진리의 정의(definition)나 진리의 검증 잣대(이 둘은 관점적으로 관련되어 있다)로 사용될 수 있다.

성경은 우리가 하나님의 계시를 통해 분명히 "실재 세계"에 **접근한다**고 가르친다. 우리는 감각 경험을 통해서뿐 아니라 합리적 개념, 주관적 상태, 특별히 우리가 가진 실재에 대한 최고 기준인 성경을 통해 "실재 세계"를 발견한다.

따라서 우리가 진리를 추구할 때 우리의 사고 과정이 거의 일종의 "비교"라는 것은 놀랄 만한 것이 아니다. 우리는 진리에 대해 우리가 가진 생각을 하나님이 성경과 우리 사고 과정의 다양한 요소를 통해 우리가 도달하게 하신 생각과 비교한다.

우리는 결코 우리 자신의 생각 "밖으로 나가지" 않는다. 따라서 합리주의자들과 주관주의자들은 그런 이유로 옳다.

그러나 하나님의 계시는 우리 생각을 관통할 수 있다. 따라서 심지어 우리 자신의 주관성 안에서도 우리는 신적 증거를 가지고 있다. 따라서 항상 우리 사고와 하나님이 우리에게 보여 주시는 것 사이의 비교 과정, 즉 "대응에 관한 탐구"라 부를 수 있는 비교 과정이 존재한다.

3) 신앙을 위한 타당성의 증거

성경은 분명히 우리가 자연과 역사의 사건들을 통해 하나님을 아는 지식을 얻을 수 있다고 가르친다. 시편 8, 19, 29, 65, 104, 145, 148편과 사도행전 14:15-17; 17:17-28과 로마서 1장 등에서 우리는 자연 가운데 있는 하나님의 계시를 읽는다.

게다가 하나님은 "내가 여호와인 줄 네가 알게 하기 위하여" 위대한 역사적 심판을 행하신다. 이런 심판은 기적들을 포함하는데(누가 참 하나님인지 결정하기 위해 특별한 테스트가 이루어지는 왕상 18장이 좋은 예다), 특히 그리스도의 부활(고전 15장; 행 17:31; 롬 1:4), 예언의 성취(신 18:21f.; 눅 24:25-32; 행 2:16ff.; 26:22f. 등), 그리스도에 대한 사도들의 폭넓은 경험(행 1:3; 요일 1:1-3)과 같은 것들이다.

이런 사건들에서 우리는 하나님의 실재, 즉 하나님이 우리를 구원하시기 위해 행하셨던 것에 대해 배운다. 우리는 또한 하나님의 법(롬 1:32), 즉 상황과 규범 사이의 관점적 일치성을 강조하는 한 사실을 배운다.

따라서 변증가들이 기독교의 진리에 대한 증거로 그런 사건들에 호소했던 것은 전적으로 옳으며 타당하다. 증거는 풍부하고 강력하다. 증거를 통해 하나님은 "분명히 보여 알려"지신다(롬 1:20). 자연 증거만으로도 죄인들을 "핑계하지 못"하기에 충분하다(롬 1:20).

그러나 하나님은 자연 증거에 엄청나게 많은 기적과 성취된 예언, 물론 자증하는 성경 자체의 증거도 덧붙이신다.

따라서 증거가 너무 많아 우리는 결코 더 많은 것을 요구할 권리도 없고, 그럴 필요도 없다(눅 16:19-31). 그렇다면 증거는 너무 높은 특성에 속해 올바르게 동의해야 할 **의무**를 지운다. 이 계시에 대한 신앙적 반응은 단순히 선택적일 뿐 아니라 필수적이다.

사도행전 17장에 기술되어 있는 것처럼 바울이 믿음을 변증한 후 회개를 **요구하는** 것에 주목하라(행 17:30; 참조, 요 20:27; 행 2:38; 롬 1:20).

따라서 증거주의 논증(evidential argument)은 단순히 개연적이 아닌 **결정적**(demonstrative)이다. 증거는 동의를 강요한다. 또한, 증거는 어떤 허점, 논증에 대한 어떤 여지도 남기지 않는다. 이것은 난점이다. 우리는 일반적으로 경험적 종류의 논증을 언급하고 있다.

대부분 철학자는 경험적 논증은 결코 결론에서 개연적 확신 이상의 것을 타당화할 수 없다고 주장한다. 우리의 감각이 우리를 속인다. 또한, 우리는 심지어 감각이 최상일 때도 감각은 확실성을 타당화하지 않는다는 말을 듣는다.

이런 종류의 비판은 전통적 형태의 경험주의를 겨냥할 때 강력하다 (제2장 3. "우리 자신"을 보라). 그러나 이런 종류의 비판은 다음 같은 근거로 기독교의 증거주의 논증의 확실성을 위협하지 않는다.

(1) 선택된 사실들

경험적 논증이 취약한 한 가지 이유는 다음과 같다. 경험적 논증은 단지 엄선한 사실만을 다룬다는 것이다. 우리는 유한하므로 일반적으로 우리는 우리 주장을 증명하기 위해 경험이 가진 **모든** 사실에 호소할 수 없다.

그러나 기독교 논증은 비록 이 논증이 경험적이지만, 경험이 가진 **모든** 사실을 포함한다. 하나님은 창조의 사실 **하나하나** 안에 계시된다. 따라서 어떤 증거는 우리 결론을 지지하고 다른 증거는 우리 결론에 불리하게 작용하는 상황에 우리는 직면하지 않는다.

모든 증거는 하나님으로 귀결된다. 존 헨리 뉴먼(John Henry Newman)은 "추론 감각"(illative sense), 즉 확실성 의식을 창출하는 많은 개연 논증의 점증적인 축적을 언급했다. 그런 것이 존재한다면 전체 경험적 증거가 만든 확실성 의식은 너무 강력함에 틀림없다.

(2) 개연성과 유신론

개연성이라는 개념은 유신론적 세계관을 전제한다.

우연의 세계에서 한 사건이 다른 사건보다 "더 개연적"이라고 언급하는 것은 무엇을 의미하는가?

(3) 증거와 성령

증거 제시는 성령의 초자연적 능력을 동반한다. 왜냐하면, 성령은 죄를 책망하시고(요 6:8), 진리를 설득하시기 때문이다(살전 1:5).

(4) 증거와 전제

기독교의 증거주의 논증은 결코 단순히 증거에 근거하진 않는다. "광범위한 순환" 논증의 일환으로 증거는 기독교적 전제에 기초해 제시된다(제2장 "4. 지식의 대상들 사이의 관계"를 보라). 이런 광범위한 순환 논증은 항상 완전히 설득력이 있다. 왜냐하면, 이런 순환 논증의 전제는 다름 아닌 하나님의 말씀이기 때문이다.

이것은 신학에서 개연성을 위한 여지가 존재하지 않음을 의미하는가, 즉 하나님에 대한 우리의 모든 진술이 교리적으로 확실해야 함을 의미하는가?

그렇지 않다. 우리의 신학적 확실성이 부침(rise and fall)이 있는지에 대한 다양한 근거가 존재한다(제2장 "4. 지식의 대상들 사이의 관계"를 보라). 우리가 확신하지 못할 때 할 수 있는 최선의 것은 우리가 생각하는 것이 가장 개연적이라고 제안하는 것이다(또한, 우리가 그렇게 할 때 우리가 생각하는 것이 가장 개연적인 것을 인정하고, 우리가 실제로 가진 확실성보다 더 큰 정도의 확실성을 가진 척하지 않은 것이 최선이다).

그러나 확실성은 하나님의 계시를 다루는 데 있어 우리가 가진 목적이며 권리다. 그리고 우리가 그런 확실성을 성취하기 위한 영적 자격과 지적 자격을 획득하는 것은 중요하다.

그러나 여기서 우리가 주장하는 요점은 다음과 같다. 우리가 그런 확실성을 주관적으로 경험하든 하지 않든 상관없이 기독교에 대한 증거는 확실성을 **보증한다**는 것이다.

4) 증거와 말씀

나는 증거가 기독교의 성경적 전제 위에 근거한 광범위한 순환 논증의 한 측면으로 이해해야 한다고 주장했다. 이런 접근 방식에서 증거와 하나님의 말씀 사이에는 밀접하고 심지어 분리할 수 없는 관계가 존재한다. 또한, 다음의 고려 사항이 증명하겠지만, 사실 이것은 증거에 대한 성경의 사용에서 우리가 발견하는 것이다.

(1) 하나님의 말씀은 행위를 동반한다

에덴 동산에서 아담은 하나님의 음성을 들었고 그의 창조적인 작품을 보았다. 아담의 임무는 순종적인 반응으로 이런 것들을 서로 관련시키는 것이었다.

하나님은 인간이 하나님 자신이 말씀하신 바를 무시하면서 자연계시에 주의를 기울이도록 의도하지 않으셨다. 이와 유사하게 타락 이후 하나님의 언어계시는 그의 전능한, "객관적"인 구속적 행위를 동반했다.

하나님의 구원 사역과 계시적 말씀 사이의 관계 패턴은 다음과 같다. 먼저 예언이 온다. 그다음에 전능하고 구속적 행위가 뒤따르고, 그후 그 행위를 해석하는 추가적인 언어계시가 임한다. 예수님과 사도들의 사역에서 우리는 다시 한번 기적과 구속적 행위를 설명하고 해석하는 언어계시를 발견한다. 가령, 예수님이 도마에게 나타나실 때 증거는 예수님의 상처 난 손과 옆구리뿐 아니라 도마에 대한 그의 권위적 명령으로 구성된다.

> 네 손가락을 이리 내밀어 내 손을 보고 네 손을 내밀어 내 옆구리에 넣어 보라 그리하여 믿음 없는 자가 되지 말고 믿는 자가 되라(요 20:27).

예수님의 부활 후 예수님이 자신의 살아 계심을 보여 주시는 '테크메리아'(tekmeria), 즉 "틀림없는 증거"는 사십 일간의 구두 가르침(verbal teaching)을 동반했다(행 1:3).[18] 그리고 또 다른 예를 인용하자면, 베드로의 설교는 오순절의 위대한 기적을 해석한다(행 2:14-36).

(2) 하나님의 행위는 해석이라는 성경적 맥락을 전제한다

성경에서 자연에 나타난 하나님 행위는 결코 진리에 대한 어떤 "중립적"이거나 비성경적인 기준에 근거해서 해석해야 할 사건으로 제시되지 않는다.

"자연에 관한 시편들"(예: 시 8, 19, 29, 65, 104편)은 구속받은 하나님 백성의 발화(utterances)이고 그들의 신앙을 표현한다. 게다가 시편은 "그의 (하나님의) 율법을 주야로 묵상하는" 의인에 대해 말함으로써 시작한다.

성경을 배우는 학생으로서 시편 저자들은 모든 생명, 사실 자연의 모든

---

[18] om Notaro, *Van Til and the Use of Evidence* (Phillipsburg, N. J.: Presbyterian and Reformed Pub. Co., 1980), 112

것을 하나님 율법의 측면에서 보았다.[19]

이와 유사하게 성경의 기적은 결코 "순수 사실"(brute facts), 즉 어떻게든 기독교 진리의 전체 체계가 그 위에 서야 할 순수 사건으로 제시되지 않는다.

또한, 성경의 기적은 "중립적" 기준 위에 제시되는 사건도 아니다. 오히려 기적은 이미 존재하는 해석의 틀을 전제한다. 모든 경우는 아니지만, 대부분 경우에서 기적은 하나님의 언약적 약속의 성취다.

신약성경의 기적은 구약성경의 메시아 대망을 성취한다. 신약성경의 기적은 특이한 특징뿐 아니라(사탄도 특이한 일을 행할 수 있다) 사람들에게 구약성경의 여호와 하나님이 행하신 행위와 말씀을 상기시켜 주기 때문에 설득력이 있다.

따라서 예수님의 부활은 엠마오로 가는 제자들에게 신뢰할 만한 사건이 되었고 그때 그들은 구약성경의 예언이 예수님에게 수렴됨을 이해하게 되었다(눅 24:13-32). 또한, 유사하게 사도행전에서 오순절의 기적과 다른 기적들은 구약성경 예언의 틀 안에서 해석되었다(행 2:1-41; 3:1-4:20; 참조, 행 26:22f.).

심지어 루스드라와 아덴(아테네)에서 이방인들에게 행한 바울의 연설(치유 기적에서 행해지는 첫 번째 연설, 부활의 위대한 기적을 증거하는 두 번째 연설)은 구약성경적 암시를 담고 있다(참조, 출 20:11을 암시하는 행 14:15; 왕상 8:27을 암시하는 행 17:24; 시 50:9-12을 암시하는 행 17:25; 신 32:8을 암시하는 행 17:26). 아덴에서 한 연설은 사실 바울이 회당에서 행했던 논쟁의 연장이었

---

[19] 이 영역에서 나는 스티븐 스펜서(Stephen R. Spencer)의 도움, 특히 지금까지 출판되지 않은 그의 논문 "Is Natural Theology Biblical?"의 도움을 받았다.

다(행 17:17을 보라).[20]

이 연설들에서 이방인들은 비와 햇빛에서 하나님의 긍휼, 그들 자신의 무지, 신적 내재와 같은, 자신들이 이미 알고 있으나 자신들의 자연적 상태에서 인정하지 못했던 이런 사실들을 제공받는다. 바울은 그런 자연적 상태와 그런 상태에서 수립될 자율적 기준을 긍정하지 않으면서 이방인들에게 그런 것을 회개하라고 명령한다. 이것은 "중립적" 변증학이 아니라 복음적 설교다(행 14:15). 이 연설이 보증하는 결론은 하나님의 심판에 대한 개연성일 뿐 아니라 확실한 선포며, 회개의 명령이기도 하다(행 17:30f.).

심지어 이런 구약성경에 대한 참조가 두드러지지 않을 때도 기적적인 증거의 사용은 이미 드러난 의미 체계를 전제한다. 가령, 부활은 특이한 사실일 뿐 아니라 우리 죄를 위해 죽으시고 우리를 의롭다 하시기 위해 부활하셨던 하나님 아들의 부활이기도 하다.

의심하는 도마는 예수와 비슷한 한 사람이 닫힌 방 한 가운데 나타나는 완전한 기적을 보면서도 감명을 받지 못했다(요 20:26). 심지어 의심 가운데서도 도마는 놀라운 사건보다 더한 것이 필요함을 깨달았다.

단지 그는 이 사람이 십자가에 달렸던 바로 그 예수님이라는 증거를 보았을 때만 확신했을 것이다. 그리고 그는 예수님의 **말씀**(words)에 주의를 기울였을 때만 그 증거를 받아들였다.

사실 기적 자체는 "표적"(sign, 요 20:30), 즉 하나님의 구원 진리 계시다. 그리고 훨씬 더 나아가, 네 번째 복음서(요한복음 - 역주)의 저자는 기적을 목격하지 못했으나 자신의 권위적 설명에 근거해 믿는 사람들을 칭찬한다. 그

---

[20] 아덴에서 한 연설에 관해 더 많은 것을 참조하려면, 제11장 2. "3) 실존적 관점-접촉점"을 보라.

렇다면 기적은 계시된 어떤 진리 내용(truth-content)을 전제한다.

사도행전 2:14-36과 26장에서 부활은 구약신학의 맥락에 놓인다. 구약성경에 등장하시는 하나님의 본성과 목적을 인정한다 해도 그의 메시아-아들(Messiah-Son)의 부활은 전적으로 신뢰할 만하다.

도출된 결론은 다음과 같다. 청자들은 예수님의 죽음에 책임이 있고 그들이 회개하든지 아니면 끔찍한 하나님의 심판에 직면해야 한다. 노타로(Notaro)가 지적하듯이[21] 여기서 부활은 "광범위한 순환" 논증의 일부분으로, 증거와 전제 역할을 한다.

고린도전서 15장에서 부활은 구약신학과 신약신학의 맥락에서 제시된다. 부활은 의미에 대한 신학적인 틀 없이 단지 "귀납적 증거"를 사용함으로써 제시되지 않는다.

확실히 바울은 부활의 사실을 확립하기 위해 증인들에게 호소하지만(고전 15:3-14), 심지어 그런 호소도 바울이 가진 권위적인 사도적 가르침의 부분으로 제시된다(고전 15:3).

증언들이 사실이고 그 사실은 분명히 바울이 말하는 것을 확인해 준다 해도 고린도 교인들이 증인들의 의견을 들음으로써 스스로 부활을 증명할 수 있다는 것이 요점은 아니다.

바울의 요점은 오히려 다음과 같다. 부활에 대한 증거는 사도적 설교의 일부분이었고 따라서 그런 사도적 증거의 일부분으로 받아들여져야 한다는 것이다.

그런 주장을 한 후에 바울은 부활을 믿어야 하는 추가적 이유를 제공한다. 즉 부활을 부인하면 기독교의 전체 교리적 내용도 부인해야 한다(고전

---

[21] Notaro, *Van Til*, 114.

15:12-19). 그런 후에 바울은 계속 그리스도를 구약성경의 인물인 아담과 비교하고 그리스도의 구속을 인간의 죄악 된 상태에 관한 구약성경의 설명과 비교한다(고전 15:20-22).

그런 비교에 이어 바울은 부활이 계시라는 유기체(organism)에서 하는 역할에 대해 훨씬 더 신학적인 논의를 제시한다. 그렇다면 확실히 부활은 "순수 사실"이 결코 아니다. 또한, 부활을 믿어야 하는 근거는 "순수히 경험적"이거나 "순수히 귀납적"이지 않다.

증인과 같은 경험적 고려 사항이 역할을 하지만 중요한 요점은 다음과 같다. 부활은 전제적 계시에 중심적이다. 우리가 부활을 부인한다면 우리는 일관되게 그리스도를 전제할 수 없다는 것이다.

혹자는 요한복음 10:38과 14:11이 이 원칙에 대한 예외를 제공한다고 주장했다. 이 구절에서 가령, 그들이 예수님의 말씀을 믿지 않을지라도 예수님은 그들에게 자신 행하는 일은 믿으라는 대안을 제공한다고 말한다.

따라서 예수님이 행하는 일은 하나님의 말씀과 맺고 있는 관계와 별도로 자증(self-attesting)하는 것으로 생각된다. 즉 예수님이 행하시는 일은 믿음으로 나아가는 독립적인 수단으로 보인다.

그러나 그런 결론은 이 본문이 담고 있는 의미를 왜곡한다.

요한복음 10:37-38에서 예수님은 다음과 같이 말씀하신다.

> 만일 내가 내 아버지의 일을 행하지 아니하거든 나를 믿지 말려니와 내가 행하거든 나를 믿지 아니할지라도 그 일은 믿으라 그러면 너희가 아버지께서 내 안에 계시고 내가 아버지 안에 있음을 깨달아 알리라(요 10:37-38).

여기서 문제는 예수님이 성부 하나님이 하시는 일을 행하시는지다.

따라서 이 구절은 신학적 이해를 전제한다. 즉 어떤 특성(character)을 가진 하나님이 존재하신다는 것이다. 의심할 여지없이 이런 신학적 이해는 구약성경에서 유래한다. 그래서 여기서 예수님은 유대인들과 말씀하고 계시다.

따라서 예수님이 그들에게 행하라고 요구하시는 것은 이것이다. 예수님의 말씀을 믿지 않을 것이라면, 예수님의 위대한 일을 구약성경의 하나님에 관해 자기들이 알고 있는 것과 비교하고, 예수님이 행하시는 일을 계시된 하나님의 특성과 비교하라는 것이다.

유대인들은 전능한 행위들을 그 자체가 증거로써, 그리고 그 자체에 의한 증거로 수용하라고 요구받는 것이 아니라, 하나님에 관해 이미 계시된 진리라는 맥락에서 수용하라고 요구받고 있다.

요한복음 14:11도 이와 유사하다. 다시 말하지만 성부가 예수님과 맺고 계신 관계가 쟁점이 되고 있는데, 이 때 예수님의 적들이라기보다 오히려 한 명의 제자와 관련되어 있다.

기적은 예수님이 성부와 맺고 있는 일치성(unity)의 증거다. 그리고 빌립이 의심할 여지없이 그런 일치성을 구약성경의 기적을 기초로 판단하는 것은 마땅하다.

또한, 10절에서 예수님의 **말씀들**이 성부가 예수님 안에서 행하시는 사역에 포함됨을 주목하라.[22]

말씀과 행위의 일치성은, 기적을 직접 목격하지 못했지만 기적에 관한 증거를 듣는 사람들(오늘날 우리와 같은)의 경우에 더 명확하다. 그런 경우에 기적을 믿는 것은 언어(verbal)계시를 믿는 것이다. 기적의 신뢰성은 언어 증거의 신뢰성이다.

---

[22] 이런 일반적 주제에 관해 Colin Brown, *Miracles and the Critical Mind* (Grand Rapids: Wm. B. Eerdmans Pub. Co., 1984)를 보라.

분명히 우리는 도마의 입장에 있지 않다. 가령, 예수님에 대한 도마의 요구가 어느 정도 타당화될 수 있어도 현대인들이 그런 요구를 하는 것은 타당화되지 않을 것이다.

우리는 직접적인 경험적 증거로 예수님의 부활을 검증하는 입장에 있지 않다. 사도 요한에 의하면 우리는 어쨌든 더 나은 방법인 증거, 즉 말씀(the Word)이라는 증거에 기초해서 믿어야 한다(요 20:29).

(3) 하나님이 행하시는 일은 하나님의 말씀이 담고 있는 의미를 드러낸다

나는 **의미**와 **적용**은 거의 유의어라고 주장했다. 이것이 맞는다면, 텍스트가 가진 의미를 찾을 때 저자가 텍스트로 **행하는** 것을 파악하는 것이 중요하다. 우리가 살펴보았듯이 하나님의 말씀이 그가 행하시는 일을 해석하지만 그 반대 또한 사실이다.

이스라엘이 애굽에서 구속된 일은 하나님이 어떤 종류의 구속자신지 생생히 보여 주었다. 그런 위대한 사건 언급이 항상 성경의 구속적 언어를 설명한다.

십자가와 부활에 나타난 그리스도의 사역은 그 밖에 다른 어떤 것이 설명할 수 없는 것처럼 이사야 53장과 시편 22편의 초자연적 예언을 조명한다. 사실 바울은 부활이 일어나지 않았다면, 기독교의 소망은 무의미한 것이 될 것이라고 말한다(고전 15:12-19).

(4) 하나님이 행하시는 일은 그 말씀의 진리를 증거한다

이런 경험에 기초해서 하나님의 전능하신 사역을 바라보는 사람들은 그를 믿어야 할 의무가 있다. 또한, 그들뿐 아니라 이런 사건들에 대한 증인들의 권위적인 증거를 듣거나 읽는 사람들도 긍정적으로 반응하는 것이 마땅하다. 따라서 위대한 일 자체와 하나님의 전능한 행위에 대한 공식적 증거는 신념을 끌어낸다.

우리가 살펴보았듯이 이런 주장은 순환론적이지만, 그런 이유로 설득력이 없는 것이 아니다(제2장 "4. 지식의 대상들 사이의 관계"를 보라). 따라서 우리는 자유로우며, 기독교적 전제에 기초한 험증적 논증을 세우도록 권장받는다.

5) 증거와 신앙

기독교 증거에 대한 합당한 반응은 무엇인가?

지적 동의는 절대 충분하지 않다. 우리는 다름 아닌 참 신앙을 추구한다. 그러나 논증 자체는 결코 신앙을 창출할 수 없다. 왜냐하면, 믿음을 창출하는 것은 성령의 사역이기 때문이다.

그런데도 논증의 결론에서 신앙을 요구하는 것이 합당하다(행 2:38을 보라). 왜냐하면, 이런 논증은 신앙을 **창출**하진 않지만, 신앙을 **보증하고 타당화하기** 때문이다.

그러므로 우리는 믿지 않는다면 증거에 합당하게 반응할 수 없다. 도마에게 하신 예수님의 말씀에 주목하라.

> 네 손가락을 이리 내밀어 내 손을 보고 네 손을 내밀어 내 옆구리에 넣어 보라 그리하여 믿음 없는 자가 되지 말고 믿는 자가 되라(요 20:27).

예수님은 도마에게 증거에 대해 편견 없고 중립적인 판단을 하라고 요구하지 않으신다. 오히려 예수님은 그에게 믿음으로 증거를 바라보라고 요구하신다.

3. 실존적 타당성

제1부에서 우리는 일반적인 지식에 "실존적" 차원이 존재함을 배웠다. 왜냐하면, 지식은 항상 주체, 객체, 법(규칙)이 포함되기 때문이다.

인식자(knower) 없이 어떤 지식도 존재하지 않는다!

따라서 사람이 지식을 소유하는지는 객체와 사고 법칙뿐 아니라 인식자가 될 수 있는 개인적 능력에 의존한다.

그러나 특별히 기독교적 관점 안에서 이런 "실존적" 차원을 지식의 **타당성**에 관련시키는 것은 이상하게 보일 수 있다.

지식에 주관적 능력이 중요하지만 어떻게 주관적 능력이 타당성에 역할을 하는가?

또한, 주관적인 능력이 역할을 한다면, 이런 사실은 주관주의 요소를 인식 과정(process of knowing)에 도입하지 않는가?

이런 의문에도 나는 하나님을 아는 지식(또한, 사실 모든 것에 관한 지식)의 "실존적 타당성"과 같은 것이 존재한다고 믿는다. 다음 요점을 고려하라.

1) 지식과 삶: 실용적 진리

나는 앞에서(제4장 "3. 윤리와 지식") 인식론은 윤리학의 한 분과로 이해할 수 있다고 제안했다. 앎은 우리가 **믿어야 하는** 것을 아는 것이다. 우리가 가진 지식에 타당성을 부여하는 것은 그런 윤리적 "당위"(ought)의 존재를 확립하는 것이다. 또한, 일단 이런 "당위"가 확립되면 우리는 그것을 삶의 모든 영역에 적용해야 한다(적용은 의미다!).

우리가 내리는 모든 결정은 우리가 사실로 알고 있는 것과 조화를 이뤄야 한다. 우리는 진리 가운데 살고, 걸어야 하며, 행해야 한다.

따라서 지식은 자신의 경험에 대한 그 사람의 윤리적으로 책임 있는 경향이다. 아는 것(To know)은 우리에게 이용 가능한 증거와 규범에 올바르게 반응하는 것이다.

지식에 대한 이런 개념에 기초해서 불신자는 "어떤 것도 참되게 알지 못한다." 불신자는 삶의 어떤 영역에서도 윤리적인 정의로 하나님의 계시에 반응하지 않는다.

나는 제1부에서 성경에서 언급하는, 불신자가 가진 또 다른 종류의 지식이 존재한다고 주장했다.

불신자의 지식은 어떤 점에서는 기독교 지식과 유사하다. 또한, 불신자가 소유한 지식은 불신자를 하나님 앞에서 그가 내린 결정에 책임지게 한다.

불신자가 소유한 지식은 (어떤 면에서) 하나님의 법에 대한 외적인 일치로 "지식"으로 부를 수 있지만, 그 지식이 가진 근본적인 윤리적 방향 상실은 심각한 왜곡을 가져온다.

아무리 그래도 우리가 하나의 믿음을 타당화하려 할 때 우리는 그 믿음을 우리 삶의 모든 측면과 조화시키려 하는 것이 분명해 보인다. 즉 우리는 **살아가는 데** 함께 할 수 있는 신념을 추구한다.

프란시스 쉐퍼(Francis Schaeffer)는 작곡가인 존 케이지(John Cage)에 대해 설명하기를, 케이지는 모든 것이 우연-임의성(randomness)이라는 철학, 즉 그 자신의 음악에서 표현하고자 하는 철학을 가진 사람이라고 한다. 그러나 아마추어 버섯 재배자로서 케이지는 우연이라는 자신의 철학을 준수하지 않는다. 오히려 그는 질서, 법칙의 세계를 전제한다.

어떤 균은 버섯이고 다른 균은 독버섯이다. 또한, 우리가 먹기 위해 어떤 버섯을 따는지 중요하다. 따라서 케이지는 임의성이라는 자신의 철학을 삶의 모든 영역에 적용할 수 없다. 또한, 그는 그것에 따라 살 수 없다. 이런 사실은 정말 그가 자신의 철학을 믿는지, 그렇지 않은지 의구심이 들게 한다.

나는 그가 그것을 믿지만 강하게, 일관적으로 믿지 않는다고 말할 것이다. 또한, 그는 우연이라는 자신의 철학과 일치하지 않는 다른 믿음도 갖고 있다(왜냐하면, 그는 하나님의 계시에서 도피할 수 없기 때문이다). 따라서 그는 자신의 불신앙을 삶의 모든 영역에 적용할 수 없다.[23]

이런 관찰은 지식의 타당성이 결국 분명히 "실존적 관점," 즉 타당성 문제가 독특한 형태를 취하는 관점을 가진다는 것을 파악하도록 일조한다. 규범적 관점에서 우리는 다음과 같이 질문했다.

이런 믿음은 사고 법칙과 일관성을 갖는가?

상황적 관점에서 질문은 다음과 같았다.

나의 믿음은 객관적 실재와 일치하는가?

지금 우리는 우리가 다음과 같이 질문하는 실존적 관점에 이른다.

내가 이 믿음에 따라 살 수 있는가?

나는 앞에서 진리 정합론(제5장 1. "7) 정합성"), 진리 대응론(제5장 2. "2) 대응")과 같은 두 개의 고전적 "진리 이론"을 언급했다. 다른 방식으로 공

---

[23] 내가 언급했듯이 신자들도 일관되지 못하다. 성화 교리에서 그 구별과 동일한 것이 있다. 즉 신자들은 죄(오류)의 **지배** 아래 있지 않다. 반면, 불신자들은 죄의 지배 아래 있다.

식화된 제3의 이론이 있었지만, 일반적으로 "진리는 작동하고 있다" 같은 표어로 요약될 수 있다.

우리는 이것을 "진리 실용주의 이론"으로 부를 수 있다. 그리스의 소피스트들과 같은 일부 철학자들은 철저한 주관주의를 변호하면서 이런 종류의 원칙을 사용했다. 즉 어떤 객관적 진리도 존재하지 않고 단지 "나를 위한 진리"만 존재한다. 나는 나에게 작동하는 것은 무엇이든지 믿을 것이다.

물론 기독교 인식론은 그런 종류의 과격한 주관주의를 배격할 것이다. 그런데도 진리에 대한 실용적 개념에 일부 진리가 존재한다. 성경은 분명히 우리에게 결국 기독교만 "작동한다"고 말한다. 기독교만 믿는 사람들에게 완전하고 영원한 하나님의 복을 가져다준다. 물론 "작동하는" 것은 동시에 하나님의 법과 일치하는 것이다.

성경에서 순종과 축복 사이의 빈번한 연관성에 주목하라(예: 시 1편). 또한, "작동하는" 것은 객관적 실재와 상호 관련이 있다. 우리가 실재를 하나님이 창조하셨던 것으로 인식하고 그런 인식을 기초로 활동할 때 하나님의 복을 받는다. 따라서 진리 실용주의 이론은 완전한 기독교 인식론에 관한 또 다른 "관점"이 된다.

어떤 그리스도인이 "내가 이 신념으로 살 수 있는가?"라고 물을 때 염두에 두는 삶은 완전한 성숙에서 중생한 삶이다.

우리는 우리가 가진 믿음이 완전히 성화된 기독교 의식과 경험과 일치하는지 묻고 있다.

우리는 그 믿음이 중생한 마음에서 나오는 타당한 산물인지 보여 줌으로써 우리의 믿음을 타당화한다. 마치 우리가 윤리적 행동이 합당한 동기에서 기인 한다는 것을 보여 줌으로써 윤리적 행동을 타당화하듯이, 여기서 우리는 우리의 믿음이 우리 안의 새 생명의 적용, 사실 "성령의 열매"임을 보여 줌으로 우리가 가진 믿음을 타당화하려 한다.

2) 설득과 증거

동일한 주장을 하는 또 다른 방식은 믿음의 타당성이 **설득**을 목표로 한다고 말하는 것이다. 우리는 단순히 진술을 입증하려 애쓰는 것이 아니라 사람들을 설득하려 애쓰는 것이다.

타당성은 사람 지향(person-oriented)의 활동이다. 우리의 믿음을 타당화하려고 할 때 우리는 종종 다른 사람들, 때때로 우리 자신을 설득하려 한다. 그러나 항상 시도되고 있는 어떤 설득이 존재한다.

마브로즈가 지적했듯이[24] 완전히 정당함에도(결론을 암시하는 전제) 설득하지 못하는 완전히 타당한 논증(전제, 따라서 결론이 참이다)을 가질 수 있다.

그가 제시한 예를 고려해 보자.

> 아무것도 존재하지 않거나 하나님이 존재하신다. 무언가 존재한다. 따라서 하나님은 존재하신다.

이 논증은 타당하다. 또한, 마브로즈는 자신이 하나님을 믿기 때문에 이 논증이 타당하다고 믿는다.[25]

---

[24] *Belief in God* (New York: Random House, 1970), 17-48.
[25] 하나님이 존재한다면 첫째 논증은 참이다. 구성하는 두 절 가운데 첫째 절이 참이라면 "~거나"(or)로 연결된 복합 문장은 참이다.

그러나 분명히 많은 사람이 이런 논증으로 설득되지 않을 것이다. 따라서 논증을 세울 때 논증의 정당성과 확고성뿐 아니라 설득력에도 주의를 기울이는 것이 중요하다. 우리의 목적은 명제를 확립하는 것이 아니라 사람들을 설득하는 것이다.

따라서 타당성에 실존적 요소가 존재한다. 우리는 사고 법칙과 객관적 실재와 일치하는 명제가 객관적으로 타당하다고 말할 수도 있다.

그러나 나는 내가 이런 법칙과 실재를 나 자신의 가치 체계에 수용하지 않는다면, 이런 것들이 나에게 설득력이 없다면 그것을 믿을 만한 타당한 이유를 **갖지** 못한다. 마브로즈는 **증명**을 자신이 "인격-변수"(person-variable)로 부르는 방식으로도 규정해야 한다고 제안한다.

따라서 논증은 한 사람에게 증명이 될 수 있고 다른 사람에게 그렇지 않을 수 있다. 증명에 대한 그의 공식화는 다음과 같다.

> 우리가 N에게 설득력 있는 논증을 제시하는 데 성공한다면, 그리고 그럴 때만, 우리는 N에게 진술을 증명할 것이다.[26]

마브로즈는 우리가 설득의 요소나 "설득력 있음"을 무시한다면 우리는 우리 자신이 누구에게도 도움이 안 되는, 완전히 정당하고 타당한 "증명들"을 구성하고 있다는 것을 발견할 수 있다고 말한다.

---

[26] *Belief in God* (New York: Random House, 1970), 35.

3) "인지적 휴식"—경건한 만족감

논증을 한 사람에게 설득력이 있게 만들고 다른 사람에게 설득력이 없게 만드는 것은 무엇인가?

이해하기 힘든 것처럼 보인다. 누군가 나에게 납득이 되는 이유를 물을 때 일반적으로 나는 규범과 사실을 언급한다.

그 밖에 다른 무엇이 있는가?

그러나 두 사람에게 같은 규범과 사실을 제시할 수 있다. 그리고 한 사람은 납득이 될 것이고 다른 사람은 그렇지 못할 것이다.

우리는 우리 자신의 사고 과정을 관찰하면서 차이점을 파악한다. 내가 두 개의 양립 불가능한 결론, 즉 A와 B 사이에서 결정하려 애쓰고 있다고 말해 보자.

나의 연구를 마친 후 나는 A 쪽으로 기울어진다. 나는 A를 숙고한다. 나는 나를 A 쪽으로 기울게 만든 증거를 재조사한다.

그러나 내가 A를 좀 더 숙고함에 따라 동일한 증거가 나를 점점 더 B 쪽으로 몰고 간다. 반드시 새로운 논증이 제기되는 것은 아니다.

오히려 타당하게 보였던 논증이 이제 타당하게 보이지 않을 수 있거나 아마 덜 중요하게 보일 수 있고 그 반대일 수 있다. 잠시 후 나는 B를 채택하기로 한다. 그리고 나는 내가 인지적 휴식 상태에 있음을 발견한다. 앞서 나는 불안했다. 그래서 더 많이 사유해야 한다고 느꼈다. 지금 나는 이 문제를 재고할 필요를 더는 느끼지 않는다.

무엇이 나를 A에서 B로 옮기게 했는가?

증거는 바뀌지 않았다. 논증도 바뀌지 않았다. 어떤 의미에서 새로운 어떤 것도 추가되지 않았다.

단순히 사고에 쏟은 더 많은 시간이 나의 최종 결정을 지지했는가?

그러나 때때로 나는 이런 "인지적 휴식"을 의식함 없이 사유에 수많은 시간을 보낸다. 어떤 때는 사유에 단지 몇 초밖에 걸리지 않는다. 확신 의식을 창출하는, 사고-시간의 특별한 분량이 존재하는 것처럼 보이지 않는다.

내가 이것을 설명할 수 있는 유일한 방법이 일부 독자들에게 지독히 주관주의적으로 들릴 수 있지만 나는 여러분의 관용을 요구한다. 이런 "인지적 휴식"은 **느낌**(feeling)과 매우 유사한 무언가의 존재로 초기의 나의 마음 상태와 다르게 보일 수 있다.

이것은 뜨겁거나 차가운 느낌 같은 것이 아니라 우리가 한 가지 일의 완성을 경험하는 만족감과 같다.

이것은 우리가 이 신념에 헌신할 수 있고 이 신념으로 "살아갈" 수 있는 느낌이다. 내가 아침 메일이 도착했다는 신념에 따라 행동할 때처럼 때때로 이런 느낌은 거의 두드러지지 않고 오히려 아주 흔하다. 다른 때 내가 마치 기독교의 진리처럼 위대한 삶의 변화를 가져오는 것을 발견할 때 같이 이런 느낌은 즐거운 것이다.

기독교에 대해 인지적 휴식에 도달하는 것은 성경 메시지로 "경건한 만족감"을 성취하는 것이다. 우리가 더는 진리에 대항해 싸우지 않고 기꺼이 그 진리를 받아들이는 때가 온다.

"항상 배우나 끝내 진리의 지식에 이를 수 없"는 사람들이 있다(딤후 3:7). 그들은 평생 씨름하지만 절대 하나님의 말씀 안에서 경건한 만족감에 이르지 못한다.

그러나 우리가 분명히 그런 만족에 도달할 때 엠마오 도상에서 부활하신 예수님을 만났던 제자들처럼 때때로 이런 느낌을 감지할 수 있다. 그들은 "우리에게 말씀하시고," "우리 속에서 마음이 뜨겁지 아니하더냐?"라고 말했다(눅 24:32).

그러나 이런 느낌이 강렬하든 그렇지 않든지 간에, 모든 그리스도인은 "그렇다. 이런 느낌은 나를 위한 것이다. 또한, 나는 이런 느낌과 함께 살아 갈 수 있다"라고 말할 수 있는 지점에 도달한다.

4) 지식, 중생, 성화

신학적으로 "인지적 휴식"에 대해 논의할 때 인지적 중생(noetic regeneration), 성화, "성령의 내적 증거"를 논의하는 것이다.[27] 성령은 확신을 창출하려고 자신의 말씀에 동반한다(요 3:3ff.; 고전 2:4, 5, 14; 살전 1:5; 요일 2:20f., 27).

또한, "그리스도의 마음," 그의 지혜가 신자들에게 전달된다(마 11:25ff.; 눅 24:45; 고전 1:24, 30; 2:16; 빌 2:5; 골 2:3). 그리고 삼위일체를 완전하게 하려고 성부 하나님을 하나님 백성의 교사로 언급하는 구절도 있다(마 16:17; 23:8ff.; 요 6:45). 그

렇다면, 우리 자신을 기독교에 헌신하는 인지적 휴식은 다름 아닌 바로 하나님의 은혜로 임한다.[28]

인지적 휴식은 구원의 요소다. 죄는 우리가 참된 지식을 갖게 하지 못했지만(롬 1장; 8:7; 고전 2:14; 엡 1:19-2:6; 4:17-19), 그리스도 안에 있는 하나

---

[27] John Murray, "The Attestation of Scripture," in P. Woolley and N. Stonehouse, eds., *The Infallible Word* (Grand Rapids: Wm. B. Eerdmans Pub. Co., 1946; reissued by Presbyterian and Reformed Pub. Co.); 또한, 나의 글 "The Spirit and The Scriptures," in D. A. Carson and J. Woodbridge, eds., *Hermeneutics, Authority, and Canon* (Grand Rapids: Zondervan Publishing House, 1986), 213-35를 보라.

[28] 참조, 나의 책 *The Doctrine of the Word of God* (『성경론』, PNR[개혁주의신학사] 刊)에서 "하나님의 현존인 말씀"과 "인격 매체를 통한 말씀"에 관한 부분.

님의 은혜는 우리를 이런 무지에서 벗어나게 하기에 충분하다(겔 36:25ff.; 요 1:11ff.; 3:1-8; 6:44f., 65; 7:17; 11:40; 행 16:14; 고전 8:1-4; 12:3; 고후 4:3-6; 엡 1:17f.; 2:1-10; 3:18f.; 골 3:10; 살전 1:9f.; 딤전 1:5-11; 요일 2:3-6, 9-11, 20-27; 4:2f., 8, 13-17; 5:2f., 20).

그러나 중생은 즉시 신자에게 신앙과 관련된 모든 문제에 대해 인식적 휴식 의식을 제공하지는 않는다. 그리스도에 대한 우리가 가진 기본적인 전제적 헌신은 중생 시 시작하지만 다른 헌신들은 더 점차 발전하거나 적어도 우리가 그런 헌신들을 의식하게 되는 데 시간이 걸린다.

따라서 인지적 중생이 존재할 뿐 아니라 인지적 성화도 존재한다(다르게 표현하자면, 확정적인 인지적 성화와 점진적인 인지적 성화가 존재한다). 그리스도와 우리의 관계가 시작할 때 먼저 급진적인 변화가 있고 그 이후 점진적 변화가 있다.

성경은 이런 점진적 변화는 성화라는 전반적 과정과 분리할 수 없다고 가르친다. 또한, 인지상의 문제와 관련된 확신은 순종과 거룩함의 성장과 분리될 수 없다.

때때로 신학자들은 "그리스도인의 삶은 기독교 교리에 근거한다"라고 말하지만 기독교 교리 또한 그리스도인의 삶에 근거하기도 한다. 교리적(그리고 다른) 진리는 우리가 살아가는 그리스도의 삶의 전반적인 성숙에 의존한다.

이 점에 대해 요한복음 7:17과 증명(*dokimazein*)을 흥미롭게 사용하는 일련의 구절들을 보라.

① 로마서 12:1f.에서 바울은 하나님 자비의 측면에서 우리 몸을 산 제물로 드릴 것을 종용한다. 그리고 그것은 이 세상을 본받지 않음과 거룩함으로 변화를 수반한다. 이것은 윤리적 갱신의 과정이다. 또한, 바울은 이 과정으로 우리가 하나님의 뜻이 무엇인지 "증명"할 수 있다고 언급한다. 이것은 일반적으로 우리가 듣는 것과 반대다. 왜냐하면(일반적으로 말해), 우리가 보통 듣는 것은 다음과 같기 때문이다. 우리는 하나님의 뜻을 알아야 하고 그런 후 우리는 더 거룩해질 수 있다. 이런 충고는 충분히 사실이지만, 그 반대 순서로도 작용한다. 변화를 받으라. 그러면 새롭게 된 마음은 하나님의 뜻을 분별할 수 있을 것이다.

② 에베소서 5:8은 우리의 타락한 상태를 극명하게 기술한다. 우리는 전에 **어둠이었다**. 그러나 이제 우리는 **빛이다**. 이 빛은 9절에서 윤리적 변화로 규정된다. 윤리적 변화의 과정 동안 우리는 하나님을 기쁘시게 하는 것을 "증명"한다(엡 5:10).

③ 빌립보서 1:9f.에서 바울은 빌립보 교인들의 사랑이 지식과 총명(insight)의 깊이에서 점점 더 풍성해지길 기도한다. 다시 말하지만 10절에서 윤리적으로 새롭게 됨은 더 깊은 지식의 출처다. 그런 후 10절에서 바울은 더 심오한 이런 지식이 우리가 가장 훌륭한 것(아마 특별한 경우에 행하기에 가장 알맞거나 합당한 것)을 "증명"하는 데 일조 하고 결과적으로 더 높은 순수함과 흠 없음으로 이어진다고 말한다. 다시 말하지만 윤리적 만족과 기독교적 이해 사이의 순환적 관계에 주목하라.

히브리서 5:11-14은 비슷한 구절이지만, '도키마제인'(*dokimazein*)을 사용하지 않는다. 히브리서 저자는 분명히 속히 멜기세댁에 관한 자신의 가르침을 시작하고 싶어 하지만 자신의 독자들이 그런 깊은 교훈에 준비되어 있지 않다는 것을 안다. 그들은 "듣는 것이 둔하고" 단지 "초보적"인 가르침에만 준비되어 있다.

그들의 문제는 그들이 의의 말씀을 "경험"하지 못한 영적으로 성숙하지 못한 유아라는 사실에 있다(히 5:13). 이와 대조적으로 성숙은 우리의 능력(faculties)을 "사용함으로 연단을 받아 선악을 분별하는" 것을 의미한다(히 5:14).

신학상의 성숙은 윤리적 성숙과 함께 발생함을 다시 한번 주목하라.

우리가 선악을 분별하는 것을 배움에 따라 멜기세댁을 이해하는 능력이 발생한다. 또한, 이런 윤리적 성숙은 주로 교실이 아닌 영적 전쟁이 한창일 때 발생한다. 또한, "훈련"(exercise, *gymnazein*)과 "활용"(use, *hexis*)이 있다.

그리스도인의 삶은 훈련 과정이다. 우리가 하나님께 순종하여 어려운 결정을 하는 경험이 많을수록 우리는 미래에 더 잘 결정할 수 있다. 우리가 윤리적 결정을 더 잘 할수록 우리는 신학적 결정을 하는 데 더 준비될 것이다. 이 둘은 서로 같은 종류다.

따라서 기독교적 가르침에 대해 인지적 휴식에 도달하는 능력은 성화, 즉 거룩의 성장과 함께 온다. 의심할 여지없이 교회에서 많은 교리적 오해는 이런 영적-윤리적 미성숙 때문이다.

우리가 신학 논쟁에 가담할 때 우리는 이런 사실에 더 많은 주의를 기울일 필요가 있다. 때때로 우리는 서로 반복해서 논쟁을 주고받고 필사적으로 서로 설득시키려 한다.

그러나 종종 논쟁자 가운데 한 사람이나 모두 명확한 인식을 방해하는 일종의 영적 미성숙이 있다.

우리 모두 실제로 어떻게 그 영적 미성숙이 작동하는지 안다. 서로에 대한 충분한 사랑이 부족할 때 우리는 다른 사람의 견해를 가능한 최악의 의미로 해석하려 한다(심지어 인식론적 개념인 사랑이 가진 엄청난 중요성을 망각한다. 참조, 고전 8:1-3; 딤전 1:5ff.; 요일 2:4f.; 3:18f.; 4:7ff.).

또한, 우리는 충분한 겸손이 부족할 때 우리 자신이 가진 지식의 범위를 과대평가한다. 그럴 때 한 명이나 그 이상의 성숙하지 못한 논쟁가들과 논쟁에서 즉각적인 합의를 추구하지 않는 것이 최선일 수 있다.

때때로 우리는 잠시 약간 뒤로 물러설 필요가 있다. 우리는 자리를 떠서 주님을 위해 건설적인 일을 하고, 기독교적 영적 전쟁을 수행하며, 우리의 도덕적 능력을 훈련하는 데 얼마 만큼의 시간—아마 몇 달이나 수년—을 보낼 필요가 있다.

그런 후 우리는 다시 교리 문제로 돌아와 더 성숙한 관점에서 그 문제를 다룰 수 있다.

당신은 신학적인 문제들이 때때로 실질적인 해결책을 효과적으로 어떻게 가질 수 있는지 아는가?

나는 종종 얼마나 많은 신학생이 강도사 인허(licensure)와 목사 안수를 준비하는 데 있어 요청받는, 신학적 결정을 보증할 영적 성숙을 갖추었는지 궁금하다. 이런 맥락에서 바울의 말은 새로운 중요성을 띤다.

> 새로 입교한 자도 말지니 교만하여져서 마귀를 정죄하는 그 정죄에 빠질까 함이요(딤전 3:6).

5) "~로서 보는 것"—실존적 관점과 규범적 관점

이런 "인지적 휴식," "경건한 만족감"에 대해 무언가 더 많이 말해질 수 있는가?

이 지점에서 많은 질문이 발생한다. 왜냐하면, 이런 생각들은 다소 모호하고 신비롭기 때문이다.

특별히 일부 사람들은 이런 개념들이 성경의 충족성 교리와 일관성이 있는지 우려할 수 있다.

이런 "만족"은 성령의 새로운 계시인가?

이것은 정경에 추가된 것인가?

이것은 추가적인 규범인가?

그렇지 않다면, 이것은 무엇인가?

나는 종교개혁의 성경의 충족성 교리를 강하게 변호한다.[29] 그러나 종교개혁가들은 성경의 충족성과 성령 증거의 필요성을 확증하는 데 있어 어떤 어려움도 겪지 않았다. 그들은 성령의 증거가 새로운 계시가 아니라는 것을 분명히 했다(왜냐하면, 심지어 그들이 살던 시대에도 이 영역에 대한 오해가 있었기 때문이다).

오히려 성령의 사역은 이미 주어진 계시를 조명하고 확증하는 것이다. 성경에서 성령의 증거는 그리스도(요 14:26; 15:26; 16:9f., 13.)와 하나님의 말씀(고전 2:4; 살전 1:5)에 대한 증거다.

성령은 하나님의 말씀이 참되다고 증거하시지만, 하나님의 말씀은 이미 우리에게 그것을 말씀하셨다!

---

[29] 나의 책 *The Doctrine of the Word of God* (『성경론』, PNR[개혁주의신학사], 刊)을 보라.

그런데도 성경은 기꺼이 이런 사역을 계시의 사역으로 표현한다 (마 11:25f.; 엡 1:17). 우리가 성령의 사역을 통해 다른 경우라면 무지할 수 있는 무언가 배운다는 의미에서 성경은 계시다.

우리는 하나님의 말씀을 배운다. 또는 다르게 표현하자면 우리는 "감화되고" 있고, "인지적 (noetically)으로 중생하여 성화되고" 있고, "인지적 휴식을 취하고" 있다. 우리에게 "경건한 만족감"이 주어지고 있다.

또한, 성령의 사역은 우리가 하나님의 말씀을 **사용**하고 **적용**하도록 돕는다. 분명히 성령은 우리에게 성경 진리의 의미를 가르치시지 않는다면 우리에게 성경의 진리를 확신시켜 줄 수 없으시다.

또한, 우리가 살펴보았듯이 의미는 적용을 포함한다. 이것을 우리는 사무엘하 11장, 12장에서 다윗이 밧세바와 간음하고 그녀의 남편 우리아를 죽게 함으로써 하나님에게 범죄했던 사건을 통해 볼 수 있다. 여기서 "하나님 마음에 합한 사람" 다윗은 특별한 영적 무지에 갇혀 있는 듯이 보였다.

다윗에게 무엇이 발생했는가?

어떤 의미에서 그는 성경을 완벽하게 잘 알았다. 그는 하나님의 말씀을 밤과 낮으로 묵상했다. 그는 그 사건의 사실들을 알았다. 그러나 그는 죄를 깨닫지 못했다.

그러나 나단 선지자가 그에게 와서 하나님의 말씀을 전했다. 나단은 즉시 다윗을 직접 비난하지 않았다. 대신 그는 다윗에게 비유, 즉 이야기를 전했는데, 그 이야기는 다윗으로 하여금 그 이야기 속의 어떤 사람에게 화를 내게 했다. 그런 후 나단은 다윗에게 "당신이 그 사람이라"라고 말했다. 그 지점에서 다윗은 자기 죄를 회개했다.

이 지점에서 다윗이 무엇을 배웠는가?

다윗은 이미 하나님의 율법을 알았다. 어떤 의미에서 그는 이미 그 사실들을 알았다. 그가 배웠던 것은 적용, 즉 율법이 **그**에 대해 말했던 것이었다. 전에 그는 다음 같이 무언가 합리화했을 수 있다. "이 땅의 왕들은 자기들이 원하는 어떤 여자들도 취할 권리를 갖고 있다.

또한, 총사령관은 전선에서 누가 싸울지 결정할 권리를 갖고 있다. 따라서 밧세바와 관계는 **실제로** 간음이 아니었고 우리아에 대한 나의 명령은 **실제로** 살인이 아니었다." 우리 모두 어떻게 이 합리화가 작동하는지 안다.

또한, 우리 자신이 이런 것을 했다. 그러나 성령이 나단을 통해 하셨던 것은 그런 합리화를 제거하는 것이었다.

따라서 다윗은 자신의 행동을 죄, 간음, 살인과 같은 올바른 이름으로 부르게 되었다.

그는 성경적 개념이라는 측면에서 자신의 삶을 해석하게 되었다. 그는 자신의 "관계"를 **간음으로,** 또한 자신의 "행정 명령"을 **살인으로** 보게 되었다. 그는 "~로 보는 것"을 배우게 되었다.

"~로 보는 것"은 최근에 많은 철학자, 특히 루트비히 비트겐슈타인(Ludwig Wittgenstein)이 탐구했던 흥미로운 개념이다. "~로 보는 것"은 "보는 것"과 동일한 것은 아니다. 어떤 그림을 보고 있는 사람은 이것을 오리로 볼 것이고 다른 사람은 토끼로 볼 것이다.

도형 3. 오리-토끼

어떤 의미에서 그들은 종이 위에 동일한 선들을 본다. 그러나 그들은 다른 패턴, 다른 모양이나 모습(*gestalts*)으로 본다. 따라서 우리가 성경에 비추어 우리 삶을 보려 할 때 우리는 이것을 이해한다.

한 사람은 성관계를 "기분전환용 장난"(recreational dalliance)으로 볼 것이다.

반면, 다른 사람은 성관계를 간음으로 볼 것이다. 때때로 한 사건에 대한 하나 이상의 가능한 성경 해석이 있어 보일 때 이런 문제는 더 복잡해진다.

내가 분노를 느낀다고 가정해 보자.

이런 분노는 예수님이 성전에서 환전가들에게 보여 주셨던 의로운 분노인가?

아니면 예수님이 어떤 경우에도 금지하는 살인적인 분노인가?

이 분노는 어떤 범주에 해당하는가?

이런 질문들은 분명히 사실이나 규범에 대한 질문이 아니다. 일반적으로 사람들은 이런 질문에 대해 단순히 정보를 제공하거나 명령하는 방식으로 답변하지 않는다.

오히려 필요한 것은 우리가 다른 식으로 사물을 보도록 일조하는 권고다. 따라서 여기서 예술가적 기교와 뉘앙스가 특별한 역할을 한다. 나단은 단순히 율법을 반복하지 않았다. 대신 그는 하나의 이야기를 전했다.

이 이야기가 다윗을 뒤흔들어 합리화에서 벗어나게 하고, 다윗이 그 사실들로부터 다른 패턴을 만들고 일들을 올바른 이름으로 부르도록 돕는 데 효과가 있었다.

그런 방법이 신학에서 합당할 때 우리는 이런 상황과 경우에 더 민감할 필요가 있다.

우리 삶에서 성령의 사역 대부분은 이런 특징을 가지는데, 특별한 방식으로 성경이 우리 삶에 적용된다는 것을 우리에게 확신시켜 준다.

성령이 정경을 추가하지는 않지만, 성령의 사역은 실제로 가르침의 사역, 계시의 사역이다. 그런 계시가 없다면, 우리는 성경을 전혀 사용할 수 없을 것이다. 그것은 우리에게 죽은 문자일 것이다.

따라서 어떤 의미에서 성령은 어떤 것도 첨가하지 않는다. 또 다른 의미에서 성령은 모든 것을 첨가하신다. 우리는 기독교적 신념을 타당화하라고 요구받을 때, 성령이 아닌 말씀을 강조한다. 왜냐하면, 타당성을 **진술하는** 것은 말씀이기 때문이다.

그러나 우리는 성령을 떠나서 그 타당성에 관한 지식을 가지지 못할 것이다. 또한, 신념을 타당화하는 데 있어 종종 다음의 두 가지가 중요하게 여겨진다.

① 우리 자신의 영적 성숙에 대한 증거를 제시하고 따라서 우리가 하는 진술에 대해 우리가 가진 영적 자격(qualication)을 보여 준다.
② 다른 사람이 진리를 우리가 보는 것**처럼 보도록** 돕기 위해 합당하고 기교적인 방식으로 우리의 타당성을 진술한다.

6) 공동체적인 실존적 관점

앞 논의의 대부분은 개인적 내적 인식을 통해 오는, 하나님에 관한 개인 지식에 초점을 맞추었다. 나는 이것에 어떤 변명도 하지 않는다. 하나님은 분명히 각 개인을 돌보시고 우리 모두와 개인적으로 관련을 맺으신다.

어떤 점에서 우리 모두는 서로 다르다. 다른 유전형질, 인생사, 타고난 재능과 영적 재능, 타고난 약점과 영적 약점들을 갖고 있다. 하나님은 우리의 머리카락 모두를 세시고, 참새가 떨어지는 것을 지켜보신다.

또한, 피조계의 모든 다양성이 그의 손안에 있다. 하나님은 구원하시는 자신의 은혜로 모든 개인의 영적 필요를 채우신다.

성경은 어떻게 하나님의 사랑이 개인들을 만나는지 이야기로 사랑을 전해 준다. 또한, 성경은 우리에게 회개하는 죄인이 천국에서 기쁨을 누린다고 말한다.

그러나 성경의 강조점은 다르다고 주장될 수 있다. 이런 강조점은 개인의 구원이 아닌 한 **국민**의 구원에 강조점이 있다. 역사 전체를 통해 하나님은 가족, 국가, 실제로 세계에 관심을 가져 오셨다.

하나님의 목적은 단순히 개인의 완전성뿐 아니라 그리스도의 몸인 교회의 완전성이기도 하다.

그런 점에서 에베소서는 성경의 가장 두드려진 부분 가운데 하나다. 에베소서는 하나님을 아는 지식을 많이 언급하는 책이다. 우리는 실존적 관점에서 에베소서 1:17ff.; 3:14-19; 5:8-21을 인용했다.

이런 본문들은 하나님을 아는 지식이 성령의 계시적이고 성화시키시는 증언과 분리할 수 없다는 것을 보여 준다.

그러나 에베소서에서 "지식"은 주로 개인인 우리 가 가진 지식이 아닌,

교회가 하나의 몸으로 공유하는 지식으로 보인다. 지식을 "너희"(복수)에게 돌린다. 지식은 "모든 성도와 함께" 하는 지식이다(엡 3:18). 이런 지식의 최종 결과는 다음과 같다.

> 우리가 다 하나님의 아들을 믿는 것과 아는 일에 하나가 되어 온전한 사람을 이루어 그리스도의 장성한 분량이 충만한 데까지 이르리니 … 오직 사랑 안에서 참된 것을 하여 범사에 그에게까지 자랄지라 그는 머리니 곧 그리스도라 그에게서 온몸이 각 마디를 통하여 도움을 받음으로 연결되고 결합하여 각 지체의 분량대로 역사하여 그 몸을 자라게 하며 사랑 안에서 스스로 세우느니라(엡 4:13, 15-16).

여기서 언급하는 "성숙"은 각 개인의 성숙이 아닌데, 비록 그것을 암시해도, 공동체의 머리이신 그리스도 안에서 성장하는 공동체의 성숙이다. 그렇다면, 지식도 공동체 전체가 공유하는 것으로 보는 것이 최선이지만, 개인의 지식도 공동체 전체와 관련이 있다. 따라서 개인들이 소유한 지식뿐 아니라 교회가 소유한 일종의 "지식"도 존재하는 듯이 보인다. 개인의 지식과 같이 교회의 지식도 세 가지 관점에서 파악할 수 있다. 교회가 소유한 지식은 성경 규범에 기초하고, 창조와 구속의 실재에 기초하며, 몸인 교회를 공동체적으로 성화시키는 그리스도와 성령의 사역에 기초한다(엡 4:4f.; 5:22-23).

"지식의 사회학"(sociology of knowledge)은 그룹 충성도가 신념-헌신에 미치는 영향에 대해 많은 것을 언급한다. 이 분야에서 쿤(Kuhn), 한슨(Hanson), 폴라니(Polanyi) 같은 과학 철학자들은 마르크스와 프로이트식 입장에서 많은 글을 저술했다.

이 세상의 사물에 대해 우리가 가진 전제와 견해는 가족, 민족성, 종교, 정당이나 이념, 경제적 상태, 교육상의 배경, 직업, 전문 협회 등 같이 다양한 대인관계에 심오한 영향을 받는다. 단체는 "단체정신"을 개발하는 경향이 있다. 또한, 단체정신은 분명히 단체 안에 개인들의 사고를 결정함 없이 그 사고에 깊은 영향을 준다.

우리는 "집단사고"를 의심하는 경향이 있고, 많은 경우 그러한 판단이 옳다. 사고의 독립성을 함양하는 데 있어 중요한 지적 유익들이 존재한다.

그러나 다른 사람들과 맺고 있는 관계에서 완전히 벗어나는 것은 불가능하다. 또한, 그런 완전한 독립성은 정말 바람직하지 않다. 이상적인 것(타락 이전의 상황)은 인류 전체가 팀으로 일하는 것이다.

그리고 함께 창조의 모든 신비를 찾고, 서로를 신뢰하고, 배움이라는 위대한 체계 위에 평화롭게 협력하고, 어떤 개인이 이해할 수 있는 것보다 훨씬 더 큰 지식의 체계에 자신의 몫을 이바지한다.

이와 같은 것이 하나님이 자신의 교회에 의도하시는 것이다. 하나님은 우리가 우리보다 더 광대하신 하나님을 아는 지식을 향해 함께 자라기를 원하시는데, 그 지식은 놀랍게도 어떻게든 교회의 머리이신 예수 그리스도의 지식과 일치한다(참조, 엡 4:15f.).

물론 공동체 지식의 성장은 각 개인을 부요하게 할 것이다. 교회가 성숙에 도달할 때 교회에 속한 개인들은 "이제부터 어린아이가 되지 아니할 것이다"(엡 4:14).

따라서 교회가 교회의 장로-교사들 및 사법상의 징계를 통해 말할 때 우리는 교회에 주의를 기울이는 것이 현명하다(마 18장). 분명히 교회는 오류가 없는 것이 아니지만, 분명히 자체의 관할권 안에서 가르침을 다스릴 권위를 가지고 있다.

교회에서 개인은 순종과 겸손의 정신을 함양할 뿐만 아니라, 대부분 신자들로 이뤄진 전체 몸(특히, 교회사 전체를 통해 이어져 온 전체 몸)이 개인이 아는 것보다 더 많이 알고 있다는 인식을 함양할 필요가 있다.

만약 양심이 전체 몸과 어긋나도록 강요한다면, 나는 나의 견해를 반드시 밝혀야 하지만 심지어 그때도 나는 서두르지 말아야 한다. 심지어 양심도 오류가 있을 수 있다. 따라서 성경에 따라 합당하게 분별하도록 양심을 훈련해야 한다.

물론 교회는 우리가 범하는 오류를 무효로 하는 것보다 우리를 위해 더 많은 것을 한다!

가령, 우리가 절대 오류를 범하지 않아도 우리가 지식의 완전성에 이르려면 계속 문제를 논의하고, 서로 사랑하고(엡 6:2), 서로의 짐을 지고(갈 6:2), 그리스도인의 영적 전쟁을 함께 싸우는 과정이 필요하다. 하나님은 선물로 우리 각자를 서로에게 주셨다(엡 4:4-13).

이 문제를 실존적 관점 또는 (나의 『기독교 윤리학』[*The Doctrine of the Christian Life*][PNR<개혁주의신학사> 刊]과 같이) 상황적 관점 아래서 논의해야 하는가? (거기서 신자들로 구성된 몸은 우리 지식이 고려해야 하는, 우리가 처한 상황의 한 측면으로 기능했다.)

물론 모든 관점은 상호의존적이므로 이 문제는 그렇게 중요하지 않다. 우리가 살펴보았듯이 교회는 규범적 기능, 즉 하나님에게서 유래하는 파생된 권위를 갖고 있다.

그러나 성경은 공동체의 지식을 주로 개인이 자라고 발전하는 것처럼 자라고 발전하는 초개인적 주관성의 일종으로 제시하는 것처럼 보인다. 그런 지식에 개인은 주로 객체에 대한 주체로 관계 맺는 게 아니라 몸에 대한 지체로 관계 맺는다.

따라서 나의 주관성은 교회가 가진 주관성의 일부다.

교회의 주관성은 내가 가진 주관성의 충만함이다. 전체 몸만 손가락이 느낀 고통을 완전히 경험하고 이해한다.

7) 다시 자율성인가?

위의 모든 논의에서 사실 주관주의적 입장에 대한 일부 진리를 인정했다. 만약 어떤 믿음이 내가 가진 주관적 경향과 일치하지 않는다면 나는 그 믿음을 타당한 것으로 간주할 수 없다는 것이다.

"인지적 휴식," "만족감," "~로서 보는 것," 이런 것들은 주관적 조건 외에 무엇인가?

그렇다면, 우리는 인간 자율성에 문을 열어 놓았던 것은 아닌가?

비기독교 주관주의자는 그렇다고 말할 것이다. 그는 합리주의자, 경험주의자, 칸트주의자, 플라톤주의자, 불교도, 마르크스주의자이든 그리스도인이든 상관없이

우리가 우리 자신의 자율적 권위로 이런 견해를 수용할 수 있다고 주장한다. 우리가 합리주의를 수용한다면 수용하게 되는 것이다. 왜냐하면, 종국적으로 합리주의가 호소력이 있기 때문이다.

우리가 플라톤주의를 수용한다면 수용하게 되는 것이다. 왜냐하면, 플라톤주의가 옳다고 생각하고 플라톤주의와 함께 살 수 있기 때문이다.

그런 비기독교 주관주의자들은 기독교를 수용하는 것도 마찬가지라고 주장할 것이다!

따라서 그들의 논증은 우리 모두 합리주의자, 경험주의자, 그리스도인이든 아니면 그 밖에 무엇이든지 본질적으로 마음속에서 주관주의자들이

라고 주장한다.

이런 비판에 답변할 수 있는가?

나는 답변할 수 있다고 생각한다. 우리가 앞에서 했던 주관주의에 대한 논의를 기억하라(제4장 4. "3) 주관주의"를 보라). 주관주의는 자기 부정적이거나(어떤 객관적 지식도 존재하지 않는다는 사실의 객관적 지식을 주장함)

인식론적 대화의 포기다(이런 경우 주관주의는 우리에게 언급할 어떤 것도 갖고 있지 않다). 게다가 합리주의, 경험주의, 그 밖의 다른 체계가 주관주의로 환원되는 것처럼 보이도록(위와 같이) 만들어질 수 있듯이 그 역(易) 또한 사실이다.

즉 주관주의가 합리주의, 경험주의, 그 밖의 다른 체계로 환원된다!

왜냐하면, 주관주의자는 자기의 주관성 가운데 어떤 요소가 "자기를 위한 진리"가 될 것인지 결정해야 하기 때문이다.

그는 많은 가능성에서 자신의 규범과 자신의 대상을 선택해야 한다. 그는 자신의 규범으로 이성, 감각 경험, 코란, 성경을 선택할 수 있지만, 그가 선택할 때 더 이상 주관주의자가 아닐 것이다.

그러나 현재 우리의 관심은 실존적 관점 아래서 우리가 주관주의와 치명적인 타협을 하여 우리가 취한 최종 입장이 언약적 종의 입장이기보다 오히려 자율적인 것이 아닌지에 대한 것이다.

나는 그렇지 않다고 생각한다. 약간만 성찰하면 알 수 있는 바는 기독교적 전제라는 틀에서 이해할 때 실존적 관점은 실제로 다른 두 관점과 동일하다는 것이다.

기독교적인 실존적 관점은 사람들에게 자신들이 가진 감정을 무비판적으로 따르고, 첫인상에 좋게 느껴지는 것은 무엇이든 행하고 생각하라고 종용하지 않는다.

우리가 처음에 좋게 느껴진 것이 후에 계속 안 좋게 느껴질 수 있음을 안다!

또한, "인지적 휴식"의 감정이 아닌 많은 **좋은** 감정도 존재한다. 우리가 찾는 인지적 휴식은 우리가 가진 신념에 대한 깊은 만족감이다. 종종 이런 깊은 만족감은 많은 연구, 분석, 기도를 요구한다.

이것은 단지 "깊은 만족감"이 아니다. 오히려 이것은 하나님의 계시에 대한 완전한 일치감이다. 우리는 어떤 감정이 아닌 그런 감정을 추구한다.

우리는 때때로 아무리 그런 감정이 포착하기 어려워도 어떻게 **그런** 감정이 오는지 안다. 그런 감정은 우리가 가진 모든 생각을 성경의 기준으로 검증하면서, 또 그런 기준을 우리 경험의 총체에 적용함으로 온다.

그리스도인에게 어떤 다른 잣대도 그런 종류의 확신, 즉 그런 "경건한 만족감"을 창출하지 않는다. 따라서 이런 경건한 만족감을 성경의 측면에서 정의할 수 있다.

나를 만족하게 하는 것은 성경이 보증하는 것을 내가 믿는 것이다. 아니면 경건한 만족감은 내가 사실을 이해했던 감정으로 상황적으로 정의할 수 있다.

세 가지 관점은 하나다!

성화의 성령은 우리를 하나님의 말씀 외에 어떤 곳이 아닌 그가 창조하신 피조계에 대한 참된 이해로 이끌 것이다.

4. 어떤 관점이 궁극적인가?

요 몇 해 동안 합리주의자들, 경험주의자들, 주관주의자들은 각각 서로의 관심을 공정하게 다루려 노력했다.

그러나 일반적으로 그들은 이런 접근 방식 가운데 하나에 우선성이 주어져야 한다고 주장했다.

합리주의자들은 우리가 삶을 통해 우리를 돕는 감각 경험과 느낌에 주의를 기울여야 한다는 데 동의하지만 갈등이 발생할 경우 최종 결정은 이성에게 주어야 한다고 주장한다.

결국 이성이 감각과 주관성을 어떻게 사용하는 것이 합리적인지 결정해야 한다!

그 밖에 어느 곳을 향할 수 있는가?

경험주의자는 우리가 "합리적"이라고 생각하는 것은 경험 과정에서 발전된 사고 습관에 의존한다고 답할 것이다. 합리성에 대한 어떤 주장도 사실을 살펴봄으로써 검증해야 한다.

모든 이론이 사실을 판단하는 것이 아닌, 사실이 모든 이론을 판단해야 한다. 그렇다면 주관주의자는 우리가 "합리적"이고 "사실적"으로 부르는 것이 믿기 원하는 것에 훨씬 많이 의존한다고 지적할 것이다.

궁극적으로 그런 주장은 그런 주장을 믿기 원하는 경우만 우리를 설득할 것이라고 지적할 것이다.

그러나 경험주의자와 합리주의자는 주관주의자에게 다음과 같이 답변할 것이다. 우리는 실제로 참인 것을 알 때까지 휴식을 느끼지 **말아야 한다**는 것이다.

그렇다면 우리는 우리가 휴식을 얻었음을 어떻게 아는가?

우리가 어떤 기준과 사실에 관한 어떤 지식도 갖고 있지 않음에도 어떻게 우리는 그런 느낌을 식별할 수 있는가?

우리는 제자리걸음만 하고 있다. 때때로 그리스도인들은 사실 세 가지 관점에 동일한 질문을 제기한다. 그들은 어떤 것이 "우선하며" "궁극적"인지 묻는다.

일반적으로 그리스도인들은 성경의 최고 권위로 인해 규범적 관점이 우선적인 것이 되길 원한다. 다른 사람들(아마 더 정교한)은 비록 성경이 영감되었고 오류가 없지만, 성경은 창조, 타락, 구속 같은 그 밖에 중요한 무언가에 관한 설명임에 주목한다. 그들은 이런 사건들이 이런 사건들에 대한 성경적 설명보다 더 궁극적이고 더 근본적이라고 말한다.

따라서 우리는 **성경을 통해** 성경 안에 묘사된 이런 사건들을 바라보아야 한다.

그러나 비록 세 번째 그리스도인 그룹은 성경 권위와 성경 안에 묘사된 사건의 중요성에 관해 동의하지만 새로운 삶, 즉 변화된 마음에서 기독교의 중심을 발견한다. 왜냐하면, 변화된 마음만 성경과 성경의 역사를 영유할 수 있기 때문이다.

그런 후 첫 번째 그룹은 단지 하나님 말씀의 순종적 경청 등이 마음을 변화시킨다고 답변한다.

우리는 정말 결정할 필요가 있는가?

우리는 이 모든 그룹에 동의하고 이 세 가지 관점 가운데 **상호** 의존(궁극적으로 동일성)이 존재한다고 말할 수 없는가?

물론 성경은 권위적이다. 물론 우리는 성경 자체를 위해서가 아닌, 성경의 가르침을 위해 성경을 읽는다.

물론 우리는 새롭게 된 마음이 없이 성경이나 성경 가르침을 우리의 것으로 영유할 수 없다. 우리는 성경과 성경의 가르침을 영유함 없이 새롭게 된 마음을 가질 수 없다.

이런 세 가지 관점 가운데 그런 공통적이고 상호 우선성에 대한 가장 강력한 반론은 "규범주의"에서 어떤 것이 기인하는지에 대한 것이다. 규범적 관점이 절대적으로 우선해야 한다. 왜냐하면, 성경이 우선적이기 때문이다. 결국 성경은 우리의 최고 권위다.

그러나 이런 반론은 성경과 "규범적 관점" 사이에 차이점이 존재한다는 것을 인식하지 못한다.

이 둘은 동일하지 않다. 규범적 관점은 성경이 아니다. 오히려 규범적 관점은 내가 성경이 나와 모든 피조물과 맺고 있는 관계 가운데서 성경을 **이해**하는 것이다.

규범적 관점 아래서 나는 나의 모든 지식을 조사하고 성경에 **초점을 맞춘다**(그뿐 아니라 하나님의 규범적 계시의 다른 형태에 관해서도 초점을 맞춘다). 규범적 관점 아래서 나는 나의 모든 지식을 "성경의 적용"으로 본다(본 장 1. "4) 모든 앎은 신학화다"를 보라).

그렇게 이해할 때 규범적 관점이 중요하지만 그것은 성경이 아니다. 성경의 우선성이 저절로 규범적 관점의 우선성을 수반하지 않는다.

특별히 다른 두 관점도 성경을 다루기 때문에 이 경우에 해당한다. 상황적 관점은 성경을 권위 구조에서 중심적인 "사실"로 보고 실존적 관점은 성경을 가장 권위적이고 주관적인 자료로 본다.

궁극적으로 세 가지 관점은 단지 **강조**나 **초점**에서만 다르다. 각각 다른 둘을 포함한다. 따라서 이 세 가지 관점 모두 동일한 영역을 다루고 동일한 내용을 가진다.

나는 이 세 가지 관점이 똑같이 궁극적이고 중요하다고 주장한다. 각각 서로에 의존한다. 따라서 다른 두 가지 관점 없이 나머지 하나를 이해할 수 없다.

5. 변증학에서 타당성

우리는 모든 것이 신학에 좋다고 말할 수 있다.

그러나 우리가 진리를 불신자에게 제시하려면 어찌 되는가?

신자들은 인지적 휴식에 도달할 때까지 성경의 기준에 따라 세계를 조사함으로써 진리를 추구하는 것이 좋다.

그러나 어떻게 불신자가 그런 절차를 수용할 것으로 기대할 수 있는가?

불신자는 성경의 기준을 수용하지 않을 것이다. 따라서 그는 우리가 수용하는 동일한 사실을 수용하지 않을 것이다. 그는 언제 자신이 인지적 휴식을 발견해야 하는지에 대해 우리에게 동의하지 않을 것이다. 따라서 반론은 계속된다. 그러나 나는 다음과 같이 반문한다.

다른 대안이 존재하는가?

어떤 **다른** 권위에 근거해서 추론해야 하는가?

그러나 그것은 우상숭배일 것이고 불신자를 진리에서 **멀어지게** 이끌 것이다.

우리는 중립적으로 추론하기 위해 권위를 피해야 하는가?

그러나 중립성은 존재하지 않는다.

따라서 우리는 하나님이 우리에게 추론하라고 의도하셨던 유일한 방식으로 추론한다. 우리는 우리를 진리로 인도할 유일한 방식으로 추론한다.

한편, 불신자가 이것을 거절하면 그는 유일한 희망을 거절하는 것이다.

그러나 그것은 자신의 잘못이다. 왜냐하면, "그의 마음 깊은 곳에서" 더 잘 알고 있기 때문이다. 다른 한편, 그가 우리의 증거를 받아들인다면, 그는 은혜로 그것을 받는 것이다.

우리가 신학에서 사실 지식의 나머지 영역에서 사용했던 것 외에 변증학에서 타당성에 관한 특별한 방법은 존재하지 않는다. 단지 하나의 진리만 존재하고 그 진리를 발견하는 하나의 방법만 존재한다. 이런 방법을 좋아하지 않는 사람들은 우리가 앞에서 들었던 예화(본 장 1. "6) 순환성"을 보라)의 피해망상증 학생과 같다.

우리는 그들을 위해 기도할 수 있고 그들에게 증거할 수 있고 그들과 논쟁할 수 있지만(그들의 방식이 아닌 우리의 방식으로), 우리는 그들이 가진 불신앙적인 전제와 타협하지 말아야 한다. 오히려 우리는 모든 생각을 사로잡아 그리스도께 순종하게 해야 한다(고후 10:5).

제3부

지식의 방법론

제6장   규범적 관점—성경 사용
제7장   상황적 관점—신학의 도구인 언어
제8장   상황적 관점—신학의 도구인 논리
제9장   상황적 관점—신학의 도구인 역사, 과학, 철학
제10장   실존적 관점—신학자의 자격
제11장   변증학의 방법
    부록 5   신학 작품 평가하기
    부록 6   신학 논문 작성법
    부록 7   신학자와 변증가를 위한 격언
    부록 8   서평: 조지 린드백(George Lindbeck)의 『교리의 본성』
             (The Nature of Doctrine)
    부록 9   신 개혁파 인식론
    부록 10   존재론적 명료성

우리는 지금 방법의 문제로 나아간다. 여기서 질문은 다음과 같다.

어떻게 지식을 얻는가?

우리가 진행하는 연구의 제3부에서 전보다 더 협소하게 신학과 변증학의 특정한 관심에 초점을 맞출 것이다. 물론 우리는 신학적 지식과 다른 모든 종류의 지식 사이에 뚜렷한 선이 존재하지 않음을 살펴보았다.

"모든 앎은 신학화다."

그러나 모든 형태의 지식을 상세히 고려하는 것은 본서의 분량을 고려할 때 비현실적인 작업일 것이다. 따라서 다소 좁은 의미에서 신학을 생각할 것이다. 물론 여기서 신학에 대해 배우는 것이 다소 (중요하게) 다른 분과에 적용할 수 있을 것으로 믿는다.

어떤 의미에서 본서의 제3부는 "실존적 관점"에 초점을 맞출 것이다. 왜냐하면, **주체**가 찾는 지식을 얻기 위해 해야 할 것을 묻기 때문이다. 살펴보았듯이 세 가지 관점은 규칙적으로 중복되고 교차한다. 따라서 방법의 영역에서 규범적, 상황적, 실존적 측면이 존재한다.[1] 여기서 규범적 관점은 성경의 사용을 다룰 것이다(우리는 성경을 자연과 자아 안에 계시된 하나님의 계시라는 맥락에서 이해해야 한다는 것을 망각하지 않을 것이다).

상황적 관점은 성경 외적 사용과 이런 사실을 발견하기 위한 "도구"(학문 같은)를 다룰 것이다(성경 자체가 사실적 지식의 기준이며, 개인적인 해석적 틀을 벗어나 이런 사실을 이해하지 못한다는 것을 망각하지 않을 것이다). 실존적 관점은 인식자가 가진 역량, 기술, 능력, 그의 지식과 관련된 태도를 다룰 것

---

[1] 우리가 전문적 범주를 증가시키기 원한다면 이 부분을 실존적-규범적, 실존적-상황적, 실존적-실존적 관점을 다루는 것으로 고려할 수 있다. 물론 이런 부분들은 훨씬 더 실존적-규범적-규범적, 실존적-규범적-상황적, 무한정으로(ad infinitum) 세분할 수 있다. 그러나 나는 기술적 도구를 예상했던 유용성 이상으로 증가시키는 것을 믿지 않는다. 따라서 나는 그런 상세한 구조를 사용하지 않을 것이다.

이다(우리는 성경을 통해 이런 문제를 이해해야 하고 우리가 처한 상황에 적용해야 한다는 것을 망각하지 않을 것이다).

따라서 제3부는 네 개의 부분으로 구성될 것이다. 제6장에서 제10장까지는 세 가지 관점 아래서 신학 방법을 다룰 것이다. 또한, 제11장은 변증학에 특별한 관심의 문제를 논의할 것이다.

물론 모든 신학적 문제를 해결할 수 있는 일련의 명확한 단계라는 의미의 "신학 방법" 같은 것은 존재하지 않는다. 살펴보겠지만, 여러 면에서 신학은 학문보다 예술을 더 닮았다(비록 학문 자체는 종종 인정되는 것보다 더 예술 같지만). 항상 따져 보아야 할 많은 요소와 피해야 할 많은 위험과 문제 해결을 위한 많은 절차가 존재한다. 어떤 면에서 문제는 각각 다른 모든 것과 다르다. 그럼에도 다양한 범위의 문제에 관해 어떤 유용성을 갖고 있는 일반 요점들은 존재하고, 다음 장에서 그 문제 가운데 일부를 설명하려고 한다.

제6장

규범적 관점—성경 사용

신학에서 성경 사용을 논의할 때는 당연히 성경 해석학의 영역으로 들어가는 것이다. 해석학 전문가들은 일반적으로 언어학이나 구약성경, 신약성경 연구, 하이데거 철학—이것들 가운데 어떤 것도 나의 전문 분야에 속하지 않는다—에 관한 전문 지식을 갖고 있다.

따라서 나는 엄밀한 의미의 그런 해석학적 논의에 들어가길 꺼린다. 그러나 몇몇 문제를 논의할 수밖에 없다는 느낌을 강하게 받는다. 그 문제들은 해석학적 문헌에서 광범위하게 다뤄지지 않았음에도 성경을 신학적으로 사용하는 것과 중요한 관계를 맺고 있다.

1. 반추상주의

주해와 신학의 한 가지 공통 관심은 다음과 같은 것이었다. 성경을 "맥락에서" 이해해야 한다는 것이다. 가장 단순한 단계에서 이것은 다음과 같은 것을 의미한다. 요한복음 3:16을 이해하려고 애쓸 때 요한복음 3:16

을 이 구절 전후에 나오는 구절인 요한복음 3:1-15과 17-21절과 관련시켜야 한다. 물론 많은 단계의 "맥락"이 존재한다. 한 구절을 바로 그 구절 앞과 후에 오는 구절뿐 아니라 이 구절이 발견되는 그 책의 더 큰 관심 사항과 관련시키는 것이 종종 유용하다.

또 다른 맥락은 특정 저자의 모든 저작들(우리의 예에서는 요한의 저작들)에서 이 구절이 차지하는 위치일 수 있다.

또는 우리가 어떻게 한 구절이 유사한 어휘나 관심, 다른 동일한 문학 장르, 공통의 목적을 가진 다른 구절과 관련을 맺는지 물을 수 있다.

아니면 신약성경이나 심지어 성경 전체의 전반적인 맥락에서 이 구절이 가진 기능을 물을 수 있다. 신약성경 구절은 그 구절의 구약성경적 "배경"과 관련이 있을 수 있거나 구약성경 본문은 그 구절의 신약성경 "성취"와 관련이 있을 수 있다. 아니면 이 구절의 성경 **외적인** "맥락"에 관해 물을 수 있다.

어떻게 이 구절이 초대교회의 생활, 그 시대의 일반 문화, 오늘날 우리 상황과 관련을 맺고 있는가?

이 구절이 하나님 자신, 그리스도, 구속 같은 성경에 기술된 다양한 실재와 맺고 있는 관계는 무엇인가?

이 구절이 특별한 교리를 가르친다면, 어떻게 이 구절이 다른 교리, 즉 이 구절의 "교리적 맥락"과 관련을 맺고 있는지 파악하는 것이 항상 유용하다. 이런 특별한 종류의 맥락이 특별히 신학에 중요하므로 나는 이것을 더 자세히 살펴보고 싶다.

신학자들은 항상 자신들의 교리를 다른 교리와의 "관계에서" 제시하려고 애썼다. 가령, 그들은 좀처럼 기꺼이 무로부터(*ex nihilo*)의 창조와 같은 교리를 단순히 공식화하지 않았다. 오히려 그들도 이 창조론과 하나님의 주권, 하나님 말씀의 권능, 중생, 우주 혁신과 같은 다른 교리들 사이의 관계를 설명하려 애썼다. 이런 종류의 관심(물론 어느 정도 포괄성을 성취하려는 바람과 맞물려)은 많은 신학자가 신학의 "체계들"을 저술하도록 이끌었다.

그러나 다음의 인용문이 설명하듯이 현대의 맥락과 관계에 대한 관심이 신학자들, 심지어 신학적 체계라는 바로 그 개념에 반대하는 신학자들의 보편적이고 근본적이기까지 한 관심사가 되었다.

> 하나님의 말씀은 기술되는 하나의 사물이 아니다. 하나님의 말씀은 정의되는 하나의 개념도 아니다. 하나님의 말씀은 내용도 개념도 아니다. 하나님의 말씀은 "하나의 진리"도 심지어 최고의 진리도 아니다. 하나님의 말씀은 진리다. 왜냐하면, 하나님의 말씀은 말씀하시는 하나님의 인격(*Dei loquentis persona*)이시기 때문이다.
> 하나님의 말씀은 객관적인 무엇이 아니다. 하나님의 말씀은 객관이다. 왜냐하면, 하나님의 말씀은 주관, 즉 하나님의 주관이기 때문이다. 확실히 하나님의 말씀은 신적 담화의 형식적 가능성이 아니라 신적 담화의 완성된 실재이다. 항상 하나님의 말씀은 완전하게 명확하고 객관적인 내용을 가진다. 하나님은 항상 가장 구체적인 것(*concretissimum*)을 말씀하신다.
> 그러나 엄밀한 의미의 이런 신적인 구체적인 것(*concretissimum*)은 예상되거나 반복될 수 없다. 하나님이 말씀하시는 바는 하나님 자신으로부터 추상(抽象)되어선(in abstraction from["abstraction," "abstract"는 문맥상 "분리," "분리하다"로 번역이 가능하나 "추상"이라는 고유한 번역어를 일관성 있게 사용했다. - 역주]) 절대 알려질 수 없고 참되지도 않다. 하나님이 그것을 말씀하시는 분이라는 이유만으로 하나님이 말씀하신 것은 알려지고 참되다. 또한, 하나님은 자신이 직접 말씀하신 것 안에 계시고 자신이 말씀하시는 것에 동반하신

다. 우리는 하나님의 말씀을 하나님 자신과의 동일성 안에서 보아야 한다. 하나님의 계시는 예수 그리스도, 하나님의 아들이다.[1]

"구체"와 "추상" 사이의 구분이 이런 인용에 어떻게 배어 있는지 주목하라. 바르트는 하나님의 말씀이 결코 하나님 자신에게서 추상될(be abstracted from) 수 없다고 말한다. 또한, 우리는 하나님의 말씀을 하나님 자신으로부터 추상해서 "알 수" 없고 "참"되지도 않다.

하나님은 말씀(the Word) 안에 계시고 말씀이시다. 따라서 바르트의 견해에서 하나님의 말씀과 하나님 간의 관계는 하나님의 말씀이 가진 가장 중요한 특징이고 우리가 하나님의 말씀에 대해 말하는 그 밖의 모든 것을 결정해야 한다.

게다가 하나님의 말씀의 내용, 즉 하나님의 말씀이 말하는 바는 항상 "가장 구체적인 것"(concretissimum)이다. 바르트에게서 인용한 것은 내가 현대신학에서 "반(反)추상주의"(anti-abstractionism, 또는 반분리주의 - 역주)로 부르는 것의 좋은 예다.

이런 인용은 어떤 사물을 "~의 맥락에서" 또는 다른 사물과의 "관계에서" 보는 것(위의 인용문에서 하나님의 말씀을 하나님 자신과의 관계에서 보는 것)의 중요성을 강조한다. 무엇을 그것이 처한 합당한 맥락에서 보는 것은 그것을 "구체적으로" 보는 것이다.

우리는 무엇을 그런 식으로 보지 못할 때 그것을 "추상적으로" 보는 것이다. "~로부터 추상되어"(in abstraction from)에 해당하는 몇몇 일반적 유의어(대략)는 "~로부터 고립되어," "~와 분리되어," "~와 별도로," "~에게

---

[1] Karl Barth, *Church Dogmatics* (New York: Charles Scribner's Sons, 1936), I, 1, 155.

서 독립하여"다. "구체적으로"는 "x와의 관계에서," "x와 연관해," "x와의 동일성에서"와 같은 구체성이라는 특정한 맥락을 가리키기 위해 확장할 수 있다(바르트 인용에서 이런 용어를 기억하라).

때때로 "구체"와 "추상"이라는 용어는 (나는 "추상적으로" 말하고 싶은 유혹을 받는다) 특별한 관계를 염두에 두지 않고 절대적으로(absolutely, 독립적으로) 사용될 수 있다. 추상성은 특별한 무엇**으로부터의**(from) 추상이 아니다. 또한, 구체성은 무엇**과의**(to) 특별한 관계가 아니다.

위의 인용문에서 "가장 구체적인 것"(concretissimum)이라는 말은 그런 의미로 사용되었다. 바르트는 하나님이 항상 가장 구체적인 것(concretissimum)을 말씀하신다고 말하지만 이 점에서 그는 하나님이 말씀하시는 것(utterance)이 특별한 무엇과 관계되어 있다는 것을 말하는 것 같지 않다. 이런 종류의 주장은 바르트에게 매우 일반적이다. 최근에 다른 많은 신학자에게서도 일반적이다.

여기에 몇몇 다른 예가 있다.

> 하나님의 구체적인 말씀이라는 측면에서 우리가 성급함 없이 우리 자신과 우리 자녀들을 위한 계시에 귀 기울일 여러 곳에서 볼 때 (우리 사고에서) 모든 추상은 제거되었다.[2]
>
> 그렇다면 우리는 **당신**에 대해 무엇을 아는가?
>
> 모든 것을 안다. 왜냐하면, 우리는 그 모든 것에 대해 고립된 것을 전혀 모르기 때문이다 … 태초에 관계가 있다.[3]

---

[2] G. C. Berkouwer, *Divine Election* (Grand Rapids: Wm. B. Eerdmans Pub. Co., 1960), 25. 벌카워(Berkouwer)는 "반추상주의의 대제사장"이다. 이런 종류의 논증이 그의 모든 글에 배어 있다.

[3] Martin Buber, *I and Thou* (New York: Charles Scribner's Sons, 1958), 11, 18.

성경의 저자들은 절대 추상화하지 않는다. 그들은 절대 신학화하지 않는다. 심지어 바울도 신학화하지 않는다.[4]

"말"(word)은 홀로 있는 말을 의미하지 않는다. 언어의 단위로 이 말은 만남을 포함하는 것이다. 말이 가진 원개념과 대조되는 하나의 추상이다.[5]

… 하나님은 삼단 논법을 완성하는 명제나 마음이 수용하는 추상적 생각이 아니라 그들의 삶에 의미를 제공하셨던 실재였다.[6] 진행하는 과정으로써 계시라는 이런 역동적 견해로(왜냐하면, 하나님은 죽은 것이 아니라 역사[history]의 주님이시기 때문이다) 우리는 고정된 말이나 신앙의 역사적인 공식적 진술에 의해 매이지 않는다. 교육에서 중요한 요소는 **관계**다. 우리가 역사와 인간의 삶에서 작용하는 하나님의 진리를 전달하는 언어는 관계의 언어다.[7] 추상성의 도움으로는 일반은총의 문제에 대해 어떤 진전도 이루지 못할 것이다.[8]

따라서 많은 신학적 입장—자유주의 입장뿐 아니라 보수주의 입장—을 보이는 신학자들, 서로 다른 철학적 성향을 가진 신학자들, 서로 다른 관심을 가진 신학자들 모두 구체성, 관계 등을 칭찬하는 것을 본다. 그들은 추상, 분리, 고립을 비난한다. 따라서 우리가 다음과 같이 묻는 것도 당연하다.

---

[4] A. De Graa, in A. De Graa and C. Seerveld, *Understanding the Scriptures* (Hamilton, Ont.: The Association for the Advancement of Christian Scholarship, 1968), 2; 참조, 9, 11.
[5] G. Ebeling, *The Nature of Faith* (Philadephia: Fortress Press, 1961), 185.
[6] John Hick, *Philosophy of Religion* (Englewood Clis, N.J.: Prentice-Hall, 1963), 61.
[7] Randolph C. Miller, *Education for Christian Living* (Englewood Cliffs, N.J.: Prenticehall, 1956)
[8] C. Van Til, *Common Grace* (Nutley, N. J.: Presbyterian and Reformed Pub. Co., 1972), 74; 참조, 34, 68, passim.

어떻게 추상성이 최근 신학자들 가운데 그런 나쁜 평판을 얻었는가?

이것을 이야기하자면 길다. 그것을 매우 짧게 줄일 수 없지만, 할 수 있는 한 간결하게 하려고 시도할 것이다.

철학자들은 항상 사고를 위한 "이상적인 맥락"으로 부를 수 있는 것을 추구했다.

후기 철학자들에 의하면 탈레스는 일반적으로 "모든 것은 물(water)이다"라고 가르쳤던 첫 번째 그리스 철학자로 간주된다.

아마 이것을 물이 가장 기본적인 실재이고 다른 것들은 물과의 관계를 고려함으로써 가장 잘 이해할 수 있다는 주장으로 해석할 수 있다. 다른 철학자들은 탈레스에 동의하지 않았고 다른 종류의 "지배적 맥락"(master contexts)을 찾았고 그것들 대부분은 훨씬 더 복잡했다.

우리는 "지배적 맥락" 탐구를 신학적 의미에서 "구체성" 탐구, 즉 이 세상에서 가장 중요한 관계를 발견하려는 탐구로 설명할 수 있다. 역설적이게도 우리가 처한 현대적 관점에서 보이는 것처럼 그리스인들은 추상성을 구체성의 탐구에서 필수적이고 가치 있는 도구로 보았다.

결국 탈레스는 사실 물이 만물의 본질이라고 결론을 내리기 위해 매우 추상적으로 사고해야 했다. 그에게 물은 "존재," 즉 가장 최고의 추상성이 되었다.

원자론 철학자들(데모크리토스, 에피쿠로스, 후에 라틴 시인 루크레티우스)은 그리스 철학자들 가운데서 이런 일반적 패턴에 대한 예외적인 사람들로 보였다. 그들은 우주를 추상적인 "물"이나 추상적인 "존재"(파르메니데스)가 아닌 작고, 파괴할 수 없는 물체의 집합체로 보았다. 이런 작은 "원자"는 확실히 우리 마음의 눈에는 구체적인 실재로 보인다.

그러나 원자론자들은 추상적인 추론으로 이런 세계관에 도달했다. 누구도 원자를 본 적이 없다. 또한, 원자는 누군가의 경험이 가진 요소도 아니었다. 게다가 원자론자들은 원자의 존재를 모든 존재에 공통적인 어떤 것으로 상정했고 다른 존재에서 한 존재를 구별하는 이 모든 특징을 제거했다.

이런 면에서 원자는 탈레스의 "물"이나 파르메니우스의 "존재" 만큼 추상적이었다. 따라서 확실히 추상성은 지식, 심지어 구체적 실재의 지식에 이르는 왕도로 보였다.

추상성 속에서 어떻게든 다양한 것들을 서로 구별하는 "구체적인 것" 없이 다양한 것들이 공통으로 가진 것을 사고하려고 시도한다.

우리는 코비(Coby), 머피(Muffy), 미쥐(Midge), 보니(Bonnie), 페블(Pebbles), 러스티(Rusty)를 생각하고 이것들은 일반적인("추상적") 용어인 웰시 코기(Welsh corgi)라는 용어 아래 분류한다.

그런 다음 우리는 웰시 코기, 콜리즈(collies), 콕커 스패니얼(cocker spaniel), 바이마라너즈(weimaraners), 푸들(poodles) 등을 생각하고 이것들은 **개**라는 추상적인 용어 아래 분류한다.

그런 후 아마 포유류, 동물, 생물 형태, 피조물, (최고의) 존재와 같은 더 높은 차원의 추상성으로 이동하길 원한다.[9] 많은 철학자가 그런 추상성을 지식에 이르는 가장 좋은 길로 간주했다는 것은 이해할 만하다.

결국 교육은 우리가 사물들 간의 더 높은 차원의 유사성을 파악하는 것을 배우는 과정으로 이해될 수 있다.

---

[9] 따라서 "추상적으로 사고하는 것"은 보편자들(generalities)을 생각하는 것이다. 그러나 아마 우리는 현대의 신학 논의에서 심지어 특별한 개별자에 대해 "추상적으로 사고"할 수 있다는 것에 주목해야 한다. 가령, 미스티(Misty), 머피(Muffy) 등과 같은, 코비(Coby)가 처한 "맥락으로부터" 코비를 "따로 분리해서," "고립해서," "추상해서" 고려할 때 코비에 관해 "추상적으로 생각"한다.

가령, 우리가 모든 코기(corgi)가 공통으로 가진 것에 주목해서 그런 공통성을 가리키려고 코기라는 추상적인 용어를 사용할 수 있을 때, 교육은 배움에서 하나의 성취다.

지적 발전에서 (어떤 수준과 어떤 종류의) 진보는 추상적 용어와 개념을 사용하는 능력이 늘어나는 한 개인이 측정할 수 있다. 따라서 최고의 철학자들은 가장 추상적으로 사고했던 철학자들로 가정하는 것이 타당했다.

결국 "존재," 즉 최고의 추상성에 대해 알고 있던 사람은 모든 것에 대한 중요한 무엇을 알았다!

따라서 추상적 철학자가 심지어 구체성에 대해 가장 많이 알았던 것처럼 보였다. 왜냐하면, "코기다움"(corgi-ness)을 아는 사람은 코비, 미스티 등 사이의 관계(유사성)를 아는 사람이기 때문이다.

일반적인 개들(dogs-in-general)을 아는 사람은 코기, 콜리즈 등의 서로 다른 관계들을 알기에, 코비, 미스티, 나머지 사이의 서로 다른 관계들도 아는 사람이다. 적어도 이런 추론이 유망한 인식론적 프로그램처럼 보였다.

그러나 추상성이 구체성과 관련을 맺을 때 문제가 있었다. 밝혀졌듯이 더 높은 추상성에 초점을 맞추는 것은 완전한 지식에 이르는 길이 아니었다. 사실 많은 단점이 있었던 길이었다.

개별적인 사물이 가진 구체적인 특징을 무시하고 "존재 일반"(being-in-general)에 대해 사고하며 시간을 보내는 사람은 결국 아무것도 알지 못할 것이다.

개별적 개들에 대해 무언가 배우지 않고 "개다움"(dogness)을 많이 생각하는 사람은 어떤 중요한 면에서 무지할 것이다. 추상적인 용어는 분명히 우리 지식에 보편성(generality)을 추가하지만 그것은 구체성(specificity)을 제거한다.

어떤 의미에서 우리가 추상성이라는 사다리에 더 높이 오르면 오를수록 우리는 구체적인 사물에 대해 덜 알게 된다. "코비"는 특정한 개를 나타내지만, "웰시 코기"는 그렇지 않다. "웰시 코기"는 어떤 종류의 개가 가진 어떤 특정한 속성을 나타나지만, "개"는 그렇지 못하다.

철학자가 더 놓은 차원의 사다리에 도달함으로써 지식을 추구할 때, 종종 우리가 사는 이 세계, 즉 구체적 실재라는 세계에 대해 중요한 무엇을 말하지 못한다.

이 논의는 제1부에서 "비합리주의"와 "합리주의"에 대한 논의와 관련이 있을 수 있다. 추상적 지식을 통해 합리주의자는 실재에 관한 완전하고 확실한 지식을 추구할 수 있다. 어떤 의미에서 더 높은 추상적 사다리로 이동할수록 덜 알게 된다. "존재," 즉 최고의 추상성은 모든 것을 의미하지만 무엇에 대한 구체적인 어떤 것도 의미하지 않는다.

"모든 사물은 존재들이다"라는 진술은 우리에게 모든 것에 대해 어떤 것도 말해 주지 않는다!

헤겔이 지적했던 것처럼 심지어 보편성으로써 "존재"와 "비존재" 사이를 의미 있게 구별하는 것도 불가능하다(눈을 감고 "존재"와 "비존재" 사이의 차이점을 마음속에 그려 보라).

아니면 그것을 다음과 같은 방식으로 생각해 보라. **의미**에 대한 앞의 논의에 의하면 "모든 사물은 존재들이다"는 구체적 적용이 없는 진술이고 따라서 무의미하다. 따라서 유일한 참된 지식은 최고로 높은 추상성에 관한 지식이라고 주장하는 합리주의자는 비합리주의자보다 나은 것이 없다. 비합리주의자는 아무것도 모른다.

반면 합리주의자는 모든 것에 대해 아무것도 모른다.[10] 그런 후 철학자들은 추상성 이상의 어떤 것이 필요했다는 것을 파악하게 되었다. 그리스 소피스트들과 회의론자들은 추상주의적 계획이 아무 도움이 되지 않는다고 보았다.

중세 유명주의자들과 현대 경험주의자들이 추상적 사유에 대한 이런 의심을 제기했다. 심지어 합리주의자들도 개별자 안에서 어떤 종류의 정박지 추구했고, 특히 "너 자신을 알라"라는 소크라테스의 진술과 "나는 생각한다. 그러므로 나는 존재한다"라는 데카르트의 진술이 설명하듯이 자아에 관한 지식을 추구했다.

아리스토텔레스와 아퀴나스는 지식에서 감각 경험의 역할을 탐구했고 개별적인 사물들에 관한 지식("실체")을 모든 이해의 중심으로 삼았다. 그런데도 그들에게 가장 참된 의미에서 지식은 사물의 **형상**(form)에 관한 지식, 즉 사물의 추상적 속성에 관한 지식이었다.

한 마리의 개를 또 다른 개와 구분한 것은 "질료"(matter)였다. 그것은 절대 알 수 없는 어떤 것, 즉 엄격한 의미에서 비존재, 비실재였다. 따라서 그들은 "추상주의자들"로 남아 있었다. 그들은 결코 추상주의가 안고 있는 문제를 해결하지 못했다.

신학 역시 추상주의 방법론이 가진 제약 아래 불평했다. 결국 성경은 존재 자체(being-as-such)에 대한 일반 진리가 아닌 주님, 즉 살아 계신 하나님, 하나님이 우리를 죄에서 구원하셨던 구체적인 역사적 사건, 우리 자신

---

[10] 반틸(Van Til)은 이것을 "일자(the one)와 다자(the many)의 문제"로 언급한다. 한편, 추상성은 우리에게 많은 개별자 가운데 "일치성"을 제공하지만 이런 개별자들 가운데 있는 **차이점들**, 즉 **복수성**을 모르게 한다. 다른 한편, 복수성에 초점을 맞추는 것은 우리가 경험의 일치성을 모르게 할 수 있다.

의 성격과 결정과 행동과 태도에 대해 매우 구체적인 무엇을 말해 주려 한다. "제일 원인"(a first cause)이나 "부동의 동자"(an unmoved mover)의 존재를 단정했던 유신론적 증거는 언급될 필요가 있었던 것을 말하지 않는 것처럼 보였다. 따라서 그리스도인들은 일반적으로 탁월한 신학적 방법인 추상성을 어려워했다.

따라서 철학자들 가운데 인식의 새로운 방법, 즉 추상적 사고에 덜 의존하고 우리가 가진 구체적 실재에 관한 지식을 증가시키는 데 더 도움이 되는 방법을 찾고자 하는 소망이 전개되었다. 임마누엘 칸트(Immanuel Kant, d. 1804)는 "선험적" 방법(transcendental method)을 제안했다.

그는 인간의 사유(추상적 사유를 포함해서)는 "실제" 세계, 즉 "물 자체"(things in themselves), "본 체계"(noumenal world), 실제로 존재하는 것인 사물을 인식할 수 없다고 주장했다.

그러나 "사고를 가능하게 하는 조건은 무엇인가?"라고 질문함으로써 자신의 경험("외관"이나 "현상")이라는 의존적 지식을 성취할 수 있다. 칸트의 제안은 "구체성"을 향한 행보였다. 우리 자신의 경험과 우리 자신의 추론 능력의 본질에 관한 지식에 대한 강조였다.

칸트 이후 위대한 철학자 헤겔은 칸트와 반대로 우리가 실재 세계를 올바른 방식으로 알기 시작한다면 실재 세계를 알 수 있다고 생각했다. 그는 인간의 마음이 즉각적인 경험을 뛰어넘는 지식을 추구할 때 인간의 마음은 모순 가운데 뒤얽힌다는 칸트의 요점을 인정했다.

헤겔이 볼 때 이런 모순은 단지 겉보기에만 그런 것이다. 만약 우리가 매우 똑똑하다면, 그 모순을 궁극적 실재의 본질에 대한 단서로 사용할 수 있다. 이런 모순은 실재 세계, 즉 "구체적 세계"가 긍정적인 특징과 부정적인 특징의 혼합임을 보여 준다.

각각의 상황이 다음 상황으로 이동하면서 각각의 상황은 자체를 부정한다. 상황은 반대 상황을 낳고 동시에 반대 상황은 원상황을 완전하게 하고 완성한다. 이와 유사하게 인간의 사고는 완성된 "절대" 지식에 도달할 때까지 하나의 사고에서 반대 사고로 움직인다.

헤겔이 불렀던 것처럼 이런 절대 지식은 절대 실재의 지식, 즉 "구체적 보편" 지식이었다. 그는 자신이 구체성을 상실함 없이 지식의 완전성을 달성하는 프로그램을 발견했기를 희망했고 그렇게 되었다고 믿었다.

그러나 다른 철학자들은 헤겔의 주장을 반박했다. 가령, 쇠렌 키에르케고르(Søren Kierkegaard)는 헤겔의 체계가 인간의 개별성을 설명할 수 없다고 주장했다. 그는 어떤 체계도 인간의 개별성을 설명할 수 없다고 생각했다.

자기를 아는 참된 지식은 모든 합리적 체계를 초월하고 단지 믿음의 결단(decision of faith) 같은 무엇을 통해서만 성취될 수 있다(참조, 제2부에서 "실존적 관점"하에 "인지적 휴식" 또는 "경건한 만족감"에 관한 논의).

후에 "현상학자들"과 "실존주의" 철학자들이 키에르케고르 자신이 사용했던 기독교적 구조나 세속화된 형식으로 구체적 지식에 대한 키에르케고르의 방법을 추가로 설명하려 애썼다. 그들은 학문이 발견한 "추상적," "객관적" 지식과 전이론적(pretheoretical) 경험 또는 비이론적 경험에 관한 구체적 지식 사이를 구분했다.

한편, 영국과 미국에서 언어 분석 철학자들은 추상적 체계를 통해 배울 수 있는 것과 "일상 언어"에서 묘사된 것처럼 일상생활의 경험에 주의를 기울임으로써만 결정할 수 있는 것 사이에 있는 중요한 차이점을 발견하게 되었다.

동시에 소위 과학 자체의 객관성이 의문시되었다(제2부의 논의를 보라). 현상학자들뿐 아니라 지식 사회학자들, 현대 언어학자들, 마르크스주의자들, 프로이트주의자들, 쿤의 추종자들과 다른 사람들은 과학 자체가 우리가 언급했던 "구체적"이고 비과학적인 경험에서 파생한 전제로 시작한다고 주장했다. 따라서 반추상주의가 현대의 철학적 풍조에 만연했다.

헤겔 같은 합리주의자들, 실존주의자들 같은 (다소) 비합리주의자들은 반추상주의에서 가치를 목격했다. 현대 합리주의는 모든 개별자에 대한 완전한 지식을 추구할 수 있도록 추상성을 피한다.

반면, 현대 비합리주의는 추상적 합리주의 체계가 부과하는 제약을 피하려고 한다. 이런 철학적 분위기는 불가피하게 신학적 사고방식에 영향을 준다.

앞에서 본 것처럼 그리스도인들은 추상성을 의심하는 자신들만의 근거가 있다. 또한, 자유주의 신학자들은 그들 자신의 뚜렷한 근거, 특히 "명제적 계시," "계시된 교리"에 혐오를 덧붙였다.

명제와 교리는 어떤 방식과 어느 정도 추상적인 용어로 공식화되기 때문에 자유주의 신학자들은 추상성을 통해 하나님과 아마 인류도 알 수 없거나 경험될 수 없다고 주장하는 것이 편리하다는 것을 발견했다.

"초월성"과 "내재성"이라는 주제(제1부를 보라)는 하나님을 추상성의 범위에서 제거하기 위해 사용했다. 한편, (비기독교적) 초월성 교리는 하나님은 유일하시고 따라서 합당하게 추상적 개념으로 설명될 수 없다고 주장한다(모든 추상적 개념이 한 존재 이상을 의미한다는 것을 기억하라. 논증은 다음과 같다. 어떤 다른 존재도 하나님과 함께 일반적인 추상 명칭 아래 배열할 수 없다).

다른 한편, (비기독교적) 내재성 교리는 하나님을 이 세상으로부터 "고립시키고" 또는 "분리하고" 또는 "추상"하려는 공식화를 피하려고 애쓴다.

그러나 반추상주의적 표현은 하나님-인간이나 하나님-세계와의 관계뿐 아니라 피조계 내에서의 관계, 즉 성경과 역사와의 관계, 신자와 교회와의 관계, 신자와 불신자와의 관계, 기독교와 문화와의 관계 등에도 사용된다. 우리는 신학도 항상 어떤 실재, 성경적 개념, 신학적 범주와의 "관계 안에서" 이루어져야 한다고 듣는다.

따라서 우리는 희망의 신학, 해방신학, 인격적 만남, 하나님의 말씀, 위기, 화해, 언약, 감정, 역사, 하나님 나라, 실존적 자기 이해 등과 같은 이런저런 "신학"의 시대를 경험했다.

따라서 현대 자유주의 신학의 아버지인 슐라이어마허(Schleiermacher)는 "만약 교리가 [그리스도의] 구속적 인과관계(causality)와 관계되지 않고 그리스도라는 실재가 이룬 독창적인 영향으로 거슬러 올라갈 수 없다면," 어떤 교리도 수용될 수 없다고 주장했다.[11]

반추상적 어휘의 전형적 표현인 "~와 관계된"이라는 다소 모호한 사용에 주목하라.

리츨(Ritschl)은 독자들을 기독교가 처음 출현했던 구체적인 역사적 상황으로 데려감으로써 사변(speculation)을 피하려고 애썼다. 우리가 살펴보았듯이 바르트는 추상성과 구체성 사이의 대조(abstract-concrete contrast)를 광범위하게 사용한다.

부르너(Brunner), 부버(Buber), 다른 "인격적 만남"(encounter)을 주장하는 신학자들은 하나님과 인간 인격 사이의 순수한 관계를 제외하고 모든 내용의 계시를 제거한다.

불트만(Bultmann)은 실존적 접근 방식을 따르고, 자신이 생각하기에 객관적인 개념이나 추상적인 개념과 완전히 동떨어졌다고 여겨지는 복음을 제시한다.

---

11   F. Schleisermacher, *The Christian Faith* (Edinburgh: T. and T. Clark, 1928), 125.

판넨베르크(Pannenberg)는 헤겔을 따르고 "구체적인" 합리성을 달성하려고 애쓴다. 이런 합리성에서 하나님과 역사 과정을 구분하는 것이 어렵게 된다.

현대 해방신학자들과 과정신학자들은 세상에서 "분리되지 않는" 신을 찾는다. 그러나 그들이 발견했다고 주장하는 신은 세상과 구별이 되지 않는다.

그렇다면 반추상주의는 현대신학—보수주의, 자유주의, 로마 가톨릭, 개신교, 개혁파, 알미니우스주의—에 만연한 사고방식이다. 반추상주의는 거의 신학 논의의 모든 주제에 들어온다.

가령, 나는 성경 권위에 대한 정통 교리를 반대하는 자유주의 신학자들의 주요 **신학적** 주장은 반추상주의 유형에 속한다고 믿는다. 자유주의 신학자들은 이런 정통주의 견해가 성경을 하나님 자신, 그리스도, 역사, 인격적 만남, 사회-경제적 "실 천"(praxis) 등으로부터 "추상"(abstract)한다고 주장한다. 물론 과학, 고고학, 성경 비평이 성경의 오류를 증명했는지에 대한 논쟁도 존재한다.

모든 논쟁처럼 이런 논쟁들은 어떤 의미에서 신학적이다. 그러나 이 논쟁들의 신학적 특징은 우리가 다양한 입장의 기저에 놓인 전제들을 식별할 때까지 분명하지 않다.

내가 볼 때 **명백히** 신학적인 논쟁 모두 반추상적 유형에 속한다. 게다가 이와 유사하게 다른 많은 신학 문제도 이런 종류의 논쟁에 의존한다.

따라서 우리는 반추상주의에 대해 분석적이고 비평적인 관점을 발전시키는 것이 중요하다. 따라서 그런 점에서 다음의 관찰을 고려하라.

1) "추상"과 "구체"의 의미

추상과 **구체**라는 용어가 담고 있는 의미는 보이는 것만큼 항상 분명하지 않다.

첫째, 이미 이런 용어가 가진 절대적이고 상대적인 사용 사이의 모호성을 언급했다.

무엇이 그 밖에 무엇으로부터 "추상된" 것으로써(예: 예수 그리스도에게서 추상된, 성경에 관한 견해), 또는 순수하고 단순한 "추상"(예: "**존재**는 추상적인 용어다")으로써 설명될 수 있다.

첫 번째 것은 **추상**의 "상대적" 사용으로 설명될 수 있고, 두 번째 것은 추상의 "절대적" 사용으로 설명될 수 있다.

둘째, **추상**과 **구체**라는 어휘를 다른 종류의 주제에 적용할 수 있다.

추상적이거나 구체적인 조건과 개념과 실재와 명제와 논의와 방법과, 심지어 태도를 언급할 수 있다(아래를 보라!).

셋째, "절대적"인 의미에서 이런 용어들은 일반적으로 단어, 개념, 실재(사물, 사람)에 적용된다.

"상대적인" 의미에서 이것들은 위의 **둘째**에 열거된 다른 모든 종류의 주제에 적용된다. 이것들이 상대적인 의미로 단어, 개념, 사물에 적용될 때, 관심의 초점은 일반적으로 이런 단어, 개념, 사물을 사용하는 논의나 방법 또는 이것들에 대한 태도에 맞추어 있다.

가령, 누군가 공의(justice)라는 맥락에서 우리에게 은혜를 "구체적으로" 이해하라고 요구할 것이다.

이런 요점은, 용어, 개념, 또는 실재로써 은혜의 내적 본성에 관한 것이라기보다 실제로 우리의 공식화, 방법론, 또는 태도에 관한 요점이다(그러나 은혜의 본성을 이해하려면 합당한 공식화, 방법, 또는 태도가 필요함이 종종 강조된다). 따라서 이런 용어들의 절대적 사용이 단어, 개념, 실재에 적용되기 때문에 이런 용어들의 "절대적" 사용을 논의할 것이다. 또한, 이런 용어들의 상대적 사용이 논의, 방법, 태도에 적용되기 때문에 이런 용어들의 "상대적" 사용을 논의할 것이다.

2) "추상"과 "구체"의 절대적 의미

그렇다면 먼저 "추상성"(abstractness)과 "구체성"(concreteness)은 단어, 개념, 실재에 적용되므로, 절대적 의미에서 "추상성"과 "구체성"을 살펴보자. 물론 단어, 개념, 실재가 완전히 유사한 것은 아니다. 또한, 이것 모두 같은 종류의 "구체성"과 "추상성"을 갖고 있지 않다. 그런데도 이 세 수준(levels)에서 제기되는 문제는 서로 비슷하다.

첫째, 용어의 몇몇 절대적 사용에 주목하라.
"**존재**는 추상적 용어다," "공의는 추상적 개념이다," "이 나무는 구체적 실재다." 어떤 면에서 이런 "절대적" 사용은 전혀 절대적이지 않다. 왜냐하면, 이런 절대적 사용은 정도의 다양성을 허용하기 때문이다.
이런 의미에서 추상성의 많은 **정도**(degrees)가 존재한다(코비, 웰시 코기, 개, 포유류, 생물 형태, 피조물, 존재). 반추상주의 문학에서 어떤 정도의 추상성이 허용될 수 있고 어떤 정도의 추상성이 금지되는지 항상 분명하지 않다.

둘째, 추상성과 구체성의 서로 다른 정도가 존재할 뿐 아니라 **종류의** 차이점이 존재한다.

현대 신학자들은 전통적인 추상적 단계에 대한 관점뿐 아니라 사물들 사이에 다양한 종류의 "분리"(separations)를 가리키기 위해 "추상"과 "구체"라는 용어를 사용한다. 따라서 우리는 "하나님에게서 추상된 계시"에 관해 읽는다. 그렇다면 우리는 "칠판에서 추상된 분필"이라고 말할 수 있다.

그러나 분필과 칠판 사이, 계시와 하나님 사이에는 서로 다른 많은 종류의 관계가 존재한다. 따라서 "분리"가 발생할 수 있는 많은 방식이 존재한다.

사물들 사이에 비동일성(또는 이와 유사하게 용어들 사이에 비동의성[同意性])은 일종의 분리일 수 있다(바르트의 인용을 기억하라. 인용에서 바르트는 하나님과 말씀 사이에 **동일성**을 주장하고 동일성이 덜한 관계를 "추상"으로 간주한다).

그러나 분필과 칠판도 거리(물론 거리에 따라 많은 정도의 구분이 존재한다)나 다른 기능, 다른 색깔, 모양, 감촉, 물질적 구성 요소로 분리될 수 있다. 분필과 칠판은 한 가지 관계에서는 "함께"할 수 있고 다른 관계에서는 "분리"될 수 있다.

이와 유사하게 하나님과 말씀은 다양한 방식으로 관계를 맺는다. 하나님은 말씀(the Word)을 말씀하신다. 또한, 정통적 견해에서 하나님은 말씀을 종이에 기록하신다. 말씀에는 하나님의 지혜가 있다.

내가 이런 것은 확언하지만 바르트가 추정하는, 하나님과 말씀 사이의 관계를 부정한다면, 이것으로 나는 추상적으로 사고하는 것인가?

전혀 그렇지 않다.

셋째, 누군가 추상성의 어떤 정도나 어떤 종류도 허용되지 **않는다**고 답변한다면, 우리는 그런 요구에 대한 이해 가능성에 의문을 제기해야 한다.

어떤 단어, 개념, 또는 사물이 **순수하게** 추상적이거나 구체적일 수 있는지 의심스럽다. 어떤 사람들은 심지어 "코비"도 보송보송한 귀의 느낌, 짓는 소리 등과 같은 이런 개별적인 개에 대해 갖는 다양한 경험에서 추상(抽象)된 것으로 볼 수 있다고 주장했다.

"짓는 소리" 자체는 추상적인 개념이고, 많은 개별적인 짓는 소리에서 일반화된 것으로 형성되었으며, 다른 종류의 소음으로부터 구별("격리"[isolated])된다.

생각건대, 추상적 개념이 궁극적으로 파생되어 나오는 구체적 실재(**완전히** 구체적인 실재)는 무엇인가?

어떤 철학자들("논리 원자론자들")은 개들, 짓는 소리 등에 대한 우리의 경험은 파랑(blueness), 소란스러움 등의 순간적인 경험들과 같은 "원자적 사실들"에 대한 어떤 궁극적인 구성적 경험으로 구성되어 있다고 주장했다.

그러나 "한 조각의 파란 하늘에 대한 순간적인 경험"은 무엇인가?

우리 모두 그런 경험을 기억할 수 있는가?

아니면 그런 개념 자체가 정확하게 하나의 추상성 아닌가?

"순간적인 파란 하늘"에 대한 우리의 개념은 가령, 하늘을 바라보는 우리의 비순간적 경험으로부터 추상되어 발생하는가?

따라서 완전한 구체성은 존재하지 않는다. 우리가 완전한 구체성을 찾을 때마다 우리는 다시 추상성으로 돌아온다. 이것은 하나님이 항상 가장 구체적인 것(concretissimum)을 계시하신다는 바르트의 이야기(이 논의 앞에서 처음 인용한 것을 보라)에 대한 나의 답변이다.

인간 지식으로 완전하고 구체적으로 탐구한다는 것은 배교적인 탐구, 즉 단지 하나님만 소유하고 계신 것을 얻으려는 시도다(완전하게 구체적인 지식은 창조가 담고 있는 모든 세 부 사항에 관한 지식, 즉 하나님에게만 독특한 완전한 지식일 것이다). 누군가 그런 지식을 추구할 때 그가 가진 "구체적인" 지식은 추상의 그늘 안에서 사라진다.

넷째, 이와 유사하게 "완전한 추상성"도 존재하지 않는다.

존재는 가장 추상적인 용어지만, 어떤 의미에서 심지어 구체적이다.

① 존재는 우리가 경험하는 세계를 의미한다.
② 존재는 어떤 의미에서 모든 실재를 다루지만, 또 다른 의미에서 모든 실재를 다루지 않는다. 왜냐하면, **존재**는 **존재들**과 구별되야 하기 때문이다.

나는 하나의 존재다. 나는 존재 일반(being-in-general)이나 추상성의 존재(being-in-the-abstract)가 아니다. 따라서 **존재**는 세상(추상적 측면!)에 대한 하나의 (구체적이고 특정적인) 측면, 즉 다른 것들과 구별될 수 있고 구별되야 하는 측면을 의미한다(그리스 철학자들이 당면한 난제를 설명하는 한 가지 방식은 어떤 의미에서 그들의 추상적 "존재"가 우주의 모든 것을 다루었지만, 또 다른 의미에서 그들의 추상적 존재는 단지 우주의 추상적 측면만 다루었고 우리가 구체적인 관심을 가지는 모든 것을 배제했다고 말하는 것이다).

다섯째, 어떤 단어, 개념, 사물도 완전히 추상적이거나 완전히 구체적이지 않다.

그렇기 때문에 우리는 각각 어느 정도 또는 어떤 점에서 구체적이고 추상적이라고 말해야 한다. 그렇다면 구체성이 종종 보는 사람의 눈에 좌우

된다는 것은 놀랄 만한 일이 아니다.

화로 위에 훌륭한 그림으로 잘 장식된 방을 상상해 보자. 인테리어 장식가는 다음과 같이 말할 수 있다. "구체적으로 생각하라. 당신은 방이라는 맥락에서 이 그림을 봐야 한다. 방의 환경과 동떨어진다면 그림은 하나의 추상이다."

그러나 미술 비평가는 그것을 다르게 볼 수 있다. "우리는 일반적인 방을 추상적으로 생각할 것이 아니라 그림 그 자체를 구체적으로 생각해야 한다."

누가 추상적으로 생각하는가?

인테리어 장식가인가, 아니면 미술 비평가인가?

그림이 방이 구성하고 있는 구체적인 실재 가운데 하나인가?

아니면 방이 가진 다양한 측면과 부분을 추상화하는 구체적 실재인가?

어떤 것이 구체적인가?

부분인가, 아니면 전체인가?

물론 다른 측면에서 모두다. 미술 비평가는 그림을 감지할 수 있는 대상으로 생각하면서, "절대적" 의미에서 구체적으로 생각한다. 인테리어 장식가는 "상대적인" 의미에서 구체적으로 생각하고 그림을 자신이 생각하기에 그림이 가진 합당한 "배경"(context)과 관련을 맺으려 시도한다.

또한, 여기에 그림을 보는 또 다른 방식이 있다. 미술 비평가는 그림에 가장 관심이 있다. 그것이 그의 사고의 "초점"이다. 장식가는 전체 방에 관심이 있다. 따라서 비평가에게는 그림이 구체적인 대상이고 장식가에게는 방이 구체적인 대상이다. 더 작거나 더 큰 단위를 "구체적인" 것으로 받아들일 수 있다.

그림 전문가에게 화폭 위에 분자들이 구체적인 단위일 수 있다. 건축가에게 방 자체는 단지 전체 건물에서 하나의 "추상성"일 수 있다. 왜냐하면, 전체 건물이 실제로 구체적인(아마 문자적으로) 단위이기 때문이다.

우리에게 "추상" 또는 "구체"가 무엇인지는 우리가 가진 관심, 가치, 견해에 달려 있다. 우리는 추상성 개념이 가진 사람-상대성(person-relativity)을 이해할 때 누군가 "추상적으로 생각한다"라고 주장하는 것이 얼마나 어려운지 이해할 수 있다.

3) "추상"과 "구체"의 상대적 의미

추상과 **구체**라는 용어는 논의, 방법, 태도에 적용되기 때문에, 이제 우리가 앞에서(위의 "1) '추상'과 '구체'의 의미") 추상과 구체라는 용어의 "상대적" 사용으로 불렀던 것을 고려해 보자.

때때로 이런 이해에 기초할 때 "추상적" 논의는 많은 추상적 단어, 개념, 실재를 다루는 논의다. 사실 우리는 이미 이런 유형의 논의를 둘러싼 몇몇 문제를 논의했다.

하지만 둘째 의미의 "추상적" 논의는 사물 간에 합당한 관계가 적절하게 다루어지지 않는 논의일 수 있다. 첫째 의미에서 "추상적" 논의는 바람직할 수 있다. 하지만 둘째 의미에서 논의를 "추상적"이라고 부르는 것은 항상 비난의 대상이다. 신학을 희생하며 **추상**의 이 두 의미를 혼란스럽게 할 가능성이 있다.

이제 둘째 의미에서 추상적 논의에 대해 생각해 보자.

논의를 "추상적"인 것으로 설명한다는 것이 무엇을 의미하는가?

"x를 y로부터 추상해서 보지 말아야 한다"는 어구를 해석해 보자.

나의 판단에 이런 종류의 언어는 매우 모호하다. 이런 종류의 언어가 의미할 수 있는 몇 가지 고려해 보자.

첫째, 내가 그런 충고를 들을 때 갖게 되는 첫 번째 인상은 다음과 같다. 저자는 내가 특별한 심상(心像)을 갖길 원한다. "계시를 하나님과의 관계에서 보는" 것은 하나님에게 근접해서(어떻게든 하나님에게 근접해 있는 것으로써) "계시"에 대한 심상(心像)이나 도표를 갖는 것일 것이다(이런 "보는 것"이 분명하게 물질적이지 않기 때문에 그것은 어떤 종류의 **마음으로** "보는 것" [sight], 즉 심상[心像]이 틀림없다고 생각한다).

분명히 이것이 이런 저자들이 의미하는 것은 아니다. 하지만 그들의 제안이 가진 외관상의 이해 가능성은 그런 심상(心像)을 형성하는 데 용이함과 관련 있다고 생각한다.

일단 우리가 이런 충고가 그 밖에 무엇을 의미할 수 있는지 묻기 시작하면 그런 제안이 가진 외관상의 이해 가능성은 사라진다.

둘째, 때때로 "강조점" 같은 무엇을 염두에 두는 것처럼 보인다.

"x를 y와의 관계에서 보는" 것은 우리가 x를 언급할 때마다 y를 강조하는 것이다. 따라서 "계시를 하나님과의 관계에서 보는 것"은 계시를 언급할 때마다 하나님을 강조해야 함을 의미한다.

하지만 여기서 문제가 발생한다.

① 강조는 정도의 문제다.

"계시를 하나님과의 관계에서 보기" 위해 **얼마나 많이** 하나님을 강조해야 하는가?

어떻게 그것을 계산할 수 있는가? (이런 종류의 질문은 이뤄지는 요구의 특이함을 강조한다.)

우리가 계시에 대해 논의할 때 일정 비율의 시간을 하나님에 대해 **논의**하는 것이 필요한가?

얼마나 많이 필요한가?

확실히 이것이 요점일 수 없다.

② 신학은 또 다른 강조점보다 오히려 한 가지 "강조점"으로 이루어져야 한다고 말하는 것이 정말 타당한가?

성경은 "핵심적인 메시지를," 즉 우리의 신학 연구의 주요 관심거리가 되어야 하는 메시지를 갖는 것이 사실이다. 하지만 나에게 가치 있는 신학 연구는 상대적으로 "중요하지 않거나" 성경의 "중심 메시지"와 관련이 먼 영역에서 이루어질 수 있는 것처럼 보인다. 가령, 누군가 고린도전서 11장에서 여자가 머리를 가리는 것에 관한 글을 쓸 수 있다.

고린도전서 11장의 내용은 성경의 "중심 메시지"에 상대적으로 거의 주목하지 않기 때문에 타당하지 못한 것인가?

저 내용이 합당한 "강조점"을 갖고 있지 않기 때문에 폄하해야 하는가?

③ 신학은 성경이 그러한 것처럼 정확히 동일한 "강조점"을 갖는 것이 불가능하다. 동일한 강조점을 갖기 위해 신학은 단순히 창세기에서 요한계시록까지 성경을 **반복**해야 할 것이다. 하지만 우리가 살펴보았듯이 신학의 임무는 성경을 반복하는 것이 아니라 성경을 적용하는 것이다. 따라서 신학은 성경 자체와 다른 강조점을 가질 수 있을 뿐 아니라 가져야 한다.

④ 신학자가 우리에게 성경의 강조점이 **아닌** 다른 강조점을 요구한다면, 이 신학자의 강조점은 어디에서 나오는가?

나는 "규범적 강조점"을 확립할 수 있는 성경 이외의 다른 출처를 알지 못한다.

⑤ 이런 것을 인정해도 신학 논의는 때때로 삐뚤어진 강조점 때문에 약하다. 이런 강조점은 진리에 대해 독자를 **잘못 인도**하거나 불가해성을 산출하고 저자의 주장이 담고 있는 타당성을 훼손하는 강조점이다(사실 그런 경우 문제가 되는 신학자에게 성경 자체의 강조점을 다시 만들 것을 요구하지 않고, 그 강조점에 결함이 있다는 것을 판단하기 위한 기준으로 성경을 사용한다).

하지만 이런 경우에 문제는 "강조점"이 아니라 진리나 명확성, 타당성의 문제로 더 분명하게 분석될 수 있다. 문제는 엄밀한 의미에서 그런 강조점에 있는 것이 아니다. 이런 특별한 경우에 문제는 강조점이 오도한다는 것이다.

셋째, 종종 나는 다음과 같이 생각한다.

가령, 신학자들이 우리에게 계시에서 하나님을 분리하지 말라고 요구할 때 그들이 실제로 언급하길 원하는 것은 다음과 같은 것으로 생각한다. 우리는 하나님과 계시에 대해 어떤 **견해**를 가져야 한다는 것이다. 좋다.

하지만 반추상주의 언어는 반대 입장 사이의 논쟁 본질을 모호하게 하는 경향이 있다. 가령, 고든 카우프만(Gordon Kaufman)과 헤르만 리더보스(Herman Ridderbos)는 다음과 같이 말한다. "계시가 역사에서 추상되어서는 안 된다."

카우프만에게 이런 진술은 계시가 세속적 역사서술(historiography)의 규범의 지배를 받아야 한다는 것을 함의한다. 하지만 리더보스에게 이것은 그 반대의 것, 즉 역사 서술자들은 역사에서 신적 계시의 존재를 인정해야 하고 신적 계시에 복종해야 한다는 것을 함의한다.

사실은 다음과 같다. 거의 **모든** 자칭 기독교 신학자들은 열정적으로 대부분 반추상주의 구호(slogans)를 수용할 수 있다.

하지만 그런 반추상주의 구호는 너무 모호해서 동일한 구호가 다른 신학자들의 체계 안에서 모순되는 교리적 함의를 가질 것이다. 따라서 이런 구호는 실제로 존재하지 않는 일종의 공통점을 암시한다. 가령, 나는 계시가 "하나님과의 관계"에서 이해되어야 한다는 바르트의 주장에 동의할 수 있다.

하지만 계시에 대한 나의 생각은 그의 생각과 매우 다르다. 내가 그런 진술을 확언하는 것이 나를 예전보다 더 그의 입장으로 가깝게 이끌지 않는다. 따라서 나는 그런 구호를 사용하는 것이 종종 일반적으로 무지하거나 정직하지 못하다고 말해야겠다.

신학자가 그런 구호가 가진 모호성을 인식함 없이 그런 구호를 사용한다면 그는 무지한 것이다. 그가 그런 구호가 가진 모호성을 알지만, 독자가 잘못된 공통점을 상상하도록 속이기 위해 그런 구호를 사용한다면, 그는 정직하지 못한 것이다(왜냐하면 어떤 실제적 견해에 대한 고려는 반추상주의의 원칙에 의해 필연적으로 수반된다고 생각했기 때문이다. "4) 반추상주의가 증명하려고 하는 것은 무엇인가?"를 보라).

넷째, 내가 볼 때 반추상주의 언어의 가장 방어적인 사용은 문맥적 주해에 대한 전통적인 신학적 관심을 강화하는 것이다.

좁은 의미에서 이것의 의미는 우리가 성경이 성경을 해석하게 하도록, 또한 성경의 모든 부분을 나머지 부분에 비추어 읽도록 부름 받았다는 것이다. 약간 더 넓은 의미에서 이것은 다음과 같은 것을 의미한다.

각각의 교리를 다른 교리들과 일치되는 방식으로 이해시키기 위해 일관되고 "체계적인" 신학을 가지려는 신학자로서 우리가 가진 관심을 의미한다. 이런 관심을 진술하는 것은 신학자에게 특별한 심상이나 강조, 신학상의 결론을 요구하는 것이 아니다.

우리가 그리스도와 그가 이루신 구속 사역에 대해 각각의 본문과 교리가 뒷받침하는 관계를 보여 주는 것은 특별히 중요하다. 그리스도는 성경의 열쇠시다(눅 24:13-35; 요 5:39-47을 보라). 우리는 어떻게 그 성경 구절이 그리스도를 가르치는지 이해한 후에야 그 구절의 가장 중요한 것을 이해한다.[12]

하지만 심지어 반추상주의의 이런 단순하고, 분명하고 타당한 차원에서도 몇몇 경고가 요구된다.

① 내가 앞에서 언급했던 것을 기억하라("1. 반추상주의"의 첫 구절). 각각의 절은 그 절에 대한 해석과 관련된 **많은** 문맥이 있다. 즉 성경 안이나 성경 밖에 문맥이 있다. 모든 청중을 위해 항상 전면에 있어야 하는, 우리가 그 구절을 가르치는 모든 상황에 있어야 하는 단일 문맥은 존재하지 않는다.

이것은 앞에서 신학에 대해 내가 내린 정의에서 이뤄진 요점을 반복하는 것이다. 신학의 임무는 성경을 **모든** 경우에 해당하는 어떤 종류의 이상적인 완전한 순서로 재조직하는 것이 아니라 성경을 **적용**하

---

12 이 같은 취지에 대한 강한 논증을 참조하려면, E. Clowney, *Preaching and Biblical Theology* (Grand Rapids: Wm. B. Eerdmans Pub. Co. 1961; reissued by Presbyterian and Reformed)을 보라. 그리스도는 율법과 예언을 성취하신다. 그는 구약성경이 보여 주는 모든 모형(types)의 원형이시다(antitype). 그리스도는 완전한 선지자, 제사장, 왕이시다. 그는 신약성경 복음의 주요한 관심 대상이시다(고전 2:2).

는 것, 즉 성경의 설명을 **특정한** 독자의 필요를 충족하도록 배열하는 것이다. 신학은 과정에서 성경의 가르침을 왜곡하지 않는 한 자유롭게 해석의 다양한 맥락을 사용할 수 있다.

② 너무 많은 맥락이 존재해서 이 모든 맥락을 동시에 제대로 다룰 수 없다. 따라서 그 자체로 중요한 일부 관계와 맥락은 특별한 신학적 논의에서 간과되어야 한다. 우리는 이것에 당혹해하지 말아야 한다. 왜냐하면, 이것은 단순히 우리가 가진 유한성의 결과이기 때문이다. 성경 자체는 종종 교리와 다른 교리와의 중요한 모든 관계를 탐구함 없이 교리를 진술한다. 야고보는 칭의에 관한 바울의 가르침을 적절히 다루지 않고 믿음과 행함에 관한 자신의 가르침을 제시한다. 히브리서 6장은 인내에 관해 우리가 제기하는 질문에 답을 하지 않는 배교에 관한 견해를 제시한다. 아가서는 어떻게 인간의 사랑이 정확하게 하나님이나 그리스도와 관련을 맺는지 독자들이 제기하는 질문을 다루지 않고, 인간의 사랑에 대해 말한다(나는 앞에서 그리스도가 성경의 열쇠시고, 어떤 본문이나 교리에 대해 가장 중요한 것은 그것이 그리스도와 맺고 있는 관계라고 말했다. 하지만 나는 우리가 본문을 연구할 때마다 가장 중요한 맥락인 그리스도가 중요한 위치에 와야 한다고 말하지 않을 것이다. 때때로 "덜 중요한" 본문이나 교리가 가진 측면들을 고려하는 것이 타당하다. 고린도전서 11장에서 여자가 머리를 가리는 관행이 일반적으로 이 구절이 구원에 대한 전반적인 복음과 맺고 있는 관계보다 덜 중요하다. 그러나 여자가 머리를 가리는 관행을 확인하는 글을 쓰는 것은 잘못이 아니다.).

③ 텍스트, 교리, 신학적 실재 가운데 관계를 강조하는 것이 중요하다. 또한, 이것들을 어떤 방식으로 "분리할 때" 가치가 존재한다. 가령, 요한복음 3:16은 1-5절과 17-21절의 의미와 구분되는 이 구절 자체

의 의미를 갖고 있다. 어떤 점에서 이 구절이 가진 의미는 이 구절의 문맥에 의존하지만 이 구절의 의미가 이 구절의 문맥이 가진 의미로 **축소**되지 않는다. 이런 연구의 어떤 단계에서 16절이 명확히 전체 맥락에 **덧붙이는** 것이 무엇인지 묻는 것이 중요하다. 이것이 일종의 "격리"(isolation)나 "추상"(abstraction)이라도 좋다.

④ 신학 논의에서 항상 어떤 종류의 최고 중요성을 가지는 "핵심 맥락"이 성경에서 단 하나가 존재한다는 생각은 위험하다. 이런 생각은 우리가 성경 전체 이외의 어떤 "진리의 근간," 즉 "궁극적 출발점"이 필요하다는 것을 암시한다(마 4:4).

⑤ 반추상주의 언어를 사용하지 않고 문맥에서 성경을 주해하는 것과 다른 모든 교리에 비추어 모든 교리를 이해하는 것의 요점들을 훨씬 더 명확하게 효과적으로 주장할 수 있다.

4) 반추상주의가 증명하려고 하는 것은 무엇인가?

우리는 반추상주의 언어가 담고 있는 **의미**의 다양한 모호성을 연구했기 때문에 지금 신학자들이 반추상주의 유형의 논증을 사용함으로써 **증명**하려고 하는 것이 무엇인지 물어보자.

우리는 "계시를 하나님 자신에게서 추상하지 말아야 한다"는 것과 같은 구호를 들을 때 어떤 **결론**을 도출해야 할까?

이런 표현이 다른 많은 종류의 결론을 권고하기 위해 사용될 수 있다는 사실이 이런 언어가 함유한 내재적인 모호성을 더 명확히 보게 할 것이다. 반추상주의자들이 우리에게 종용하는 다소 다양한 결론(결론 형태)을 보기 위해 이 단락 처음에 언급했던 인용으로 돌아가자.

첫째, 바르트에게서 인용한 문구에서, 바르트는 우리가 하나님과 말씀(the Word) 사이에 형이상학적 또는 존재론적 동일성을 상정하길 원하는 것처럼 보인다.

그는 그것보다 못한 어떤 것을 다른 것의 부적당 "추상"(abstraction)으로 간주할 것이다. 하지만 아주 흥미롭게도 그런 것은 헤겔(그런 것이 키에르케고르에게 저주[anathema]였듯이 다른 측면에서 헤겔의 생각은 바르트에게 저주다)이 요구했던 일종의 구체성, 즉 정신과 정신의 대상 사이의 궁극적인 존재론적 동일성이다.

이와 유사한 어떤 것이 부버(Buber)에게서 인용한 문구에서 이뤄지고 있는 듯이 보이지만, 이것을 언급하기는 어렵다.[13] 확실히 반추상주의 언어는 **일반적으로** 존재론적 동일성을 수반하지 않는다.

누군가 "나폴레옹을 그가 살던 시대의 경제적 상황으로부터 추상해서 이해하지 말아야 한다"라고 말할 때 그는 확실히 나폴레옹과 "경제적 상황" 사이에 존재론적 동일성을 주장하는 것이 아니다. 이는 "우리가 선택 교리를 구속사로부터 추상해서 보지 말아야 한다" 같은 다른 신학적 예에도 동일하게 적용된다. 여기서 요점은 확실히 존재론적 동일성이 아니다.

따라서 바르트가 하나님과 말씀 사이에 존재론적 동일성을 확립하길 바란다면, 분명히 그는 자신의 반추상주의만 기초로 존재론적 동일성을 확립할 수 없을 것이다. 우리가 "말씀을 하나님 자신으로부터 추상하는" 것을 꺼린다는 것을 인정해도, 말씀**이** 하나님 자신**이라는** 결론은 나오지 않는다. 또한, 반추상주의 언어는 바르트의 주장에 어떤 수사학적 수식을 덧붙이는 것 외에 그의 주장에 타당성을 부여하는지도 명확하지 않다.

---

13 부버(Buber)는 관계된 사물 사이에 존재론적 동일성보다 오히려 관계 자체에 대한 존재론적 우위성(이것이 무엇을 의미할지라도)을 주장하는 것처럼 보인다.

둘째, 바르트 인용 안에 있는 일부 다른 표현은 비추상적 관계의 용어들 사이에 있는 **인식론적** 관계를 보여 준다.

말씀이 하나님 자신과 맺고 있는 관계 때문에 말씀이 참되고, 인식 가능하다. 확실히 바르트주의자가 아닌 많은 신학자도 그렇게 말할 수 있다.

가령, 정통주의 개신교 신자는 하나님이 말씀을 참되고 알려질 수 있는 방식으로 말씀하셨기 때문에 말씀이 참되고 알려질 수 있다고 말할 수 있다. 반추상주의 표현이 이런 주장에 무엇을 덧붙이는지 분명하지 않다.

셋째, 때때로 반추상주의 언어는 주지주의(intellectualism)에 대한 반감, 즉 하나님의 실재나 그의 구속적 행위를 일련의 지적 개념으로 바꿔 말하는 것에 대한 반감을 표현하는 한 가지 방식으로 보인다.

넷째, 벌카워(Berkouwer), 드 그라프(De Graa), 힉(Hick)의 인용은 그런 종류의 요지 갖고 있는 것 같다.

다시 말하지만 어떻게 반추상주의 어휘가 실제로 그들이 그런 종류의 주장을 하게 일조했는지 명확하지 않다. 분명히 벌카워는 우리가 구원의 측면에서 하나님의 말씀으로 감명을 받을 때 우리의 똑똑하고 영리한 신학적 이론을 망각하고 경외감, 놀라움, 회개, 믿음으로 주님을 마주 대한다고 말하길 원한다. 분명한 사실이다.

하지만 어떤 의미에서 우리에게서 "제거된 추상성"이 그런 종류의 경험에 속하는가?

우리가 하나님을 다루는 데 있어 추상적인 용어를 사용하는 것이 금지되어 있는가?

이것은 넌센스다.

창조자와 피조물 사이의 분리 의미가 그런 조우 가운데 사라지는가?

확실히 그렇지 않다. 사실 그것과 정반대다(참조, 사 6장).

아마 여기서 반추상주의적 표현은 이론적 사유의 부적절성을 표현하는 명확하지 않은 방식인가?

그럴 수도 있지만, 매우 분명하고 효과적인 방식으로는 그렇지 않다고 생각한다. 이와 유사하게 드 그라프의 인용이 문자적으로 해석된다면, 그것은 넌센스다. 왜냐하면, 성경 저자들도 추상성을 표현하고 있기 때문이다.

드 그라프는 아마 문자적인 의미의 추상성이 아닌 이론적 사유의 추상성(아마 그 어구에 대한 전문적인 도예베르트식 의미로)을 생각하는 것 같다. 해석에 대한 그의 언어는 명확하지 않다.

또한, 추상주의가 주지주의에 반대하는 논증에 무엇을 덧붙이는지도 명확하지 않다. 힉의 글에서 가져온 인용은 "추상적 사고"의 하나님과 "실재" 하나님 사이의 대조다. 물론 기독교적 사고에서 하나님은 어떤 종류의 추상적 형상이라기보다 오히려 구체적인 개별자이시다.

그러나 이것은 분명하게 보이지만 거의 관련 있어 보이지 않는다.

어떻게 힉의 많은 독자는 하나님을 플라톤식의 형상으로 생각하도록 유혹을 받는가?

벌카워와 드 그라프의 인용처럼 오히려 여기서 반추상주의 언어는 주지주의에 대한 비판에서 단지 일종의 수사학적 표현으로 보인다.

넷째, 밀러(Miller)에게서 인용한 것은(그리고 나는 이런 인용 일부가 부버의 언어 이면에 놓였다고 생각한다) 역동적-정적 대조와 추상적-구체적("관계") 대조를 일치시킨다.

여기서 요점은 다음과 같다. 우리 자신과 하나님 사이의 관계, 우리 자신과 다른 사람 간의 관계 같은 인격과 인격 간의 관계가 가장 중요하다.

① 그러나 나에게는 다음과 같은 것이 분명하지 않다.

왜 역사에 대한 하나님의 주권은, "우리는 고정된 말씀(words)에 매이지 않는다"는 진술을 수반하는가, 또는 왜 이런 마지막 결론은 관계가 다른 점에서 중요할 수 있는 것보다 더 중요하게 만드는가?

정통적 개념처럼 하나님이 분명히 자신을 "고정된 말씀"으로 계시**하셨고**, 성령에 의해 항상 새롭게 이런 말씀에 권능을 부여하여 우리에게 적용한다면 어떤 모습일지 상상해 보라.

그렇다면 우리가 하나님과 맺고 있는 관계가 밀러의 해석보다 덜 중요하게 되는가?

② 밀러는 인식론적 요점과 목회적 요점 사이에서 거의 무의식적으로 이행을 하는 것처럼 보인다. 그가 주장하는 내용의 행간을 읽을 수 있다면, 그의 관점에서 계시는 "고정된"(="추상적"?) 진리로 구성된 것이 아니라, 환경이 변하는 것처럼 항상 변하고 따라서 변하는 세계와 "관계를 맺고 있는" 일종의 진리로 구성되어 있다. 따라서 계시는 상황과 "관계를 맺고" 있으므로 교육은 대인관계를 통해 수행되어야 한다. 하지만 이런 논증은 분명히 불합리한 추론(*non sequitur*)이다.

③ 밀러는 내용이라는 중요한 문제를 무시한다.

이스라엘에 대한 하나님의 교육이 관계 안에서 또한 관계에 의한 교육이었고 서로에 대한 서로에 대한 우리의 교육도 이와 유사함이 틀림없다고 인정해도, 우리가 관계를 통해 가르쳐야 하는 것은 무엇인가?

"고정된 말씀"이 있는가?

또는 다른 형태의 어떤 소통이 존재하는가?

관계에 대한 강조는 실제로 이런 문제에 전혀 답하지 않는다. 관계 안에서 "고정된 말씀"이 담고 있는 내용을 포함해서 많은 종류의 내용을 가르칠 수 있다. 따라서 "관계 안에서 가르치는 것"은 "고정된 말씀"으로 가르치는 것을 배제한다(또는 관계 안에서 가르치는 것은 "고정된 말씀"으로 가르치는 것에 대한 이해할 만한 대안이다)고 말하는 것은 단순히 잘못된 것이다.

④ 하지만 여기서 나의 주요 목적은 반추상주의 어휘 안에 불명확성이 담고 있는 다른 요소를 언급하는 것이다. 인식론적 관계에 대한 강조는 종종 명확한 어떤 논리적 타당성 없이 대인관계에 대한 강조로 변화된다는 것이다.

다섯째, 반틸의 인용(맥락에서, 또한 다른 곳에서 그의 추론의 패턴을 따라)[14]은 추상적 사유를 자율성에 대한 인간의 욕망(human lust for autonomy)과 동일시한다.

이것 역시 인식론적 요점(비록 다른 것들과 약간 다르지만)이지만, 가장 중요하게도 이것은 종교적 요점이다. 추상성은 경건에서 결함, 즉 하나님에 대한 우리의 헌신에서 결함이다. 확실히 자율적 지식을 얻기 바라는 욕망은 하나님에 대한 반역이다.

또한, 자율성에 대한 욕망이 확실히 그리스 철학자들의 방법, 우리가 살펴보았듯이, 추상성을 통해 완전한 지식을 찾으려는 방법 이면에 놓여 있다. 따라서 자율성과 추상성은 사실 서로 관련이 있다. 그런데도 이 요점은 과장되기 쉽다.

추상성이 우상숭배적인 그리스 인식론의 일부분이었다는 사실은 **모든**

---

[14] 반어적으로 이것은 또한 바르트(Barth)의 글의 강조점이다.

추상성이 우상숭배적인 동기에서 유래한다는 것을 의미하진 않는다.

왜 우리는 모든 추상성이 우상숭배적인 동기에서 유래한다고 생각해야 하는가?

아마 이런 생각 이면에는 다음 같은 사고가 놓여 있는 것 같다. 하나님은 유일무이하시므로 그를 공통의 명칭 아래 다른 존재들과 놓지 말아야 한다. 왜냐하면, 그것은 항상 추상적 용어 사용에서 발생하기 때문이다. 따라서 하나님을 추상적으로 언급하는 것은 그를 다른 사물의 차원으로 축소하거나 다른 사물들을 그의 차원으로 올리는 것처럼 보일 것이다.

하지만 우리가 살펴보았듯이 어떤 용어도 완전히 추상성이 없지는 않다. 완전히 추상적인 언어를 피했다면, 하나님이나 그 밖의 것을 전혀 말할 수 없을 것이다.

반틸을 포함한 대부분 신학자는 심지어 하나님이 공통의 명칭 아래 다른 실재들과 분류되실 때도 그것들 모두와 독특하게 다르시다는 것을 나타내기 위해 유비의 어떤 교리나 다른 원리를 사용한다. 따라서 반추상적 표현은 불필요하다.

여섯째, 벌카워, 드 그라프, 힉의 인용은 다른 의미를 암시한다.

다른 의미에서 추상성은 경건의 결함일 수 있다.

① 이런 요점은 위의 **"셋째"**와 관련이 있다. 추상적 사유(="주지주의")는 하나님과 우리 사이에 일종의 장벽을 세운다. 이런 사유는 이해할 만하다. 종종 정상적으로 경건한 사람들은 하나님을 "추상적으로" 사유할 때 하나님에 대한 자신들의 친밀감이 줄어드는 것을 느낀다. 하지만 이것이 반드시 발생하는지 분명하지 않다. 또한, 이것이 사고하는 사람 자신이 가진 연약함의 작용보다 엄밀한 의미의 그런 추상적

사고가 가진 기능인지 분명하지 않다. 또한, 심지어 우리가 하나님과의 친밀한 **느낌**을 상실할 때 우리는 어떤 종류의 죄를 범했는지도 분명하지 않다. 하나님은 항상 자기 백성이 자신을 가깝게 **느끼도록** 의도하시는지도 분명하지 않다.

② 이런 신학자들을 해석할 때 우리는 **추상적인** 것이 때때로 "하나님과의 합당한 '관계' 없이 사유하는 것"을 **의미하는지** 궁금하다. 나는 어떤 신학자들(반틸은 아니지만 아마 벌카워)에게서 이것이 사실일 수 있다고 생각하고 싶다. 하지만 확실히 이런 종류의 논의는 ("**넷째**"에서와 같이) 서로 다른 종류의 "관계들" 사이의 혼동에 기초한다.

③ 우리가 하나님과 인간의 관계를 사유할 때 "관계"의 중요성이나 심지어 신자와 하나님 사이의 "친밀성"을 모두 언급할 수 있음에도 **구별**(distinction), 사실 창조자와 피조물 사이의 **거리**(distance)에 대한 강조가 동일하게 중요함을 지적하는 것이 중요하다.

추상적 사고는 어떻게든 우리가 가진 거리감을 증가시킨다면 아마 "추상적" 사고는 **긍정적으로** 헌신적 가치가 있을 수 있다!

④ 모든 유형의 신학자는(단지 보수주의 신학자만이 아닌) 자신들의 견해에 동의하지 않는 사람들이 가진 경건에 의구심을 갖는 경향이 있다. 이것은 놀랄 일이 아니다. 또한, 이것이 항상 잘못된 것은 아니다. 때때로 거짓 생각은 분명히 불경건에서 유래하고 불경건을 드러낸다. 하지만 신학자들은 종종 이것을 분명하게 언급하길 꺼린다. 신학자들이 "아무개는 계시에 대한 나의 견해에 동의하지 않기 때문에 그는 불경건하다"라고 말하는 것보다 "아무개는 추상적으로 추론하기 때문에 그는 불경건하다"라고 말하기가 더 쉽다. 하지만 이렇게 두 가지로 말하는 방식은 결국 동일한 것으로 귀결될 수 있다.

5) 반추상주의에 대한 일반적인 철학적 관찰

너무 급하게 행한 역사적 조사에서 다음과 같은 것을 살펴보았다. 일반적인 지식의 방법론인 추상성이 가진 문제는 철학자들과 신학자들이 추상성을 일반적인 지식의 목적인 구체성으로 대체하게 한다는 것이다. 추상성은 텅 비어 있음, 즉 구체성의 상실로 이어졌다. 추상주의 방법을 통해 합리주의는 무지로 이어졌다.

하지만 이제 일반적인 지식의 목적인 구체성이 추상성의 문제 만큼 문제가 있다는 것을 볼 수 있어야 한다.

① "완전한 구체성"(pure concreteness)은 "완전한 추상성"(pure abstractness) 만큼이나 상상할 수 없다. 우리가 살펴보았듯이 어떤 용어도 완전히 추상적이지 않거나 완전히 구체적이지 않다. 또한, 어떤 인간적인 지식 활동도 그 대상의 모든 구체적인 특징을 완전히 설명할 수 없다. 그런 종류의 구체성을 추구하는 것은 완전한 추상성을 추구하는 것 만큼이나 합리적이다. 그것은 단지 하나님에게만 가능한 지식을 추구하는 것이다.

② 추상주의적 합리주의가 무지나 비합리주의로 귀결되듯이 반추상주의적 합리주의도 비합리주의로 귀결된다. 우리는 완전한 구체성이 부족한 무언가에 만족하지 못할 때 결코 우리의 목적을 성취하지 못할 것이다. 따라서 우리는 우리 자신의 방법과 반대되는 방식으로 우연히 배운 것들을 제외한 어떤 것도 알지 못하는 것으로 끝날 것이다. 따라서 반추상주의 신학자들은 전혀 명확한 방법이 아닌 믿음의 도약, 신비스런 경험 등으로 지식을 추구하는 경향이 있다.

이제 지식을 믿기 위한 여지가 존재한다. 또한, 앞에서 논의했던 "인지적 휴식"에 대해 이해할 수 없는 무엇이 존재한다고 말할 수 있다. 하지만 그런 인지적 휴식의 성취 방법을 우리에게 말씀해 주시는 하나님에게서 유래하는 규범적 계시가 존재한다. 현대의 반추상주의 신학자들은 (반틸의 사유처럼 그들의 사유가 규범적 관점으로 강하게 완화되지 않는다면) 그런 규범적 계시의 존재를 부정하고 규범적 계시라는 생각을 너무 추상적이라고 생각한다. 따라서 그들은 정말 진리에 대한 어떤 기준도 없으며 언제 자신들이 목적을 달성했는지 아는 방법도 없다.

③ 물론 이것이 그리스인들이 추상적인 영역에서 지식을 추구했던 이유다. 그들이 외관상 구체적인 경험 쪽으로 향했을 때 발견한 모든 것은 어리둥절하게 만드는 움직임과 변화였다. 그들은 추상적인 용어 없이 어떤 것도 식별할 수 없거나 이름 지을 수 없다는 것을 발견했다. 추상성의 세계에 좌절한 현대 사유는 현시점에서 무수히 일어나는 경험을 이해하려고 시도했다. 하지만 현대 철학자들은 끊임없는 변화의 세계를 합리화하는 데 있어서 그리스 철학자들처럼 성공하지 못했다. 그들은 끊임없는 변화의 세계를 이해하는 비추상적인 방식을 추구했고 어떤 것도 발견하지 못했다.

④ 일반적으로 구체성, 즉 개략적인 구체성을 추구하는 것은 명백히(*prima facie*) 자기 모순적이지 않은가?

이런 모순성은 인간적 차원에서 완전히 구체적인 지식의 불가능성을 보여 주지 않는가?

따라서 우리는 반추상주의에 많은 문제가 있음을 살펴보았다. 반추상주의는 여러 면에서 모호하다. 현대의 신학 문헌에서 광범위하게 다양한 의도를 가지고 추상성에 대한 서로 다른 많은 종류의 비판이 있었다.

특별한 종류의 관계(존재론적 동일성과 같은)를 주장하고, 인식론적 요점을 밝히고, 주지주의를 반대하고, "개인적 관계"에 대한 강조를 추천하고, 자율성을 반대하고, 어떤 종류의 불경건을 비난하려고 반추상주의 어휘를 사용할 수 있다.

이런 모든 경우에서 반추상주의 언어가 너무 명확하지 않아 요점을 주장하는 데 유용하지 않거나 요점 자체가 근거가 없다.

또한, 우리는 하나님과 세상을 아는 "완전히 구체적인" 지식에 대한 바로 그 욕망이 죄악 된 욕망이고 따라서 하나님이 존중하지 않으시는 욕망임을 살펴보았다. 이런 욕망은 하나님의 지식과 동일한 지식에 대한 탐구이거나 그의 영감된 성경 밖에 있는 어떤 오류 없는 참조점에 대한 탐구다.

이런 이유로 나는 반추상주의 언어의 사용을 피한다(가끔 나는 반추상주의 언어를 더 분명한 방식으로 다른 곳에서 형성된 요점에 대한 수사학적 표현으로 사용하면서 나 자신의 인식론이 지배적이고 자율적인 반추상주의와 철저히 다르다는 것을 분명히 할 수 있다). 나는 학생들과 다른 신학자들이 동일하게 행할 것을 충고한다. 용어, 개념, 명제, 논의, 방법의 "추상성"은 결코 그것을 수용하거나 반대하기 위한 충분한 근거가 아니다.

성경적 인식론은 우리가 자유롭게 추상적으로 추론하고(추상성의 한계를 인식하며), (상대적인) 구체성을 추구하게 한다(우리는 결코 유한한 사고가 가진 추상적 본성을 완전히 벗어나지 못할 것을 인식하며).

성경적 인식론은 결코 추상성이나 우리 자신이 가진 사유의 구체성으로 궁극적인 인식론적 안전을 추구하지 말 것을 상기시킨다. 오히려 성경적 인식론은 하나님 자신의 말씀이 함유한 오류 없는 확실성으로 궁극적인 인식론적 안전성을 추구해야 할 것을 상기시켜 준다.

죄성 있는 사고 패턴은 항상 다음과 같이 사고하도록 유혹한다. 즉 우리는 하나님의 말씀이 가진 무오한 확실성보다 더 안전한 무언가 필요하다. 또는 적어도 우리 사고 안에서 무오한 말씀에 오류 없이 접근하게 하는 무언가 필요하다고 생각하게 한다.

이런 점에서 무오성이라는 개념을 가장 반대하는 신학자들은 사실 아이러니하게도 그런 파악하기 어렵고 오류 없는 무엇을 가장 찾고 싶어 한다 (물론 그들의 실제 문제는 엄밀한 의미의 그런 무오성이라는 개념에 있는 것이 아닌, 하나님보다 오히려 자신들 안에서 무오성을 찾는 그들의 경향성에 있다).

하지만 하나님은 우리가 믿음으로 행하도록 부르신다. 하나님은 우리에게 확실한 진리의 말씀을 주셨다. 하나님은 우리가 진리의 말씀에 순종하길 기대하신다.

우리는 확실한 진리의 말씀을 알 수 있고 이해할 수 있다. 우리는 어떤 완전히 추상적이거나 구체적인 지식을 가질 필요가 없다. 또한, 우리는 신실하고 순종해야 한다. 신실함은 종종 우리가 갖고 싶어 하는 지식보다 못한 어떤 것에 만족하는 것을 의미한다. 믿음으로 행함은 종종 보지 않고 행하는 것과 희미하게 바라봄을 의미한다.

결과적으로 이것은 우리를 완전히 편안하게 만들 수 있는 것보다 더한 추상성이나 덜한 추상성의 수용을 의미할 수 있다. 하나님은 우리에게 인지적 휴식을 제공하신다. 하지만 하나님은 종종 완전한 인지적 위로를 주지 않으신다.

2. 관점주의

앞에서 나는 "관점적" 관계를 논의했다. 앞에서 인간 지식의 측면인 법, 객체, 주체는 관점적으로 서로 관련되어 있음을 살펴보았다. 이것은 다음과 같은 것을 의미한다. 우리가 법을 알게 될 때 우리는 또한 불가피하게 동시에 객체와 주체를 알게 된다는 것을 의미한다(또한, 이것은 다른 두 관점에서도 유사하다). 그렇다면 법은 단순히 인간 지식의 한 **부분**일 뿐 아니라 특별한 "관점"에서 파악되는 것으로, 인간 지식의 **전체**다.[15]

그렇다면, 우리는 법에 관한 지식이 객체나 주체에 관한 지식에 "앞서"거나 "따르는"지 묻지 말아야 한다. 여기서 "우선성"에 대해 질문하는 것은 의미가 없다.

우리는 법, 객체, 주체를 동시에 배울 수 있으므로 어떤 시간적인 우선성은 존재하지 않는다. 각각의 관점이 가진 지식이 동일하게 다른 두 개의 관점에 의존하기 때문에 어떤 의존의 우선성도 존재하지 않는다.

신학 안에 이런 종류의 관계가 많이 존재한다. 나는 지식에 대한 관점적인 접근 방식이 우리가 신적 속성, 삼위일체의 위격, 인간 인격의 측면, 십계명의 명령, 신적 작정의 순서, 그리스도의 직분들, 그리고 아마 다른 문제들을 이해하는 데 유익할 것으로 믿는다.[16]

이런 문제를 관점적으로 이해하는 것은 수년 동안 신학에서 발생했던 "우선성"에 관한 다소 무익한 논증을 피하는 데 일조한다.

지성이 인간 본성의 의지보다 "앞서는가"?

사람들을 선택하는 하나님의 작정은 그들을 창조하려는 그의 작정보다

---

[15] 제1부 끝에 있는 "부록 1"을 보라.
[16] 나는 이런 관계를 이후의 글에서 설명하길 희망한다.

"앞서는가"?

하나님의 긍휼이 그의 공의보다 "앞서는가"?

나중에 살펴보겠지만, 신학에서 '**우선하다**'(prior)는 것이 매우 모호하지만 '우선하다'는 신학의 역사에서 큰 역할을 해 왔다. 왜냐하면, 내가 볼 때 신학자들은 관계를 관점적으로 바라보는 선택권을 도외시했기 때문이다. 나는 하나님의 말씀이 하나님 자신의 본성을 반영하기 때문에 하나님의 말씀은 관계를 관점적으로 제시하는 경향이 있다고 추정할 것이다.

하나님은 세 위격으로 계신 한 분 하나님이시다. 또한, 하나님은 하나의 신성 안에 있는 많은 속성이시다. 영원한 일자시며 다자(one-and-many)시다. 어느 위격도 다른 위격보다 "앞서지" 않는다.

모든 위격이 동일하게 영원하시고, 궁극적이시고, 절대적이시고, 영광스럽다. 속성 가운데 어떤 것도 다른 속성보다 "앞서지" 않는다. 각각의 속성이 동일하게 신적이고, 박탈될 수 없고, 하나님의 신성에 필수불가결하다.

이 부분에서 나의 관심은 엄밀한 의미의 신학이 가진 관점적 본질을 진술하는 것이다. 여기서 나의 제안은 다음과 같다. 성경이 가진 다른 요소나 관점 같이 성경이 가진 다양한 교리는 관점적으로 관련되어 있다는 것이다.

반추상주의에 관한 우리의 논의(위의 "1. 반추상주의")는 우리를 이런 방향으로 향하게 한다. 이런 논의에서 나는 다음과 같은 것을 강조했다. 성경의 "문맥적 주해"를 추구하는 것은 타당하다.

하지만 항상 고려해야 하는 하나의 단일한 "지배적인 맥락"이 존재한다고 가정하는 것에 주의해야 한다. 확실히 성경에 초점이 있어야 한다. "중심 메시지"가 있다.

성경은 사람들이 그리스도를 믿고(요 20:31) 신자들이 경건하게 세워져 갈 수 있기 위해(딤후 3:16f.) 기록되었다. 그리스도는 성경의 중심이시다(눅 24:13-35; 요 5:39-47).

물론 성경의 모든 부분이 이런 목적이라는 측면에서 동일하게 중요한 것은 아니다(존 몽고메리[John W. Montgomery]가 전에 관찰했듯이 종종 요한복음을 길거리에서 사람들에게 나눠준다. 반면, 역대하를 나눠 주지 않는다.) 따라서 어떤 의미에서 그리스도가 이루신 구속 사역은 성경의 "핵심" 맥락이다. 하지만 다음의 조건들을 고려하라.

첫째, 그리스도의 구속 사역의 완전한 범위를 이해하기 위해 우리는 전체 정경이 필요하다.

그렇지 않았다면 하나님은 우리에게 그렇게 큰 문서를 주시지 않았을 것이다!

둘째, 따라서 성경의 핵심 메시지는 다른 구절보다 일부 구절에 더 두드러지게 발견된다.

하지만 전체 성경이 성경의 핵심 메시지를 규정한다.

셋째, 따라서 성경의 핵심적 메시지와 성경의 상세하고 특별한 메시지 사이에 "관점적" 상호성이 존재한다.

특별한 메시지가 핵심 메시지를 규정하고 핵심적 메시지라는 견지에서 특별한 메시지를 이해해야 한다.

넷째, 그리스도가 이루신 구속적 사역을 다른 많은 방식으로 설명할 수 있다.

언약, 희생, 구속, 부활, 정화, 새 창조, 순종-의, 왕국-정복, 해방, 화해, 구속, 속죄, 계시, 심판, 교제(courtship), 양자 됨, 믿음을 주심, 희망,

사랑, 기쁨, 평화. 이것들도 관점적으로 관련되어 있다. 각각 특별한 관점에서 전체 복음을 요약한다.

앞에서 언급했듯이 현대 시대에 하나님의 말씀, 해방, 희망, 만남, 위기(심판) 같은 많은 "이런저런 신학"이 있었다.

이 신학은 각각 어째서 자신이 성경의 "핵심적 메시지"인지 설명하는 이유를 보여 주기 위해 설득력 있는 논증을 제시했다.

물론 우리는 어느 정도 이것들에 모두 동의할 수 있다!

거의 이 모든 신학에는 성경에 대한 어떤 진정한 통찰력이 있다. 각 신학은 전체 복음을 요약하기 위해 사용할 수 있는 개념이나 교리를 발견했다. 각 신학은 "핵심적 교리"를 발견했다. 이것은 다음과 같은 것을 의미한다.

기독교에는 **많은** "중심"이 있다. 또는 다른 방식으로 표현하자면, 기독교는 많은 방식으로 설명될 수 있는 하나의 중심(그리스도)이 있다.

다섯째, 희망, 해방, 하나님의 말씀, 기타 등이 성경에 "핵심"이라는 신학자들의 확언에서 그들에게 동의할 수 있다.

하지만 우리는 경쟁 관계에 있는 "중심"을 **배제하려는** 그들의 시도에 동의하지 말아야 한다. 이런 개념들이 관점적으로 관련되어 있다면 그것들은 서로 배제하지 않는다. 따라서 우리는 그것들 가운데서 선택할 필요가 없다. 오히려 각 개념에서 귀중한 다양성이 가진 하나의 측면, 즉 하나님이 자신의 말씀 안에 기록하셨던 귀중한 부요를 발견할 수 있다.

다른 것을 제외하고 전체 정경에 배어 있는 하나의 "핵심 메시지," 단지 하나의 "핵심 메시지"만 존재한다는 생각은 처음에 받아들이기 어렵다. 가령, 나의 동료인 앨런 마휘니(Allen Mawhinney)는 바울의 저술들이 "특별한 경우를 위한"(occasional) 저작이라는 특징과 관련이 있음을 상기시킨다.

바울의 저술들은 단순히 하나의 특별한 주제에 초점이 맞춰진, 엄격한 체계를 발전시키는 사람의 작품과 같지 않다.

바울은 당면한 무슨 문제든지 그것을 다루기 위해 광범위한 다양한 자원을 사용한다. 다른 생각들이 두드러지고 확실히 그 생각들은 복음의 본질에 의존한다. 하지만 그 생각들은 현재 쟁점이 되는 문제에도 의존한다.

여섯째, 그리스도가 중심이라고 말하는 것은 신학이 항상 그에 대해 논의해야 하거나 그를 "강조해야" 한다는 의미는 아니다.

앞에서 언급했듯이 신학자가 고린도전서 11장에서 여성의 머리에 쓰는 것에 대한 글을 쓰면 반드시 그리스도를 언급해야 할 이유가 없다(비록 그의 장기적인 동기는 그의 신학 작품을 통해 그리스도를 영광스럽게 하는 것이 되어야 하지만). 신학의 다양한 "하부 중심"에서도 마찬가지다(예: 희망, 해방).

일곱째, 신학자는 우리가 "x(핵심 교리)와의 관계에서 모든 것을 보아야" 하거나 "결코 x에서 분리해서 신학 연구를 하지" 말아야 한다고 말할 때 매우 모호한 표현을 사용하는 것이다.

또한, 그는 엄청나게 많은 방법적 오류를 범할 위험이 있다(내가 위의 "1. 반추상주의"에서 논의했던 것처럼). 또한 그는 신학적 위험, 즉 자신의 최종 권위로 **전체** 성경보다 못한 무언가를 채택하려는 위험에 놓여 있다.

여덟째, 성경에서 모든 "관점"이 동일하게 중요하거나 신학자에게 동일하게 유용한 것은 아니다.

신학자가 다른 관점보다 한 관점을 선호하는 것은 아주 옳다. 단지 전체로써 성경적 정경 때문에 그런 관점에 일종의 권위를 부여할 때만 그는 오류를 범한다. 또는 어떤 타당성을 가진 다른 관점을 배제하려고 애쓸 때 오류를 범한다.

아홉째, 때때로 이런 종류의 논의는 상대주의처럼 들린다.

사실 이런 논의는 결코 상대주의가 아니다. 또한, 이런 논의 배후에 놓여 있는 동기는 아주 정반대다.

관점주의에 대해 내가 주장하는 주요 요점은 신학자들의 모든 허세와 대조해서 전체로써 성경이 가진 절대 권위를 변호하는 것이다. 우리의 권위는 성경에 있지, 어떤 것이나 다른 것에 대한 이런저런 "신학"에 있지 않다.

우리의 권위는 전체 성경에 있지, 성경 안의 이런저런 "맥락"에 있지 않다. 그렇다. 성경을 "절대화"하기 위해 우리는 신학을 어느 정도 "상대화"해야 한다. 나는 이것을 위해 변증하지 않는다. 신학은 오류 있는 인간의 작업이다(그러나 신학도 일종의 확실성이 있다. 제2부를 보라).[17]

3. 맥락적 주해

앞 단락에서 나는 "맥락적 주해"(contextual exegesis)에 대한 전통적 관심, 특히 성경의 모든 내용을 그리스도와 그의 구속사역과 관련을 맺으려는 관심을 지지했다(일반적인 용어로). 하지만 나는 어떤 의미에서 본문을 맥락으로부터 "격리"하는 것이 좋은지, "맥락"을 논의하는 데 있어서 어떤 위험이 있는지 보여 주었다("1. 반추상주의"의 앞 부분을 보라). 하지만 이런 주제에 관한 좀 더 많은 관찰이 합당하다.

---

17 이 부분에서 나는 출판되지 않은 포이트레스(Vern S. Poythress)가 저술한 일부 글에 신세를 지고 있다(그도 자신의 일부 공식화에서 나에게 신세를 졌듯이).

1) 문장 차원의 주해(Sentence-level exegesis)

우선 "맥락적 주해"는 다음과 같은 것을 의미한다. 단어는 이 단어가 속한 문장들의 문맥에서 해석해야 한다. 이것은 매우 분명한 요점처럼 들린다. 이것은 많은 신학자가 위반했던 원리다. 우선 성경학자 제임스 바르(James Barr)가 이런 이야기를 함으로써 명성을 얻었다.[18]

그가 설명하는 것처럼 "명제적 계시"라는 개념을 버렸던 신학자들은 성경에서 성경적 명제 이외의 어떤 신학적 진리의 출처가 필요했다. 따라서 그들은 **단어 연구**에서 자신들의 신학을 발전시키려 애썼다.

또한, 그들은 자신들이 성경의 신학적 용어와 성경의 문장보다 오히려 이런 용어 기저에 놓인 개념에서 신학적 진리를 찾을 수 있을 거라 희망했다.

하지만 성경 단어가 가진 의미를 분석할 때 신학자들은 종종 어원과 어휘 축적에 대한 공상적인 이론(예: 히브리어에서 소위 행동과 관련된 용어의 두드러짐 때문에 히브리인들은 그리스인들보다 더 "동적으로" 또한 덜 "추상적으로" 사유했다는 이론)에 의존하게 되었다.

바르는 그런 이론들은 주로 불합리하고 어원에 호소하는 것은 잘못되었다고 지적했다. 단어가 가진 어원적 의미는 이 단어가 논의의 대상이 되는 성경이 기록될 때 사용되었으므로, 실제로 의미했던 것과 종종 매우 다르다.

바르는 단어의 의미를 결정하기 위해 단어 연구에 의존하는 대신 문장들, 문단들, 더 큰 문학적 단위에서 그 단어가 쓰인 용법으로부터 단어의

---

[18] 그의 *The Semantics of Biblical Language* (London: Oxford University Press, 1961)과 *Old and New in Interpretation* (London: SCM Press, 1966)을 보라.

의미를 끌어내야 한다고 주장했다. 복음주의 그리스도인들은 명제적 계시에 어떤 문제를 느끼지 않는다. 따라서 그들은 바르의 프로그램을 따르는 데 어떤 어려움도 갖고 있지 않을 것이다(비록 바르 자신은 복음주의에 대해 매우 비판적이지만).

복음주의 신학은 "추상적인" 단어가 아닌 성경의 문장, 단락, 성경의 책들에 기초해 세워져야 한다. 하지만 복음주의자들 역시 때때로 이 영역에서 오류를 범한다. 결국, 대체로 단어의 의미를 결정하기 위해 성경 용어 색인과 사전을 사용하기가 너무 쉽다. 이런 도구들은 성경 **문장**을 조명해 주는 데 있어 유용할 수 있다.

하지만 신학의 출처로 단어 연구 자료에 너무 지나치게 의존하는 것에 주의해야 한다. 가장 유명한 단어 연구서 가운데 일부는 (키텔[Kittel]의 『신약성경 신학사전』[*Theological Dictionary of the New Testament*]과 같이) 때때로 바르가 언급한 방법론적 오류에 빠졌다. 관련된 문제들이 때때로 조직신학에서 발생한다.

한 신학자는 때때로 또 다른 신학자의 오류를 비난할 것이다. 왜냐하면, 그 다른 신학자는 과거에 불건전한 목적으로 사용했던 용어를 사용하기 때문이다.

누슨(Robert D. Knudsen)은 『예루살렘과 아테네』(*Jerusalem and Athens*)에서[19] 반틸의 흠을 발견한다. 왜냐하면, 반틸은 하나님의 자기 지식을 언급하면서 "**분석적**"(analytical)이라는 용어를 사용하기 때문이다.

누슨은 "**분석적**"이라는 용어가 과거에 철학적 합리주의를 위해 사용되었다고 주장한다. 또한, 그는 반틸이 기독교를 합리주의와 타협시켰다고

---

[19] Edited by E. R. Geehan. Nutley, N. J.: Presbyterian and Reformed Pub. Co., 1971.

비난한다. 누슨은 분명히 반틸이 **"분석적"**이라는 용어를 사용하는 실제 문장에 중요한 주의를 기울이지 않았다.

이런 문장에서 반틸은 자신이 의미하는 것(하나님은 자신 밖에서 지식을 얻을 필요가 없다는 것)을 정확하게 설명하고 분명하게 자신을 철학적 합리주의와 거리를 둔다.

일부 신학자들이 **초월성**(transcendence)을 부정확하게 사용했기 때문에 내가 그 용어를 절대로 사용하지 말아야 하는가?

넌센스다!

벌카워는 종종 다른 신학자들을 비판한다. 왜냐하면, 그들은 이런저런 용어를 사용하거나 이런저런 상(image)을 사용하고, 이런저런 것을 "말하기" 때문이다. 내가 볼 때, 신학자는 자신이 좋아하는 어느 것이나 "말할 수" 있다. 신학자는 잘못된 무엇을 말할 때만 비난받을 수 있다.

우리는 단지 정통주의 신학자들이 완벽하게 사용했던 이런 용어들만 사용하도록 허락받는다면, 어떠한 용어도 전혀 사용하지 말아야 한다!

여기서 나는 일종의 언어 완벽주의를 보는 건 아닌지 두렵다. 방금 논의한 어원상의 문제도 반추상주의와 관련이 있다.

반추상주의자는 모든 신학적 문제를 **공간적** 은유의 측면에서 보는 경향이 있다. 가령, 반추상주의자는 종종 계시에 대한 질문을 다음과 같이 표현한다. 마치 우리가 계시와 그리스도 사이의 "거리"를 밝혀냄으로써 신학적 견해의 진리를 측정할 수 있는 것처럼, "계시가 그리스도와 얼마나 가까운가?"라고 표현한다.

반추상주의자는 이런 용어의 사용자들이 실제로 **말하는** 바를 묻기보다 오히려 "개념의 근접성" 또는 "용어의 근접성"의 측면에서 신학적 문제들을 생각하는 경향이 있다. 이런 공간적 표현(imagery)의 사용은 명제적 내용

대신에 용어에 초점을 맞춘 신학을 장려한다.

아이러니하게도 상당히 반추상주의자인 벌카워 같은 신학자들은 용어, 단어, 개념들이 사용되는 문장 "으로부터 추상된" 용어, 단어, 개념을 가장 손쉽게 살펴보는 경향이 있는 신학자들이다!

2) 복합적인 맥락

나는 "1. 반추상주의" 초반에 언급했던 것을 여기에 반복하고 싶다. 우리가 "맥락적 주해"(contextual exegesis)를 언급할 때 다뤄야 할 **많은** 수준의 맥락, 언어 단위 사이의 많은 중요한 관계, 언어 단위와 언어 외적 실재 사이의 많은 중요한 관계가 존재한다.

3) 증거 본문

오늘날 "증거 본문 사용하기"(proof-texting)는 거의 비난의 용어가 되었다. 이것이 항상 그랬던 것은 아니다. 웨스트민스터 총회는 신앙고백서와 요리문답을 완성한 후 총회 가르침의 성경적 근거를 보여 주기 위해 증거 본문들을 이런 자료에 첨가하라는 요청을 받았다.

또한, 교리사에서 존경 받는 많은 사람이 자신들의 신학적 주장을 위해 증거 본문들을 제시했다.

증거 본문은 단지 특별한 신학적 주장을 위한 근거를 보여 주려고 의도된 성경 인용이다. 증거 본문 사용에 놓인 위험은 잘 알려졌다. 즉 증거 본문은 때때로 잘못 사용되었고, 그 본문의 문맥적 의미는 그 본문이 지지하지 않는 가르침을 지지하기 위해 그 본문을 사용하려는 시도에 왜곡되었다.

그러나 본문들을 교리에 대한 증거로 사용하는 것이 본문들을 **항상, 반드시** 잘못 해석한다는 주장은 결코 입증되지 못했다. 신학은 모든 것을 말한 후 정말 증거 본문 없이 어떤 것도 할 수 없다. 또한, 성경과 일치를 추구하는 신학(그 이름에 합당한 가치가 있는 신학)은 성경의 어디에서 그 교리가 전해지는지 보여 줄 의무가 있다. 신학이 단순히 "일반적 성경 원리"에 근거해야 한다고 주장할 수도 없다. 오히려 신학은 성경의 **어디에서** 문제가 되는 교리가 전해지는지 보여 주어야 한다.

어떤 경우에 신학자는 관련 구절에 대한 자신의 맥락적 주해를 제시함으로 이런 근거를 보여 줄 것이다.

그러나 종종 확장된 주해적 논의는 불필요하고 역효과를 낳을 것이다. 교리와 본문과의 관계는 일단 본문을 인용할 때 분명할 수 있다(예: 땅의 창조에 대한 증거로 창 1:1). 아니면 이런 관계는 단순히 주해적 문제를 상세히 검토하기 위해 너무 많은 여지 요구할 수 있다. 그런 경우에 어떤 확장된 주해적 논의 없는, 성경 언급에 대한 단순한 인용은 독자에게 도움이 될 수 있다.

증거 본문을 금지하는 것은 분명히 유용한 형태의 신학적 지름길에 대한 금지일 것이다. 나는 극도로 엄격하고 열광적인 반추상주의에서 유래하는 주장을 제외하고 이 과정에 반대하는 어떤 주장도 볼 수 없다. 게다가 내가 증거 본문을 규정했던 것처럼 성경 자체가 증거 본문을 사용한다. 그러므로 이것으로 이 문제는 해결되어야 한다.

만약 증거 본문의 문맥에서 그것이 의미하는 것을 아주 잘 알지 못한다면 증거 본문을 인용하지 말아야 한다.

그러나 항상 그 맥락을 본문과 함께 인용해야 할 의무가 있는 것은 아니다. 또한, 우리는 그 본문의 사용을 지지하는 주해적 논증을 항상 제시할

의무를 거의 지지 않는다. 성경은 주석가의 도움 없이 말할 수 있고 종종 분명히 말한다.[20]

4) 모범주의(Exemplarism)

최근에 성경 인물들을 우리 삶을 위한 예(examples)로 사용하는 것에 대한 많은 논의가 있었다.[21] 한편, 성경 인물(심지어 선한 인물)이 행하는 모든 것이 다 우리를 위해 규범적인 것은 아니다(여호수아는 가나안인들을 죽이라고 명령받았다. 하지만 우리는 우리 땅에서 불신자들을 대대적으로 죽이도록 명령받지 않는다).

다른 한편, 신약성경은 분명한 예로 구약성경 인물들을 사용한다(예: 롬 4장; 히 11장). 기본 요점은 다음과 같다. 우리는 성경 인물들의 예를 사용할 때(예: 다른 상황 같이 우리가 구약성경 율법을 사용하려 할 때) 그들이 처한 상황과 우리가 처한 상황 사이에 유사성뿐 아니라 차이점도 알아야 한다.

또한, 우리는 성경이 그들의 행위를 승인하는지 그렇지 않은지 알아야 한다. 성경이 분명히 그들의 행위를 승인하고 그들이 처한 상황이 우리가 처한 상황과 관련된 면에서 같다면, 설교에서 그런 예들을 사용하는 것은 잘못이 아니다.

---

[20] 내가 "1. 반추상주의"에서 언급했던 것도 기억하라. 각 본문을 "그것의 문맥과의 관계에서" 보는 것이 중요하지만 또 다른 의미에서 그 본문을 종종 맥락과 "별도로" 보는 것도 중요하다. 특히 이 본문이 이 본문의 문맥에 기여하는 것이 무엇인지 묻는 것은 중요하다.

[21] 예로, Sidney Greidanus, *Sola Scriptura* (Toronto: Wedge, 1970).

5) 성경이 담고 있는 의미의 부요함

의미는 적용이고 적용은 의미라는 우리의 원칙(제1부에서 설명했던)에서 도출된 몇몇 함의는 다소 문맥적 주해에 대한 전통적 관심을 제한해야 한다. 본문이 담고 있는 의미는 그 본문을 타당하게 사용할 수 있게 한다. 이것은 어떤 의미에서 본문이 담고 있는 의미가 분명하게 규정하지 않았음을 의미한다. 우리는 미래에 이런 본문을 사용할 수 있는 모든 사용을 알지 못한다. 또한, 우리는 그런 의미를 한두 문장 안에서 엄격하게 규정할 수 없다.

따라서 우리는 성경 자체가 때때로 놀라운 방식으로 성경을 사용한다는 것을 발견한다. "곡식 떠는 소에게 망을 씌우지 말지니라"(신 25:4)라는 말씀은 유급 사역에 해당하는 증거 본문으로, 고린도전서 9:9에서 사용된다. 하갈과 사라의 이야기(창 21장)는 유대주의와 기독교 교회 사이의 관계에 대한 풍유(allegory)로, 갈라디아서 4장에서 사용된다.

우리는 "이 본문이 원(인간)저자나 청중에게 무엇을 의미했는가?"라는 물음의 원칙을 따른다면 구약성경에 대한 이런 사용에 당혹스러워할 것이다. 이런 질문은 중요하고 유용하다.

하지만 이 질문은 항상 우리에게 우리가 알 필요가 있는 것을 말하지 않는다. 아마 모세는 바울이 신명기 25:4을 사용하리라는 것을 (의식적으로) 생각하지 못했다. 또한, 모세는 바울이 창세기 21장을 사용하리라는 것도 생각하지 못했다.

적어도 우리는 그런 생각이 모세에게 떠올랐다는 것을 **결정하기** 위해 내가 알고 있는 어떤 해석학적 방법도 사용할 수 없다. 따라서 우리는 이런 요점에서 바울이 구약성경을 잘못 사용하고 있다고 비난하고 싶지 않다면 작용하는 어떤 다른 원칙을 찾아야 한다.

나는 관련된 원칙이 단순히 이것이라 생각한다. 바울이 사용했던 구약 성경 본문들을 바울이 사용했던 방식으로 사용할 수 있다는 것이다.

모세가 창세기 21장을 풍유로 생각했든지 그렇지 않든지 간에 그 본문은 그런 식으로 사용하는 데 **적합하게** 되었다. 그 본문이 그런 사용에 적합하므로, 가령, 인간 저자가 의식적으로 그것을 의도하지 않았어도 우리는 이런 사용이 신적 저자의 마음에 있었다는 것을 안다. 하나님은 자신의 영감된 말씀에 합당한 모든 사용을 아시고 결정하신다.

확실히 성경의 독특한 두 저자(double-authorship)는 성경에 대해 우리가 내리는 해석에 영향을 주어야 한다. 그렇다면 원칙은 다음과 같다. 우리는 성경을 사용하기에 적합한 방식으로 성경을 사용할 수 있다는 것이다. 그렇다면 어떤 본문이 담고 있는 의미는 그 본문의 적합한 사용들의 **모음**(the set of uses)이다.

이런 종류의 접근 방식은 창의성의 문을 연다!

이런 접근 방식은 우리가 다른 구절에서도 역시 풍유를 만들도록 권장한다!

이런 접근 방식은 정말 좋다. 또한, 이것에는 아무 문제가 없다. 하지만 지배적인 원칙은 복음을 명확하고 설득력 있게 제시하는 것이 되어야 한다.

풍유적 예화가 그런 목적에 도움이 된다면, 누구도 그것을 금지하지 말아야 한다. 분명하게 오리겐(Origen)이 했던 것처럼 신학을 상상의 풍유적 비약으로 바꾸는 것은 정당화되지 못한다(오리겐의 실수는 그가 성경을 풍유화했다는 데 있지 않고 실질적인 신학적 명제를 증명하려고 자신의 풍유적 해석을 오용했다는 데 있다. 바울은 오리겐의 실수를 갈라디아서 4장에서 하지 않았다. 갈라디아서 4장에서 바울은 풍유를 자신의 신학적 요점을 지지하는 근거가 아닌, 단지 **예화**[illustration]로 사용한다. 바울은 자기 주장에 대한 근거가 하나님에게서 개인적으로 받은 계시였음을 분명히 한다[갈 1:1, 11f.].)

6) 본문과 목적

하지만 본문의 의미가 모든 타당한 적용을 포함하며 또한 이런 사실이 의미를 정확히 규명할 수 없게 한다면, 본문의 **목적**(*telos*)에 대해 무엇을 말해야 하는가?

그렇다면 그 목적은 모호하고 불명확하지 않는가?

한편, "목적"의 개념은 "의미"와 일치한다. 본문의 의미 같이, 그 본문을 타당하게 사용하는 것은 본문의 목적을 구성한다. 이 본문을 이런 식으로 사용하도록 하나님은 우리에게 본문을 주신다.

따라서 어떤 의미에서 의미가 불명확하다면, 어떤 의미에서 본문의 목적도 명확하지 않다. 우리는 본문을 타당하게 사용할 수 있는 모든 사용을 예측할 수 없다.

다른 한편, 또 다른 의미에서 목적은 명확하다. 우리는 주해적으로 저자들(신적 저자와 인간 저자)이 그 본문이 원래의 배경에서 시키려고 의도했던 것을 결정해야 한다. 따라서 본문이 가진 원래의 의미를 설명하려 하는 설교에서 그런 원래의 목적은 중요한 역할을 해야 한다.

우리는 성경 저자가 자신의 독자에게 말하는 것을 우리 독자에게 말하길 원한다. 우리의 독자들이 이것을 모른다면 중요한 무엇을 놓치는 것이다. 또한, 자연스럽게 본문의 저자가 그 본문을 원(原)독자의 삶 속에 의도했던 동일한 효과를 우리 독자의 삶 속에 갖게 하려고 우리 독자의 관심을 고대 상황과 현대 상황 사이의 유사성에 돌리길 원할 것이다. 이것이 표준 "강해 설교"(expository sermon)가 하려는 것이다.

강해 설교는 원저자의 원의도를 제시하고 현대 배경에서 그 의도를 재생산하려고 시도한다. 우리가 그런 설교를 제시하려고 주장하는 한 그런 설교는 이런 요소를 포함해야 한다.

강해 설교는 성경적으로 타당한 유일한 종류의 설교인가?

성경 구절의 원사용이나 원목적은 항상 오늘날 우리가 그 본문을 사용하는 방식을 지배해야 하는가?

나는 두 가지 사항 모두 아니라고 생각한다. 아마 실천신학 전문가들은 이런 질문들을 나보다 더 잘 대답할 준비가 되어 있을 것이다.

4. 성경의 사용

성경이 함유한 의미와 목적의 부요함에 대한 언급은 우리가 성경 내용과 목적에 있어서 다른 다양성을 고려하게 한다. 그리고 이런 다양성은 신학에서 상응하는 다양성을 장려한다.

1) 성경 언어의 다양성

성경에서 무엇이 권위적인가?

성경에 대해 성경을 권위적인 것으로 만드는 것은 무엇인가?

신학은 이 질문에 대해 의견이 다양하다.

제임스 바르(James Barr)에 대한 우리의 논의에서(위의 3. "1) 문장 차원의 주해") 일부 신학자들이 성경 **명제**가 가진 권위를 피하려 했고 자신들의 신학을 성경 **단어**나 **개념**에서 도출하려 했다고 언급했다(나는 또한 바르트를 따라 그런 과정의 허위성을 보여 주었다). 오스틴 파러(Austine Farrer) 같은 다른 신학자들은 명제나 개념이 아닌 성경의 **상**(image)에서 성경 권위를 찾으려 애썼다.[22]

정통 그리스도인들은 성경이 그 **명제적** 내용과 성경이 전달하는 정보와 그 교리에서 권위적이라고 말하고 싶어 한다. 그런 기초에서 "권위"는 무오성(inerrancy) 같을 것이다. 성경이 권위적이라고 말하는 것은 성경의 명제가 무오하다는 의미다.

의심할 여지없이 하나님은 우리에게 교리를 계시하셨다. 또한, 이런 교리들은 권위적이다. 우리는 그것을 믿을 의무가 있다. 하지만 성경은 명제 외의 언어 형식을 포함한다.

성경은 명령, 질문, 감탄, 약속, 맹세, 위협, 저주를 포함한다. 가령, 명령은 명제가 아니다. 명령은 명령형(imperative)이다. 반면, 명제는 직설법(indicative)이다. 명제는 하나의 사실을 진술하고 명령은 명령을 내린다. 명제는 우리가 가진 신념에 변화를 추구한다. 명령은 우리 행동이 가진 다른 많은 측면의 변화를 추구할 수 있다.

따라서 성경은 명제적 계시를 전달하지만 다른 많은 유형의 계시도 전달한다. 또한, 성경은 명제뿐 아니라 성경이 말하는 **모든 것**에서 권위적이다(마 4:4). 그렇다면 "권위"는 "무오성"보다 더 광범위한 개념이다. 성경이 권위적이라고 말하는 것은 성경의 명제가 참이라고 말하는 것일 뿐 아니라, 성경의 명령이 구속력이 있고, 성경의 질문이 우리의 답변을 요구하

---

[22] 그의 *The Glass of Vision* (Westminster: Dacre Press, 1948)을 보라.

며("은혜를 더하게 하려고 죄에 거하겠느냐"), 성경의 감탄이 우리 마음의 외침이 되어야 하며("깊도다 하나님의 지혜와 지식의 풍성함이여"), 성경의 약속을 의지해야 하는 것을 말하는 것이다.[23]

성경이 가진 이런 권위적인 측면은 관점적으로 서로 관련되어 있다. 우리는 성경의 문장을 명제, 명령, 질문 등으로 나눌 수 있다. 따라서 명제는 성경의 한 부분, 명령은 또 다른 부분을 형성한다. 하지만 이런 것 모두 "관점"으로 볼 수 있다. 어떤 의미에서 **모든** 성경은 명제적이다.

하나님 말씀의 교리적 내용을 알기 위해 성경에서 분명하게 명제적인 문장뿐 아니라 그 밖에 모든 것을 살펴보아야 한다. 단순히 명제적인 "부분"이 아닌 전체 성경은 우리 신학의 교리적 기초다.

이와 유사하게 하나님이 우리에게 명령하시는 것, 하나님이 우리에게 물으시는 질문, 하나님이 우리에게 해 주시는 약속을 합당하게 이해하기 위해 전체 성경을 살펴보아야 한다.

따라서 어떤 의미에서 성경의 명제적 내용은 성경의 명령, 질문과 일치한다. "명제적 진리"는 성경의 일부분이거나 측면이고 성경의 모든 것에 관한 하나의 관점이다. 모든 성경은 우리에게 하나님의 진리를 전달하려는 의미에서 명제적이다. 모든 성경은 또한 명령이다. 성경은 삶의 모든 면에서 행동의 변화를 목표로 한다. 또한, 모든 성경은 질문, 약속, 감탄(기쁨의 외침)이다. 따라서 우리는 왜 정통주의 그리스도인들이 종종 성경을 "명제적 계시"와 동일시하길 원했는지 이해할 수 있다. 어떤 의미에서 모든 성경은 명제적 계시다.

---

23 한때 나는 여기서 독창적인 생각을 하고 있다고 생각했다! 그런 후 나는 『웨스트민스터 신앙고백서』 14.2와 우연히 마주쳤다. 그것은 신학 안에 있는 방식이다. 물론 우리가 가진 많은 최악의 생각처럼 우리가 가진 대부분의 생각은 오래된 것이다.

하지만 우리는 또한 왜 이런 결론이 다른 사람들에게는 만족스럽지 못했는지 이해할 수 있다. 합당한 결론은 다음과 같다. 모든 성경은 명제적 계시지만, 또한 그 이상이기도 하다는 것이다.

신학은 성경의 권위적 측면 안의 이런 다양성을 반영해야 한다. 신학 연구는 단지 명제적 형태의 성경적 교리를 진술하는 것일 뿐 아니라 우리에게 질문하고, 명령하고, 하나님의 위대함을 외치는 것이기도 하다.

신학은 성경이 가진 이런 다양한 모든 측면을 적용하도록 애써야 한다. 이것은 아마 새로운 형태의 표현을 채택함으로써 가장 잘 이루어질 수 있는 임무다. 신학이 학문적 연구의 형태로만 이루어져야 할 이유는 없다. 신학은 또 다른 형태를 취해 독자가 성경 의미의 완전성을 인식하는 데 더 적합하게 해야 한다.

2) 문예 양식

따라서 성경에서 또 다른 종류의 다양성, 성경 자체가 가진 **문예 양식**(literary forms)의 다양성을 생각하는 것은 중요하다. 이런 다양성은 신학이 취하는 형식에서 유사한 다양성 쪽으로 인도할 수 있는 다양성이다. 이어지는 설명에서 성경이 가진 문예적 다양성에는 "관점적" 특성이 있음을 발견할 것이다.

성경은 서사(敍事, narrative), 율법, 시가서, 지혜, 예언, 묵시, 조약,[24] 비유, 서신 등 다양하고 더 많은 특정적 범주를 포함하고 있다. 신학자들은 성경 권위의 초점이 성경 **서사**에서(왜냐하면, 일부 사람에게 성경이 가진 가장

---

[24] M. G. Kline, *Treaty of the Great King* (Grand Rapids: Wm. B. Eerdmans Pub. co. 1963)을 보라.

기본적 의도는 구속사를 이야기하는 것이기 때문이다),

성경 시가서에서(왜냐하면, 성경은 본질적으로 종교적 상징들의 모임이기 때문이다[틸리히 <Tillich>, 파러 <Farrer> 등 다른 신학자들에 의하면]), **묵시**에서(왜냐하면, 어떤 사람들의 견해에서 예수님의 메시지는 "일관되게 종말론적"이기 때문이다) 발견되어야 하는지 논쟁했다.

정통적인 성경적 인식론에서 성경의 문예적 양식과 상관없이 모든 성경은 하나님의 말씀이다. 따라서 역사와 율법, 시가서와 지혜서, 묵시와 서신, 정경적 문서 안에 있는 모든 문예 양식은 동일하게 권위적이다.

따라서 누군가 성경은 "기본적으로 서사" 또는 "기본적으로 시가서"라고 말하거나 성경의 권위는 이런 양식 가운데 하나 또는 그 이상에 국한된다고 말할 때 그는 틀린 것이다.

하지만 이런 종류의 생각은 때때로 그럴 듯하다. 어떤 의미에서 모든 성경은 서사인 것이 사실이다. 왜냐하면, 모든 성경은 구속사를 제시하기 때문이다. 구속사를 이해하기 위해 전체 정경이 필요하다. 지혜서에 대해서도 동일한 주장을 할 수 있다.

성경 전체를 통해 하나님의 지혜가 발견된다. 율법과 모든 성경을 시가서로 보는 것도 동일하게 말할 수 있다. 성경은 우리에게 영혼의 반향을 불러 일으키는 상(image), 기억할 수 있는 말들, 리듬을 제공한다. 이런 양식 모두 다음과 같이 두 가지 방식으로 이해할 수 있다.

① 성경의 **어떤** 부분이 가진 특징으로써
② **모든** 성경에 대한 관점으로써

"1) 성경 언어의 다양성"에서 언급했던 문법적 차이점과 같이 문예 양식은 성경 권위의 다양한 양식을 결정한다. 성경의 서사는 권위적이다. 따라서 우리는 그것을 믿어야 한다. 하지만 정경적 시가서도 권위적이다.

"권위적인 시가서"란 무엇인가?

우리에게 그런 어구는 특이하고 부적절하게 보일 수 있지만, 문서 가운데 가장 진지한 문서로 시가서를 사용했던 성경 시대에는 시가서가 부적절하지 않았을 것이다.

그 당시에 시가서를 더 쉽게 암기할 수 있도록 많은 진지한 내용을 시가서에 넣었다. 권위적인 시가서는 배우고 마음에 기록해야 할 시가서, 즉 우리의 모든 존재로 불러야 할 노래다. 따라서 이런 문예 양식은 신학적 모델에 대한 가능성을 제공한다.

어째서 신학이 시가서라는 양식을 취하지 말아야 하는가?

시가서는 "적용"의 효과적 수단이다. 이런 수단은 심지어 성경 자체에서 발견되는 수단이다.[25]

3) 언어 행위

우리 세기에 "일상 언어"(ordinary language) 철학자들은 "언어 행위"(speech acts)에 대한 많은 연구를 수행했다. 언어 행위는 언어와 어떠한 방식으로 관련이 있는 인간의 행위다.

---

25 나는 신학을 성경에서 분명하게 발견되는 이런 양식에 국한해야 한다고 믿지 않는다. 앞에서 언급했듯이 신학은 성경을 사람들의 필요에 적용할 수 있도록 성경 자체가 가진 양식과 **다른** 양식으로 진리를 제시할 권한이 있다. 그러나 확실히 신학 자체에서 발견되는 다양한 양식이 현재의 청중에게 소통하는 역할을 하는 한, 신학은 **적어도** 그런 다양한 양식을 사용해야 한다.

첫째, 말하는 행위 자체, 즉 **발화**(locution) 또는 **발화 행위**가 존재한다.

둘째, 우리가 말할 때 수행하는 행위가 있다. 이것은 **발화 수반 행위**(illo-cutionary)로 알려져 있다.

셋째, 말함으로써 수행하는 행위가 있다. 이것을 **발화 효과 행위**(perlo-cutionary)로 부른다.

발화 수반 행위의 예는 주장하는 것, 질문하는 것, 명령하는 것, 칭찬하는 것, 농담하는 것, 약속하는 것, 위협하는 것, 비난하는 것, 감정을 표현하는 것, 정책을 발표하는 것을 포함한다.

발화 효과 행위의 예는 설득하는 것, 지시하는 것, 격려하는 것, 짜증나는 것, 속이는 것, 놀라는 것, 즐거운 것, 고무하는 것, 감동시키는 것, 마음을 산란케 하는 것, 당혹스럽게 하는 것, 지루한 것, 흥분하는 것을 포함한다.

발화 효과 행위는 항상 누군가에게 영향을 미친다는 것에 주목하라. 발화 수반 행위는 그런 영향이 있을 수 있거나 없을 수 있다. 농담은 발화 수반이지만, 즐거움은 발화 효과다. 농담은 즐거움이라는 목적이 있지만, 우리는 누구를 즐겁게 하지 않으면서 농담을 할 수 있다.[26]

성경은 다양한 언어 행위를 포함하고 있는데 나는 그것들 가운데 일부(주장, 질문하기, 명령 등)를 이미 논의했다. 이런 것을 열거하는 것은 성경이 우리에게 가르치는 다양한 방식과 신학자로서 우리가 다른 사람들에게 하나님의 말씀을 가르칠 수 있는 다양한 방식을 상기시켜 주는 데 도움이 될 수 있다.

---

[26] 이런 구분에 관해 더 많은 것을 참조하려면, J. L. Austin, *How to Do Things With Words* (Campbridge, mass.: Harvard University Press, 1962)를 보라.

각 언어 행위는 일종의 성경 권위다. 성경은 성경이 수행하는 언어 행위를 통해 우리에 대한 권위를 행사한다.

각각의 성경 언어 행위는 우리에게 하나님의 주장을 믿고, 그의 명령에 순종하고, 그의 기쁨과 슬픔을 공감하고, 그의 농담에 웃을 것을 요구한다!

이런 언어 행위들도 서로에 대한 관점적 관계에서 이해할 수 있다. 모든 성경은 주장하고, 질문하고, 찬양하고, 약속하고, 하나님의 태도 등을 표현한다.[27] 따라서 우리는 성경 각 구절이 담고 있는 놀라운 풍성함, 모든 본문에서 설교와 신학을 위한 풍부한 잠재력을 본다. 앞에서 언급했듯이 각 본문의 의미는 너무 풍성해서 그 의미를 거의 설명될 수 없다.

4) **그림**, **창문**, **거울**

리처드 프렛(Richard Pratt)은 흥미로운 짧은 글에서[28] 성경 사용의 또 다른 종류의 다양성을 언급한다. 그는 "그림," "창문," "거울"로써 성경이 가진 은유와 일치하는 세 가지 다른 방식으로 성경을 바라본다고 제안한다.

① 성경은 하나님의 말씀으로, 성경이 가진 독특한 성격 때문에 관심의 대상, 즉 **정경**으로 이해될 수 있다. 그 자체로 성경은 문예적 분석의 대상이다. 마치 미술 비평가가 그림이 가진 특징을 분석하듯이 우리

---

[27] 그렇다. 성경도 농담이다. 세상에게 복음은 어리석음이다. 또한, 어느 날 악인들이 커다란 우주적 농담의 대상으로 드러날 것이다. 시 2:7을 보라.
[28] "Pictures, Windows, and Mirrors in Old Testament Exegesis," *WTJ* 45 (1983): 156-67.

는 성경의 특징을 문예적 대상으로 분석한다. 따라서 "그림"으로써의 성경(Scripture-as-"picture")이라는 은유를 분석한다.

② 성경은 우리 구원을 위한 역사에서 하나님의 전능한 행위를 우리에게 보여 주는 수단으로 보일 수 있다. 성경은 우리 자신을 위해뿐 아니라 우리에게 그 밖에 중요한 것, 즉 정경적 본문에 설명된 신적 활동을 보여 주는 수단으로도 흥미롭다. 프렛은 성경 그 자체로 우리가 그 밖에 무언가 보기 위해 **통해**(through) 바라볼 수 있는 "창문"으로 제시한다. 그림으로써의 성경에 대한 "문예적 분석"(literary analysis)에 상응하는, 창문으로써의 성경(Scripture-as-window)은 역사적 분석 대상이다.

③ 마지막으로 우리는 성경을 우리 자신의 필요를 충족시키고 우리 자신의 질문에 답하며, 우리 관심을 다루는, 즉 우리가 관심 있어 하는 주제를 다루는 수단으로 볼 수 있다. 이것을 하는 것은 주제와 관련된 분석 또는 주제 분석에 관여하는 것이다. 또한, 이 시점에서 합당한 은유는 거울로써의 성경(Scripture-as-mirror)이다.

프렛의 삼요소(triad)는 나 자신의 삼요소와 아주 쉽게 일치한다. 그의 그림은 나의 규범적 관점이고, 그의 창문은 나의 상황적 관점이며, 그의 거울은 나의 실존적 관점이다. 따라서 우리는 프렛의 세 가지 해석학적 은유가 관점적으로 서로 관련되어 있음을 이해할 수 있다.

만약 그림이 하나님의 구속적 행위를 전혀 언급하지 않고 우리 마음의 필요를 충족시키지 못한다면 그림은 우리에게 전혀 흥미롭지 못하다. 창문은 신적으로 그려진 "그림," 즉 규범적 계시일 경우에만 창문은 분명한 모습을 보여 준다.

또한, 창문은 우리 자신의 삶을 반영하는 한에서만 우리에게 흥미롭다. 하나님이 규범적으로 그런 관계를 우리에게 계시하셨듯이, 거울은 역사에서 우리가 하나님과 맺은 관계를 반영하는 한에서만 우리에게 도움을 제공한다. 따라서 세 형식의 분석 모두 중요하다.

5) 적용 분야

또한, 우리가 다른 맥락에서 언급했듯이 성경을 적용할 수 있는 인간 삶의 영역에는 커다란 다양성이 존재한다. 성경은 설교, 예배, 복음 전도뿐 아니라 사업, 정치, 음악, 예술, 경제, 과학에도 성경을 적용하길 원한다.

심지어 신학에 대한 성경 적용에서도 성경은 많은 역할을 한다. 데이비드 켈세이(David Kelsey)는[29] 다음과 같은 것을 지적한다. 비록 신앙을 고백하는 대부분 기독교 신학자들이 "성경을 따라" 신학을 한다고 주장하지만 그것이 무엇을 의미하는지 그들 사이에서도 크게 다르다. 그들은 성경의 다른 측면(명제, 상[image], 대행자-묘사[agent-description])에 호소한다. 또한, 그들은 성경 자료가 신학 논증에서 하는 역할에 대해서도 서로 다르다.

그것은 신학자의 자율적 기준에 따라 분석하고 평가해야 할 단순한 **자료**인가?

아니면 어떻게든 성경은 "근거"와 "뒷받침," 즉 신학적 논증에 대한 사용을 **지배하는** 기준을 제공하는가?[30]

---

29 *The Uses of Scripture in Recent Theology* (Philadelphia: Fortress Press, 1975). *WTJ* 39 (1977): 328-53에 게재된 나의 비평을 보라.
30 켈세이(Kelsey)는 "근거"가 원리로써, 우리가 이 원리를 기초로 전제에서 결론을 도출한다고 설명한다. "뒷받침"은 근거가 세워지는 증거다.

정통 그리스도인에게 '오직 성경'(sola Scriptura)은 이런 모든 문제에서 규범이다. 성경이 최종적인 발언권을 갖고 있지만, 성경의 충족성은 신학과 사고의 다른 분야에서 성경 외적 자료의 사용을 배제하는 것이 아니라 오히려 필요로 한다.

다시 말하지만 여기서 나의 주요 관심은 기록된 하나님 말씀의 풍성함으로 우리에게 감동을 주는 것이고 우리가 우리 자신의 신학 연구에서 그 풍성함을 숙고하도록 권고하는 것이다.

5. 전통적인 신학적 프로그램

지금 우리는 주경신학, 성경신학, 조직신학, 실천신학 같은 몇몇 전통적 형식의 신학을 살펴보아야 한다. 이것들은 때때로 신학 "분과" 또는 "학과"로 설명됐지만, 나는 이런 언어가 이런 학문 분과를 너무 많이 서로 분리하는(!) 경향이 있다고 생각한다. 이런 언어는 이런 분과들이 서로 다른 주제를 가짐으로써 구별됨을 암시한다.

이와 반대로 나는 이 학문 분과들을 관점적으로 관련을 맺고 있는 것으로, 즉 각각 신학 전체를 아우르고 따라서 다른 것들을 포용하는 것으로 보는 경향을 가진다.

따라서 나는 이 분과들을 다른 "프로그램," "방법," "전략," "의제"로 설명하기를 선호한다. 이것들은 다른 주제들을 가진 학문이 아니라 동일한 것을 하는 다른 방식이다. 이것들은 초점, 강조, 자료를 체계화하는 방식에서 다르다. 우리가 이제 살펴보겠지만 각각 서로 다른 것들에 특징적인 방법을 사용하도록 허용된다(그렇게 할 의무가 있다).

1) 주경신학

주경신학에서 초점은 성경의 **특정 구절들**에 맞춰져 있다. 주경신학자는 특정한 본문의 가르침을 적용할 것이라는 기대를 받는다.[31] 이런 초점은 제약을 가하는 초점이 아니다.

주경신학자는 어느 길이의 본문, 즉 한 절, 한 단락, 책 한 권, 구약성경이나 신약성경, 전체 성경을 다룰 수 있다. 주경신학은 독특하다. 왜냐하면, 신학자는 본문을 한 단어씩 또는 한 단락씩 검토하고 맥락에서 각 문장이 가진 의미를 찾기 때문이다.[32]

다시 프렛의 은유를 언급할 때(위의 4. "4) 그림, 창문, 거울") 주경신학에서 문예적 분석의 기법("그림으로서 성경")이 지배적이다. 우리는 성경의 문예적 특성에 따라 한 어구씩, 한 문장씩 정경인 성경에 초점을 맞추고 저자의 의도, 문예 구조, 원독자의 본문 수용에 따라 성경의 단어, 개념 등을 해석하는 데 관심을 가진다.

주경신학은 전체 성경을 다룰 수 있다. 따라서 주경신학은 하나님의 모든 진리를 다룬다. 주경신학은 단순히 신학의 일부분일 뿐 아니라 특별한 관점에서 파악된 **전체**이기도 하다.

주경신학은 신학을 하는 하나의 방식이다. 모든 주해는 신학이고 모든 신학은 주해다(왜냐하면, 모든 신학은 성경 본문의 의미를 확인하기 때문이다). 따라서 "주경신학"이라는 이름을 독점적으로 이런 특별한 학문 분과에 사용하는 것은 오도하는 것이다.

---

[31] 모든 신학은 적용임을 상기하자.
[32] "성경 연구"와 "주경신학" 사이에 개략적인 유의성이 존재한다. 그리고 "구약성경 연구"와 "신약성경 연구"와 "주경신학" 사이도 이에 상응한다.

2) 성경신학

성경신학은 하나님이 피조계와 맺고 있는 관계의 **역사**를 공부한다. 신학 분과로 성경신학은 그런 역사를 인간 필요에 적용하는 것이다. 성경신학은 때때로 "구속사" 또는 더 광범위하게(구속 이전과 완성의 기간을 포함해서) "언약의 역사"로 부른다.

성경신학은 흥미로운 학문 분과다. 신학생들은 종종 성경신학이 매혹적이고 놀라운 것임을 발견한다.

게르할더스 보스(Geerhardus Vos), 헤르만 리델보스(H. N. Ridderbos), 리처드 개핀(Richard B. Gaffin), 메리데스 클라인(Meredith G. Kline) 같은 개혁파 성경신학자들이 성경신학을 발전시킴에 따라 성경신학은 성경을 신선하고 새로운 방식으로 많은 학생에게 개방한다.

이런 놀라움은 다음과 같은 방식으로 일어난다. 대부분 신학생은 신학교에 입학하기 전, 어느 정도 주경신학(주석의 사용과 강해 설교를 들음으로써)과 조직신학(요리문답 공부를 통해)에 노출되었지만, 성경신학에는 노출되지 않았다.[33]

---

[33] 성경신학을 연구하는 데 관심 있는 독자들은 특별히 다음의 책 제목들에 주목해야 한다. 왜냐하면, 다음의 책들은 개신교 정통의 전통 안에서 중요한 성경신학 작품이기 때문이다. (물론 그런 전통 밖에서 쓰인 많은 성경신학 작품도 존재한다.) 이 분야에서 초기의 중요한 작품은 보스(Vos)의 글들, 특별히 *Biblical Theology* (Grand Rapids: Wm. B. Eerdmans Pub. Co., 1959)(『성경신학』, PNR[개혁주의신학사] 刊); *The Pauline Eschatology* (Grand Rapids: Wm. B. Eerdmans Pub. Co., 1972; reissued by Presbyterian and Reformed, 1986); *Redemptive History and Biblical Interpretation* (Phillipsburg, N. J.: Presbyterian and Reformed Pub. Co., 1980). Herman N. Ridderbos, *The Coming of the Kingdom* (Philadelphia: Presbyterian and Reformed Pub. Co., 1973) 그리고 *Paul: An Outline of His Theology* (Grand Rapids: Wm. B. Eerdmans Pub. co., 1975)는 실제로 백과사전적이다. 간단하지만 심오한 설교에 대한 성경신학의 중요성에 대한 입문은 Edmund P. Clowney, *Preaching and Biblical Theology*이다. 또 다른 간단하고 유용한 입문은 S. G.

성경신학은 하나님 백성의 역사적 관점에서 창조에 대한 하나님 계획의 적용을 추적한다. 성경신학은 언약의 역사를 추적하고 하나님 백성의 구속을 위해 하나님이 행하셨던 것을 역사 가운데 시점마다 우리에게 보여 준다. 프렛의 도식에서 성경신학은 창문으로써, 성경에 초점을 맞추고 역사적 분석 방법을 강조한다. 그러나 성경신학이 참된 신학이라면(= 적용), 다른 관점과 분석 방법과 분리될 수 없다.

성경신학은 하나님에게서 기원한 규범적 계시와 우리의 가장 깊은 필요를 다루는 역사로써 구속사를 연구한다.

구속사의 각 시점에서 우리는 우리 자신을 이야기 속으로 넣을 수 있고, 가령, 아브라함이나 모세, 바울의 시대에 신자로 산다는 것이 어떨지 상상할 수 있다.

우리는 다윗, 이사야, 아모스가 자신들의 용어와 언어로 하나님의 다루심을 생각할 때 반드시 사용했을 방식으로 생각하는 것을 배운다. 그것으로 우리는 그들에 대한 하나님 계시의 깊이를 인식하게 되고, 완성된 정경과 비교해서 그런 계시가 가진 한계를 인식하게 된다.

최상의 성경신학은 우리에게 어떻게 성경의 다양한 측면이 단일하고 일관성이 있는 전체에 잘 들어맞는지 놀라운 방식으로 보여 준다. 성경신학은 다른 복음서 저자들의 다양한 견해, 구약성경과 신약성경 사이의 차이

Degraaf, *Promise and Deliverance* (St. Catherines, Ont.: Paideia Press, 1977)으로 독자들이 아이들에게 성경을 가르치는 것을 도우려는 목적으로 쓴 성경에 대한 4권의 개론서다. 최근에 몇몇 가치 있는 연구는 Richard B. Gaffin, *Resurrection and Redemption*, 그 이전의 작품 *The Centrality of the Resurrection* (Grand Rapids: Baker Book House, 1978; reissued by Presbyterian and Reformed Pub. Co., 1979)과 *Pespective on Pentecost* (Phillipsburg, N.J.: Presbyterian and Reformed Pub. Co., 1979)(『성령 은사론』, CLC 刊)이다. *Images of the Spirit* (Grand Rapids: Baker Book House, 1980)처럼 이 분야에서 가장 창의적 작품 가운데 일부는 메리데스 클라인(Meredith G. Kline)이 작업 중이다.

점, 열왕기와 역대기 사이의 차이점 등을 드러낸다.

그러나 성경신학은 성경이 가진 모든 다양성 가운데 하나님 계획의 역사적 발전을 추적하는데, 하나님의 계획의 역사적 발전은 잘 만들어진 드라마의 필요성으로 마침내 그리스도, 특히 그의 구속, 부활, 승천, 오순절에 성령을 보내심에 이른다.

따라서 성경신학을 배우는 학생은 예수님이 제자들에게 "모든 성경에 쓴 바 자기에 관한 것을"(눅 24:27) 설명하실 때 그들이 느꼈음이 틀림없었을 것(눅 24:13-35에서)을 경험한다.

또한, 때때로 성경신학을 배우는 학생들은 심지어 예수님이 엠마오 도상에서 제자들에게 성경을 설명하셨을 때 제자들의 마음이 그랬던 것만큼 흥분으로 불탈 수 있다! (눅 24:32)

그러나 최상일 때 성경신학은 모든 성경을 임의적인 그리스도-상징주의로 풍유화하지 않는다. 왜냐하면, 성경신학은 진지하고 학문적인 분과고 성경이 담고 있는 그리스도 중심성의 발견을 더 놀라운 것으로 만들기 때문이다. 그런 종류의 성경신학에서 독자는 성경을 그리스도에게 적용하는 것이 인간적 발명품이나 본문에 대한 부당한 환상적 요구가 아니라 성경 본문이 필요로 하는 것임을 확신한다.

따라서 성경신학은 우리가 구약성경을 법과 심판으로 뿐 아니라 복음으로 파악하게 인도한다. 성경신학은 어떻게 하나님이 백성을 죄에서 구속하기 위해 그들을 선택하셨고, 어떻게 하나님께 대한 그들의 반역과 미움에도 하나님의 은혜가 그들을 보존했는지에 관한 이야기다.

따라서 구약성경에서 모든 신적 행위, 모든 구원, 모든 심판, 모든 의식법, 모든 선지자, 제사장은 그리스도를 예표한다. 왜냐하면, 그리스도는

하나님의 구속적 활동이 절정에 이르는 분이시기 때문이다.[34]

성경신학은 하나님의 말씀에 관한 지식에서 성장이 주는 흥분, 종종 다소 새로운 용어를 배우는 것에서 오는 더 세속적인 흥분을 낳는다.

성경신학자들은 "언약," "이미와 아직," "반(半)종말론적," "문화와 종교(cult)" 등에 대해 많은 것을 언급한다. 그리고 학생들(특별히 젊은 학생들)은 종종 그런 난해한 용어를 사용할 수 있는 것을 즐기는 것처럼 보인다. 왜냐하면, 특별한 지식이 없는 사람들은 이것들을 이해할 수 없기 때문이다.

대부분 학문 분과처럼 기껏해야 그런 전문적 어휘는 유용한 약칭이다. 또한, 대부분 경우, 그런 용어는 해롭지 않은 놀이다.

그러나 위험은 다음과 같다. 전문 용어는 "그 방면에 유식하지" 않은 사람들에게 자만의 출처가 될 수 있고 특권 집단 밖의 사람들을 멸시하는 태도를 낳을 수 있다.

이런 위험은 완전히 상상에 불과한 것이 아니다. 나는 신학교 학생들이 사이비 종교 집단의 광신과 거의 구별되지 않는, 성경신학에 대한 태도를 전개하는 것을 목격했고 그런 근거로 지금 나는 성경신학의 일부 **한계를** 논의해야 한다. 나는 누군가의 흥분에 찬물을 끼얹고 싶지 않다.

심지어 지금 나이에서도 나는 아직 성경신학에 몹시 흥분한다.[35] 나는 단지 독자가 더 합당한 **관점**에서 성경신학을 보기 원할 뿐이다.

---

[34] 이것에 대한 클라우니(Clowney)의 요약은 앞에서 인용했던 *Preaching and Biblical Theology*에서 탁월하다.

[35] 제1부에서 언약적 주 되심에 대한 나의 강조를 기억하라. 그리고 그것은 성경신학이었다. 성경신학적 방법이 나의 저서 『성경론』(*The Doctrine of the Word of God*), 『신론』(*The Doctrine of God*)(이상 PNR[개혁주의신학사] 刊)에서 두드러진다.

첫째, 성경은 구속 역사지만, 그것**만**은 아니다.
성경은 오로지 역사 **장르**에만 속하지 않는다.

① 성경은 법전, 노래집, 잠언 모음집, 일련의 편지들(또한, 단순히 역사적 출처가 아닌 편지들)을 포함한다.
② 성경의 내용은 우리에게 역사 정보를 제공할 뿐 아니라 지금 여기에서 우리 삶을 다스리려고 의도한다(롬 15:4; 딤후 3:16f. 등). 이것은 역사적 본문이 가진 일반적인 목적이 아니다.
③ 종종 지적하듯이 복음서는 예수님의 전기(傳記)가 아니라 오히려 **복음서**다. 복음서의 목적은 정보를 제공할 뿐 아니라 믿음을 이끌어 내는 것이다. 대부분 역사는 이런 목적이 없다.

물론 이 모든 기능을 포함할 정도로 광범위하게 "역사"를 정의하고, 심지어 시편과 잠언을 어떤 의미에서 구속사의 "해석"으로 말하는 것이 가능할 것이다.
그러나 그런 정의는 너무 정상적인 언어에서 벗어나서 혼동을 줄 것이다. 일반적 의미의 "해석"은 시편과 잠언의 **주된** 목적이 아니다. 따라서 나는 성경은 구속사라고 기꺼이 말하지만 이것이 성경을 특징짓는 유일한 방식 또는 가장 중요한 방식이라고 말하기는 주저한다.
적어도 우리는 어느 다른 역사와 다르게 성경이 **규범적** 구속사, 즉 정보를 제공하려 할 뿐 아니라 독자를 **지배하려는** 역사라고 말하려면, "구속사"라는 어구를 수정해야 할 것이다(딤후 3:16f.). 그러나 성경을 **규범적** 역사라고 말하는 것은 성경이 역사일 뿐 아니라 **법**이고, 그런 "역사"와 "법"

은 적어도 동일하게 성경을 특징짓는 궁극적인 방식이라는 의미다.[36] 그래도 나는 성경을 특징짓는 다른 중요한 방식이 존재한다고 주장할 것이다. 성경은 역사와 법일 뿐 아니라 **복음**이다. 성경의 목적은 그리스도에 대한 믿음을 이끌어 내는 것이다. 또한, 성경은 약속, 지혜, 위로, 훈계, 그 외에 훨씬 많은 것일 수 있다.

이런 "관점적" 접근 방식이 그리스도의 죽음, 부활, 승천 안에 있는 그리스도의 중심을 위태롭게 하는가?

그렇지 않다!

그리스도는 역사의 중심이실 뿐 아니라 영원하신 법 수여자(말씀[Word]), 하나님의 지혜, 선지자, 제사장, 왕으로서도 중심적이시다. 따라서 신학화하는 것에 대한 더 융통성 있는 접근 방식이 협소한 구속사적 접근 방식보다 더 그리스도의 중심성을 공정하게 다룬다.

게다가 그리스도의 죽음, 부활, 승천, 오순절 성령의 부어주심은 역사적 사건(비록 현대 사고의 회의주의와 대조되지만, 그것들을 역사적 사건으로 확언하는 것이 아주 중요하다)으로 뿐 아니라 특히 그것들이 가진 규범적 기능이 우리에게 미치는 현재의 영향 때문에 중요하다(롬 12:1ff.; 엡 4:1ff.).

둘째, 그렇다면 성경은 단순히 또는 주로 "역사"가 아니므로 나는 구속사가 신학을 "지배"해야 한다고 주장하는 일부 사람들의 견해에 저항할 것이다.

① 성경이 말하는 **모든 것**은 신학을 지배해야 한다. 이것은 역사적 사실에 관한 성경의 진술과 역사에 관한 성경 해석뿐 아니라 성경의 명

---

36 클라인(Kline)이 믿듯이 성경이 "종주권 조약"이라면, "역사"와 "법" 사이의 그런 상관성을 기대해야 한다. Kline, *Treaty of the Great King*을 보라.

령, 시 등을 포함한다.

② 따라서 신학은 구속사만이 아닌 구속사를 **고려**해야 한다. 신학도 법, 시, 지혜, 복음, 즉 하나님의 말씀이 가진 모든 권위적 측면들을 공정하게 다루는 데 관심을 가져야 한다. 따라서 구속사는 다른 측면이나 관점을 반대해서 독점적으로 신학을 다스리지 말아야 한다.

셋째, 사람들은 종종 성경신학(특히 조직신학과 대조된 것으로써)에 대해 흥분한다.

왜냐하면, 그들에게 성경신학은 성경 본문에 가까운 것처럼 보이기 때문이다. 성경신학은 조직신학보다 더 실제적인 성경적 어휘를 사용한다. 또한, 성경신학은 조직신학과 같이 주제별 순서보다 대략적인 역사적 순서로 성경을 검토한다.

나는 성경신학의 이런 특징을 즐기지만, 독자에게 성경신학이 조직신학보다 "더 성경적"이라는 말을 근거로 결론 내리는 것에 주의를 주고자 한다. 앞에서 지적했듯이 신학 연구는 성경적 어휘 또는 순서와 구조를 모방하는 것이 아니라 성경을 **적용하는** 것이다. 또한, 성경을 적용하기 위해 신학은 다소 성경 구조 자체에서 **벗어날** 수 있다 (사실 벗어나야 한다). 왜냐하면, 그렇지 않다면, 신학은 단지 창세기에서 요한계시록까지 성경의 똑같은 말을 반복할 수 있기 때문이다.

따라서 성경 구조에서 많이 벗어나는 신학 분과가 더 적게 벗어나는 신학 분과보다 반드시 덜 합당하고, 덜 성경적인 것은 아니다.

게다가 성경과 성경신학 사이의 유사성은 때때로 과장된다.

가령, 보스(Vos)의 『성경신학』(*Biblical Theology*)(CLC 刊)과 바울서신들 사이에는 많은 차이점이 존재한다!

그런 이유로 나는 "성경신학"이라는 용어를 부적절한 용어로 간주하고 이 학문 분과를 "언약적 역사"(history of the covenant)로 부르기를 선호할 것이다. 그러나 이런 용어들은 있는 그대로 존재하므로, 습관의 힘과 가능하면 간결하게 언급하고자 하는 바람은 성경신학이라는 용어를 사용하게 할 것이다.

넷째, 성경신학을 "전공"하는 사람들은 협소한 역사적인 것 이외에 성경이 가진 이런 측면들을 부당하게 다룰 위험을 무릅쓴다.

다섯째, 성경신학에 대해 "열광적"이 되는 학생들은 때때로 신학과 설교의 목적에 대한 합당한 감각을 잃는다.

이전에 나는 한 학생이 설교는 결코 성경을 적용하는 것을 추구하지 말고 단지 구속사를 이야기해야 하고 회중이 회중 자신의 적용을 이끌어 내도록 해야 한다고 말하는 것을 들었다. 그러나 이런 생각은 다음과 같은 이유로 아주 잘못된 것이다.

① 성경신학 자체가 적용이다. 의미를 발견하는 것과 적용을 발견하는 것 사이에 어떤 차이점도 존재하지 않는다(제1부를 보라).
② 설교의 목적은 다름 아닌 바로 성경 자체가 가진 목적이어야 한다. 왜냐하면, 성경 자체의 목적은 단순히 역사적 사실을 이야기하는 것이 아니라 오히려 사람들을 믿음과 선한 행위를 하도록 격려하는 것이기 때문이다(요 20:31; 롬 15:4; 딤후 3:16f.).

여섯째, 어떤 신학적 "관점"에 대한 불균형적 지지는 그런 지지 공유하지 못하는 사람들에 대한 경멸과 교회에서 분열로 귀결될 수 있는 경건하지 못한 자만의 출처가 될 수 있다.

일곱째, "우리는 결코 구속사에서 계시를 추상하지(abstract) 말아야 한다" 같은 반추상주의적 주장은 종종 성경신학에 대한 불균형적인지 여부를 변호한다.

그러나 이런 종류의 모호성과 오류는 위에 "1. 반추상주의" 이하를 보라.

여덟째, 설교에서 성경신학의 중요성에 대한 클라우니의 지혜로운 말은[37] 주경신학과 조직신학에 대해 이루어질 수 있는 유사한 관찰에 의해 균형이 맞추어져야 한다.

나는 본문 설교를 하는 사람이 그 본문의 구속사적 맥락을 알아야 한다고 믿는다.

그러나 그는 항상 그런 맥락을 설교 자체에서 두드러지게 할 필요는 없다. 중요한 다른 맥락, 다른 관계도 존재한다. 특별한 설교에서 두드려져야 할 것을 선택하는 것은 설교자의 재능, 그가 가진 관심, 회중의 필요에 대한 판단에 달려 있을 것이다.

3) 조직신학

조직신학은 성경을 **전체로** 적용하려 한다. 주경신학은 특정 구절에 초점을 맞추고, 성경신학은 성경의 역사적 특징에 초점을 맞추지만, 조직신학은 성경이 가진 모든 측면을 합치려 하고 그것들을 종합하려 한다. 조직신학은 다음과 같이 묻는다.

이 모든 것은 무엇을 보여 주는가?

가령, 조직신학자는 믿음을 조사할 때 성경에서 믿음이라는 주제가 제시

---

[37] *Preaching and Biblical Theology.*

되는 로마서 4장, 에베소서 2:8과 그 밖의 구절들에 대해 주석자들이 말하는 것을 살펴본다. 또 조직신학자는 성경신학자들이 아브라함, 모세, 다윗, 바울의 삶에서 믿음에 관해 말한 것에 주의를 기울인다. 그러나 그런 후 조직신학자는 다음과 같이 묻는다.

믿음 또는 그 밖에 다른 것에 관해 **전체** 성경이 말하는 것은 무엇인가?

이것은 믿음과 같이 성경 자체에서 언급된 주제일 수 있다. 또 이것은 우리 자신의 경험에서 취해진 주제일 수 있다.

즉 낙태, 핵무기 군축, 사회주의에 대해 전체 성경이 가르치는 것은 무엇인가?

신학은 적용이기 때문에 질문도 다음과 같은 방식으로 표현될 수 있다.

즉 믿음에 관해 성경이 **우리에게** 말하는 것은 무엇인가?

우리는 아브라함, 모세, 다윗, 바울에게 믿음이 의미했던 것을 배운 후 우리가 무엇을 고백해야 할지 알기 원한다. 따라서 조직신학에 대해 매우 "실존적인" 무엇이, 즉 거의 주목되지 않는 무엇이 존재한다.

프렛의 도식에서 조직신학은 주제별이나 제목별 분석에 초점을 맞추고, 따라서 "거울"로써 성경이 가진 기능에 초점을 맞춘다. 적용이라는 구체적 질문이 **분명하게** 제기되는 것은 정확히 우리가 조직신학을 할 때다(비록 모든 신학 분과가 내포적으로 이런 질문을 제기하지만).

한편 (종종 언급되듯이) 조직신학은 주경신학과 성경신학에 의존한다. 적용을 개발하기 위해 조직신학자는 각 구절이 말하는 것과 그 안에 설명된 하나님의 전능하신 역사적 행위를 알아야 한다.

오늘날 조직신학자가 성경신학의 전개, 새로운 발견이 거의 매일 이루어지는 분과를 아는 것은 특별히 중요하다. 너무나 빈번하게 조직신학자

(나를 포함해서)는 자신의 주해의 예리함에서 성경신학자들에게 훨씬 뒤처져 있다.

다른 한편(또한, 이 점은 종종 덜 언급된다), 그 역도 사실이다. 주경신학과 성경신학도 조직신학에 의존한다. 우리는 조직신학을 통해 발견한, 성경의 전반적인 가르침에 민감하다면, 확실히 성경의 부분들을 더 잘 주해할 수 있다.

또한, 우리는 조직신학적 관점을 갖고 있다면 구속사를 더 잘 이해할 수 있다. 따라서 주경신학, 성경신학, 조직신학과 같은 세 가지 형태의 신학은 상호 의존적이고 상관적이다. 이것들은 서로를 포함한다. 이 세 가지는 독립적인 분과가 아니라 신학의 임무에 관한 "관점"이다.

"조직"(systematic)이라는 단어가 "조직신학"이라는 어구에서 의미하는 것은 무엇인가?

언뜻 보기에 이것이 논리적 일관성이나 체계적 구조를 의미한다고 추측할 수 있다. 그러나 확실히 조직신학뿐 아니라 모든 형태의 신학은 그런 일관성과 구조를 추구해야 한다. 또 다른 가능성은 다음과 같은 것일 수 있다. 조직신학은 특별한 대상, 즉 성경의 "진리 체계"를 추구한다는 것이다.

그러나 그런 "체계"(system)는 무엇인가?

그것은 성경 자체인가?

만약 그렇다면, 그것을 언급하는 것은 도움이 안 된다.

그것은 성경 안에 있는 것인가 아니면 성경 **너머**(behind)에 있는 것인가?

그런 방향으로 나아가는 것은 위험하다. 제1부 앞 부분에서 나는 신학자와 그의 성경 사이에 있는 "의미" 또는 "체계"라 부르는 무엇이 존재한다는 생각을 비판했다.

이런 "체계"는 단지 성경 자료에 제공되어야 할 일종의 거름망이나 격자로써, 성경 자체보다 더 많은 권위를 가질(이론상이 아니라 실천에서) 위험이 항상 존재한다. 또한, 이것은 조직신학의 주요 위험이다. 이런 이유로 나는 "조직신학"이라는 어구에서 "조직"이라는 용어를 긍정적으로 사용할 수 없다.

이것이 의미하는 바는 세 용어, 즉 "주경신학," "성경신학," "조직신학" 모두 부적절한 명칭이라는 것이다!

그런데도 나는 우리 시대에 조직신학의 잠재력에 대해 나 자신의 흥분을 표현하지 않을 수 없다. 조직신학이 단순히 칼빈, 핫지, 머레이가 세웠던 체계처럼 과거 체계를 정리하는 시도 또는 그들이 세웠던 모델 이후 또 다른 체계를 개발하려는 시도라면, 그것은 사실 지루한 학문 분과로 보일 수 있다.

또한, 나는 오늘날 학생들이 종종 조직신학을 그런 방식으로 바라 보고, 조직신학의 단조로움이라고 인식한 것보다 성경신학에서 새롭게 발견한 흥분을 선호할까 우려한다. 따라서 오늘날 훌륭한 조직신학자들이 거의 없는 것처럼 보인다.

그러나 학생들이 조직신학이 무엇인지—전체 성경의 문제에 답하고 성경 진리의 요지(sum-total)를 삶에 적용하려는 시도—만 알게 된다면, 조직신학은 일생을 헌신할 만한 가치가 있는 흥분되는 것으로 다시 보일 수 있을 것이다.

조직신학은 실제로 개방된 분과다. 이루어지길 기다리는 아주 많은 임무가 존재하고, 역사의 본질, 종교적 언어의 본질, 현대의 삶 속에서 의미의 위기, 경제 해방의 신학 등과 같은, 정통주의 조직신학자들이 결코 진지하게 다루지 않았던 아주 많은 질문이 존재한다.

또한, 조직신학은 형식에서도 개방적이다. 내가 내린 정의에 의하면 조직신학은 학문적 논문의 형태나 철학적 체계의 전통적인 방식을 모방할 필요는 없다. 조직신학은 시가서, 드라마, 음악, 대화, 권면, 설교, 또는 다른 합당한 형식의 형태를 취할 수 있다. 그러나 이런 일을 하는 사람은 거의 없다. 따라서 우리는 노를 저을 더 강한 팔들이 필요하다.

4) 실천신학

언뜻 보기에 주경신학, 성경신학, 조직신학의 작업이 성경의 의미를 발견하는 것이고 실천신학은 그 의미의 적용을 발견하는 임무를 맡고 있다고 생각할 수 있다. 그러나 내가 주장했듯이 의미와 적용은 동일한 것을 바라고 논의하는 두 가지 방식이다. 주경신학, 성경신학, 조직신학은 이미 적용에 관여한다. 그런 의미에서 이것들은 실천적이다.

그렇다면 실천신학이 해야 할 남겨진 것은 무엇인가?

나는 실천신학을 하나님의 말씀을 **전달하는**(communicating) 학문으로 정의할 것이다. 이런 정의는 설교, 가르침, 상담, 선교, 복음 전도, 예배 같은 실천신학자들이 가진 일반적인 관심과 잘 일치하는 것처럼 보인다.

엄밀한 의미에서 그런 실천신학은 조직신학의 한 분과일 것이다. 실천신학은 특별한 종류의 "전체 성경"의 질문을 묻는다.

어떻게 하나님의 말씀을 가장 잘 전달할 수 있는지에 관해 전체 성경은 무엇을 가르치는가?

따라서 "주경신학," "성경신학," "조직신학" 같이 "실천신학"은 부적절한 명칭이다. **모든** 신학은 실천적이다.

적어도 **좋은** 신학은 실천적이다!

제7장

상황적 관점—신학의 도구인 언어

살펴보았듯이 규범적 관점, 상황적 관점, 실존적 관점 같은 세 가지 관점은 중복되고, 서로 관통하고, 서로 포함한다. 따라서 상황적 관점을 논의할 때 정말로 규범적 관점을 뒷전으로 두는 것이 아니다. 우리는 아직 성경의 사용에 대해 논의하고 있다. 왜냐하면, 신학은 결국 성경 사용이다. 또한, 성경이 규범적 관점에 중요한 만큼, 성경은 상황적 관점에 중요하다. 성경은 그런 핵심적인 사실로써, 그런 핵심적인 사실의 기초 위에 다른 모든 사실이 해석되어야 한다.

그런데도 신학은 다양한 종류의 성경 외적 자료를 사용한다. 신학이 성경 언어의 반복일 뿐 아니라 그 언어를 우리 경험 세계에 적용하고 관련시키는 것이라면 성경 외적 자료 사용은 불가피하다. 신학은 성경을 우리 상황에 연결하는 성경 외적 자료를 사용한다. "상황적 관점" 아래서 우리는 그런 과정을 고려할 것이다. 신학과 관련된 성경 외적 자료는 언어, 논리, 역사, 과학, 철학, 현대 문화 같은 많은 출처에서 유래한다. 그런 자료를 분석하는 과학은 "신학의 도구" 역할을 한다. 우리는 지금 이런 많은 도구를 살펴볼 것이다.

신학의 주요한 도구 가운데 하나는 언어에 대한 신학자의 이해다. 특히, 성경 자체가 언어이므로 언어는 중요하다. 성경 원어와 언어적, 주해적, 해석학적 원칙에 관한 지식, 즉 이런 모든 지식은 신학자에게 매우 중요하다. 언어도 중요하다. 왜냐하면, 대부분("모범[example]에 의한 신학"의 중요성을 망각하지 않으면서) 신학 자체가 일군의 언어이기 때문이다. 신학자는 성경 언어로 시작하고 그 내용을 자신의 언어로 다른 사람에게 전달한다.

데이비드 켈세이(David H. Kelsey)와 반대로,[1] 성경 번역과 신학 사이에 어떤 뚜렷한 구분도 존재하지 않는다. 성경 번역과 신학은 성경 텍스트를 원청중 이외의 사람에게 적용하려는 시도다. 모두 언어학, 대상 문화의 지식 등에서 기술을 요구한다.

모두 다소 원래 본문 형식에서 벗어나지만, 번역은 형식에서 일반적으로 신학적 논의보다 그 본문에 더 가깝다. 차이점은 단지 정도의 차이다. 그렇다면, 우리가 말하는 것은 신학 만큼이나 번역 및 주해와 관련된다.

우리는 이미 신학에서 언어의 사용과 관련 있는 몇 가지 문제를 논의했다. 하나님에 대한 모든 언어가 비유적이어야 하는지에 대한 문제(제1장 2. 1) "(2) 하나님을 아는 지식의 한계"), 종교적 언어가 가진 "특이성" 문제 (제5장 1. "3) 종교적 언어의 특이성"), 의미와 적용의 관계(제3장 "부록 3"), 반추상주의적 표현의 모호성(제6장 "1. 반추상주의"), 주해의 맥락과 관점(제6장 "1. 반추상주의"와 "2. 관점주의"), 성경 언어의 다양성(제6장 4. "1) 성경 언어의 다양성"). 이 부분에서 나는 특별히 전문 용어, 신학적 대조, 유비에 대해 신학 언어의 모호성이라는 일반적 문제를 다루고 싶다. 나는 이어지는 내용 대부분에서 필라델피아에 있는 웨스트민스터신학교(Westminster Theological

---

[1] *The Uses of Scripture in Recent Theology* (Philadelphia: Fortress Press, 1975); 내가 *WTJ* 39 (1977): 328-53에서 비평했다.

Seminary)의 신약학 교수인 번 포이트레스(Vern S. Poythress)의 출판되지 않은 글과 말에 신세를 지고 있지만, 이 논의에 있는 부정확성은 전부 내 책임이다.

1. 언어의 모호성

인간의 언어는 완전한 엄밀성의 도구가 아니다. 단지 하나님만 우주의 모든 사실을 아시고 정확하게 진술하실 수 있다. 이것은 진리를 진술하는 인간 언어가 가진 힘을 부인하는 것이 아니다. 인간의 언어는 분명히 진리를 진술한다. 가령, 인간의 언어에서 하나님의 말씀은 완전하고 무오한 진리다.

그러나 진리와 엄밀성 사이에 차이점이 존재한다. 복음주의자들은 항상 성경이 진리라고 주장했지만, 그들은 일반적으로 성경이 반드시 정확하지 않고 절대 완벽하지 않다는 데 동의했다. 인간의 언어는 진리를 진술하는 데 사용될 수 있지만, 인간의 언어는 완전한 엄밀성으로 말하지 않는다. 언어와 언어에 대한 우리의 이해에서 모호성은 많은 출처가 있다.

1) 다른 방식으로 분할하기

먼저, 이 세상의 많은 수의 실제 언어가 증거하듯이, 언어를 통해 이 세상을 언급하는 가능한 많은 방식이 존재한다. 언어는 동일한 사물(영어로는 "window," 프랑스어로는 "fenetre")을 나타내는 다른 단어를 사용하는 데 있어서 뿐 아니라 언어가 구별할 수 있는 "사물들"에서도 서로 다르다.

가령, 다른 언어는 색상 범위를 다르게 나눈다. 한 언어에 여덟 개의 기본적인 색깔 용어가 있을 수 있고 다른 언어는 다섯 개의 기본 색깔 용어가 있을 수 있다. 따라서 첫 번째 언어에서 **빨간색**은 두 번째 언어에서 정확한 상응어가 없을 수 있다. 아니면 두 번째 언어에서 **빨간색** 같은 단어는 첫 번째 언어에서 **빨간색**과 **자주색** 모두 가리키는 색깔들을 포함 할 수 있다. 첫 번째 언어의 화자는 두 번째 언어 화자가 **빨간색**과 **자주색을** 혼동하고 있다고 생각할 수 있다. 두 번째 언어 화자는 첫 번째 언어 화자가 부당하게 두 형태의 **빨간색**을 분리하고 있다고(추상하고 있다!?[abstracting]) 생각할 수 있다.

누가 옳은가?

물론 어떤 언어도 색상 범위에 있는 색깔들의 **모든** 차이점을 포착할 수 없다. 왜냐하면, 색상 범위 중 무수한 수가 존재하기 때문이다. 또한, 어떤 언어도 색깔 가운데 모든 유사점을 말할 수 없다(예: 빨간색과 자주색 사이). 우리는 첫 번째 언어가 뚜렷한 색깔 명사로 많은 색깔을 구별한다고 언급할 수 있다(하지만 두 번째 언어는 다른 수단들, 예를 들어 두 번째 언어의 주요 범주 안에서 아류형[亞類型]을 구분함으로써 동일한 구분을 할 수 있다). 사실 자주색을 빨간색 색조로 만듦으로써 두 번째 언어는 어휘 창고에서 첫 번째 언어가 결여하고 있는 유사성이나 비슷한 것을 반영한다(물론 첫 번째 언어도 다른 수단으로써 그런 유사성을 만들 수 있다). 실재는 종종 다른 언어들에 의해 다른 모양으로 잘리는 파이에 비교되었다. 다른 많은 배열이 가능하고 유용하다. 또한, 빈번하게 우리는 하나는 옳고 다른 하나는 잘못됐다고 말할 수 없다. 만약 우리가 "그렇다. 하지만 다른 언어에서 빨간색에 대한 다양하고 다른 개념과 별도로 빨간색은 실제로 무엇과 같은가?"라고 말한다면, 우리는 어떤 정확한 답변도 얻지 못할 것이다.

2) 자연적 종류

우리는 **빨간색** 같은 단어에서 그런 종류의 부정확성을 이해할 수 있다. 왜냐하면, 결국 빨강(redness, 그렇게 보이는 것)은 다소 "주관적"이고 "보는 사람의 눈"에 상대적인 것이기 때문이다.

그러나 **물고기** 같은 단어는 어떤가?

물고기는 "자연적 종류"(natural kind)를 나타낸다. 확실히 모든 언어는 **물고기**와 **포유류**에 해당하는 독립된 명사가 있어야 한다고 가정될 수 있다. 그러나 다음을 고려하라.

첫째, **물고기**는 **빨간색**과 그렇게 다르지 않다.

빨간색은 단순히 주관적 상태의 설명일 뿐 아니라 사물들의 실제 특성이기도 하다. 색상 범위를 어떻게 "분할"하는지 우리가 내리는 결정에서 주관적 요소가 존재하지만 심지어 동물들에 대해 이루어져야 하는 유사한 결정도 존재한다.

물고기는 고래를 포함해야 하는가, 아니면 포함하지 말아야 하는가?

이것은 우리가 고래와 물고기 사이의 유사점을 강조하길 원하는지 아니면 고래와 육지의 포유류 사이의 유사점을 강조하는지에 달려 있다.

또한, 이런 질문('**빨간색**은 **자주색**을 포함하는가'와 같은 질문처럼)에 대해 우리에게 가장 유용하거나 편리한 것이 무엇인지 결정함으로써 부분적인 답변이 이루어질 것이다. 또한, 이런 질문을 "주관적" 요소로 부를 수 있다. 아니면 다음과 같은 질문을 숙고하라.

토마토는 과일인가 아니면 채소인가?

생물학자들은 이런 질문을 한 가지 방식으로 답하는 경향이 있고 요리

사는 또 다른 방식으로 답하는 경향이 있다.

누가 옳은가?

답은 분명하지 않다.

우리는 어떤 "맥락"을 강조할 것인가?

생물학적 관계의 맥락이나 "함께 어울리는" 음식의 맥락을 선택해야 한다.

둘째, 우리는 자연적 종류를 식별하면서 오류를 범하기 쉽다. 생물학자들은 때때로 어떤 동물이 뚜렷한 종을 구성하는지에 대해 자신들의 판단을 수정해야 했다.

셋째, 용어의 적용에서 부정확성이 종종 자연적 종류에 대해서도 발생한다. **사자**와 **호랑이**는 자연적 종류를 의미한다.

그러나 사자와 호랑이가 짝짓기하고 자손을 생산할 때 어떤 용어를 어린 새끼들에게 적용해야 하는가?

그것들은 호랑이인가, 사자인가, 제3의 범주인가?

여기서 심지어 **호랑이** 같은 용어도 "불명확한 경계"가 있음이 분명하다. 언제 이것을 적용하고 언제 이것이 적용이 안 되는지 항상 완벽하게 명확한 것은 아니다. 비(rain)는 완벽하게 명확한 개념처럼 보일 수 있다. 우리는 그것이 무엇인지 안다고 생각한다. 또한, 우리가 비 올 때와 비가 오지 않을 때를 안다.

그러나 심한 안개는 어떤가?

우리는 그것을 비로 불러야 하는가?

아니면 비로 부르지 말아야 하는가?

아니면 그것을 어떤 다른 조건에서는 비로 부르지만 다른 조건에서는 비로 부르지 않는가?

분명히 우리 언어에는 그런 질문에 자동으로 답을 주는 어떤 규칙도 존재하지 않는다. 물론 우리는 하나를 만들 수 있지만, 우리가 창안한 규칙이 **비**가 담고 있는 "의미"를 진술한다고 주장하지 말아야 한다.

넷째, 일단 우리가 자연적 종류를 정의했다면 이런 정의의 말들은 완벽하게 정확하지 않을 것이고 그런 사실은 추가적인 문제를 일으킬 수 있다.

3) 가족 유사성

종종(일부 사람들이 항상 언급하듯이) 용어를 합당하게 사용할 때 항상 존재하는 일련의 조건을 구체적으로 명시하기는 불가능하다. 루트비히 비트겐슈타인(Ludwig Wittgenstein)은[2] **놀이**(game)가 광범위하고 다양한 방식으로 사용된다고 말했다. 어떤 놀이는 오락을 위한 놀이고, 어떤 놀이는 승패를 포함하고, 어떤 놀이는 기술을 요구하는 놀이고, 다른 놀이는 요행을 바라는 놀이지만, 이런 특징 가운데 어떤 것도 우리가 놀이라고 부르는 모든 활동에서 발견되지 않는다. 따라서 **놀이**는 모든 놀이에서 항상 존재하는 특정한 그룹의 특징을 지정하지 않는다. 오히려 놀이는 서로 "중복되고 많이 교차하는" 유사성이 있는 일련의 활동에 사용된다.

비트겐슈타인은 이것을 "가족 유사성"이라 불렀다. 블로젯 집안의 가족 모임에서 사람들은 블로젯 집안의 특징을 나타내는 코를 가졌을 것이고, 다른 사람들은 그 집안의 보조개, 다른 사람들은 그 집안의 이마 등을 가질 것이다. 아마 그 구성원 중 아무도 "전형적인 블로젯 집안의 특징" **모두**를 갖지는 못했을 것이다.

---

[2] *Philosophical Investigations* (New York: Blackwell, 1958), 31f.

그리고 이것은 **놀이**에서도 마찬가지다. 어떤 놀이는 오락을 위한 놀이고, 어떤 놀이는 승패가 포함된 놀이고, 어떤 놀이는 기술을 요구하는 놀이지만, 그 어떤 놀이도 이런 전형적인 놀이의 특징을 모두 갖지 않은 것은 당연하다. 이런 이유로 **놀이**가 사용되는 방식에도 "불명확한 경계"가 존재한다.

활동을 놀이로 부르기 위해 얼마나 많은 놀이의 특징을 갖고 있어야 하는가?

모든 시간과 경우에 해당하는 수치를 확립하는 것은 불가능하다. 따라서 **놀이**를 정확하게 정의하고, 놀이의 "본질"을 진술하고, 놀이가 "정말 무엇인지" 구별하기는 어렵다.

4) 의미와 사용

그리고 훨씬 더 이해하기 어려운 다른 단어들도 존재한다.
시간을 예로 들어 보자.
어거스틴은 다음과 같이 말했다.

> 시간이란 무엇인가?
> 누가 나에게 묻지 않더라도 나는 안다. 그러나 누군가 나에게 묻는다면 나는 모른다.[3]

우리 모두 "시간"이 무엇인지 안다. 누군가 우리에게 시간을 묻거나 시

---

3 *Philosophical Investigations* (New York: Blackwell, 1958), 42.

험을 위한 더 이상의 시간이 없다고 말하거나 우리에게 시간에 맞추어 준비하라고 말할 때 우리는 그것이 무엇을 의미하는지 안다.

그러나 누군가 우리에게 "시간은 무엇인가?"라고 묻는다면, 즉 누군가 시간의 "본질"이나 시간의 정의를 묻는다면 우리는 어깨를 으쓱한다.

따라서 우리는 단어를 이해한다고 생각하지만 그것이 무엇을 의미하는지 **말할** 수 없는 역설적 입장 가운데 있다. 이런 수수께끼에 대한 비트겐슈타인의 답변은 다음과 같다. 단어를 이해하는 것은 그 단어를 정의할 수 있는 것이 아닌 그 단어를 **사용**할 수 있는 것이다. 우리가 그것을 생각하게 될 때, 우리가 정의할 수 없는 단어가 있다는 것을 잘 알고 있다. 그런 단어는 많다. 그리고 이런 일은 특히 아이들에게도 마찬가지다.

아이들이 말하기를 배울 때 정의는 아주 작은 역할을 한다. "용어를 정의하는 것"은 대부분 어린아이가 수년 동안 학교에 다닐 때까지 배우지 않는 과정이다. 우리의 가장 이른 언어 학습은 우리가 부모나 다른 사람들의 사용을 **모방**함에 따라 더 비공식적으로 진행한다. 이것은 시행착오의 과정이다. 우리의 "모방"은 때때로 더 성공적이고 때때로 덜 성공적이다. 이것은 결코 용어의 사용에서 완벽한 정확성으로 이어지지 않는다. 때때로 확실하게 "명시적(ostensive) 정의"가 역할을 한다. 부모가 의자를 가리키고 그 단어를 말하면서 아이는 **의자**를 배울 수 있다. 이런 과정은 더 큰 정확성으로 이어지는 것처럼 보일 것이다.

그러나 더 큰 정확성으로 이어지는가?

결국 "명시적 정의"의 과정에서 오류와 잘못된 이해를 위한 많은 여지가 존재한다.

심지어 가리키는 몸짓의 의미를 그 아이가 일반적으로 이해한다고 가정해도, 어떻게 그 아이는 부모가 그 몸짓을 통해 의자의 색이나 모양보다 전체로써 그 대상인 **의자**를 정의하고 있다는 것을 아는가?

어떻게 그 아이는 부모가 의자를 특별한 대상에 해당하는 합당한 이름으로서 **사용**하기보다 오히려 그런 모든 대상에 해당하는 일반적인 용어로 **사용**하고 있는 것을 아는가?

지시하는 몸짓 자체는 너무 모호해서 그런 구분을 할 수 없다. 이 아이는 단순히 시행착오를 통해 자신이 할 수 있는 최선을 다해야 하고 결국 자신의 새로운 언어의 "요령"을 배워야 한다.

그는 궁극적으로 지시하는 몸짓이 아닌 단어와 몸짓에 의미를 부여하는 활동 전반을 통해 배운다.

의미는 사용이고 적용이다. 또한, 아이는 사용을 배움에 따라 자기가 정의할 수 있는지 관계없이 의미를 배운다. "사용"은 단어로 묘사하기 어렵다. 그리고 심지어 사용을 그렇게 설명할 수 있을 때도 그렇게 설명하는 데 사용한 단어들 자체도 사용을 통해 배워야 한다.

그리고 이것은 언어가 가진 모호성의 또 다른 이유다. 의미는 기본적으로 정의가 아닌 사용의 결과이므로 용어가 의미하는 것을 말하기 어렵다.

나는 신학에서 이해 가능성을 옹호하는 사람이다. 그리고 종종 이해 가능성은 우리에게 용어를 정의할 것을 요구한다.

그러나 지금 나는 겉보기에 반대되는 종류의 요점을 주장해야 한다. 정의를 요구하는 것이 항상 타당한 것이 아니라는 것이다. 때때로 누군가 내가 그것을 정의할 수 없다면 나는 정말 용어를 이해할 수 없거나 사용할 수 없다고 제안할 것이다. 대부분 경우, 단어 사용을 배우는 것이 단어를 정의하는 우리의 능력보다 앞선다.

우리 모두 어떻게 **시간**을 사용해야 할지 알지만, 우리 가운데—아마 우리 가운데 누구도—시간에 대한 합당한 개념을 내릴 수 있는 사람은 거의 없다. 그리고 이는 종종 신학 언어에서도 마찬가지다. 가령, **실체**, **인격**, **영원**, **영원한 아버지 되심**, **언약**은 정의하기 어렵고 아마 불가능하다. 이런 용어들은 다른 용어들을 정의하기 위해 우리가 사용하는, 정의할 수 없는 용어, 즉 "논리적 기초 요소"일 것이다.

5) 언어 변화

모호성의 또 다른 이유는 다음과 같다. 언어가 항상 변한다는 것이다. 정의는 종종 부적절하다. 왜냐하면, 정의는 언어가 함유한 현재 상태나 고려 중인 실제 화자의 용법을 반영하지 않는다.

6) 추상성

추상적인 용어는 또 다른 이유로 모호하다. 한편, 추상적인 용어는 일반적인 사물이나 특성을 지정하고 어느 정도 개별적인 것들(particularities)에 대한 언급을 배제한다. 다른 한편, 우리가 반추상주의에 대한 논의에서 살펴보았듯이 모든 언어는 어느 정도 추상적이다. 가령, 완벽하게 구체적인 언어, 즉 추상성이 결여된 언어가 존재할 수 있어도 인간은 그런 언어를 알 수 없을 것이다. 따라서 중요한 의미에서 그런 언어는 모호할 것이다.[4]

---

[4] 내가 앞에서 주장했듯이 "완벽하게 구체적인" 언어는 이 언어가 가진 주제에 대해 완벽하게 모든 진리를 표현하는 언어일 것이다. 단지 하나님만 그런 종류의 언어를 말씀하실 수 있다.

7) 의도적인 모호성

게다가 많은 언어가 의도적으로 모호하다. 비트겐슈타인에게서 또 다른 예를 고려해 보자. 사진사가 모델에게 "대략 거기에 서세요"라고 말한다. 그는 자신이 의미하는 것을 정확하게 말한다. 그의 명령은 가령, "벽에서 정확하게 2.8976 피트 떨어져 서세요"처럼 너저분한 방식의 말이 아니다. 사진사는 그것만큼 정확해지라고 **의도**하지 않았다.

만약 당신이 나의 나이를 묻고 내가 나의 나이를 분, 초까지 알려 준다면, 나는 (대개의 경우) 어리석은 것이고 우리가 하는 의사소통의 목적을 무산시키는 것이다. 따라서 대개의 경우 나는 의도적으로 그런 수준의 정확성을 피할 것이다. 우리는 습관적으로 어림수, 은유, 언어적 지름길로 다른 모호한 표현을 사용한다.

2. 성경의 모호성

모호성에 관한 한 성경의 하나님 말씀도 예외가 아닌 것은 분명하다. 모든 언어처럼 성경도 어떤 방식으로 모호하다. 여기서 **모호함**은 비난의 용어가 아닌 단순히 **정확성**의 반대로 해석되어야 한다. 복음주의자는 비록 성경이 참이고 하나님이 성경을 통해 말씀하시길 원하시는 것을 정확히 말하지만 "완벽하게 정확한" 것은 아니라고 항상 재빨리 강조했다.

성경은 어림수, 부정확한 인용, 비연대기적 이야기 진행 등을 포함한다. 또한, 성경은 우리가 일반적으로 언어에서 목격하는 다른 모든 종류의 모호성을 포함하고 있다.

이것이 성경에 오류가 존재한다는 것을 암시하는가?

그렇지 않다!

복음주의자들이 주장하듯이, 성경은 그 자체에 대해 주장하는 바와 정확하게 일치한다. 즉 성경은 진리를 말하지만 반드시 정확한 현대 과학이나 역사서술의 표준으로 진리를 말하지 않는다.

그러나 왜 하나님은 무오한 자신의 말씀에서 모호성을 허락하시는가?

왜냐하면, 모호성은 종종 **의사소통**에 필요하고 바람직스럽기 때문이다(위의 1. "6) 추상성"을 보라). 또한, 성경에서 하나님의 목적은 가능한 가장 정확한 형태로 진리를 진술하는 것이 아닌 진리를 전달하는 것이다.

3. 전문적인 용어

전통적으로 신학자들은 전문적인 용어를 사용함으로써 모호성을 최소화하려고 노력했다. 전문적인 용어는 이론적 분석을 위해 특별히 고안된 용어거나 언어가 가진 일반적 사용과 다른 정의가 주어졌던 보통 언어에서(또는, 이론적 목적을 위해) 유래하는 용어일 수 있다.

따라서 신학자들은 가령, **영감**, **실체**, **인격**, **기적**, **언약**, **부르심**, **중생**, **믿음**, **칭의**에 전문적인 의미를 부여했다. 이런 전문적 용어에 대해 몇 가지 요점을 언급해야겠다.

첫째, 이런 용어들 가운데 일부(예: 실체와 인격)는 성경 외적 기원이 있다.

그러나 이런 사실이 '오직 성경'(*sola scriptura*)에 대한 위반을 나타내지는 않는다. 성경은 하나님이 하나의 실체와 세 인격이라고 분명하게 언급하지 않지만, 분명히 하나님이 어떤 면에서는 한 분이시고 다른 면에서는 세 분이라고 가르친다. 실체과 인격은 이런 "측면들"의 논의를 용이하게 하는 우리의 철학적 유산에서 취해진 단순한 용어들이다.

내가 빈번하게 언급했듯이 우리가 성경을 인간적인 질문에 적용하려면 성경 외적인 지식을 사용해야 한다. 또한, 이것은 그렇게 하는 하나의 방식이다. 사람들은 때때로 비기독교적 사유에서 중요한 용법을 가졌던 전문적인 용어를 신학에서 사용하는 것을 반대한다. 그러나 내가 볼 때, 그런 반대는 타당하지 않다.

① 그런 반대는 비그리스도인들이 이해할 수 있는 용어 사용의 중요성을 이해하지 못하는 것이다.
② 그런 반대는 내용이 문장 차원보다 오히려 단어 차원에서 전달되는 것을 전제하는 것으로 보인다(제6장 "3. 맥락적 주석"을 보라). 이와 반대로 중요한 것은 어떤 단어의 사용 여부가 아닌, 무엇을 말하기 위해 사용하는가다.
③ 비기독교 철학에서 취해진 단어들은 성경 내용을 전달하는 방식으로 재정의할 수 있고 사용할 수 있다. 나는 삼위일체 논의에서 실체와 인격의 사용을 통해 발생했던 성경 메시지의 왜곡을 알지 못하지만 이것이 때때로 주장된다.
④ 우리가 중요한 비기독교적 역사를 가진 용어 사용을 금지한다면, 우리가 사용할 수 있는 용어는 거의 존재하지 않을 것이다. 심지어 이단들과 불신자들도 성경 용어들을 사용했다.

둘째, 위의 목록에서 대부분 전문 용어들은 특별한 전문적 정의가 내려졌던 성경 용어들이다.

이런 경우에 전문적인 신학적 정의가 결코 성경적 용법과 같지 않음에 주목해야 한다. 왜냐하면(앞에서 말한 것처럼), 성경적 용법은 일반적으로 전문적인 엄밀성을 목표로 하지 않기 때문이다.

성경 언어는 함축과 뉘앙스로 "가득하다." 또한, 이런 함축과 뉘앙스는 성경 용어가 신학적 목적을 위해 전문적으로 정의될 때 더 큰 엄밀성을 위해 희생된다. 때때로 성경 용어는 다른 책과 다른 맥락에서 다른 의미, 즉 그 용어가 전문적으로 정의될 때 상실하는 차이점을 가진다.

셋째, 지금 이런 사실이 전문적인 정의가 항상 다르다는 것을 암시하지 않는다.

영적 삶의 완전한 시작이라는 **중생**에 대한 전문적인 정의는 아마 신약성경에서 **중생**에 대한 모든 사용과 일치하지 않지만, 성경적 관점에서 그런 시작은 존재하고 그런 시작은 주권적 은혜로 온다고 말하는 것이 중요하다.

어떤 용어는 그런 시작을 언급하는 데 필요하다. 또한, **중생**보다 더 좋은 용어를 발견하기는 어려울 것이다.

넷째, 그러나 우리가 성경 용어에 대한 이런 전문적인 신학적 정의를 성경 저자들이 이런 용어를 사용하는 방식과 혼동하지 않도록 조심해야 한다.

성경에서 **언약**이 발견되는 곳마다『웨스트민스터 신앙고백서』의 "은혜 언약"을 의미한다고 가정하는 것은 잘못일 것이다. 성경이 "믿는" 누구를 언급할 때마다(참조, 가령, 요 8:31, 37-47) 또는 누가 성경에서 효과적 부르심(effectual calling)의 의미로 "부름을 받을" 때마다 완전하게 구원을 주시는 믿음이 고려된다고 가정하는 것은 확실히 잘못일 것이다.

다섯째, 그렇다면, 분명히 우리가 전문적인 정의를 채택할 때 성경 용어 때문에 단지 모호하게 표현되는 "실제 의미"나 "더 깊은 의미"를 발견했다고 주장할 어떤 권리도 없다.

전문적인 신학은 성경 자체보다 더 깊거나 더 권위적인 어떤 것을 제시하지 않는다. 이와 반대로 전문적인 신학은 항상 일부 성경적 요점을 독자들에게 더 생생하게 하려고 어떤 성경상의 의미를 항상 **희생**한다. 이런 희생이 잘못된 것은 아니다.

우리는 우리 가르침에서 무언가 희생해야 한다. 왜냐하면, 우리는 한꺼번에 모든 것을 말할 수 없기 때문이다. 그러나 신학 체계가 성경 자체보다 더한 어떤 것을 가르칠 것으로 가정하지 말아야 한다. 신학은 어떤 새로운 가르침의 발견이 아니라 적용이다.

여섯째, 우리는 신학에서 사용하는 일련의 합당한 전문적 용어와 정의만 존재한다고 말할 어떤 권리도 없다.

인간 삶의 다른 모든 영역에서뿐 아니라 신학에서도 자료를 여러 범주로 나누는 많은 방식이 존재한다. 한 신학자는 믿음을 동의로 정의할 수 있고 그런 후에 참된 동의는 전인의 헌신을 포함한다는 것을 보여 줄 수 있다. 또 다른 신학자는 믿음을 신뢰로 정의하고 그런 후 지적 동의는 신뢰의 필요한 측면임을 지적할 수 있다.

여기에 믿음에 대한 두 개의 다른 정의가 있지만, 이런 정의가 만들어 낸, 믿음에 대한 두 가지 견해 사이에 어떤 실질적 차이점이 있다는 것을 보여 주진 않는다(신학의 정의에 관한 제1부에서 나의 논의를 보라. 하나의 "올바른" 정의는 없다. 하지만 언급할 필요가 있는 몇 가지 것은 존재한다).

그러나 빈번하게 이 두 신학자가 자료를 여러 범주로 나눈다는 사실은 그들 사이에 오해와 심지어 적대감으로 이어질 것이다. 그런 경우 자애로운 상담과 주의 깊은 분석이 필요하다.

나는 그런 종류의 오해가 교회사에서 타락 전 예정론-타락 후 예정론(supralapsarian-infralapsarian) 논쟁, 일반은총 논쟁, 영혼 창조설-영혼 유전설(creationism traducianism) 논쟁과 같은 일부 중요한 신학적 논쟁 이면에 놓여 있다고 생각한다.

또한, 그런 언어적 혼란은 단순히 언어적 불일치 이상의 문제가 있었던 하나님의 불가해성, 행위와 칭의의 관계, 방언과 예언의 계속, 인도하심(guidance)의 교리, 신율론(theonomy)과 같은 다른 논쟁에서 의사소통을 방해했다.[5]

일곱째, 핫지가 기적을 "하나님의 직접적인(immediate) 행위"로 정의하거나 흄(Hume)이 기적을 "자연법칙의 위반"으로 정의할 때처럼 때때로 전문적인 정의는 실제로 우리를 오도할 수 있다.

기적에 대한 성경의 언급은 이런 정의들 가운데 어느 것도 요구하지 않지만, 이런 사실 자체가 반대를 위한 근거는 아니다. 우리는 이런 정의를 채택할 수 있고 그런 후 성경을 기초로 그렇게 정의된 기적은 발생하지 않는다고 말할 수도 있다! (그렇다면 우리는 '두나미스'[dunamis], '세메이온'[semeion], '테라스'[teras]와 같은 성경 용어를 번역하기 위해 기적이라는 용어 이외의 어

---

[5] 타락 전 예정론과 타락 후 예정론에 관해서는 B. B. Warfield, *The Plan of Salvation* (Grand Rapids: Wm. B. Eerdmans Pub. Co., 1942)과 본서 제8장의 나의 논의를 보라. 일반은총에 관해서는 Van Til, *Common Grace and the Gospel* (Nutley, N. J.: Presbyterian and Reformed. Co., 1972)을 보라. 방언과 예언의 계속에 관해서는 Richard B. Gaffn, *Perspectives on Pentecost* (Phillipsburg, N.J.: Presbyterian and Reformed Pub. Co., 1979)이 유요한 출처다. 다른 문제들에 관해서는 다음과 같은 표준적인 조직신학 작품을 보라. Charles Hodge, *Systematic Theology* (Grand Rapids: Wm. B. Eerdmans Pub.Co., 1952)와 John Murray, *Collected Writings* (Edinburgh: Banner of Truth Trust, 1977)의 특히 제1권.

떤 용어[들]를 찾아야 할 것이다.) 그러나 **기적**을 그런 식으로 정의하고 성경 본문이 그런 정의에 일치될 때(또는 흄과 같은 누군가 성경 가르침을 반대하기 위해 그런 정의를 사용할 때) 그런 전문적인 정의의 사용을 거절해야 한다.

여덟째, 그런 유형의 문제에 대한 특별하게 위험한 표현 하나가 현대 자유주의 신학에 존재한다.

자유주의 신학에서 하나님의 성품과 행동에 대한 성경 가르침은 빈번히 맥락에서 벗어나 왜곡되고, 모든 성경적 단서가 제거되며, 형이상학적인 원칙으로 변한다.

① 가령, 자유주의 신학에서 엄밀히 따지자면 예수님의 사랑에 대한 성경적 모습은 "다른 사람을 위한 사람"이라는 어구로 표현된다. 그런 후 하나님에 대한 전체 성경 교리를 재구축하는 방식으로 사용한다. 즉 하나님은 자신에게 어떤 찬송도 불러일으키지 않고 어떤 영원한 본성이 없다는 내용이다.
② 바르트신학에서 하나님 주권이라는 개념은 "하나님의 자유"라는 전문적인 개념이 된다. 그런데 "하나님의 자유"라는 전문 개념은 하나님이 자신의 말씀을 취소하실 수 있고 실제로 존재하시는 하나님과 완전히 반대되는 것으로 변할 수 있다는 것을 암시한다.
③ 해방신학에서 구원의 개념은 "해방"이라는 전문 용어로 축소된다. 그리고 결국 이 용어는 심지어 반성경적인 마르크스 이념에 기초한 모든 종류의 사회적이고 경제적인 해방과 동일시된다.
④ 틸리히(Tillich)의 가르침에서 하나님은 "존재 자체"(being-itself)임을 정당화하기 위해 야훼라는 하나님의 이름을 언급한다. 그리고 어떤 의미에서 틸리히에게 "존재 자체"는 범신론적 함축을 가진다.

아홉째, 용어가 가진 전문적인 의미를 성경 본문에서 이런 용어가 가진 의미들과 혼동하는 위험을 나는 언급했다.

성경 안이나 성경 밖에서 이런 전문적인 정의가 "일상적 언어 사용"과 혼동되는 위험도 존재한다. 그리고 이런 위험은 도예베르트 철학 진영에서 빈번히 발견되는 오류다.[6]

포이트레스는 도예베르트의 사유가 가진 대부분 설득력이 어떤 용어가 가진 일상적 의미와 그 용어에 대한 도예베르트의 전문적인 정의 사이의 조직적인 혼동에 의존한다고 생각한다.

또한, 나는 다음과 같은 사실을 알아차렸다. 도예베르트 추종자들은 자신의 학파 밖에 있는 사람들을 비판할 때 때때로 그들의 반대자들이 도예베트르식의 전문적인 의미에서 용어를 사용하고 있다고 가정한다는 것이다(완전히 어불성설이다).[7]

열째, 위의 "1. 언어의 모호성" 아래서 일반적 관찰에서 이해할 수 있듯이 전문적인 용어는 비록 엄밀성을 증진하기 위해 요청되지만, 이 용어 자체는 결코 모호성이 전혀 없지 않다.

가령, 은유적 용어가 전문적 용어의 역할을 하도록 만들어질 때 종종 모호성이 발생하는 것처럼, 종종 전문적 용어도 실제로 모호성을 증가시킬 수 있다.[8]

열한째, 내가 앞에서 언급했듯이 성경 자체가 의도적인 모호성을 포함

---

6   Vern S. Poythress, *Philosophy, Science and the Sovereignty of God* (Nutley, N.J.: Presbyterian and Reformed Pub. Co., 1976)을 보라.
7   나의 "Rationality and Scripture," in *Rationality in the Calvinism Tradition*, ed Hendrick Hart, Johan Vander Hoeven, and Nicholas Woltersto(Lenham, MD.: University Press of America, 1983), 315 n. 55를 보라.
8   John Frame, *The Armsterdam Philosophy: A Preliminary Critique* (Phillipsburg, N.J.: Harmony Press, 1972), 12f., 16f., 23; 또한, 이후의 "4. 은유, 유비, 모형"을 보라.

하고 있다면, 우리는 신학에서 모호성을 제거하기 위해 너무 지나치게 애쓰는 것을 조심해야 한다.

우리는 성경보다 **덜** 정확하게 되길 원치 않지만(또한, 이 점을 정통 진영에서 더 잘 인식해야 한다), 성경보다 **더** 정확하게 되는 것도 원치 않는다. 나는 신학자들이 때때로 성경 자체의 의도와 반대로 신학에서 최대의 정확성을 추구하는 것을 유감스럽게 생각한다.

따라서 그들은 전문적 용어가 가진 유용성을 훨씬 넘어 전문적인 용어를 증가시킨다. 이는 "작정의 순서," 삼분설에 관한 많은 글에서 발생했던 관행이다.

열두째, 이와 유사하게 우리는 교회 직분자에게 최대한 정확성을 기하기 위해 신조에 동의를 구하는 문서를 요구하지 말아야 한다.

우리는 종종 서명 문서가 충분히 정확하기만 하면 교회에서 이단을 방지할 수 있을 것으로 생각하고 싶어 한다. 따라서 어떤 진영은 직분자에게(때때로 심지어 회원들에게도) 교회 신앙고백서의 모든 명제에 서명할 것을 요구하고 싶어 한다.

결국 신앙고백서가 구속적이지 말아야 한다면 왜 신앙고백서를 가져야 하는지 의문을 제기할 수 있다. 그러나 그런 종류의 "엄격한" 서명도 문제를 안고 있다. 신앙고백서의 명제에 대한 반대가 교회에서 이 반대자가 가진 좋은 지위를 파괴한다면 신앙고백서는 개선될 수 없고, 수정될 수 없으며, 모든 실제적 목적에도 정경적인(canonical) 것이 된다.

그리고 신앙고백서가 정경적인 것이 될 때 성경의 권위는 보호받지 못하고 위협받는다. 위에 묘사된 서명 문서보다 더 느슨한 서명 문서를 가진 교회에서는 교회의 믿음을 더 정확하게 규정하려는 압력이 종종 존재한다.

직분자가 신앙고백서를 "교회에서 가르치는 교리 체계를 포함하는 것으로서" 서명하는 곳에서는 때때로 "교리 체계"를 정확하게 규정해야 한다는 요구가 존재한다.

교리 체계에 포함된 것은 무엇이고 포함되지 않은 것은 무엇인가?

우리가 신앙고백서를 징계의 도구로 사용할 수 있기 전에 우리가 이것을 알아야 하는 것처럼 보인다. 그러나 다시 말하지만 교회가 교리 체계를 구성하는 교리 목록을 채택하고 그 목록이 정통의 검증 잣대가 된다면, 목록은 개선될 수 없고 수정될 수 없게 되고 정경적인 것이 된다.

그런 후 하나님의 말씀에 기초해 그 목록에 도전하는 것은 불가능할 것이다. 따라서 훨씬 더 강한 내용의 문서 서명을 추구하는 사람들은 사실 모순되게도 교회에서 성경이 가진 권위의 약화를 요구하는 것이다. 사실은 다음과 같다. 어떤 형태의 "엄밀한" 신학이 아닌 성경이 우리의 기준이라는 것이다.

또한, 하나님이 가지신 선한 이유로 성경은 종종 모호하다. 따라서 성경을 우리의 궁극적 기준으로 정해 두지 않고는 신학, 신조, 서명에서 모호성을 피하는 것이 불가능하다. 신학은 감히 성경의 정확성을 개선하려고 시도해선 안 된다. 신학이 가진 유일한 역할은 성경이 가르치는 것을 적용하는 것이다. 그런 겸손한 임무에 만족하자. 왜냐하면, 이것이 영광스러운 일이기 때문이다.

4. 은유, 유비, 모형(Models)

성경과 신학에서 모호성의 또 다른 출처는 비유적 언어의 빈번한 사용이다. 제1부에서 나는 하나님에 대한 우리의 **모든** 언어가 비유적인 것이 아님을 주장했다. 그러나 많은 성경 언어가 비유적이라는 것 또는 그런 언어가 진리를 전달하는 유용한 방법임을 부인하지 않을 것이다. 따라서 신학도 그런 언어를 사용하는 것이 합당하다. 때때로 사실 은유가 신학에서 우리를 **구하러** 오며 또한 매우 핵심적인 역할을 한다. 심지어 성경 외적 은유도 종종 심오한 중요성을 띤다. 가령, 아담과 그리스도가 행사하는, 인류에 대한 "언약적 머리 됨"(federal headship)을 생각해 보자. 성경에서 아담과 인류의 관계(그리고 이와 유사하게 그리스도와 그의 백성 사이의 관계)를 해석하기 어렵다. 결국 이 관계는 독특하다. 아담의 언약적 머리 됨과 유일하게 유사한 관계를 맺는 것은 그리스도의 언약적 머리 되심이다. 또한, 이 둘 사이에 차이점이 존재한다(롬 5:12ff.). 신학자들은 그 관계를 모두 설명하기 위해 어떤 방법을 모색하려 노력했다.

아담은 플라톤적 형상의 인간(humanity)인가?
따라서 일반 인류가 아담 안에서 범죄했다고 말할 수 있는가?
아담은 우리의 죄악 된 본성 안에 있는 단순히 우리 각자의 상징인가?
생물학적 의미에서 우리가 "그의 허리 안에" 있었기 때문에 우리가 아담의 죄에 책임이 있다고 언급하는 것으로 충분한가?

이런 공식화 가운데 어떤 것도 개혁파 전통에 완전히 만족스럽게 보이지 않았다. 그러나 여기서 은유가 우리를 구하러 온다. 개혁파 신학자들은 우리가 아담을 우리 "대표"(representative)로 간주해야 한다고 제안했다. 지금 어떻게 우리가 "대표"라는 용어를 사용하는지 고려할 때 이런 제안은 특히 오늘날 많은 위험을 안고 있다.

오늘날 아담을 우리 대표라고 부르는 것은 그가 비밀 투표로 뽑혔고 그의 행동에 대한 우리의 반감이 아담을 대표 직분에서 제거할 자격을 우리에게 준다는 것을 암시할 수 있다!

게다가 오늘날 정치적 대표를 생각할 때 하원의원의 선거 구민들은 하원의원의 죄에 대한 책임을 지지 않는다. 따라서 성경 가르침에 부합하기 위해 "대표"라는 개념을 손질해야 하고 단서를 달아야 하며 수정해야 한다. 우리는 어떻게 아담이 우리의 하원의원과 **다른지** 분명히 해야 한다. 또한, 일단 모든 조건을 갖추기를 끝냈으면 심지어 이런 설명이 비생산적인 것처럼 보일 수 있다. 그러나 이런 훈련은 유용했다. 은유는 논의를 조직하는 방식을 제공한다. 즉 은유는 이런 관계에 대한 모든 생소한 성경적 묘사를 모으고 독자에게 친근한 무엇을 가지고 비교와 대조를 통해 이런 묘사를 일치시키는 방식을 제공한다. 이런 종류의 은유—"지배"(master) 은유의 주변에 신학적 가르침이 조직된다—는 하나의 "신학 모형"으로 불릴 수 있다. 삼위일체론에서 **실체**와 **인격**의 사용(철학에서 도출한 모형), 구원을 설명하는 **구속**의 사용(경제적 모형) 같은 모형에 대해 다른 예들이 존재한다(계시-가르침, 구조-구원[rescue-deliverance], 새로운 창조, 새로운 출생, 하나님 형상으로 새롭게 됨, 정화, 순결의 복원[reconstitution of virginity], 교제[courtship], 화해, 희생, 속죄, 승리, 부활, 칭의, 양자 됨, 성화, 영화, 심지어 신적 본성의 공유[벧후 1:4을 기억하라. 이것은 단지 은유다!]와 같은, 성경에서 많은 모형이 구원 자체를 설명한다). 일반적으로 이런 모형들은 관점적으로 서로 관련이 되어 있다. 그렇다면 이런저런 많은 방식으로 은유는 신학에 유용하다. 일반적으로 비유적 언어보다 문자적 언어를 신학적으로 선호하거나 모든 은유를 문자적으로 정확한 학문적 용어로 설명해야 할 어떤 이유도 존재하지 않는다.

성경은 그렇게 하지 않는다. 사실, 종종 비유적 언어는 상응하는 문자적 언어가 하는 것보다 더 많은 것을 말하고 더 명확하게 말한다. 시편 23편을 생각해 보자. "여호와는 나의 목자시니 …." 우리는 더 문자적이고 신학적인 용어로 여호와가 섭리와 구속의 저자임을 언급함으로써 이 구절을 다른 말로 바꾸어 표현할 수 있다.

그러나 이렇게 하는 것이 정말 시편 23:1보다 **더 명확**한가?

어쨌든 이렇게 하는 것이 시편 23편을 더 낫게 하는가?

누구를 위해?

나는 이것이 더 낫게 한다는 것을 의심한다. 사실 때때로 은유가 가진 의미를 명확히 하기 위해 문자적 언어가 필요하다. 하지만 때때로 그 반대도 사실이다. 많은 사람에게 "여호와는 나의 목자시니"는 섭리와 구속이 담고 있는 더 추상적인 개념을 명확하게 하는 데 일조한다. 그런데도 은유를 신학적으로 사용할 때 어떤 위험이 존재한다. 다음을 고려해 보자.

첫째, 은유의 사용은 한 맥락에서 유용할 수 있지만 다른 맥락에서 오도할 수 있다.

"법은 하나님과 우주 사이의 경계다"라는 스피어(J. M. Spier)의 주장을 고려해 보자.[9] "경계"(boundary)는 하나님의 율법이 가진 **권위**를 표현하기 위한 좋은 은유다. 우리가 하나님의 율법을 "위반하지" 말거나 우리가 금지된 영역으로 "침입하지" 말아야 한다는 의미에서 하나님의 율법은 경계와 같다. 그러나 경계는 우주의 형이상학적 구조, 특히 창조자와 피조물 사이의

---

9   *An Introduction of Christian Philosophy* (Philadelphia: Presbyterian and Reformed Pub. Co., 1954), 32.

관계를 설명하는 좋은 방법이 아니다. 그런 종류의 맥락에서 "경계"라는 용어는, 법이 완전히 신적인 것도 아니고 완전히 창조된 것도 아닌 창조자와 피조물 사이의 어떤 종류의 중간적 실재인지 의구심이 들게 한다(이런 종류의 사고가 영지주의와 아리우스주의라는 고대 이단의 이면에 놓여 있다). 그렇다면 하나님은 '엑스 레스'(ex lex), 즉 모든 법 밖에 계시는지, 자신의 행동과 결정에서 자의적(恣意的)이신지 의문이 제기된다. 나의 결론은 이렇다. 만약 은유의 목적과 지시관계를 맥락에서 분명히 한정할 수 없고 구체적으로 명시할 수 없다면 그런 특별한 은유는 사용되지 않는 것이 최선이다.

둘째, 한편, 우리는 신학에서 은유가 유용하고, 은유는 항상 "해명"될 필요가 없다고, 즉 더 문자적인 언어로 항상 설명될 필요가 없다고 말했다.

다른 한편, 적합하지 않은 작업을 하도록 은유에 요청하지 말아야 한다. 더 문자적인 언어가 필요한 맥락에서 신학자들과 철학자들은 종종 은유를 사용한다. 또한, 스피어는 "과학에서 우리는 우리 자신과 우리의 연구 대상 사이에 어떤 거리를 유지한다"라고 말함으로써 전 이론적 사유와 이론적 사유 사이의 관계를 정의하려고 애쓴다.[10]

같은 주제에 대해 도예베르트(Dooyeweerd)는 과학이 과학의 대상을 파악하려고 시도하지만 결과적으로 대상은 과학에 "저항한다"고 말한다.[11] 이론적 사유는 "사물을 갈라놓지만"[12] 소박한 경험(naive experience, 도예베르트에게 소박한 경험은 논리적 분석이나 이론적 관찰이 아닌 일상생활에서 보고 느끼고

---

[10] *An Introduction of Christian Philosophy*, 2.
[11] H. Dooyeweerd, *In the Twilight of Western Thought* (Nutley, N.J.: Presbyterian and Reformed Pub. Co. 1968), 8, 126.
[12] H. Dooyeweerd, *In the Twilight of Western Thought*, 11.

행동하는 경험을 의미한다. - 역주)은 사물을 "상관관계(coherence)로 있는 연속적인 시간적 유대" 가운데서[13] 본다. 소박한 경험에서 "우리의 논리적 기능은 다른 측면들 간의 시간적인 상관관계의 연속성에 완전히 흡수된다."[14] "흡수될" 뿐 아니라 심지어 "박히게" 된다.[15]

소박한 경험은 주체와 객체를 "구분"하지만 이론적 사유는 주체 및 객체와 "대립"하고 "깨뜨릴 수 없는 상관관계"에서 소박한 정신이 인식하는 경험을 두 동강 낸다.[16] 지금 도예베르트와 스피어는 분명히 소박한 사유와 이론적 사유 사이의 관계에 대해 다소 더 전문적인 설명을 제공한다. 하지만 전문적인 설명은 거리, 이해(grasping), 저항, 연속성, 상관관계, 유대, 흡수되다, 박히다, 대립, '깨뜨릴 수 없다'와 같은 이런 은유의 측면에서 항상 설명된다. 그리고 이 모든 것은 이런 종류의 인식론적 맥락에서 사용될 때 은유적이다. 내가 제기하는 문제는 도예베르트와 스피어가 은유를 **사용**하거나 심지어 그들이 그 은유를 해석하지 못한다는 것이 아니다. 오히려 내가 난점으로 여기는 것은 이렇다. 그들은 단지 더 문자적인 용어에 적합한 작업을 하기 위해 이런 은유를 사용한다는 것이다.

다시 말하자면, 그들은 자기들이 생각하기에 정확히 관련을 맺어야 하고 결코 서로 혼동되지 말아야 하는 두 종류의 경험 사이에 전문적인 인식론적 구분을 하려고 이런 은유를 사용하고 있다는 것이다. 사실 이런 구분은 그들이 가진 인식론에 근본적이다. 그러나 해석되지 않은 은유를 그들이 사용하는 것은 그들의 가르침을 혼란스럽게 만든다. 그런데도 그들은

---

[13] H. Dooyeweerd, *In the Twilight of Western Thought*, 12, 참조, 16.
[14] H. Dooyeweerd, *In the Twilight of Western Thought*, 13.
[15] H. Dooyeweerd, *In the Twilight of Western Thought*, 14.
[16] H. Dooyeweerd, *In the Twilight of Western Thought*, 17.

마치 자기들이 그런 구분을 명확하게 규정하는 데 있어 성공했던 것처럼 그런 구분을 사용한다. 또한, 그들은 자기들의 생각에 그런 구분을 혼동했다고 여겨지는 다른 사상가들을 질타한다.

그러나 스피어와 도예베르트는 정확하게 그런 구분을 전혀 규정하지 못했음에도 어떻게 자기들이 여기서 다른 사상가들에게 뚜렷한 구분을 유지하라고 요구할 수 있는가?

교훈은 다음과 같다. 우리는 해석되지 않은 은유(또는 심지어 일군의 은유들)가 명확히 규정된 전문 용어가 하는 작업을 할 것으로 기대하지 말아야 한다는 것이다.

셋째, 도예베르트와 스피어에게서 인용한 내용들은 은유의 잘못된 사용과 반추상주의 표현 사이에 일종의 연대감을 암시한다.

나는 많은 반추상주의가 "연대감"(togetherness)의 은유에서 타당성을 얻는다고 생각한다. 그리스도인들은 계시와 그리스도, 믿음과 역사(history), 윤리와 구속 같이 어떤 것들이 "함께 속한다"는 의식을 가진다. 이런 다소 모호하게 공식화된 연대감에서 반추상주의가 태어난다. 믿음과 역사를 "서로 분리하지 말아야 한다"라고 말하는 것은 믿음과 역사가 "함께 속한다"는 의미다. 반추상주의가 가진 모호성 대부분은 연대감의 은유가 가진 모호성에 기인한다. 우리는 일반적으로 남편과 아내, 사랑과 결혼, 빵과 버터가 "함께" 한다는 것이 무엇을 의미하는지 이해할 수 있다. 계시와 그리스도, 믿음과 역사, 윤리와 구속이 "함께" 한다는 것이 무엇을 의미하는지 그렇게 명확하지 않다. 가령, 우리가 살펴보았듯이 계시와 그리스도 사이에 **많은** 관계가 존재한다. 따라서 이것들이 "함께 속한다" 또는 이것들을 "분리하지 말아야 한다"라고 말하는 것은 더 많은 추가적인 설명을 이런 언급에 동반하지 않는다면 이해될 수 있게 말한 것이 아니다.

넷째, 하나님과 피조물 사이의 유비와 반유비(disanalogies)는 특별한 관심을 받을 만하다.

나는 앞에서 하나님에 대한 모든 언어가 비유적이지 않다고 말했다(제1부). 오히려 우리는 하나님을 문자적으로 말하는 것이 가능하다. 그런데도 피조물과 하나님 사이의 유비는 우리 언어에서 편만하다.

피조계 안에 있는 모든 것은 하나님에 대한 어떤 유비를 지닌다. 모든 세계는 그 위에 하나님의 흔적을 지니며 창조되었고 하나님을 계시한다. 피조계는 하나님의 성전이고, 하늘은 그의 보좌며, 땅은 그의 발등상이다.

따라서 성경은 창조의 모든 영역에서 하나님에 대한 유비를 발견한다. 무생물("이스라엘의 반석"이신 하나님, "양의 문"이신 그리스도, "바람," "호흡," "불"로서의 성령), 식물("레바논의 백향목" 같은 하나님의 힘, "생명의 떡"이신 그리스도), 동물("유다의 사자," "하나님의 어린 양"이신 그리스도), 인간('왕,' '토지 소유자,' '연인'으로서의 하나님; '길,' '말씀,' '진리,' '생명,' '지혜,' '의,' '성화,' '구속'으로서의 그리스도). 물론 심지어 악인들도 반어적으로 하나님과의 유사성을 드러낸다. 누가복음 18:1-8을 보라. 이런 유비들은 하나님이 창조하셨던 세상에서 우리 주님의 언약적 현존을 전제한다.

그러나 모든 유비에는 반유비도 존재한다. 하나님은 무생물이 **아니다**. 단순한 바위나 문이 아니다. 또한, 하나님은 식물, 동물, 인간, 또는 추상적인 개념이 **아니다**. 하나님을 이런 것 중 어떤 것과 **동일시하는** 것은 우상숭배다. 반유비는 하나님의 초월성, 통치, 피조물에 대한 권위를 나타낸다. 그리고 다른 정도나 종류의 유비도 존재한다. 우리가 살펴보았듯이 하나님은 악인들에 대해 유비적이시지만, 하나님이 선한 사람들에 대해 유비적이신 방식(또는 더 낫게는 그들이 하나님께 대해 유비적인 방식으로)으로 하시진 않는다. 이것은 하나님의 언약적 현존의 정도 및 형태와 상응한다.

구약성경은 하나님이 편재하시다고 말하지만 이스라엘에 특별한 방식으로 현존하신다. 또한, 이스라엘 안에서 하나님은 거룩한 도시인 예루살렘, 성전, 지성소, 언약궤에 훨씬 더 특별한 방식으로 현존하신다. 어떤 장소, 사물, 사람들은 하나님 현존의 특별한 수단이 된다. 따라서 그것들은 특이하게 그에 대한 유비가 된다.

따라서 우리는 유비를 너무 지나치게 강조하는 것이나 유비의 타당성을 완전히 부정하는 것에 주의해야 한다. 어떤 신학자들은 신자 안의 하나님 현존을 거의 범신론적 의미로 이해한다(예: 신비주의, 어떤 "더 높은 차원의 삶"에 대한 가르침, 모든 사람이 그리스도 안에 있으므로 죄가 존재론적으로 불가능하다는 바르트의 가르침). 다른 신학자들은 교회 안의 하나님 현존과 일반 세상에서 하나님의 현존 사이에 어떤 구분도 하지 않는다(예: 해방신학, 과정신학). 그런데도 다른 신학자들은 잃어버린 자들에게서 하나님의 형상을 부인한다(예: 일부 루터주의자들, 일반은총을 부인하는 일부 사람들).

나는 이 모든 것이 적어도 하나님의 현존에 대한 성경적 그림과 하나님과 세상의 유비 및 반유비가 가진 복합성을 놓친다고 생각한다. 최악의 경우 이것들은 내가 제1부에서 "초월성과 내재성에 관한 비기독교적 개념"으로 부르는 것에 장악된다.

다섯째, 우리가 하나님의 초월성을 가리키기 위해 특별한 전문 용어가 필요하다고 생각하는 사람들은 또 다른 종류의 실수를 범한다.

그들은 성경 언어가 불충분하게 "문자적"이라고 생각한다. 제1부에서 나는 짐 할세이(Jim Halsey)를 언급했다. 왜냐하면, 그가 내 글을 비판할 때 단지 "질적인 차이"와 같은 용어만 하나님의 지식과 인간의 지식 차이를 규정하는 데 적합하다고 제안했기 때문이다. 신학자들은 종종 그런 종류의 특별한 용어를 만들었다. 즉 **전지**, **편재**, **전능**이 성경에서 발견되지 않지만(그러나 그런 개념은 성경에 존재한다), 이런 용어들은 하나님의 속성과 인간의 속성을 **분명하게** 구분하거나 반유비를 위해 필요하다고 생각했다.

그러나 흥미롭게도 성경은 그런 선택을 하지 않는다. 하나님을 가리키는 성경 용어가 때때로 피조계를 가리키지 않는 경우가 있을지라도 거의 없다. **주님**, **왕**, **구세주** 같은 이 모든 용어는 때때로 인간을 가리킨다.

심지어 "엘로힘"(*elohim*), 즉 "하나님"도 시편 82:1, 6에서 인간 재판관을 의미한다. 그러나 성경은 분명히 그럭저럭 하나님의 초월성을 묘사하고 특정한 "초월적 용어"를 의지하지 않으면서 어구, 문장 등을 사용한다.

여섯째, 단순히 신학자가 어떤 은유를 사용한다는 이유로 그를 비판하는 것은 잘못이다.

따라서 종종 우리는 신학 분야에서 아무개 교수는 "x를 y에 비교하기" 때문에 잘못되었다는 내용을 읽는다. 아무개 교수는 주의 만찬에 대한 개혁파적 견해를 로마 가톨릭의 견해와 비교했을 수 있고, 하나님의 사랑을 새끼 새를 향한 어미새의 사랑에 비교했을 수 있고, 예정을 철학적 결정론과 비교했을 수 있다. 아무개 교수는 x와 y는 전혀 비교할 수 없거나 이것들은 서로 어떤 관계도 있지 않거나 서로 관련이 없다고 말함으로써 비난을 받는다. 이런 종류의 논증은 반추상주의의 정반대다. 맹렬한 반(反)상대주의(antirelationism)다. 그런 주장에 대해 어떤 요점을 지적해야 할 필요가 있다.

① 하나님의 세계에서 결국 모든 것은 다른 모든 것과 비교될 수 있다. 이것을 인정할지라도 우리는 사랑하거나 존경하는 대상을 무가치하게 보는 대상과 비교할 때 움찔하고 놀라는 경향이 있다. 그러나 심지어 성경은 하나님을 불의한 재판관과 비교한다는 것을 기억하라.

모든 것은 그 밖의 것과 관련이 있다. 어떤 것은 그 밖의 것과 반드시 관련을 맺는다. 반추상주의의 장점은 이런 사실을 인식한다는 것이다.

② 엄밀한 의미에서 그런 은유를 비판하는 것은 문장 차원보다 오히려 단어 차원에서 비판에 관여하는 것이다. 또한, 살펴보았듯이 이것은 타당하지 않은 관행이다. 가령, 누군가 하나님을 수박과 비교한다면 그런 사실은 거의 중요하지 않다. 중요한 것은 이런 은유가 하나님에 관해 **말하는** 데 사용된다는 것이다(누군가 수박씨처럼 하나님의 속성이 하나님에게서 제거될 수 있다고 말하기 위해 이런 은유를 사용한다면 그는 하나님에 대해 거짓말을 하는 것이다. 그가 하나님과 갖는 교제의 "달콤함"을 묘사하기 위해 이런 은유를 사용한다면 진실을 말하는 것이다).

은유는 그 자체로는 중요하지 않다. 하지만 은유를 포함한 문장은 중요할 수 있다. 물론 이런 문장들은 비판에 열려 있지만, 그런 비판은 은유 자체보다 오히려 문장이 담고 있는 진리를 다룰 것이다.

③ 그런데도 신학자들은 종종 오도하는 방식으로 어떤 은유를 사용했다. 또한, 하나님과 "존재"(예: 틸리히에게서), 일반은총과 특별은총(예: 해방신학에서)의 유비 같은 이런 은유들은 지적되어야 한다.

5. 신학의 부정 (Negation in Theology)

신학에서 불명확성의 또 다른 출처는 부정적인 표현의 사용이다. 물론 다른 모든 형태의 지식 같이 부정은 매우 중요하다. 우리는 한 용어를 다른 용어와 **대조**할 수 있다. 이로써 이 용어가 의미하지 않는 것을 보여 주고 부분적으로 용어가 가진 의미를 이해한다. 성경의 근본적인 메시지가 긍정적인 메시지다. 하지만 성경은 또한 종종 부정적으로 말하고 진리를 오류와 죄와 대조하고 불신에 대한 하나님의 심판을 말하고 거짓 가르침에 대해 신자들에게 경고한다. 교리 역사도 주로 부정을 통해 발전했다.

교리에 대한 대부분 고전적 공식화는 어떤 이단과의 대조를 통해 진술되었다. 즉 영지주의에 맞선 '무로부터'(ex nihilo)의 창조, 마르시온에 맞선 성경 정경론, 사벨리우스주의와 아리우스주의에 맞선 니케아 삼위일체론, 유티키안주의 입장과 네스토리우스 입장에 맞선 칼케돈 기독론, 로마주의와 세속주의에 맞선 종교개혁의 신앙고백들이 그렇다. 심지어 어떤 교리는 이단을 배제하는 부정적인 기능을 제외하고 거의 의미가 없다고 주장될 수 있다. 나는 이것이 '무로부터'의 창조에서도 사실이라고 생각한다. 물론 "무"는 생각할 수 없다. 왜냐하면, 모든 인간은 "무엇"에 대해 사고하기 때문이다. 또한, 아무리 이 용어를 해석할지라도 성경에서 구체적으로 이 세상이 무에서 창조되었다고 가르치는 것을 찾기 힘들다.[17]

그러나 이 교리는 이 세상이 신적 본성의 일부분이라는 범신론적 생각과 이 세상은 이미 존재하는 영원한 물질에서 창조되었다는 플라톤적 그림 같은 두 가지 이단을 분명히 **배제한다**. 나는 이런 두 이단을 부정하는 것이 무로부터의 창조론이 가진 **의미의** 구성이라고 말할 것이다. 이 교리는 우리에게 하나님이 이런 두 가지 방식 가운데 하나로 이 세상을 창조하지 **않으셨다**고 말하는 것을 제외하고 **어떻게** 하나님이 이 세상을 창조하셨는지 말하려고 애쓰지 않는다. 교리는 부정적으로 해석될 때 성경으로 증명될 수 있다. 왜냐하면, 성경은 범신론을 배제하고, 하나

---

17 나는 이 문제를 *The Doctrine of God* (『신론』, PNR[개혁주의신학사] 刊)에서 더 자세하게 논의했다.

님 자신 외에 창조되지 않은 무엇이 존재한다는 것을 부인하기 때문이다(예: 골 1:16). 또한, 삼위일체론에서 **실체**와 **인격**의 사용도 마찬가지다.

나에게 이런 용어는 하나님의 단일성(oneness)과 복수성(plurality)을 설명할 유일한 자격을 가질 만큼 정확한 의미를 가진 것으로 보이지 않는다.

각각 하나님의 단일성과 복수성을 나타내는 그리스어 '우시아'(ousia)와 '휘포스타시스'(hypostasis)는 그 잠재적 의미에 관한 한 그 의미가 서로 전환될 수 있다. '휘포스타시스'는 하나님의 단일성을 나타낸 것일 수 있고 (사실 유사한 라틴어 '수브스탄티아'[substantia]가 하나님의 단일성을 나타냈듯이) '우시아'는 인격의 복수성을 나타낸 것일 수 있다. 따라서 이런 용어의 사용이 우리에게 신적 본질에 관한 많은 긍정적인 정보를 제공하지 않는다. 이런 용어들은 여기서 위대한 신비를 해결하려고 시도하지 않고 단지 위대한 신비를 해결하려는 어떤 불합리한 시도를 배제하려 한다.

이런 용어가 우리를 위해 하는 것은 사벨리우스주의와 아리우스주의 이단을 배제하는 것이다. 따라서 우리가 삼위일체론을 증명하려 애쓸 때 우리는 이런 전문 용어의 사용을 위한 어떤 구체적인 타당성을 찾기 위해 성경을 검토하지 말아야 한다. 오히려 우리는 단순히 성경이 사벨리우스주의나 아리우스주의를 가르치는지 물어야 한다. 성경이 이런 가르침을 배제한다면 이런 사실이 정통 교리의 충분한 증거다. 따라서 부정은 신학의 유용한 도구다. 부정의 잘못된 사용에서 문제가 발생한다. 다음을 고려하자.

첫째, 내가 믿기로 존 우드브리지(John Woodbridge)는 로저스(Rogers)와 맥킴(McKim)의 책 『성경 권위와 해석』(*The Authority and Interpretation of the Bible*)을 비판할 때 많은 신학적 글에서 볼 수 있는 흔한 실수 같은 것으로 이 두 신학자를 비난한다.

> 로저스와 맥킴은 자신들의 연구에서 우리가 만들어 낼 수 있는 모든 일련의 "역사상의 분리"로써 작업을 한다. 그들은 한 개인의 생각에 대한 어떤 올바른 주장은 다른 주장들이 참인 것을 논리적으로 인정하지 않는다고 가정한다. 직접 비교되는 생각들이 서로 반박한다면 그들의 가정은 때때로 정확하다. 그러나 그들의 역사적 분리에서 그들은 서로 배타적이지 않은 명제들 사이에 분리를 만든다. …
>
> 로저스와 맥킴이 가진 더 중요한 "역사적 분리"의 불완전한 목록은 이런 것을 포함할 것이다. 즉 사상가는 성경의 핵심적인 목적이 구속사를 계시한다고 믿으므로 완전한 성경 무오성을 인정하지 않는다고 가정된다. 또한, 사상가는 성경의 말씀 안에서 우리에게 맞추시는 하나님을 말하기 때문에 그는 완전한 성경 무오성을 믿지 않는다고 가정된다.

우드브리지는 많은 "역사적 분리"를 나열한다. 이런 역사적 분리들은 "잘못된 분리"로 부를 수 있는 더 큰 범주의 한 부분이다. 신학자들이 실제로 모순되지 않는 이 두 가지 모순된 것으로 제시하는 것은 신학에서 너무 일반적이다. 이런 논증들은 교리사에서 중요하고 가치 있다고 주장했던 타당하고 부정적인 논증들인 것처럼 보인다. 가령, 우리가 이미 존재하는 물질로부터의 창조를 확언한다면 논리적으로 무로부터(*ex nihilo*)의 창조를 부정해야 한다는 것은 틀림없는 사실이다. 그러나 잘못된 분리에서 이런 논증들은 참으로 모순적이지 않은 진술들의 관계를 기초로 해석된다.

둘째, 우리는 앞에서 신학자들이 때때로 반추상주의와 유사하지만 반추상주의와 반대되는 방식으로 부정을 잘못 사용하는 것을 살펴보았다.

이것은 신학자들이 구분을 지나치게 과장할 때 발생한다. 또한, 그들이 무엇은 그 밖의 무엇과 "전혀 관련이 없거나" 그 밖의 무엇과의 "문제가 아니라고" 주장할 때 발생한다. 또한, 그들이 이것과 다른 것의 모든 유비를 부정할 때 발생한다(참조, 위의 "4. 은유, 유비, 모형"의 **여섯째**").

물론 하나님이 창조하신 세계에서 모든 것은 그 밖의 것과 관련을 맺는다. 모든 것은 그 밖의 것과의 "문제"다. 모든 것은 그 밖의 것과 "어떤 관련을 맺는다." 확실히 여기서 정도의 차이가 존재한다. 어떤 관계는 다른 관계보다 더 중요하다. 그러나 신학자들은 종종 이런 정도의 차이점을 뚜렷한 구분으로 바꾸는 것 같다(이런 오류는 반추상주의와 정반대 극단에 놓여 있지만, 이런 오류는 유사한 종류의 혼란에 의존한다). 나는 종종 만약 신학자들이 "단순히"(merely)라는 단어를 사용한다면 이런 유형의 문제를 피할 수 있다고 생각한다. 신학자들은 "단순히 ~은 아니다" 또는 "단지(only) ~는 아니다"를 언급해야 함에도 그들은 "아니다"(not)라는 단어를 사용하는 경향이 있다.

하나님의 사랑을 숙고할 때 구자유주의 신학자들은 하나님이 의로운 재판관이 아니라고 결론을 내렸다. 합당한 결론은 다음과 같았을 것이다. 하나님은 **단순히** 재판관이실 뿐 아니라 자비의 하나님이시다.

하나님의 내재성을 숙고할 때 현대 과정신학자들은 하나님이 시간을 초월하신 분이 아니라고 결론을 내린다. 오히려 합당한 결론은 다음과 같다. 하나님은 단순히 시간을 초월하신 분은 물론, 시간의 세계에 관여하신다는 것이다. 우드브리지의 "분리"를 다시 생각해 보자. 다음과 같이 언급하는 것이 참일 것이다. 성경은 "단순히" 무오하기만 한 것이 아니다. 왜냐하면, 성경은 인간 조건에 맞추어지고(accommodated), 구속사를 전달하려는 목적이 있기 때문이다.

그러나 인간 조건에 맞추는 것과 구속사적 목적은 무오성의 부족을 동반하지 않는다. 신학에서 다관점주의는 종종 합당한 균형을 회복하는 데 일조한다. 왜냐하면, 다관점주의는 분명히 반대되는 어떤 교리가 실제로 동등하고 다양한 관점에서 동일한 진리를 제시한다는 것을 파악하게 하는 데 일조하기 때문이다. 따라서 이런저런 신학들의 무익한 반대, 규범적 관점의 지지자들과 실존적 관점의 지지자들(내가 그들을 불렀듯이)의 무익한 반대, 이런저런 신적 속성들을 "핵심적인 것"으로 옹호하는 사람들과 다른 것을 옹호하는 사람들의 무익한 반대를 피할 수 있다.

셋째, 우리가 논의했던, 부정의 잘못된 사용과 반대되는 오류는, 일반적인 방식으로 "이원론"을 공격하는 일부 신학자들 가운데 있는 경향성이다.

이것은 일종의 반추상주의다(제6장 "1. 반추상주의"를 보라).

아마 이원론에 대한 미숙한 공격의 가장 극단적인 예는 존 밴더 스텔트(John Vander Stelt)의 『철학과 성경』(*Philosophy and Scripture*)일 것이다.[18] 이 책에서 밴더 스텔트는 거의 모든 이중 구분을 "이원론"으로 비판하는 것 같다. 즉 몸과 혼의 구분, 지성와 감정의 구분, 더 나아가 심지어 창조자와 피조물의 구분 같은 거의 모든 이중 구분을 "이원론"으로 비판하는 것 같다. 그러나 (극단적으로!) 그는 기꺼이 일련의 (도예베르트식) 이중 구분(소박한/이론적 사유, 마음/인간적 기능)을 지지한다. 그렇다면 분명히 그는 **모든** 이중 구분이 이원론임을 믿지 않고 있다(페투르스 라무스[Petrus Ramus]는 편히 잠들 수 있다![이는 프랑스의 논리학자 라무스가 논리과 수사학과 수학 분야에서 남겼던 업적이 스텔트에 의해 파괴될 위험이 전혀 없다는 것을 라무스가 알고 편히 잠

---

18 Marlton, N.J.: Mack Pub. Co., 1978.

들 수 있다는 의미다. - 역주]).

그러나 어떤 구분이 이런 비판 아래 놓이는지 결정하는 그의 기준은 완전히 모호하다. 그는 단지 이중 구분에 대한 어떤 혐오감이 있는 것처럼 보인다. 그리고 그는 이런 혐오감을 이해할 수 없는 선택으로 표현하지만 아무런 타당성도 없다. 의심할 여지없이 신학자들은 때때로 사물들 사이의 너무 뚜렷한 대조를 끌어냈다. 그러나 언제 구분, 분리, "이분"(dichotomy)이 부적당하게 되는지 결정하기 위해 더 많은 것이 언급될 필요가 있다. 그런 설명이 없다면 "이원론"적 비판은 다른 형태의 비판 같이 문장 차원의 비판보다 오히려 단어 차원의 비판이 된다. 가령, 저자가 소위 자신의 오류에 대해 어떤 추가적인 설명 없이 **몸**과 **영혼**을 대조한다는 비판을 받을 때 이런 비판은 그의 실제 입장에 대한 비판이 아닌 그의 어휘에 대한 비판에 해당한다. 다시 반복해야겠다. 신학적 비판은 누군가의 어휘에 대한 비판이 되지 말아야 한다. 오히려 신학적 비판은 그런 어휘를 가지고 그가 말하는 것을 비판해야 한다. 우리는 신학자의 단어가 아닌 그의 문장과 문단을 비판해야 한다.[19] 마치 모든 것이 그 밖의 것의 유비가 되는 것처럼(위의 "4. 은유, 유비, 모형"의 "**여섯째**," ①) 모든 것이 그 밖의 것과 구분됨을 명심해야 한다(어떤 두 개도 동일하지 않다. 만약 동일하다면 그것들은 두 개가 아니라 하나일 것이다!). 따라서 어떤 두 개의 사물도 서로 "구분"될 수 있다. 또한, 어떤 두 개의 사물이 구분될 수 있다면 그것들은 분리될 수 있다(하나를 다른 하나와 구분하

---

[19] 밴더 스텔트(Vander Stelt)는 전에 부제(副題)만 기초로 나의 강의를 비판했다! 강의는 성경에 관한 것이었다. 또한, 부제는 "성경과 하나님," "성경과 역사," "성경과 우리," 이와 비슷한 것이었다. 밴더 스텔트는 이런 부제만으로 내가 이원론적 경향에 물들어 있음을 알 수 있다고 발표했다. 나는 그의 비판이 통렬하다고 생각하지 않았다.

는, 하나가 가진 특징만 고려한다는 의미에서). 이 두 가지는 "대립될" 수 있다 (다른 하나가 "갖고 있지 않은" 것과 대조되는, 하나가 "가진" 특징들을 강조하며).

또한, 어떤 의미에서 이 둘은 "분리"할 수 있다("분리"가 가령, 물리적 분리 이외의 어떤 것에 비유적 의미로 사용될 때, "구별되지만 분리되지 않는"이라는 일반적 어구는 일반적으로 불명확하다. 그런 맥락에서 "분리하다"는 일반적으로 "구별하다," "격리하다"[isolate], "대립하다"와 동일한 것을 의미하지만 아마 더 큰 정도의 동일한 것을 의미할 것이다).

6. 대조(Contrast), 변형(Variation), 분포(distribution)

케네스 파이크(Kenneth Pike)와 번 포이트레스(Vern S. Poythess) 같은 일부 기독교 언어학자는 언어에서 의미가 가진 측면으로 대조, 변형, 분포의 구분을 강조한다. 대조는 하나의 용어가 가진 의미를 다른 용어와 차이점으로 식별한다. 반면, 변형은 하나의 표현이 본질적으로 동일한 표현으로 남아 있으면서 그 표현이 겪을 수 있는 변화(복수, 동사 어미, 다른 발음, 다른 사용)를 보여 준다. 분포는 일반적으로 표현이 기능한 맥락을 식별한다. 이것들은 때때로 각각 정적, 역동적, 관계적 관점으로 식별하고 입자, 파동, 장의 물리적 개념과 관련을 맺는다. 포이트레스는 대조 개념을 규범적 관점, 변형을 실존적 관점, 분포를 상황적 관점과 관련시킨다.

우리는 이 세 영역의 모호성이 신학에서 잘못된 이해로 이어질 수 있음을 살펴보았다. 부정에 대한 우리의 논의에서 대조를 강조했고("5. 신학에서의 부정"), 반추상주의에 관한 논의에서 분포를 강조했으며(제6장 "1. 반추상주의"), 분명치 않음과 모호성에 관한 일반적 논의의 변형을 강조했다.

의미를 이해하는 이 세 가지 방식의 관점적 관계는 일부 독자에게 이런 문제가 서로 관련을 맺을 수 있는 방식을 제안할 것이다. 그러나 나는 여기서 그런 상호 관계를 체계화하려 하지 않을 것이다.

7. 비정통적 입장의 조직적인 모호성

내가 제1부에서 설명했던 직사각형 도표에서 모호성에 대한 또 다른 출처를 볼 수 있다. 이 직사각형 도형은 초월성과 내재성, 비합리주의와 합리주의에 대한 기독교적 견해와 비기독교적 견해를 대조한다. 이런 분석이 옳다면 비기독교 입장은 위에 언급된 이유뿐 아니라 비기독교적 사유가 가진 본질에서 유래하는 이유로 모호하다. 다음을 고려하자.

첫째, 비기독교적 초월성은 비기독교적 내재성과 대조하기로 되어 있다.
하지만 실제 이 두 입장은 서로 의존하고 서로 바꿔서 표현될 수 있다. 따라서 이런 불명확성이 존재한다.
어느 정도까지 초월성-비합리주의가 내재성-합리주의와 대립하는가?
어느 정도까지 그리고 어떤 방식으로 이 둘은 동일한가?
이 두 입장이 가진 바로 그 의미는 이런 면밀한 조사로 희미해진다.
둘째, 비기독교 초월성은 수사학적 혼동으로 비기독교 초월성과 기독교 초월성 사이의 그럴듯함을 유지한다.
따라서 비기독교적 사고에서 모호성이 필요하다.
셋째, 자유주의 신학적 입장은 기독교적 주제(motif)와 비기독교적 주제에 대한 훨씬 더 어리둥절한 결합을 제시하고, 가능하다면 심지어 택한 자들도 속인다.

따라서 자유주의 신학의 경향은 반추상주의 유형의 주장 쪽으로 흐른다.

8. 명칭

우리는 신학에서 "명칭 붙이기"(labeling)에 대한 많은 반론을 듣는다. 또한, 명칭 붙이는 것에 분개하는 이유를 이해하기는 쉽다. 한편, 내 생각이 어떤 범주("근본주의자," "전제주의자," 그 밖의 무엇이든지)에 갇힘으로써 도외시될 때, 가령 이런 명칭이 합당할지라도 거의 제대로 다루어졌다고 느끼지 않는다.

우리 모두 우리 자신을 하나의 경향이나 학파의 단순한 범례가 아닌 어떤 면에서 독특한 것으로 간주하길 선호한다. 또한, 우리는 그렇게 생각할 권리를 받았다. 다른 한편, 명칭은 학습에 중요하다. 우리는 교육이 사물에 대한 명칭을 배우는 과정으로 주장할 수 있다. 명칭을 사용하는 것이 허용되지 않는다면(즉 서술 명사) 사실 거의 아무것도 언급할 수 없을 것이다. "경향," "학파" 같은 것이 존재한다. 일단의 사물과 사람들에 대해 일반 진리가 존재한다. 또한, 개별적 특징에 대해 말할 수 있을 뿐 아니라 이런 사물과 사람들에 대해 말할 수 있는 것이 중요하다.

그렇다면 명칭에 대한 **일반화된** 대립(반추상주의적 입장, 아니면 이것은 반상대주의인가?)은 지지할 수 없다. 한편, 사상가를 단순히 그의 당파 관계나 어떤 다른 명칭으로 식별하는 것이 타당할 때가 있다. 언급한 모든 사상가의 독특한 특징을 열거할 시간이 항상 있진 않다. 따라서 명칭은 중요한 신학 약칭이다. 다른 한편, 우리는 명칭을 사용하지만 명칭의 부정확성을 인식해야 한다. 확실히 다양한 철학자들과 신학자들의 독특한 생각에 대한 중요한 무엇을 언급하지 않고 단순히 그것들을 범주에 놓는 책과 글에 대해 다소 유용하지 않는 무엇이 존재한다. 그런 글은 정당화할 수 없이 모호하다.

9. 모호성에 관한 교훈

신학에서 모호성을 완전히 피할 수 없다. 또한, 성경보다 더 정확해지려고 애쓰지 않는다면 모호성을 완벽히 피하는 것은 심지어 바람직스럽지 않다. 그런데도 많은 경우 더 좋은 소통을 위해 모호성을 최소화하거나 적어도 어디에 모호성이 놓여 있는지 청중에게 분명히 하는 것은 바람직하다. 신학자들은 종종 자신들의 표현이 얼마나 모호한지 인식함 없이 모호한 표현을 사용한다. 따라서 그들은 마치 자신들의 용어가 완전히 명료한 것처럼, 또 그 용어가 하나의 분명한 의미가 있는 것처럼 다룰 수도 있다. 그런 방식으로 자주 사용된 일부 용어들 중에는 "악의 조성자," "자유의지," "질적 차이"가 있다(제1부에서 이것에 대한 논의를 보라). 그런 경우에 독자는 용어에 대해 어떤 **느낌**을 가질 수 있다. 하나님에게 적용한 "악의 조성자," 또는 칼빈주의 맥락에서 "자유의지" 같은 어떤 용어는 올바르다고 느껴지지 않는다. 따라서 우리는 실제로 모든 것이 느낌임에도 이런 용어가 가진 의미에 대해 분명히 알고 있다고 생각할 수 있다.

그런 경우에 우리는 누군가 실제로 말하는 것을 기초로 하기보다 오히려 그 사람이 하는 말의 "소리"나 "느낌"에 기초해서 판단하기 때문에 잘못된 이해가 발생한다. 때때로 신학 용어, 구절, 문장이 가진 의미를 자세히 분석하는 것이 유용하며 심지어 필요하다. 독자들에게 어떤 표현이 얼마나 모호한지 보여 주는 것이 종종 중요하다. 여기에 그렇게 하는 몇 가지 방식이 있다.

첫째, 목록을 만들라.

단순히 표현이 의미할 수 있는 모든 가능한 것을 적어라. 어떻게 이런 해석이 각각 제기되는 신학적 주장에 영향을 줄 수 있는지 결정하라. 우리가 해석하려고 애쓰는, 신학자가 전하고자 하는 가장 그럴듯한 의미가 무엇인지 결정하려고 시도하라. 신학자가 쓰는 언어의 어떤 해석이 그의 주장을 가장 강하게, 가장 약하게 하는지 결정하려고 노력하라. 나는 제1부에서 이런 기술을 사용했다. 하나님의 불가해성과 하나님에 관한 불신자의 지식에 대해 가능한 해석 목록을 상기하라.

둘째, 말이 정확히 어떻게 적용되는지 불분명한 중간적인 경우, 흐릿한 경계, 영역을 지적하라.

언어는 항상 완벽하게 명백한 의미를 가지고 각 문장의 참과 거짓이 분명한, 엄격하고 무미건조한 체계가 아님을 청중에게 보여 주라. 우리가 공식화에서 부지런히 모호성을 찾을 때까지 신학상의 문제에 대해 판단 내리기를 주저하라.

10. 언어와 실재

　실제로 우리 시대의 모든 철학 학파는 언어 연구에 사로잡혀 있다. 이것은 현상학자들, 실존주의자들, 다양한 언어 분석 학파들, 해석학의 철학자들, 포괄적 철학을 향한 구조주의 언어학 발전에서도 마찬가지다(마르크스주의자들은 이런 경향에 예외적인 사람들일 수 있지만, 열거한 다른 철학상의 조류들도 그들에게 영향을 준다).

　어째서 최근 철학에서 "언어적 선회(turn)"가 발생했는가?

　그것은 부분적으로 철학에서 계속 반복되는 문제에 대한 피로감에서 오는 결과다. 오늘날 철학자들은 본질적으로 고대 그리스인들이 논의했던 동일한 문제를 논의한다. 철학은 발전이 있어도 그 발전이 매우 미미한 학문 분과처럼 보인다. 따라서 현대 철학자들은 철학 발전 부족의 일부나 대부분의 원인이 잘못된 이해, 소통의 결핍, 이해 가능성의 결핍에 있는지 묻고 있다. 따라서 언어 연구 쪽으로 선회하고 있다. 언어적 선회에 대한 또 다른 이유는 다음과 같은 것이다. 많은 철학자는 언어 연구가 실재의 본질에 대한 일종의 열쇠를 제공한다고 믿게 되었다. 과거 철학자들은 그런 열쇠를 추구했다. 일부 철학자들은 그 자체로 형이상학을 조사하려 노력했다. 다른 철학자들은 형이상학에 이르는 하나의 관문으로 인간 지식과 이성을 조사했고 다음과 같이 가정했다.

　　실재는 이성적인 것이고 이성적인 것은 실재적인 것이다(헤겔).

　그들은 우리가 이 세상을 알려면 이 세상이 이성적이라는 것을 가정해야 하고 따라서 이 세상의 기본 구조는 인간 사고의 과정을 반영해야 한다고 말했다. 다른 철학자들은 윤리적 가치나 미적 가치에서 그런 열쇠를 추구했다. 이런 접근 방식들은 어떤 합의에도 이르지 못했다. 사실 그들의 실패는 형이상학에 관한 일반 회의주의로 이어졌다.

그러나 우리 세기에 대안이 나타났다. 이것을 설명하기 위해 우리는 헤겔의 구호를 다음과 같이 수정할 수 있다.

> 실재적인 것은 우리가 말할 수 있고, 우리가 말할 수 있는 것은 실재적이다.

이런 생각은 다음과 같다. 언어 연구는 말할 수 있는 것을 드러낼 수 있다. 따라서 언어 연구는 이 세상의 기본적인 본질을 드러낸다. 이런 종류의 철학적 탐구는 완벽한 언어가 일종의 이 세상을 보여 주는 "그림"일 것이라는 초기 비트겐슈타인과 러셀의 이론 같은 어떤 오류로 이어졌다.[20]

그러나 나에게는 우리가 적어도 이것을 많이 말할 수 있는 것처럼 보인다. 즉 언어를 배우는 것은 이 세상을 배우는 것이 포함된다는 것이다. 언어는 우리가 이 세상에서 임무를 완성하게 하는 일련의 도구다. 한편, 우리가 이 세상에 대한 어떤 것들을 알지 못한다면 우리는 언어를 "이해"할 수 없거나 언어의 "의미"를 알 수 없다.

다른 한편, 언어가 없다면 우리의 인간적 지위에 합당한 이 세상에 관한 지식을 갖기는 불가능하다. 따라서 언어를 배우고 이 세상에 대해 배우는 것은 동시적이고 상호 관련 있는 과정이고, 아마 관점적으로 관련이 있을

---

20 이런 생각에 대한 설명과 비판을 참고하려면, J. O. Urmson, *Philosophical Analysis* (London: Oxford University Press, 1956)을 보라. 또한, 이런 접근 방식과 관련이 있었던 의미에 관한 지시 이론(referential theory)에 관한 나의 "부록 4"(제1부 이후)를 보라.

것이다. **나무**가 무엇인지 배우고 나무라는 단어가 가진 의미를 배우는 것은 본질적으로 동일한 과정이다. 그렇다면 언어는 실재, 형이상학에 이르는 일종의 관문이다. 그러나 인식론, 가치 이론, 엄밀한 의미의 형이상학 같은 다른 관문들도 동일하게 중요하다.

11. 언어와 인간성

나는 언어가 하나님의 형상으로 창조된 우리의 필수적인 요소라고 주장한다.

① 언어는 우리를 하나님에게 견준다. 왜냐하면, 하나님은 자신의 권능 있는 말씀으로 만물을 창조하시고 하나님은 자신의 말씀과 동일하시기 때문이다(요 1:1.).
② 언어는 우리를 동물과 구별하고 우리에게 지배의 강력한 도구를 제공한다.
③ 언어는 인간 생활에서 중심적이다.

성경에 기록된 인간의 첫 번째 경험은 하나님의 말씀을 듣는 경험이었다(창 2:19ff.). 잠언의 기초 위에서 야고보는 만약 인간이 자신의 혀를 통제할 수 있다면 자신의 온몸을 통제할 수 있다고 가르친다(약 3:1-12).

혀로 짓는 죄가 로마서 3:10-18 같이 죄에 대한 성경 목록에서 두드러진다. 구속은 종종 입술의 정화(사 6:5-7)나 언어의 정화(시 12편; 습 3:9-13)로 제시된다.

그렇다면 신학적 언어의 책임 있는 사용에 대해 내가 주장해 왔던 요점은 단순히 학문적으로만 흥미로운 것이 아니다. (거짓말, 신성모독, 어리석음을 말하기보다 오히려) 건덕(edification)을 위해 진실되게 말하는 것은 하나님 앞에서 우리가 가진 책임의 중요한 부분이다(고전 14:3, 12, 17, 26; 엡 4:29).

제8장

상황적 관점—신학의 도구인 논리

우리가 논의할 두 번째 "신학의 도구"는 논리다. 한때 개혁신학은 엄격한 논리적인 특징으로 유명했다. 심지어 칼빈주의 비판자들도 종종 논리에 대한 개혁파의 사용을 불평하며 존경했다.

그러나 동시에 이런 비판가들은 칼빈주의자들이 성경적인 것보다 논리적인 것에 더 관심이 있다는 의심을 표현했다. 개혁신학자들은 성경이 포괄적으로 추론을 지배하게 하기보다

오히려 몇몇 개념(하나님의 주권 같은)에 기초해서 논리적 함의를 산출함으로 체계를 구축하려는 것으로 여겨졌다. 내가 볼 때, 이런 비판은 비록 어느 정도 진실을 함유하지만 결코 실제로 정당화되지 못했다.

그러나 오늘날 칼빈주의자들이 논리에 대한 지나친 자신감으로 비난을 받는다고 상상하기는 어렵다. 고든 클락(Gordon H. Clark), 존 거스트너(John H. Gerstner), 일부 이들의 제자의 글을 제외하고 사실 개혁신학에서 논리에 대한 긍정적인 말을 찾기 어렵다.

그리고 논리의 오용에 대한 경고를 발견하기는 쉽다. 베르까우어(Berkouwer)는 빈번하게 연역적 추론으로 교리를 전개하는 것에 대해 경고한다.

반틸(Van Til)은 논리적 추론이 가진 타당성을 부정하진 않았지만, 논리적 추론을 경시하는 위험보다 논리에 대한 과잉 의존의 위험을 더 우려한다. 도예베르트(Dooyeweerd) 추종자들도 자신들이 비논리적인 위험보다 "논리적 측면을 절대화하려는" 위험에 더 관심이 많다.

나는 논리에 대한 이런 의심이 어디에서 오는지 잘 모른다. 칼빈의 사고 안에 논리적인 것에 대한 어떤 당혹감도 존재하지 않는다. 하지만 주지주의에 반대하는 논쟁은 존재한다.

칼빈은 주지주의적인 논증이 성령의 사역이 없으면 구원할 수 없음을 강조했다. 그는 마음에 뿌리를 내리기보다 오히려 단순히 "두뇌에서 스쳐 지나가는" 지식의 부적절성을 언급했다. 아마 주지주의에 반대하는 이런 논쟁은 어떻게든 후기 신학자들의 반논리주의(antilogicism)로 발전했지만, 이런 후기의 태도는 확실히 칼빈의 태도와 다르다.

아무리 그렇더라도 이런 전개의 결과는 많은 개혁파 성향의 사람이 논리가 자신들의 신학에서 할 역할에 대해 혼동하고 확신하지 못한다는 것이다.

나는 이 부분에서 이 주제에 대해 이해 가능성을 제공하길 원한다. 논리는 한계가 있지만, 신학에서 커다란 가치를 지닌 도구이고 부끄러움 없이 사용해야 할 도구다. 확실히 언어나 역사가 도구로 위험하지 않은 것처럼 논리도 도구로 위험하지 않다.

또한, 논리는 언어나 역사만큼 신학에 필수적이다. 클락 진영 안에 있는 사람들은 논리 사용에 대한 이런 장려를 듣고 기뻐할 것이다.

그러나 논리를 찬성하는 이런 신학자들은 내가 이 책 개요에서 논리에 부수적인 역할을 부여한 것에 실망할 수 있다. 그들은 논리가 일반적으로 "경험의 사실"보다 오히려 "사고 법칙" 가운데 위치한다고 말할 수 있다.

따라서 그들은 논리에 대한 고려가 단순한 "방법"보다 오히려 합당하게 "지식의 타당성"(제2부) 아래 속한다고 주장할 수 있다.

또한, 그들은 논리가 방법이라면 확실히 논리가 단순히 상황적 관점 아래보다 규범적 관점 아래 속한다고 말할 수 있다!

물론 논리는 "사고 법칙"이라는 견해에 어떤 타당성이 존재한다. 그러나 (독자는 기억할 것이다) 제시한 세 가지 관점은 상호 포괄적이어서 모든 규범은 사실이고 모든 사실은 규범이다(즉 세 가지 관점이 사고를 지배한다). 따라서 상황적 관점 아래 고려하는 모든 것은 일종의 규범으로 간주될 수도 있다.

어떤 관점 아래 고려하는 것은 어느 정도 선택의 문제, 즉 교육적인 근거에 기초해서 행해진 선택이다.

현재 내가 의도하는 교육상의 목적은 논리에 대한 비합리적인 두려움과 부적당한 과찬을 막기 위해 가능한 많이 알기 쉽게 논리를 설명하는 것이다. 말하자면 논리는 사고 법칙이지만, 그 자체로 성경에 종속한다. 왜냐하면, 성경은 우리가 가진 궁극적인 사고 법칙이기 때문이다. 성경이 우리의 논리 사용을 타당하게 만들지, 논리 사용이 성경을 타당하게 만드는 것은 아니다.

논리는 그 자체로 언어학 및 역사와 유사한 위치에 있다. 논리는 성경 적용에서 유용한 정보를 제공하는 학문 분과다. 사실 이런 정보가 성경에 대한 우리의 사고를 **지배**해야 한다.

하지만 이 정보는 그 자체로 성경 기준의 지배를 받는다.[1] 논리학자는 언어학자나 역사학자만큼 오류를 범한다. 따라서 그는 신자에 대한 어떤

---

[1] 여기서 물론 순환성은 신학의 다른 모든 도구 같이 피할 수 없다.

제사장적 권위도 갖고 있지 않다. 나는 이어지는 부분에서 이 입장을 상세히 다룰 것이다.

1. 논리란 무엇인가?

1) 논증의 학문

기본적으로 논리는 논증으로 알려진 인간 활동을 분석하고 평가한다. 일상 언어에서 **논증**(argument)은 때때로 어떤 종류의 적대적인 대립을 암시하지만 이 용어가 가진 전문적인 의미는 그런 것을 전혀 암시하지 않는다.

사실 논증이 가진 전문적인 의미에서 논증은 심지어 두 명이나 그 이상의 사람 **사이**에 있을 필요가 없다. 전문적인 의미에서 논증은 단순히 결론이다. 이 결론은 "전제"(premise)로 부르는 문장에서 표현된 근거나 이유의 지지 받는다. 다음과 같은 전통적인 예에서 두 개의 전제와 하나의 결론이 존재한다.

모든 사람은 죽는다.
소크라테스는 사람이다.
따라서 소크라테스는 죽는다.

논증을 형식적인 용어로(소크라테스에 대한 논증처럼) 진술할 때 이것을 "삼단 논법"(syllogism)이라고 부른다. 논증은 사람들이 항상 하는 것, 즉 사람들이 역사 기록을 시작한 후로 계속 해 오고 있는 것이다. 사람들은 논리학이 창안되기 전부터 논증했다. 또한, 오늘날 사람들이 논리학을 공부했는지와 상관없이 논증한다. 즉 우리 모두 우리가 믿고 행하는 것들을 위한 이유를 진술하려 애쓴다.

부모들은 자기 자녀들과 논증을 하고 교사들은 학생들과 논증을 한다(그리고 학생들은 교사들과 논증을 한다!). 목사들은 많은 상황에서 이것을 한다. 모든 설교는 논증이거나 일군의 논증이다. 즉 설교는 어떤 식으로 사람들의 신념이나 행동을 바꾸라고 그들을 설득하는 시도다.

또한, 설교는 이런 변화를 가져오도록 이유를 제시한다. 노회, 대회, 회합의 모든 연설은 유사하게—사역자들이 종종 작성하라고 요청받는 다양한 주제에 관한 다양한 글과 논문은 말할 것도 없이—논증을 포함한다. 그렇다면, 논리는 실천적 학문이다. 논리는 우리의 일상생활을 돕는다. 그렇다면 미술 비평가들이 미술을 만들지 않았듯이 또는 스포츠 작가들이 야구를 만들지 않았듯이 논리학자들은 논증을 창안하지 않았다. 논리학자들이 하는 것은 논증을 **연구**하고, 그것을 비판적으로 분석하며, 논증의 성공과 실패 여부를 보여 준다.

논증을 분석할 때 논리학자들은 특별히 자신들의 연구에서 핵심적인 두 가지 개념에 관심이 있다. 먼저, **함의**(implication), **논리적 귀결**(entailment), 또는 **추론**(inference)이다. 타당한 논증에서 전제는 결론을 **암시**하거나 **수반**한다고 말해진다. 또는 논증을 다른 방향에서 살펴볼 때 전제**에서** 결론이 **추론된다**고 말해진다.

이것은 전제가 **참이라면** 결론은 반드시 참이라는 것을 의미한다. 이런 "만약"은 과장된 "만약"일 수 있다. 다음과 같은 논증을 예로 들어 보자.

모든 웨스트민스터신학교 학생은 공산주의자들이다.

로널드 레이건은 웨스트민스터 학생이다.

따라서 로널드 레이건은 공산주의자다.

이런 논증은 거짓이다. 두 개의 거짓된 전제와 하나의 거짓된 결론이다. 이런 논증은, 일부 논리학자들이 말한 것처럼 "견고하지 못하다"(unsound). 전제는 분명히 결론을 **암시한다**. 이것은 **전제가 참이라면** 결론도 참일 것이라는 의미다. 사실 전제는 참이 아니다. 그러나 **전제가 참이라면**, 결론도 참일 것이다. 전제나 결론이 참이든지 아니든지 간에 **"타당한"**(valid)이라는 용어는 전제가 결론을 암시하는 논증을 위한 전문적인 용어다. 따라서 레이건이 공산주의자라고 결론을 내리는 위의 논증은 아무리 이 논증을 타당한 논증으로 부르는 것이 이상하게 들릴지라도 타당하다.

하지만 이 논증은 "견고하지"(sound) 않다. 타당성은 논리적 타당성을 포함할 뿐 아니라 전제와 결론의 진리도 포함한다. 함의는 우리 경험 안에 널리 퍼져 있는 것이다. 모든 종류의 상황에서 결론을 수반하거나 암시하는 전제를 알아차린다. 종종 사람들은 함의를 알아차리고, 의식적으로 어떤 논증도 형식화(formulating)하지 않고 그 함의에 따라 행동한다.

미식축구 게임에서 쿼터백은 감추려 해도 드러나는 상대편 수비진(backfield)의 움직임을 간파한다. 그는 상대편이 특별 방어 전략을 벌이고 있다고 결론을 내린다. 그리고 그는 그것에 따라 공격을 조정한다. 의심할 여지없이 이런 상황에서 쿼터백은 형식 논증으로 이런 함의를 진술하지 않는다. 왜냐하면, 그가 형식 논증으로 이런 함의를 진술한다면 너무 늦을 것이고 다가오는 수비 선수들에게 압도당할 것이기 때문이다. 오히려 그는 거의 무의식적으로, 본능적으로, 즉각 반응한다. 그런데도 그는 하나의 함의를 알아차린다. 남편이 전쟁에 나갔던 한 여성이 수개월 동안 남편 소식을 듣지 못했다. 그녀는 군용차가 집 앞에 서는 것을 본다. 두 명의 장교가 엄숙한 표정을 하고 차에서 내린다. 그들은 문 쪽으로 걸어온다. 그 시점에 그녀는 안 좋은 소식이 있다는 것을 안다. 의심할 여지없이 그녀는 어떤 분명한 논증도 형식화하지 않았다. 하지만 그녀는 장교들이 가진 함의와 함께 어떤 사실을 인식했고 그것에 따라 반응했다. 이런 함의는 사실 매일 매 순간 우리에게 발생한다. 알람이 울린다. 우리는 일어날 시간이라 "추론한다." 우리는 커피 냄새를 맡는다. 우리는 누군가 아침을 준비한다고 "추론한다." 그리고 계속 이런 것들이 일어난다.

    논리는 이런 종류의 함의 일부를 보여 준다. 또한, 논리는 이런 함의가 작동하는 것을 보여 주고 그 함의를 형식적인 상징주의로 옮기고 이런 유형의 추정된 함의를 분석한다. 논리는 의도된 함의를 분석하는 어떤 유용한 유사 수학적 방법(quasi-mathematical)을[2] 제공한다. 이런 기술들은 논증에서 "모든," "어떤," "만약 ~라면" 같은 핵심 용어 사용에 초점을 맞춘다. 이런 용어 사용에 의존하는 논증(앞의 소크라테스와 레이건에 대한 논증처럼)을 합당하게 평가할 수 있도록 이런 용어들이 가진 "논리적인 효력"에 관해 철저히 조사했다.

    그러나 논리학으로 형식화되지 않았던 많은 종류의 함의가 존재한다(나는 위의 쿼터백과 군인 아내의 경우가 그것들 가운데 속한다고 생각한다). 종종 우리는 언어 논증을 전혀 형식화하지 않거나 적어도 "모든," "어떤" 등의 사용에 기초한 논증을 형식화하지 않고 함의를 끌어낸다. 사실 여러 번 단지 하나가 다른 하나를 암시한다는 "느낌"이나 "의식"(확실히 때때로 우리를

---

2 논리학자들은 수학과 논리가 하나의 학문인지 또는 두 개의 학문인지 논쟁했다.

잘못 이끄는 의식)을 가진다. 마치 물리학이 물체의 관계를 인식하는 우리의 능력을 향상하듯이 논리학은 그런 감각을 향상한다. 그러나 논리학은 그런 감각을 불필요한 것으로 만들지 않았다(논리나 물리학에서). 사실 심지어 우리가 논리적 원리를 수용하는 것은 이런 원리가 참이라는 것을 "이해하는"(sense) 우리의 능력에 의존한다(참조, "인지적 휴식"에 관한 나의 교리).

논증학에서 논리의 두 번째 핵심 개념은 **일관성**(consistency) 개념이다. 두 개의 명제는 동시에 참일 때, 그리고 참일 때만(if and only if) 일치한다. 이는 우리가 일상생활에서 사용하는 개념이다. 법률 제정자는 자신이 법과 질서를 믿는다고 말한다. 하지만 자신은 법 집행을 위한 모든 예산 책정에 반대 투표를 한다. 분명히 어떤 논설(editorial)이 등장해 그의 모순된 언행(inconsistency)을 비난할 것이다. 물론 모순된 언행, 비일관성은 단지 외관상일 수 있다. 모순된 언행의 비난을 반박하는 방식이 존재한다. 그리고 때때로 그런 비난을 하는 데 있어 잘못 판단하고 있다.

그러나 우리가 논리를 공부했든지 안 했든지 항상 그런 판단을 한다. 우리는 함의를 가졌다. 또한, 우리는 모순을 경고하는 일종의 "감각"을 갖고 있다. 그렇다면 논리는 이런 감각을 형식화하고 개선하려 한다. 논리는 진술의 일관성과 비일관성을 더 분명하게 하는 용어로 옮기도록 돕는다. 논리는 어떤 진술이 일관성이 있는지 그렇지 못한지 결정하는 유사 수학적 기술을 제공한다. 따라서 종종 논리의 가장 근본적인 원리로 간주하는 "비모순율"(law of noncontradiction)은 다음과 같이 진술한다. 어떤 것도 동시에 같은 측면에서 A일 수 있지만, A가 아닐 수 없다. 가령, "빌은 정육점 주인이다"와 "빌은 정육점 주인이 아니다"는 동시에 같은 측면에서 참일 수 없다(명제에 대한 현대적 논리에 더 적합한 또 다른 형식화는 다음과 같다. "어떤 명제도 동시에 같은 측면에서 참이거나 거짓일 수 없다").

물론 우리는 한정 어구에 주의해야 한다. 빌에 대한 이 두 진술은 **다른 때**는 참일 수 있다. 즉 빌은 1975년에는 정육점 주인이 아닐 수 있지만, 1982년쯤 정육점 주인이 되었다. 또한, 이 두 문장 가운데 하나에서 "정육점 주인"이 비유적으로 사용된다면, 이 두 진술은 다른 측면에서 참일 수 있다. 그러나 어떤 관련된 시간 차이나 측면의 차이가 존재하지 않는다면, 이 두 문장이 동시에 참이 될 수 없음을 안다.

2) 해석학적 도구

논리는 논증학(science of argument)이다 그러므로 논리도 언어 해석에서 가치 있는 도구다. 신학에서 논리는 우리가 성경을 이해하는 데 일조한다.

소크라테스에 대한 삼단 논법적인 논증에서 결론은 전제에 내포된 **의미**를 드러낸다. 어떤 의미에서 결론은 전제에 새로운 어떤 것도 첨가하지 않는다. 모든 사람이 죽는다는 것과 소크라테스는 사람인 것을 안다면 소크라테스가 죽는다는 것을 안다. 이것은 새로운 지식처럼 보이지 않는다. 함의는 새로운 어떤 것도 덧붙이지 않는다. 오히려 함의는 단순히 전제에 포함된 정보를 재배열한다. 함의는 전제에 내포된 것을 취하고 그것을 분명하게 진술한다. 따라서 문장이 함유한 논리적인 함의를 배울 때 이런 문장이 **의미하는** 것을 점점 더 많이 배운다. 결론은 전제가 함유한 의미 일부분을 나타낸다. 따라서 신학에서 논리적 추론은 성경의 의미를 진술한다.

> 도둑질은 잘못된 것이다.
> 횡령은 도둑질이다.
> 따라서 횡령은 잘못된 것이다.

이것은 윤리적 추론에 일반적인 "도덕적 삼단 논법"이다. 이런 결론을 도출하는 것은 일종의 "적용"이다. 앞서 성경의 적용이 성경의 의미라고 주장했다. 누군가 자신은 도둑질이 잘못된 것이라 믿지만 횡령은 허용된다고 믿는다면 그는 제8계명의 **의미**를 이해하지 못한 것이다. 또 다른 예는 다음과 같다.

> 그리스도를 믿는 사람은 누구나 영생이 있다(요 3:16).
> 빌은 그리스도를 믿는다.
> 따라서 빌은 영생을 소유하고 있다.

이런 논증 역시 성경 본문이 담고 있는 의미 일부분을 진술한다. 따라서 논리적 추론은 구원의 확신의 중요한 영역에서도 중요하다. 논리적 추론을 올바로 사용할 때 논리적 추론은 성경에 어떤 것도 덧붙이지 않는다. 논리적 추론은 단순히 성경에 존재하는 것을 진술한다. 따라서 논리를 **책임 있게** 사용하는 한, '오직 성경'(*sola scriptura*)이라는 원리의 위반을 두려워할 필요가 없다. 논리는 성경의 **의미**를 진술한다.

3) 헌신의 학문

논리적 추론에 대한 특별한 "필연성"(necessity)이 존재한다. 논증의 전제를 수용할 때 결론을 수용"해야 한다"(must).

이런 "당위"(must)의 효력은 무엇인가?

어떤 의미에서 "당위"를 논리적 추론으로 받아들여야 하는가?

이런 필연성은 분명히 물리적이지 않다. 누구도 우리의 성대를 조종해서 물리적으로 타당한 논증의 결론을 주장하도록 강제하지 않는다. 우리는 이런 강제에 저항할 수 있고 종종 저항한다. 반면, 논리적 추론의 "당위," "필연성"에도 많은 사람은 타당한 논증에 동의하길 거절한다. 또한, 이런 필연성은 분명히 실용적이지 않다. 단순히 논리적 결론을 받아들이는 것이 삶을 더 즐겁게 만들고 어떤 분명한 방식으로 이익에 도움이 되기 때문에 논리적 결론을 수용하진 않는다.

종종 논리적 결론을 수용하는 것이 삶을 더 어렵게 만든다. 따라서 많은 사람이 타당한 논증의 결론이 제시하는 현실에서 도피한다. 내가 볼 때 이런 필연성은 두 종류에 속한다.

첫째, 그것은 **분석적** 필연성(analytic necessity)이다. 누군가 전제를 믿는다면 어떤 의미에서 그는 **이미** 이 전제의 함의를 믿는 것이다.

그는 자신이 그 함의를 믿는 것을 인정하지 않을 수 있지만, 양심의 차원에서 인정한다. 이것은 불신자에 대한 로마서 1장의 가르침과 같다. 불신자는 하나님에게 저항할 수 있지만 어떤 차원에서는 분명히 하나님을 믿는다. 따라서 누군가 논증의 결론을 수용 "해야 한다"고 말하는 것은 부분적으로 그가 이미 **분명히**(does) 그 결론을 믿는다는 것을 의미한다.

그는 또한 문제가 되는 결론과 모순되는 다른 신념을 지니고 있을 수 있다. 때때로 사람들이 분명히 모순된 신념을 갖고 있음을 살펴보았다.

하지만 누군가 "p가 아닌 것"을 믿는다는 사실은 그가 "p"를 믿지 않는다는 증거는 아니다. 비모순율은 모순되는 명제를 믿지 **말아야** 함을 말하지만 그것이 믿는 것을 막지 못한다.

둘째, 다른 종류의 필연성이 존재한다. 논리적인 "당위"는 **도덕적** 필연성을 가리킨다.

누군가 결론을 수용 "해야 한다"고 말하는 것은 그가 그 결론을 **수용해야** 하는 것, 즉 그 결론을 수용해야 할 **의무**가 있다고 말하는 것이다. 이런 의무는 완전한 의미에서 믿는 것, 즉 결론을 권위로 받아들이는 것, 삶의 나머지 모든 영역을 그런 신념에 일치시키는 것이다.

왜 어떤 의미에서 이미 믿는 사람에게 그런 도덕적 의무를 믿으라고 종용하는가?

왜냐하면, 로마서 1장이 하나님을 아는 지식에 대해 가르치듯이 사람들은 종종 논리적 결론에 대한 자신들의 지식을 억누르기 때문이다. 그들은 그것을 믿지만, 인정하기를 거절한다. 아니면 그것을 믿지만, 그것에 따라 행동하기를 거절한다. 아니면 그것을 믿을 뿐 아니라 충성을 경쟁하는 그것과 일치하지 않는 다른 것들도 믿는다. 따라서 우리는 논리적 함의가 종교적으로 중립적인 무엇이 아님을 이해할 수 있다.

논리적 함의는 윤리적 가치에 의존한다. 왜냐하면, 궁극적으로 윤리적 가치는 종교적 가치이기 때문이다. 논리적 필연성은 일종의 윤리적 필연성으로 이해할 수 있다. 왜냐하면, 궁극적으로 윤리적 필연성은 종교적 필연성이기 때문이다. 따라서 논리는 윤리의 한 종류로 볼 수 있다. 그러나 유일하게 참된 윤리적 가치는 하나님이 우리에게 계시하신 가치다. 따라서 논리는 기독교를 전제한다.

2. 논리의 확실성

물리학과 역사 같은 학문의 원리와 비교할 때 논리 법칙은 원리에 대해 특별한 확실성이 있는 것처럼 보인다. 또한, 이런 면에서 논리 법칙은 수학의 법칙과 유사하다.³ 당연히 베르사유 조약이 제2차 세계대전을 초래했다는 역사가의 주장을 의심할 수 있다. 그러나 "2+2=4"를 의심할 수 없다. 누군가 두 개의 분필을 다른 두 개에 합쳐 전체가 다섯이 되었다면 누군가 속였다고 가정할 것이다. 어떤 상황에서도 "2+2=4"를 의심하지 않을 것이다(또는 의심하겠는가?). 또한, 분명히 모든 사람이 죽을 수밖에 없고, 소크라테스가 사람이라면 그도 죽는다는 것을 의심할 수 없다.

이런 삼단 논법은 모든 감각 경험을 초월하고 모든 비논리적이고 비수학적인 주장에 대해 우선하는 확실성을 수반한 것처럼 보인다.

논리를 그렇게 확실하게 하는 것은 무엇인가?

많은 이론이 제안되었다. 그것들 가운데 다음을 고려하자.

① 본유관념

어떤 사람들은 논리는 논리의 기원 때문에 확실하다고 말했다. 우리는 논리를 감각 경험이 아닌 본유관념(innate ideas)을 통해 배운다.

하지만 어떤 특별한 관념이 "본유"관념 인지 증명하기는 매우 어렵다. 나는 대부분 철학자가 제거 과정(process of elimination)으로 본유관념을 상정한다고 생각한다. 또한, 그것이 그들에게 우리가 논의하는 문제를 해결하는 유일한 방법인 것처럼 보인다. 하지만 그런 본유관념에 대한 어떤 독립적인 증거가 존재하지 않는다면, 제안된 해결책을 매우 신뢰할 수 없다.

게다가 한 관념이 함유한 본유성(innateness)이 그 관념을 확실하게 만드는 이유는 분명하지 않다.

---

3   다시 말하지만 어떤 견해에 따르면, 논리와 수학은 하나의 학문이다.

거짓인 어떤 본유관념이 있지 않은가?

사실 적어도 일부 감각 경험 자료는 논리 법칙만큼 확실하다고 주장할 수 있다. 지금 나는 내 손을 보고 있다. 또한, 내가 논리 법칙을 확신하는 만큼 나는 내 손의 존재를 확신한다.

② **관례**(convention)

다른 사람들은 논리가 "관례적으로 참"이기 때문에 논리는 확실하다고 주장했다. 이런 견해에서 논리의 확실성은 "모든 미혼 남자는 결혼하지 않았다"라는 문장의 확실성과 같다.

우리가 모든 미혼 남자가 결혼하지 않았다는 것을 확실하게 알고 있다는 것이 놀랍지 않은가?

우리는 캘리포니아의 모든 미혼 남자에 대해 갤럽 여론 조사를 할 수 있다. 그리고 우리는 결혼한 단 한 명도 발견하지 못할 것이다. 우리는 심지어 온 세상의 모든 미혼 남자에게 여론 조사를 할 수 있고 동일한 결과를 얻을 수 있다. 우리는 이것을 확실히 안다.

어째서 그런가?

이런 놀라운 지식이 어디서 유래하는가?

물론 혹자는 여기에 전혀 이해할 수 없는 것이 존재하지 않는다고 말할 것이다. 우리는 단순히 **미혼 남자**를 그런 식으로 정의하기로 동의했기 때문에 모든 미혼 남자는 결혼하지 않았다는 것을 안다. 이와 유사하게 일부 사람들은 논리와 수학은 **정의**, 그리고 이런 정의가 가진 함의로 구성되어 있다고 말했다. 어떤 사람들은 이런 견해를 넘어설 것이다. 그리고 그들은 이런 이유로 논리와 수학은 이 세상에 대한 어떤 것도 말해 주지 않고 단지 언어의 정의에 대해서만 말해 줄 것이라고 말할 것이다.

이것을 말하는 또 다른 방식은 논리 법칙과 수학이 "종합적"(synthetic)이기보다 오히려 "분석적"(analytic)이라고 말하는 것이다. 술어 부분(the predicate)이 주어의 정의에 포함되어 있다. 하지만 최근 몇 년 동안 "분석적인" 것과 "종합적인" 것 사이의 구별이 많은 논의의 대상이었다.

많은 신학자에게 더 이상 이 둘 사이를 뚜렷하게 구별하는 것은 가능해 보이지 않는다. 또한, 많은 신학자는 이런 구별이 더는 "정의(definition)에 의한 진리"와 다른 종류의 진리 사이를 뚜렷하게 구별하는 것이 가능해 보이지 않는다.[4] 왜냐하면, 우리는 뚜렷하게 언어를 현실(reality)과 구별할 수 없고, 정의가 함유한 진리(the truth of definition)를 다른 진술들이 함유한 진리와 구별할 수 없기 때문이다. 언어는 현실 일부분이다.

또한, 언어는 하나의 도구로, 이 도구로 우리는 이 세상에서 우리의 방식을 발견한다. 우리는 용어를 임의적으로 정의하지 않는다. 하지만 우리는 창조 가운데 우리에게 주어진 임무를 수행하도록 돕는 체계 안에서 용어를 정의하려 한다. 언어에 대한 앞 논의에서 살펴보았듯이(제7장 "1. 언어의 모호성") 모든 용어의 의미는 불명확한 경계를 가진다. 어떤 정의도 완전히 정확하지 않다.

일부 주(states; 다른 주가 아닌)에서 관계를 사실혼으로 기술할 공식적인 결혼식이 없다면 여자와 사는 미혼 남자에 대해 무엇을 말할 것인가?

---

[4] W. V. Quine, "Two Dogmas of Empiricism," in Quine, *From a Logical Point of View* (New York: Harper and Row, 1961), 20-46은 이 논의에서 아주 독창적인 작품이다. 이 책의 다른 글들도 관련이 있다.

그는 결혼한 미혼 남자일 것인가?

물론 이런 용어 정의는 이런 문제를 해결하지 않는다. 오히려 현실은 정의를 약간 왜곡할 수 있다. 그리고 이것이 언어가 전개되는 방식이다. 논리와 수학의 진리는 어느 정도 정의로 구성할 수 있다. 하지만 우리가 논리와 수학이 표현하는 진리를 발명하지 않았다.

이런 특별한 정의가 이 세상의 본질을 반영하지 않았다면 이런 정의를 사용하지 않았을 것이다. 여기서 늘 그렇듯이 실존적 관점은 규범적 관점과 상황적 관점을 전제한다. "2+2=4"라는 공식은 이 세상에 대한 하나의 사실이다. 두 개의 대상에 다른 두 개를 더하면 4가 된다는 것은 사실이다. 가령, 우리가 이런 공식(또는 다른 용어를 사용하는 동등한 등식)을 거짓으로 만드는 정의 체계를 임의적으로 선택해도 이것은 사실일 것이다.

③ **삼관점주의**

내가 가장 합당하다고 고려하는 접근 방식은 삼중적이다(그 밖에 다른 무엇이 있는가?!).

첫째, 상황적 관점.

논리와 수학은 이 세상에 대한 매우 "분명한" 진리뿐 아니라 이런 진리가 담고 있는 (종종 그렇게 분명하지 않은) 함의도 기술한다. 이런 이해 가능성으로 그 진리들은 확실하다. 이런 차원에서 "2+2=4"와 "나의 손은 지금 나의 얼굴 앞에 있다" 사이에 거의 차이가 존재하지 않는다.

둘째, 규범적 관점.

성경은 우리에게 진리에 따라 지혜롭게 살기를 가르치기 때문에 사실 이런 분명한 사실들을 관찰하라고 명령한다. 따라서 모든 사실처럼 이런 사실들은 규범적이 된다. 그 사실들을 존중할 **의무가 있다**.

또한, 이 사실들은 다른 많은 사실보다 더 분명하고 덜 논란이 되기 때문에 그것들은 지식에 대한 대부분 다른 주장보다 우선한다(이것이 **항상** 사실인 것은 아니다. 따라서 사실을 관찰하는 것이 우리가 어떤 방식으로 우리의 논리 체계를 교정하도록 이끌 것이다). 따라서 (다소 제한적인 방식으로) 논리 법칙들은 "사고 법칙"으로 설명될 수 있다.

셋째, 실존적 관점.

사실 이런 법칙-사실들을 인정할 것인지 안 할 것인지 선택해야 한다. 선택한다면 이것들을 우리의 정의와 일반 사고 안에 반영하도록 해야 한다. 앞에서 살펴보았듯이 이것은 윤리-종교적 결정이다. 논리를 수용하는 것은 하나님이 창조하셨던 우주 자체가 함유한 법칙-사실을 전제한다(심지어 불신자에게도).

대부분 사람이 논리가 "없이 살" 수 없다고 말하는 것은 참되다. 대부분 사람이 "2+2=5"가 우리의 삶을 혼돈으로 던져 넣을 것이라고 추정하는 것은 참되다. 따라서 논리는 상황적이고 규범적 필연성뿐 아니라 주관적이고 실질적 필연성을 가진다.

3. 신학에서 논리 사용을 위한 성경적 근거

어떤 의미에서 논리 없이 신학을 연구할 수 있지만, 또 다른 의미에서 논리 없이 신학을 연구할 수 없다. 논리를 공부하지 않고 신학을 연구할 수 있다. 또한, 논리 규칙이나 상징주의를 분명히 사용하지 않고 신학을 연구할 수 있다. 하지만 논리학의 기초를 형성하는 이런 진리를 고려하지 않고 인간의 삶에서 신학을 연구하거나 그 밖에 무엇을 하지 말아야 한다.

자유롭게 모순된 주장을 하거나 우리가 말하는 것의 함의를 거절한다면 신학을 연구할 수 없다. 무엇이든 말한 것을 말해야지 대립되는 것을 말해선 안 된다는 의미에서, 말한 것은 무엇이든 비모순율을 준수해야 한다. 따라서 많은 사람이 논리가 인간의 모든 사고와 행동에 필요하다고 말했다.

일반적으로 이것은 사실이다. 다음 단락에서 이 원리의 일부 조건을 언급해야 할 것이다. 하지만 현재 나의 목적은 신학을 위해 논리가 가진 긍정적인 중요성을 보여 주는 것이다.

논리가 무엇인지 이해할 때 논리가 많은 성경적 가르침과 명령(injunction)에 관여하고 있음을 이해할 수 있다.

첫째, 논리는 하나님 말씀의 **전달**(communication)에 관여한다.

하나님의 말씀을 전달하는 것은 하나님의 말씀을 반대하는 것과 대립되는 것으로, 말씀을 전달하는 것이다(딤전 1:3ff.; 딤후 4:2f.). 따라서 지혜, 가르침, 설교, 분별에 관한 성경적 개념은 비모순율을 전제한다.

둘째, 논리는 하나님의 말씀에 대한 합당한 **반응**에 관여한다.

우리는 성경의 함의를 모르기 때문에 성경의 의미를 이해하지 못한다. 우리는 성경의 적용에 불순종하기 때문에 성경 자체에 불순종한다. 하나님은 아담에게 금지된 열매를 먹지 말라고 명령하셨다.

아담이 다음 같이 답변한다고 상상해 보자.

"주님은 나에게 그것을 먹지 말라고 말씀하셨지만, 씹고 삼키지 말라고는 말씀하지 않으셨습니다!"

하나님은 확실히 아담이 "먹지 말라"에서 "씹지 말고 삼키지 말라"를 추론하는 논리적 기술을 갖고 있다고 답변하셨을 것이다. 이해, 순종, 사랑에 대한 성경적 개념은 이런 방식으로 논리의 필요성을 전제한다.

셋째, 논리는 구원의 확신이라는 중요한 문제와 관련된다.

성경은 영생을 소유하고 있음을 **알** 수 있다고 가르친다(요일 5:13). 성령의 증거(롬 8:16ff.)가 이런 확신에 중요한 역할을 한다.

하지만 이런 증거는 새로운 계시로 오지 않고 사실 정경을 보충한다.[5]

따라서 내가 하나님의 자녀라는 정보—성경이 증거하는 정보—는 어디에서 오는가?

이 정보는 유일하게 가능한 권위적인 출처, 즉 권위적인 성경에서 온다.

나의 이름이 성경 텍스트에서 발견되지 않는데 어떻게 그것이 그럴 수 있는가?

그것은 성경의 **적용**, 즉 논리가 관련된 과정을 통해 온다.

> 하나님은 그리스도를 믿는 사람 누구나 구원받을 것이라 말씀하신다(요 3:16).
>
> 나는 그리스도를 믿는다.
>
> 따라서 나는 구원받았다.

삼단 논법으로 구원받는가?

물론 어떤 의미에서 그렇다. 이런 삼단 논법이 타당하지 않다면 우리는

---

[5] 나의 글 "The Spirit and the Scriptures," in D. A. Carson and John Woodbridge, eds., *Hermeneutics, Authority, and Canon* (Grand Rapids: Zondervan Publishing House, 1986)을 보라. 또한, John Murray, "The Attestation of Scripture," in N. Stonehouse and P. Woolley, eds., *The Infallible Word* (Grand Rapids: Wm. B. Eerdmans Pub. Co., 1946; reissued by Presbyterian and Reformed), 1-52를 보라.

희망이 없을 것이다(물론 삼단 논법은 단지 우리에게 좋은 소식을 전하는 하나님의 수단일 뿐이다!). 논리가 없다면 구원의 확신은 전혀 존재하지 않는다.

넷째, 성경은 많은 특정한 유형의 논리적 논증을 타당하게 한다.

가령, 바울서신은 "그러므로"(therefore)가 가득하다. "그러므로"는 논리적 결론을 가리킨다. 로마서 12:1에서 바울은 "그러므로 하나님의 모든 자비하심으로"라고 우리에게 간청한다. 하나님의 자비는 바울이 로마서 1-11장에서 설명했던 구원하는 자비다.

이런 자비가 12-16장에서 설명했던 행동에 대한 근거, 이유, 전제를 제공한다. 로마서 12장에서 바울이 단순히 어떤 방식으로 행동하라고 말하지 않음에 주의하라. 바울은 **특별한 이유로** 그렇게 행동하라고 말한다.

우리가 순종하라고 주장하지만 순종에 대한 이런 특별한 이유를 거절한다면 우리는 그 정도까지 불순종하는 것이다.

따라서 바울은 행동 패턴뿐 아니라 특별한 논리적 주장에 대해 우리가 수용할 것을 요구하고 있다. 성경 저자가 자신이 말하는 것에 대한 근거를 제시할 때마다 같은 것이 발생한다. 그의 결론뿐 아니라 그의 논리도 우리에게 규범적이다. 그렇다면 우리가 신학에서 논리적 추론의 사용을 거절한다면 우리는 성경 자체에 불순종하는 것이다.

흥미로운 작업은 성경에서 발견하는 규범적 논증 형태에서 완벽한 논리 체계가 발전되어 나올 수 있는지 보는 것일 수 있다. 나는 일부 사람들이 분주하게 그런 작업을 하고 있다고 듣는다.

하지만 나는 글로 써진 그들의 작품을 보지 못했다. 그런 작업이 성공한다면 그 결과는 논리에 대한 성경적 기초를 더 명확하게 보여 주는 데 있어 우리에게 유용할 것이다.

하지만 심지어 그런 자료가 없이도 성경에서 논리를 변호할 수 있다. 또한, 성경에서 발견된 복음 소통의 도구가 오늘날 복음을 전달하는 허용 가능한 수단을 철저하게 다루지 않는 것처럼 그런 "성경적인 체계"가 발견된다 해도 그런 체계는 그리스도인에게 허용된 논증 형태를 철저히 다루지 않을 것이다.

다섯째, 성경은 하나님 자신이 논리적이라는 것을 가르친다.

우선, 하나님의 말씀은 진리다(요 17:17). 또한, **진리**는 **거짓**에 반대되지 않는다면 아무것도 의미하지 않는다. 따라서 하나님의 말씀은 비모순적이다. 게다가 하나님은 자신의 약속을 어기지 않으신다(고후 1:20). 왜냐하면, 하나님은 자신을 부인하지 않으시기 때문이다(딤후 2:13).

또한, 하나님은 거짓말하지 않으신다(히 6:18; 딛 1:2). 적어도 이런 표현들은 다음과 같은 것을 의미한다. 가령, 하나님은 자신이 우리에게 말씀하시는 것과 모순되는 것을 말씀하지 않으시거나 모순되는 것을 믿지 않으신다는 것을 의미한다.

동일한 결론이 하나님의 **거룩함**에 관한 성경적 가르침에서 나온다. 거룩의 의미는 하나님 안에 그의 완전함(그의 진리를 포함)을 반박할 것이 전혀 없다는 것이다.

그렇다면, 하나님은 비모순율을 준수하시는가?

이 법칙이 어떻게든 하나님 자신보다 더 크다는 의미에서는 아니다. 오히려 하나님 자신은 비모순적이고 따라서 하나님 자신은 논리적 일관성과 함의의 기준이시다.

정의, 자비, 지혜, 지식과 같이 논리는 하나님의 속성이다. 그 자체로 하나님은 우리를 위한 모델이시다. 하나님의 형상인 우리는 그의 진리, 그가 약속을 지키시는 것을 본받아야 한다. 따라서 우리도 비모순적이어야 한다.

따라서 『웨스트민스터 신앙고백서』가 하나님의 완전한 경륜이 성경이 분명히 가르치는 것일 뿐 아니라 "선하고 필연적인 결과로 성경에서 추론할 수도 있는" 이런 것들 가운데서도 발견된다고 말할 때 신앙고백서는 옳다.

심지어 신앙을 고백하는 칼빈의 제자들도 이런 진술을 공격했지만,[6] 이런 진술은 정말 불가피하다. 우리가 성경의 함의를 부정한다면 우리는 성경을 부인하는 것이다.

물론 내가 다음 단락에서 강조하겠지만 우리의 논리적 추론에 오류가 없는 것이 아니다.

하지만 우리는 이런 사실을 관점에서 보아야 한다. 우리는 논리뿐 아니라 언어, 고고학, 역사를 포함해서 신학의 모든 도구를 사용하는 데 있어 오류를 범한다. 하지만 논리를 포함해서 이 모든 것은 우리가 하나님의 무오한 진리를 발견하는 수단이다.

따라서 나는 마치 신학생들이 주해라는 다른 도구를 연구하듯이 논리를 연구하라고 추천할 것이다. 오늘날 사역자들과 신학자들 가운데 논리적 사고에 대한 커다란 필요가 존재한다.

근거 없고 타당하지 못한 논증이 설교와 신학 문헌에 넘쳐 난다. 종종 나에게 오늘날 논리적 일관성의 기준이 다른 학문 분과보다 신학에서 훨씬 낮은 듯이 보인다.

또한, 논리는 어려운 과목이 아니다. 고등학교 졸업장과 수학에 대한 일부 기본적 지식을 가진 사람은 누구나 코피(I. M. Copi)의 『논리학 입문』

---

[6] 가령, 최근에 Charles Partee, "Calvin, Calvinism and Rationality," in *Rationality in the Calvinism Tradition*, ed. Hendrick Hart, Johan Vander Hoeven, and Nicholas Wolterstorff (Lanham, MD.: University Press of America, 1983), 15n. 13.

(*Introduction to Logic*)과[7] 같은 교과서를 사거나 빌릴 수 있고 이것을 스스로 검토할 수 있다. 어떤 이유로 우리가 형식 논리의 복잡성을 다룰 수 없다면 우리는 차선책을 선택할 수 있다.

즉 자기비판적이 되라.

또한, 반대를 예상하라.

우리가 생각하고 글을 씀에 따라 어떻게 누군가 우리가 말하는 것을 비판할 수도 있는지 계속 물어라.

이런 단순한 과정, 즉 실제로 기독교적 겸손의 적용만이 우리가 근거 없는 주장과 비일관성을 피하는 데 일조할 것이다.

교회 좌석에 앉은 대부분 사람은 논리를 공부하지 않았다. 또한, 그들은 목사의 설교를 형식 논리학으로 철저히 조사할 수 없을 것이다. 그러나 나는 모든 합리적인 사람이 우리가 앞에서 함의와 일관성에 대한 "감각"이라 부르는 것을 갖고 있다고 생각한다.

모든 경우에 그들은 언제 자신들이 근거 없는 주장이나 일관성 없는 견해를 접했는지 인식하지 못할 수 있다.

그러나 논리적 오류가 설교에서 두드러질 때 회중 가운데 많은 사람이 그것에 대해 불안해할 것이다. 그들은 그 설교가 적절한 설득력이 없다는 것을 알게 될 것이다.

가령, 그들은 문제가 무엇인지 정확히 밝힐 수 없어도 문제가 존재한다는 것을 알아차릴 것이다. 따라서 그들을 위해 사실 진리 자체를 위해, 즉 하나님의 비모순적 진리를 위해 우리는 지금 논리적이라는 신학자들 가운데서 일반적인 것보다 훨씬 더 큰 노력을 해야 한다.

---

[7] New York: Macmillan, 1961.

4. 논리의 한계

앞의 논의가 독자들에게 내가 비합리주의자도 아니고 어떤 의미심장한 의미에서 논리에 반대하지 않는다는 것을 확신시켜 줄 것으로 믿는다. 그런데도 균형 잡힌 그림은 논리의 가치뿐 아니라 논리의 한계도 드러내야 할 것이다.

논리가 중요하지만 논리가 할 수 없는 몇 가지 것이 존재한다. 우리는 우리가 가진 논리적 도구에 부당한 요구를 부과하는 것에 대해 경고를 받아야 한다. 게다가 논리가 가진 한계는 몇몇 분명하게 타당한 논리적 결론을 도출하는 데 있어 우리를 주저하게 할 정도다.

일부 신학자들은 인간 사고의 이해 가능성을 위해 논리가 필요하다면 우리가 감히 논리에 대해 부정적인 어떤 것도 언급하지 말아야 한다고 생각하는 것 같다. 그들은 논리에 어떤 한계를 주장하는 것이 사고의 이해 가능성 자체에 대한 공격이라고 말하는 것처럼 보인다.

하지만 내가 염두에 두는 한계는 우리가 살며 함께 할 수 있는 한계다. 이런 한계는 엄밀한 의미에서 인간의 사고 구조에 의문을 제기하지 않고 단지 인간 사고의 어떤 특별한 기능에 의문을 제기한다.

우리는 언어와 역사에 대한 이해의 부족을 지닌 채로 살 수 있다. 또한, 이와 유사하게 우리는 인간 논리의 부족함을 지닌 채로 살 수 있다. 구체적으로 나는 다음과 같은 종류의 부족함을 염두에 둔다.

① 오류 가능성

하나님의 논리는 오류를 범하지 않아도 인간의 논리는 오류를 범한다. 성경 영감 같이 하나님이 개입하실 때를 제외하고 이것은 단지 모든 인간 사고에 존재하는 방식이다.

나는 분명히 비모순율을 포함한 어떤 논리적 원칙을 성경 자체가 가르친다고 생각한다(위의 "3. 신학에서 논리 사용을 위한 성경적 근거"). 가령, 우리는 이신칭의에 대한 확실한 지식을 가진 것과 동일한 방식으로 이런 논리적 원칙들을 확실히 안다고 말할 수 있다. (나는 앞에서 우리가 심지어 성경 교리에 대해 실수를 범할 수 있다고 말했지만, 이런 교리 가운데 일부는 성경에 너무 편만하고 독자에게 너무 분명하여 이런 교리가 우리 사고를 위한 전제로 확실성 역할을 한다. 비모순율은 확실히[!] 이런 전제 가운데 하나일 것이다. 제5장 1. "8) 확실성"을 보라). 하지만 그런 의미에서 확실히 안다 해도 비모순율은 어떤 특별한 논리 **체계**에 대한 확실한 지식을 수반하지 않는다.

결국, 논리는 비모순율만 가지고 역할을 할 수 없다. 비모순율 자체에서는 어떤 것도 추론할 수 없다. 가령, 우리가 비모순율에 어떤 경험적 전제를 덧붙여도 어떤 것도 추론할 수 없다. 논리의 전체 작업은 그런 기본 규칙뿐 아니라 다른 많은 원리, 논증 형식, 상징주의, 계산 법칙을 요구한다.

역사 전체에 걸쳐 많은 논리 체계가 있었다. 아리스토텔레스는 실용적으로 논리학을 창안했다(물론 그가 논리학을 창안하기 전에도 사람들은 논리적으로 사고하고 있었다). 이것은 놀라운 업적이었다. 또한, 그가 창안한 체계는 오랫동안 가장 영향력 있는 체계였다. 하지만 중세 논리학자들, 라이프니치, 밀은 그 체계에 첨가해 왔다. 20세기 초반에 러셀은 자신이 수정했던 것을 제외하고 아리스토텔레스의 체계가 일부 모순으로 이어질 것이라 주장했다. 그 점에서 다른 철학자들은 아리스토텔레스를 변호했다.

그런데도 인간의 학문으로써 논리는 물리학, 화학, 사회학, 심리학과 전혀 다르지 않다는 것을 모든 사람에게 명확히 해야 한다. 또한, 논리는 여러 해에 걸쳐 변한다. 한 세기에 수용한 것이 다른 세기에는 수용되지 않을 수 있고 그 역도 마찬가지다.

이것들은 오류가 있는 체계, 인간적 체계다. 이것들은 하나님의 마음과 동일하지 않을 수 있다. 하나님의 논리는 신적이지만 인간의 논리는 신적이지 않다.[8]

② **불완전성**

현재의 형식 논리 체계는 중요한 방식으로 불완전하다. 앞에서 나는 다음과 같이 말했다. 즉 논리는 우리가 삶의 모든 영역에서 인식하는 함의와 일관성의 예들을 보여 주려 애쓰지만, 지금까지 논리는 단지 "모든," "어떤," "만약 ~라면"과 같은 어떤 논리 상수에 의존하는 그런 논증(또한, 아마 단지 그런 논증 가운데 일부)을 보여 주었다.

따라서 상당히 많은 작업이 이루어져야 한다. 또한, 우리는 앞으로 새로운 발전을 수용하기 위해 논리 체계에서 많은 변화를 기대할 수 있다.[9]

③ **충분하지 않은 입증**

마브로즈(George Mavrodes)는 우리가 논리적 입증에 기초해서 아는 것

---

[8] 수학에서 몇몇 논란이 되는 영역에 관한 조사를 참조하려면, Vern Poythress, "A Biblical View of Mathematics," in *Foundations of Christian Scholarship*, ed. Gary North (Vallecito, Calif.: Ross House, 1976), 159-88을 보라. 이 글은 아무리 수학과 논리학의 근본적인 명제가 "명확"할지라도 수학과 논리학은 **전적으로** 자명한 이치로 구성된 것이 아니라는 것을 분명히 한다.

[9] 이와 관련해서 Gilbert Ryle, "Formal and Informal Logic," in Ryle, *Dilemmas* (London: Cambridge University Press, 1954), 111-29를 보라. 또한, Stephen Toulmin, *The Uses of Argument* (London: Cambridge University Press, 1958)을 보라.

을 배울 수 없다고 주장한다. 그는 다음과 같이 말한다.

> 그렇다면 망치가 목재 대체물이 아니고 바늘이 천 대체물이 아니듯, 증거의 방법으로 입증은 지식의 대체물이 아니다. 다른 도구들 같이 타당한 논증의 기술은 단지 이런 도구들 이외의 무언가를 소유했을 때만 유용하다. 목재를 갖고 있다면 망치가 집을 건축하는 데 있어 유용할 수도 있다. 하지만 목재가 없다면 망치는 무용하다. 이와 유사하게 이미 어떤 지식을 갖고 있다면 하나의 논증은 무언가 더 알게 해 주는 데 일조할 수 있다. 하지만 만약 우리가 가지고 시작할 어떤 것도 알지 못한다면 논증은 우리를 도울 수 없다.[10]

어떤 순환 논증이 허용된다면 마브로즈는 분명히 "모든 것을 증거에서 배울 수 있다"는 것을 인정한다(나는 이런 사실이 그가 맥락에서 인식하는 것보다 더 중요하다고 생각한다). 그가 주장하는 기본적 요점은 타당한 요점이다.

전제가 없다면 논리는 우리를 돕지 못할 것이다. 또한, 전제는 논리만으로 주어지지 않는다. 따라서 어떤 의미에서 논리의 결론은 우리의 감각 경험, 하나님의 계시, 주관적 감성, 모든 다른 형태의 지식에 의존한다.

논리적 논증의 어떤 결론도 이런 것들보다 더 확실성을 주장하지 않을 수 있다. 따라서 가장 중요한 의미에서, 즉 적용 차원에서 감각이 권위를 갖고 있지 않은 것처럼 논리도 권위를 갖고 있지 않다.

---

[10] George Mavrodes, *Belief in God* (New York: Random Hous, 1970), 42.

"입증에 기초해서 우리가 아는 모든 것을 배울 수 없는" 다른 이유도 존재한다.

첫째, 가령, 쿠르트 괴델(Kurt Godel)의 유명한 불완전성 정리는 다음과 같은 것을 보여 준다.
정수론(number theory)을 포함할 정도로 충분하게 정교한 형식 체계의 일관성은 그런 형식 체계 안에서 증명될 수 없다는 것과 그런 형식 체계는 명제를 포함하는데, 그 명제의 진리는 그런 형식 체계 안에서 증명될 수 없다는 것이다. 그렇다면 형식 체계는 우리가 다른 수단으로 얻는 지식에 의존한다.
둘째, 철학자들은 귀납법에 대해 완전히 만족스러운 이론적 타당성을 제공할 수 있다는 희망을 오랫동안 버렸다(미래가 과거와 공통점이 있을 것이라는 원리).
그런데도 많은 논증이 자체의 논리력을 위해 귀납법에 의존한다.
셋째, 앞에서 살펴보았듯이 논리는 윤리적 또는 종교적 가치를 전제한다.
그런 가치가 전혀 없다면 논리로 아무것도 할 수 없다. 논리는 합리적인 하나님, 합리적인 세상, 합리적인 인간 정신을 전제한다. 이것들 가운데 어떤 것을 의심하는 사람들은 논리의 확실성을 주장할 어떤 권리도 없다. 하지만 이것들에 관한 지식은 논리에서만 오지 않는다.
넷째, 논리의 사용은 또한 우리가 진리와 거짓에 대한 어떤 기준을 갖고 있음을 전제한다.
하지만 우리가 살펴보았듯이 그런 기준은 본질적으로 전제적이고 종교적이다. 또한, 그런 기준은 논리에서만 유래하지 않을 수 있다.

④ 외관상 모순

실재(reality)가 비모순적이라는 것, 따라서 명제 안에 실제 모순이 존재한다는 것이 명제를 반박하기에 합당하다는 것은 사실이지만 **외관상의** 모순은 그 밖의 것이다.

우리가 누군가의 견해를 연구하고 그 연구 안에서 외관상의 모순을 발견한다면 우리는 그런 이유로 그 견해를—사실 거부하지 말아야 한다—거부하지 않는다.

우리는 모순적으로 보이는 많은 것을 면밀하게 조사하자마자 그것들이 전혀 모순적인 것이 아닌 것으로 드러난다는 것을 안다. 따라서 우리는 외관상의 모순과 마주칠 때 자동으로 고려 중인 견해를 거부하지 말아야 한다.

오히려 외관상의 모순을 해결해야 할 문제로 보아야 한다. 아마 더 연구해 보면 우리는 이 견해가 일관성이 있다는 것을 발견할 것이다. 아니면 그 견해가 모순임을 발견하고 그런 이유로 그 견해를 거부할 것이다.

아니면 아마(또한, 이것은 중요한 선택이다) 이런 외관상의 모순을 해결할 수 없을 것이다. 그런데도 우리는 다른 점에서 그 견해를 받아들일 타당한 이유가 있어서 미래 어느 시기에 해결을 바라며 이런 논리적 문제를 미결로 남겨 둘 것이다.

물론 이것은 사람들이 성경에서 외관상 모순을 발견할 때 우리가 하는 것이다. 우리는 성경이 논리적으로 일관성이 있다는 것을 믿지만, 많은 이유로(우리의 유한성, 죄, 논리 체계의 부족, 전제의 부족, 이런 논증 조건에 대한 우리의 이해 등) 성경이 모순적으로 **보일** 수 있다는 것을 실감한다.

하지만 우리는 외관상의 모순 때문에 우리의 믿음을 버리지 않는다. 아브라함처럼 우리는 심지어 이런 문제가 논리의 문제일 때도 믿음으로 인내한다. 따라서 우리 인간의 논리는 결코 진리의 최종 검증 잣대가 아니다.[11]

따라서 다음과 같은 것에 주목하라. 우리가 누군가의 견해를 반박하려고 시도할 때 단순히 대안적(또는 양립할 수 없는) 견해를 지지하는 논증을 진술하는 것은 결코 충분하지 않다.

가령, 많은 현대 신학자는 심지어 정통주의 견해의 원인이 되었던 성경적 증거를 고려하지 않고도 다양한 자유주의 해석을 찬성하는 주장을 제시함으로써 성경에 대한 정통주의 견해를 반대한다.

많은 낙태 찬성론자는 낙태 반대 주장에서 가장 중요한 자료인 태아의 본질에 대한 어떤 진지한 주의도 기울이지 않고 여성의 권리, 강간의 비극 등을 계속 이초래한다. 낙태 반대론자는 낙태 찬성 주장을 반박할 수 없을 수도 있지만 그런 이유로 자신의 견해를 버리진 않을 것이다.

그는 낙태 시술자의 주장에 잘못된 것이 **있을 수 있다**는 것을 올바르게 의심할 수 있다. 왜냐하면, 그는 자기 자신의 견해를 초래했던 논증을 매우 확신하기 때문이다.

그렇다면 그런 상황에서 대안적 견해를 주장하는 것뿐 아니라 우리

---

11 나의 글 "The Problem of Theological Paradox," in *Foundations of Christian Scholarship*, 295-330, 또한, 작은 소책자로 출판된, *Van Til the Theologian* (Phillipsburg, N.J: Pilgrim Publishing, 1976)을 보라.

가 전복하려고 애쓰는 견해를 초래한 논증 반박이 최선이다.[12] 물론 그때도 자신이 가진 대의의 올바름을 확신하는 반대자는 우리가 틀렸을 가능성으로 도피할 수 있다.

하지만 우리가 반대자에게 가장 지나치게 영향을 주는 이런 고려사항을 더 많이 의심할수록 우리의 논증은 점점 더 합당할 것이다.

⑤ **비모순율의 한계**

앞에서 언급했던 비모순율에 대한 조건(qualification)도 예상해야 한다. "어떤 것도 **동시에 같은 측면에서** A일 수 있으면서 A가 아닐 수는 없다."

이런 제한은 용어가 함유한 합당한 의미와 지시어가 분석 과정 동안 동똑같이 남아 있는, 상대적으로 일정불변의 상황에서만 논리가 일관성과 함의를 조사할 수 있음을 보여 준다.

하지만 우리가 알다시피 실재 세계는 항상 변한다. 따라서 논리적 분석은 종종 근접만 할 수 있다. 또한, 논리적 분석은 단지 변하지 않는 실재의 이런 측면만, 즉 우리 경험이 가진 다소 작은 부분 집합만 합당하게 다룰 수 있다.

⑥ **전문 용어**

현재 논리 형태에서 논리는 우리에게 우리가 평가하길 원하는 명제와 논증을 전문 용어로 옮길 것을 요구한다. 이것은 컴퓨터를 사용하는 것과 약간 같다. 컴퓨터가 정보를 처리하게 하려면 우리는 그 정보를 컴퓨터가 이해하는 언어로 옮겨야 한다.

하지만 종종 논증의 의미가 전문적 언어로 옮겨질 때 논증의 의미는

---

[12] 이것이 "미련한 자에게는 그의 어리석음을 따라 대답하라"의 일부분일 수 있다(잠 26:5).

다소 변한다. 즉 전문적 언어는 원논증의 언어와 완전히 같지 않다. 가장 분명한 경우는 논리에서 가장 근본적인 표현인 "만약 ~라면"의 경우다. 많은 논증이 이런 표현의 사용을 중심으로 진행된다.

하지만 이 표현의 전문적 의미는 일상 언어에서 이 표현의 의미와 아주 다르다. 논리가 담고 있는 전문적 언어에서 "만약 p라면 q다"는 "p가 아니거나 q다"와 동일하다.

그렇다면 "만약 버튼을 누른다면 벨은 울릴 것이다"라는 문장은 "버튼을 누르지 않거나, 아니면 벨은 울릴 것이다"로 바꾸어 표현할 수 있다. 일반적으로 일상 언어처럼 어떤 실제적 **인과**(casual)관계를 주장하지 않는다.

⑦ **배중률**

비모순율 같이 "배중률"(排中律, Law of excluded middle, "어떠한 명제도 참이거나 거짓이지 그 중간치는 없다"는 논리 법칙 - 역주)은 논리의 또 다른 기본적 원리다. 배중률은 "모든 것이 A 이거나 A가 아니다" 또는 "모든 명제는 참이거나 거짓이다"라고 말한다. 이 원리는 2치(二値) 계산(two-value calculus, 참 또는 거짓 - 역주)을 가능하게 함으로써 논리를 단순화한다.

하지만 이 원리는 전문적 근거를 기초해서 도전을 받아왔다. 3치(Three- value)와 n치(n-value) 논리학이 제안되었다. 비전문적 관점에서 우리는 이런 원리가 때때로 언어가 가진 "불명확한 경계"에서 우리의 주의를 딴 데로 돌리게 한다는 것에 유념해야 한다.

배중률 측면에서 사고할 때 우리는 "비가 오거나 비가 오지 않거나"라고 말하고 싶어 한다. 제3의 가능성, "중간치"는 전혀 존재하지 않는 것처럼 보인다.

그렇다면 우리는 짙은 안개에 대해 무엇이라 말해야 하는가?[13]
이것은 비인가 아니면 비가 아닌가?

어느 한쪽(one or the other)이 되어야 하는 것처럼 보이지만, 어느 대안도 편안하지 않다. 우리가 비에 대해 우리가 가진 보통 개념을 확장해야 하든지 아니면 우리가 비가 아닌 것에 대해 우리가 가진 보통 개념을 확장해야 하는 것처럼 보인다. 이런 예에서 3치 체계(three-value system)가 우리의 본능에 더 잘 부합하는 것처럼 보일 것이다.

안개는 "비"로써 또는 "비가 아닌 것"으로써 동일하게 잘, 그리고 동일한 어색함으로 다루어질 수 있다.

안개는 다음과 같이 다루어질 수 있다. 비가 가진 2치(two value)라는 측면에서 안개를 다룰 수 있다. 하지만 이것을 그런 식으로 하는 것은 다소 일상 언어 패턴(위의 ⑥ 처럼)을 왜곡하는 것이고 안개가 무엇인지 다소 오도하는 그림을 제시한다.

그렇다면 이런 모든 방식에서 논리는 제한된다. 즉 논리는 오류가 있고, 다른 학문 분과와 도구에 의존하며, 불완전하며, 때때로 논리가 사용하는 개념을 왜곡한다. 또한, 논리가 항상 명확한 말(decisive word)을 말하는 것은 아니다. 따라서 때때로 **외관상** 타당한 논리적 추론을 의심하는 것은 합리적이다.

누군가 하나님의 선하심은 논리적으로 악의 존재와 모순되거나 하나님의 단일성(oneness)은 그의 삼위성(threeness)과 모순된다고 말할 때, 그의 논증을 반박할 수 없을 수도 있다.

---

[13] 나는 이 예화를 번 포이트레스(Vern S. Poythress)에게 빚지고 있다.

하지만 분명한 것은, 때때로 논리에서 상황이 **분명히** 잘못되고, **외관상** 타당한 주장이 항상 타당한 것은 아니라는 것을 안다(나는 신뢰한다).

따라서 우리는 그런 종류의 주장을 무시하지 말아야 하지만 또한 그것에 겁먹을 필요가 없다. 가령, 우리가 답변할 수 없더라도, 우리 하나님이 답을 갖고 계시고 그의 시간에 그가 인간의 이런 어리석은 반론(아무리 강력해도)을 반박하시리라는 것을 안다.

5. 논리적 순서

신학에서 우리는 상황을 논리적 순서로 놓거나 "논리적 우선순위"를 관찰할 필요성에 대해 많은 것을 듣는다. 어떻게 신학이 성경의 가르침을 "합당한 순서"로 놓는지, 찰스 핫지(Charles Hodge)가 했던 언급(제1부)을 기억할 수 있다.

창조하시는 하나님의 작정이 선택하시려는 그의 작정보다 "앞서거나" 선택하시는 하나님의 작정이 창조하시는 그의 작정보다 앞서는지, 하나님의 사랑이나 그의 정의가 다른 것보다 우선하는지, 중생이 믿음보다 "앞서는지," 우리의 지성이 우리가 가진 다른 인간적 능력보다 "우선"하는지, 예정론은 신론 아래서, 또는 구속의 적용 아래 논의해야 하는지, 교리가 삶보다 앞서거나 삶이 교리보다 앞서는지에 대한 신학 논쟁이 있었다.

일반적으로 **우선성**과 **순서** 같은 단어들은 시간적 관계에 사용된다. 그 밖에 "앞"에 오는 무언가를 우리가 언급할 때 일반적으로 가장 문자적인 의미에서 우리는 시간적 우선성을 언급한다.

하지만 대부분 신학자는 우선성을 언급할 때 자신들이 시간적 우선성을 염두에 두고 있다는 것을 부인한다. 가령, 신적 작정의 순서는 분명히 시간적 순서가 아니다. 왜냐하면, 작정은 모두 영원하기 때문이다.

또한, 중생이 믿음보다 앞선다고 말하는 신학자는 우리가 믿기 **전에** 중생할 수 있다고 반드시 주장하는 것은 아니다.

하지만 만약 우선성이 시간적인 것이 아니라면 우선성은 무엇인가?

확실히 적어도(또한, 우리는 때때로 이런 사실을 상기해야 한다) 순서와 우선성이 비유적으로 사용된다.

따라서 순서와 우선성은 내가 위의 제7장 "4. 은유, 유비, 모형"에서 논의했던 은유가 가진 모든 한계의 지배를 받는다.

하지만 **어떤** 비유적 의미에서 이런 용어들이 사용되고 있는가?

여기서 문제가 혼란스러워진다. 신학자들은 그들 자신이 "시간적 순서가 아닌 **논리적** 순서"를 말하는 것으로 그들 자신을 설명하는 경향이 있다. 하지만 "논리적 순서"는 명확한 개념이 아니다. (비트겐슈타인은 다음과 같이 말했다. 즉 "우리의 언어가 몸을 암시하는 곳에 몸은 없다. 즉 우리는 정신이 있다고 말하고 싶어 할 것이다."[14] 여기서 나는 그의 말을 다음과 같이 바꾸어 표현하고 싶다. 즉 우리의 언어가 시간적 순서를 암시할 때 시간적 순서는 없다. 즉 우리는 논리적 순서가 있다고 말하고 싶을 것이다.) 논리적 관계가 많은 관계를 설명할 수 있다. 여기에 몇 가지 예가 있다.

---

[14] Ludwig Wittgenstein, *Philosophical Investigation* (New York: Macmillan, 1958), 18, no. 36.

① **다른 종류의 순서**

논리학 자체에 많은 종류의 순서가 있다. 먼저, 삼단 논법을 작성하는 데 있어 전제가 결론에 우선한다. 일반적으로 전제를 결론 앞에 제시한다. 하지만 전제를 그런 식으로 제시하기 위한 절대적 필연성은 존재하지 않는다.

② **결론의 근거인 전제**

전제는 **이유**나 **근거**이고 이것에 기초해서 결론을 주장한다는 더 비유적 의미에서 전제는 결론에 "앞선다."

하지만 이런 종류의 우선성은 때때로 뒤바뀔 수 있다는 것을 기억하라.

다음 두 가지 삼단 논법을 고려해 보자.

첫째, 빌의 머리가 어제보다 오늘 더 짧다면, 오늘 빌은 머리를 잘랐다. 그의 머리는 어제보다 오늘 더 짧다. 따라서 그는 자신의 머리를 오늘 잘랐다.

둘째, 빌이 머리를 오늘 잘랐다면, 빌의 머리는 어제보다 더 짧을 것이다. 빌은 머리를 오늘 잘랐다. 따라서 그의 머리는 어제보다 오늘 더 짧다.

다음과 같은 것에 유의하라. 즉 첫 번째 삼단 논법에서 "빌의 머리가 어제보다 오늘 더 짧다"는 전제이고 "그는 자신의 머리를 오늘 잘랐다"는 결론이다. 두 번째 삼단 논법에서 이것은 뒤바뀐다.

종종 이것은 논리에서도 사실이다. 하나의 논증에서 다른 문장(논의 중인 의미에서)보다 "앞서는" 문장은 또 다른 논증에서 동일한 문장보다 "뒤에" 올 수 있다. 따라서 우리는 특별한 논증의 맥락을 제외하고 한 문장이 다른 문장보다 "앞서는 것"으로 말할 수 없다. 만약 빌의 머리가 짧아진 것을 말하는 문장이 빌의 머리를 자르는 것을 말하는 문장보다 "앞선다"면 위의 삼단 논법과 관련해서 질문하는 것은 전혀 타당하지 않다.

③ **필요조건**

논리에서 또 다른 종류의 "우선성"은 **필요조건**(necessary conditionality)이다. "p는 q의 필요조건이다"는 만약 q가 참이라면, q 또한 참이고 "p"와 "q"는 명제를 나타내는 변수(variables)임을 의미한다.

이것은 때때로 "만약 q라면 p이고," 또는 "단지 p일 경우에만 q다"라는 어구로 설명된다. 이것은 p가 참인 것이 q가 참이 되는 것에 **필요하다**는 것을 의미한다.

②에서 인용했던 삼단 논법과 같은 타당한 삼단 논법에서 결론은 전제와의 연결을 위한 필요조건이다. 단지 결론이 참일 경우에만 모든 전제는 참일 수 있다.

④ **충분조건**

그렇다면 또한 **충분조건**(sufficient conditionality)이 존재한다. 그리고 어떤 의미에서 충분조건은 위의 필요조건의 역이다. "p가 q의 충분조건이다"는 만약 p가 참이면 q 또한 참임을 의미한다.

이것은 다음과 같이 상징화된다. 즉 "만약 p라면 q다" 또는 "단지 q일 경우에만 p다." 여기서 p가 참인 것이 q가 참인 것에 **충분하다**.

타당한 삼단 논법에서 전제(모든 전제)가 참인 것이 결론이 참인 것의 충분조건이다.

다음에 유의하라.

즉 만약 p가 q의 필요조건이라는 의미에서 q보다 "앞선다"면 q는 p의 충분조건이라는 의미에 p보다 "앞선다."

⑤ **두 유형의 조건**

때때로 조건은 **필요조건일 수 있고 충분조건일 수 있다**. 이런 경우에 우리는 "만약 q이면 p이고 단지 q인 경우에만 p이다"라고 말한다. 여기서 p는 q보다 앞서고 q는 p보다 앞선다. 그리고 각각의 우선성은 ③의 의미와 ④의 의미에 존재한다.

논리학 교재에서 말하는 다른 종류의 우선성이 있다. 하지만 위의 것들이 신학자들이 가장 주목할 것 같은 우선성이다. 하지만 다음에 주목하라.

즉 이것들 가운데 어떤 것도 우리에게 하나의 교리 또는 신적 속성 또는 신적 작정이 어떤 일반적 의미에서 다른 것보다 "앞선다"라고 말할 근거를 제공하지 않는다.

필요조건으로 "앞서는" 명제는 충분조건으로 "뒤에" 온다. 하나의 논증에서 "앞에" 오는 명제는 또 다른 논증에서 "뒤에" 올 수 있다. 따라서 일반적으로 특별한 명제가 다른 명제보다 앞에 오거나 뒤에 오는지에 대해 묻는 것은 거의 의미가 없다.

하지만 우리는 논리학 자체에서 나타나는 것이 아닌 때때로 "논리적" 우선성으로 기술되는 다른 형태의 "우선성"을 고려해야 한다.

⑥ **인과적 우선성**

우선 **인과적** 우선성(casual priority)이 존재한다. 만약 A가 B의 원인이라면 A는 B보다 우선한다.

⑦ **부분과 전체의 관계**

일부 철학자들은 **부분과 전체의 관계**에서 "우선성"을 발견한다. 어떤 철학자들에게 무언가의 부분은 더 "기본적"이고 전체를 만드는 것들이기 때문에 전체보다 "우선"한다.

하지만 다른 철학자들은 이런 관계를 반대로 인식한다. 전체가 어떤 부분보다 더 중요하다. 따라서 전체가 "우선"한다(가령, 원자론자와 관념론자 사이의 차이점).

⑧ **목적론적 우선성**

또한, **목적론적** 우선성(teleological priorities)이 존재한다. 만약 A가 B가 존재하는 목적이라면 A가 B보다 우선한다.

다음을 주목하라.

즉 이런 형태의 우선성은 종종 ⑥의 형태에서 반대 결과로 이어진다. A가 인과적으로 B보다 우선할 때 B는 종종 목적론적으로 A보다 우선한다. 왜냐하면, 원인은 종종 결과를 위한 것이기 때문이다.

⑨ **예상된 인과성**

또한, **예상된 인과성**(anticipated causality), **목적론**, **시간성**이 존재한다. 가령, 역사에서 신적 계획을 완성할 것에 대한 하나님의 예상에 따라 계획된 것으로, 신적 계획을 이해할 수 있다. 작정 A는 작정 B보다 우선할 수도 있다. 왜냐하면, A가 작정한 사건은 B가 작정한 사건보다 인과적, 목적론적, 시간적 우선성을 가지기 때문이다.

작정 A가 실제로 작정 B를 초래한(기타 등등) 것이 아니라 작정 A와 작정 B가 예정한 역사적 사건들이 그런 관계를 맺는다.

⑩ **도덕적 또는 법적 인과성**

또한, **도덕적** 또는 **법적** 인과성의 우선성이 존재한다. A는 B보다 우선한다. 왜냐하면, A는 B에게 도덕적 또는 법적 타당성을 제공하기 때문이다. 물론 이런 우선성이 성경적 구원론에서 중요하다.

⑪ 전제적 우선성

우리는 또한 **전제적** 우선성(presuppositional priority)을, 즉 하나의 전제가 그 전제가 전제하는 것보다 우선함을 말할 수 있다. 우리는 권위, 기준, 법, 규범과 같은 그런 방식으로 말할 수 있다.

⑫ 도구적 우선성

또한, **도구적** 우선성, 즉 하나의 도구가 그것의 목적보다 우선하는 우선성이 존재한다. 이것은 완전히 인과관계와 같지 않다. 또한, 이것은 완전히 목적론의 정반대도 아니다.

하지만 여기서 신학적 구분은 아주 불명확해진다. "도구"는 비유적으로 사용된다. 왜냐하면, 신학은 문자 그대로 망치, 톱 등을 사용하지 않기 때문이다. 하지만 신학의 비유적 특성이 신학의 의미를 모호하게 하는 경향이 있다.

⑬ 교육적 우선성

마지막으로 나는 종종 신학자들이 "논리적 우선성"에 대해 말할 때 그들이 실제로 말하는 것은 **교육적**(pedagogical) 우선성이라고 생각한다. 좋은 교사는 자기 학생들이 아는 것으로 시작하고 그들이 모르는 것으로 나아간다. 학생들이 소유한 과거의 지식과 능력(그뿐 아니라 교사의 능력과 흥미와 같은 다른 요소들)은 제시의 어떤 순서에 영향을 준다. 교육적 순서는 결코 고정될 수 없다. 오히려 교육적 순서는 각각의 청중에 따라 변할 수도 있다.

하지만 우리는 종종 어떤 교리의 가르침에서 시작하기에 최선인 곳을 대략 구체적으로 명시할 수 있다.[15]

---

[15] "논리적 우선성"의 완벽한 목록은 현대 언어학자들이 논의했던 "명제적 관계"와 같은 더 많은 것을 포함해야 할 것이다. 가령, Robert A. Traina, *Methodical Bible Study*

지금 우리는 "논리적 순서"에 대한 다양한 신학적 논쟁을 연구함에 따라 다음과 같은 사실을 통감해야 한다. 즉 신학자들은 자신들이 어떤 종류의 논리적 순서를 말하고 있는지에 대해 전혀 명확하지 않다는 것이다.

"하나님 작정의 순서"에 대한 고전적 논쟁을 고려해 보자.

타락 전 예정론자들과 타락 후 예정론자들은 하나님의 영원한 작정이 어떻게 순서 지워졌는지에 대한 두 개의 다른 개념을 만들었다. 이런 작정은 영원하므로 이런 신학자들은 자신들이 시간적 순서가 아닌 논리적 순서를 논의하고 있다는 것을 강조했다. 여기에 두 개의 작정 목록이 있다.

타락 전 예정론
1. 선택한 자들을 축복하기로 작정함
2. 창조하기로 작정함
3. 타락을 허용하기로 작정함
4. 그리스도를 보내기로 작정함
5. 성령을 보내기로 작정함
6. 선택한 자들을 영화롭게 하기로 작정함
6. 선택한 자들을 영화롭게 하기로 작정함

타락 후 예정론
1. 창조하기로 작정함
2. 타락을 허용하기로 작정함
3. 선택하기로 작정함
4. 그리스도를 보내기로 작정함
5. 성령을 보내기로 작정함

작정 4-6은 두 목록에서 동일하고 타락 전 예정론 목록에서 작정 1이 사실 타락 후 예정론에서 작정 3이 된다는 유일한 차이점에 주목하라.

이 두 목록 어느 것도 "순서"에 대해 일관된 원칙이 존재하지 않는다.[16] 타락 전 예정론 목록은 목적론적 의미에서 다른 작정들보다 앞

(Wilmore, Ky.: Asbury Theological Seminary, 1952)를 보라.

16 아마 우리는 두 목록을 '작정 1은 작정 2의 필요조건이다' 등과 같은 필요조건들에 따

서는 작정으로 시작한다. 타락 전 예정론 목록은 다른 작정들이 효력을 발생하게 하는 전반적인 목적을 지정한다.

하지만 분명히 타락 전 예정론 목록에서 작정 2와 3은 목적론적으로 관련되어 있지 **않다**. 또한, 양쪽 목록의 어떤 다른 두 작정도 목적론적으로 관련을 맺고 있지 않다.

타락 전 예정론 목록에서 작정 2와 3 사이의 관계를 예상된 시간적 또는 전제적 우선성으로 이해할 수도 있다. 나머지도 동일하게 이해할 수도 있지만, 아마 4가 5와 6에게 도덕적인 법적 기초를 제공한다고 보는 것이 최선일 것이다.

타락 후 예정론 목록은 주로 예상된 시간성을 따르지만, 3의 위치는 이런 패턴에서 벗어나는 것을 나타낸다. 또한, 다시 말하지만 4와 다른 것들과의 관계는 도덕적-법적 인과관계로 더 잘 해석된다.

그렇다면 전반적인 계획은 다소 혼란스러워 보인다. 또한, 현대인의 눈에 매우 사변적으로 보인다(어떻게 우리가 감히 이런 식으로 하나님의 마음을 해석할 수 있는가?).

어쨌든 이 신학자들이 시도하려고 하는 것은 무엇인가?

내가 볼 때, 아마 그들은 일종의 초기 반추상주의에 관여하고 있었다. 사실 타락 전 예정론자들은 다음과 같이 말한다.

"하나님의 선택하시는 사랑의 맥락에서 모든 것을 바라본다."

타락 후 예정론자들은 다음과 같이 말한다.

"모든 것을 하나님이 전개하시는, 역사적으로 순서 지워진 드라마라

라 구성된 것으로 해석할 수 있다. 하지만 우리가 이것들을 이런 방식으로 해석한다면 전체 논쟁이 무의미한 것으로 보인다. 선택하기로 작정함과 창조하기로 작정함은 서로의 필요조건일 수 있다. 그렇다면 이 두 체계를 반대할 필요가 없을 것이다.

는 맥락에서 바라본다"(타락 후 예정론자들은 그들 시대의 "성경적인" 신학자들이었다).

우리는 이것을 이런 방식으로 바라볼 때 일반적으로 우리의 현대적 이해를 교묘히 빠져나가는 이런 논의가 가진 일부 타당성을 이해할 수 있다.

또한, 우리는 이 논의가 담고 있는 혼란의 본질을 더 명확하게 이해할 수 있다. 이것은 현대 반추상주의자들을 성가시게 하는 동일한 종류의 불명확성이다. 반추상주의자는 어떻게든 항상 계속해서 고려해야 하는 두 개 사이에 어떤 특별한 "관계"가 존재한다고 생각한다. 하지만 그는 거의 이런 관계가 무엇인지 명확히 진술하지 않거나 그 관계를 다른 가능한 관계와 구별하지 않는다.

사실 타락 전 예정론자들과 타락 후 예정론자들에게 있었던 것은 두 개의 **교육적** 순서였다. 그리고 그들은 이 두 개의 교육적 순서가 실제로 양립 가능함을 고려하지 않고 이런 교육적 순서를 서로 대립시켰다. 그들은 자신들이 교육적 질서 **이상의** 무언가를 갖고 있다고 생각했지만, 그들은 오도되었다. (이것은 신학에서 흔한 문제다. 우리가 진리를 전달하는 데 유용한 체계나 전략을 개발할 때 우리는 종종 자만으로 우쭐한다. 또한, 우리는 그런 체계가 정말로 신적 본성 안에 감추어졌던 무언가에 대한 지금까지 발견되지 않은 어떤 깊은 진리라고 생각한다. 나는 나의 삼관점주의를 숙고할 때 계속 나 자신에게 이런 문제를 상기시켜야 한다. 왜냐하면, 때때로 나에게 삼관점주의는 하나님의 삼위일체적 본성 안에서 매우 깊은 무언가를 반영하는 것처럼 보이기 때문이다.)

유사한 것들은 구원의 서정(*ordo salutis*), 즉 부르심, 중생, 믿음, 칭의, 양자 됨, 성화, 견인, 영화와 같은 개인의 구원을 초래하는 사건의 순서에 대해 말해질 수 있다. 가령, 여기서 부르심과 중생, 중생과 믿음 사이에 명백한 인과적 우선성이 발견된다. 하지만 믿음과 칭의 사이의 관계는 개신교 신학에서 인과적이지 **않고** "도구적"이다. 하지만 여기서 "도구적"이라는 말이 함유한 의미는 결코 내가 만족할 정도로 명료화되지 않았다.

게다가 칭의는 양자 됨이나 성화의 유효적 원인도 아니고 도구적 원인도 아니다. 여기서 "법적 인과관계"와 같은 무엇이 고려된다. 하지만 성화는 견인과 영화의 법적 근거가 아니다. 오히려 여기서 순서는 예상했던 시간성의 패턴을 따르는 것처럼 보인다. 따라서 작정의 순서와 구원의 서정에 대한 질문들은 종종 명확하지 않은 질문들이다. 이와 유사하게 신적 속성, 인간의 능력, 신학과 삶 등에서 우선성에 대한 질문들이 종종 명확하지 않다.

신학자들은 이런 실재 사이의 **상호** 관계나 **관점적** 관계의 가능성에 더 개방되어 있었다면 종종 이런 혼란을 피할 수 있었을 것이다.

교회는 삼위일체와 신적 속성을, 사실 관점적으로 바라봄으로써, 즉 삼위일체의 다른 두 인격에 관여하는 삼위일체의 각 인격과, 다른 모든 속성에 관여하는 각 속성을 관점적으로 바라봄으로써 삼위일체 안과 신적 속성들 간의 종속론을 대부분 극복했다(적어도 지금 말한 것은 이런 교리들에 관한 정통적 이해였다. "우선성"에 관한 어려움과 함께 종속론이 현대 시대에 다시 등장했다).

현재 이런 접근 방식이 작정의 순서에 관한 논의에서 분명히 도움이 될 수 있었다. 물론 하나님이 창조를 작정하실 때 그의 작정은 선택하고 구속하는 그의 계획을 고려한다.

하지만 이 반대도 사실이다. 하나님이 각각 작정하신 것은 다른 모든 작정을 고려한다. 각각의 작정이 다른 모든 작정의 목적을 증진한다. 하지만 구원의 서정으로 관점적 모델을 사용하지 않는 것이 아마 최선일 것이다.[17]

가령, 적어도 이런 용어가 담고 있는 전문적이고 신학적인 의미에서 칭의를 성화와 같은 것으로 만드는 것은 문제가 있다(하지만 성경적 언어는 더 광범위한 가능성을 암시한다. 결국, 하나님의 거룩함과 공의는 하나님 자신의 본성 안에서 분리될 수 없을 만큼이나 이 땅에서도 분리될 수 없다). 또한, 분명히 이런 서정(*ordo*, 순서) 안에 어떤 되돌릴 수 없는 우선성이 있는 것처럼 보인다. 가령, 개혁파 견해에서 믿음이 중생보다 우선하거나 성화가 중생보다 우선한다는 의미를 발견하기 어려울 것이다.

하지만 구원의 서정이 순서라는 단일 원칙에 기초한 명백한 순서가 아니며 또한 일군(一郡)의 관점이 아니라면 아마 그것은 신학 논의의 중심 초점으로 더 이상 유용하지 않을 것이다.

다른 교리 가운데 개별적 관계(예로, 중생이 믿음보다 우선하는 인과적 우선성, 요 3:3)가 여전히 중요하지만 나는 이런 모든 교리를 단일 "논리적" 사슬로 놓는 것의 가치에 의구심이 든다. 이런 서정은 한때 유용한 **교육적** 도구였을지 모르지만, 나는 엄밀한 의미의 그런 순서는 이 순서가 가진 유용성보다 더 오래 지속되었다고 믿는다. 그러나 다시 말하지만 우리는 전통이 정당화한 교육적 도구를 교리적 필요성으로 잘못 보고 싶은 유혹을 받는다. 필요가 발생할 때, 즉 우리가 몇몇 사람을 얻도록 모든 사람에게 모든 것이 되어야 하는 필요가 발생할

---

[17] 물론 이런 교리들에 관한 우리의 **지식**은 분명히 관점적이다. 우리는 칭의를 이해할 때까지 성화를 완전히 이해할 수 없다. 또한, 성화를 이해할 때까지 칭의를 완전히 이해할 수 없다. 우리는 사실 모든 교리를 동시에 이해한다.

때, 우리의 교수법을 바꿀 수 있는 용기를 갖도록 하자.

나는 주제의 어떤 순서를 신학을 위한 규범으로 만들려는 최근에 등장한 더 많은 시도에 대해 유사하게 반응한다.

우리는 신학이 성경 교리를 "합당한 순서"(proper order) 안에 놓는 것이라는 핫지(Hodge)의 주장을 기억한다(제1부에서 한 논의를 보라).

가령, 오늘날에서도 일부 신학자들은 예정을 신론의 측면에서 논의하는 것은 잘못이라고 주장했다. 그들은 오히려 예정을 구속의 적용 아래서 논의하는 것이 필요하다고 주장한다.[18]

어떤 교육적 순서에는 일부 장점이 존재하지만 이런 장점은 감지하기 힘들고, 매우 다양하며, 독자에 의존한다. 예정을 가령, 구원의 확신에 대한 출처로 논의하는 것은 가치가 있지만, 예정을 하나님의 영원한 행동—물론 예정은 하나님의 영원한 행동—으로 제시하는 것은 전혀 문제가 없다.

만약 이런 순서가 성경 순서 자체가 아니라면, 즉 그 순서가 모든 신학이, 경우의 성격상, 어느 정도 출발점으로 삼는 순서가 아니라면, 모든 독자와 상황을 위한 규범적인 순서는 전혀 존재하지 않는다.

신학을 위한 어떤 규범적 순서를 주장하는 것은 신학의 본질(성경의 적용이라기보다 오히려 성경의 모방으로)을 오해하는 것이든지 아니면 성경의 자체 규범을 흠잡는 것이다.

게다가 그런 주장은 특징상 반추상주의적이고 우리가 "z의 맥락보다 오히려 y의 맥락에서 x를 보라"고 요구한다. 그 자체로 그런 주장은

---

[18] 내가 *WTJ* 34(1972):186-93에서 비평한 Brian Armstrong, *Calvinism and the Amyraut Heresy* (Milwaukee, Wisc.: University of Wisconsin Press, 1969)를 보라. 또한, 본서 제1부 뒤에 오는 "부록 2. 백과사전"을 보라.

반추상주의를 특징으로 하는 모든 신학적이고 언어적 혼란의 희생물이 된다.

다시 말하지만 교육적 순서가 무엇인지 인식하자.

그리고 그것을 어떤 형이상학적 필요성이나 인식론적 필요성으로 바꾸려 하지 말자.

교육적 순서는 성경에 기초해서 특정한 요점을 주장하기 위해 특별한 청중에게 사용하는 도구다.

교육적 순서를 "논리적" 순서로 부름으로써 그것에 추가적인 존엄을 부여하려 하지 말자.

여기서 우리에게 가장 큰 도움이 될 수 있는 사람들은 논리학자들이 아닌 교육자들이다.

6. 교리들 가운데 있는 상호 함축

신학자들은 성경의 진리들을 숙고할 때 진리들 사이에 점점 더 많은 관계를 보게 되고 그것들을 점점 더 체계적으로 보게 된다. 하나님의 말씀은 놀라운 유기체다.

또한, 우리가 믿음으로 하나님의 말씀을 읽음에 따라 부분들이 상호 관련되어 있고 하나님이 성경의 저자임을 증거하는 새로운 방법을 보게 된다.

따라서 각각의 교리는 다른 모든 교리와 밀접한 관계를 드러낸다. 이것은 각 교리가 전체 성경적 메시지에 대한 하나의 관점이 되는 그런 범위까지 발생한다. 가령, 신론을 완전하게 이해하려면 성경론, 인간론, 죄론, 기독론, 구원론, 종말론을 이해해야 한다.

따라서 어떤 의미에서 신론은 다른 모든 교리를 포함하거나 암시한다. 또한, 다른 모든 교리는 신론을 포함하거나 암시한다.

따라서 또 다른 교리에 실제로 의존하지는 않지만, 언뜻 보기에 반대되는 것으로 보이는 교리들도 실제로 상호 보완적이라는 것은 흥분되는 발견이다. 가령, 칼빈주의자들에게 있어서 하나님의 주권과 인간의 책임은 그런 종류의 의존과 상호 보완의 예다.

언뜻 보기에 이 교리들이 서로 반대되는 것으로 **보이지만**, 더 면밀한 관찰은 하나님의 주권이 없다면 인간의 삶에 전혀 의미가 없고, 따라서 의미 있는 형태의 자유가 전혀 존재하지 않는다는 것을 보여 준다.

또한, 자유에 대한 우리의 관심이 본질적으로 인간의 윤리적 책임을 주장하기 위한 관심이라면 우리는 하나님 주권이 인간 책임의 출처임을 알아야 한다.

주권자이신 하나님은 인간 책임의 원인과 인간 책임에 대한 근거(authority)이므로 우리는 하나님의 주권, 즉 그의 절대적 주 되심이 **인간의 책임을 확립한다**고 말할 수 있다. 따라서 성경은 종종 어떤 당혹감이나 부적절한 느낌이 전혀 없이 이 두 교리를 나란히 둔다(참조, 행 2:23; 4:27f.; 빌 2:12f.).

인간의 책임은 하나님의 주권 "에도 아랑곳없이" 존재하는 것이 아니라 하나님의 주권 "때문에" 존재한다. 하나님의 주권과 인간의 책임은 조화될 뿐 아니라 서로 필요로 한다.[19]

이런 이유로 우리는 교리의 관련성과 상호 보완성, 즉 신학 교리들은 종합적인 것과 대조적으로 분석적으로 되려는 경향이 있음을 방금 막 논

---

[19] 이런 문제에 관해 더 많은 것을 참조하려면 앞에서 인용했던 나의 글, "The Problem of Theological Paradox"를 보라.

의했다.

우리가 앞에서 했던 논의에 기초해서 이 구분을 기억하라.

즉 "분석적" 진술은 "미혼 남자는 결혼하지 않았다"와 같은 진술의 용어가 함유한 의미로 참이 되는 진술이다. 다른 모든 진술은 종합적이다. 나는 앞에서 이런 구분이 뚜렷하지 않다고 말했다. 왜냐하면, 의미는 종종 불명확하고 변할 수 있기 때문이다.

가령, 우리가 달마시안 개를 정의하는 데 있어 "얼룩무늬"를 포함한다면 "달마시안은 얼룩무늬다"라는 문장은 분석적일 것이다. 그렇지 않으면 동일한 문장은 종합적일 것이다.

"하나님은 선하시다"라는 문장은 종합적 진술처럼 들린다. 우리는 선하지 않은 어떤 "신들"을 상상할 수 있다. 하지만 기독교 신학을 연구할수록 하나님의 속성이 그와 분리될 수 없음—가령, 하나님은 선하지 않다면 전혀 하나님이 되실 수 없을 것이라는 범위까지 분리될 수 없음—을 배운다.

따라서 "선한"(good)은 **하나님**에 대한 정의의 일부분, 즉 "선한"이 함유한 의미의 일부분이 된다. 그렇다면 "하나님은 선하시다"라는 문장은 분석적이 된다.

심지어 "예수님은 처녀에게서 나셨다"라는 역사적 진술도 분석적으로 해석할 수 있다. 복음주의자는 종종 다음과 같은 방식으로 말한다.

> 우리가 아는 유일한 예수님은 처녀에게서 태어나신 예수님이시다. 즉 어떤 다른 예수는 성경의 예수님이 아니고 우리가 믿는 예수님이 아니다.

따라서 **처녀 출생**(virgin-born)은 예수님을 정의하는 일부분, 즉 그를 정의하는 속성, 그와 분리 불가능한 부분이 된다. 따라서 성경의 모든 것이 우리 마음에서 성경의 "중심 메시지"와 분리될 수 없게 된다.

제1부에서 나는 성경에서 하나님의 진리를 이해하는 것과 그것을 믿는 것 사이에 매우 밀접한 관계가 있다고 주장했다. 물론 불신자들이 진리를 일부 이해한다면 어느 정도 하나님을 아는 것이 가능하다.

하지만 우리가 살펴보았듯이 그런 이해는 심지어 "지적인" 관점에서 보더라도 심각한 결함이 있다. 왜냐하면, 성경은 하나님의 계시를 알고 그 계시에 순종하기를 거절하는 것을 **어리석은** 것이라고 가르치고 있기 때문이다. 가장 심오한 의미에서 진리를 이해하는 사람들은 필연적으로 믿고 순종할 것이다.

여기서 분석에 대한 우리의 논의는 그런 결론을 확증한다. 성경의 가르침은 분석적으로 성경의 개념들 안에 포함되어 있으므로 우리는 성경의 가르침을 이해함 없이 그 개념들을 합당하게 이해할 수 없다. 또한, 이런 과정은 일반적으로 이해뿐 아니라 믿음을 전제로 한다.

가령, 처녀 출생이 불가능하다고 확신하는 누군가는 성경적 개념, 즉 그리스도에 대한 성경적 정의가 모순된다고 결론을 내려야 할 것이다. 따라서 불신앙으로 그는 **그리스도**가 담고 있는 바로 그 의미를 이해하지 못할 것이다.

신학적 진술의 분석적 특징은 근본적 전제를 분명히 표현하는 명제에 부착된(우리가 살펴보았듯이) 특유한 확실성과 상호 관계가 있고, 그 확실성을 분명히 보여 준다. "미혼 남자는 결혼하지 않았다"와 "달마시안은 얼룩무늬다"와 같은 분석적 진술은 일반적으로 가장 높은 정도의 확실성을 가진 진술로 간주된다(이 점에 대해 위의 "2. 논리의 확실성"에서 이루어진 조건들을 살펴봐야 하지만).

이와 유사하게 "하나님은 선하시다"라는 문장의 분석적 특징은 우리가 이런 종류의 진술이 그리스도인들을 위해 가진 확실성의 종류를 이해하는 데 일조한다.

　나는 그런 진술이 분석적이라는 이유로 그 진술이 확실하다고 말하고 싶지 않다. **왜냐하면**, 우리가 가진 확실성을 위한 이유는 그것보다 더 심오하기 때문이다. 하지만 이런 진술이 담고 있는 분석적 성질은 우리가 가진 확실성의 특징을 나타내는 하나의 지표다. 그렇다면 교리 가운데 상호관계를 연구하는 것은 변증적 도구, 즉 불신앙에 도전하고 우리 믿음을 강화하는 수단이다.

　교리들 가운데 있는 의미와 논리적 상호의존의 관계를 연구하는 것은 특별히 조직신학의 일이다. 그런 연구는 신자들에게 성경과 하나님 말씀의 일치성(unity)에 대한 의식을 제공한다.

　물론 이런 연구는 하나님 지혜의 초월성에 대한 올바른 인식과 균형을 이루어야 한다. 종종 우리의 유한성이나 죄 또는 둘 다로 인해 우리는 이런 상호 관련성을 **알** 수 없다. 사실 종종 교리는 서로 모순되는 것처럼 보인다.[20] 하지만 우리는 우리가 파악할 수 있는 것, 하나님이 우리에게 계시하셨던 것을 파악하려고 노력해야 한다. 또한, 종종 이런 상호의존성은 놀랍다.

---

[20] 이 문제 또한 위에서 논의했다.

7. 입증 책임

신학 논증에서 빈번하게 입증 책임(Burden of Proof)이 어디에 놓여 있는지 규명하는 것은 중요하다. 여기에 몇 가지 예가 있다.

1) 세례

하나의 분명한 예는 유아세례에 대한 문제다. 상대적으로 신약성경이 이 문제에 대해 침묵하기 때문에 우리는 두 가지 대안적 접근 방식에 직면한다. 신약성경의 증거가 우리를 다르게 알려 주지 않는다면 우리는 어린아이들에 대해 언약의 표지 집례하는 구약성경 원리와 연속성을 가정할 수 있다. 그리고 이것이 유아세례론자의 접근 방식이다.

만약 그와 반대되는 신약성경의 증거가 없다면 단지 성인 신자들만이 세례를 받아야 한다고 가정할 수 있다. 그리고 이것이 반유아세례론자(="침례교도")접근 방식이다.

첫 번째 접근 방식에서 입증 책임은 신약성경에서 유아세례를 반대하는 증거를 보여 주어야 하는 침례교도에게 있다.

두 번째 접근 방식에서 입증 책임은 신약성경에서 유아세례를 찬성하는 증거를 보여 주어야 하는 유아세례론자에게 있다.

이 경우에 입증 책임을 결정하는 것이 이 문제를 거의 결정한다. 왜냐하면, 양편에 대한 분명한 신약성경의 증거가 거의 없고 두 당사자 모두 구약성경의 자료에 대해 거의 동의하기 때문이다. 나에게는 첫 번째 접근 방식이 옳은 것으로 보인다. 즉 신약성경의 교회는 본질적으로 구약성경의 교회와 동일하다. 1세기 유대인들은 베드로가 "이 약속은 너희와 너희 자녀에게 … 하신 것이라"(행 2:39)라는 말을 들었을 때, 그리고 사람들이 가정을 통해 세례를 받았을 때, 확실히 이런 말씀을 구약성경의 언약적 사고와의 연속성을 암시하는 것으로 해석했을 것이다. 회개하자마자 한 남자는 자기와 함께 자기 가족을 데려오고 언약의 표지가 모두에게 집례된다. 이런 체계가 신약성경으로의 전환과 함께 변했을지 모르지만, 그런 변화가 발생했다면, 침례교도들은 이것을 보여 주어야 한다.

2) 낙태

또 다른 예는 낙태와 관련이 있다.

우리는 태아가 사람이라는 증거가 부재한 경우에 사람이라고 가정해야 하는가?

아니면 우리는 태아에게 인간의 권리를 부여하기 전에 태아가 사람임(personhood)을 보여 주는 증거를 요구해야 하는가?

여기서 우리는 전적 침묵에 근거한 논증(argument from total silence)에 직면하지 않는다. 성경은 분명히 태아를 인격적으로 언급한다(예, 시 139편). 또한, 가장 좋은 해석에 기초해서 태아의 이익을 보호하는 구약성경 상의 법도 존재한다(출 21:22-25). 그런데도 내가 볼 때 태아가 사람임을 찬성하는 주장은 완벽하지 않다.

그렇다면 우리가 결론을 짓는 논증을 들을 때까지 이 문제에 대해 "느긋해야" 하는가?

아니면 우리는 태아가 사람이라는 것이 틀렸다고 입증될 때까지 이 아이를 사람으로 대우해야 하는가?

나는 후자의 행동 방침이 옳은 방침이라고 믿는다. 적어도 우리는 이 아이가 제6계명이 보호하는 인간이라고 매우 개연성 높은 주장을 할 수 있다. 성경은 심지어 인간을 우연히 죽이는 것에 대해 우리에게 경고한다 (신 19:4-7; 참조, 마 5:21-26). 따라서 심지어 "있을 법한"(probable) 살인 사건은 회피되어야 한다. 우리는 생사의 문제에서 미심쩍은 부분을 선의로 해석해야 한다.

그렇다면 입증 책임을 임의로 부과하지 말아야 한다. 누가 입증 책임을 가졌는지 결정하기 위해 성경에 기초한 신학적 논증이 요구된다. 하지만 종종 이런 중요한 문제는 논의되지 않는다. 또한, 분쟁 당사자들은 빈번하게 자신들의 가정을 진술하지 않고 이 영역에서 단순히 추측한다. 따라서 의사소통은 모호하게 된다. 하지만 입증 책임의 문제는 종종 다른 증거의 관련성을 확인할 수 있기 전에 결정해야 할 매우 중요한 문제다.

8. 몇 가지 논증 유형

분명히 이 책에 전체 논리 강좌를 포함하기는 불가능할 것이다. 하지만 신학을 배우는 학생은 자신의 학문 분과와 관련 있는, 좋고 나쁜 어떤 유형의 논리적 추론을 알아야 한다. 또한, 이것이 이 단락과 다음 단락의 목적이다. 이 단락에서 나는 우리에게 관심 있는 몇몇 일반적 유형의 논증을 살펴볼 것이다. 그리고 다음 단락에서 오류를 논의할 것이다. 논증 유형은 다음과 같다.

1) 연역

논리학자들은 전통적으로 논증을 연역(deduction)과 귀납(induction)의 범주로 나누었다. 연역 논증은 논증의 전제가 결론을 암시한다고 주장한다. 즉 전제가 참이면 결론은 반드시 참이다. "타당한" 연역 논증에서 이것은 사실이다. 왜냐하면, 전제는 결론의 진리를 필연적인 결과로 수반하기 때문이다. "타당한" 연역 논증에서 논리가 타당할 뿐 아니라 전제도 참이다. 따라서 참된 결론을 도출한다.

신학에 "하나님의 말씀은 참되다. 성경은 하나님의 말씀이다. 따라서 성경은 참되다"와 같은 많은 연역 논증이 존재한다.

나는 앞에서 이런 논증의 타당성을 변증했다. 또한, 나는 위에서("3. 신학에서 논리 사용을 위한 성경적 근거"와 "4. 논리의 한계") 논리 연역의 일부 한계를 언급했다.

2) 귀납

귀납 논증은 연역 논증의 주장을 하지 않는 논증이다. 귀납 논증은 전제가 결론을 확실하게 만드는 것이 아니라 단지 전제가 결론을 **개연성 있게**(probable) 만든다는 것을 주장한다. 일반적으로 귀납 논증은 특별한 사실과 추론으로 시작해서 일반 결론의 개연성으로 이어질 것이다. 과학에서 경험적 방법이 귀납 논증을 만든다. 수백 번 반복된 경험은 일반적 결론, 즉 전체 우주가 어떤 법칙에 따라 움직인다는 결론에 대한 증거다.

분명히, 우리가 **연역** 증명을 추구한다면, 수백 번의 실험은 우리에게 전체 우주에 관한 무언가를 증명하지 않는다. 하지만 어떤 경우에 그런 실험들은 일반화를 위한 충분한 통계상의 샘플을 구성할 수도 있다. 따라서 이런 실험들은 귀납적으로 타당한 결론을 정당하게 만든다.

신학에 귀납 논증이 있다. 가령, "성경은 x 횟수로 인격적인 용어(인칭대명사 등)를 사용하여 태아들을 언급한다. 그리고 성경은 절대 그들이 인간임이 부족한 것을 암시하는 방식으로 그들을 언급하지 않는다. 따라서 성경은 태아들을 인간으로 간주한다."

이 문제에 대해 앞에서 주장했던 "7. 입증 책임"을 인정해도 나는 이런 논증이 상당한 효력이 있다고 생각한다. 하지만 내가 생각하기에 이런 논증은 결론에 대한 성경의 분명한 진술이나 연역 논증에 있을 수 있는 것보다 효력이 덜 하다. 또 다른 예는 다음과 같다.

> 성경적 가르침은 불신앙적인 과학의 공격에 맞서 참임이 거듭 입증되었다. 따라서 성경은 하나님의 말씀이다.

나는 이것이 충분히 참이지만 관련된 모든 자료를 철저히 다루지 않다고 생각한다. 성경과 과학 사이의 **모든** 갈등이 성경에 유리하게 결정적으로 해결된 것은 아니었다. 즉 "문제들"이 남아 있다. 따라서 이런 논증은 연역 논증만큼 강력하지 않다.

즉 "하나님의 말씀은 참이다. 성경은 하나님의 말씀이다. 따라서 성경은 참되다."[21]

---

21 Stephen Toulmin, *The Uses of Argument* (앞에서 인용됨)는 모든 논증을 "연역적"으로, 그리고 "귀납적"으로 분류하는 것에 반대하고, 이런 이중적인 분류가 다른 중요한 구분을 모호하게 한다고 믿는다. 그가 주장하는 요점이 일부 효력이 있지만, 나는 그의 대안적인 구분이 신학적인 맥락에서 더 많은 도움을 제공하지 않고 이런 논의를 훨씬 더 전문적으로 만들 것이라고 생각한다.

그런데도 신학에서 연역 논증과 우리의 주해적 공식화들을 확증해 줄 귀납 논증을 위한 여지가 존재한다. 개연성과 확실성의 문제에 관해 제5장 "1. 규범적 타당성"과 본 장의 "2. 논리의 확실성"을 보라.

3) 귀류법

나는 "연역"과 "귀납"의 범주가 모든 논리적 논증을 철저히 다룬다고 믿지만, 연역적이거나 귀납적인 범주와 다르게 논리적 주장을 분류할 수 있는 다른 방법이 존재한다. 숙고할 가치가 있는 어떤 **종류**의 연역 논증과 귀납 논증이 존재한다. 신학에서 큰 역할을 하는 한 종류의 연역 논증은 귀류법(reductio ad absurdum), 즉 반대 견해를 불합리로 축소시키는 것이다.

논리에서 이 어구는 단순한 조롱이 아닌 논리적 과정을 의미한다. 반대 견해를 "논증을 위해" 참으로 가정한다. 하나의 전제로써 이런 입장으로부터 연역된 불합리가 존재한다. 불합리가 전제에서 연역된다는 사실은 전제가 틀리다는 것을 증명한다(또는 이것은 전제가 틀리다고 믿는 사람들의 주장이다). 귀류법은 기하학에서 간접적 증명과 같다. 따라서 신학자들은 종종 자신들이 다른 신학자가 주장하는 견해의 "논리적 결과"로 이해되는 것을 보여 줌으로써 서로를 반박하려 애쓴다. 알미니우스주의자들은 하나님의 주권에 대한 칼빈주의 견해가 인간을 로봇의 위치로 축소한다고 주장한다.

반틸은 전통적 변증학이 함축적으로 창조자-피조물 구별을 부인한다고 주장한다. 과정신학자들은 만약 하나님이 초시간적이시라면 기도에 응답하실 수 없다고 주장한다(모세 율법에 나열된 범죄에 대한 형벌이 아직 유효하다고 주장하는).

신율주의자들은 자기들에게 동의하지 않는 사람들을 "막 시작하는" 또는 "잠재적인" 반율법주의자(즉 하나님의 명령에 순종할 의무를 부인하는)라고 주장한다. 반틸의 변증학에서 귀류법은 중요한 역할을 한다. 변증가는 "논증을 위하여" 불신자의 입장을 전제하고 불신자 자신의 관점에 기초해서 불신자의 입장이 엄청난 혼란, 모순으로 격하된다는 것을 보여 주려 시도한다(제11장에서 이것에 대해 더 많이 논의하고 있다). 때때로 그런 논증은 타당하고 때때로 타당하지 않다. 주의 깊은 분석이 필요하다.

모호성, 논리적 오류, 또는 전제의 오류가 귀류법이 틀렸음을 입증할 수 있다. 또한, "불합리"의 개념이 우리를 오도할 수도 있다. 한 사람에게 불합리한 것이 다른 사람에게는 불합리하지 않을 수 있다. 주관적 판단이 여기에 관련된다. 또한, 신학자는 항상 자신의 판단을 하나님의 말씀에 지배받게 해야 하고, 특정한 "불합리한" 결론에 대해 하나님의 혐오를 공유하지 않은 사람들에게 귀 기울여야 한다. 종종 불합리한 것은 특별한 신학적 체계의 전반적인 구조에 의존한다.

토마스 쿤(Thomas Kuhn)은 과학 논쟁에서 사상에 대한 한 학파에게 자명한 것이 다른 학파에게 불합리하게 보일 수 있음을 보여 준다. 가령, 지구 중심의 천문학자들에게 지구가 "움직인다"는 생각은 불합리했다. 왜냐하면, 그들에게 지구는 다른 모든 움직임이 계산되는 참조점이기 때문이다. 하지만 태양 중심설의 관점에서는 움직일 수 있는 지구가 의미 있는 개념일 뿐 아니라 명확한 진리로 이해되며 또한 증명하기가 전혀 어렵지 않다. 아인슈타인주의 과학자들에게 "곡선으로 된 우주"라는 생각은 합리적인 것으로 보이지만, 그런 개념은 평범한 비전문가에게는 불합리한 것으로 보일 수 있다. 현재 신학에서 비슷한 것이 종종 일어난다. 종교개혁 전에 많은 사람에게 "공로와 상관없는 칭의"에 대해 논의하는 것은 불합리하게 들렸을 것이다.

이런 생각은 야고보서 2:24에 대한 노골적인 반박이 아닌가?

또한, 이런 생각은 의롭게 된 사람이 선행을 할 것이라는 전반적인 성경적 가르침을 반박하는 것이 아닌가?

하지만 종교개혁 동안 새로운 구별, 특히 칭의와 성화 사이의 전문적인 구별과 칭의의 기초와 칭의가 수반하는 것 사이의 구별이 이루어졌다. 이런 구별을 인정해도(잘못된 이해에 대해 주의 깊게 경계하는) "공로와 상관없는 칭의"에 대해 논의하는 것은 명백한 성경적 진리로 이해될 수 있다.

참되고 타당한 귀류법을 이것의 잘못된 아류(亞流)와 구별해야 한다. 잘못된 아류 가운데 하나는 "미끄러운 경사면"(slippery slope) 논증이다. 미끄러운 경사면 논증은 다음과 같이 진행한다.

"만약 우리가 A 입장을 취한다면 B 입장을 취할 위험을 무릅써야 한다. B 입장은 틀렸다. 따라서 A 또한 틀렸다."

따라서 일단 우리가 환란 전 휴거에 대한 믿음을 버린다면 그리스도의 육체적 재림을 완전히 부인할 위험을 무릅써야 하고, 따라서 철저한 자유주의 신학에 우리 자신을 개방하게 된다고 때때로 말해진다. 아니면 우리가 웨스코트(Westcott)와 호트(Hort)의 본문 비평을 받아들인다면 성경 권위를 완전히 부인할 위험을 무릅써야 한다고 주장된다.

따라서 우리가 유유상종 회합 죄(guilt by association)를 자초하지 않도록 미끄러운 경사면 논증은 두려움—우리가 지나친 위험을 무릅쓴다는 두려움과 우리 진영에서 반대하는(자유주의 신학자들과 같은) 사람들과 관련된다—에 호소한다.

종종 역사적 예가 미끄러운 경사면 논증을 지지한다. 가령, 어떤 신학자는 알코올 음료에 대한 절대 금주를 부인하면서 의견을 주장하기 시작했고, 5년 후에 기독교 신앙을 버렸다. 또는 어떤 교단은 예배에서 찬송가로 시편의 독점적 사용을 거절했고, 25년 후에 자유주의 신학에 굴복했다.

신학 논증에서 그런 역사적 참조의 사용에 대해 제9장을 보라.

일반적으로 역사적 참조는 아무것도 증명하지 않는다. 통상적으로 이런 역사적 참조는 심지어 개연성 있는 결론을 확립하기 위한 충분한 통계적 샘플에 의존하지 않는다. 또한, 그것들은 역사적 인과관계의 복잡성을 무시한다.

교단은 **많은** 이유로 자유주의화되지, 결코 한 가지로 이유로 자유주의화되지 않는다. 한편, 어떤 경우에 시편만 찬송하는 것(exclusive Psalmody)을 거절하는 것은 적어도 자유주의를 조장하는 **징후**일 수 있다(나는 시편만 찬송하는 것을 반대하는 사람으로서 이것을 말한다. 그럼에도 나는 사람들이 시편만 찬송하는 것을 때때로 매우 나쁜 이유로 거절한다는 것을 인정한다).

다른 한편, 그 교단은 타당한 이유로 시편만 찬송하는 것을 거절할 수도 있다. 이런 전개는 어떤 자유주의 신학의 추세와는 아주 별개일 수도 있다. 아니면 이런 전개는 그런 추세와 역설적 관계가 있을 수도 있다. 가령, 이런 자유주의 경향은 당분간 교회가 비성경적 전통에서 벗어나도록 일조할 수도 있다.

이는 하나님이 전반적인 악한 전개에서 선한 결과를 가져오는 것이다(다음과 같이 주장할 수 있었다. 즉 가령 미국장로교회[PCUS]에서 자유주의 방향으로의 전개는 이 교단이 세대주의에 대해 강경한 입장을 취하게 할 수 있었다. 이런 입장은 많은 비자유주의 신자들에게는 좋은 것이었다).

따라서 역사적 예에서 매우 많은 것을 추론할 수 없다. 역사적 예는 우리가 하고 있는 것에 대해 재고하게 해야 한다. 역사적 예는 가능성을 제안하지만 그것은 결코 그 자체로 규범적이지 않다.

그렇다면 완전한 성경 무오성을 부정하는 신학교와 교단이 종종 다른 기독교 교리를 거절하게 된다는 사실은 그것 자체로 무오성이 참되다는 것을 **증명**하지 않는다. 하지만 이런 경우에 나는 역사적 일반화—무오성을 부인하는 것과 다른 성경 교리를 부인하는 것 사이의 상관관계—는 많은 역사적 예로 지지할 수 있으며 또한 직관적으로도 타당한, 견실하고 신중한 일반화라고 생각한다.

사람들이 기독교 교리를 위한 근본적인 권위를 부인할 때 우리는 곧 그들이 이런 교리 자체 가운데 일부를 거절할 것이라고 예상할 수도 있다. 하지만 그런 사건에 어떤 **논리적** 필연성은 존재하지 않는다. 가령, 제임스 오르(James Orr)는 워필드(Warfield)가 확언하는 무오성이라는 의미에서 무오성을 부인했지만, 다른 교리에 있어서는 일평생 정통으로 남아 있었다.

인간의 비일관성으로 인해 하나님께 감사드린다!

4) 딜레마

딜레마(dilemma)는 반대 견해가 **두 개**의 바람직하지 않은 결과 가운데 어느 한쪽으로 이어진다는 것을 보여 주려 애쓰는 일종의 이중 귀류법이다. 가령, 폴 틸리히(Paul Tillich)는 종종 자신의 견해에 반대했던 사람들이 두 개의 나쁜 대안 사이에 어쩔 수 없이 하나의 선택을 해야 한다는 것을 보여 주려 했다. 그는 만약 우리가 그의 "신율주의"(앞서 언급했던 일종의 신율주의와 매우 다른!)를 채택하지 않으면 "자율성"(자기 자신의 법으로서의 인간) 또는 "타율성"(heteronomy, 궁극적 권위보다 못한 어떤 것에 종속되는 것) 사이에 어쩔 수 없이 선택하게 될 것이라고 말했다. 그는 "신율주의"가 다른 두 개의 접근 방식이 가진 결점을 피하는 "그 자체의 깊이와 결합되어 있

는 자율적 추론"이라고 설명했다.²²

반틸도 딜레마를 빈번하게 사용한다. 그는 비기독교적 사고는 합리주의와 비합리주의 사이를 선택해야 하거나 아니면 이 둘의 어떤 결합(반드시 불안정한)을 선택해야 한다는 것을 보여 주려 애쓴다(참조, 본서 앞 부분의 논의). 그는 또한 개혁신학보다 못한 유형의 신학은 피조물을 신성화하거나 하나님을 피조물의 수준으로 축소하고, 따라서 창조자-피조물 구별을 무효로 한다고 비난한다.

딜레마는 타당한 논리적 주장일 수 있지만, 타당하지 못한 예도 신학에 넘쳐 난다. 틸리히의 딜레마는 종종 후자의 좋은 예다. 사실 다른 가능성이 존재하지만 그는 빈번하게 마치 자신의 견해를 자신이 말한 바람직스럽지 못한 입장에 대한 유일한 대안인 것처럼 제시한다.

게다가 그는 자신의 견해를 부인하는 사람은 바람직스럽지 못한 견해들 가운데 하나를 가져야 한다고 제안하는 데 이런 제안은 종종 전혀 사실이 아니다.

내가 볼 때, 정통 칼빈주의자들은 틸리히가 의도하는 의미에서 "자율주의자들"도 아니고 "타율주의자들"도 아니다. (틸리히는 아마 정통 칼빈주의자들을 타율주의로 비판하겠지만, 그들이 하나님의 말씀에 순복하는 것은 유한한 어떤 것에 순복하는 것이 **아니라** 오히려 하나님 자신에게 순복하는 것이다.)

즉 틸리히는 단지 많은 가능한 입장에서 어떤 가능한 입장, 즉 두 가지 분명하게 바람직하지 않은 견해와 자신의 견해를 나열함으로써 자신에게 유리하도록 "속임수를 쓰고 있다." 따라서 그는 자신의 견해를 불가피한 것, 즉 제거 과정을 통해 참된 것으로 보이게 만든다. 이 모든 것은 충분히

---

22 Tillich, *Systematic Theology* (Chicago: University of Chicago Press, 1951), I, 83-86.

이해할 만하다.

또한, 틸리히는 의식적으로 부정직한 것도 아니다. 그에게 그 자신의 견해는 불가피하고 유일한 실행 가능한 대안이다. 왜냐하면, 그는 이런 것이 사실이라는 구조를 전제했기 때문이다. 하지만 나머지 우리는 틸리히의 구조를 무비판적으로 받아들일 수 없고 받아들여서도 안 된다.

5) '아 포르티오리'

'아 포르티오리'(*A Fortiori*) 논증은 "더 작은 것에서 더 큰 것으로"(from the lesser to the greater)의 논증이다. 이 논증은 성경에서 발생한다. 가령, 히브리서 저자는 만약 구약성경의 율법이 구속력이 있고 그것을 위반하는 것이 벌을 받았다면 확실히(절대적으로 "더욱") 새 언약에 대한 반역도 벌을 받을 것이라고 주장한다(히 2:3f.; 참조, 롬 5:15, "한 사람의 범죄를 인하여 많은 사람이 죽었은즉 더욱 하나님의 은혜와 또한 한 사람 예수 그리스도의 은혜로 말미암은 선물은 많은 사람에게 넘쳤느니라!" 참조, 17절). 우리는 이런 유형의 논증을 신학에서도 듣는다.

가령, "아이들이 구약의 언약적 표지 받았다면, 그들은 새 언약이 함유한 더 큰 은혜의 결과로서 신약의 언약적 표지 더욱 받지 않겠는가?"

하지만 분명히 모든 '아 포르티오리' 논증이 타당한 것은 아니다. 이것을 고려하라.

"가난한 사람들은 무료 의료 돌봄을 받을 자격이 있기 때문에 확실히 부자들에게도 동일한 것이 제공되어야 한다."

또는 이것을 고려하라.

"정경이 마감되기 전에 하나님이 기적을 행하셨다면 확실히 하나님은 자신의 계시적 사역의 완성을 증명하기 위해 이후에 훨씬 더 많이 기적을 행하실 것이다."

또한, 여기에 또 다른 것이 있다.

"한 번 세례를 받는 것이 은혜의 수단이라면, 여러 번 세례를 받는 것은 더 큰 은혜의 수단이다."

우리는 이런 종류의 논증이 항상 타당한 것은 아니라는 것을 알 수 있다.

'아 포르티오리' 논증의 위험을 피하려면 우리는 다음의 것들을 기억할 필요가 있다.

첫째, "큼"(greatness)은 다른 종류의 가치 판단을 전제하는 다른 것을 의미할 수 있다.

둘째, '아 포르티오리' 논증을 작동하게 하려면 이런 큼은 특별한 논증과 관련 있는 유형에 속해야 한다.

셋째, 심지어 관련 있는 형태의 큼도 다른 모든 변수의 상응하는 증가의 타당함을 보여 주지 않는다. "여러 번 세례를 받는 것"은 "한 번 세례를 받는 것"보다 수적으로 더 크지만, 전자는 전자의 수적 우위에 평행한 은혜의 증가를 동반하지 않는다.

6) 넌지시 말하는 논증

내가 "넌지시 말하는 논증"(throwaway arguments)으로 부르는 논증은 설득력이 거의 없는 논증이지만 적어도 이미 결론을 수용한 사람들에게는 어떤 확증적 가치를 가진 논증이다.

가령, 성경 권위에 대한 정통주의 신학자들은 때때로 다음과 같은 것을 지적한다. 즉 성경에서 "여호와께서 이와 같이 말씀하시되"라는 어구가 수백 번 발견된다. 그리고 이 어구는 성경이 하나님의 말씀이라는 성경의 주장을 보여 준다.

이런 논증은 자유주의자들에게는 설득력이 거의 없다. 왜냐하면, 자유주의자들은 이 어구가 기록된 정경에 대한 것이 아니라, 선지자들이 자기의 예언에 대해 발언한 것이라고 쉽게 설명할 수 있기 때문이다. 게다가 가령, 이 어구가 분명히 성경의 정경을 다루었다 하더라도 자유주의자는 그가 가진 체계의 측면에서 자유롭게 이런 발언을 오류라고 선포할 것이다.

따라서 문제가 되는 이런 논증은 이 논증이 확립하려는 결론을 전제한다. 따라서 이 논증은 다소 "협소하게 순환론적"이므로(이 어구는 제5장 1. "6) 순환성"에서 우리가 다루었던 논증을 상기시킨다), 이런 결론을 거절하는 사람들에게는 상대적으로 설득력이 있지 않다.

동시에 이런 논증이 전적으로 무가치한 것은 아니다. "여호와께서 이와 같이 말씀하시되"라는 어구는 분명히 명확하게 예언적 기원에 속한 성경의 이런 부분에 적용된다. 또한, 모든 성경은 그런 의미에서 **예언**이라고 말해질 이유가 존재한다. 따라서 적어도 몇 가지 정통주의 전제가 인정된다 하더라도(또한, 물론 가정 없는 변증적 논증 같은 것은 존재하지 않는다) 이런 논증은 이미 확신하는 사람들에게는 어떤 효력을 가진다.

그러므로 이런 종류의 논증은 적어도 이해하지 못한 사람들에게 제시의 "핵심"은 되지 말아야 한다.

7) 다른 논증들

반추상주의 논증을 참조하려면 제6장 "1. 반추상주의"와 그 후반의 여러 곳을 보라. 유비, 은유, 모델(아서 홈즈[Arthur Holmes]가 "예증"[adduction]이라고 부르는)에 기초한 논증을 참조하려면 제7장 "4. 은유, 유비, 모형"을 보라. "~로 보는 것"을 유발하는 비유와 다른 특이한 신학적 장치의 논증적 사용을 참조하려면 제5장 3. "5) '~로 보는 것'—실존적 관점과 규범적 관점"을 보라. 역사적, 과학적, 철학적 정보를 사용하는 논증을 참조하려면, 아래를 보라.

9. 오류

이 단락에서 나는 신학 논증이 실패할 수 있는(또한, 분명히 실패하는) 몇몇 방식을 지적할 것이다. 그것들 모두 나열하거나 심지어 논리에서 전체 본문의 완전성에 도달하는 것이 불가능하다. 하지만 학생은 적어도 일반 논증과 특별한 신학 논증과 같은 논증이 실패하는 더 흔한 이유 가운데 몇몇 이유를 알아야 한다.

우리는 또한 우리가 일반적으로 하지 않는 것, 즉 심지어 오류가 있는 논증도 일반적으로 어떤 가치가 있다는 것에 주목해야 한다. 논리적으로 잘못된 많은 논증은 분명히 무언가를 증명한다. 또는 적어도 어떤 확증, 추정, 또는 개연성을 낳는다. 논리적으로 잘못된 논쟁의 주요 문제는 다음과 같다. 즉 저자, 청중, 또는 둘 다 논리적으로 잘못된 논증의 유용성을 잘못 해석한다. 나는 이런 논증의 긍정적인 가치와 한계를 지적하려 노력할 것이다.

몇몇 형태의 불합리한 추론을 이미 논의했다. 순환 논증을 참조하려면 제5장 1. "6) 순환싱"을 보라. 다시 순환 논증과 다른 종류의 순환성의 한계 및 가치(사실 필요성)에 주목하라.

반추상주의를 참조하려면 제6장 "1. 반추상주의"를 보라. 또한, 모호성의 문제를 참조하려면 제7장의 특히 전문적인 용어, 단어 차원의 논증 대(versus) 문장 차원의 논증, 은유의 잘못된 사용, 부정을 보라. 또한, 본 장의 "4. 논리의 한계"와 "5. 논리적 순서"("논리적 우선성"의 개념에서 모호성을 드러내는 부분)를 보라.

입증 책임을 평가하는 데 있어 실수를 참조하려면 본 장의 "7. 입증 책임"을 보라. "미끄러운 경사면" 논증에 관해서는 본 장의 8. "3) 귀류법"을 보라. 또한, 어떻게 다른 면에서 타당한 논증 형태가 잘못된 결론에 이를 수 있는지 보여 주는 본 장의 "8. 몇 가지 논증 유형"에 있는 다른 논의에 주목하라.

우리는 지금 다음의 오류들을 논의할 것이다.[23]

1) 관련 없는 결론

관련 없는 결론(또한, [*ignoratio elenchi*, 반박의 무지 - 역주]로 알려진)은 다른 결론을 증명하기 위해 하나의 결론을 지지하는 논증을 부적절하게 사용하는 것을 의미한다. 가령, 소박한 경험(naive experience)과 이론적 사유 사이를 도예베르트(Dooyeweerd)가 구분한 것을 놓고 벌인 논쟁에서 강연자는

---

[23] 다음에 나오는 예화의 대부분과 일반 구조 대부분은 Irving M. Copi, *Introduction to Logic*에서 유래한다. 신학적 예화와 관찰은 나 자신의 것이다.

이론적 사상가들이 보통 사람들을 깔보지 말아야 한다고 말함으로써 도예베르트를 변호했다. 그는 지적 속물근성을 잘 논박했지만, 도예베르트의 특정적 구분과 관련 있는 어떤 것도 언급하지 않았다. 아니면 우리가 "가난한 자들에 대한 긍휼을 가져야 할" 필요성 또는 "강력한 군사 방비"의 필요성 대해 일반적으로 말하는 정치인들의 성향에 주목하라.

이런 일반론은 모든 정당, 이념, 후보자들이 일반적으로 수용하는 일반론이지만, 계류 중인 특정 문제와 거의 명확한 관련이 없는 일반론이다.

또 다른 신학적 예는 다음과 같다. 유아세례에 대한 논쟁에서 침례교도는 아이들에게 거짓 구원의 확신을 주는 것은 잘못이라고 주장할 수 있다. 유아세례론자는 유아세례가 잘못된 구원의 확신을 주지 않는다고 답변할 것이다. 왜냐하면, 세례 받은 사실이 개인의 구원을 보장하지 않기 때문이다.

유아세례론자에게 침례교도의 주장은 부적절하다. 신학자들이 하나의 신학적 주장을 이 주장과 분명하게 모순되지 않은 또 다른 신학적 주장으로 반박하는 성향은 이 오류와 관련되어 있다. 앞의 제7장, "5. 신학에서의 부정"에서 "잘못된 분리"(false disjunction)에 관한 논의를 보라.

우리는 결론과 관련 있는 주장을 하려고 애써야 한다. 또한, 우리는 관련성이 상대적 문제임을 기억해야 한다. 내가 반추상주의 논의에서 보여주었듯이 결국 모든 것은 그 밖의 모든 것과 관련이 있다. 누군가는 "바울의 부활론"에 대한 강의에 이사야 26:19에 대한 주해를 포함한 것에 관해 비관련성이라는 이유로 비난받을 수도 있다.

결국, 이사야는 바울이 아니다!

하지만 강사는 다음과 같이 답변할 수도 있다. 즉 이런 참조는 적절하다. 왜냐하면, 이사야와 바울은 영감 받은 저자들이고 바울의 견해가 무엇이든지 간에 바울은 이사야에게 동의할 것이기 때문이다.

따라서 이사야 26장에 관한 해설은 적어도 우리에게 바울이 동의할 무엇을 말해 준다!

물론 그렇다. 이런 주장에 **일부** 관련성이 존재하지만 아마 충분하진 않을 것이다. 이와 유사하게 앞의 예에서 연사들은 자신들의 주장에 대해 **어떤** 관련성을 주장할 수 있다.

소박한 경험과 이론적 사유 사이의 도예베르트식 구분은 실제 두려움(아마 이 시점에서 도예베르트 자신의 사유 이면에 놓인 진지한 동기)을 보여 주는데, 그 두려움이란 일부 그런 구분이 없다면 우리가 하는 일상의 사고가 결함이 있는 이론적 사유에 지나지 않을 것이란 생각이다.

사실 도예베르트주의자는 비도예베르트주의자에게 이런 위험을 피하는 대안적 수단을 제공하라고 요구하고 있다. 이런 주장은 설득력이 있다. 단지 도예베르트의 철학만 이런 문제를 피하려 한다는 무언의 전제를 수용하는 사람에게 문제가 된다는 것이다. "가난한 자들에 대한 긍휼"을 지지하는 정치인은 일반적으로 단지 어떤 정치 프로그램만이 정말로 가난한 사람들을 도울 수 있다고 확신한다(현재 진술되지 않은 다른 근거로). 따라서 그는 이런 프로그램에 반대하는 사람은 긍휼이 부족하거나 무심코 긍휼의 실행을 방해한다고 믿는다.

이런 가정에 동의하는 독자를 가정할 때 이런 논증은 완전히 관련 없지 않다. 하지만 심지어 그런 독자에게도 일반적으로 더 구체적인 것이 최상이다. 교회의 공식적인 신학이 무엇을 언급하든지 간에 침례교도는 사람들이 유아세례를 시행하는 교회에서 잘못 확신하고 성장한다고 실제로 믿는다. 이것은 그에게 너무도 깊은 관심의 문제여서 그가 자신의 특별한 견해를 채택하도록 동기를 부여하는 데 주요한 요소일 수 있다(하지만 이것이 그런 견해에 대한 합당한 **이유**는 아니다). 어떤 사람들에게는 이런 문제를 다루는 세례신학의 인지된 능력(그리고 유아세례신학의 무능력)이 이런 논증에서 가장 중요한 고려사항이다.

따라서 관련성의 **정도**(degrees)와 **종류**(kinds)가 존재한다. 또한, 우리의 예가 보여 주듯이 "관련 없는" 논증은 종종 특별한 독자가 표현하길 선호할 표현되지 않은 전제가 있는 논증이다. 이것 또한 상대적인 문제다. 어떤 논증도 **모든** 전제(premise)를 표현하지 않는다.

한 논증이 가진 모든 전제(premise)를 표현하는 것은 형이상학적, 인식론적, 윤리적 전제와 같은 모든 전제(presupposition)의 표현을 요구할 것이다. 이것은 또한 현재 고려 중인 논증이 가진 각 전제(premise)를 지지하는 논증들의 구성과 **이런** 전제들을 각각 명확히 진술할 것을 요구한다. 어떤 논증도 이와 같은 것을 하지 않는다.

따라서 특별한 논증의 **얼마나 많은** 전제(premise)를 명확하게 진술할 것인지 결정하는 데 있어 좋은 판단을 사용하려고 해야 한다. 또한, 이런 판단은 적어도 부분적으로 어떤 독자를 다루고 있는지에 달려 있을 것이다. 특별한 독자에 대한 잘못된 판단을 내린다면 이런 논증은 관련 없는 것으로 인식될 수 있다.

관련성의 문제는 또한 **신학적인** 파급 효과가 있다. 관련 있는 것은 종종 우리가 가진 신학적 전제(presupposition)에 의존한다. 일부 성경학자들에게 사도행전과 서신서에 표현된 것으로써 부활 이후 교회가 가진 생각과 중요하게 일치하는, 복음서에 기록된 예수님의 말씀은 사실이 아닌 것으로 의심받고 있다. 복음주의자들에게 이런 진술은 매우 부적절하다. 예수님과 사도적 교회의 일치는 의심의 원인이 아니라 오히려 기대되었던 바다. 따라서 관련성은 신학 이전의 문제 또는 형이상학적 문제뿐 아니라 종종 엄밀한 의미의 그런 신학적 문제다.

2) 힘의 위협

힘의 위협(threat of force, 또한, '아드 바쿨룸'[ad baculum, 몽둥이를 향해 - 역주]으로 알려진)은 위에서 설명한 비관련성 오류(fallacy of irrelevance)와 우리가 다음에 논의할 역공(逆攻, ad hominem) 논증의 특별한 형태다. 힘의 위협은 분리해서 논의할 가치가 있는 특별한 요점이 있다. 이런 종류의 논증은 다음과 같이 말한다.

이 결론을 수용하라. 그렇지 않으면 나쁜 일이 당신에게 발생할 것이다.

정치에서 이런 논증은 종종 다음과 같은 형식을 취한다.

이 법안에 투표하라. 그렇지 않으면 나의 단체는 당신의 재선을 위해 투표하지 않을 것이다.

정통신학에서 이와 동일한 위협은 교회 징계의 위협이다. 이런 유형의 논증이 자유주의 진영에서는 매우 드물 것 같지만 사실 그렇지 않다. 자유주의 신학 진영에서 학문적 추방의 위협은 강력하다.

유행하는 자유주의 신학에서 이탈하는 사람들은 종종 자신들이 교수직, 종신 재직권, 출판할 기회를 거부당한다. 불트만이 현대인들은 기적을 믿을 수 없다고 선포했을 때 그는 자유주의 신학 게임 규칙에 대한 자신의 규칙을 표현하는 것이었다. 이런 규칙을 위반하는 사람들은 동료의 승인을 얻지 못한다. 이것을 인식하는 것이 중요하다. 사람들은 "지적 정직"에 의해서, 그리고 전통과 징계라는 거센 압력과 별도로 자신들의 정직한 확신을 표현하고 싶은 바람에 의해서 자유롭게 된다는 주장이 종종 있다. 하지만 이런 주장에 의구심을 제기해야 한다. 자유주의 학문 진영의 전통은 정통주의 교회의 징계 못지않게 협소하고 강압적이다.

힘의 위협에 기초한 "논증"은 타당한 논증이 아니다. 우리가 "p"를 믿으므로 처벌을 받을 것이라는 사실은 "p"를 거짓되게 하지 않는다. 동시에 힘의 위협은 논의 중인 결론과 **완전히** 무관하지 않다. 토마스 쿤(Thomas Kuhn)이 지적하듯이

이론과 다른 중요한 믿음은 단순히 개인이 아닌 전체 공동체가 수용한 "패러다임," 즉 일종의 전제에 기초한다. 이것은 확실히 신학에서도 사실이다. 또한, 모든 공동체는 회원(membership)을 결정할 권리가 있다. 모든 신학 공동체는 그 집단의 전제들에서 일탈한 것이 "양호한 공동체 회원"과 얼마나 많이 일치하는지 결정해야 한다.

기독교회에서 징계는 하나님이 정하신 바다. 내가 논란이 되는 견해를 주장하고, 누군가 내가 출석 중인 교회가 나의 그 견해를 이단으로 간주했다고 지적하면 나는 이것을 심각하게 고려해야 한다.

나는 그리스도 안에서 "형제와 자매"의 징계를 수용하겠다고 엄숙히 맹세했다. 나는 교회 교사들을 존경해야 한다. 만약 그렇게 하지 않는다면 나는 교회의 일원이 아닐 것이다. 교회는 오류가 없지 않다. 하지만 교회의 판단은 일반적으로 나 자신을 포함한 개인의 판단보다 더 낫다. 이것은 특별히 삼위일체와 같은 교리에서 사실이다. 왜냐하면, 삼위일체 교리는 수백 년 동안 공식적으로 분명히 규명되어 왔기 때문이다. 교회가 그렇게 오랫동안 틀릴 수 있는 것은 이론적으로 가능하지만 전혀 있을 것 같지 않다.

따라서 힘의 위협 논증은 내가 타당한 권위를 존중할 것을 상기시켜 준

다. 또한, 이런 호소 자체가 나에게 관련이 없지 않다. 분명히 나는 징계를 경험하고 **싶지** 않다. 이것이 반드시 이기적인 바람인 것은 아니다.

나는 나 자신뿐 아니라 그들을 위해, 그리고 몸 된 교회의 일치를 위해 그리스도 안에 있는 나의 형제에게서 단절되길 원하지 않는다. 왜냐하면, 몸 된 교회의 일치는 하나님에게 귀하기 때문이다. 양심상 내가 분리되어야 한다면, 나는 그렇게 해야 한다. 결국, 우리는 사람보다 오히려 하나님께 순종해야 한다(행 5:29). 그러나 심지어 많은 대가를 치른다 해도 그런 분리를 피하려 노력해야 한다.

힘의 위협 논증은 또한 체계의 구조를 드러내는 데 유용하다. 종종 그런 호소가 이루어질 때(비록 빈번하게 이것이 신학에서 사실이 아니지만!) 이 체계에 매우 핵심적인 무언가, 즉 기본적 전제에 대해 이루어진다. 우리는 한 사상가가 기꺼이 싸우려는 이런 명제들을 배울 때 때때로 그에게 가장 중요한 것을 배울 수 있다.

3) 비교하는 역공 논증

'아드 호미넴'(*ad hominem*)은 "사람을 향해"를 의미한다. 따라서 역공 논증(*ad hominem* argument)은 결론을 겨냥하기(against)보다 오히려 사람을 겨냥하는 논증이다. 그 자체로 그런 역공 논증은 일종의 "관련 없는 결론 논증"이다. 내가 "비교하는"(comparative)으로 부르는 이런 형태의 역공 논증은 때때로 "모욕적인"이라고 불린다. 이런 논증은 어떤 결론을 주장하는 사람을 공격함으로써 그 결론을 공격한다.

이런 종류의 논증은 신학에서 흔하다. 가령, 누군가 다음과 같이 주장할 수 있다.

반틸은 구체적인 보편자를 믿지 말아야 한다. 왜냐하면, 헤겔이 그런 견해를 가졌었고 많은 오류를 가르쳤기 때문이다.

이런 논증은 또한 그런 결론을 믿는 사람들을 칭찬함으로써 결론을 추천하기 위해 역으로 사용될 수 있다.

가령, "우리는 예정을 믿어야 한다. 왜냐하면, 칼빈이 그것을 믿었고 그는 위대한 사람이었기 때문이다."

이런 종류의 논증이 타당하지 않다는 것은 증명되기 쉽다. 종종 신학적으로 "나쁜 사람들"은 옳고 종종 신학적으로 "좋은 사람들"은 그르다. 이런 유형의 논증이 무가치함은 특히 다음과 같은 예에서 분명하다.

우리는 한 분 하나님을 믿지 말아야 한다. 왜냐하면, 알미니우스가 한 분 하나님을 믿었고 많은 오류를 가르쳤기 때문이다."

또한, 모호성이 종종 역할을 한다. 앞의 예에서 "구체적인 보편자"에 대한 반틸의 개념은 헤겔의 개념과는 매우 다르다.

비교하는 역공 논증은 문장보다 오히려 **용어**에 기초할 때 훨씬 명백하게 잘못된다.[24]

"이것은 **독단적** 견해다," 또는 "X 교수가 계시론에 대한 동적인 견해보다 오히려 **정적인** 견해를 갖고 있다," 또는 "정통주의는 성경에 대해 **추상적으로** 생각한다"(제6장 "1. 반추상주의"를 보라)에서처럼 단순히 하나의 신학적 견해를 경멸받는 명칭이나 용어와 관련시킴으로써 종종 신학적 견해

---

[24] 6장, C, (1)에서 단어 차원의 비판 vs 문장 차원의 비판을 보라.

를 비난할 것이다. 또한, 너무 자주 문제가 되는 이런 용어는 정의가 되어 있지 않고 진지한 설명보다는 오히려 악의가 있는 이름으로 사용된다.

신학자들 가운데 이런 유형의 논증이 취할 수 있는 또 다른 방향은 어떤 견해가 단순히 교회사 가운데 그들이 높이 평가하지 않은 시기에 기원했다는 단순히 이유로 그 견해를 비판하는 것이다(이런 유형의 논증은 또한 일종의 발생론적 오류일 수도 있다. 아래, "11) 발생학적 오류"를 보라).

성경 무오성에 반대하는 사람들은 종종 성경 무오성이 20세기 근본주의, 17세기 정통주의, 중세 스콜라주의, 후사도 시대의 율법주의, 또는 신구약 중간기의 유대교에서 시작했다고 주장한다. 이런 신학자들은 근대(modern age, "가장 새로운 것이 가장 진실한 것이다"), 종교개혁 시대, 어거스틴 시대, 바울(아마!) 시대, 예수 시대처럼 자신들이 더 지지하는 시기로 거슬러 올라가는 대안적 견해를 제안한다.

이런 종류의 추론은 영감에 대한 논의에서 발견될 뿐 아니라 모든 주제에 대한 신학 논쟁에서 흔하다. 따라서 신학논의(특히 자유주의 신학에서도)는 종종 너무 뻔하다.

다음 도식에서 "x"를 거의 모든 교리로 대신하라.

그러면 현대신학을 잘 아는 사람들에게 친숙하게 들릴 것이다!

우리는 x라는 교리를 믿어야 한다. 예수님과 바울이 x를 가르쳤지만, 교부들이 했던 것처럼 율법주의에 영향을 받은 후기 신약성경 저자들이 그것을 경시했다. 이그나티우스, 이레니우스, 터툴리안에게서 이 진리에 대한 희미한 빛이 발견되지만, 클레멘트 또는 오리겐에게서는 발견되지 않는다. 어거스틴이 이것을 재발견했지만, 그는 이것을 모순되게 가르쳤다. 따라서 이것은 암흑시기 동안 무시되었다. 루터와 칼빈은 이것을 자신들의 사상의 중심으로 만들었지만, 17세기 계승자들이 그것을 무시했다(『웨스트민스터 신앙고백서』와 일부 청교도들의 글에서의 희미한 빛을 제외하고). 19xx년에 교수 A가 재발견할 때까지 이것은 시들해졌다.

교회사에 호소하는 것을 통해 신학 문제를 해결한다는 일반적 문제에 대해서는 제9장을 보라. 여기서 나는 그런 논증이 다음과 같은 이유로 타당하지 못하다고 말할 것이다.

첫째, 건전한 교리가 "안 좋은" 시기에 시작되지 못할 수 있는 어떤 이유도 없고, 나쁜 교리가 좋은 시기에 시작되지 못할 이유도 없다.

둘째, 가령, 이런 비평가들 사이에서도 **어떤** "안 좋은" 시기에 영감에 대한 정통주의 견해가 시작되었는지에 대해 의견이 서로 전혀 다르다.

이 문제에 대한 그들의 견해(또는 다른 많은 문제) 차가 너무 커서 그들의 견해는 사실 서로의 견해를 상쇄한다. 이와 같은 논증들은 일반적으로 진지한 역사적 연구의 결과라기보다 오히려 문제가 되는 교리를 가장 호의적인 측면에서(비누를 광고하기 위해 유명 인사의 증언을 사용하는 것과 약간 비슷한) 제시하는, 임의적으로 조작한 것이라는 의심을 피하기 어렵다.

셋째, 교회사의 "안 좋은" 시기라는 생각이 너무 명확하지 않고 일반적으로 증명하기 어렵다.

또한, 문제가 되는 신학자들은 거의 입증 책임을 지지 않는다.[25]

그런데도 심지어 비교하는 역공 논증은 어떤 가치가 있다. 내가 위의 "2) 힘의 위협"에서 보여 주었듯이 신학자들은 공동체의 일원이다. 또한,

---

[25] Brian Armstron, *Calvinism and the Amyranut Heresy*에 관한 나의 비평을 보라.

공동체가 가진 바로 그 본질은 다음과 같다. 즉 이런 공동체에는 공동체의 영웅과 공동체의 악당이 있다. 즉 공동체의 충성과 공동체의 적대감이 존재한다.

이런 충성과 적대감이 반드시 잘못된 것은 아니다. 우리는 종종, 공동체가 존경하는 동일한 신학자들 또는 동일한 신앙고백 전통을 존경하기 때문에, 그리고 그 공동체가 싫어하는 것을 마찬가지로 싫어하기 때문에 그 공동체에 가입한다. 교리를 한 공동체의 영웅과 관련시키는 것은 그 교리의 진리를 증명하진 않지만, 적절히 우리에게 이 교리에 대한 호의적인 성향을 제공한다. 가령, 칼빈이 모든 것에 대해 옳지는 않았다.

하지만 그는 너무 자주 정확했다. 또한, 그가 소유했던 신학적 이해에 대한 비범한 재능은 너무 분명해서 우리는 위험을 각오하지 않고는 그에게 반대하지 않는다.

이와 유사하게 가령, 만약 나의 교리가 영지주의자 또는 펠라기우스주의자들의 교리라는 말을 듣는다면, 나는 당연히 약간 걱정하고 아마 그 교리를 다시 생각하거나 심지어 재고해야 한다. 이단들이 저지르는 오류는 종종 서로 관련되어 있다. 따라서 내가 자부심을 느끼는 교리적 발견은 기껏해야 이단에 이르는 "뒷문"일 수 있다.

분명히 아리우스나 펠라기우스에게서 유래한 생각을 사용한다면, 그들이 범했던 오류에서 이런 생각을 분리하기 위해 특별한 주의를 기울여야 한다. 누군가 엄청나게 혼동하고 있다면 우리는 적어도 그에게 동의할 때 주의해야 한다.

4) 긍정적 상황의 역공 논증

긍정적 상황의 역공 논증은 청자에게 청자 자신의 특별한 상황으로 인해 명제를 믿으라고 종용한다. 가령, "당신은 민주 당원이다. 따라서 당신은 더 큰 복지 프로그램에 투표해야 한다." 또는 "당신은 부유하기 때문에 누진세 폐지 지지해야 한다." 또는 "당신은 여성이기 때문에 제럴딘 페라로(Geraldine Ferraro)에게 투표했어야 했다." 또는 "당신은 장로교인이기 때문에 결코 독립 선교부(independent mission boards)를 지지해서는 안 된다."

또는 "당신은 현대인이기 때문에 천사나 귀신을 믿어서는 안 된다"(불트만). 또는 "과정신학을 믿어라. 왜냐하면, 과정신학은 우리가 여성, 흑인, 제3세계의 해방과 같은 유행하는 현대의 목표들을 지지할 수 있게 하기 때문이다"(존 캅[John Cobb]과 그리핀[D. R. Griffin]의 『과정신학』[Process Theology] [Philadelphia: Westminster Press, 1976] 전체에 걸쳐서 종종 발견되는 일종의 주장).

한편, 다른 오류처럼 긍정적 상황의 역공 논증은 결론을 증명하지 않는다. 가령, 사람이 여성이라는 사실은 그녀가 페라로에게 투표해야 할 의무가 있다는 것을 증명하지 않는다.

어떤 면에서 이런 종류의 논증은 모멸적이다. 왜냐하면, 이런 종류의 논증은 청중을 단체가 믿는 것에 따라 맹목적으로 투표하거나 믿는 단체의 회원으로 보기 때문이다. 최악의 의미에서 이것은 "집단 사고"다. 그리고 심지어 단체의 이기심을 고려하는 호소로써 이런 집단 사고는 종종 매우 피상적이다. 여성들, 부자들, 흑인, 장로교인들, "현대인들" 간에 커다란 차이점이 존재한다.

다른 한편, 여기서 논의했던 다른 논증처럼 이런 종류의 논증은 어떤 가치가 있다. 우리는 앞에서 보여 주었듯이 공동체의 일원이고, 분명히 단체에 대한 충성심이 있으며, 공통 관심사를 갖고 있다. 때때로 우리가 이런 것들을 상기하는 것이 중요하다. 누군가 다음과 같이 말할 수 있다.

> 당신은 정통장로교 교인이다. 나는 당신이 신자의 세례(재세례를 의미한다. - 역주)를 지지하는 것을 듣고 매우 놀랐다.

사실 이런 주장은 우리가 억지로 우리의 견해를 재고할 수 있게 하는 비일관성에 대한 비난이다. 가령, 내가 분명히 비일관적이었다는 것에 동의한다 해도 이것은 문제를 해결하지 못한다. 그런데도 나는 이런 두 가지 모순되는 견해 가운데 어떤 견해를 취할 것인지 결정해야 한다.

내가 신자의 세례를 포기할 것인가?

아니면 내가 정통장로교 표준에 대한 충성을 포기할 것인가?

그런데도 역공 논증이 초래한 숙고는 유익할 수 있다. 반틸의 변증학은 상황적 역공 논증을 많이 사용한다. 그는 불신자가 불신자 **자신의 전제에서** 혼돈의 우주, 즉 무의미하고 이해할 수 없는 우주를 믿어야 함을 그 불신자에게 보여 주려 애쓴다. 불신자는 이런 식으로 일관되길 원하지 않을 수 있지만, 적어도 자신의 비일관성과 대면한다. 이것은 전적으로 합당하다. 변증학은 본질상 역공적(*ad homienm*)이다.

변증학의 목적은 논증, 심지어 타당한 논증을 만드는 것이 아니라 사람들을 설득하는 것이다(물론 설교와 가르침도 마찬가지다). 변증학은 자신의 주장을 특별한 사람이나 청중에게 향하고 그들이 가장 기본적 차원에서 그들이 가진 개인적 헌신을 재고하도록 촉구한다.

또한, 공통 전제에 대한 논쟁의 불가능성, 즉 양 당사자가 기쁘게 존중하는 전제에 대한 논쟁의 불가능성을 고려할 때 역공 논증은 합당하다. 우리는 그런 "공통의 기반"에서 추론할 수 없으므로 "논증을 위하여"(제11장을 보라) 기독교적 전제와 비기독교적 전제를 살펴보아야 한다.

또한, 우리가 가진 각자의 전제적 틀에서 또 다른 사람의 일관성을 조사해야 한다. 성경은 많은 역공 논증을 포함하고 있다. 예수님의 가르침은 거의 미칠 듯이 역공적이다. 예수님은 빈번하게 자기 적대자들의 질문에 직접 답변하기를 거절하시고 오히려 그들에게 그들이 하나님과 맺고 있는 인격적 관계에 도전하는 답변을 하신다(마 21:23-27; 22:15-33; 요 3:1-14; 8:19-29를 보라).

5) 부정적 상황의 역공 논증

부정적 상황의 역공 논증은 누군가의 견해가 그의 특별한 상황으로 인해 거짓이라고(또는 적어도 그가 그 견해를 주장할 어떤 권리도 없다고) 말한다.

예수님의 동시대 사람들 가운데 일부는 예수님이 나사렛 출신이고 모든 사람이 나사렛에서 어떤 좋은 것도 나오지 않는다는 것을 알고 있으므로 예수님의 가르침이 거짓이라고 주장했다!(요 1:46)

또는 누군가 내가 정통장로교 교인이므로 다른 교단의 복음주의적 관행을 비판할 어떤 권리도 없다고 주장할 수 있다. 왜냐하면, 내가 속한 교단은 두드러지게 복음을 전파하지 않기 때문이다. "너 역시"(*tu quoque*, 피장파장 - 역주) 논증이 이런 제목에 부합한다.

"당신은 나를 비판하지 말아야 한다. 왜냐하면, 당신도 나만큼 나쁘기 때문이다."

부정적 상황의 역공도 불합리하다. 이 논증은 한 개인이 가진 견해보다 오히려 이 사람을 공격한다. 하지만 그런데도 이 논증에 어떤 가치가 존재한다.

성경은 우리가 누군가 비판하기 전에 "네 눈 속에서 들보를 빼어라"고 명령한다. 따라서 우리는 신학적 논증을 고려할 때 이 논증의 타당성과 건전성뿐 아니라 우리 자신을 살펴볼 의무가 있다(딤전 4:16; 또한, 본서 제10장을 보라). 우리가 판단 내리기를 삼가고 우리 자신이 동일한 기준으로 판단 받으리라는 것을 알아야 할 때가 있다(마 7:1-6).

불신자들 또한 자기 자신을 살펴보도록 요구를 받아야 하고 단지 기독교를 찬성하는 논증들만 살펴보아서는 안 된다. 만일 그들이 부정적 상황의 역공 논증이 **자신들**과 맺고 있는 관계를 보지 못한다면, 그들은 결코 설득되지 못할 것이다.

프란시스 쉐퍼(Francis Schaeffer)는 불신자의 말할 수 있는 권리(또한, 특별히 살 권리)에 도전하는 역공 논증을 매우 효과적으로 사용했다. 가령, 그는 우리에게 작곡가 존 케이지(John Cage)에 대해 말해 준다. 케이지는 우주가 완전히 우연인 것을 믿고 이것을 자신의 음악으로 표현하려 한다. 그러나 케이지는 또한 버섯 재배자다. 그는 전에 다음과 같이 말했다.

> 내가 나의 우연한 작용의 정신으로 버섯에 접근했다면, 나는 즉시 죽었으리라는 것을 알게 되었다. 그래서 나는 이런 식으로 버섯에 접근하지 않기로 했다.[26]

쉐퍼는 다음과 같이 말한다.

---

[26] Francis Schaeffer, *The God Who is There* (Chicago: Inter-Varsity Press, 1968), 73f.

즉 이 세상에게 본질적으로 우주가 무엇인지, 진정한 인생철학이 무엇인지 가르치려 노력하는 한 남자가 여기 있지만, 그는 그것을 버섯을 따는 데 조차 적용할 수 없다.

케이지의 우연철학은 단순히 그가 그 철학을 일관되게 적용할 수 없다는 이유로 틀렸다고 입증되지는 않았다. 여전히 이런 논증은 힘이 크다.

첫째, 이 논증은 케이지의 삶에 잘못된 **무언가**—이런저런 식으로 변할 필요가 있는 어떤 것—를 보여 준다.

둘째, 이 논증은 케이지의 관점이 가진 매력을 감소시킨다. 우리 대부분은 우리가 살며 함께 할 수 있는 철학을 원하기에, 심지어 케이지가 그 자신의 철학으로 살 수 없다면, 다른 사람들도 케이지의 철학으로 살 수 있을 것이라고 믿어야 할 이유는 거의 존재하지 않는다.

셋째, 이 논증은 케이지의 더 깊은 종류의 사유 안에 문제—반틸이 설명했던 것처럼 합리주의-비합리주의 변증법—가 있음을 암시한다.

6) 침묵이나 무지에 기초한 논증

침묵 또는 무지에 기초한 논증(또한, '아드 이그노란티암'[ad ignorantiam, 무지 향해 - 역주]으로 알려진)은 어떤 것이 거짓으로 증명되지 않았기 때문에 참이거나 어떤 것이 참인 것으로 증명되지 않았기 때문에 거짓이라고 주장한다. 이런 형태의 논증이 오류인지는 입증 책임이 규명되었는지에 달려 있다(위의 "7. 입증 책임"를 보라). 가령, 유아세례에 대한 논증에서 만약 구약성경의 언약적 패턴을 바꾸어야 하는 분명한 신약성경의 지시가 없다면 우리는 구약성경의 언약적 패턴을 따라야 한다고 결정할 수 있다. 이런 원칙은 입증 책임을 확립한다. 패턴의 변화를 증명하길 원하는 사람은 신약성경에서 그것을 증명해야 한다.

신약성경이 (상대적으로) 이 분야에서 침묵하고 있으므로 구약성경의 관행이 그대로 있다. 따라서 일단 입증 책임이 확립된다면 무언가 증명하기 위해 신약성경의 침묵을 사용할 수 있다. 또한, 사실 입증 책임이 번복된다면 우리는 신약성경의 침묵에서 반대 결론을 도출할 수 있다.

내가 볼 때, 침묵에 근거한 논증이 문장 차원보다 오히려 단어 차원에서 기능할 때 이 논증은 결코 타당하지 않다. 성경이 특별한 단어를 사용하지 않거나 다른 단어와 대조해서 한 단어를 사용하지 않는다는 사실은 결코 그런 단어 사용을 거절할 합당한 근거가 아니다. 성경의 어휘 목록(lexical stock)은 신학에서 규범적이지 않다. 왜냐하면, 만약 규범적이라면 신학을 히브리어와 그리스어로 기록해야 할 것이기 때문이다.

7) 연민에 호소

연민에 호소(appeal to pity)는 또한 '아드 미세리코르디암'(ad misericordiam, 연민을 향해 - 역주)으로 알려졌다. 무엇보다 클래런스 대로우(Clarence Darrow)는 배심원에게 피고—자비 외에는 거의 희망이 없었던 피고—를 불쌍히 여겨 달라고 감정적인 호소로 했던 것으로 유명하다. 종종 교회 법정에서도 같은 일이 발생한다.

기독교의 자비는 교회 징계에서 관용에 대한 근거로 언급된다. 종종 징계를 통해 그리스도의 몸인 교회를 정화하려는 사람들은 사랑이 없다고 비난을 받는다. 이것은 힘의 위협 논증(ad baculum)에 대한 반대 오류다.

다른 오류 같이 연민에 호소 논증의 장점을 이해할 때, 이 논증의 문제가 무엇인지 더 명확히 이해할 수 있다. 한편, 사실 성경은 분명히 우리에게 타인의 부당한 행위 목록을 보관할 것이 아니라 자애롭고 너그러우며 타인을 이해하라고 권면한다. 사실 성경이 우리에게 다투는 것을 **금지하는** 몇몇 문제들, 즉 "어리석은 논쟁"들이 있다(딤전 1:3ff.). 교회에서 모든 다툼에 돌입하고 있다고 생각하는 사람들은 자신들이 이런 원칙을 존중하는지 자신에게 물어야 한다.

다른 한편, 성경은 또한 우리에게 거짓 가르침, 복음을 부정하는 이단에 대해 격렬하게 싸울 것을 종용한다. 성경은 교회의 책망을 들으려 하지 않은 사람들의 출교를 보증한다(마 18:15ff.; 고전 5:1-5). 그런 징계는 증오가 아닌 사실 사랑에서(고전 5:5), 또한 죄인 된 형제의 선을 위해 발생한다. 따라서 사랑과 연민에 대한 호소를 무시하지 말아야 한다.

교회 회의가 범죄의 중대성을 넘어서는 징계를 고려할 때 그런 호소를 경청해야 하고 받아들여야 한다. 하지만 다른 경우에 이런 호소는 합당하지 않다.

어쨌든 연민에 호소는 결코 명제의 진리를 증명하는 데 충분하지 않다. 우리는 결코 교리의 진리를 붙들고 있는 사람에게 연민을 촉구함으로써 교리의 진리를 규명할 수 없다.

8) 감정에 호소

감정에 호소(또한 '아드 포풀룸' [ad populum, 대중을 향하여 - 역주]으로 알려진)하는 것은 연민에 호소하는 것보다 다소 더 광범위하고, 연민에 호소하는 것을 포함한 오류다. 여기서 감정에 호소하는 것은 단지 연민이 아닌 다양한 다른 감정에 호소하는 것이다. 이것은 '아드 포풀룸'("대중을 향해")인데, 왜냐하면, 많은 군중을 마주 보고 있는 강연자들은 종종 감정적인 호소로 그들에게 영향을 주려고 애쓰기 때문이다.

따라서 사람이 새로운 생각이 있다면 그는 그것을 설명하기 위해 "진보," "창의성," "신선한"과 같은 감정적으로 긍정적인 단어를 사용하고 그의 반대자들을 "반동적인" 또는 "정적"(static)이라고 부른다. 그는 자신이 낡은 생각을 하고 있다면 "과거의 지혜," "신뢰성이 증명된," "미국적 가치" 등을 언급할 수도 있고, "급진적인" 또는 "혁명적인" 생각을 공격할 수 있다.

많은 신학적 언어는 인지적 내용보다 더 감정적인 내용을 가진다. 좋은 신학(우리의 견해가 무엇이든지)은 "역동적인," "타당한," "구체적인" 신학이다. 좋은 신학은 "그리스도 중심적"이고, "은혜의 신학"이다. 또한, 좋은 신학은 "역사를 진지하게 고려"하고, "자유"와 "일치성"을 증진한다.

좋은 신학은 "구분"하지만 경쟁 관계에 있는 견해들은 "이분화" 또는 "이원론"을 만든다(일반적으로 사람들은 **이원론**을 특별히 좋아하지 않는 구분을 말하기 위해 사용한다). 누군가 나를 "정적" 신학을 가진 것으로 비난한다면 나의 첫 번째 반응은 나의 신학이 얼마나 "역동적"인지 또한 그의 신학이 실제로 나의 신학보다 훨씬 더 "정적"인지 보여 주는 것이다(물론 어느 당사자도 **정적** 또는 **역동적**인지 정의하지 않는다면 이것은 항상 훨씬 쉽다).

나는 다음과 같이 생각한다. 즉 내가 "반추상주의"적이며 또한 "단어 차원"의 논증을 사용한다고 비판했던 대부분의 신학은 그런 감정적인 함축의 언어에서 효력과 설득력을 끌어낸다. 사실 현대신학은 많은 정통주의 용어를 사용하고 이 용어의 전통적 의미를 거절한다. 하지만 현대신학은 그런 언어가 기독교에 의해 영향을 받을 사람들에 대해 가진 감정적인 가치를 이용한다.

가령, 틸리히는 "그리스도의 십자가"를 언급하고 예수님의 역사적인 십자가 처형이 아닌 변증법적 자기부정이 함유한 우주적 과정을 언급한다. 하지만 많은 독자는 그의 글에서 기독교적 헌신(참조, 제1장 각주 43번 - 역주)과 같은 단어를 읽을 때 그의 기독교적 헌신에 안심한다. 적어도 이런 함축이 존재하는 것처럼 보이고 실제로 단어 위를 맴돌고 있지만, 정통적 함축은 부재하다.

때때로 감정적 호소를 하기 위해 목소리의 음색 또는 표정을 사용하는 것만으로도 충분하다. 나는 어떤 이유로 설교 제목들에 동의하지 않았던 한 신학자를 기억한다. 나는 그의 논증을 기억하지 못하지만 분명히 그가 크게 한숨을 쉬고 비극적인 슬픈 어조로 "설교 제목들"이라는 단어를 천천히 말했던 것을 기억한다.

이것은 마치 그가 자신과 함께 자신의 청중이 같은 슬픔과 혐오감을 나타내길 기대했던 것 같았다. 나는 내가 그러한 감정을 공유하지 못했다고 고백한다. 나는 설득력 있는 논증을 기다렸다. 그러나 그런 논증은 결코 나오지 않았다.

감정에 호소하는 오류의 예들은 많고 재미있지만, 그 주장은 호소력이 있다. 분명히 우리는 단순히 그런 결론에 대해 특별한 감정적 반응을 나타냄으로써 결론을 증명할 수 없다. 그런데도 감정이 전적으로 신학 논의와 관련 없는 것은 아니다(제10장을 보라). 감정은 분명히 내용을 전달하고 종종 중요한 내용을 전달한다.

감정은 하나의 명제가 누군가의 사고 안에 있다는 것이 얼마나 중요한지 전달할 수 있다. 감정은 생각을 너무 생생하게 전달하기에 동일한 생각을 "객관적인 학문적" 산문체를 통해 전달하는 것은 불가능할 것이다. 감정은 한 사상가의 전제, 한 문제에 관한 그가 가진 편견(또한, 물론 누구도 그런 편견이 없는 것은 아니다)을 전달할 수도 있다.

결국, 우리는 인간이다. 신학은 가장 인간적인 학문 분과 가운데 하나다. 우리는 우리 마음의 가장 깊은 확신을 전달하려 애쓴다. 감정 없이 이것을 하려 하는 것은 한 다리로 서서 그것을 하려고 시도하는 것과 같다. 따라서 그것은 무의미하고 이런 임무를 손상한다. 대부분 경우, 감정 없이 이런 확신을 진술하려고 하는 것은 불가능하다. 또한, 이것이 불가능하다면 이것은 실제로 고려되는 확신의 내용을 왜곡할 것이다.

9) 권위에 의거한 호소

권위에 의거해 호소하는 것은 또한 '아드 베레쿤디암'(*ad verecundiam*, 경외심을 향하여 - 역주)으로 알려졌다. 일반적으로 권위에 의거한 호소는 다음과 같은 의미에서 오류다. 즉 주장되고 있는 결론을 **필연적인 결과로 수반**하지 않는다. 하지만 사실 우리의 일상 추론에서 권위에 호소하는 것은 필수적이다. 우리는 우리가 개인적으로 검증하지 않았던 우리 사고에 중요한 많은 명제를 믿는다. 역사, 과학, 신학에 대한 우리가 가진 지식 대부분은 우리보다 더 지식이 많은 다른 사람에게 배웠다. 또한, 우리는 그들의 권위에 기초해서 지식을 수용했다.

신학에서 권위에 따른 많은 호소가 있다. 물론 성경에 따른 호소도 있을 뿐 아니라 신조, 신앙고백서, 철학자들(아퀴나스의 아리스토텔레스 인용, 하이데거에 대한 불트만의 태도), 다른 신학자들, 신학 전통에 대한 호소도 있다. 때때로 심지어 유명한 운동선수들도 종교 지도자들의 역할을 맡는다. 또한, 그들은 마치 자기들이 다른 경우라면 시리얼이나 맥주를 팔 수 있는 것처럼 사람들을 그리스도에게 인도하기 위해 그들의 마음을 얻으려고 노력한다. 성경 권위만이 결정적이다. 성경 권위에 호소하는 것은 논리적으로 잘못된 것이 아니라 정통신학이 가진 가장 근본적인 논증이다. 그리고 이 논증은 다른 모든 논증의 기저에 놓인 논증이다. 다른 유형의 사고에서는 다른 전제들이 유사한 권위적인 지위가 있는 것으로 생각된다.

따라서 가장 기본적인 차원에서 권위에 따른 호소(ad verecundiam)는 불가피하다. 순환성처럼 권위에 호소하는 것은 전제적 차원에서 불가피하다. 또한, 권위에 호소하는 것은 간접적으로 모든 논증에 영향을 미친다. 왜냐하면, 권위에 따른 호소는 어떤 체계에서도 진리에 대한 가장 근본적인 기준을 제공하기 때문이다.

하지만 권위에 따른 호소가 항상 명확해야 하는 것은 아니다. 또한, 물론 궁극적인 권위보다 덜한 것에 호소하는 것은 항상 오류가 있고 종종 피할 수 있다.

10) 거짓 원인

다음 일군의 오류는 인과율(causality)이라는 개념과 관련된다. 이런 오류들 가운데 첫 번째 오류는 단순히 무언가의 원인을 평가하는 데 있어 실수다. 즉 거짓 원인의 오류(*non causa pro causa*)다. 그리고 거짓 원인의 오류는 종종 시간적 관계와 인과적 관계 사이의 혼란에서 발생한다.

의심할 여지없이 우리는 자신의 울음소리가 태양이 뜨게 한다고 생각했던 수탉에 관한 이초래를 들었다. 왜냐하면, 매일 수탉의 울음소리 후에 태양이 떠올랐기 때문이다. 그런 혼란은 전문적으로 인과의 오류(*post hoc ergo propter hoc*, "이것 이후에, 따라서 이것 때문에")로 부른다. 아니면 다음과 같은 예를 고려하라. 태양이 일식(蝕)에 들어갈 때 어떤 부족 일원들이 자신들의 북을 격렬하게 두드렸다고 한다. 그들은 그렇게 북을 두드리는 것이 태양을 원래 모습으로 되돌린다고 믿는다. 왜냐하면, 과거에 태양은 항상 자신들이 리듬 있는 탄원 이후에 원래 모습으로 되돌아왔기 때문이다.

현대 의학도 역시 이런 종류의 질문에 직면한다. 종종 환자는 약을 먹은 후에 심지어 그 약이 자신의 질병에 어떤 생리학상의 효과가 전혀 없음에도 더 좋아지거나 심지어 치료를 경험할 것이다.

이런 심리적인 치료를 "플러시보 효과"(placebo effect)라고 부른다. 하지만 이런 플러시보 효과는 언제 약이 실제로 효과적인지, 그리고 언제 그렇지 못한지 평가하는 것을 더 어렵게 한다. 제시된 약의 효과와 위약(僞藥, placebo)의 심리적 효과를 **비교하는** 주의 깊은 표본 추출이 이루어져 한다. 이것은 과학자들이 어떤 약이 실제로 치료의 효력**이 있고**, 또한 어떤 것이 단지 치료보다 앞에 위치하기만 하는지 배울 수 있게 하기 위한 것이다.

정치에서 우리는 이런 유형의 오류의 많은 예를 발견한다. 가령, "레이건(Reagan)이 당선되었다. 그리고 미국이 경기침체에 빠졌다."

미국이 경기침체 빠진 것은 이것 때문(*propter hoc*)인가?

아니면 단지 이것 이후(*post hoc*)인가?

레이건은 다음과 같이 대답했다.

"경기침체는 카터 행정부가 취했던 정책의 결과였다."

이것이 합당한 답변인가?

아니면 단순히 동일한 오류의 또 다른 예인가?

두 행정부가 잘못이 아니라 연방준비제도이사회(the Federal Reserve Board), 의회, 또는 심지어 미국 국민이 책임을 져야 한다는 것이 가능하지 않은가?

다양한 인과관계가 존재했고, **많은** 사람과 기관이 책임이 있었다는 것이 가능하지 않은가?

신학 역시 많은 예가 존재한다. 신학자들은 이 세상의 많은 병폐의 책임을 자신들이 동의하지 않은 신학적 견해로 돌린다. 알미니우스주의자들은 개혁파들 가운데 선교에 대한 무기력한 태도(lethargy)를 예정에 대한 칼빈주의자들의 믿음 때문이라고 말한다. 가령, 앞에서 논의했던 "미끄러운 경사면" 논증(위의 8. "3) 귀류법")은 다음과 같이 가정한다.

교단이 쇠퇴할 때 그런 쇠퇴는 대부분 하나의 중요한 교리상의 결정으로 돌릴 수 있다. 때때로 이와 같은 논증들이 설득력이 있다.

하지만 우리는 하나님의 세계—그리고 역사를 향한 그의 계획—가 일반적으로 우리가 하나님의 세계와 하나님의 계획이 복잡할 것이라고 상상하는 것보다 더 복잡하다는 것을 기억해야 한다. 인과관계를 평가하기 위해, 즉 책임을 돌리기 위해 우리가 종종 성급한 만큼 성급하지 말아야 한다.

11) 발생학적 오류

발생학적 오류(genetic fallacy)는 인과관계가 있는 또 다른 문제다. 이런 오류는 무언가의 현재 상태와 그것의 앞선(또는, 원상태) 상태 사이에 밀접한 유사성을 가정한다. 한 종류의 예는 성경 단어 연구일 것이다. 성경 단어 연구에서 한 용어의 어원론적 의미는 그 용어의 성경적 사용과 동일하다고 가정된다.

철학자들은 때때로 다음과 같이 주장했다. 즉 국가는 계급 압제의 도구로 시작되었고 따라서 오늘날도 동일한 역할을 갖고 있음이 틀림없다는 것이다. 또는 생물학자들은 인류가 어떤 고등 유인원 종에서 진화했기 때문에 우리는 아직 "본질적으로" 유인원이라고 주장한다. 그리스도인들은 이 두 주장이 가진 전제에 이의를 제기해야 한다. 하지만 그들 또한 이런 결론을 확립하게 한 결함 있는 논리를 인식해야 한다.[27]

또한, 뒤바뀐 형태의 발생학적 오류가 존재한다. 이런 오류는 무언가 지금 이러하므로 그것은 이미 초기 단계에서 이러 이러했음에 틀림이 없다고 가정한다. 이것은 과학적 균일설(scientific uniformitarianism)의 오류다. 과학적 균일설은 현재 작동하는 모든 법칙은 우주의 존재가 지속하는 동안 작동했음이 틀림없다고 주장한다.

12) 인과율의 모호성

인과율(cauality) 또한 다른 많은 것을 의미했다. 아리스토텔레스는 네 가지 유형의 원인을 식별했다. **작용인**(efficient cause)은 무언가 일어나게 하는 원인이다. 또한, 이것이 원인에 대한 가장 일반적인 개념이다. **목적인**(final cause)은 무언가 일어나는 목적이다.

형상인(formal cause)은 무언가 존재하는 그대로 만드는, 무언가 함유한 가장 본질적인 특성이다. 또한 **질료인**(material cause)은 무언가를 만드는 원인이다.

다른 사람들은 또한 **도구적** 인과율(무언가를 성취하는 도구나 돕는 수단—가령, 칭의의 "도구"인 믿음), **법정적** 또는 **도덕적** 인과율(법적 또는 도덕적 기초로 이것에 기초해서 무언가 발생한다—가령, 칭의의 근거인 그리스도의 의), **필요충분조건**(위의 "5. 논리적 순서"를 보라), **내용적 함의**(논리적인 "만약 ~라면"—위의

---

[27] 나의 편집자는 나에게 또 다른 흔한 예를 상기시켜 준다. 즉 "크리스마스 트리는 원래 이교도들이 사용했기 때문에 그것은 이교적인 의미가 있고, 따라서 우리는 그것을 사용하지 말아야 한다."

"4. 논리의 한계"를 보라) 등을 구별했다.

우선성의 개념과 같이(위의 "5. 논리적 순서"를 보라) "원인" 또는 "인과율"의 개념은 모호할 수 있다. 또한, 사실 이 두 개념은 종종 교호적으로 사용될 수 있다.

신학에서 인과율 개념은 중요하다. 왜냐하면, 신학은 창조(이 세상의 원인), 신적 작정(이 세상에서 사건의 원인), 구원의 원인(예로, 선택, 삼위 간의 협의, 성육신, 그리스도의 능동적 순종, 속죄, 부활, 성령의 구속 적용)에 관심이 있기 때문이다. 종종 신학 논쟁은 인과율 개념에 초점을 맞출 것이다. 가령, 로마 가톨릭과 개신교도들은 구원에 관해 선행, 성례, 믿음, 그리스도의 의에 돌려야 하는 인과적 효과성(causal efficacy)의 종류에 대해 의견을 달리한다.

"필연적"(necessary)이라는 단어는 우리가 조사했던 많은 종류의 인과율을 한정하는 형용사 역할을 한다. 몇 년 전에 손꼽히는 신학교에 근무하는 경건한 교수는 선행이 칭의에 "필연적"(necessary)이라고 제안했다.

이 견해의 반대자들은 이 교수가 그 표현을 사용함으로써 선행을 믿음을 위한 자리에 놓거나 심지어 행위를 구원의 근거로 그리스도의 의를 대체시킨다고 주장했다. 그는 그런 의도를 부인했고 자신은 단지 선행을 칭의의 필연적인 부속물이고(약 2:14-26에서와 같이) 칭의의 필연적인 **증거**로 간주했다고 주장했다.

나는 "필연적"이라는 용어가 가진 모호성을 서로 기꺼이 분석하지 않으려는 것(더 잘 알았어야 했을 사람들의 편에서)이 이런 논의를 망쳤다고 생각한다. 이런 오해로 이 교수는 신학교 교수진에서 경질되고 형제들 사이에 많은 추한 양극화와 분열을 낳았다.

아마 우리는 실질적 과학 논리가 무엇인지 또는 적어도 무엇이 되어야 하는지 이해하기 시작했을 것이다!

우리 형제를 향한 **사랑**은 신중한 사고를 요구한다. 불행하게도 우리는 종종 가장 중요한 이런 문제, 즉 정확하게 가장 주의 깊은 분석을 요구하는 문제에 관해 무모하게 성급한 결론을 내린다. 우리가 이런 문제에 관해 열정적이므로 우리는 성급한 결론을 내린다. 이런 열정은 합당할 수 있지만, 더 건강한 방향에서 전해져야 한다. 우리의 열정은 우리에게 진리와 그 진리를 달성하는 수단을 위한 더 큰 열정을 제공해야 한다.

13) 다중 인과율과 단일 인과율 사이의 혼동

종종 한 사건에 많은 원인이 있다. 또한, 다른 원인보다 우위에 있는 것으로, 이런 원인 가운데 하나를 선별하기 어렵다.

미국을 강력한 국가로 만들었던 것은 무엇인가?

천연자원?

경제적 자유?

상대적으로 자유로운 이민?

종교적 자유?

기독교적 뿌리?(아무리 현재 쇠퇴했어도)

몇 년 전에 식당 가맹점 광고는 이런 질문을 던졌다.

"누가 이 식당 종업원 가운데 가장 중요한가?"

매니저?

주방장?

그들은 청결한 종업원이 가장 중요하다고 결론을 내렸다. 왜냐하면, 그 종업원이 식당에서 식사하는 것을 아주 기분 좋게 했던, 신선하고 깨끗한 분위기를 창출했기 때문이다. 물론 이런 종업원**은** 중요**했고** 심지어 필요

했다. 또한, 이 장소의 청결함을 강조했던 광고는 이 종업원의 중요성을 올바르게 강조했다. 하지만 이런 중요성과 필요성이 이 종업원을 주방장, 웨이터, 또는 매니저보다 **더** 필요한 사람으로 만들지 않았다. 왜냐하면, 주방장, 웨이터, 또는 매니저도 중요하고 필요했기 때문이다.

가령, 때때로 신학에서 원인, 아마 필연적 조건이 무언가의 **그** 원인으로써 다른 모든 원인에서 선별된다. 가령, 가난한 자들의 해방은 성경적 복음이 가진 하나의 필연적인 요소이므로 일부 신학자들은 그것을 기독교의 본질로 만들려고 애썼다.

하지만 동일하게 필요하고 중요한 다른 요소들도 존재한다. 다른 신학자들은 다음과 같이 주장할 것이다. 즉 장로교 절차("모든 것을 품위 있게 하고 질서 있게")는 교회 사역을 위해 필요하다. 따라서 무수한 당회 시간과 노회 시간을 회의록, 절차상의 논쟁 그리고 다른 것을 완벽하게 하는 데 낭비할 것이다. 이런 사람들은

가령, 그들이 옳고 그런 절차들이 어떤 면에서 필요하다 하더라도 그것들은 그것 때문에 **첫 번째로** 중요한 것이 아님을 깨닫지 못한다. 다른 것들이 동일하게 또는 더 중요할 수도 있다(또한, 나의 견해에서는 똑같이 더욱 중요하다). 이 시점에서 "교리와 삶의 관계"에 대한 아주 오래된 논쟁이 합당하게 등장한다. 혹자는 "교리는 교회 생활에 중요하고 필요하다"고 말할 것이다. 또한, 그들은 교회, 당회, 노회의 모든 시간을 신학의 상세한 모든 사항에서 완벽한 일치를 이루는 데 보내길 원할 것이다. 또한, 교회의 신학은 절대 완벽하지 않으므로 그런 사람들은 어떤 다른 주제에 바쳐지는 시간을 아까워한다. 다른 사람들은 "복음 전도는 교회 생활에 중요하고 필요하다"고 말할 것이다. 또한, 그들은 선교 전략을 만드는 데 교회의 모든 시간을 사용하길 원할 것이다. 이와 유사한 방식으로 다른 사람들

은 기도, 사회정의, 기독교 정치, 또는 경제에 관심이 있다. 이런 "우선순위의 차이점"은 종종 교회에서 분열을 초래하고 교단 사이의 일치를 어렵게 한다. 정통장로교단(Orthodox Presbyterian Church)과 미국장로교단(Presbyterian Church in America)은 동일한 교리적 기준을 갖고 있고 모두 성경 권위에 헌신되어 있다. 하지만 많은 사람이 인식된 우선순위의 차이점으로 이 두 교단의 통합에 저항한다. 일치를 위해 논리적 요점을 강조하는 것이 중요하다. 위에서 언급한 모든 문제는 교회 생활에서 중요하고 필요하다. 하지만 이것들 가운데 어떤 것도 그것 때문에 다른 어떤 것보다 더 중요하지는 않다. 가령, 우리는 감히 우리가 가진 모든 시간을 현재의 교리적 완전성을 헛되이 추구하는 데 사용하지 않는다. 왜냐하면, 그렇게 하고 있다면 중요성에 있어 같은 다른 문제를 경시할 것이기 때문이다. 사실 우리가 선교를 경시할 정도로 교리적 순수성을 추구한다면 우리의 교리 자체는 그것 때문에 순수하지 못하게 될 것이다.

왜냐하면, 지상대명령(the Great Commission)도 하나의 교리이기 때문이다!

어떻게 이 모든 필요한 문제가 관점적으로 관련되어 있는지 주목하라. 이것들을 이런 방식으로 생각하는 것은 균형을 달성하는 데 도움이 될 수 있다. 물론 성경의 다른 문제들보다 더 중요한 몇몇 문제들이 있다. 예수님은 "율법의 더 중한 바"를 말씀하신다(마 23:23).

다음과 같은 것 또한 사실이다. 즉 우리는 성경을 실제 상황에 **적용**할 때 종종 또 다른 원칙보다 오히려 하나의 원칙이 특별한 시간에 우리의 주의를 끌 자격이 있다고 판단해야 한다. 제5장 1. "9) 규범의 서열"의 앞 부분 논의를 보라.

하지만 그런 판단은 단순한 전통 또는 우리의 "직감적인" 느낌이 아닌

주의 깊은 숙고에 기초해야 한다. 여기서 나는 단순히 다음과 같은 논리적 주장을 하고 싶다. 즉 성경의 교리가 "중요하거나" "필요하다"고 말하는 것은 그것이 어떤 다른 교리보다 항상 더 중요하거나 그것이 항상 더 크게 강조될 만하다는 것을 증명하지 않는다.

14) 복합 질문

이제 우리는 인과율 개념을 뒤로하고 **질문**과 관련된 오류를 살펴본다. "복합 질문" 오류(complex question fallacy)는 별개로 답해야 할 두 가지 질문을 하나의 질문으로 다룬다. 가장 유명한 예는 다음과 같은 질문이다.

즉 "아내 때리는 것을 중단했지요?"

또는 더 광범위하게 "악행을 포기했나요?"

그렇다고 대답하든지 아니라고 대답하든지 우리는 우리 자신을 죄가 있는 것처럼 보이게 한다. 문제는 다음과 같다.

"아내 때리는 것을 중단했지요?"

이런 질문은 어떤 의미에서 실제로 두 가지 질문이다.

① "아내를 때려 왔지요?"
② "그랬다면, 지금은 멈추었지요?"

물론 ①에 대한 답변이 아니라면, ②는 심지어 적용될 수 없다.

하지만 "아내 때리는 것을 중단했지요?"는 ①에 대한 긍정적인 답변을 **전제**한다. 이런 질문을 피하려면 우리는 이런 질문이 전제하는 것을 보여주어야 한다. 그리고 다음과 같이 말함으로써 그런 전제를 부정해야 한다.

"이봐요, 착한 양반!

당신은 내가 아내를 때려 왔다고 **가정**하고 있어요. 그것은 사실이 아니므로 당신 질문은 부적당해요."

여기에 일부 다른 예들이 있다.

"착한 아이가 돼서 자러 가야지?"

"그는 이런 생각 없는 근본주의자들 가운데 하나인가?"

'그렇다,' 또는 '아니다'라고 답할 수 없는 많은 질문이 있음에 주목하라. 이것은 배중률(the law of the excluded middle)이 우리를 오도할 수 있다는 추가적인 예들이다(위의 "4. 논리의 한계"를 보라). 이런 이유와 다른 이유로 인해 의회와 노회에 속한 회원들은 종종 각각의 구성 요소에 대해 별개로 투표하기 위해 질문을 "쪼갤 것"을 요구한다. 신학에서 복합 질문이 종종 제기된다. 왜냐하면, 신학자들은 단순히 그들이 하는 많은 가능한 질문들 관해 명확하지 않기 때문이다. 좋은 예가 베르까우어(G. C. Berkouwer)에게서 인용한 다음과 같은 것이다(그의 글에서 우리는 이런 많은 오류의 예를 발견할 수 있다).

> 기적은 그것 때문에 사람이 확신하게 되는, 지성에게 말하는 증거가 아니다. 기적은 믿음을 불필요한 것으로 만들지 않는다. 이와는 반대로 기적은 우리가 믿을 것을 요구한다. 기적이 가진 증거적 특징은 그리스도에 관해 사람이 내려야 하는 결정을 그 앞에 놓는다 … 기적은 하나님의 불가해한 행위다. 따라서 기적은 단지 믿음을 통해서만 하나님의 행위로 받아들일 수 있다.[28]

---

[28] G. C. Berkouwer, *The Providence of God* (Grand Rapids: Wm. B. Eerdmans Pub. Co. 1952). 다른 측면에서 기적에 관한 베르까우어의 논의는 매우 유용하다.

이 단락에서 베르까우어는 어떤 질문을 다루고 있는가?
나는 많은 질문을 분리할 수 있다.

① 기적은 증거인가?
② 기적은 인간의 다른 능력과 대조적으로 지성에 말하는가?
③ 기적은 우리를 설득하려는 목적으로 주어지는가?
④ 기적은 믿음을 불필요한 것으로 만드는가?
⑤ 특별한 결단을 **요구**하는 것과 대조적으로 기적은 단순히 결단을 **제안**하는가?
⑥ 기적은 불가해한가?

나는 다음과 같이 추측할 것이다. 즉 베르까우어는 이런 질문들이 모두 서로 관련되어 있어 한 문제에 대한 올바른 답이 다른 모든 문제의 답을 결정한다는 것을 믿고 있다.

하지만 모든 사람이 이런 전제를 받아들이는 것은 아닐 것이다. 나 자신은 ③와 ⑥에 "예"라고 대답하고, 다른 것들에는 "아니오"라고 대답할 것이다. 나는 베르까우어가 ⑤와 ⑥에는 "예"라고 대답하고 다른 것들에는 "아니오"라고 답할 것으로 생각한다. 하지만 이런 논의는 혼란스럽다. 베르까우어가 이런 질문들을 구별했고 각각의 질문을 별도로 주장했다면 훨씬 더 도움이 되었을 것이다.

다른 예에 관해서는 앞에 제7장 "5. 신학에서의 부정"에서 언급했던 "잘못된 분리"(false distinctions)를 보라.

거기서 내가 언급했듯이 우드브리지(Woodbridge)는 자신이 믿기에 로저스와 맥킴에 의해 혼란스럽게 된 질문들을 구별하려고 애쓰는데, 가령 성경이 사람의 지성에 맞춰졌는지에 대한 질문과 성경이 무오한지에 대한 질문이다. "아내 때리는 것을 멈추었지요?"라는 질문처럼, 여기서도 질문들을 함께 묶는 것은 어떤 전제에 기초한다.

이 경우에 전제는 성경이 무오하다고 믿는 누군가 성경이 인간의 이해에 맞추어졌다는 것을 아마 믿을 수 없을 것이라는 전제다. 신학의 다른 곳 같이 여기서는 언급한 것 이면에 있는 전제를 드러내고 성경에 비추어 이런 전제를 비판적으로 평가하는 것이 중요하다. 물론 우리가 살펴보았듯이 많은 신학적 질문이 "서로 결합되어" 있다. 하지만 이런 질문들은 주의 깊은 분석을 요구하는 다양한 방식으로 "결합되어" 있다. 대체로 우리는 **어떻게** 각각이 나머지와 "결합되어" 있는지 보여 주기 위해 각각을 별도로 논의할 필요가 있다.

15) 애매어

이제 나는 모호성과 관련된 세 가지 오류를 언급할 것이다(참조, 위의 제7장 "4. 은유, 유비, 모형"의 **다섯째**). 독자들은 다음과 같은 것을 기억할 것이다. 즉 타당한 함의에서 관련된 용어들이 논증 전체에 걸쳐서 동일한 의미로 사용되어야 한다. 관련된 용어들이 동일한 의미로 사용하지 않을 때 애매어(equivocation)의 오류가 발생한다. 다음과 같은 예를 고려하라.

① "어떤 개들은 솜털로 덥힌 귀를 가졌다. 나의 개는 솜털로 덥힌 귀를 가졌다. 따라서 나의 개는 어떤 개다."
② "현대 신학자들은 성경 무오성을 부인한다. 반틸(Van Til)은 현대 신학자이다. 따라서 반틸은 성경 무오성을 부인한다."

③ "성경이 무오하다면 하나님의 말씀을 소유할 수 있다. 하나님의 말씀은 소유할 수 없다. 따라서 성경은 무오하지 않다."
④ "그리스도인은 죄를 짓지 않는다(요일 3:6). 빌은 죄를 짓는다(요일 1:8-10). 따라서 빌은 그리스도인이 아니다."
⑤ "신자는 어떤 것도 참되게 알 수 없다. '이 책은 테이블 위에 있다'는 참된 진술이다. 따라서 신자는 이 책이 테이블 위에 있는지 알 수 없다."
⑥ "우리는 행위와 별개로 의롭게 되거나(롬 3:28), 달은 녹색 치즈로 만들어졌다. 우리는 행위와 별개로 의롭게 되지 않는다(약 2:24). 따라서 달은 생치즈로 만들어진다."

16) 애매한 문장 구조

이것은 일종의 문법에서 발생하는 모호성이다. 종종 애매한 문장 구조(amphiboly)는 농담, 즉 "Save soap and waste paper"(원래 의도는 "비누와 휴지[waste paper]를 절약하라"이지만, "비누를 절약하고 종이를 낭비하라"도 해석할 수 있음 - 역주)와 같은 이중적 의미가 있는(double entendre) 어구를 만들어 낸다. 또는 "인류학: 여성을 포함한 인류에 관한 학문"(the science of man embracing woman).

첫 번째 예에서 형용사로 의도된 "쓸모 없어진"(waste)은 동사로 잘못 해석될 수 있다. 두 번째 예에서 "학문"(science)을 한정하려 의도하는 "포용하는"(embracing)이라는 단어는 "남자"를 한정하는 것으로 잘못 해석될 수 있다("여성을 포용하는 남자의 학문" - 역주). 나는 이런 유형의 신학적 오류의 예를 찾기 어렵다는 것을 알게 되었다.

하지만 우리는 다음과 같은 문장을 잘 알고 있을 수도 있다.

즉 "우리는 오직 하나님의 계시 안에서 하나님을 알 수 있다."

나는 "오직 하나님의 계시 안에서"라는 어구가 "알다"를 수식할 경우에만 이 진술이 참이라고 생각한다. 이것은 하나님에 관한 우리의 지식이 하나님이 계시하셨던 것에만 제한됨을 의미할 것이다.

하지만 만약 "오직 하나님의 계시 안에서"라는 어구가 "하나님"을 수식한다면(즉 "오직 하나님의 계시 안에 계신 하나님을 알 수 있다" - 역주) 나는 이 진술이 거짓이라 생각한다. 왜냐하면, 우리는 하나님이 무언가 창조하시거나 무엇을 누군가에게 계시하시기 전에 스스로 존재하셨던 분으로서 하나님에 관한 어떤 사실들을 알기 때문이다(아마 이런 예는 어떤 남아 있는 모호성이 존재할 것이다).

17) 강조

이것은 우리가 말하는 목소리의 어조에 의존하는 강조가 가진 모호성이다.

"자기 남자가 없는 여자는 가망이 없을 것이다"(Woman without her man would be lost).

이런 문장의 의미는 인쇄된 글에서는 매우 명백하다. 하지만 이 문장이 다음과 같은 방식으로 구두점을 찍는다면 다른 의미가 있을 것이다.

"여성—여성이 없다면, 남성은 가망이 없을 것이다"(Woman-without her, man would be lost).

구두 소통에서 목소리 억양이 명확히 구두점을 보여 주지 않는다면 어떤 불명확성이 발생할 수 있다. 만약 "친구"라는 단어를 강조한다면 "우는 무리)에 적용되는 것이 부분(또는 일원)에도 적용된다고 주장한다. 따라서 우리는 다음과 같이 주장할 수 있다. 즉 자동차가 무거우므로 무거운 담배 라이터가 있음이 분명하다. 또는 숲이 무성하므로 그 숲에 있는 각각의 나무기 무성함이 틀림없다.

"미국 인디언들은 사라지고 있다. 조는 미국 인디언이다. 따라서 조가 사라지고 있다."

이와 같은 그럴듯한 주장에서 우리는 한 계층에 사용하는 술부를 개인들에게 사용하는 술부로 혼동할 수 있다.

신학상의 예는 다음과 같은 것들을 포함한다.

① "그리스도는 전 세계를 복음화하라고 자기 교회에게 명령하신다. 나는 교회 일원이다. 따라서 그리스도는 전 세계를 복음화하라고 나에게 명령하신다."

마치 각각 개인 자신이 전체 일을 해야만 하는 것처럼 성경에서 전체 교회를 위해 의도된 명령을 취해 이 명령을 개인들에게 부과하는 목사들에 의해 많은 슬픔이 초래된다. 따라서 개인들은 자신들이 하루 종일 기도해야 하고, 이웃 지역을 복음화해야 하며, 성경 전문가가 되어야 하며, 사회의 기관을 기독교화 해야 하며, 이 세상의 모든 가난한 사람들을 먹여야 하는 일 등을 해야 한다는 생각으로 이끌린다. 아니다!

이런 명령은 **전체** 교회를 위한 것이다. 또한, 개인들은 자신들이 가진 특별한 은사에 따라 이런 목적에 기여한다(롬 12장; 고전 12-14장).

② "구약성경은 그리스도를 증거한다. 역대상 26:18은 구약성경 안에 있다. 따라서 역대상 26:18은 그리스도를 증거한다."

어떤 의미에서 이것은 사실이다. 하지만 이는 우리가 다른 모든 구절은 무시하고 이 한 구절에서만 그리스도를 설교할 수 있다는 의미가 아니다. 이런 종류의 실수는 설교자들이 본문에 모든 종류의 타당하지 못한 모형론적 의미를 부여하는 것이다.

③ 우리는 과정신학(화이트헤드[Whitehead], 하트숀[Hartshorne], 캅[Cobb] 같이)이 분할(division)의 오류에 **근거한다**고 말할 수 있다. 왜냐하면, 과정신학의 핵심 주장은 다음과 같은 것처럼 보이기 때문이다. 즉 자연과 인간의 삶이 "과정 중에 있음," 즉 항상 변화 가운데 있으므로 이 세상의 가장 작은 요소들("실제적인 일들")도 항상 변화 가운데 있음이 분명하다. 게다가 이런 종류의 변화는 우리가 일상생활에서 체험하는 변화의 특성을 반영한다. 나는 이런 추론에서 어떤 필연성도 보지 못한다.

종종 부분은 분명히 전체가 공유하는 특성을 가진다. "19) 분할"과 "18) 결합"과 같은 논증은 우리가 이것을 이해하도록 일조한다. 하지만 이것이 항상 사실인 것은 아니다. 따라서 타당하고 합당한 결론을 산출하기 위해 이런 유형의 논증을 의존할 수 없다.

20) 전건부정

마지막으로 우리는 일반적으로 **형식** 논리라는 제목 아래 논의되는 두 개의 오류를 살펴보아야 한다. 지금까지 우리는 **비형식** 오류—일상 언어의 잘못된 사용에서 발생하는 오류—를 다루었다. 단지 몇 종류의 오류가 실제로 논리적 상징주의로 축소됐고 그것들 가운데 두 개는 "전건부정"(前件否定, denying the antecedent)과 "후건긍정"(後件肯定, affirming the consequent)이다.

"전건부정"의 오류는 다음과 같은 형식이다.

즉 "만약 p라면 q이다. p가 아니다(not-p). 따라서 q가 아니다."

"p"와 "q"는 "명제적 변수"이다. 따라서 어떤 명제도 "p"를 대체할 수도 있고 어떤 다른 명제도 "q"를 대체할 수 있다.

가령, "만약 빌이 장로교인이라면 그는 선택 교리를 믿는다. 빌은 장로교인이 아니다. 따라서 그는 선택 교리를 믿지 않는다."

우리는 이런 논증이 실패한다는 것을 직관적으로 파악할 수 있어야 한다. 가령, 전제가 참이라 하더라도 결론이 틀릴 수 있다.

21) 후건긍정

이 논증은 다음과 같은 형식이다.

"만약 p이면 q다. 따라서 p다."

가령, "만약 비가 온다면 소풍은 취소된다. 소풍이 취소되었다. 따라서 비가 온다."

우리는 이런 논증이 타당하지 않다는 것을 알 수 있다. 소풍의 취소는 비 이외의 다른 이유로 발생할 수도 있다. 때때로 이런 오류와 전건부정은 매우 타당할 수 있다. 가령, 이 예를 보자.

"룻이 믿고 있다면 그녀는 중생했다. 그녀는 중생했다. 따라서 그녀는 믿고 있는 것이다."

이런 예는 비와 소풍의 예보다 더 설득력 있게 보이지만, 같은 오류다. 두 번째 예가 더 타당해 보이는 이유는 중생과 믿음이 상호 함축적이기 때문이다. 만약 우리가 어느 한쪽을 가진다면 우리는 다른 쪽을 가진다(여기서 유아 중생의 복잡한 문제는 고려하지 않는다). 따라서 만약 롯이 중생했다면 그녀가 믿는다는 것은 사실이다. 또한, 이런 전제에서 문제가 되는 결론이 분명히 뒤따른다. 따라서 인용된 논증은 타당한 논증과 밀접하게 비슷하기 때문에 이 논증은 타당해 보인다.

요약하자면 다음과 같은 것이 논리적 오류에 관한 나의 생각의 일부다.

① 물론 일반적으로 이런 오류들을 피해야 한다. 하나님은 우리를 진리에 따라 사고할 것을 요구하신다. 또한, 이것은 논증이 실제로 설득력이 있지 않을 때 우리가 그 논증을 설득력 있는 것으로 제시하지 말아야 한다는 것을 수반한다. 왜냐하면, 그렇게 하는 것은 일종의 기만이기 때문이다.
② 그런데도 오류가 완전히 무가치한 것만은 아니다.

첫째, 앞에서 우리가 역공 논증에서 살펴보았듯이 오류는 때때로 타당한 목적을 가진다.

둘째, 오류는 때때로 불완전한 논증—추가적인 전제가 첨가된다면 타당할 논증—에 해당한다. 따라서 우리는 진리를 산출하기 위해 외관상 타당하지 않은 논증을 개선할 수 있는지 알기 위해 신학 논증의 "행간을 읽을 수" 있도록 노력해야 한다.

셋째, 또한, 힘의 위협 논증과 같이 타당하지 못한 논증은 우리에게 이런 논증을 산출하는 사고 체계에 관한 무엇—또한, 이런 체계를 지지하는 사람들—을 가르친다. 이런 논증은 우리가 전제한 것을 파악하는 데 일조한다.

제9장

상황적 관점—신학의 도구인 역사, 과학, 철학

1. 역사

　기독교는 역사적 사실의 종교다. 무엇보다 기독교는 시간과 공간에서 발생했던 사건에 대한 메시지다. 또한, 이런 점에서 기독교는 세계 종교 가운데 독특하다. 다른 종교들은 단지 영원한 진리, 교리, 역사적 사건의 발생이나 비발생과 별도로 참인 윤리적 원칙만을 추구한다. 기독교도 어떤 영원한 진리를 가르친다(하나님의 존재, 속성, 삼위일체의 본성 등).

　하지만 기독교는 예수님의 성육신, 죽음, 부활, 승천, 오순절 성령 강림과 같은 역사적 사건에 초점을 맞춘다. 따라서 불가피하게 기독교는 역사와 관련된다. 기독교는 역사적 주장을 하고, 역사적 검증을 추구하며, 반기독교 역사가들의 비판을 격퇴하려고 시도한다.

　기적 이야기는 수준 높은 불교도에게는 당혹스러운 것이지만, 기독교에서 기적은 활력의 근원이다. 사실 기독교의 핵심 메시지는 기적에 관한 이야기, 즉 예수 그리스도의 기적적인 삶, 죽음, 부활에 관한 이야기다.

　교회도 역사적이다. 즉 교회는 수 세기에 걸쳐 존재하는 살아 있는 유기체다. 교회의 "성장"은 교회를 구성하는 개인의 성장만은 아니다. 교회는 교회의 개별적 일원을 넘어 공동 성장의 원리로 발전한다(제5장 3. "6) 공동체적인 실존적 관점"을 보라). 하나님은 핍박의 시대, 번영의 시대, 교리적 풍성함과 쇠퇴, 예배의 성장과 쇠퇴, 복음 전도, 사회적 양심 같은 역사적 사건을 통해 그런 성장을 촉진하셨다. 하나님은 교회가 주의를 기울여야 할 교사들을 교회에 주셨다.

하지만 많은 사람이 더는 살아 있지 않다. 이런 이유로 교회가 공동체의 기억을 새롭게 하는 것, 즉 교회 교사들의 말을 듣고, 교회의 성공에 기반을 두며, 교회가 범했던 실수에서 유익을 얻는 것은 중요하다.

따라서 성경 자체에 기록된 역사, 구속 사건이 발생했던 고대 세계의 역사, 교회의 역사 같은 세 종류의 역사가 특별히 그리스도인들에게 중요하다. 이런 역사 가운데 첫 번째 역사는 앞에서 논의했다(제6장 5. "2) 성경신학"을 보라). 다른 두 개의 역사가 여기서 우리의 주의를 사로잡을 것이다.

1) 고대 역사—고고학

나는 이 분야 가운데 어느 것에도 전문가가 아니다. 또한, 현재 살아 있는 사람들이 저술한 이 주제에 대한 많은 글과 책이 있다. 따라서 나는 간단히 언급할 것이다.

고대 역사와 고고학은 우리가 성경의 의미를 이해하고 성경의 신뢰성을 검증하는 데 일조하는 중요한 학문 분과다. 이런 학문 분과가 가진 두 번째 기능에서 역사적 자료는 기독교 신앙 전제를 확증하는 "넓은 원"의 일부분이 된다.

결과적으로 이런 기독교적 전제는 진리에 대한 역사가의 궁극적 기준

역할을 한다. 이런 기독교적 전제는 증거의 선택과 평가에 관한 그의 역사적 판단을 타당하게 만든다. 기독교 역사가는 아무리 많은 역사 철학자가 중립성이 현대인들에게 불가피하다고 말할지라도 절대 종교적으로 중립직 태도를 보일 수 없다.

해석학적 도구인 고대 역사가 가진 과업에서 고대 역사는 성경 안과 밖의 성경 용어, 어구, 문장의 사용과 다른 언어 안에 있는 이런 표현에 대한 유사한 표현을 연구한다. 고대 역사는 고대 관습, 성경 외적인 역사적 사건, 성경 자료를 이해하는 "맥락"으로 정경 외적 저작들을 연구한다(참조, 앞의 제6장 "1. 반추상주의"와 "3. 맥락적 주해"에서의 논의). 이런 훈련도 기독교적 전제에서 작업해야 한다. 그리고 그렇게 된다면, 우리는 그것을 두려워할 어떤 이유도 없다.

때때로 우리는 학자가 자신의 규범으로 성경이 아닌 고대 문화에 관한 자신의 이해를 사용하는 것에 대해 올바르게 우려한다. 또한, 때때로 그런 학자가 자신의 주해에서 너무나 많은 성경 외적 패턴—성경이 억지로 바벨론 또는 애굽 또는 우가릿 또는 히타이트 자료가 언급하는 것을 말하게 하는—을 만들 수 있다는 것을 우려한다. 물론 이것이 실제 위험이다. 또한, 이것은 때때로 일어난다.

하지만 이런 위험에 대한 답변은 성경 연구에서 그런 자료의 사용을 금지하는 것이 아니다. 왜냐하면, 결국 그것 없이 할 수 없기 때문이다. 성경의 성경 외적인 역사적 맥락을 무시하는 것은 구속 사건 자체가 함유한 역사적 성격을 부인하는 것이다. 그 위험에 대한 답변은 오히려 성경학자들의 신학상의 책임을 요구하는 것인데, 그 책임이란 교회 신조를 고수하는 측면에서 정통이어야 한다는 것뿐 아니라 역사적 인식론, 전제, 방법 같은, 이런 신조가 다루지 않은 영역들에서 성경에 지속적으로 복종해야 한다는 것이다.

2) 교회사—역사신학

내가 다룰 두 번째 유형의 역사는 정경 완성 이후(postcanonical) 교회 역사다. 이와 관련해서 우리는 신학에서 전통과 신조의 역할을 조사해야 한다.

(1) 전통

물론 전통은 개신교인들에게 궁극적 규범은 아니지만, 중요하다. 전통은 현재까지 교회의 모든 가르침과 활동을 포함한다. 한편, 내가 앞에서 보여 주었듯이 그리스도인은 하나님이 교회가 존재하는 수백 년에 걸쳐 교회에 주셨던 교회 선생들의 목소리를 들어야 할 의무가 있다. 비판적으로 그들을 들어야 한다. 왜냐하면, 우리는 그들이 이루었던 성취뿐 아니라 그들이 범했던 실수에서도 유익을 얻길 바라고 있기 때문이다. 다른 한편, 우리가 사실 모든 전통을 무시하고 처음부터 다시 우리 신학을 구축하려 하는 것은 어리석은 일일 것이다.

데카르트는 철학에서 그것을 시도했지만, 그의 후계자들은 일부 선입관념(preconceptions)이 없다면 우리가 절대 사유를 시작할 수 없다는 것을 깨달았다. 이런 선입관념을 비판적으로 다듬을 수 있지만, 이것들 없이 아무것도 할 수 없다. 따라서 전통의 끈을 벗어날 수 없을 때 단순히 또 다른 것 대신에 일련의 선입관념을 사용한다.

실제로 그렇다면 우리가 하는 것은 경건한 교사들의 성숙한 사고 대신 우리 자신의 미숙하고 분별없는 선입관념을 사용하는 것이다. 많은 광신자가 시도해 왔듯이 완전히 새롭게 시작하려는 것("단지 나와 나의 성경")은 불순종의 행위이고 교만이다. 신학 연구는 자기 힘으로 하나님에 관한 완전한 지식을 얻으려는 한 개인의 작업이 아니라 그리스도인들이 함께 하나님의 일들에 관한 공동의 정신(mind)을 추구하는 교회의 공동 작업이다 (참조, 제5장 3. "6) 공동체적인 실존적 관점").

(2) 신조

우리에게 성경이 있는데, 왜 우리는 신조가 필요한가?

이것은 좋은 질문이다!

왜 우리는 장로교인, 침례교인, 감리교인, 성공회 교인이라기보다 단지 그리스도인일 수 없는가?

물론 나는 우리가 그리스도인이길 소망한다. 사람들이 내가 어떤 사람인지 물을 때 나는 단지 "그리스도인"이라고 말하고 싶다. 사실 나는 종종 그렇게 한다. 또한, 그들이 내가 무엇을 믿는지 물을 때 나는 동일한 단순함으로 "성경"이라고 말하고 싶다. 그러나 불행하게도 이것은 현재의 필요를 충족시키는 데 충분하지 않다. 문제는 다음과 같다. 즉 자기들을 그리스도인이라 부르는 많은 사람은 그 이름을 얻을 자격이 없다. 또한, 그들 가운데 많은 사람이 성경을 믿는다고 주장한다.

가령, 사람들이 웨스트민스터신학교가 무엇을 가르치는지 물을 때 "성경"이라고 말하는 것은 충분하지 않다. 이런 대답이 아무리 사실이라도 이것이 웨스트민스터신학교를 침례교, 감리교와 같은 주류 기독교의 다른 분파는 말할 것도 없이 여호와 증인, 모르몬교, 또는 다른 사이비 종교 집단과 구분시켜 주지 않는다. 우리는 우리가 믿는 것을 사람들에게 말해 주어야 한다. 일단 우리가 믿는 것을 말하면, 우리는 신조를 지닌다.

사실 신조는 정말 불가피하지만 어떤 사람들은 마치 자신들만 "오직 성경"을 가질 수 있거나 "그리스도 외에는 어떤 신조도 가질 수 없다는 듯이"

말한다. 이미 살펴보았듯이 "성경을 믿는 것"은 성경을 적용하는 것을 포함한다. 우리가 성경을 우리 자신의 말(또는 행동)로 옮기지 못한다면 성경에 관한 우리의 지식은 앵무새의 지식보다 나을 게 없다.

그러나 일단 우리가 분명히 그 지식을 우리 자신의 말(또한, 이런 말이 기록된 것인지 말로 된 것인지 중요하지 않다)로 표현한다면 우리는 신조를 가진 것이다.

물론 우리가 가진 신조와 성경을 혼동하는 위험이 항상 존재한다. 하지만 이런 위험은 신학 연구를 하려는 어떤 시도—우리의 작업과 하나님의 작업을 구별하려는 시도에서—에서 우리가 당면하는 동일한 위험이다. 이런 위험은 당면해야 하는 위험이고 "그리스도 외에는 어떤 신조도 가질 수 없다"는 기만적인 구호가 피하지 못하는 위험이다. 이런 위험을 직면하려 하지 않는 것은 그리스도의 대사로서 우리의 책임을 받아들이지 않는 것이다.

(3) 정통과 이단

만약 우리가 신조를 지녀야 한다면 **완벽한** 신조를 찾자고 추론할 수 있다. 즉 성경적 정통을 완벽히 표현하는 신조를 찾자고 추론할 수 있다. 유감스럽게도 그런 탐구는 부질없을 것이다. 완벽한 신조는 존재하지 않고 절대 없을 것이다. 완벽한 신조는 반드시 성경과 동일한 권위를 가질 것이고 그것은 절대 그렇게 될 수 없다.

사실 성경 자체가 유일하게 완벽한 신조다. 따라서 우리가 성경과 다른 말로 된 신조를 요구하고 그런 신조에서 완벽성을 요구하면 사실 성경을 개선하려고 시도하는 것이다. 이와 유사하게 정통에 대한 어떤 명확한 기준도 단번에 정할 수 없다. 그런 기준이 확정적이라면 그런 기준은 성경과 동등할 것이다. 오히려 이런 종류의 기준은 항상 성경을 다양한 상황에 **적용**하는 것이고, 상황은 변한다.

따라서 정통의 기준도 변한다. 순교자 저스틴(Justin Martyr, 2세기) 시대에 A.D. 381년 콘스턴디노플 회의 이후 이단으로 간주했을 일부 삼위일체 공식화를 허용했다. 물론 저스틴이 살던 시기에 삼위일체에 대한 매우 명백한 개념을 가졌던 사람은 거의 없었다. 따라서 우리가 우리 아이들을 가르치듯이, 또 하나님이 개인을 가르치듯이 하나님은 조금씩 자신의 교회를 가르치셨다.

하지만 A.D. 381년까지 충분한 연구가 진행되었고 실제로 충분한 투쟁이 발생해서 교회는 성경이 삼위일체 교리에 대해 가르친 바를 분명히 알았다. 심지어 그렇다 해도 다른 영역에서 배워야 할 많은 것이 남아 있었다.

가령, A.D. 1517년까지 이신칭의에 대한 분명한 진술이 있다 해도 거의 없었다. 이것은 A.D. 381년에 정통의 기준이 A.D. 80년 또는 150년의 기준보다 합당하게 더 자세했고, A.D. 1648년의 기준이 훨씬 더 상세했다는 것을 의미한다. 변화하는 정통의 기준을 논의하는 것이 이상하게 들리지만, 정통의 기준은 변하고 변해야 한다. 그런 변화는 교회 성숙과 하나님이 자기 백성에게 가르치셨던 것의 지표다.

이런 가르침의 과정은 일반적으로 역사학자 아널드 토인비(Arnold Toynbee)를 상기시키는, 도전과 응전의 패턴으로 진행한다. 위대한 신조는 이단에 대한 응전이다. 합당하게 말하면, 이단은 교리적 또는 실천적 실수를 범하는 그리스도인—예수님(요 4장)과 바울(롬 14장; 고전 8-10장)은 그런 실수를 범하는 사람들을 매우 친절하게 다룬다—이 아니라 그 근저에 복음에 도전하고(갈 1:6-9; 요일 4:2f.) 교회의 나머지 일원들을 자신의 견해로 끌어들이려 시도한다. 교회는 응전해야 하고 그런 도전에 응전해 왔다.

교회는 니케아-콘스탄티노플 신조로 아리우스주의에 응전했고 칼케돈 신조로 유티키안주의자들과 네스토리우스주의자들에 응전했으며, 종교개혁의 신앙고백서들로 알미니우스주의자들과 세속주의자들과 로마 가톨릭에 응전했다.

오늘날도 그리스도인들은 **현대** 이단들에 대해 자신들의 신앙을 새롭게 고백하기 위해 새로운 신조가 필요하다. 신학에 새로운 이단들이 존재한다(물론 이런 이단들은 새로운 용어를 사용하는 새로운 성향이 있는, 단지 옛 이단들일 뿐이다). 정치학, 경제학, 철학, 과학으로 알려진 이런 신학(!) 분과에서도 새로운 이단이 존재한다.

또한, 개혁파 교회는 종교개혁의 신앙고백서들 이후 많은 신학을 배웠다. 그들은 언약, 성경 무오성, 구속사, 기독교 인식론, 변증학, 개인 윤리, 사회 문제에 대해 많은 것을 배웠다.

하지만 아마 오늘날 진지한 신조를 작성하는 것은 불가능할 것이다. 내가 생각하기에, 주요 장애물은 교회의 불일치다. 합당한 신조는 그리스도인들이 광범위한 합의를 나타내는데, 그런 합의는 지금 달성할 수 있는 것처럼 보이지 않는다. 그렇다면 이것은 교회 일치가 그렇게 긴급한 우선순위인지에 대한 또 다른 이유다(참조, 제5장 3. "6) 공동체적인 실존적 관점").

또한, 교회 일치가 중요한 신조의 작성보다 앞서야 한다면 아마 당분간 신조 작성을 삼가는 것이 더 좋을 것이다. 왜냐하면, 현재의 맥락에서 새로운 신조는 일치에 **장애물**이고, 따라서 아이러니하게도 매우 중요한 신조 작업의 장애물이다.

(4) 신학의 발전

나는 위에서 개혁파 교회들이 계속 종교개혁 이후 하나님의 말씀에서 새로운 것을 배워왔다고 말했다. 따라서 "신학 발전" 또는 "교리 발전"과 같은 것이 존재한다. 자유주의 방향와 보수주의 방향 모두에서 신학 발전의 개념이 오해될 수 있다.

한편, 자유주의자들은 일반적으로, 철학과 과학에서 유행하는 사고의 즉각적인 수용과 함께하는, 헌신에서 모호성 증가로 이해한다. 다른 한편, 보수주의자들은 일반적으로 신학 발전(그들이 이 생각을 수용한다면)을 교리의 더 정확한 진술 쪽으로 점점 더 나아가는 것 또는 주관적 영향으로부터 벗어난 객관적 진리 쪽으로 발전하는 것으로 이해한다.

나는 성경적 입장이 신학 발전에 대한 이런 두 가지 개념을 반박한다고 믿는다. 자유주의 개념은 성경 가르침의 부인(denial)을 나타내고 보수주의 개념은 (기껏해야) 성경 가르침의 오해를 나타낸다.

성경은 우리에게 피조물에는 불가능한 정확성, 즉 절대적인 정확성을 요구하지 않는다(제7장을 보라). 사실 성경은 소통을 위해 모호성이 종종 정확성보다 더 좋다는 것을 인정한다. 게다가 논의되는 이런 종류의 보수주의는 종종 성경 자체보다 더 정확함을 추구하고, 따라서 하나님의 말씀에 첨가하는 현대판 바리새주의를 만든다.

또한, 신학은 공식화에 주관적 영향을 끼치지 않으면서 진리를 진술하는 시도가 아니다. "절대적 정확성" 같이 그런 "객관성"은 불가능하고 만약 그것을 달성할 수 있어도 바람직스럽지 않을 것이다(참조, 제3장).

우리가 내린 적용이라는 신학 개념은 우리가 신학 발전에 대한 더 좋은 견해를 형성하도록 일조할 것이다. 신학은 하나님의 말씀을 당면하는 각 상황에 적용하는 것을 배움에 따라 발전한다. 또한, 우리는 교회사 전체에 걸쳐서 그런 증거를 목격했다. 교회가 성경을 기초로 창의적이고 신실하게 어려운 상황에 반응할 때 신학 이해에서 위대한 발전이 일어난다.

특별히 개혁신앙은 신학 발전에 잘 준비되어 있다. 개혁신앙에서 적용의 개념은 '오직 성경'(sola Scriptura)에 위협적이지 않다. 왜냐하면, 칼빈주의자들은 성경, 세상, 자아에 있어 하나님의 포괄적 계시를 믿기 때문이다. 모든 것은 하나님을 계시한다. 왜냐하면, 모든 것은 하나님의 통치, 권위, 현존 아래 있기 때문이다.

또한, 칼빈주의자들은 절대적 정확성 또는 객관성에 대한 요구로 부담을 가져서는 안 된다. 개혁신앙은 창조자-피조물에 대한 분명한 견해를 가진다. 즉 하나님만 완벽하게 정확하고, 완벽하게 객관적인 지식을 소유하신다(비록 심지어 하나님에게도 그런 지식은 주관성이 결여된 것이 아니다). 따라서 개신교의 모든 형식 가운데 개혁신학은 가장 성공적으로 "맥락화된"(-contextualized) 신학 가운데 하나였다. 개혁신학은 스위스, 독일, 프랑스(이곳에서 잔인하게 박해를 받기 전에), 이탈리아(칼빈의 많은 후계자가 이탈리아 배경에 속한다), 네덜란드, 영어를 말하는 국가들, 헝가리, 한국 같은 많은 장소에 깊은 뿌리를 내렸다.

맥락화는 이 국가들에서 성경의 메시지를 더 잘 이해시키기 위해 특별한 문화의 경험에 성경을 적용한다. 변증학처럼 맥락화는 성경 메시지를 들을 사람들에게 믿음을 받아들일 만한 것으로 만들기 위해 왜곡할 위험에 직면한다. 하지만 특별히 개혁파의 전제를 고려할 때 그러한 일이 있을 필요가 없다.

오히려 신학이 만드는 발전은 정확히 신학의 메시지를 맥락화하는 데 있어 하나의 발전이다. 개혁신학은 또한 성경에서 새로운 것을 배운다는 더 상식적인 의미에서 특별한 발전을 했다. 하지만 이런 발전도 현재 문제에 대한 적용 또는 맥락화요, 답변이다. 루터주의 신학은 17세기 이후로 많이 변하지 않았고, 알미니우스 신학도 변하지 않았다.

그러나 칼빈주의는 언약, 구속사, 성경 무오성, 변증학, 신학 백과사전에 대한 새로운 이해를 발전시켰고, 기독교가 정치, 경세, 교육, 예술, 문학, 역사, 과학, 법과 맺고 있는 관계에 대한 새로운 이해도 발전시켜 왔다. 이런 발전은 일어났다. 왜냐하면, 하나님 주권에 대한 믿음이 칼빈주의자들로 하여금 자유롭게 성경과 창조 안에 나타난 하나님 계시의 완전성을 연구하도록 했기 때문이다.

(5) 동의 서명(subscription)

신학 발전에 대한 이런 개념은 우리가 과거와 얼마나 밀접하게 관련을 맺어야 하는지에 대한 질문을 새롭게 제기한다.

신조와 신앙고백서가 필요하다는 것을 인정해도 이것들을 넘어 새로운 적용으로 움직이길 바라는 우리의 소원을 고려할 때, 우리는 어떤 종류의 충실함을 이런 것들에 빚졌는가?

분명히, 성경 외적(extrascriptural) 신조는 성경을 정확히 적용하는 경우를 제외하고 오류를 가진다. 하지만 언제 성경 외적 신조가 성경을 정확히 적용하는지 명확하게 결정할 방법이 없다. 그런데도 신조에 어떤 권위가 있음이 틀림없다. 왜냐하면, 그렇지 않다면 신조는 신자 집단이 가진 확신을 대표하는 일을 할 수 없기 때문이다. 따라서 우리가 가진 신조에 대해 우리의 태도는 무관심이 되지 말아야 한다. 그러나 그것은 신조의 매우 세부적인 것까지 동의하여 서명하는 태도, 즉 반드시 신앙고백서에서 가르치는 모든 명제에 찬성하도록 우리를 묶는 태도도 아니다.

왜 그런가?

왜냐하면, 우리가 신조나 신앙고백서에 그런 태도를 보여야 한다면 신조와 신앙고백서를 결코 개선하지 못할 것이기 때문이다. 또한, 누군가 변화를 옹호한다면 그는 자동으로 서약 위반자가 되고 징계의 대상이 될 것이다. 신조와 신앙고백서는 교회의 **궁극적** 기준으로, 성경이 가진 역할과 권위를 빼앗지 못하도록 개선될 수 **있어야 한다**.

장로교회는 매우 세부적인 것까지 동의를 요구하는 서명이 아닌, 『웨스트민스터 신앙고백서』와 『웨스트민스터 요리문답서』에서 가르치는 "교리 체계"에 동의하여 서명할 것을 말하는 사역자 서약을 사용함으로써 이 문제를 다루었다. "교리 체계"는 이 체계에[1] 합당하게 속하는 것이 무엇인지에 대해 많은 논쟁을 불러일으켰던 모호한 표현이다. 이 개념의 불가해성으로 인해 일부 사람들은 이 체계에 속한 것과 속하지 않은 것을 단번에 (정확하게!) 규정하도록 교회에 종용하게 되었다.

올바르게 교회는 일관되게 그렇게 하기를 거절했다. 왜냐하면, 교회가 그런 "체계"를 정확히 단번에 규정한다면 교회는 그런 체계를 **절대적**이고 **개선 불가능한** 권위로 진술할 것이기 때문이다. 또한, 사실 그렇게 하는 것은 비록 다소 간추린 신조라도 "매우 세부적인 것까지 동의하는 서명"을 요구하는 것일 것이다. 따라서 신학의 다른 곳 같이 여기서 우리는 모호성에 만족해야 하는 것처럼 보인다.

그러나 이런 "교리 체계"는 완전히 실행 불가능한 개념이다. 이런 "교리 체계"에 대한 서명 요구가 의미하는 바는 서약하는 사람이 그 신앙고백을 자신의 신앙고백으로 수용해야 하되, 필요하다면 대체로 작은 단서 (reservations)를 달고 그리하라는 것이다. 그가 가진 단서가 작은 것인지 아

---

[1] "체계" 개념을 더 참조하려면 제6장 5. "3) 조직신학"을 보라.

니면 중요한 것인지(즉 그의 의구심이 "교리 체계"를 위반하는지) 궁극적으로 교회 법정이 결정하는 것이다. 그렇다면 이런 "체계"는 모든 특정한 경우를 위해 재정의 된다.

이런 "체계"가 의미하는 바는 특정한 당회, 노회, 또는 총회가 말하는 것의 의미다. 교회 법정은 하나님 말씀의 권위 아래 있고 따라서 성령의 인도 아래 있다면, 아마 너무 크게 오류를 범하지 않을 것이다. 여기서 완벽한 판단에 대한 보장은 전혀 없지만, 그것은 유한하고 죄악 된 세상에서는 삶의 본성이다.[2]

(6) 신앙고백서와 신학

일부 신학자들, 특히 전이론적(pretheoretical) 사유와 이론적 사유 사이를 구별했던 도예베르트의 영향 아래 있는 신학자들은 신앙고백서와 신학 사이를 뚜렷하게 구별하려 했다.[3] 전이론적 사유와 이론적 사유 간의 도예베르트의 구별 같이 신앙고백서와 신학 사이의 이런 구별은 나에게는 명확하지 않다. 분명하게 "신앙고백서"는 어떤 종류의 전이론적 지식으로 간주되며, 또한 "신학"은 일종의 이론으로 간주된다.

"우리는 '신앙고백의' 문제에는 묶여 있지만, '신학적' 문제에서는 자유롭다"는 표현처럼 이런 구별은 일반적으로 학문적 자유에 대한 권리를 찬성하며 언급된다. 하지만 몇 가지 요점을 지적할 필요가 있다.

---

2   심지어 교회 법정은 "매우 세부적인 것까지" 동의를 요구하는 서명으로써 누군가 자신이 서명했던 매우 자세한 내용을 올바르게 해석하고 있는지 판단해야 할 것이다(교회 법정의 판단도 오류가 있다). 그렇다면 "엄격한" 서명이 우리에게 "교리 체계"에 동의를 요구하는 서명보다 판단의 더 큰 객관성을 제공할지 명확하지 않다.
3   나의 *The Amsterdam Philosophy* (Phillipsburg, N. J.: Harmony Press, 1972)을 보라.

첫째, 물론 신앙고백서가 입장을 취하는 문제들과 취하지 않는 문제들 간에 합법적 구별이 존재한다.

나의 판단에 교회의 공식적인 징계는 합당하게 전자의 범주, 즉 신앙고백서가 입장을 취하는 것에 국한되고, 이것은 위의 "(5) 동의 서명"에서 설명했던 "모호성"이라는 측면에서만 전자의 범주에 국한된다.

둘째, 그러나 모든 신앙고백서와 신조는 신학의 예(example)이고 모든 신학은 그 신학자가 가진 개인적 신앙고백을 나타낸다.

이런 "전이론적-이론적" 구별은 뚜렷하지 않다.[4]

셋째, 신학은 신학이 가진 신앙고백적 기준에 묶인다("(5) 동의 서명"에서 언급했던 조건과 함께).

따라서 신학이 가진 이론적 성격이 무엇이든지 신학의 "이론적" 성격은 신학을 그런 책임에서 면제시켜 주지 않는다.

(7) 교회사와 역사신학

교회사가(the church historian)는 교회의 과거에 "발생했던" 것을 말할 뿐 아니라 그 사건들, 그 사실들을 해석하고 분석하며 평가하려고 애쓴다. 의식 있는 분석, 평가, 해석은 필요하다. 왜냐하면, "순수 사실"(해석되지 않은 사실), 즉 어떻게든 "스스로 변호하는" 사실은 존재하지 않기 때문이다. 우리가 언급하는 모든 사실은 의미상 많게든 적게든 해석된다.

교회사가는 교회사의 사건과 교리사(즉 "역사신학"), 신학자들(그리고 이단들)의 생각, 신조와 신앙고백서의 공식화, 다양한 문제에 관한 신학적 합의 전개—신앙고백적으로 표현되건 그렇지 않건 간에—에 관심을 가진

---

[4] 나의 *The Amsterdam Philosophy* (Phillipsburg, N. J.: Harmony Press, 1972)을 보라.

다. 구속사 같이 여기서 단어와 사건은 함께 간다. 하나님은 수년에 걸쳐 교회를 위해 교사들을 일으키셨지만, 그들의 가르침은 "단지 말로써" 완전히 이해될 수 없다. 말의 의미는 이런 말을 적용하는 것에서, 사람들이 이 말을 가지고 **행하는** 것에서 발견된다. 따라서 우리 교사들의 말뿐 아니라 그들의 확신 있는 행실을 아는 것이 중요하다.

교회사는 교회 교사들이 처해 있던 삶의 맥락에서 그들의 말을 상술함으로써 신학을 분명히 보여 준다. 이것은 어떻게 교회 교사들이 압박 아래 행동했는지, 어떻게 그들의 삶이 그들의 가르침과 일치했는지 또는 일치하지 않았는지 우리에게 보여 준다. 이것은 어떻게 복음이 지배자, 농부, 무역상, 군인, 가난한 사람들, 노숙자들의 삶에 뿌리를 내렸는지(또는 뿌리를 내리지 못했는지) 보여 준다.

엄밀한 의미의 그런 역사신학은 합당하게 일종의 신학이다. 역사신학은 하나님 말씀의 적용이다. 왜냐하면, 하나님의 말씀은 교회사가가 가진 평가 기준이기 때문이다.

역사신학은 하나님의 말씀을 교회의 현재 건덕을 위해 교회의 과거에 적용한다. 따라서 역사신학은 성경을 현재의 교회에도 적용한다. 그리고 우리 선조들이 성경을 광범위하게 다양한 상황에 적용한 방법을 살펴보는 것처럼, 하나님의 말씀을 적용하는 데 있어 역사신학은 새롭고 흥분되는 방식으로 그 말씀이 가진 의미를 드러낸다.

(8) 교의학

교의학은 **조직신학**에 해당하는 유의어다. 많은 맥락에서 이 두 용어는 호환되어 사용한다. 유럽 배경을 가진(특히 유럽 대륙의) 신학자들은 **교의학**이라는 용어를 사용하는 경향이 있다. 반면에 **조직신학**은 미국 신학자들 가운데 더 일반적이다(그러나 여기에 예외가 있다. 즉 빌헬름 헤르만[Wilhelm Herrmann]과 폴 틸리히[Paul Tillich]는 "조직신학"이라는 이름으로 저술했지만, 쉐드 [W. G. T. Shedd]는 『교의학』[Dogmatic Theology]을 저술했다).

이 두 용어가 상당히 같은 의미지만, 적어도 때때로 이 두 용어 사이에 뉘앙스의 차이점이 존재한다. 이런 차이점은 이 시점에서 내가 이 문제를 논의하는 이유를 보여 줄 것이다.

교의학은 때때로 다음과 같은 생각을 전달한다. 즉 신학은 신학자와 교회 전통 사이의 대화, 특히 신학자와 교회 신조(교의들[dogmas]) 사이의 대화다. **조직신학**은 때때로 신학자와 성경 자체 사이의 대화—어느 뉘앙스도 서로를 배제하지 않는—를 함축하는 경향이 있다. 교의학은 궁극적 권위로써 성경에 기초한다(또는 기초해야 한다). 반면에 조직신학은 교회의 신앙고백을 책임진다(또는 책임을 져야 한다).

하지만 이 두 개의 뉘앙스는 다른 강조점을 나타내거나, 아마 신학 연구에 대한 다른 상(image), 다른 모델을 나타낼 것이다. 궁극적으로 올바로 행해진다면 이 두 개념은 단일 학문 분과에 관한 "관점적" 견해로 일치할 것이다. 하지만 방법, 제시, 언어, 이런 단일 학문 분과를 실행하는 사고 과정에서 차이점이 존재할 것이다.

"교의학"이라는 모델은—전통과 대화하는 신학—여러 면으로 가치가 있다. 주로 교의학이라는 모델은 개인주의와 자만에 대해 경고한다. 또한, 교의학 모델은 신학을 밑바닥에서부터, 즉 단지 신학자와 그의 신학에서부터 세울 수 있다는 생각에 대해 경고한다.

하지만 나는 이런 모델이 함유한 가치를 보존하려고 애쓰지만, 다른 모델을 선호하는 경향이 있다("조직신학"이 부적절한 명칭이라는 사실에도; 제6장 5. "3) 조직신학"을 보라). 이런 "교의학" 모델은 많은 약점이 있다. 내가 볼 때, 이런 약점은 장점보다 더 많고 훨씬 더 크다.

첫째, 신학을 전통과의 대화로 보는 사람들은 비적실성(irrelevance)에 빠지는 위험이 있다.

① 전에 매우 흥미로웠지만 더 이상 그렇지 않은 주제(예로, 타락 전 예정론, 천사의 본질과 존재의 관계 등)에 몰두함으로 비적실성에 빠진다.
② 신앙고백적 전통에서 분명하게 논의하지 않았던 오늘날 매우 중요한 주제(예로, 무의미의 위기, 역사의 본질, "하나님 행위"의 본질, 종교적 언어, 성경 언어의 기능, 전제, 인종 평등, 경제적 해방)를 간과함으로써 비적실성에 빠진다.

물론 적어도 "한물간 주제"를 훑어보는 것은 가치가 있다. 한물간 주제는 흔히 새로운 형태로 돌아온다(나는 삼분설[trichotomy]을 "한물간 주제"로 나열하곤 했으나 이제 많은 기독교 교사가 자기들의 신학에서 삼분설에 매우 중심적인 역할을 부여하고 있다는 이야기를 듣는다). 또한, 나는 현대인들이 제기하는 질문이 전적으로 신학을 결정해야 한다고 말하고 싶지 않았다.

그런데도 신학이 적용이라면 신학은 다른 질문 가운데 이런 질문들에 답변해야 한다. 따라서 20세기 신학은 19세기 신학과 매우 다르게 보여야 한다. 신학은 또 다른 수백 년의 전통이 덧붙여진 동일한 것이 되지 말아야 한다.

둘째, "교의학적" 모델은 신학에서 창의성의 억압으로 이어질 수 있다. 신학적 사고를 제시하는 더 오래된 방식이 가진 독창성 없는(slavish) 모방으로 이어질 수 있다. "적용으로써의 신학"은 내용뿐 아니라 양식, 문체, 모델, 질문에 있어서도 새로운 접근 방식을 위한 많은 여지 열어 준다.

적용으로써의 신학은 우리가 성경에서 발견되는 모든 형태의 가르침("신학 논문"뿐 아니라 시가서, 서사, 서신, 비유, 노래, 실물 교육[object lesson], 각색[脚色])을 사용하게 한다. 또한, 사실 다른 것들—성경의 메시지를 반박하지 않거나 모호하게 하지 않는 어떤 형태—을 사용하게 한다.

셋째, 전통 지향의 신학은 또한 교회의 전통—때때로 비판을 받아 마땅하고 심지어 기껏해야 성경에 분명히 종속되어야 하는 것으로 보여야 할—에 대한 무비판적 태도를 치켜세울 위험이 있다.

넷째, 그런 신학은 또한 앞에서 논의했던 일부 논리적 오류에 빠질 수 있는 특별한 위험을 무릅쓴다.

특히, 비교하는 역공 논증(제8장 9. "3) 비교하는 역공 논증")과 인과성의 오류(casual fallacy; 제8장 9. "10) 거짓 원인"-"13) 다중 인과율과 단일 인과율 사이의 혼동")를 보라. 또한, 역사적 서술을 권위적인 가르침과 혼동하는 오류가 존재한다. 종종 신학자는 신학적 문제를 제기하고 성경 주해를 통해서가 아니라 그 문제에 대한 다양한 역사적 반응을 기술함으로써 그 문제를 해결하려고 시도한다. 어떤 진영은 언급된 청교도들의 인원수로 신학적 문제를 해결해야 한다는 인상을 준다!

벌카워(G. C. Berkouwer)도 종종 자신의 견해를 주장하는지, 아니면 단순히 논쟁 역사를 기술하는지 독자로 하여금 의구심이 들게 한다. "~라고 했다"(it was said), 또는 "그 문제를 논의했다"와 같은 표현이 그의 글에 넘쳐 난다. 그리고 우리는 때때로 벌카워가 실제로 지지하는 것을 파악하기 위해 행간을 읽어야 한다.

일단 우리가 그것을 발견하면, 그가 또 다른 견해보다 오히려 역사적 입장을 선택하는 이유를 파악하기 종종 어렵다. 그는 역사신학을 가장하여 조직신학을 수행하는 것처럼 보인다.

이런 오류는 윤리학에서 "자연주의적 오류"(naturalistic fallacy)와 관련이 있다. 자연주의적 오류는 이 세상에 대한 사실에서 윤리적 의무를 추론하고 "존재로부터 당위"(ought from is)를 추론하는 오류다. 그리스도인에게 이런 관행이 항상 오류인 것은 아니다. 규범과 사실은 관점적으로 관련되어 있다. 즉 우리는 동시에 어떤 윤리적 "당위"(ought)를 인식하지 않는다면 사실을 알 수 없다(참조, 위의 제1부, 또한 제2부, 다른 여러 곳).

하지만 이 세상의 사실들을 윤리적으로 중립적인 것으로 보는 비기독교 윤리학은 사실 이런 오류를 범할 위험이 있다. 비기독교 윤리학은 **가치 없는**(value-free) 사실에서 가치를 도출하려고 애쓴다. 그리고 그런 것은 이루어질 수 없다.

지금 벌카워의 문제가 자연주의적 오류와 관련되어 있지만, 그것과 동일하지 않다. 벌카워는 그리스도인이고 역사의 사실들이 가치 판단적(value-laden)임을 믿는다. 벌카워와 다른 신학자들의 문제는 그들이 설명(description)으로부터 규범을 도출하는 **방법**이 보여 주지 못한 데 있는 것이 아니라, 규범이 설명으로부터 발생하는 방법을 보여 주지 못한 데 있다. 이런 맥락에서 성경을 역사적 평가의 기준으로 더 명확하게 도입할 필요가 있다. 성경이 역사적 평가의 기준으로 도입된다면, 역사신학의 방법은 조직신학이나 교의학에 대단히 가치가 높을 수 있다.

다섯째, "교의학" 모델은 신학의 본질에 대해 신학자들과 독자들을 잘못 이끌 수 있다.

교의학 모델은 신학이 정보의 집합이라고 제안할 수 있는데, 그 정보의 집합은 1세기로부터 지금까지 다소 꾸준한 방식으로 증가했고, 다음 세대에 온전히 전수되어야 할 축적으로써의 신학이다.

『과학혁명의 구조』(*The Structure of Scientific Revolutions*)에서[5] 토마스 쿤(Thomas Kuhn)은 일반적으로 과학에 대해 이런 모습을 공격했다. 토마스 쿤은 과학이 획일적인 축적으로 발전되지 않는다고 주장한다. 대신 쿤은 하나의 "패러다임" 또는 가장 중요한 모델(master model)이 다른 모델에 대해 우위를 차지하고, 상세한 검증을 축적하며, 전복된 패러다임의 모든 자료를 재정비하는 경쟁적 패러다임에 의해 결국 전복된다고 주장한다.

마찬가지로 신학도 축적뿐 아니라 혁명(또는, 대변동)에 의해 발전한다. 어거스틴의 패러다임이 오리겐의 패러다임을 대체했다. 그리고 아퀴나스의 아리스토텔레스식 기독교가 어거스틴의 패러다임을 대체했다. 그리고 종교개혁 패러다임이 아퀴나스의 패러다임을 대체했다. 그리고 다른 형태의 현대주의가 종교개혁 패러다임을 대체로 대체했다(나는 되돌릴 수 없을 정도라고 믿지 않는다).

심지어 쿤의 주장과 별도로 축적 모델에 이의를 제기해야 한다. 신학은 축적에 의해서가 아니라 적용에 의해서 발전한다. 어떤 의미에서 신학은 심지어 진리를 축적할 필요가 없다. 왜냐하면, 이런 진리는 단번에 성경에 주어졌기 때문이다. 따라서 신학의 임무는 새로운 것을 언급하는 것이 아니라 성경이 말하는 것을 새로운 상황에 적용하는 것이다. 따라서 신학의 "축적"은 기껏해야 적용의 축적이다.

내가 이것에 관해 옳다면, 이것은 과거의 **모든** 신학을 미래 세대에 전수해야 하는 것은 아니라는 것을 암시한다. 신학자로서 우리의 임무는 성경을 현 상황에 적용하는 것이다. 이것이 우리 노력의 초점이어야 한다. 일부 과거의 신학적 성취가 이런 목적과 관련된다면 그것들을 언급해야 한

---

[5] Chicago: University of Chicago Press, 1970.

다. 만약 그렇지 않다면 우리는 그것들을 정당하게 제쳐 놓을 수도 있다.

칼빈의 신학을 이해할 수 있기 전에 어거스틴의 신학을 **반드시** 배워야 하거나(이것이 아무리 유용해도), 오늘날 하나님이 말씀하시는 것을 이해할 수 있기 전에 칼빈의 신학을 반드시 배워야 한다는 것이 아니다.

따라서 신학자는 **자기** 독자가 배우는 데 중요한 것이 무엇인지 중요한 결정을 해야 한다(물론 그는 그들이 알 필요가 있는 것과 그들이 알기 원하는 것, 그들에게 중요한 것과 그들이 **생각하기**에 중요한 것 사이를 구별해야 한다). 그는 과거 신학의 전체 무게를 20세기 학생들에게 단순하게 무비판적으로 떠넘기지 말아야 한다.

2. 학문

우리는 이미 언어학, 논리, 역사처럼 학문(science)으로 부를 수 있는 많은 신학 도구를 논의했다(참조, 제3장 "2. 철학과 과학"에서 기독교와 과학의 관계에 대한 몇 가지 일반적 고려). 여기서 나는 언어학, 논리, 역사 같은 모든 학문은 우리가 성경을 적용하도록 일조하고, 따라서 성경을 해석하는 데 일조한다는 일반적인 주장을 하고 싶다.

불신앙적 전제가 많은 학문을, 아마 오늘날 모든 학문을 지배하는 것은 사실이다. 따라서 우리는 밀과 겨를 구분하는 데 많은 노력을 기울여야 한다. 하지만 일단 명확하게 성경적 근거에서 작업한다면 학문에서 많은 것을 배울 수 있다.

첫째, 학문은 때때로 성경의 진리가 아닌 성경에 대한 **해석**이 담고 있는 진리를 다시 고려하게 이끌 것이다.

갈릴레오와 다른 사람들로 인해 교회는 성경이 천동설을 가르친다고 주장했던 견해를 재고했다. 내가 볼 때, 이것은 좋은 것이었다. 즉 교회가 지동설을 주장했던 사람들을 징계하기보다 오히려 일찍 자기의 견해를 재고했어야 했다.

"오래된 지구"를 믿는 지질학자들은 신학자들이 창세기 1-2장의 주해를 재고하도록 인도했다. 또한, 그들은 일부 복음주의와 개혁신학자들을 설득하여 창세기 1-2장의 시간 언급을 비유적으로 해석하게 했다. 지금 나는 이 문제에 대해 진리가 어디에 놓였는지 모르겠다. 하지만 이런 논의는 합당한 논의다. 지질학자들이 틀린 것으로 드러날 수도 있다(창조연구회[Creation Research Society]가 주장하듯이). 하지만 대부분 그리스도인이 만족하도록 그것이 입증될 때까지 우리는 적어도 개정된 주해의 가능성을 고려해야 한다.

심리학에서 하나의 예를 고려해 보자.

나는 "좋은 자아상"을 치켜세우는 것에 대한 심리적 관심이 "비참한 죄인" 신학에서 벗어나는 경향에 일부 영향을 미쳐 왔다고 생각한다. 신약성경은 신자들이 분명히 죄를 짓는다는 것을 인정하지만 신자들을 "죄인"으로 부르지 않는 것은 매우 분명하다(요일 1:8-10).

심지어 최악의 상태에서도 그리스도인들은 씻김 받고 성화되고 칭의 된 하나님의 성도다. 죄는 그들에 대해 어떤 지배력도 갖고 있지 않다. 따라서 구원받은 사람들이 계속 자신들이 벌레요 가련한 사람이라고 고백하는 옛 찬송가는 그들에게 이전보다 합당해 보이지 않는다.

이런 발전은 "세속 심리학에 대한 용인"으로 발생했던 것이 아니라 심리학이 제기했던 질문의 측면에서 성경을 다시 읽었기 때문에 발생한 것이다. 물론 다시 읽는 과정은 항상 타협으로 이어질 위험이 있다. 하지만 많은 경우, 이것은 건덕적이고 유용하다. 이런 식으로 성경에 대한 해석을 재고하기 위해 자아상에 대해 심리학자들이 언급하는 모든 것을 받아들일 필요가 전혀 없다(나는 분명히 받아들이지 않는다).

둘째, 학문은 또한 성경이 적용되는 상황을 설명함으로써 적용을 돕는다.

의학은 낙태에 관한 생각에 영향을 줄 중요한 태아 자료를 제공한다. 우리는 어떻게 성경이 태아와 관련을 맺는지 알기 위해 태아가 어떤 존재인지 알아야 한다(물론 성경도 태아가 어떤 존재인지에 대해 말하는 어떤 것들을 가진다). 이와 유사하게 자궁 내 피임기구(IUD)의 사용이 성경적으로 옳은지 또는 잘못된 것인지 알기 전에 이 기구가 무엇을 하는지 알아야 한다. 그것을 알기 위해 몇몇 전문의와 상의해야 한다.

셋째, 학문도 신학의 소통에서 일조한다.

학문은 신학 자료의 출판과 배분에 기술을 제공하는 데 있어서뿐 아니라 우리가 더 유용하게 쓰고 말하도록 일조하는 데도 도움을 준다. 다양한 문화에 관한 사회학적 연구는 우리가 이런 문화를 위해 복음을 맥락화할 수 있게 도울 수 있다. 이런 연구는 우리가 어떤 언어를 이해하고 어떤 언어를 이해하지 못하는지 또한 합당한 감정적 내용을 전달하는 것, 화나게 하는 것을 파악하도록 일조한다.

사실 우리는 십자가라는 불쾌한 것으로 사람들의 감정이 불편해지길 **원하지만** 사람들을 불필요한 방식으로 화나게 하길 원하지 않는다. 오히려 우리는 "아무쪼록 몇 사람이라도 구원하고자" 여러 사람에게 여러 모습이 되길 원한다(고전 9:22). 이런 연구는 사람들에게 알려진 전설, 전통, 상(image)

을 제공하는데 이것들로 유익한 접촉을 할 수도 있다. 즉 우리는 복음을 설명하고 강조하거나 대조하기 위해 이것들을 사용한다.

넷째, 신학 자체는 하나의 학문인가?

수년 동안 이 질문에 대한 많은 글이 있었는데, 그 글의 양은 내가 볼 때 이 질문이 담고 있는 중요성과 균형이 맞지 않게 많다. 많은 신학자가 신학이 학문적으로 존경받는 분과임을 보여 주고 싶어 했다. 나는 정말 신학이 학문적으로 존경받는 분과인지 아닌지 많이 신경 쓰지 않는다. 신학이 학문적으로 존경받는 분과가 아니라면 학문 세계에는 그만큼 더 좋지 않은 분과일 것이다!

우리가 위에서 살펴보았듯이 신학은 분명히 과학적 방법을 사용한다. 나는 신학에 특징적인 과학적 방법이 있는지, 또는 신학의 과학적 측면이 다른 학문 분과에서 차용된 것인지 확실히 모르겠다. 아마 이것은 백과사전적인 문제일 것이다. 그리고 이 영역은 내가 거의 관심이 없는 또 다른 영역이다(참조, 제1부 뒤의 "부록 2").

어쨌든 신학은 하나의 학문**만**은 아니다. 신학은 과학의 방법뿐 아니라 미술, 문학, 철학, 법, 교육의 방법을 사용한다. 사실 신학은 말해질 뿐만 아니라 살아져야 하므로 모든 방법을 사용하는데, 이 방법들로써 인간은 하나님의 세상에서 일을 성취한다(참조, 제3장 1. "2) 핫지"에서 핫지의 신학/과학의 유사점에 대한 나의 비판).

다섯째, 신학은 학문의 여왕인가?

이것은 신학자들이 항상 다른 과학자들보다 더 정확하다는 의미가 아니다. 신학자들은 다른 사람들만큼이나 오류를 범한다. 또한, 종종 우리가 살펴보았듯이 천문학자, 지질학자, 심리학자들은 성경 해석에서 가능한 오류를 신학에 알려 줄 수 있다. 하지만 또 다른 의미에서 신학은 다른 학문 분과를 지배한다. 신학은 그리스도인의 궁극적 전제를 표현하고 적용한다. 그리고 이런 궁극적 전제는 우리가 가진 다른 모든 생각보다 우선해야 한다. 그런 의미에서 나의 신학은 나의 지질학 또는 심리학보다 우선해야 한다.

살펴보았듯이 과학적 발견은 내가 어떤 시점에서 성경에 관한 나의 해석을 바꾸게 이끌 수도 있지만, 과학적 발견 자체가 그런 변화를 **명령**할 수 없다. 그러나 성찰 후에 내가 성경에 대한 나의 원해석이 옳다고 결정함에도 그 해석이 과학이 도출한 외관상 결과와 상충한다면 나는 성경을 따라야 한다.

로마서 4장에 의하면 실제로 이것은 아브라함의 상황이었다. 그는 인간적으로 볼 때 하나님의 약속이 성취될 수 없는 것처럼 보였다. 그는 너무 나이가 많아 아들을 낳을 수 없었고 그의 아내도 너무 나이가 많아 아들을 낳을 수 없었다. 따라서 그에게는 이 약속의 성취가 불가능하다고 말할 수 있는 모든 "과학적" 근거가 있었다.

그런데도 그는 하나님의 말씀을 신뢰했고 명확한 과학적 결론을 버렸다. 그런 의미에서 아브라함의 신학은 그의 과학을 다스렸다. 따라서 신학은 "여왕"이었다.

여섯째, 한편, 대부분 신학자는 자신들의 학문 분과에 대해 그런 지위를 주장하는 것을 꺼린다.

사실 대부분의 신학자는 신학에 대한 존경이 거의 없어서 일반적으로 자신들의 상상력을 사로잡는 모든 학문적 유행에 굴복한다. 불신앙적인 학문에 신학을 정말 도매금으로 팔아 버린 것으로 인해 자유주의 신학을 비난하는 것은 확실히 합당하다.

다른 한편, 대부분 신학자는 이 문제에서 양심이 없다. 또한, 대부분 신학자―심지어 가장 자유주의적인 신학자도―는 신학을 팔아 버렸다는 비난에 자신들을 변호하려 애쓰곤 했다. 가령, 불트만은 자신이 신학을 "현대 세계관"에 팔아 버렸음을 부인했다. 때때로 그는 심지어 이런 세계관이 참인지에 관한 질문에 자신이 무관심하다고 표현했다. 오히려 그는 자신이 복음으로 현대인들에게 접근하기 위한, 소통의 도구로 현대 세계관을 사용했다고 말했다.

불트만은 자기의 관점에서는 복음을 전혀 부인하지 않았다. 왜냐하면, 그가 복음을 이해했던 것처럼, 복음은 세계관에 관한 질문에 중립적이기 때문이다. 따라서 우리는 천사의 존재나 기적의 가능성을 확언하지 않고 **성경에 대해 신실함으로써** 복음을 제시할 수 있다.

내 생각에는 불트만의 요점이 불합리하다. 분명히 우리는 복음에 신실하지 **않을** 수 있으며 또한 예수님이 죽은 자 가운데서 부활하지 않았을 가능성을 열어 놓을 수도 있다. 그런데도 불트만은 자신이 생각했던 것처럼 생각했다는 데 주목하는 것은 흥미로운 일이다. 그는 믿기 위한 과학적 근거뿐 아니라 성경적 근거, 즉 신학적 근거도 가졌다고 믿었다.

그리고 기독교 신학자로서 그에게 신학적 근거가 훨씬 더 중요했다. 만약(불트만은 자신의 독자들을 설득시키려 했다) 성경이 그의 해석을 허락하지 않았다면 그는 단순히 과학자들에게 동의하기 위해 그 해석을 하진 않았을 것이다.

이런 종류의 입장이 자유주의 신학자들 가운데 매우 일반적이다. 결국, 자유주의 신학은 기독교 계시에 대한 근본적인 충성을 사람들에게 설득시킬 수 있는 한에서만 성공한다.

이런 점에서 자유주의 신학이 신뢰성을 상실한다면 유니테리어니즘 또는 인문주의 협회처럼 단지 또 다른 형태의 자유 사상이 된다. 자유주의 신학은 어느 정도 기독교적인 신뢰성(아무리 비논리적이라 해도)이 있을 때만 성공한다(즉 자유주의 신학은 복음주의 정통으로 오해될 수 있는 범위까지만 성공한다).

나는 이런 사실이 우리가 자유주의 신학을 다룰 때 중요하다고 생각한다. 우리는 종종 자유주의 신학 전체를 세속 학문에 대한 항복으로 인식하고 싶은 마음이 생긴다(그리고 자유주의 신학을 세속 학문에 대한 항복으로 인식하는 것은 일반적으로 옳다).

하지만 우리는 그런 요점만을 주장함으로 자유주의 신학자들을 합당하게 반박하지 않는다. 자유주의 신학자의 **신학적** 근거를 다루는 것이 필요하다. 또한, 성경적 근거라는 그의 부당한 주장이 타당하지 않다는 것을 보여 줄 필요가 있다. 우리는 그의 견해가 틀리다는 것을 보여 줄 뿐 아니라 기독교 신뢰성이라는 그의 핑계를 제거해야 한다.

나는 과학에 거의 배경이 없는 신학자들이 종종 과학적 문제를 정면으로 논쟁하기보다 과학적 배경이 거의 없는 그런 수준에서 논의할 자격이 더 있다고 생각한다(종종 나는 신학자들이 심지어 기본적으로 옳을 때도 과학적 문제에 대해 정면으로 논쟁하는 과정을 밟음으로써 자신들을 웃음거리로 만든다고 생각한다).

나는 언젠가 성경 무오성에 대한 책을 쓰길 희망한다. 또한, 과학이 모든 논쟁점에서 성경이 참임을 증명하려는 것이 아니라, 자유주의 신학자들과 다른 사람들이 성경 무오성을 버리려는 **신학적 근거**가 합당하지 않음을 보여 주려 한다.

이 책에서 나는 자유주의 신학자들이 가진 신학적 근거는 근본적으로 본질상 반추상주의적이고, 따라서 반추상주의의 특징인 모든 혼동에 먹이가 된다는 것을 보여 주려 할 것이다(제6장 "1. 반추상주의"를 보라).

3. 철학

다시 독자는 정의(definition)와 몇 가지 일반적인 언급을 위해 제3장 "3. 변증학"을 보아야 한다. 철학에 대한 가장 중요한 요점은 마지막 단락에서 학문에 대해 언급한 요점과 유사하다.

오히려 철학은 다른 학문보다 개혁이 더 필요하다.

그런데도 나는 비기독교적 철학자들이 말했던 모든 것이 거짓이라고 확신하지 못한다!

성경적 전제에 입각하여 작업하는 분별 있는 신학자는 비기독교적 철학자의 통찰력에서 유익을 얻을 수 있는 지점이 존재한다. 독자는 이 책에서 비트겐슈타인, 쿤, 코피, 다른 철학자들에 대한 우호적인 언급을 알아차릴 것이다.

나는 무엇 때문에 우리가 이런 유능한 지성들을 활용함으로써 "애굽의 물건을 약탈하지 말아야 하는"(즉 그들이 강조했던 생각을 사용하지 말아야 하는지) 이유를 모르겠다. (기독교적 그리고 비기독교적) 철학에서 우리는 많은 유용한 것을 배울 수 있다.

첫째, 철학사(history of philosophy)는 합리주의, 경험주의, 주관주의, 관념주의, 또는 어떤 다른 방법을 통해서건, 성경의 하나님 없이 지식을 위한 견고한 토대를 찾으려 하는 헛된 노력을 보여 준다.

둘째, 그런데도 철학자들은 어떤 것이 알려지려면 우리가 규범, 사실, 주관성이 필요하다고 주장했다.

셋째, 또한, 철학자들은 지식의 상호 관련성, 특히 형이상학(존재 이론), 인식론(지식 이론), 가치 이론(윤리학, 미학)의 상호 의존성을 지지하는 좋은 주장을 제시했다.

넷째, 철학자들은 인간의 사고가 전제에 의존하고 따라서 순환 논증에 의존한다는 것을 보여 주었다(이런 결론을 인정하거나 그런 결론을 회피하려고 시도하지 못함으로써).

다섯째, 철학자들은 유용한 논리와 수학 체계를 개발했다.

여섯째, 철학자들은 언어, 인과성, 우선성, 경험, 윤리적 가치, 신학에 중요한 다른 문제들의 분석에서 유용한 많은 구별을 개발했다.

이론적으로 기독교 철학에서 우리는 훨씬 더 많은 것을 배울 수 있다. 하지만 나는 오늘날 현대 개신교 신학자의 필요에 상당히 적합한 기독교 철학자가 존재한다는 것을 믿지 않는다.

제10장

실존적 관점—신학자의 자격

방법에 대한 논의에서 우리는 성경과 신학 도구에 초점을 맞추었다. 우리는 지금 인간으로서의 신학자에 주의를 기울여야 한다.

1. 신학의 인격주의

신학과 과학 사이에 밀접한 유사점을 끌어내는 사람은, 또는 신학을 전통적인 학문 분과로 생각하는 사람은 종종 신학이 담고 있는 강렬한 인격적 특징을 제대로 다루지 못한다. 이런 인격주의는 많은 고려사항에서 분명히 드러난다.

첫째, 신학은 인간이 가진 가장 깊은 확신, 전제의 표현이고 적용이다. 따라서 작품에서 신학자는 불가피하게 어떤 친밀성 차원에서 자신의 독자들과 자신을 공유한다.

둘째, 신학(디다케[*didache*])은 어느 정도 모든 그리스도인이 실천하는 교회의 사역이다.

또한, 신학은 안수받은 직분자에게 주어지는 전임(full-time) 소명이기도 하다. 가르치는 직분을 위한 자격은 소통의 기술, 특히 기독교 인품이라는 인격적 자질뿐 아니라 복음에 관한 지식도 포함한다(이후의 "3. 신학자의 성품—신학의 윤리"를 보라).

물론 경건치 않은 사람들도 신학을 할 수 있다. 오히려 그들은 신학을 해야 한다. 왜냐하면, 모든 인간의 행동이 하나님의 말씀에 대한 반응과 적용이 되기 때문이다.[1]

이런 적용이 옳을 수도 있고 틀릴 수도 있다. 즉 좋은 신학 또는 좋지 않은 신학이 될 수 있지만, 그런데도 그것은 신학이다.

하지만 좋은 신학, 즉 제대로 되어야 하는 신학은 신자들만 할 수 있다. 또한, 성숙한 신자들만 그런 신학을 가장 좋게 수행한다. 따라서 신학자의 개인적 삶은 그의 신학 연구의 신뢰성과 매우 관련이 있다.

셋째, 우리 사고를 지배하는 전제는 이성, 감각, 감정 같은 많은 출처에서 발생한다.

가장 궁극적인 전제는 본성상 종교적이다. 우리 삶의 모든 것이 우리가 수행하는 신학의 기저를 이루는 전제에 기여한다면 그것은 엄밀한 의미의 그런 신학에 기여하는 것이다.

넷째, 이런 전제는 성경 해석에 영향을 주고 결과적으로 성경 해석을 통해 우리의 전제를 입증하려 애쓴다.

이것을 "해석학적 순환"(hermeneutical circle)이라고 부른다. 앞에서 살펴보았듯이 이런 종류의 순환성은 불가피하다. 하지만 성령의 인도하심 아

---

1 하나님의 말씀이 성경을 통해서뿐 아니라 제1부에서 논의했던 자연(롬 1:18-32)을 통해서도 알려진다는 것을 기억하라.

래서 이것은 악순환은 아니다.

하나님 말씀과의 접촉은 우리가 가진 전제를 순화한다. 그렇다면, 결과적으로 우리는 성경을 해석하기 위해 순화된 전제를 사용할 때 성경에 대한 더 명확한 이해에 도달한다. 하지만 성령의 사역이 없다면 이런 순환은 퇴행적일 수 있다.

좋지 않은 전제가 성경의 의미를 왜곡하고 왜곡된 의미는 심지어 훨씬 좋지 않은 전제로 이어진다. 따라서 우리는 분명히 신실하고 지적으로 수준 높은 "진리 탐구자"—종종 사이비 종교 집단 가운데(또한, 종종 전문적인 신학자들 가운데!)—의 결론이 **믿을 수 없을 정도로** 진리에서 동떨어진 것처럼 보일 때 놀라지 말아야 한다. 이것이 순종과 지식이 밀접하게 연결된 방식이다(참조, 제1부).

다섯째, 신학을 통해 얻는 이런 종류의 지식은 특징상 매우 인격적이다. 하나님 자신에 관한 지식이다. 하나님을 볼 수도 없고 들을 수도 없고 또는 만질 수도 없으므로 자연 과학의 경험적 방법은 이런 지식에 도달하지 못한다.

이안 램지(Ian Ramsey)는 모든 것이 매우 비인격적으로 진행되는 법정, 즉 사람들을 직함으로 언급한 것("국왕," "피고," "검사," "재판장님")을 예화로 사용한다. 놀랍게도 판사는 앞을 쳐다보고 오래 전에 잃은 자기의 아내를 "피고"로 간주한다.

갑자기 전체 상황이 다른 분위기를 띤다. 새로운 분위기는 볼 수 있거나 들을 수 있는 무엇에 기인한 것이 아니라 다양한 기억, 과거 역사, 애정, 실망에 기인한다.[2] 램지의 예화가 기독교 진리의 **전체** 본성을 설명하기 위한

---

2 Ian Ramsey, *Religious Language* (New York: Macmillan, 1957), 20ff.

것으로 해석된다면(아마 이것이 램지에 의해 해석되는 것처럼), 오도될 것이다.

기독교는 오직 자연 사건을 둘러싼 인격적 관계의 분위기가 아니다. 가령, 부활은 예수님이 제자들과 맺고 있는 관계에 대한 제자들의 회상일 뿐 아니라 시간과 공간에서 발생했던 기적이었다. 그들은 부활한 예수님을 볼 수 있었고 들을 수 있었고 만질 수 있었다.

하지만 램지의 예화는 심지어 신학이 부활과 그 밖의 위대한 역사적 사건을 말할 때도 모든 신학에 존재하는 무엇을 보여 준다. 왜냐하면, 모든 신학은 언약적 관계와 같은 하나님과의 인격적 관계를 고백하기 때문이다. 죽은 자 가운데 부활하셨던 예수님은 "나의 주님이시요 나의 하나님"이시다(요 20:28). 예수님은 우리와 함께 부활하신 분이시다(골 2:12f.; 3:1).

이런 근거로 우리는 신학 논의에서 어떤 시도에 불편함을 느끼는 경향이 있다. 가령, 예수님 몸의 부활을 "시체의 환생"으로 말하는 것은 옳은 것으로 보이지 않는다. 일부 자유주의 신학자들은 예수님이 단지 "영적으로" 부활했지만, 그의 시체는 죽은 상태로 있었다는 견해를 변호하려 이런 점을 지적한다.

그들은 "물론" "예수님의 부활은 시체의 환생과 관련이 없다!"(부정에 대한 잘못된 사용에 주목하라)라고 말한다. 하지만 "시체의 환생"이라는 어구에 대해 그리스도인이 주저하는 것은 부활의 문자적 진리 또는 부활의 신체적 특징에 대한 그의 마음의 의심 때문이 아니다.

나는 그 이유가 오히려 다음과 같다고 생각한다. 즉 "시체의 환생"은 언약적 언어가 아니라는 것이다. 이것은 인격적 관계의 언어, 즉 사랑의 언어가 아니다. 이 어구는 성경 가르침이 담고 있는 모든 신학적 풍성함을 함축하지 않는다. 이 어구는 자연적인 맥락에서 부활을 "추상한다!" (abstract)

명제적 언어가 신학에 중요하다. 신학은 하나님에 대한 정보를 전달한다. 명제적 지식은 관계가 있는 인격적 특성을 약화한다는 브루너(Brunner)와 다른 신학자들의 주장은 불합리하다. 누군가에 대한 정보를 얻는 것은 종종 우리와 그와의 관계를 심화시킨다.

하지만 좋은 신학 언어는 결코 **단순히** 명제적이지는 않다. 오히려 좋은 신학 언어는 동시에 사랑과 칭찬의 표현이다. 신학자들뿐 아니라 설교자들도 이것을 명심할 필요가 있고, 사람들에게 일종의 냉담한 전문 용어로 하나님에 대해 말하도록 치켜세우는 언어를 피할 필요가 있다. 그런 전문 용어가 항상 틀리거나 죄악 된 것은 아니다.

우리가 추상적 개념들이 필요하다는 것을 기억해도 좋다!

하지만 여기서 균형의 결핍은 사람들이(또한, 설교자들) 사고와 삶의 나쁜 습관으로 이끌 수 있다. 신학에서 인격주의는 건덕의 수단이다. 우리가 이것을 경시할 때 우리는 전혀 하나님의 완전한 경륜을 전달하는 것이 아니다.

내가 아는 신학 교수들 중에는 신학이 가진 과학적 특징과 학문적 훌륭함을 변호하는 데 너무 열심이라 실제로 신학적인 글에서 개인적인 문제에 대해 언급하는 것을 금하는 이들이 있다. 그들은 저자 자신이나 그 밖에 누구를 언급하는 것을 금한다(물론 또 다른 저자의 **생각**은 제외하고). 또한, 그들은 신학이란 인격성이 결핍된 생각으로만 구성되어 있다고 생각한다. 물론 그런 교수들이 마땅히 피하고자 애쓰는 위험들이 존재한다.

가령, 역공 논증을 결정적인 것으로 여길 위험이 존재한다. 또한, 신학적 문제에 집중하기보다 오히려 개인적인 양심으로 글을 쓰는 위험이 존재한다. 하지만 살펴보았듯이 신학에는 심지어 역공 논증을 위한 타당한 위치가 존재하고, 또한 "쟁점들"과 "인격성"은 뚜렷하게 분리되지 않는다. 사람들의 생각은 그들의 명성과 성격(하나님의 말씀이 하나님 자신과 하나이듯이)과 긴밀하게 관련을 맺고 있다.

신학에서 개인적 언급은 거의 피할 수 없다. 심지어 가장 학문적인 신학도 한 사람이 마음으로 하나님과 맺고 있는 관계의 표현이다. 신학이 분명히 개인적 언급을 피한다면 그것은 영혼 없는 신학일 것이다.

여섯째, 인격주의도 신학의 본성에서, 그리고 **설득**으로써 변증학의 본성에서 분명히 드러난다.

우리가 제2부에서 살펴보았듯이 이런 학문 분과의 목적은 단순히 타당하고 건실한 논증을 세우려 하는 것일 뿐 아니라 사람들의 설득과 건덕을 위한 것이다. 그리고 이런 목적은 그들을 지적 동의로 이끄는 것일 뿐 아니라 그들이 사랑과 기쁨으로 마음에서 진리를 포용하고 삶의 모든 영역에서 이 목적이 담고 있는 함의를 실행하도록 동기를 부여하는 데 있다. 따라서 신학은 신학자의 인격(personhood)을 표현하는 데 있어서뿐 아니라 청자들의 완전한 개성을 다루는 데도 "인격주의적"이어야 한다.

2. 마음

하나님을 아는 지식은 마음의 지식(heart-knowledge)이다(출 35:5; 삼상 2:1; 삼하 7:3; 시 4:4; 7:10; 15:2; 사 6:10; 마 5:8; 12:34; 22:37; 엡 1:18 등을 보라). 마음은 인격성의 "중심," 즉 사람의 가장 기본적인 특징에서 인격 그 자신이다. 성경은 마음을 생각, 의지(volition), 태도, 언어의 원천으로 표현한다. 구약성경에서는 **양심**이라는 단어가 받아들여질 만한, 번역이 되는 문맥에서 마음이라는 단어가 사용된다(삼상 24:5을 보라). 그렇다면 **마음**이 부패했다는 사실은 다음과 같은 것을 의미한다. 즉 은혜가 없다면 우리는 하나님의 일들에 대해 철저히 무지하다(제1부). 오직 하나님의 은혜만 현세적인(outward) 마음에서 우리를 회복시킨다. 또한, 오직 하나님의 은혜만 하나님의 언약적 종에게 속한 하나님을 아는 지식을 우리에게 회복시킬 수 있다. 그리고 이런 지식은 순종과 상호 관련되어 있다. 이런 사실이 담고 있는 함의는 다음과 같다.

첫째, 하나님에 관한 신자의 지식은 경건한 성품과 분리될 수 없다.

중생에서 신자들에게 하나님을 아는 지식을 주시는 똑같은 성령은 경건한 성품도 주신다. 또한, 성경에서 가르침(신학)의 사역을 위한 자격은 대개 도덕적 자격이다(딤전 3:1ff.; 벧전 5:1ff.).

따라서 신학 연구의 질은 명제적 지식 또는 논리, 역사, 언어학(물론 신자와 불신자가 많은 부분을 공유하는)의 기술에 의존할 뿐 아니라 신학자의 성품에도 의존한다(제1부에서 우리는 어떻게 성경에서 지식과 순종이 연결되어 있는지 살펴보았다).

둘째, 하나님을 아는 지식은 지성이나 감정 같은 하나의 "능력" 또는 또 다른 능력을 통해서뿐만 아니라 마음, 전인을 통해서도 획득된다.

신학자는 자신이 존재하는 모든 것과 하나님이 그에게 부여하셨던 모든 능력과 역량으로 안다. 지성, 감정, 의지, 상상, 감각, 기술에 대한 자연적이고 영적인 재능 모두 하나님을 아는 지식에 기여한다.

하나님을 아는 모든 지식은 우리가 가진 **모든** 능력을 모은다. 왜냐하면, 하나님을 아는 모든 지식은 존재하는 우리의 모든 것과 관련되기 때문이다. 따라서 다음 단락에서 신학자의 성품과 능력이라는 이 두 가지 함의를 차례로 더 자세하게 논의할 것이다.

3. 신학자의 성품—신학의 윤리

제1부에서 우리는 어떻게 하나님을 아는 지식이 믿음(요 11:40), 사랑(고전 8:1ff.; 요일 4:8), 순종(렘 22:16)과 밀접하게 관련을 맺고 있는지 살펴보았다.

하지만 구속받은 삶의 이런 특징들은 특별히 신학의 **방법론**과 관련을 맺고 있는가?

이런 특징들은 정말로 하나님에 관한 우리의 지식에 영향을 주는가?

아니면 우리는 단지 경건하게 들리도록 그런 식으로 말하는 것인가?

나는 이런 특징들이 하나님에 관한 우리의 지식에 영향을 준다고 믿는다. 성경은 어떤 근거도 없이 지식을 순종과 연결하지 않는다. 지식과 순종의 관계는 의미 있는 관계다. 또한, 이런 관계는 **의미가 있으므로** 신학의 구체적인 작업에 **적용**된다.

에드워드 존 카넬(Edward John Carnell)은 주목할 만한 변증적 저서 『사랑의 나라와 이생의 자랑』(*The Kingdom of Love and the Pride of Life*)[3]에서 키에르케고르를 따라 학문과 철학에서 종종 너무 중요한 객관성이라는 태도(detachment)가 한 사람이 가진 독특한 내적 신비를 합당하게 창출할 수 없다고 언급한다.

한 사람의 주관성에 대해 무언가 배우기 위해서는 확립된 인격적 관계가 존재해야 한다. 그래서 소통, 즉 인격과 인격의 드러남이 발생할 수 있다. 물론 이것은 하나님에 관한 우리의 지식에서도 사실이다.

하나님은 자신을 가장 사랑하는 사람들에게 최고의 신비를 계시하신

---

[3] (Grand Rapids: Wm. B. Eerdmans Pub. Co., 1960), 44ff. 유감스럽게도 이 책은 지금 절판되었다.

다. 이것은 다른 신학자들의 글을 이해하고, 평가하고, 적용하는 우리의 노력에서도 사실이다(사실 이것은 신학 연구의 큰 부분을 구성한다). 따라서 성경에서 교사의 자격은 주로 성품(character)의 특성이다(딤전 3:2-7; 딤후 2장; 3:10-17; 약 3장; 벧전 5:1-4).

바울 같이(또한, 궁극적으로 예수님 자신; 고전 4:6; 11:1; 빌 3:17; 살전 1:6f.; 2:6; 살후 3:7-9; 딤전 4:12; 딛 2:7; 히 13:7; 벧전 5:3) 교사들은 본받을 만한 가치가 있어야 한다. 바울의 개인적인 교회 방문에 대해 놀랄 만한 강한 강조도 주목하라(롬 1:8-17; 15:14-33; 고전 4:14-21; 5:1-5; 고후 7:1-16; 12:14-13:10; 갈 4:12-20; 엡 6:21f.; 골 4:7ff.; 딤전 3:14.; 딤후 4:6-18; 딛 3:12-14; 히 13:7f., 22f.; 요이 12, 요삼 13f.). 교회가 서신만으로 배울 수 없었기에 바울의 인격적 방문을 통해 배웠던 중요한 무엇이 있다.

성경의 의미는 성경의 사용이다. 따라서 성경을 가르치는 것은 말과 삶(예로, 본)으로 가장 잘 이루어진다. 사도적 모범은 하나님의 백성에게 말씀을 어떻게 사용하고 적용하는지 보여 준다. 따라서 사도적 모범은 가르침과 신학의 중요한 측면이다.

물론 교사가 행하는 모든 것이 다 본받을 가치가 있지는 않을 것이다(심지어 모든 사도적 행동도 규범적이지는 않았다.—갈 2:11-14). 하지만 교사의 삶은 자신의 가르침이 담고 있는 의미, 즉 죄악 된 세상의 삶과 극적으로 다른 삶의 방식을 증명하는 데 합당한 경건성의 수준을 구현해야 한다. 따라서 신학자의 성품은 그에게 기독교적 가르침이라는, 사역에 필요조건인 그런 모범적인 삶을 은혜로 제공한다.

하지만 그런 측면을 무시하고 오로지 문자 그대로 신학에 초점을 맞추려고 애쓴다 해도 신학자의 성품이 신학에 크게 영향을 준다는 것을 발견할 것이다. 부정적으로 나는 신학에 넘쳐 나는 많은 모호성, 오류, 피상성이 지성의 실패만큼(또는 그 이상으로) 성품의 실패라고 믿는다. 신학자들이 자신의 반대자들과 독자들에게 약간 더 큰 사랑을 보여 주고, 자신이 가진 지식 수준에 대해 더 큰 겸손을 보여 주며, 진리를 추구하는 데 있어 더 큰 관용을 보여 주며, 약간 더 단순한 공평성과 정직을 보여 주었다면, 이런 것 가운데 많은 것을 피할 수 있을 것이다. 이런 관점에서 몇 가지 최악의 신학적 관행을 고려해 보자.

첫째, 반대자의 견해가 더 타당하거나 심지어 올바르다고 해석하는 방안을 찾으려고 애쓰지 않고, 가능한 최악의 의미에서 그의 견해를 해석하는 관행이다.

일반적으로 이런 관행은 순전히 적대감에서 발생하고, 신학자가 더 많은 애정 어린(또한, 동시에 더 지적으로 타당한) 가능성을 보지 못하게 한다. 이것은 종종 "허수아비" 논증(즉 반대자가 실제로 갖고 있지 않은, 아마 그 누구도 갖고 있지 않은 견해에 반대하는 논증)으로 이어진다.

이것은 항상 자신의 반대자에 대해 신학자가 가진 근거를 강화하기보다 오히려 약화한다.

때때로 "가능한 최악의 의미"는 신학자를 해석하는 올바른 방식인 것이 사실이다. 하지만 우리는 단지 다른 모든 가능성이 기대에 미치지 못할 때만 최후 수단으로 그런 해석을 채택해야 한다. 사랑은 "쉽게 성내지 아니한다"(고전 13:5). 우리는 진리를 확인하려는 주의 깊은 시도 없이 다른 사람을 비판하지 말아야 한다(민 35:30; 신 17:6ff.; 고후 13:1; 살전 5:21; 딤전 5:19).

둘째, 또 다른 신학적 악은 어떤 독자들에게 자기 뜻이 가진, 더 논란이 되는 특징을 숨김으로써 현재의 자신보다 더 정통으로 보이려고 애쓰는 악이다.

사이비 광신도들은 종종 첫 문의자들에게 말할 때 복음주의 그리스도인인 체한다. 그러나 단지 후에 이 문의자는 이 사이비 종교 집단이 다신교이거나 그리스도의 신성을 부인하거나 사이비 종교 집단 지도자를 숭배하거나 간음을 인정한다는 것을 발견한다.

초기 단계에서 우리는 이 사이비 종교 집단의 가장 좋은 측면만 배운다. 그는 얼마큼의 교리를 공부한 후에만 사이비 종교 집단의 특징을 배운다. 물론 이것은 우리가 사이비 종교 집단에서 예상하는 것이다.

그러나 동일한 종류의 일이 신학 주류에서도 일어난다. 신학자들은 후에 자신들이 성경 권위에 대한 정통 교리를 거절하고 있다는 당혹스러운 소식을 듣기 전까지(또는 당혹스러운 소식을 매우 신속히 무시할 때까지) 종종 어떻게 자신들의 견해가 반대자들보다 더 성경적인지 증명하기 위해 많이 애를 쓴다.

때때로 논란이 되는 생각이 너무 미묘하게 전통적인 복음과 섞여서 독자들은 완전히 경계심을 늦추게 될 것이다.

가령, 바르트의 글 대부분이 복음주의, 심지어 개혁신학과도 거의 구별이 되지 않는다. 하지만 일단 그의 인기 있는 작품을 넘어서 『교회 교의학』(*Church Dogmatics*)으로 들어가면 바르트에게서 창조자-피조물 구별은 "그리스도 안에서" 사라지고, 하나님이 자신의 신성을 포기할 수 있는 일종의 유명론적 "자유"를 유지할 뿐임을 배운다.

물론 신학자는 자신의 인기 있는 책에 자신의 가장 논란이 되는 모든 생각을 포함할 의무는 없다. 또한, 이런 생각 가운데 일부는 너무 전문적이고 어렵다.

하지만 때때로 신학을 실제보다 더 정통적인 것으로 보이게(교회 법정,

처음 시작하는 학생들, 교육 기관의 지지자들에게) 만드는 (문제가 되는 신학자와 그의 지지자들의) 음모가 있는 것이 거의 확실해 보인다. 사실 때때로 신학자는 한 독자에게 자신의 작품을 가능하면 보수적으로 보이게 할 것이지만, 다른 독자에게는 자신이 얼마나 급진적이고 새로우며 다르다는 것을 보이려고 애쓰는 역설이 존재한다. 종종 그런 행동에서 성경이 정죄하는 일종의 "사람을 기쁘게 하는" 것이 발견된다.

셋째, 정반대 또한 사실이다.

신학자는 반대자의 견해를 설명할 때 단지 반대자의 입장 가운데 가장 논란이 되거나 반대할 수 있는 특징만 제시할 수 있다. 종종 윤리학 작품에서 저자는 전통적인 견해를 적용하기 어렵거나 심지어 변호하기 어려운 극단적인(종종 가설적인) 주장을 제시함으로써 전통적인 입장을 공격할 것이다. 간과되는 것은 다음과 같다. 즉 **모든** 윤리적 입장에 난점이 있다는 것이다.

우리가 선택하는 원칙(또는, 우리가 취하는 원칙 **없는** 입장)은 어떤 경우에 적용되기 어려울 것이다. 비정통적인 윤리학자도 어떤 영역에서 자신의 접근 방식을 적용하는 데 어려움을 겪을 것이다.

또한, 종종 신학자들은 다른 이의 견해를 공격하기 위해 또 다른 이가 이미 응답한 반론들을 제시하고, 일부러 그 답변들을 다루지 않을 것이다. 그는 순진한 독자들에게 다음과 같은 것을 암시하는 거짓 인상을 전달한다. 즉 그의 반대자는 그의 반론들에 대한 답변들을 갖지 못한다. 실제로 그의 반대자는 그 답변들을 갖고 있음에도 말이다.

윌리엄 호던(William Hordern)은 성경에 대한 정통주의 견해를 가진 사람들이 오늘날 하나님이 사람들을 인도하실 가능성을 거절한다고 비난한다.[4] 그는 오늘날 하나님이 계속 오류 없는 성경을 **통해** 우리에게 말씀하시고 확증하시며 성령의 사역을 통해 성경을 우리 필요에 적용하신다는 분명하고 정통적 답변, 계속 반복해서 주어졌던 그 답변을 전혀 언급하지 않는다. 따라서 호던은 자신의 독자들에게 정통주의가 자신의 요점에 어떤 답변도 갖고 있지 않다는 거짓된 인상을 제공한다. 이런 간과는 그 자신의 논의를 더 피상적으로 만들 뿐이다. 왜냐하면, 이 지점에서 그는 반대자가 가진 가장 강한 형태의 입장을 다루지 않기 때문이다.

한 신학자가 또 다른 신학자를 해석하는 것을 다루었던 앞의 "**첫째**"처럼 이런 절차는 "겸손한 마음으로 각각 자기보다 남을 낫게 여기"는(빌 2:3) 성경적인 권고를 위반하는 것이다. 이런 예들에서 사람은 가장 최악의 견지에서 다른 사람의 입장을 제시한다. 이것은 그리스도의 사랑의 본보기가 아니다.

우리는 우리가 다른 사람들을 판단하는 기준으로 판단을 받으리라는 것을 기억해야 한다(마 7:1-5). 따라서 우리는 우리 자신의 생각과 부합할 것 같지 않은 종류의 엄격함을 다른 신학자들에게 요구하지 말아야 한다.

넷째, 흔한 형태의 불가해성은 신학자가 자신의 견해가 아무리 급진적이고 또는 새롭더라도 정통주의 경계 안에 있는 것처럼 보이게 하려고 한다.

이는 그가 비전통적으로 모호한 언어로 전통적인 견해나 정통 견해를 진술할 때 발생한다. 가령, 틸리히는 정통주의 전통이 하나님을 설명하는 상징의 부적절성을 인식한다고 지적한다. 하나님이 "인격"이라고 말하는 것은 상징적으로 말하는 것이다. 그러나 하나님은 **인격**이라는 용어

---

4 "The Nature of Revelation," in *The Living God*, ed. M. Erickson(Grand Rapids: Baker Book House, 1973), 178.

가 함축하는 것 이상의 분이시다. 이런 사실에서 틸리히는 하나님에 대한 비인격적 용어는 그 이상은 아니라도 인격적 언어만큼이나 적절하다고 추론한다.

하지만 틸리히는 어거스틴, 루터, 칼빈, 교회 신조들(성경 자체는 말할 것도 없이) 같은 정통주의의 대표들이 한결같이 인격주의적 언어를 선호하고, 틸리히가 옹호하는 비인격적 언어와 관련 있는 일부 교리(범신론과 같은)를 이단으로 비판한다는 점을 지적하지 않는다. 또한, 종종 성경에 관한 정통 교리는 너무 모호한 용어(예로, "성경은 하나님에게서 기원한다")[5]로 제시되어 대체로 어떤 형태의 현대 성경 비평과 함께 공존할 수도 있다.

다섯째, 일부 신학자들은 자신들의 견해가 분명하게 반대받을 수 있는 또 다른 견해(또는 여러 견해)에 대한 유일한 대안이라는 인상을 남긴다(제8장 8. "4) 딜레마"를 보라).

종종 그런 주장은 너무 분명하게 잘못되어서 신학자 자신이 자신의 거짓됨을 모르고 있다고 믿기 어렵다.

여섯째, 때때로 신학자는 심지어 자기 반대자 입장의 기저를 이루는 주장을 고려하지 않고 단순히 자기 견해를 지지하는 논증을 제시함으로써 다른 신학자의 견해를 공격할 것이다.

물론 그런 접근 방식은 반대자에게는 불공평하다. 또한, 그런 접근 방식은 그의 입장이 받아야 하는 것보다 더 불리한 입장에 놓이게 한다(위의 "**첫째**"와 "**셋째**"처럼). 우리는 누군가에게 우리가 가진 견해를 설득시키기 위해 우리의 견해를 주장해야 할 뿐 아니라 반대자가 **자신의** 견해에 도달

---

5   참조, 예로, G. C. Berkouwer, *Holy Scripture* (Grand Rapids: Wm. B. Eerdmans Pub., Co., 1975), 142ff. "성경은 하나님에게서 기원한다"는 성경에 관해 거의 아무것도 언급하지 않는다. 모든 책은 어떻게든 "하나님에게서" 기원한다.

하게 했던 논증을 반박해야 한다. 그런 고려가 없다면 우리 자신의 논증은 합당한 설득력이 있지 않을 것이다. 다시 말하지만 어떻게 설득력과 사랑이 같이 가는지 주목하라.

일곱째, 종종 신학자는 다른 신학자의 견해에서 약점을 올바르게 식별할 것이다.

하지만 그는 실제 가치보다 더 그런 약점을 이용할 것이다. 따라서 작은 차이점이 주요한 차이점으로 격상되고 신학적 논쟁이 교회 분열이 된다.

얼마나 성경의 가르침과 반대되는가!(요 17:11, 22f.; 고전 1:11ff.; 3, 12장; 엡 4:3-6)

우리는 하나님 앞에서 우리가 가진 차이점의 중요성을 과장하지 말아야 하는 책임이 있다. 어떤 교리적 차이점(예로, 채식주의, 날의 준수, 우상에 드려진 음식에 관해—롬 14장; 고전 8-10장을 보라)은 신약성경에서 매우 온화하게 다뤄지고 양 당사자가 공식적인 징계와 관련 없이 사랑 가운데 함께 살라고 종용된다. 다른 문제들(예로, 바울이 갈라디아서에서 공격하는 것으로써 유대화 되는 것[Judaizing])이 더 심각하다. 왜냐하면, 이런 문제들은 복음의 핵심을 약화시키기 때문이다. 그런 차이점을 인식하고 합당하게 행동하는 것이 신학적으로 영적으로 중요하다.

적극적으로 우리는 사랑 안에서 신학 하는 것을 배워야 한다. 그리고 이런 사랑은 덕을 세우고 분열이 아닌 일치를 증진하는 사랑이다(엡 4:15). 신학은 형제들 가운데 심지어 가능한 한 많은 교단과 신학 전통 가운데 **화해**를 추구하고 증진해야 한다.

이런 점에서 우리의 "다관점적" 접근 방식은 몇 가지 유망한 선택을 제공한다(내가 번 포이트레스[Vern S. Poythress]에게 빚지고 있는). 한 가지 제안은 다음과 같다. 즉 반대자가 가진 **장점**에 기초해서 구축하라.

심지어 최악의 신학도 일반적으로 어떤 장점의 영역과 진정으로 성경적인 어떤 관심사가 있다. 가령, 알미니우스주의자들(나는 칼빈주의자다!)은 인간 결정의 중요성에 관한 그들의 관심에서 확고하다. 즉 우리가 내리는 선택이 영원한 중요성을 가진다는 사실이다.

칼빈주의자는 그런 장점을 의지할 수 있고, 알미니우스주의자에게 단지 칼빈주의적 틀 안에서만 그가 가진 관심을 완전히 제대로 다룰 수 있다는 것을 보여 주려 애쓴다. 그렇다. 그는 인간 결정이 영원히 중요하다고 말할 수 있다.

하지만 왜 인간 결정이 그렇게 중요한가?

결국, 인간은 이 우주에서 그런 작은 피조물이다.

그러나 왜 그의 결정이 그 자신의 삶에서도 중요한 효과가 있어야 하는가?

이유는 다음과 같다. 즉 하나님은 그런 결정들을 중요한 것으로 **선포하셨다**(알미니우스주의자는 이 점까지는 동의할 것이다). 하지만 하나님의 선포는 강력한 선포다. 하나님은 그 선포를 행동으로 지지하신다. 하나님은 우리가 내리는 결정을 중요한 것으로 **만드신다**. 하나님은 믿는 사람들이 구원받는 것을 확실하게 하신다.

그렇지 않다면, 믿으려는 결정은 중요하지 않고, 장기적인 중요성이 있을 수 있거나 전혀 없을 수도 있는 인간 삶의 단순한 순간이다. 따라서 단지 신적 주권에 관한 칼빈주의적 견해만 우리가 인간 결정을 완전히 진지하게 고려할 수 있게 한다.

여기서 발생하는 것은 무엇인가?

우리는 모든 신학 교리가 상호의존적임을 살펴보았다(제8장 "6. 교리들 가운데 있는 상호 함축"). 모든 교리를 신학 전체에 관한 하나의 "관점"으로 볼 수 있다. 따라서 우리는 우리의 신학 연구를 인간의 책임 교리로 시작할 수 있다. 또한, 일단 우이 교리를 이해한다면 나머지 모두를 이해한 것이다. 따라서 우리는 인간의 책임 교리로 시작하고 인간의 책임을 전체 개혁 신앙에 관한 하나의 "관점"으로 사용한다.

물론 조화를 추구하는 신학을 위한 우리의 탐구에서 더 명확한 제안을 할 수 있다. 우리는 모호성을 분석할 수 있다. 왜냐하면, 종종 반대하는 것처럼 보이는 두 개의 입장이 실제로 서로 양립할 수 있기 때문이다. 또한, 일단 두 입장을 더 명확하게 표현하면 그런 양립 가능성을 볼 수 있다. 또한, 우리는 더 자기비판적일 수 있다. 자기비판은 우리가 다른 사람들을 비난할 때 필요한 일종의 성경적 겸손이다(갈 6:1; 마 7:1-5).

4. 신학자의 역량- 신학의 기술

나는 하나님을 아는 지식이 마음의 지식이라는 전제에서 두 가지 결론을 도출했다.

첫째, 신학자의 성품은 신학 연구에 중요한(또한, 매우 실제적) 역할을 한다.

둘째, 하나님을 아는 지식은 완전한 통일체로 전인(whole person)—그의 "중심"에서—이 획득하는 지식이다.

나는 앞 단락에서 첫 번째 함의를 논의했다. 이제 나는 두 번째 함의로 이동해야 한다. 신학적 지식이 "전인"이 획득하는 지식이라고 말하는 것은 인간 인격에서 일치성과 다양성의 관계에 관한 의문을 제기한다. 전통적으로 신학자들과 철학자들은 이성, 의지, 감정, 상상, 인식, 직관 같은 인간 마음 안에 있는 다양한 "능력"을 구별했다. 이런 구별은 어떤 능력이 "주요한" 것인지에 관한 질문을 제기했다.

일부는 "지성의 우위성"을 주장했고 감정, 상상은 만약 지적 과정이 이것들을 규율하지 않고 수정하지 않고 평가하지 않는다면 우리를 오도할 것이라고 추론했다. 다른 사람들은 의지가 주요하다고 주장했다. 왜냐하면, 지적 신념도 **선택된** 무엇이기 때문이다.

다른 사람들은 감정의 우위성을 상정했다. 왜냐하면, 어떤 의미에서 우리는 그것을 선택하고 **싶거나** 행하고 **싶기에** 믿거나 행하려고 선택하는 모든 것을 선택하거나 행하기 때문이다. 또한, 다른 능력의 우위성을 지지하는 논증도 유사하다.

물론 기민한 독자는 의심할 여지없이 지금 무엇이 이어질지 예측할 수 있다. 나는 이런 모든 주장 안에 진리가 존재하고 만약 우리가 인간이 갖춘 다양한 능력을 관점적으로 결합된 것으로 본다면 이런 주장들을 어느 정도 서로 조화시킬 수 있다고 생각한다.

인간의 "능력"을 말하는 것은 우리가 인간의 마음이 가진 다양한 행동과 경험을 살펴볼 수 있다는 측면에서 다양한 관점을 말하는 것이다. 이렇게 이해된 능력 가운데 어떤 것도 다른 것들 없이 존재하거나 발휘할 수 없다. 즉 각각의 능력은 다른 것들을 의존하고 포함한다. 이런 능력들을 하나씩 살펴보고 이것들 가운데 일부 밀접한 관계에 주목하자.

1) 이성

이성(reason)이라는 용어는 서양 철학에서 오랜 역사가 있고, 광범위하게 다양한 방식으로 사용되었다. 이성은 논리와 "사유 법칙"—특히 "비모순율"(law of noncontradiction)—이라고 불리는 특정 논리 법칙과 관련된다. 일부 철학자들은 특별한 사유 **방식** 또는 심지어 그들의 일반 철학을 의미하기 위해 **이성**을 사용했다(물론 그들의 철학 도식으로 정의된). (우리는 헤겔에게 이성은 **헤겔주의**와 같은 의미였다고 생각하고 싶어 한다) 이런 맥락에서(또한, 대부분의 다른 맥락에서) 나는 **이성**을 두 가지 방식으로 정의하는 것이 가장 적게 오도한다고 생각한다.

첫째, 나는 **이성**을 판단하고 추론하기 위한 인간의 능력이나 역량으로 정의해야 한다고 생각한다.

이렇게 이해된 추론(reasoning)은 단지 우리가 학문적 또는 신학적 훈련을 추구할 때만이 아닌 우리가 항상 행하는 무엇이다(제8장 1. "1) 논증의 학문"을 보라). 이것은 **이성**을 **설명적인**(descriptive) 의미로 사용하는 방법이다.

둘째, 나는 또한 **올바른** 판단과 추론을 의미하기 위해 **규범적** 의미로 이 용어를 사용할 것이다.

첫째 의미(설명적)에서 올바르지 못한 추론은 이성적(rational)일 것이다. 왜냐하면, 이것은 인간의 역량으로써 이성을 행사하는 것이기 때문이다. 둘째 의미에서 올바르지 못한 추론은 합리적(rational)이지 않을 것이다. 왜냐하면, 이것은 타당한 추론의 기준에 부합하지 않을 것이기 때문이다.[6]

---

6 그러나 **이성**의 정의(definition)와 관련된 몇몇 추가적인 질문을 참조하려면 "부록 9"를 보라.

이성을 이런 방식으로 정의할 때 우리는 신학이 합리적이어야 함을 이해할 수 있다. 신학**은** 하나님의 말씀에 기초한 판단과 추론의 형성(판단과 추론의 적용)**이고**, 따라서 신학은 본질상 일종의 추론(설명적)이다. 게다가 논리에 관한 논의에서 나는 이미 성경이 판단하고 추론하는 것을 보증한다고 밝혔다(제8장 "3. 신학에서 논리 사용을 위한 성경적 근거"). 타당한 판단을 하고 성경에서 타당한 결론을 도출하는 신학은 규범적 의미에서 합리적일 것이다.

신학이 합리적이어야 한다고 말하는 것은 실제로 신학은 성경적이어야 하거나 참이어야 한다고 말하는 것과 다를 바 없다.

논리에 관한 논의에서 살펴보았듯이, 논리는 합당하게 작동할 때, 전제에 어떤 것도 덧붙이지 않지만, 우리가 이런 전제에 함축된 것, 즉 전제가 실제로 말하는 것을 파악하는데 일조하는 도구 역할을 한다. 이것은 사실 논리가 하려고 의도하는 것이다. 연역 과정이 일련의 전제 의미를 바꿀 때 그렇게 함으로써 연역 과정은 결함이 있다. 그런 변화로 이어지는 논리 체계는 그 정도로 부적당한 체계다.

논리의 목적은 실제로 있는 그대로의 전제를 단순히 진술하는 것이다. 이와 유사하게 신학 추론의 목적은 단지 실제 있는 그대로의 성경을 진술하는 것이다(물론 의미를 구성하는 적용을 포함해서). 따라서 신학에서 합리성은 성경적인 것(scriptuality) 그 이상도 이하도 아니다.

합리성은 신학이 성경에 대한 일치성**에 덧붙여** 순응해야 할 분리된 일련의 규범이 아니다.[7] 따라서 신학자들은 합리성 요구에 위협을 느끼지 말아야 한다. 물론 합리성을 성경적인 것이 아닌 현대 과학, 역사, 철학 등

---

[7] 또한, 가령 분리된 일련의 규범이라 해도 그리스도인에게 이런 규범은 궁극적인 규범인 성경 자체에 종속될 것이다. 따라서 성경의 합리성에 관한 어떤 증명도 여전히 순환론적일 것이다.

일부 이론에 대한 일치로 정의한다면 갈등은 불가피하다.

따라서 누군가 나에게 이성이 신학적 생각의 재판관이 되어야 한다고 말할 때 나는 어떤 의미에서 그에게 동의할 수 있다. 나의 합리적 역량은 판단하는 역량이다. 따라서 신학적 판단이 합리적이어야(설명적 의미에서) 한다고 말하는 것은 동어 반복이다(tautology). 규범적 의미에서도 이성은 신학을 판단해야 한다. 왜냐하면, 이것은 단지 성경에 기초한 추론과 판단이 타당한 추론과 판단, 즉 정말로 성경과 일치하는 타당한 추론과 판단이어야 함을 의미하기 때문이다.

하지만 이성을 "재판관"으로 언급하는 것은 약간 이상하다. 이것은 어떤 사람들에게 이성이 성경과 독립된 어떤 기준으로 작동한다는 것을 암시할 수 있다(필연적으로 암시하는 것도 아니고, 모든 사람에게 암시하는 것도 아닐지라도). 아니면 그런 언어는 나의 규범(성경)을 나의 심리적 역량 가운데 하나와 혼동할 수 있다.

그렇다면 신학은 이성을 따라야 하는가?

그렇다. 그러나 이것은 단지 신학이 철저한 논리로 신학이 가진 합당한 기준, 즉 영감된 성경에 따라야 하는 것을 의미한다.

이성은 우리가 가진 다른 능력에 대해 어떤 종류의 "우위성"을 갖고 있는가?

물론 우리가 가진 모든 감정적인 성향, 상상이 풍부한 생각, 직관, 경험 등은 이성에 따라야 한다. 그렇지 않으면 이것들은 우리에게 진리를 말해 주지 않는다.

그러나 이런 맥락에서 "이성을 따르는 것"은 무엇을 의미하는가?

우리가 살펴보았듯이 이것은 단지 "성경을 따름" 또는 "진리를 따름"을 의미한다. 따라서 사실 이런 것들이 이성을 따라야 한다고 말하는 것은 실제로 동어 반복이다. 이것은 미혼 남자가 되려면 우리가 결혼하지 말아야 한다고 말하는 것과 같다.

그러나 우리는 "미혼 남자인 것"은 결혼하지 않는 것의 기준이나 잣대라고 말하고 싶어 하지 않을 것이다(이 반대는 동일하게 그럴듯하고 동일하게 그럴듯하지 않을 것이다). 따라서 여기에 순환성이 존재한다. 따라서 위의 의미에서 **이성의 우위성**은 거의 언급하는 것이 없다. 이성의 우위성은 다른 능력, 심지어 감정에 대해 유사한 우위성을 배제하지 않는다.

자신이 감정을 통해 무언가 알게 되었다고 주장하는 어떤 사람을 상상해 보라. 그의 주장이 옳다면 그의 감정이 그를 "진리에 일치"시키는 것으로 이끌었다. 위의 정의를 고려해 볼 때 이것은 "이성에 일치시키는 것"과 동일하다. 즉 지식을 획득하는 방식으로써 감정은 일종의 이성이다. 그의 주장이 옳지 않다 해도 아직 그의 감정을 일종의 이성으로 부를 수 있다. 왜냐하면, 비록 그의 감정이 이런 경우에 신뢰할 수 없다 하더라도 그의 감정은 역량 가운데 하나이고, 이 역량으로 그는 판단하고 추론하기 때문이다. 그렇다면 이런 경우에 그의 감정이 규범적인 의미가 아닌 설명적인 의미에서 이성이라고 말할 수 있다.

사실 **이성**은 단지 다른 능력이 가진 판단 역량과 추론에 주는 이름일 수 있다. 아니면 아마 이성은 이런 다른 능력에 대한 관점이고, 진리를 발견하는 데 있어 이런 능력이 가진 역할의 관점에서 이런 다른 능력을 살펴본다(그런 관점에서 이런 능력을 살펴볼 때 이런 능력이 가진 다른 역할도 살펴보아야 한다. 따라서 이성은 이런 능력이 행하는 **모든 것**에 대한 관점일 것이다).

다음으로 나는 다른 측면에서, 즉 감정, 상상의 측면에서 이런 관계를 살펴봄으로써 앞서 말한 논의를 명확히 하려고 노력할 것이다. 나는 판단을 형성시키는 다른 능력들의 역할을 보여 주는 것뿐만 아니라 그것들의 다른 역할들과 서로 다른 다양한 역할들의 불가분성(inseparability)을 언급하기 위해 노력할 것이다. 나의 관점적 모델에서 내가 옳다면, 사실 이런 계속되는 논의들은 또한 사실 이성에 관한 논의일 것이고, 여기서 언급했던 것을 자세히 논의할 것이다.

2) 인식과 경험

인식(perception)은 감각 기관과 관련을 맺지만, 이것은 단순히 감각에 해당하는 유의어가 아니다. **감각**(sensation)은 감각 기관의 기능이 지식을 산출하든 않든 간에 감각 기관의 기능을 의미한다. 한편, 인식은 일종의 지식, 즉 감각 과정을 통해 얻은 지식이다. 우리는 x를 보고, 듣고, 냄새 맡고, 맛보고, 느낄 때 그리고 감각 기관의 기능이 x의 지식을 산출할 때 "나는 x를 인식한다"고 말한다.[8]

경험은 인식보다 더 광범위한 범주다. 감각 기관을 통해 무언가 인식함 없이 무언가(예로, 선지자가 하나님의 말씀을 경험하는 것)를 경험할 수 있다. 적어도 이런 가능성을 주장할 수 있다.

하지만 조지 마브로즈(George Mavrodes)를[9] 따를 때 인식에 관한 설명과 유사한 방식으로 경험을 이해할 수 있다. 그는 "나는 x를 경험했다"라는 문장에서 x를 심리적 상태를 가리키는 것뿐 아니라 대상을 경험하는 사람과 독립해서 존재하는 대상을 가리키는 것으로 해석한다. 따라서 "나는 x

---

8   그렇다면 나는 감각이 신체적이고 인식은 정신적이라고 말할 수 있다. 하지만 나는 본서에서 마음-몸의 문제로 들어가고 싶지 않다. 이것과 몸-혼-영의 관계는 또 다른 때로 아마 또 다른 신학자에게 미루어야 할 것이다.
9   *Belief in God* (New York: Random House, 1970), 50ff.

를 경험했다"라고 말하는 것은 '나의 경험을 통해 나는 x에 관한 일부 지식을 얻었다'고 주장하는 것이다.

마브로즈는 또한 x를 경험하는 것은 x에 관해 어떤 판단을 하는 것을 포함한다고 주장한다.[10] 인식과 관련된 언어도 마찬가지다(x를 인식하는 것, x를 보는 것, x를 듣는 것 등). 그는 다음과 같이 덧붙인다.

> 그러나 … 나는 단지 이런 판단이 얼마나 적절해야 하는지 더 정확하게 하는 방법을 모르겠다. 한 남자가 숲에서 늑대를 정말 볼 수 있다는 것이 매우 분명하지만, 그는 그 늑대를 개라고 생각한다. 따라서 이런 판단은 완전히 정확할 필요가 없는 듯이 보인다. 한편, 늑대에게서 반사되었던 빛이 그의 눈을 자극한다는 의미에서 이 사람이 늑대 앞에 있을 수 있다는 것도 분명하게 보인다. 그러나 전혀 판단을 내리지 못한다. 아마 그는 무언가에 사로잡혀 있기 때문일 것이다. 그럴 때 우리는 그가 그 동물을 전혀 보지 못했다고 말할 것이다.[11]

그렇다면 인식하는 것과 경험하는 것은 추론과 뚜렷하게 구분되는 활동이 아니다. 인식하는 것과 경험하는 것은 판단에 이르는 과정들이다. 비록 그 판단이 항상 완벽하게 옳지 않을지라도 말이다.

인식하는 것과 경험하는 것은 이성처럼 **추론**의 수단인가?

물론 무언가 경험하거나 인식하는 것은 머리 속에서 삼단 논법을 사용하는 것을 수반하는 경우가 있을지라도 일반적으로는 수반하지 않는다. 하지만 "추론" 또는 "비형식 논리"가 일생에 걸쳐 계속되는 무엇이라면,

---

10 *Belief in God*, 52.
11 *Belief in God*, 52.

심지어 어떤 의식적인 삼단 논법이 발생하지 않을 때도(위의 "1) 이성"과 제 8장 1. "1) 논증의 학문"을 보라) 어떤 것도 경험이나 인식을 일종의 추론으로 간주하는 것을 막지 못한다. 자료가 감각에 제공된다. 자료에서 사물의 존재나 사태(states of affairs)의 존재를 추론한다.

물론, 내가 본서의 앞 부분들에서 빈번하게 보여 주었던 것처럼 해석되지 않은 자료를 이용할 수 없다. "나는 나무를 본다"라는 문장이 전제하는 바는 감각 경험과, 내가 어떤 종류의 감각을 이런 특별 범주에 놓는 것을 배우는, 평생의 개념적 학습이다. "나의 아버지가 지난밤 여기에 계셨다"라는 문장은 부분적으로 감각 경험으로 검증했을지 모른다. 하지만 우리는 어떤 사람이 누군가의 아버지라는 것을 감각만으로 알 수 없다. 이런 판단은 개인의 직접 경험에 의한 가능한 검증을 넘어서는 어떤 역사적인 지식을 전제로 한다.

다시 말하지만 이례적인 카드 실험에 관한 토마스 쿤(Thomas Kuhn)의 보고는 다음과 같은 것을 암시한다. 즉 보는 것은 보기를 기대하는 것에 엄청난 영향을 받고 광범위하게 다양한 요소가 기대에 영향을 준다는 것이다.[12] 그렇다면 추론, 즉 판단하고 추론하는 역량은, 이것들을 규명했듯이, 모든 경험과 인식에 존재한다. 또한, 내가 논리에 관한 논의에서 보여 주었듯이, 논리는 인식과 경험에 의존한다. 왜냐하면, 논리상 삼단 논법은 반드시 전제를 가지고, 전제는 논리에 의해서만 보완되는 경우가 있을지라도 일반적으로는 그렇지 않다(제8장 "4. 논리의 한계"를 보라). 어쨌든 논리의 사용을 경험이 전혀 없이는 상상할 수 없다. 왜냐하면, 논리적 기능을 수행하려면 적어도 논리적 원리의 존재를 경험해야 하기 때문이다.

---

12 Thomas Kuhn, *The Structure of Scientific Revolution* (Chicago: University of Chicago Press, 1970)를 보라.

한편, 추론은 경험과 관련되고 경험은 추론과 관련된다. 이성의 사용 때문에 오염되지 않은 (경험주의) "순수 경험"("해석되지 않은 사실"[brute facts]과 상응하는) 또는 경험 없이 이성에 기초해서만(합리주의) 인간 지식의 구조를 세우려는 인식론적 시도는 성공할 수 없다. 이런 방법 가운데 하나로 지식을 설명하려는 시도는 일반적으로 하나님의 말씀 없이 진리에 관한 어떤 "기반"(bedrock), 즉 "궁극적 출발점"(경험이거나 이성)을 발견하려는 시도다.

하지만 하나님은 이런 것을 허락하지 않으실 것이다. 하나님의 피조물은 관점적이다. 즉 모든 피조물이 동일하게 궁극적이다.[13] 하나님의 말씀을 제외한 어떤 토대도 존재하지 않는다. 따라서 성경은 하나님의 말씀(요일 1:1)을 "듣는 것," "보는 것," "만지는 것"을 말할 때 합리적 사고와 관계없는 단순한 감각, 감각 기관의 단순한 작용을 말하는 것이 아니다. "감각"에 관한 그런 개념—철학적 추상성—은 성경에서 발견되지 않는다.

부활하신 그리스도를 보고, 듣고, 또는 만지는 것은 그리스도에 대해 판단하는 것, 추론을 포함한다. 즉 감각 개념은 추론을 수반한다.

한편, 성경에 의하면 하나님을 아는 지식은 감각과 상관없는 단순한 추론에서 기인하지 않는다. 위에 인용한 구절과 다른 많은 구절이 이런 사실을 분명하게 한다.[14] 올바르게 이해된 인식은 지식의 타당한 수단이다.

---

[13] 궁극적인 신학적 실재는 삼위일체로서 하나님 자신이 가진 관점적 본질이다(제6장 "2. 관점주의"를 보라). 창조에서 모든 것은 그 밖의 모든 것과 관련을 맺는다(제6장 "1. 반추상주의"를 보라). 따라서 창조에서 모든 것은 일종의 관점들이고 이런 관점들과 관련해서 우리는 우주의 나머지 관찰할 수도 있다. 이런 관점들 가운데 한 관점이나 다른 관점은 어떤 경우에 다른 관점보다 우리에게 더 가치가 있을 수 있다. 그러나 원칙적으로 이런 관점 모두 이런 기능에 도움이 될 것이다. 왜냐하면, 이 세상에서 다른 것과 관련해서 하나님이 이것 모두 동일하게 창조하셨고 동일하게 놓으셨기 때문이다. 창조된 것들이 가진 존재론적 동등성은 어떤 경우에 이것 모두 관점으로 적절하게 사용될 수 있음을 보증한다.

[14] Robert Reymond, *The Justification of Knowledge* (Nutley, N. J.: Presbyterian and Reformed

하나님은 우리에게 감각 기관을 주셨다(출 4:11; 시 94:9; 잠 20:12). 또한, 하나님은 비록 인식이 오류를 범하지만(물론 이성도 마찬가지다), 지식의 수단임을 자신의 말씀에서 확신시키신다(마 5:16; 6:26ff.; 9:36; 15:10; 눅 1:2; 24:36-43; 요 20:27; 롬 1:20; 10:14-17; 벧후 1:16-18; 요일 4:14).

사도 시대와 '파루시아'(*parousia*, 주의 강림 - 역주) 사이를 살아갈 때 더는 육안으로 부활하신 그리스도를 볼 수 있는 위치에 있지 않다. 그러나 인식은 신학에서 여전히 중요한 역할을 한다. 신학의 도구 역할을 하는 다른 텍스트뿐 아니라 감각을 통해 성경 텍스트를 인식한다. 또한, 감각을 통해 고대 사본과 그 텍스트의 의미를 재구성하는 데 일조하는 고대 문화의 유물을 인식한다. 물론 경험은 신학이 텍스트를 적용할 현 상황을 드러낸다.

또한, 우리를 그리스도인으로 성숙시키는 그런 경험이 존재한다. 즉 그런 경험은 그리스도인의 삶을 살고, 도전에 응전하고, 성공하고, 실패하고, 기도하고, 기도에 응답을 발견하고, 응답이 주어지지 않아도 인내하고, 죄에 대해 싸우고, 그리스도를 위해 고난을 견디어 내는 경험이다. 많은 상황에서 우리는 성경에 묘사된 이런 경험들을 가지고 살아간다. 즉 우리는 주 예수 그리스도와 그의 위대한 성도들이 경험했던 것을 경험한다.

이런 의미에서 경험은 우리에게 성경의 의미를 보여 주는 데 있어 중요하다. 경험이 적은 성도들은 항상 주석서들을 찾아볼 수 있지만, 기독교 영적 전쟁을 직접 오래 경험한 사람들에게는 특별한 종류의 통찰력이 있다(젊은 군인은 군사 학교에서 규율, 역사, 전쟁의 기술을 배울 수 있지만, 오직 실제 전투 현장에서만 배울 수 있는 많은 것이 있다).

가령, 우리가 시편 저자들이 경험했던 일부 동일한 경험을 하고 우리의

Pub. Co., 1976)(『개혁주의 변증학』, CLC 刊)에서 논의한 것을 보라.

경험과 그들의 경험 사이의 유사점을 이해할 때까지 잘 이해할 수 없는 많은 것이 시편에는 존재한다.[15]

그런 종류의 경험을 가진 기독교 교사들은 단순히 복음을 이론화했던 사람들보다 더 큰 신뢰성이 있다. 이전에 나의 교수 한 분은 자기 교회의 주일 학교 프로그램에 대해 불평한 적이 있다. 그의 교회에서 그의 다섯 살 아들은 그리스도 안에서 "넉넉히 이기느니라"에 관한 행복한 합창을 다른 아이들과 불렀다. 그 교수는 이것을 다소 어리석게 여겼다.

왜냐하면, 아이들은 어떤 것도 이기지 않았기 때문이다!

나는 동의하지 않았다. 나는 만약 아이들이 "그리스도 안에" 있다면 중요한 의미에서 그리스도를 통해 이미 모든 것을 정복했다고 생각했고 아직도 그렇게 생각한다. 그러나 나의 교수가 전적으로 틀린 것은 아니었다. 즉 그는 아이들이 이런 단어들로 노래를 부를 때 사도 바울이 그 단어를 사용할 때 담겼던 일종의 진실성이 부족했다고 올바로 감지했다.

바울은 그리스도를 위해 옥에 갇히는 것, 돌에 맞음, 버림받음, 배신, 외로움, "몸의 가시"를 견디었다. 그럼에도 이와 같은 사람이 "넉넉히 이기느니라"라고 말할 수 있을 때 그의 말은 특별한 종류의 효력을 전한다. 그에게 그리스도의 승리는 많은 구체적인 방식으로 그의 삶에 이루어져 왔다. 또한, 그런 종류의 삶이 심오한 존경을 받을 만하고 존경을 불러일으키고 그의 말에 더 큰 영향력을 제공한다.

---

15 나는 뉴저지(NJ)주 에섹스펠즈(Essex Falls)의 알버트 마틴(Albert N. Martin) 목사의 강의에서 이 점을 기억한다.

3) 감정

(1) 감정과 구속(redemption)

성경은 "지성"을 논의하지 않는 것과 같이 체계적인 방식으로 "감정"을 논의하지 않는다. 그러나 성경은 감정, 곧 즐거움, 슬픔, 근심, 두려움, 기쁨에 대해 많은 것을 언급한다(사랑도 큰 감정적 요소를 갖고 있지만, 사랑을 감정으로 정의하지 않는 것이 최선이다).

에덴 동산에서 사탄의 유혹은 하와의 감정뿐 아니라(창 3:6) 더 중요하게 그녀의 지적 허세, 즉 진리를 자율적으로 결정하려는 그녀의 바람에 호소했다(창 3:1, 4, 5). 그러나 하나님께 불순종하는 것은 행복한 감정이 아닌 부끄러움으로 이어졌다(창 3:7). 타락한 인간은 하나님과 그의 말씀과 그의 창조와 그의 백성을 미워함 그리고 이 세상과 육체와 마귀를 사랑함 같은 뚜렷하게 타락한 감정의 덩어리를 갖고 있다. 그러나 구속은 하나님의 사랑, 악을 미워함과 같은 원칙적인 회복을 가져온다.

구속은 우리를 더 지적으로 만들거나 덜 지적으로 만들지 않는 것처럼 (일부 은사주의자들이 가정할 수도 있듯이) 더 감정적으로 만들지 않고 또는 (많은 개혁파 신자가 선호하는 것처럼) 덜 감정적으로 만들지 않는다. 구속이 지성에게 하는 것은 지능 지수(I.Q.)가 높든지 낮든지 간에 그런 지성을 하나님에게 바치는 것이다. 이와 유사하게 중요한 것은 매우 감정적인지 아닌지가 아니다. 오히려 중요한 것은 다음과 같다. 감정적 역량이 무엇이든지 간에 하나님의 뜻에 따라 사용하려면 그의 손에 두어야 한다는 것이다.

따라서 지성과 감성은 단순히 함께 타락하고 중생하고 성화된 인간 본성이 가진 두 측면이다. 성경에서 어떤 것도 둘 가운데 하나가 다른 하나보다 더 우수하다고 암시하지 않는다. 둘 가운데 어떤 것도 다른 하나보다 더 부패한 것은 아니다. 둘 가운데 어떤 것도 반드시 다른 하나보다 더 성화된 것은 아니다.

그리스 철학은 전통적으로 다른 그림을 제시했다. 즉 인간의 문제는 일종의 능력의 혼란이다. 이성이 통제해야 하지만 불행하게도 감정이 종종 지배한다. 구원은 감정을 이성에 종속시키는 것을 배울 때 온다(물론 철학을 통해!). 물론 이런 생각은 매우 그럴듯하다. 우리는 모두 자기 감정에 "휩쓸려" 매우 어리석은 일들을 하는 사람을 안다. 기독교 상담가들이 그런 사람들에게 "감정을 따르지" 말라고 올바르게 명령한다.

그러나 타락은 본질적으로 인간 내적 능력의 혼란이 아니었다. 타락은 하나님에 대한 전인의 반란, 즉 감정과 인식과 의지의 반란만큼 지성의 반란이었다. 내가 가진 문제는 내 안에 있는 무엇이 아니라 오히려 나 자신이다. 만약 예수 그리스도께서 나 대신 그런 책임을 져주시지 않는다면 내가 그런 책임을 져야 한다.

(2) 감정과 결정

물론 사람들은 때때로 책임 있게 생각하기보다 오히려 "자기감정을 따른다"는 게 사실이다. 그러나 때때로 사람들은 자신들의 "직감"(느낌)으로 참되다고 아는 것과 반대되는 합리적인 도식을 따르기도 한다. 하나님은 우리에게 일종의 견제와 균형의 내부 체계 역할을 하는 다중 능력을 제공하신다. 때때로 이성은 감정적인 광기로부터 우리를 구하지만 감정도 이성이 가진 사치스러운 가면을 억제시킨다.

은사주의 모임에 참여하는, 개혁신앙의 배경을 가진 누군가를 상상해 보자. 그는 은사주의 운동에 좋은 것이 전혀 없다고 들었고 그것을 지성적으로 충분히 숙고했다. 그는 자신이 매우 타당한 몇몇 논증을 가지고 있다고 생각한다. 그러나 모임에 참석하는 동안 그는 자신이 손뼉을 치고, "아멘"을 외치고, 교제하며 기뻐하는 자신을 발견한다.

나중에 설명해야 할 때가 온다!

그는 무엇을 해야 하는가?

그는 자기가 주의 깊게 작업했던 이론을 자기의 감정이 압도했다는 것을 뉘우쳐야 하는가?

물론 그는 분명히 더 많은 것을 생각해야 한다!

무언가 어딘가에서 잘못되었지만, **무엇이** 문제인지 분명하지 않다!

아마 그의 감정이 그를 잘못된 길로 인도했던 것 같다. 아니면, 아마 그의 감정은 그가 자신의 이론적 분석이 지닌, 지나치게 거친 판단을 재고하도록 합당하게 이끌었을 수 있었다. 그는 성경의 권위 아래서 추론해야 한다.

그러나 그런 추론은 새롭게 발견한 감정을 고려해야 할 것이다. 또한, 그는 자신의 지성과 감정이 어떻게든 조화로울 때까지 완벽한 "인지적 휴식"을 성취하지 못할 것이다. 여기에 또 다른 예화가 있다. 서평을 쓰는 것은 내가 수행하는 더 "지적인" 작업 가운데 하나다. 그러나 감정이 심지어 그런 활동에서 하는 역할을 보는 것은 흥미롭다. 책의 첫 장을 읽은 후 나는 종종 그 책에 관한 "어떤 감정"을 가진다. 즉 내가 그 책을 좋아한다. 또는 내가 그 책을 좋아하지 않는다. 또는 그 중간 어딘가에 있는 반응을 가진다. 그런 후에 그것을 충분히 생각하려 노력한다.

왜 나에게 이런 감정이 있는가?

나의 합리적 성찰은 감정에서 변화로 이어질 수 있다. 아니면 내가 가진 합리적 성찰로 그런 감정을 변호하거나 강조할 수 있다. 그럼에도 감정은 중요한 역할을 한다. 나는 그런 종류의 감정이 없다면 학문적 작업을 한다는 것을 전혀 상상할 수 없다. 나는 비평하고 있는 책에 관해 어떤 감정도 없다면 단순히 그 책을 제쳐 놓았을 것이다. 이런 감정이 나의 성찰을 이끌고 나의 성찰은 나의 감정을 개선한다. 이런 개선된 감정은 추가적인 성찰 등을 유발한다. 목표는 만족할 만한 분석, 내가 좋게 느끼는 분석, 즉 내가 인지적 휴식 그리고 지성과 감정 사이의 평화로운 관계를 가지는 분석이다. 그런 관계는 나에게 모든 지식과 관련되는 것처럼 보인다.

성경 자체는 때때로 감정을 종종 지성 또는 의지에 주어진 역할에 놓는다. 시편 37:4은 다음과 같다.

> 여호와를 기뻐하라 그가 네 마음의 소원을 네게 이루어 주시리로다 (시 37:4).

또한, 고린도후서 7:10은 다음과 같다.

> 하나님의 뜻대로 하는 근심은 후회할 것이 없는 구원에 이르게 하는 회개를 이루는 것이요 …(고후 7:10).

"감정을 따르는 것"이 항상 잘못된 것은 아니다.

(3) 감정과 지식

앞서 말한 논의는 감정이 지식에 기여한다고 제안한다. 내가 기쁨을 경험할 때 그런 기쁨 자체는 내가 가진 지식의 구조 안에서 설명해야 하는 자료다. 이런 기쁨은 일어날 뿐 아니라 원인도 있다. 이것은 이런저런 것에 대한 나의 마음과 몸의 반응이다. 그것은 합당한 반응이 아닐 수 있지만(나의 추론과 감각이 항상 나를 진리로 이끌지 않는 것과 마찬가지로), 그것은 진리가 나에게 도달하는 수단이다. 이것은 지식의 수단이다.

제2부 제5장 "3. 실존적 타당성"의 인간 지식에서 "인지적 휴식"의 중요성을 살펴보았다. 인지적 휴식은 이해하기 어렵고 설명하기 어려운 것이다. 그러나 나는 이것을 물리적으로 수량화할 수 있는, 뜨겁거나 차가운 감정 같은 것이 아니라 즐거움이나 슬픔, 임무의 완성에서 느끼는 행복, 사태(事態, status quo)의 수용, 우리가 생각을 품을 때 가지는 확신이다. 즉 인지적 휴식은 감정과 매우 비슷한 무엇이다. 따라서(비록 나의 좋은 친구이고 동료인 제이 아담스[Jay Adams]는 이런 제안에 주저하지만) "나는 믿는다" 대신에 "나는 느낀다"로 대체하는 것이 완전히 잘못된 것은 아니다. 물론 사람들은 "나는 x가 사실이라고 느낀다"라고 말할 때 종종 객관적 진리를 분별하려는 책임을 피하고자 한다. 이것이 아담스의 요점이고, 완전히 참되다.

그러나 우리는 책임을 피하려는 의도 없이 감정의 언어를 사용할 수 있다. 게다가 이런 언어는 분명히 지식의 본질에 관해 참인 것을 말한다. 사실 믿음을 갖는 것은 **명제에 관해** 어떤 종류의 감정을 갖는 것이다. 또한, 그런 감정이 바르게 인도할 때 그런 믿음, 그런 감정은 지식을 구성한다.

(4) 관점으로서의 감정

앞 논의는 감정이 앎에서 중요한 요소임을 보여 준다. 그리고 이 요소는 중요하게 이성과 상호 작용을 하는 요소다. 이성과 감정 사이에 상호의존이 존재한다. 그러나 앞의 "(3) 감정과 지식"에서 이런 고려는 감정이 지식에서 단순한 "요소" 이상의 것임을 암시한다. 즉 감정은 전체로써 지식에 대한 관점이다. "p가 참이라는 느끼는 것"**은** "p가 참이라 믿는 것"**이고**,

그때 그런 믿음은 어떤 관점에서 바라보는 것이다. 또한 올바른(즉 타당하고 참된) 느낌은 올바른 믿음, 즉 지식이다. 그렇다면 추론과 감정은 거의 동일하다. 추론하는 것은 명제에 관해 어떤 느낌을 경험하는 것이다. 또한, 감정을 표현하는 것은 경험 자료에서 우리가 가진 주관성에 어떤 논리적 적용을 끌어내는 것이다(주관성 자체가 실재[reality] 전체에 관한 하나의 관점이다).

추론, 인식, 감정은 각각 인간의 마음에 관해 규범적, 상황적, 실존적 관점으로 보여질 수 있다. 우리는 다양한 원리와 법칙에 관한 인간 정신의 사용에 초점을 맞추길 원할 때 추론을 언급한다. 객관적인 세계에 접근하는 것에 초점을 맞추길 원할 때 인식을 언급한다. 또한, 인지 과정에서 주관성의 온전함에 초점을 맞추기 원할 때 느낌을 언급한다.

(5) 감정과 신학

따라서 감정은 모든 신학 연구에서 불가피하게 존재한다. 신학의 너무 엄격한 학문적 모델로 감정적 역량을 억누르지 않는 것이 중요하다. 신학 연구에서 하나님의 말씀과 말씀의 적용에 합당한 감정적 반응을 하는 데 있어 자유로워야 한다. 그렇지 않다면 신학적 지식 자체가 위험에 빠질 것이다. 물론 성경의 내용은 단순히 감정을 자극하지 않는다(오늘날 모든 종교적 언어를 "감정을 자극하는 것"으로 분류하는 논리 실증주의자들의 시도는 심지어 실증주의 운동에 매우 동정적인 사람들에게도 다소 어리석게 보인다). 그러나 하나님이 특별한 감정적인 반응을 일으키기 위해 성경 내용의 모든 부분을 의도하신다는 의미에서 성경 내용의 모든 부분은 감정을 자극한다. 하나님은 우리가 악을 미워하고, 선을 기뻐하고, 위협을 두려워하고, 약속을 환영하길 원하신다.[16] 개념적인 내용뿐 아니라 감정을 자극하는 내용도 하나님의 백성에게 적용해야 한다. 이것도 신학 연구다.

내가 로마서 11:33-36을 감정의 모든 흔적을 피하고 단조롭게 읽는 다면("깊도다 하나님의 지혜와 지식의 풍성함이여! …"), 가령 내가 모든 단어를 완벽하게 읽어도 확실히 이 구절들의 내용을 매우 잘 전달하지 않았다. 이와 유사하게 내가 어떻게든 주해나 설교에서 감정의 깊이를 고려하지 않고 이런 구절들을 설명한다면 나는 분명히 매우 중요한 무엇을 놓쳤다. 조직신학도 성경이 담은 감정적인 내용을 무시하지 말아야 한다.

이것은 신학을 항상 흥분된 어조로 말해야 하는 것을 말하지 않지만, 신학자는 자신이 다른 성경적 자료를 고려하는 것처럼 성경의 감정적인 어조를 **고려해야** 한다. 가령, 로마서 11:33-36은 하나님의 불가해성이 **흥미진진한** 교리임을 분명히 한다. 이런 흥미진진함을 낳는 것과 우리 시대에 그런 흥미진진함을 회복하기 위해 할 수 있는 것을 묻는 것은 중요한 신학적 질문이다.

(6) 경건한 감정을 계발하기

따라서 신학자는 경건한 감정을 가져야 한다. 그는 선한 것을 기뻐하고 악한 것을 미워하는 종류의 사람이 되어야 한다. 또한, 그는 그런 기쁨이나 미움을 전염시키듯이 표현하고 전달할 수 있어야 한다.

어떻게 경건한 감정을 계발하는지에 관해 더 자세히 다루는 것은 원래 주제에서 벗어나게 할 것이다. 혹자는 그 자체로 감정을 변화시킬 수 없다고 주장할 것이다. 그들은 행동, 습관을 바꿈으로써만 감정을 바꿀 수 있

---

[16] 『웨스트민스터 신앙고백서』 16.2를 보라.

다고 말한다. 나는 습관을 바꾸는 것이 중요하지만 그렇게 하는 것은 지식, 기독교 합리성, 인식, 상상, 의지의 성장을 전제한다고 답할 것이다. 감정의 변화는 성화라는 전체 "꾸러미"가 가진 일부분이다. 즉 전체로써 사람의 변화다. 어떤 한 영역에서 성장하는 것은 다른 모든 영역의 성장을 강화시킬 수 있고 강화시킬 것이다. 어쨌든 우리 자신이 어떻게 느끼는지 바꿀 수 "없다"고 말하는 것은 충분하지 않을 것이다. 하나님은 변화를 요구하신다. 또한, 이런저런 방식으로 하나님은 변화의 수단을 제공하실 것이다.

4) 상상력

상상(想像, imagination)은 일부 정통주의 진영에서 다소 나쁜 명성을 갖고 있다. 흠정역(KJV) 구약성경에서 **상상**은 일반적으로 반역적인 마음의 성향을 의미한다(창 6:5; 8:21; 신 29:19; 31:21; 렘 3:17; 7:24; 예레미야의 여러 곳). 이것이 현대 영어에서 이 단어가 가진 일반적인 의미는 아니지만, 이런 오래된 용법에서 나오는 일부 흔적은 어떤 그리스도인들이 이 단어를 이해하는 방식에 부정적인 영향을 끼친다. 그럼에도 나는 **상상**을 회복시키기를 희망한다. **상상력**은 존재하지 않는 사물들에 대해 생각할 수 있는 우리의 능력을 의미한다. 우리는 과거에 대해 생각할 수 있지만, 과거는 정의상 더 이상 존재하지 않는다. 우리는 가능하거나 있을 법한 미래를 생각할 수 있지만, 미래를 인식할 수 없다. 또는 대체 가능한 상황(state of affairs)이 존재했든지 아니든지 또는 그런 상황이 현재나 미래에 존재할 수 있든지 간에 단순히 대체 가능한 상황을 상상할 수 있다. 따라서 상상으로 인해 공상, 즉 사실과 반대되는 조건들, "가정"(what-if)의 시나리오를 생각한다.

따라서 상상은 예술과 함께 창의성과 많은 관련이 있다(신학의 과학적 모델의 부적설정에 관해 앞에서 언급했던 것을 기억하라). 상상은 새로운 방식이나 다른 방식으로 일을 하려는 시도와 많은 관련이 있다. 아마 일부 사람들의 마음에 창의성은 예레미야가 했던 예언의 "악한 상상" 또는 단순히 보수적 감수성을 불쾌하게 하는 것과 관련이 있으므로 일부 신학 진영에서 창의성 자체는 평판이 좋지 않다. 그러나 일부 총명한 사람들도 신학에서 창의성의 존재를 반대했다. 찰스 핫지(Charles Hodge)는 전에 프린스턴신학교(물론 "구" 프린스턴)에서 어떤 새로운 생각도 발전되지 않았다고 말했다. 또한, 그는 어떤 새로운 생각도 발전되지 않기를 희망했다. 물론 어떤 의미에서 그가 옳았다.

신학 연구는 성경의 오래된 생각을 **선포하는** 것이고 그 밖의 것은 어떤 것도 선포한 것이 아니다. 사실 신학 연구는 새로운 세대에 대해 이런 오래된 생각을 선포하는 것이다. 이것은 적용을 포함한다. 또한, 이것은 새로움을 요구한다. 왜냐하면, 모든 새로운 상황은 다소 그 전 상황과 다르기 때문이다. 이런 임무는 성경과 인간의 주관성 사이의 상호 작용을 포함한다. 그러나 이런 상호 작용을 체계화하는 것은 기술과 창의성이 요구된다. 따라서 다시 상상으로 돌아온다. 왜냐하면, 상상은 신학에 필수적이기 때문이다. 신학이 신학의 전문 용어, 모범, 주제의 순서, 문체와 양식, 핵심적인 초점에 대한 주의, 새로운 청중에 대한 적용을 요구한다는 것을 살펴보았다. 이런 모든 영역에서 상상은 분명히 중요한 도움을 제공한다. 하지만 상상은 또한 모든 신학상의 개념을 형성하는 **모든** 경우에 관여한다.

기적에 대한 나의 논의를 하나의 예로 고려해 보자(제7장). **기적**(miracle)이라는 영어 단어는 성경에서 히브리어나 그리스어 용어와 정확하게 상응하지 않는다(이것은 정도가 어떠하든 모든 영어 용어에서 사실이다). "기적"으로 번역하는 몇 개의 히브리어 용어와 세 개나 네 개의 그리스어 용어가 있지만, 이런 용어들은 다르게 번역될 수 있고 우리의 관점에서 기적적이지 않은 사건을 의미하는 데도 사용될 수 있다. 게다가 성경에는 거의 모든 사람이 보기에 기적적이라고 묘사한 사건들이 있지만, 그 사건들은 기적이란 용어를 사용하지 않고 설명되었다(예로, 왕상 17:24).

그렇다면 어떻게 "기적에 관한 성경적 개념"을 공식화할 수 있는가?

기적에 관한 용어들의 사용을 연구함으로써 개념을 얻을 수 없다면 아마 성경에서 진술하는 것으로 기적적인 사건 자체를 연구하려고 노력해야 한다.

그러나 기적의 개념을 얻을 때까지 어떤 사건이 기적적인지 어떻게 아는가?

만약 기적의 개념을 알지 못한다면 답을 찾을 수 없는 것처럼 보인다!

이런 문제는 여기서 다루려 하지 않을 철학적 효과가 있다. 실질적으로 말해 유일한 답변은 다음과 같은 것처럼 보인다. 체계적으로 성경 본문을 조사하기 **전에** 기적에 관한 어떤 개념을 공식화해야 한다는 것이다. 그렇다면 여기서 "해석학적 순환"이라는 또 다른 형식이 있다. 우리는 성경 자체의 이야기와 실제 기적에 관한 설명에서 성경적인 기적 개념을 찾는다. 그러나 어떤 이야기와 설명이 우리 연구와 관련이 있는지 결정하기 위해 **우리에게** 기적을 이야기하는 것**처럼 보이는** 구절들을 살펴봄으로써 시작해야 한다. 어떤 의미에서, 기적이 무엇인지에 관해 우리 자신이 가진 개념으로 "시작해야" 한다.

우리는 자율적 사고, 즉 "우리 자신의 머리로" 신학적 개념을 결정하고 성경을 해석하기 위해 이런 개념을 사용하는 자율적 사고에 책임이 있는가?

아니다. 다음을 고려하라.

① 심지어 진지한 성경 연구보다 앞서는, 기적에 관한 그런 초기 개념은 일반적으로 성경에 크게 영향을 받는다. 서양 문화에서 성경의 기적은 기적에 관한 일반적 개념을 위한 어떤 패러다임을 형성한다. 이것은 서양 철학자들이 종종 기적의 정의에서 심각한 오류를 범하고 있다는 것을 부인하는 것이 아니다. 그러나 일반적으로 그들은 적어도 거의 맞는 "범위 내에" 있다.

② 이런 초기 개념이 어디서 유래하든지 간에 이것은 단지 초기 개념이다. 우리의 목적은 성경과 계속되는 상호 작용으로 이런 초기 개념을 개선하는 것이고 또는 개선해야 한다. 초기 개념이 "궁극적인 전제"가 되지 말아야 한다. 초기 개념은 매우 잠정적이고 가볍게 주장되는 가설이고, 사실 우리의 궁극적 전제인 성경의 교정에 열려 있어야 한다(많은 현대 신학자는 성경적 검증 또는 반증에 열려 있는 초기 개념과 가설이 될 자격이 있는 생각만 궁극적인 전제로 사용하려는 실수를 범한다).

가령, 우리는 기적을 "자연법칙의 위반"으로 보는 흄의 견해를 우리의 초기 개념으로 사용할 수도 있고 단지 우리에게 자연의 위반으로 보이는 이런 이야기들을 성경적인 예로 선택할 수 있다. 그러나 우리의 연구 과정에서 발견할 것은 다음과 같다. 즉 "자연법칙"은 성경적인 개념이 아니고, 사건들은 결코 자연법과 대조함으로써 기적적이라고 말해질 수 없으며, "위반"의 개념은 이 세상에서 자신이 기뻐하시는 것을 행하시는 주권적인 하나님이 가지신 자유를 약화한다는 것이다. 따라서 초기 흄주의(Humeanism)는 더 성경적인 방향으로 개정되어야 한다. 그런 후에 기적에 관한 성경적인 가르침을 더 잘 이

해하기 위해 우리의 "더 성경적인 개념"을 사용할 것이다.[17]

어쨌든 상상의 중요성을 이해할 수 있다. 신학자는 항상 공식적으로 자기의 연구를 시작하기 전에 자기의 질문들에 답하는, 하나 또는 그 이상의 **가능한** 방법, 즉 자신의 성경 연구를 지도할 가능성을 자신 앞에 놓아야 한다. 또한, 가능성을 생각할 때 상상이 중요하다. 따라서 상상이 **경건**해야 하는 것은 중요하다. 상상은 성경적인 가르침과 사고 패턴으로 넘쳐 나서 해결되지 않은 질문이 제기될 때 신학자는 성경과 일치하는 가능성, 즉 다른 성경적인 가르침으로 가능하게 되는 가능성을 고려할 것이다.

상상은 또 다른 인식론적 관점인가?

물론 상상은 "존재하지 않는" 것들, 즉 과거와 미래, 사실적인 것에 대조되는 가능한 것, 가능한 것과 공상적인 것에 대조되는 불가능한 것들을 아는 데 필요한 우리가 가진 능력이다. 그렇다면, 어떤 의미에서 상상은 모든 인간의 지식을 포함하지 않는다. 그러나 인간은 존재하지 않는 것과 대조되는, 단지 존재하는 것을 인식한다고 종종 주장되어 왔다. 만약 책이 테이블 위에 있지 않다는 것이 무엇을 의미하는지 알지 못한다면 책이 테이블 위에 있다는 것을 알 수 없다. 또한, 그 역도 사실이다. 따라서 긍정의 지식은 부정의 지식을 포함하고 부정의 지식은 긍정의 지식을 포함한다. 또한, 완벽한 긍정의 지식은 완벽한 부정의 지식을 포함할 것이다. 게다가 가능성에 관해 우리가 가진 개념은 사실성(actuality)에 관한 우리의 지식에 깊이 영향을 준다. 불트만(Bultmann)은 기적이 가능하다는 것을 믿지 않았기 때문에 어떤 기적도 실제로 발생했던 것을 믿지 않았다. 무언가

---

17 나는 *The Doctrine of God* (『신론』, PNR[개혁주의신학사] 刊)에서 기적에 관한 "더 성경적인 개념"을 진술했다.

사실인 지식은 무언가 사실**일 수도 있는** 지식을 전제한다. 또한, 내가 앞에서 언급했듯이 상상은 기억하고 예상하는 데, 즉 과거와 미래를 아는 데 중요하다.

그러나 만약 현재를 과거 및 미래와 관련시킬 수 없다면 어떻게 현재를 알 수 있는가?

발생해 왔던 것에 관해 어떤 지식도 없다면 어떻게 현재 발생하는 것을 이해할 수 있겠는가?

또한, 우리가 사건들이 담고 있는 목적, 즉 이 사건이 어디로 가는지에 관해 전혀 모른다면 확실히 현재 사건에 관한 우리의 지식은 최소한 큰 결함이 있는 것이다. 사실 현재를 단순히 현재적인 것으로 생각하기는 정말 어렵다. "지금 발생하고 있는" 것을 정확하게 이해하려고 노력하자마자 생각하고 있는 사건들은 과거의 사건이 된다. 어거스틴이 지적했듯이 현재는 전혀 특징화할 수 없는, 나눌 수 없는 순간처럼 보이기 시작할 수 있다. 왜냐하면, 현재를 특징화할 때 현재는 과거가 되었기 때문이다.

그렇다면 아마 과거와 미래로 가는 도상으로 상상은 또한 현재로 가는, 유일한 길일 것이다. 아마 감각, 이성, 감정은 상상에 관해 유일하게 다른 종류요, 다른 관점일 것이다. 상상은 "관점"이 아니라면 적어도 관점에 가까운 것이다. 상상은 신념이나 지식의 모든 행위에 관련된다.

오늘날 신학자들 가운데 상상이 엄청나게 필요하다. 너무 오랫동안 등한시되었던, 상황에 성경을 새롭게 적용하는 것과 복음을 새로운 형태로 바꾸는 것이 긴급히 필요하다. 신학계에 예술적 재능을 활용할 수 있다.

5) 의지

의지는 선택하고 헌신하며 결정하는 능력이다. 철학자들은 종종 지성이 "우선하는지" 아니면 의지가 "우선하는지"에 관해 논쟁했다.

우리는 지식에 근거하여 선택하는가?

아니면 우리의 지식은 믿을 자유로부터 발생하는가?

추측할 수 있듯이 나는 두 개의 주장 모두 진리가 존재한다고 생각한다. 한편, 우리의 선택은 분명히 어떤 지식, 즉 대안의 지식, 우리 자신이 가진 가치의 지식, 자료의 지식을 전제한다. 다른 한편, 모든 지식은 또한 선택, 즉 자료를 해석할 방식에 대한 선택, 가치 선택(진리와 거짓, 옳은 것과 잘못된 것의 기준), 판단할 것인지 아니면 판단을 유보할 것인지에 대한 선택, 명제 또는 이 명제에 대한 반박을 믿을지에 대한 선택, 믿음을 인정할 것인지 아니면 억누를 것인지에 대한 선택, 얼마나 강하게 믿을지에 대한 선택, 즉 그런 선택이 얼마나 많이 삶에 영향을 줄 것인지에 대한 선택을 전제한다.

그렇다면 모든 믿음은 의지의 행위다. 또한, 모든 의지의 행위는 표현이고 우리가 가진 지식의 적용이다. 아는 것과 행하는 것은 하나다(제1부에서 지식과 순종의 성경적 동일시를 기억하라). 의지도 인식 및 감정과 관련된다. 따라서 이것은 단순히 앞의 요점을 강조하는 역할을 한다. 의지는 인식과 관련된다. 즉 감각에 주의를 기울일 것인지 또는 무시할 것을 **선택한다**(숲 속의 늑대에 관해 마브로즈가 들었던 예를 기억하라). 우리는 감각을 또 다른 방식보다는 오히려 한 가지 방식으로 해석하길 선택한다(또한, 감각의 해석과 감각 자체 사이에 뚜렷한 구분—적어도 우리의 관점에서—은 존재하지 않는다).

의지도 감정과 관련된다. 동일한 사건은 다른 사람을 다른 방식으로 움직이게 할 것이다. 도둑은 성공적인 절도에 기뻐할 것이다. 반면에 희생자는 슬퍼할 것이다. 이런 감정적인 차이는 이루어졌던 다른 선택, 즉 생활방식, 가치, 신념, 종교적인 충성도의 차이에 기인한다. 그렇다면 의지는 일반적인 지식에 대한, 그리고 지식의 측면들로 이성과 인식과 감정에 대한 또 다른 관점이다.

의지는 세 가지 주요 관점 가운데 어디에 해당하는가?

물론 이것은 중요하지 않다. 왜냐하면, 각 관점이 서로를 포함하기 때문이다. 그러나 나는 의지 감정과 함께 실존적 관점의 또 다른 측면으로 만들고 싶다. 의지는 한 개인이 가진 가장 강한 감정의 기능이라고 주장할 수 있다. 나의 선택은 내가 가장 하고 싶어 하는 것이다(H. D. 루이스[H. D. Lewis]와 캠벨[C. A. Campbell]과 같은 자유의지 옹호자들은 의지 안에서 근본적으로 이해할 수 없고 원인이 없으며 모든 감정과 구별되는 무엇을 발견하는 것에 동의하지 않을 것이다).[18]

6) 습관, 기술

습관은 익숙하게 행하는 선택(위의 "5) 의지"), 즉 구체적으로 다르게 행하도록 움직여지지 않는다면 습관의 힘으로 하는 선택이다. 이런 습관으로 유용한 임무를 수행할 수 있을 때 그것들을 기술(skills)이라 부른다.

습관은 지식을 위해 중요하다. 전제는 습관, 즉 우리가 관례상 진리와 옳음이라는 문제에 쏟아붓는 가치다. 우리는 어떤 방식으로 추론의 습관, 자료를 해석하는 습관, 다른 가능성보다 오히려 어떤 종류의 가능성을 상

---

[18] H. D. Lewis, *Our Experience of God* (London: Allen and Unwin, 1959)과 C. A. Campbell, *Selfhood and Godhood* (London: Allen and Unwin, 1957)을 보라.

상하는 습관, 어떤 종류의 선택을 하는 습관을 개발한다. 따라서 과거의 옳거나 잘못된 선택은 계속 반복되는 것으로 강화된다. 경건한 결정은 자체를 복제하고 더 큰 지식과 성화로 이어진다(롬 12:1f.; 빌 1:9f.; 히 5:11-14).

이와 대조적으로 경건하지 못한 결정은 점점 더 나쁜 오류와 죄로 이어진다(롬 1장). 습관을 깨기는 어렵다. 또한, 습관을 깨뜨리는 것은 일반적으로 고통을 요구한다. 신학자는 가령, 그것이 전에 가졌던 입장을 철회하고 학문적 경멸을 겪을지라도 필요하다면 그런 고통을 인내할 준비를 해야 한다. 지식에서 기술은 성경에서 "지혜"로 불린다. 이런 기술들은 좋은 인식론적 습관인데 이런 습관으로 진리를 이해할 수 있고 그런 진리를 삶에서 작동하게 한다. 지혜는 그리스도의 말씀과 성령으로 그리스도를 통해 온다. 경건한 지혜는 이 세상 지혜와 뚜렷이 다르다(고전 1-2장). 왜냐하면, 경건한 지혜는 인간의 자율적 사고가 아닌 하나님의 말씀에 기초하고 있기 때문이다.

한편, 지혜는 "그것을 아는 것"이라기보다 오히려 "방법을 아는" 기술이다. 이런 종류의 앎 두 가지 모두 중요하다. 미식축구 쿼터백은 전술을 숙달해야 하지만(그것을 아는 것), 또한 전술이 요구하는 것들을 할 수 있어야 한다(방법을 아는 것). 두 형태의 지식 가운데 어느 것 하나라도 부족하면 그는 자신의 임무를 합당하게 하지 못할 것이다. 어떤 차원에서는 방법을 아는 것 없이 "그것을 아는 것"이 가능하다. 쿼터백은 전술을 암기할 수 있지만, 태클하러 다가오는 선수를 피할 수 없을지 모른다. 따라서 누군가 성경과 개혁파 신앙고백서의 내용을 암기할 수 있지만, 유혹에 직면할 때 속수무책으로 약할 수 있다.

한편, 심지어 "그것을 아는 것"은 기술—예를 들어, 학문적 기술, 기억의 기술—을 요구한다. 또한, "방법을 아는 것"은 "그것을 아는 것"을 전제한다. 가령, 솜씨 좋은 쿼터백은 "그것을 아는" 사람, 즉 태클 거는 선수를 피하기 위해 어떤 방향으로 움직여야 하는지 아는 사람이고, 그런 지식을 자신의 삶에 적용하는 사람이다. 따라서 지혜와 명제적 지식은 관점적으로 관련을 맺고 있다. 지혜와 명제적 지식은 서로에 대해 가진 잘못된 개념을 시정하는 데 있어서 도움이 된다. 기술은 신학에서(모든 학문 분과처럼) 중요하다. 예를 들어, 언어를 갖춘 기술, 주해의 기술, 논리의 기술, 소통의 기술, 사람들의 필요를 다루는 기술은 중요하다. 성경은 또한 경건한 삶의 기술로서 지혜에 관해 많은 것을 언급한다(약 3:13ff.; 참조, 잠언. 여러 곳). 경건이 없다면 지혜는 아무 가치도 없다. 여기서 다시 하나님의 말씀은 지식을 순종과 관련시킨다.

7) 직관

무언가 알지만, **어떻게** 그것을 아는지 모를 때 그것을 "직관으로" 안다고 말하고 싶어 한다. 따라서 직관은 일종의 "무지의 피난처"다.

그러나 나는 직관을 지식의 신비성을 나타내는 지표로 살펴보길 선호한다. 하나님 자신과 그의 모든 피조물처럼 지식은 불가해하다. 하나님의 계시를 통해 지식에 관한 어떤 통찰을 얻을 수 있지만, 모든 질문의 답을 얻지 못했음에도 분석이 끝나는 지점에 이른다. 그렇다면 여기에 지식이 믿음을 요구하는 또 다른 영역이 존재한다. 이런 특정한 신비들(mysteries)을 고려하라.

① 타당성의 연쇄 고리는 영원히 계속 진행할 수 없다. 누군가 나에게 내가 새크라멘토(Sacramento)가 캘리포니아의 주도라고 믿는 이유를 묻는다면 나는 참고 자료를 가리킬 수 있다. 그 참고 자료가 진리를 말하고 있다는 것을 어떻게 아느냐고 그가 묻는다면 나는 (아마!) 참고 자료 저자들의 자격 증명 또는 그 참고 자료에 대한 출판사의 호평을 언급할 수 있다.

내가 어떻게 이런 자격이나 평판이 유효한지 아느냐고 그가 묻는다면 나는 추가적인 근거, 이유, 또는 인식과 이성과 감정 등에 근거한 논증을 인용할 수 있다. 그러나 어떻게 나의 이성이 나를 올바른 방향으로 이끌고 있는지 아느냐고 질문을 받는다면, 순환 논증을 제외한 또 다른 합리적인 논증을 제공해서는 답하기 어렵다.

어떤 시점에서 어쩔 수 없이 "잘 모르겠다"라고 말하는 궁지에 몰린다. 이것은 "직관"이다. 그런 의미에서 궁극적 전제는 직관적으로 알려지지만, 다양한 종류의 순환 논증이 궁극적인 전제들을 검증한다. 이것은 기독교뿐 아니라 모든 사고 체계의 사실이다. 인간의 마음은 유한하다. 즉 인간의 마음은 무한히 긴 논증을 제시할 수 없고 무엇에 대해 완전한 근거를 제공할 수 없다. 어떤 시점에서 인간의 마음은 참되신 하나님 안에서든지 아니면 우상 안에서든지 믿음의 결단으로 시작해야 한다.

② 타당성의 연쇄 고리의 시작에서뿐 아니라 논증의 모든 시점에서 우리는 하나님의 신비와 조우한다. 어떤 것도 논리적인 결론을 도출하도록 물리적으로 강요하지 않는다. 우리 자신이 그것들에 동의하고 있다는 것을 알고 있기 때문에 논리적인 결론을 도출하고, 논리적인 결론들을 확언하기 위해 우리에게 부과된 도덕적 요구를 감지한다(제

8장 1. "3) 헌신의 학문"을 보라). 모든 시점에서 우리는 이런 도덕적 규범에 대한 순종 또는 반역을 선택한다.

이런 의무가 함유한 지식을 얻기 위한 우리의 능력은 무엇인가?

모든 능력이 관련된다. 그러나 선택하는 것은 마음 자체다. 그러나 다른 출처에서 나오는 모든 자료를 종합할 때, 우리가 내려야 하는 최종 결정을 우리에게 보여 주는 것이 무엇이냐고 물으면, 나는 그 대답은 "직관"이어야 할 것이라고 추측한다. "언제 조사를 멈추어야 하는지에 관한 우리의 지각(sense)," 내가 앞에서 언급했던 "인지적 휴식"은 느낌과 닮았다. 그러나 감정적으로 여겨지고 싶지 않다면, **직관**이라는 용어를 그것 대신에 합당하게 사용할 수도 있다.

제11장

변증학의 방법

　종종 사람들은 변증 방법을 생각할 때 모든 변증적 대면에서 경험해야 하는 일련의 단계를 생각한다. 즉 이런 일련의 단계는 고정된 순서로 다루어야 하는 일련의 질문 또는 주제 또는 "영적 법칙"이다. 나는 그런 종류의 접근 방식을 의심하는 경향이 있다. 하지만 나는 그런 방법이 얼마만큼 도움이 되어 왔다는 것을 부인하지 않을 것이다. 그리스도인들은 복음 전도에 소심할 때 혀끝에서 맴도는 "준비된" 자료가 있는 것이 종종 도움이 된다. 즉 이런 자료는 다양한 사람들에게 사용될 수 있는 자료다.

　그런데도 그런 종류의 접근 방식은 한계가 있다. 많은 사람은 "준비된" 자료를 대면하는 것을 불쾌하게 여기고, 자기가 개인으로 존경받지 못한다고 느낀다. 게다가 많은 사람은 이런 엄격한 방법이 예상하지 못했던 반론 또는 주제를 제기할 수 있고 변증적 복음주의자를 곤경에 빠뜨릴 수 있다. 사실 모든 상황에서 성공할 한 가지 방법을 자세하게 진술하기는 불가능하다. 사실 변증가들, 그리스도가 필요한 사람들, 논의 주제들의 수만큼이나 변증학에는 많은 방법이 있다. 변증적 대결은 마브로즈(Mavrodes)의 용어를 사용하자면 "인격 변수"(person-variable)이다(제5장 3. "2) 설득과 증거"

를 보라).

일부 변증가들은 **어떤** 사람들과 함께 사용할 수 있는 몇몇 구체적인 제안을 나의 책 『신론』(*The Doctrine of God*)(PNR[개혁주의신학사] 刊)에서 발견할 것이다. 이 책에서 나는 신의 존재, 악의 문제, 기적, 그리스도의 신성과 같은 몇몇 샘플 논의—아마 기독교 내에서 가장 일반적으로 논의하는 난해한 영역들—를 제시한다.

그런데도 변증 방법에 관해 몇 가지 더 일반적인 주장을 할 수 있다. 그리고 이런 주장은 광범위하게 다양한 상황에 적용될 수 있는 주장이다. 또한, 나는 이어지는 부분에서 그것들 가운데 일부를 공식화하길 원한다. 변증학은 신학의 한 분과이기 때문에 신학 방법에 관해 앞에서 언급했던 많은 자료가 여기에 관련된다.

물론, 제1부와 제2부 대부분도 변증 방법에 중요하다. 변증학은 광범위하게 순환 논증으로 자신의 주장에 타당성을 보여 주기 위해 세 가지 관점을 사용할 것이고, 성경, 성경 외적 도구, 경건한 인격과 능숙한 능력이라는 변증가가 가진 재능을 사용할 것이다. 하지만 나는 또한 실제 변증적 대면에서 발생하는 경향이 있는 몇 가지 나열하고 싶다. 또한, 이것은 본 장의 목적이다.

이런 논의에서 나는 성경이 보증하는 전략, 즉 변증가가 사용할 수도 있는 많은 전략을 말할 것이다. 나는 그것들을 두 가지 일반 범주로 논의할 것이다. 즉 불신앙이라는 반대에 대한 기독교 신앙의 변호인 "방어적" 변증학(defensive apologetics)과 불신앙적인 사고와 삶에 대한 기독교 자체의 공격인 "공격적" 변증학(offensive apologetics)이다.[1] 이런 일반적인 각각의 범

---

1 이 둘은 뚜렷하게 구분되지 않는다. 가령, 유신론적 증거를 방어적(무신론자의 공격에 답변하는) 또는 공격적(무신론자 자신이 가진 세계관을 직접 공격하는)인 것으로 볼

주 안에서 나는 규범적, 상황적, 실존적 관점 아래서 특별한 전략을 열거할 것이다. 독자는 이런 개요를 단계별 복음 전도 개요라는 의미에서 "방법"과 혼동하지 말아야 한다. 내가 가진 **모든** 전략이 모든 경우에 사용되어야 하고 또는 심지어 이것들 대부분이 사용되어야 한다고 주장하지 않을 것이다. 또한, 확실히 이런 접근 방식이 열거된 정확한 순서로 사용되어야 한다고 절대 주장하지 않을 것이다. 어떤 경우에 어떤 전략을 사용할 것인지 또는 제시의 순서에 관한 질문은 실천신학에 해당하는 문제다. 또한, 나의 재능은 실천적인 종류에 속하지 않는다(나의 이론에서 실천을 영화롭게 하려 하지만!). 나는 단순히 어떤 상황에서 사용할 수도 있는 몇몇 전략을 진술할 것이다. 다음 논의에서 이것 이상을 주장하지 않을 것이다.

1. 방어적 변증학

방어적 변증학(defensive apologetics)으로 시작하자.

방어적 변증학은 불신자 편의 주도권을 전제한다. 불신자는 반대를 제기하고 신자는 반응한다. 내가 빈번하게 인용했던 책에서[2] 조지 마브로즈(George Mavrodes)는 "의심하는" 질문자가 하나님에 대한 경험을 공유하는 것을 돕는 세 가지 방법을 구별한다. 즉 그가 보기에, 이 방법은 사람들이 다른 종류의 경험을 공유하도록 도우려고 애쓰는 방법과 유사하다.

수 있다.
2 *Belief in God* (New York: Random House, 1970), 82ff.

첫째, 우리는 누군가 우리가 보는 것을 보기 원할 때 종종 "이쪽으로 오라"고 말한다.

우리는 이 사람을 우리 자신의 상황과 유사한 상황에 놓으려고 애쓴다.

둘째, 우리는 "그 사람에게 그가 무엇을 찾아야 할지"에 관해 말한다.

셋째, 우리는 다른 사람에게 "특별한 경험을 광범위한 범위의 ― 다른 경험과 종합함으로써 ― 특별한 경험이 담고 있는 의미를 보여 주는 개념적 틀"을 제공하려고 애쓴다.

마브로즈는 이런 방법을 일반적으로 함께 제시하고 이런 방법들 가운데 어떤 것도 다른 두 가지 방법이 없이 성공할 것 같지 않다고 지적한다. 이런 방법들은 내가 제시한 실존적, 상황적, 규범적 관점과 매우 밀접하게 일치한다. 불신자는 새로운 상황(실존적 중생)에 놓일 필요가 있고, 사실(상황적)을 들을 필요가 있으며, 이런 사실이 담고 있는 의미(즉 적용, 의의, 중요성, 규범적 내용)를 이해할 수 있는 측면에서 체계(불가피하게 규범을 포함하는)를 가질 필요가 있다. 그렇다면 이런 방법론적 삼요소를 더 면밀하게 살펴보자.

1) 규범적 관점

첫째, 물론 이해된 사실이 담고 있는 의미의 측면에서 이런 "개념적 틀"(conceptual framework) 또는 "체계"는 성경의 가르침이다(모든 관련된 상황에 적용된).

변증가가 성경을 잘 이해하고 이해한 것을 적절하게 창의적으로 이용할 수 있는 것이 중요하다. 내가 의미하는 바는 변증가가 질문자를 위해 단순히 증거 본문(proof text)을 나열해야 한다는 것은 아니다. 하지만 때때로 그것은 정확히 해야 할 일이다(제6장 3. "3) 증거 본문"을 보라). 질문자의 이해 수준에 대한 민감성과 본문과 준비된 주제 간의 관련성 없이는 증거 본문을 사용하지 말아야 한다.[3]

둘째, 불신자들이 기독교에 대해 제기하는 많은 반대는 성경에 설명된 사건의 역사성, 성경 율법의 도덕성, 추정된 모순 등과 같은 성경 자체와 관련이 된다.

변증가는 본문 자체뿐 아니라 성경 배경에 관한 타당한 지식이 있어야 한다. 가급적 그는 성경 원어로부터 본문을 알아야 한다. 하지만 신자는 이런 원어를 모른다고 해서 자기의 변증적 책임을 수행하는 것(벧전 3:15)을 주저하지 말아야 한다. 신자가 원어를 모른다면 의심할 여지없이 원어를 알고 있는 목사나 교수에게 찾아갈 수 있고, 아니면 참고 자료를 찾아볼 수 있다. 종종 불신자에게 질문이 제기된 구절을 맥락 가운데 살펴보라고 지시하는 것으로 충분하다. 왜냐하면, 대부분 반대는 본문에 대한 쉽게 교정할 수 있는 잘못된 이해에 기초하고 있기 때문이다.

셋째, 빈번하게 반대가 제기될 때 그리스도인들은 가장 분명한 것을 하는 데 실패한다.

그런 문제가 성경 자체에서 다루어지는지 그리고 만약 다루어진다면 어떻게 성경이 그것을 다루는지 질문하는 데 실패한다. 가령, 성경에는 악의 문제에 관한 많은 자료가 있는데(창 3, 22장; 시 7:3; 욥기; 하박국; 마 20:1-16; 로마서; 요한계시록), 이 자료들은 이 주제에 관한 논증에서 종종 등한시된다. 이것은 성경 외적인(extrabiblical) 고려를 사용하지 말라는 의미가 아니

---

[3] 그러나 때때로 "준비된 주제"가 결과가 없을 때 "주제를 바꾸는" 것은 잘못된 것이 아니다. 가령, 요 3:3에서 예수님은 종종 그렇게 하셨다. 때(when)와 방법(how)을 알려면 영적 민감성이 필요하다.

다. 하지만 우리는 우리의 주요한 자원(기독교 무기고에 있는 유일한 공격 무기, 엡 6:17), 즉 하나님의 말씀 자체를 등한시하지 말아야 한다.

넷째, 우리가 가진 궁극적인 권위의 출처가 무엇인지 불신자에게 명확히 하는 것이 항상 중요하다.

그가 인식론적으로 수준이 높다면, 이것은 전제의 개념을 설명하는 것과 우리의 논증이 "광범위하게 순환론적"이라고 정직하게 인정하는 것을 포함할 수도 있다(물론 불신자에게 **그 자신도** 전제하고 있고 **그 자신도** 순환성을 피할 수 없다는 것을 보여 주는 것이 중요하다. 아래 "2. 공격적 변증학"을 보라).

모든 변증적 대면에서 이런 것을 인정하는 것이 필요한가?

또는 그러한 인정을 논증의 가장 중요한 항목으로 삼아야 하는가?

일부 전제주의자들은 분명히 그렇게 생각하지만 나는 그렇게 생각하지 않는다. 물론 우리는 확실히 우리의 전제를 부끄러워하지 말아야 한다. 이런 질문이 제기된다면 우리는 그 질문에 대하여 정직해야 한다. 전제주의는 우리의 약점이 아니라 강점이다. 게다가 변증적 대면의 목적은 회심(conversion)이다. 또한, 회심은 다름 아닌 전제의 변화다. 변증가는 사고를 포함한 삶의 모든 영역에서 회개를 위한 성경의 요구를 제시해야 한다. 또한, 이것은 암묵적으로 전제의 변화를 요구하는 것이다. 하지만 우리는 그런 요구를 할 수 있다. 또한, 우리는 **전제**를 사용함 없이, 불가피하게 그런 용어가 동반하는 다소 전문적인 철학적 논의로 들어감 없이 그런 요구를 분명히 할 수 있다. 대부분 사람은 그런 철학적 용어를 이해하지 못할 것이다. 또한, 그들은 철학적 논의가 주의를 산만하게 한다는 것을 발견할 것이다. 가장 중요한 것은 우리가 가진 전제에 대해 **말하는** 것이 아니라 우리의 생각과 언어와 삶에서 그런 전제에 **순종하는** 것이다. 우리의 변증은 항상 **순종적** 변증이어야 한다. 우리의 변증은 계시된 하나님의 말씀에 지배를 받고 우리의 궁극적인 전제가 지배하는 순종적인 변증이어야 한다. 하지만 우리가 전제를 논의하는지 그렇지 않은지는 상황에 달려 있을 것이다. 불신자가 기꺼이 성경 전제에 관해 우리가 하는 진술을 수용하고 인식론적 근거에 대해 신자에게 도전하지 않는다면, 이런 문제를 분명하게 제기할 필요가 없다. 하지만 종종 발생하는 것처럼, 신자의 권위, 신자의 주장에 대한 타당성에 의문이 제기된다면, 우리의 전제인 성경에 관해 무언가 말해야 할 것이다.

다섯째, 분명한 것은 어쨌든, 신자는 진리나 가치에 관한 불신앙적인 기준을 받아들이지 않아야 하거나 받아들이는 척하지 말아야 한다.

확실히 성경은 분명히 하나님이 자연에서(인간 본성을 포함해서) 모든 사람에게, 또한 기적적인 행동, 표적, 기사를 통해 많은 사람(신자와 불신자 모두)에게 계시가 되었다고 가르친다. 하지만 성경은 결코 이런 계시를 불신앙적인 기준(또는 우리가 살펴보았듯이 존재하지 않은 "중립적인" 기준)을 근거로 합당하게 평가해야 한다고 제안하지 않는다. 이 질문에 관해 아래의 "2) 상황적 관점"과 톰 노타로(Thom Notaro)의 『반틸과 증거 사용』(*Van Til and the Use of Evidence*)을 보라.[4]

여섯째, 불신자들의 전제를 받아들일 수 없다면 어떻게 불신자들과 소통할 수 있는가?

반틸(Van Til)은 우리가 불신자에게 "논증을 위해" 우리의 기준을 받아들이기를 요구하고, 당연히 기독교 계시의 최고 논거인 기독교 계시의 내용을 보여 주라고 요구한다. 그렇다면 불신자는 기독교적 전제에서 불합리성을 도출하려고 귀류법(제8장 8. "3) 귀류법")을 사용할 기회를 얻게 될 것이

---

[4] Phillipsburg, N. J.: Presbyterian and Reformed Pub. co. 1980.

고, 그리스도인은 불신자에게 귀류법을 사용할 특권을 요구할 수도 있다(나는 아래 "2. 공격적 변증학"에서 이것에 관해 더 많은 것을 언급할 것이다).

일곱째, 기독교에 대한 반론이 제기될 때 우리가 항상 그 반론에 대한 답을 **가져야** 하는 것은 아니라는 것을 기억하는 것이 중요하다.

베드로전서 3:15은 분명히 신자들이 항상 자신들 안에 있는 소망의 이유를 묻는 모든 사람에게 대답할 준비를 하라고 종용한다. 우리는 분명히 우리 믿음을 위한 근거가 있다. 또한, 우리는 그 근거를 공유할 준비를 해야 한다. 하지만 그것은 우리가 모든 상상할 수 있는 반론에 대한 답을 갖고 있거나 가져야 한다는 것을 의미하진 않는다. 대부분 반론은 단지 하나님의 "감추어진 일"을 조사함으로써만 완벽하게 답변이 이루어질 수 있다. 즉 하나님의 "감추어진 일"들은 하나님이 계시하지 않은 상태로 남겨두길 선택하셨던 것들이다(신 29:29, 나는 악의 문제가 그런 예 중 하나라고 믿는다).

또한, 특정 신자의 전문적인 능력을 완전히 넘어서는 반론이 종종 제기될 것이다. 가령, 대부분 고등학생은 성경 사본의 다양한 본문상의 전통에 근거한 반대를 다룰 수 없을 것이다.

기독교 정신은 유한한 정신이다. 우리가 알지 못하거나 이해하지 못하는 많은 것이 존재한다. 하지만 그런 사실은 당혹스럽게 여길 것이 아니다. 그런 사실은 기독교의 확증이다(비록 "넌지시 말하는 논증"과 같은 것이지만, 제8장 8. "6) 넌지시 말하는 논증"을 보라). 왜냐하면, 성경은 정확히 우리에게 그것을 가르치기 때문이다. 우리는 기독교에 대한 모든 반론에 답변**할 수** 있다면, 하나님일 것이다. 하나님은 불가해하시지 않을 것이고, 따라서 기독교는 거짓일 것이다. 따라서 우리는 모든 가능한 반론에 대한 답을 발견했기 때문에 기독교를 믿는 것이 아니다. 우리는 기독교를 믿는다. 왜냐하면, 하나님은 성경에서 하나님 자신, 이 세상, 우리 자신을 계시하셨기 때문이다. 하나님은 너무 분명하게 자신을 계시하시므로, 우리는 마치 아브라함이 믿었던 것처럼 해결되지 않는 질문이 있음**에도** 하나님을 믿어야 한다(또한, 은혜로 믿을 수 있다).

이런 사실에 우리는 정직해야 한다. 또한, 변증적 대면에서 불신자와 이런 사실을 공유하는 것이 적절하다. 우리가 불신자의 공격에 답변할 수 없을 때 그런 사실은 당혹스러움을 모면하게 해 준다. 또한, 더 중요한 것은 그런 사실이 불신자가 믿음의 기초가 실제로 무엇인지 이해하도록 도와준다는 점이다. 물론, 불신자가 신자가 되려면 반드시 그것을 알아야 한다(적어도 잠재 의식적으로). 그런 사실은 우리 변증의 전제적 취지 강조한다. 즉 우리는 하나님의 말씀 안에 있는 모든 어려움에 답을 할 수 있는 우리의 자율적 능력이 아닌 하나님의 말씀을 믿음으로 행한다.

2) 상황적 관점

우리는 성경 외적(extrabiblical) 증거를 성경적으로 해석한다면 기독교를 찬성하는 논증에서 성경 외적 증거를 사용하는 것이 완전히 합당함을 살펴보았다. 불신자는 증거를 요구할 어떤 권리도 없다. 왜냐하면, 그는 이미 자연, 성경, 자기 자신 안에 드러난 하나님의 분명한 계시에서 필요로 하는 모든 증거를 갖고 있기 때문이다.

하지만 변증가는 불신자에게 그런 증거를 강조할 의무가 있다. 이는 불신자가 그런 증거를 찾고 살펴보는 방법뿐 아니라 "무엇을 찾아야 할지"(마브로즈) 보여 주기 위함이다. 그는 그 증거를 제시할 때 동시에 그는 성경을 적용한다. 왜냐하면, 그는 그 증거를 성경적으로 해석하고 따라서 새로운 방식으로 불신자에게 성경의 의미를 설명하고 있기 때문이다. 또한, 그것은 단지 진리를 제시하는 데 있어 성경 자체가 증거를 사용하는 방식이다(제5장 2. "5) 증거와 신앙"). 유감스럽게도 반틸주의적 전제주의 변증학파에서 증거에 관한 실제적 분석이 거의 없었다. 반틸의 『기독교 유신론적 증거』(Christianity Theistic Evidence)는[5] 증거의 철학 및 비기독교적 접근 방식에 대한 비판과 성경적 접근에 가까운 접근 방식(sub-biblical approach)에 대한 비판을 제시하지만, 증거 자체에 관한 실제적 조사를 제시하진 않는다.

노타로(Notaro)의 『반틸과 증거 사용』은 반틸을 신앙주의(fideism)라고 비난하는 것에 대한 탁월한 변증이다. 또한, 이 책은 증거 사용에 관한 중요한 원칙을 공식화한다. 하지만 이 책은 예화적인 예에서 제외하고 그런 관점 안의 실제 증거를 제시하지 않는다.

나는 개혁파 변증학 문헌에서 이런 공백이 곧 채워지길 희망하지만 나는 그 공백을 채울 수 없고 적어도 현시점에서는 채울 수 없다. 전제주의를 지지하는 대부분 나의 형제들과 같이 나의 재능과 훈련은 "추상적"이고 철학적이다(참조, 존 프레임, 『개혁파 변증학』[PNR<개혁주의신학사> 刊]).

하지만 개혁파 변증가에게는 유용한 다른 관점에서 기록된 기독교 증거에 관한 많은 문헌이 있다. 살펴보았듯이 "전통적" 방법 또는 "증거주의" 방법(맥도웰[McDowell], 몽고메리[Montgomery], 해켓[Hackett], 피녹[Pinnock], 거스트너[Gerstner], 스프라울[Sproul]) 사용을 지지하는 책들은 많은 면에서 잘못되어 있다. 하지만 그런 방법도 어떤 긍정적인 가치가 있다.[6]

---

5 출간되지 않은 강의계획서(syllabus), 1961.
6 이 장르에서 최근에 나온 제목들 가운데 일부는 다음과 같은 책들을 포함한다. 즉 Josh McDowell, *Evidence That Demands a Verdict* (San Bernardino, Calif.: Here's Life Publish-

첫째, 이런 "증거주의자들"이 저술한 책들은 성경적 전제에 따라 분석할 때 우리를 도울 수 있는 많은 정보를 제공한다.

가령, 그리스도의 부활에 대하여 불신자에게 말할 때 당연히 맥도웰, 몽고메리, 거스트너, 스프라울이 사용한 일부 논증과 유사한 논증을 매우 잘 사용할 수 있다.

그리스도의 부활이 어느 다른 역사적 사실만큼 잘 증명된다고 지적하는 것은 매우 합당하다. 사도가 그리스도가 부활했다는 믿음을 위해 기꺼이 죽으려 했던 이유를 묻는 것은 타당하다. 부활에 관한 보고 가운데 대체 설명(불신앙적인 설명)을 조사해서 그런 설명이 얼마나 받아들이기 어려운지 보여 주는 것이 타당하다. 이런 종류의 논증을 사용하는 것이 그 자체로 성경적 전제를 약화시키지 않는다.

사실 증거주의자들 자신이 이런 점을 인정하지 않을 것이지만, 이런 논증은 질서, 논리, 가치의 세계라는 기독교 세계관을 전제한다. 이것들은 단지 기독교 논증의 "광범위한 원" 안에 있을 때만 이해할 수 있다. 그런 원 밖에서 이런 논증을 쉽게 회피할 수 있다.

가령, 데이비드 흄(David Hume)은 사건에 대한 어떤 대안적 설명을 기적적인 설명보다 더 선호했다. 단순히 이것은 기적을 본질적으로 믿을 수 없었기 때문이다. 가령, 이런 근거에서 사건의 설명으로 집단 현혹은 아무리

---

ers, 1979), *The Resurrection Factor* (San Bernardino, Calif.: Here's Life Pulishers, 1981), *More Than a Carpenter* (Wheaton, Ill.: Tyndale House, 1977); Stuart Hackett, *The Reconstruction of the Christian Revelation Claim* (Grand Rapids: Baker Book House, 1984); John W. Montgomery, *Where Is History Going?* (Grand Rapids: Zondervan Publishing House, 1969), *Faith Founded on Fact* (Nashville and New York: Thomas Nelson Publishers, 1978); R. C. Sproul, John H. Gerstner, Arthur Lindsley, *Classical Apologetics* (Grand Rapids: Zondervan Publishing House, 1984); Clark Pinnock, *Reason Enough* (Downers Grove, Ill.: Inter-Varsity Press, 1980).

심리적으로 불가능해도 실제 부활보다 더 선호된다. 물론 우리는 개연성에 관해 흄이 가진 기준과 다르다. 우리는 이런 논증을 설명할 때 다른 기독교적 기준을 전제한다. 따라서 성경적 증거를 기초로 부활의 신뢰성을 주장할 때 동시에 기독교 인식론과 세계관을 설명하고 있다.

둘째, 사실 그런 종류의 논증은 일부 불신자들에게 충분할 수 있다.

모든 논증이 흄만큼 인식론적으로 정교한 것은 아니다. 또한, 성령은 위에서 언급한 종류의 제시를 통해 많은 사람에게 믿음을 허락하셨다. 그런 사람들에게 전제를 논의할 필요가 없다. 왜냐하면, 전제에 관한 메시지가 논증 자체에 함축되어 있기 때문이다. 기독교 세계관 및 인식론을 전제하는 논증 종류를 받아들이는 것은 동시에 그런 세계관 및 인식론을 수용하는 것이다. 즉 그것은 전체 복음을 받아들이는 것이다.

그렇다면 하나님이 "전통적인" 변증가를 통해 일하시는 것을 발견하는 것은 놀랄 만한 것이 아니다. 전통적인 변증은 많은 진리를 포함하고 그 진리의 대부분이 증거주의 변증학 **이론**을 반박한다. 증거주의 변증학은 불신앙적 전제나 "중립적" 전제에 기초하여 타당하고 설득력이 있는 것이 아니라 기독교적 전제에 기초하기 때문에(증거주의 변증학이 타당한 한에 있어서는) 타당하고 설득력이 있다.

셋째, 다른 불신자들에게는 더 많은 것이 필요할 수 있다.

성령은 전통적인 논증을 통해 일하기를 선택하지 않으실 수도 있다. 흄과 같은 질문자가 철학적으로 정교하다면 계속되는 그의 불신앙은 인식론적 반대에서 드러날 수 있다. 그는 예수님의 죽음 이후의 사건들에 대해 자연적인 설명보다 기적적인 설명을 선호하는 것이 어떤 근거로 그러한 것인지 물을 수 있다. 그런 경우에 우리는 인식론—전제, 순환성, 관점주의, 인식론, 필요한 것은 무엇이든지—을 논의해야 한다. 또한, 질문자 자신의 인식론에 대한 공격이 없다면 우리의 논증은 아마 완성하지 못할 것이다(아래 "2. 공격적 변증학"을 보라). 하지만 그런 종류의 질문자들에게도 전통적인 논증은 대화를 시작하기 위한 하나의 방식이 될 수 있다.

넷째, 전통적 변증가들은 완전히 합당한 전제적 변증 이론의 결핍에도 종종 전제적 기초에서 추론한다.

기적을 지지하는 변증가들은 종종 다음과 같은 것을 지적한다. 즉 기적에 대한 흄의 정의는 불신앙적 전제를 표현한다. 또한, 그러한 전제로 증명되지 않은 관련된 사항을 당연한 것으로 가정한다. "증거주의자" 스프라울(R. C. Sproul)은 로마서 1장에 관한 매우 좋은 설명을 전개했다. 하지만 나는 그것이 그의 반(反)전제적 변증 이론과 다소 모순된다고 말할 것이다. "중립적인" 논증으로 성경의 권위를 입증한 후 몽고메리와 거스트너는 전제주의 논증—성경 권위에 기초한 논증—을 지지한다.

모두 이런 중립적인 도입을 일축하길 내가 희망하는 것처럼, 중립적인 도입을 일축한다 하더라도 전제주의에 대한 그들의 변증 대부분은 타당하다. 몽고메리는 자료를 형식(*gestalt*)이나 사고 체계에 통합할 필요에 대해 희망 있게 말한다. 하지만 그는 어떻게 이런 필요성이 그의 철저한 경험주의와 모순되는지 이해하지 못한다. 이 모든 방식으로 전통주의 변증가들은 내가 옹호하는 종류의 변증에 적극 기여한다.

다섯째, 마지막으로 중립주의 변증가들은 사실적 오류, 논리적 오류 같은 불신앙적인 사고의 일부 오류를 효과적으로 지적한다. 그리고 이런 설명은 종종 도움이 된다.

3) 실존적 관점

여기서 몇몇 문제는 우리의 주의를 요구한다.

(1) 증거와 설득

변증학의 목적이 타당한 논증을 산출하는 것뿐 아니라 사람들을 설득하는 것임을 살펴보았다(제5장 3. "2) 설득과 증거"). 모든 타당한 논증이 특별한 개인이나 집단에 설득력이 있는 것은 아니므로, 질문자들을 개인으로 다루고 사랑스러운 방식으로 그들이 가진 모든 특별한 필요를 이해하려 애쓰며 이런 필요를 위한 논증을 계발하는 것은 더욱 중요하다. 그렇다면 사실 모든 질문자를 위한 다른 "변증 방법"이 있을 것이다. 하지만 어떤 면에서 우리의 모든 방법은 유사해야 한다.

다음과 같은 반론이 종종 제기되어 왔다. 즉 오직 하나님만 사람의 마음을 변화시키실 수 있으므로 우리는 그런 변화를 가져오도록 애쓰지 말아야 하고, 이는 우리가 우리 자신의 사역과 성령의 사역을 혼동하지 않기 위해라는 것이다. 대신 이 논증은 다음과 같이 주장한다. 즉 우리는 단순히 타당한 논증을 제시하고 사람들을 설득하는 것을 성령에 맡겨야 한다는 것이다.

하지만 성경은 하나님의 주권과 인간의 책임이 양립할 수 없다는 생각을 거절한다. 하나님은 주권적으로 인간 대행(agency)을 통해 행하신다. 또한, 하나님은 주권적이시기 때문에 인간 대행—인간의 행동—은 효력을 발생한다.

그렇다면 우리가 하나님이 추구하시는 동일한 목적을 추구해야 한다. 즉 하나님은 우리가 복음을 전한 사람들 안에서 오직 회심, 마음의 기본적인 변화를 찾으신다. 또한, 이것이 우리가 성경에서 발견하는 것이다. 가령, 바울은 "회당에서 강론하고 유대인과 헬라인을 권면"했다(행 18:4; 참조, 행 18:28; 19:8). 바울의 목적은 주제를 다루는 것뿐 아니라 설득하고 마음의 변화를 통해 청자들의 의견을 바꾸는 것이었다. 따라서 복음 전도에서 변증학을 결코 제거할 수 없고 변증학에서 복음 전도를 제거할 수 없다. 변증학과 복음 전도는 관점적으로 관련되어 있다. 변증학은 수단에 초점을 맞추고(성경에 기초한 경건한 추론), 복음 전도는 목적(죄인들의 회심)에 초점을 맞춘다.

(2) 설득의 신비

나는 앞에서 설득의 순간을 특징짓는 "인지적 휴식"이 가진 신비성을 언급했다. 어떤 합리적인 논증도 확실하게 또는 불가피하게 이런 요점으로 이어지지 않는다. 왜냐하면, 이것은 하나님 성령의 사역(위의 "(1) 증거와 설득")과 많은 창조된 수단으로 말미암은 결과이기 때문이다. 논증과 기독교 사랑의 영향(아래의 "(3) 변증가의 성품")이 중요하다.

기독교를 찬성하는 논증을 들었지만 여전히 결단을 내리지 못한 채로 있는 질문자들에게 다른 수단들이 추천되었다. 가장 유명한 논증 가운데 하나는 파스칼(Pascal)의 내기(wager) 논증이다.[7] 파스칼의 내기 논증은 다음과 같이 진행한다. 가령, 우리는 기독교가 진리인지 모른다 해도 기독교가 진리라는 데에 "내기"를 걸어야 한다. 왜냐하면, 독교에 반대하는 데에 내기를 걸었는데 기독교가 참인 것으로 드러난다면 모든 것을 잃지만, 기독교를 찬성하는 데에 내기를 걸면, 기독교가 거짓인 것으로 드러난다 해도

---

7 파스칼은 자기의 책 『팡세』(Penssees)에서 이런 논증을 공식화했다. 윌리엄 제임스(William James)는 자기의 유명한 글 "The Will to Believe"에서 이것을 변호했다.

아무것도 잃지 않기 때문이다. 따라서 우리는 기독교를 선택해야 한다.

파스칼의 내기 논증은 많은 반론의 대상이었다.

다음의 것들을 고려해 보자.

① 이슬람교 또는 어떤 다른 종교나 철학이 진리라면 어찌 되는가?

그런 경우에 기독교를 믿는 것은 실질적인 손해—사실 적어도 진리의 상실과 아마 영생의 상실—일 것이다. 파스칼은 기독교와 무종교라는 단지 두 개의 선택을 고려했던 것처럼 보인다. 하지만 우리는 사실 파스칼이 옳다는 것을 살펴보았다. 정말로 중요한 선택 두 개만 존재한다.

또한, 질문자들은 종종 자기들이 수행하는 연구의 이런저런 지점에서 그런 사실을 인식한다. 물론 그런 전제를 수용하지 않는 사람들에게 파스칼의 내기 논증은 설득력이 있지 않을 것이다(하지만 파스칼의 내기 논증은 여전히 진리를 반영할 것이다). 하지만 전제를 받아들이는 사람들에게 파스칼의 내기 논증은 설득력이 있을 것이다.

② 내기는 이기심에 대한 노골적 호소인가?

물론 내기는 분명히 자기 이익에 호소한다. 하지만 예수님과 성경도 빈번하게 동일한 것을 한다. 기독교는 자기희생을 가르친다. 하지만 기독교가 가르치는 자기희생은 장기적인 축복으로 이어지는 자기희생이다. 하나님을 사랑하는 것은 자기 자신을 위해 최선의 것을 추구하는 것과 조화될 수 있다. 사실 이 둘은 분리할 수 없다(참조, 마 6:33; 19:28-30; 딤전 4:8).

③ 내기 논증은 기독교가 확실한 진리임이 알려질 수 없다는 것을 가정하는가?

그렇지 않다. 이 지점에서 내기 논증은 질문자가 기독교의 확실성을 인정하기를 꺼려하지 않는다고 가정한다.

④ 이런 내기 논증이 질문자에게 위선을 강요하고, 확실히 믿지 못하는 무엇에 대한 헌신을 강요하는가?

파스칼은 분명히 이런 상황에서 질문자에게 신앙을 불러일으키는 수단으로 교회에 출석하고(이 경우에 미사), 자신들의 죄를 고백하며, 성수를 사용하는 것 등을 신자로서 행하도록 종용한다.

하지만 파스칼은 설득이 가진 세부 요소에 대해 대단한 민감성을 가진 철학자다. 이런 설득의 세부 요소는 "이성이 알 수 없는 마음의 이유"들이다. 가령, 누군가 내기 논증에 기초해서 교회에 출석하려고 결정할 때 그가 반드시 위선적인 것은 아니다. 하지만 그는 위선적일 수 있다. 오히려 그는 자기 이성의 명령을 따를 수 있고(따라서 그의 양심의 명령) 가장 신중해 보이는 과정을 밟을 수 있다. 그가 부당하게 기독교가 불확실하다고 믿고 있다면 많은 그리스도인도 그렇다.

그런데도 그의 결정은 중생의 표시를 보여 줄 수 있다. 교회에 출석하겠다는 그의 결정은 하나님께 순종하려는 결정일 수 있다. 그런 결정이 그 영혼을 구원할 수 없지만, 그런 결정은 참된 신앙의 초기 표현일 수 있다. 신자가 참된 믿음을 고백하기 전에 심지어 참된 믿음을 고백할 준비가 되었다고 느끼기 전에 아마 그에게는 참된 믿음이 존재할 것이다(중생한 아이들의 경우를 고려하라). 믿음이라는 행동은 믿음을 언어로 고백하는 것에 선행할 수 있다. 또한, 이런 행동은 질문자가 후에 믿음을 계속 고백하는 것을 더 쉽게 해 줄 수 있다. 결국 믿음은 내기하는 것과 아주 비슷하다.

이것은 기독교가 불확실하다거나 믿음이 주사위를 던지는 것과 비슷하다는 것이 아니다!

하지만 그리스도인의 확실성은 합리주의 철학자들이 예상하는 그런 종류의 확실성도 아니다(제5장 1. "8〕 확실성"). 그리스도인의 확실성은 자신의 모든 문제에 답을 받았던, 즉 진리를 완전히 이해한 사람이 가진 확실성이 아니다.

아브라함의 예를 다시 생각하라. 아브라함은 하나님의 약속에 대한 많은 반론에 직면했어도 믿음으로 모험을 했다. 우리는 의문과 해결되지 않은 어려움 가운데 하나님을 따른다. 우리는 모든 어려움을 설명할 수 없다는 의미에서 확신이 없다. 하지만 우리는 우리 삶을 그리스도에게 걸고 순종의 길을 걷고 그리스도를 확신의 기준으로 받아들일 정도로 확신한다. 따라서 참된 믿음 안에 내기와 같은 중요한 무엇이 존재한다.

실제적인 변증 상황에서 파스칼의 내기를 분명히 사용하는 것이 지혜롭지 않을 수 있다. 파스칼의 내기 논증 사용을 변호할 수 있지만 쉽게 잘못 이해될 수도 있다. 하지만 변증학에서 질문자에게 결정하라고 종용하는 것이 중요하다. 이것은 그를 조종하거나 위선을 부추기는 것을 의미하지 않는다.

하지만 이것은 그에게 믿음의 본성을 분명하게 하는 것을 의미한다. 이것은 다음과 같은 것을 분명하게 하는 것을 의미한다. 믿음은 모든 지적 난관의 해결을 기다리지 않는다. 사실 기다리지 않아도 된다. 또한, 믿음은 지적 고백이나 언어적 고백뿐 아니라 삶의 모든 활동에서도 표현된다. 질문자는 신앙고백을 말로 표현할 준비가 되어 있지 않다고 하더라도 경건을 추구하고 교회(성경 아래서)가 허락할 은혜의 수단을 쓰도록 격려(어떤 진영 같이 열의를 꺾는 것이 아닌) 받아야 한다.

(3) 변증자의 인격

변증학에서 특별히 가르침은 말뿐만 아니라 삶으로 이루어진다는 것이 중요하다(제10장 "3. 신학자의 성품—신학의 윤리"). 가장 강력한(**가장 설득력 있는**) 논증 가운데 하나는 기독교의 사랑이다. 종종 이런 맥락에서 등한시되는 베드로전서 3:15, 16을 기억하라.

> 너희 마음에 그리스도를 주로 삼아 거룩하게 하고 너희 속에 있는 소망에 관한 이유를 묻는 자에게는 대답할 것을 항상 준비하되 온유와 두려움으로 하고 선한 양심을 가지라 이는 그리스도 안에 있는 너희의 선행을 욕하는 자들로 그 비방하는 일에 부끄러움을 당하게 하려 함이라(벧전 3:15-16).

그리스도의 주권에 대한 의식이 우리의 변증학에 넘쳐나야 한다(제1부를 보라). 또한, 이것은 주님의 지상대명령을 순종할 수 있도록 선포뿐만 아니라 답변과 이유를 가지고 질문자들에 답하기 위해 **부지런한 준비**를 요구한다. 또한, 이것은 이런 기회들을 이용할 수 있도록 **담대함**을 요구한다. 또한, 이것은 **온유**와 **두려움**(respect)을 요구한다. 질문자를 통계자료로 취급하거나 조종해서 언어상 결단을 하게 할 사람으로 취급하지 말아야 한다. 또한, 그를 경멸스럽게 취급하지 말아야 하지만 그의 불신앙은 하나님에게는 혐오스러운 것이다. 그는 하나님의 형상으로 창조된 인간이다. 또한, 그를 존엄으로 사랑하고 대우해야 한다. 이런 점에서 쉐퍼의 라브리(L'Abri) 사역은 지속적인 본이 될 것이다. 왜냐하면, 라브리 사역은 사랑과 존경의 맥락에서 사려 깊은 답변을 제시하려 애썼기 때문이다.

2. 공격적 변증학

변증학은 때때로 "믿음의 방어"라고 정의된다. 하지만 그런 정의는 오해를 불러일으킬 수 있다. 변증학은 방어뿐만 아니라 공격이기도 하다. 즉 불신앙적인 사고와 행동에 대한 기독교인들의 공격이다. 사도 바울은 다음과 같이 말한다.

> 우리의 싸우는 무기는 육신에 속한 것이 아니요 오직 어떤 견고한 진도 무너뜨리는 하나님의 능력이라 모든 이론을 무너뜨리며 하나님 아는 것을 대적하여 높아진 것을 다 무너뜨리고 모든 생각을 사로잡아 그리스도에게 복종하게 하니(고후 10:4-5).

실제로 어떤 다른 분야 같이 "최선의 방어는 좋은 공격이다." 사실 공격이 변증학의 **주요한** 기능이라고 주장할 수 있다. 결국, 하나님은 방어하고 "변증할" 어떤 것도 갖고 있지 않으시다. 예수 그리스도는 하늘과 땅의 전능한 통치자이시고, 자신의 왕국을 가져오는 행진을 하고 계시는 불굴의 전사이시며, 자신에 반대하는 모든 통치자와 권세를 진압하신다(골 2:15).

변증학은 그리스도의 적들을 그의 발아래 두기 위한 그리스도의 도구 가운데 하나다. 따라서 기독교인이 단순히 불신자의 반대에 반응하는 것으로는 충분하지 않다. 기독교인은 하나님의 원수들에게 공격하라고 요구받는다. 사실, 이것은 자신의 신실하지 못한 백성, 이스라엘에 대해 하나님의 언약 소송의 검사로서 주님 자신이 맡으실 역할이고 주님이 재림하실 때 그분이 다시 맡게 될 역할이다. 사탄이나 그의 인간 동료들이 하나님의 백성을 고소할 때 하나님은 보통 그 고소에 답변을 거부하시고 고소자들을 고소하신다(창 3:18-25; 욥 38-4장2; 마 20:1-15; 롬 3:3f).

이와 마찬가지로 예수님은 자신을 함정에 빠뜨리려 하는 몇몇 질문을 거부하신 후 자신을 비판하는 자들을 비판하신다(마 22:41-45). 이것은 바울이 장시간에 걸쳐 방어적 변증을 시도한 후 자신을 비판하는 자들을 비판한 것과 같다(행 28:23-28).

또한, 그렇게 많은 하나님의 말씀(divine utterances)—사무엘상 8:9; 시편 81:11f.; 이사야 28:17; 44:25; 예레미야 1:10; 예레미야애가 2:14; 호세아 2:9—에서 발견되는 엄중한 경고라는 요소, 특히 하나님의 말씀에 반대하는 거짓 지혜를 엄히 경고하는 요소에 주목하라. 오늘날 많은 사람과 다르게 하나님은 부정적인 것을 두려워하지 않으신다.

물론 동시에 설득력 있게 긍정적인 기독교적 대안을 제시하지 않는다면 그런 부정적인 비판은 많은 도움이 되지 못할 것이다. 따라서 방어와 공격을 오래 분리할 수 없다. 하지만 나는 이 단락에서 공격에 초점을 맞출 것이고 독자가 방어와 공격이라는 두 측면의 적당한 균형을 유지할 것이라 생각한다. 반틸의 변증적인 공격 방법은 그의 변증적 방법에서 두 번째 단계다.

첫 번째 단계는 신자가 불신자에게 "논증을 위해" 기독교 입장의 진리를 가정하라고 요구하는 것이다.

이것은 신자가 기독교 입장이 가진 본질적인 합리성을 가지고 불신자에게 그런 입장을 제시하기 위한 것이다. 이것은 반틸의 방어적 전략이다.

두 번째 단계는 그의 공격적 전략으로, 양 당사자가 불신자의 전제를 가정—다시 말하지만 단지 '논증을 위해'—하라고 요구하는 것이다.

그래서 신자는 귀류법, 즉 불신자의 전제가 완전히 이해될 수 없는 것으로 귀결되는 증명을 제시할 수 있다.

하지만 이 두 번째 단계는 더 많은 분석이 필요하다.

어떤 의미에서 신자는 '논증을 위해' 불신자의 입장을 수용할 수 있는가?

우리는 불신자의 입장 중 얼마만큼 이런 방식으로 수용해야 하는가?

불신자의 입장 모두 수용해야 하는가?

그렇다면 불신자가 말하는 모든 것—우리 입장에 대한 그의 모든 반박과 자기 뜻을 지지하는 그의 모든 논증—을 수용할 것이다. 이런 식으로 우리는 결코 그의 입장을 반박하지 못할 것이다. 여기서 반틸이 분명하게 의미하는 것은 다음과 같다. 즉 신자는 "논증을 위해" 불신자가 가진 체계의 어떤 근본적인 전제—가령, 무신론 또는 "완전한 우연"—를 수용하고 그런 후 이런 전제에서 혼돈과 무의미를 추론하고 귀류법을 완성한다.

하지만 물론 그런 추론에서 그는 기독교인으로 사고한다. 그 시점에서 그는 더 이상 "논증을 위해" 불신앙을 전제하지 않는다. 이런 논의가 담고 있는 교훈은 다음과 같다. 그리스도인은 사실 자신의 전제를 한순간도 포기하지 않는다는 것이다. 심지어 "논증을 위해" 불신자의 원칙을 수용할 때도 그는 여전히 그리스도인으로서 사고한다. 그렇다면 이 두 번째 단계에서 실제로 발생하는 것은 다음과 같다. 그리스도인은 불신자에게 어떻게 불신자의 원칙이 불신자를 그리스도인으로 간주하는지 말할 것이다.

이런 분명한 설명으로써 세 가지 관점 아래서 "공격적" 변증학을 살펴보자.

1) 규범적 관점—성경 vs 변증법(dialectic)

첫째, 불신자가 "이성"과 대조되는 "믿음"을 근거로 기독교를 공격할 때 그런 불평을 뒤바꾸는 것이 중요하다.

불신자도 자신이 의구심을 제기하지 않고 생각과 삶의 모든 측면을 다스리는 전제를 가지고 있다. 따라서 관련된 의미에서 그도 "믿음"을 가지고 있다. 그도 순환론적으로 주장한다.

하지만 이것은 마치 신자와 불신자가 동등하다는 것은 아니다. 왜냐하면, 불신자는 자신의 맹목적인 믿음 외에는 이성을 신뢰하기 위한 어떤 근거도 갖고 있지 않기 때문이다.

이 세상이 궁극적으로 우연의 산물일뿐 아니라 물질, 공간, 시간의 산물이라면, 어째서 우리 머릿속의 사건들이 실제 세상에 관해 신뢰할 만한 무언가를 우리에게 말해 줄 것이라고 가정해야 하는가?

하지만 그리스도인은 하나님이 하나님 자신, 이 세상, 우리 자신을 알리시기 위한 신뢰할 만한 도구로 우리에게 이성을 주셨다는 것을 안다. 따라서 입장이 뒤바뀌었다. 기독교적 관점은 합리적이지만, 불신자의 관점은 맹목적인 믿음에 기초한다.

둘째, 변증가가 성경이 불신자에 관해 언급하는 것을 그 불신자에게 지적하는 것은 적절하다.

불신자가 하나님의 형상으로 창조되었고 하나님의 분명한 계시로 둘러싸여 있지만, 그는 하나님을 인정하고 순종하기를 거절했고, 진리를 거짓으로 바꾸었으며, 진리를 억누르고 진리의 기능을 방해하려 애썼다.

셋째, 불신자가 진리를 대체하려고 애쓰는 것에 관해 그 밖에 무언가 언급할 수 있다.

합리주의-비합리주의 변증법(rationalist-irrationalist dialectic)에 관해 언급할 수 있다(제1장 "1. 주 되심의 성경적 개념"과 3. "3) 불신앙의 논리"를 보라). 비기독교적 합리주의자가 하나님의 계시 없이 진리에 관한 자율적인 기준을 주장한다는 것을 기억할 수도 있다. 반면에 비기독교 비합리주의자는 진리와 합리성의 존재를 부인한다. 우리가 성경의 하나님을 거절한다면 우상숭배나 허무주의 같은 것들이 유일한 두 개의 가능성이다.

합리주의자들과 비합리주의자들은 단지 전문적인 철학자들 사이에서만 발견될 수 있는 것은 아니다. 보통 불신자들도 이런 것들에 대한 헌신(commitment)을 보여 주지만, 인식론적으로 자의식적인 방식으로는 아니다. 합리주의자는 자신을 자기 운명의 주인으로 보는, 자수성가한 사업가일 수 있고 또는 주의 깊은 정부 기획으로 우리가 사회의 모든 병폐를 극복할 수 있다고 생각하는 지방 정치가일 수 있다. 또는 모든 것에 관한 의견을 가진 바텐더거나 "현대 과학"이 기독교가 틀렸음을 완전히 입증했다고 생각하는 이웃일 수 있다. (또한 합리주의자는 자신의 선한 행위나 교리 지식으로 인해 자신이 하나님의 호의를 받아 마땅하다고 생각하는 바리새인들, 교회 장로일 수 있다. 아니면 자신이 하나님을 추구할 권리를 갖기 전에 자신은 훨씬 좋은 사람이 되어야 한다고 생각하는 "골칫거리"[black sheep]—실제로 또 다른 모습의 바리새인—일 수 있다.)

비합리주의자는 무언가에 관해 전혀 개의치 않는 동네 술꾼일 수도 있거나, 감상적으로 살지만 누군가 자신에게 삶의 근거를 물을 때 당혹해하는 행복한 우유배달원일 수 있다. 아니면 비합리주의자는 모든 권위를 증오하고 자신이 보는 모든 것을 파괴하려는 화난 십 대일 수 있다. 합리주의자들과 비합리주의자들은 종종 서로 반목한다. 하지만 내심 그들은 불신앙으로 동일하게 결합되어 있다.

① **합리주의는 비합리적이다**

비그리스도인은 이성을 믿을 수 있는 어떤 권리도 없다. 그는 단지 비합리적인 도약으로 이성을 수용한다. 합리주의자의 합리적인 도식은 결코 그가 주장하는 신적 지식을 제공하지 않는다. 이 세상은 하나님이 창조하신 세상이므로, 이런 사실들은 결코 신이 없는 합리주의자의 체계에 들어맞지 않는다. 이런 문제에 직면할 때 불신자에게는 세 가지 과정이 가능하다. 즉 비합리주의자가 되고(이런 도식이 완전히 적합하지 않다는 것을 인정하는) 비합리주의와 타협하는 것이다. 아니면 자신의 도식을 고수하고 어떤 모순이 존재함을 부인한다. 후자의 과정이 일관성 있게 가장 합리적이지만 그것도 함정이 있다. 그것은 합리주의자를 현실에서 더 멀어지게 만들고 그를 그 자신의 세계로 고립시킨다. 합리주의자는 이런 방향으로 더 멀리 가면 갈수록 더 고립되고, 그 자신의 체계만을 알게 되면 될수록 이 세상을 덜 알게 된다.

또한, 누군가 공상의 세계에 갇혀 있고 자기 자신의 사고 과정만을 인식하고 현실에 대해 무지할 때 우리는 그것을 무엇이라 부르는가? 물론 우리는 그를 비합리주의자라고 부를 수 있을 것이다!

따라서 합리주의자는 어쩔 수 없이—직접적으로, 또는 비합리주의와 얼마만큼 타협하는 중간노선을 통해—비합리주의자가 된다. 하지만 중간노선은 불안정하다.

이성의 능력과 이성이 가진 한계 사이의 어디에 선을 그어야 하는가? 그리스도인은 선을 긋기 위한, 계시라는 안내자가 있지만, 비그리스도인은 어떤 결정을 내리기 위한 어떤 근거도 갖고 있지 않다. 그는 단지 자신의 성향을 비합리적으로 따를 수 있다. 그렇다면 이런 모든 방식으로 합리주의는 비합리주의로 귀결됨이 틀림없다.

② 비합리주의는 합리적이다

첫째, 비합리주의를 단지 합리적인 근거에서 주장할 수 있다.
어떻게 우리는 어떤 진리나 의미도 존재하지 않는다는 것을 알 수 있는가?
그것을 알려면 전체 우주를 알아야 할 것이다. 부정적인 측면을 증명하기는 그만큼 어렵다.

둘째, 비합리주의는 자기 반박적이다.
비합리주의는 어떤 진리도 존재하지 않는다는 것을 안다고 주장한다. 또한, 비합리주의는 어떤 진리도 존재하지 않는다는 것이 사실이라 믿는다. 따라서 비합리주의는 합리주의를 주장하며 동시에 그 합리주의를 부정한다!

셋째, 비합리주의자들은 일반적으로 자신들이 사는 방식으로 자신들의 비합리주의를 약화한다.
쉐퍼가 사용했던 존 케이지(John Cage)의 예를 기억하라.
존 케이지는 자신의 음악을 통해서 비합리주의를 가르치지만, 자신이 버섯을 재배할 때 질서 있는 세계를 가정한다(제5장 3. "1) 지식과 삶: 실용적 진리"). 정신병원을 제외하고 그런 이율배반을 피할 수 없다. 하지만 비합리주의는 한번 약화되면, 반박된다. 일단 우리는 **어떤** 의미나 질서의 존재를 인정하면 더 이상 의미나 질서의 존재를 부정할 수 없다.

③ 합리주의와 비합리주의는 기독교에 기생하고 있다

물론 합리주의와 비합리주의는 철저히 기독교에 반대한다. 하지만 타당성을 위해 어떤 식으로든지 기독교에 의존한다(제1부에서 "대립의 사각형"[square of opposition] 특별히 언어적 유사성을 의미하는 수평선을 기억하라). 결국, 인간 이성의 힘과 한계를 우리에게 알려 주는 것은 기독교 계시다. 합리주의와 비합리주의가 각각 능력과 한계의 관념들에 기반을 둔다. 하지만 하나님과 관계없이 그렇게 한다. 또한, 합리주의와 비합리주의는 이런 힘과 한계가 무엇인지 구체적으로 명시할 수 없다. 따라서 합리주의자들과 비합리주의자들은 자신들이 절대적인 비합리주의와 절대적인 합리주의라는 극단으로 나아가지 못하게 하는 어떤 원칙도 갖고 있지 않다.

이런 방식으로 (다양한 절충적인 입장뿐 아니라) 합리주의와 비합리주의는 기독교 공격에 취약하다. 이런 입장 가운데 어떤 것도 실제로 서로 구분되지 않는다. 따라서 각 입장은 언급했던 모든 난점의 지배를 받는다. 기독교와 유사성이 없다면 이런 입장들은 전혀 타당성을 갖지 못할 것이다.

이런 분석은 우리의 증거를 다른 종류의 많은 사람에게로 이끌 수 있다. 물론 사람들은 기꺼이 우리에게 주의를 기울이려 하지 않을 수 있다. 그들은 흥미를 잃고 떠나 버릴 수도 있다(이 시점에서 그들은 비합리주의자가 되고 진리 탐구를 포기한다). 아니면 질문자는 너무 비합리적으로 되어 우리가 그에게 말하는 **어떤 것**도 그를 감동시키지 않을 수도 있다. 우리가 그를 비합리주의와 삶의 결정들 사이의 비일관성으로 비난하면 그는 다음과 같이 답변할 수도 있다.

"그래서 뭐가 어떻다는 건데요?"

누가 일관성에 신경을 쓰나요?"

일단 사람의 사고가 진리에서 그렇게 멀어지면 우리의 삶과 선포로 그에게 증거하는 것을 제외하고는 우리가 변증가로서 그에게 말할 수 있는 것이 많지 않다. 그와 같은 사람은 긴장증에 걸린(catatonic) 사람 또는 다른 방식으로 현실에서 내성적인 사람과 매우 유사하다. 그런 경우에 그와 계속 이야기해야 하지만 어떤 합리적인 논증을 계속 수행할 것이라고 기대(어쨌든 우선)하지 말아야 한다는 나의 동료 제이 아담스(Jay Adams)의 말에 동의한다.

이런 논의는 약간 철학적이었다. 또한, 독자는 당연히 이런 논의 가운데 어떤 논의가 "보통 사람"에게 전도하는 데 도움을 주는지 궁금할 것이다. 내가 앞에서 언급했던 것을 기억하라. 우리는 철학자들 가운데서뿐 아니라 온갖 종류의 사람들 가운데서도 합리주의자들과 비합리주의자들을 발견한다.

삶에서 "낙오했던"(dropped out) 동료를 생각해 보자. 이례적으로 진지한 순간에 그는 자신이 인생의 어떤 의미도 보지 못한다고 우리에게 고백한다. 그에게 왜 술을 마시는지 물어보라. 그의 답변은 그것이 만취 자체든지 또는 고통이나 그 밖에 무엇으로부터의 자유든지 그가 분명히 **무언가** 가치 있게 생각하고 있다는 것을 드러낼 것이다. 추가적인 질문은 그의 비합리적인 관점을 동반한 추가적인 모순을 드러낼 것이다.

그에게 왜 그가 자신이 가치 있게 생각하는 것을 가치 있게 여기는지 물어보라. 그러면 우리는 그에게 그의 가치관이 얼마나 독단적인지 보여 줄 수 있을 것이다. 거친 세상에서 지속적인 평화와 위로를 줄 수 있는 유일한 분으로서 예수님을 가리키라. 물론 어떤 시점에 그가 흥미를 잃어버릴 수 있고 또는 기꺼이 더 이야기를 나누지 않을 수 있다. 어떤 변증적인 방법도 그런 것이 발생하지 않을 것이라고 보장할 수 없다. 우리는 단지 최선을 다할 수 있고 하나님이 일하도록 기도할 수 있을 뿐이다.

2) 상황적 관점─불신앙의 오류

불신앙의 입장을 공격할 때 단순히 거짓 전제가 담고 있는 근본적인 오류 이외에 다양한 종류의 오류를 지적하는 것이 또한 합당하다(위의 "1) 규범적 관점─성경 vs 변증법"). 이것들은 다른 유형들이다.

(1) 불명확성

불명확성은 하나님과 기독교에 관한 논의에 넘쳐 난다. 앞에서 살펴보았듯이 종종 그리스도인들 자신도 명확하지 않다. 또한, 불명확성이 생기지 않도록 조심할 필요가 있다. 그럼에도 우리 자신의 연약함을 기억할 때, 우리는 단지 소통과 이해를 용이하게 하는 경우에만 비기독교 체계의 불명확성을 지적하는 것이 합당하다.

그렇다면 비그리스도인은 그리스도인과 함께 불명확성의 경향을 공유한다. 하지만 신앙 자체의 바로 그 본질에서 유래하는, 불신앙의 불명확성에 대한 특별한 이유가 존재한다. 앞 단락에서 비기독교적 합리주의 및 비합리주의가 타당성을 위해 비슷한 기독교 개념의 유사점에 의존한다는 것을 살펴보았다. 합리주의는 다음과 같은 기독교적 전제를 먹고 산다. 완전한 합리적 계획이 이 세상을 지배하고, 누군가가 모든 것을 알지 못한다면 어떤 것도 알려질 수 없다는 것이다.

비합리주의는 인간이 모든 것을 알지 못하고 이 세상의 많은 부분이 우리에게 신비이며 우리 이성의 역량을 넘어선다는 기독교적 전제를 먹고 산다. 따라서 비기독교적 합리주의자들 및 비합리주의자들은 자신들의 반기독교 입장을 표현하기 위해 기독교 용어와 개념을 차용한다. 그 결과는 불명확성이다. 이와 유사하게 현대 신학자들은 성경적인 가르침을 반박하지만 매우 성경적으로 **들리게** 할 수 있는 신적 초월성 및 내재성 개념(다시 이 문제에 관해 제1부를 보라)에 의존한다. 하나님은 우리보다 지극히 높이 계시지만, 그리스도를 통해 우리 곁에 계신다. 이런 성경적 표현으로써 이 신학자들은 하나님이 우리에게서 너무 멀리 계셔서 결코 기록된 계시로 명확하게 말씀하시지 않고, 결코 기적적인 행위로 분명하게 행동하시지 않는다는 생각을 표현한다. 또한, 그들은 하나님이 너무 가까이 계셔서 피조물과 명확하게 구분되실 수 없고, 따라서 사실 피조물이 신성화되고 하나님이 피조물적인 것이 된다는 생각을 표현한다.

특히 이런 종류의 불명확성은 드러나야 한다. 왜냐하면, 이것은 복음을 소통하는데 커다란 장애물이고 불신자의 진리 왜곡의 본성을 매우 뚜렷하게 드러내기 때문이다.

(2) 사실에 입각한 오류

또한, 사실에 입각한 오류(factual errors)가 드러날 수 있다. 다시 말하지만 그리스도인들도 사실에 입각한 오류를 범한다.

따라서 우리는 불신자에게 우리가 오류를 범하지 않을 것으로 생각한다는 인상을 주지 말아야 한다!

질문자에게 잘해 주기 위할 뿐 아니라 그리스도인의 오류 가능성은 성경의 가르침—성경 메시지의 일부분—이기도 하므로 우리가 틀릴 때 인정하는 것이 중요하다!

하지만 그런 오류를 범하는 인간의 경향성은 불신앙의 역할로 강조된다. 왜냐하면, 마음에서 불신자는 진리를 미워하고 진리를 억누르길 원한다. 따라서 불신자들은 종종 그리스도인들에게 매우 분명한 사실인 것을 인정하지 않는다. 우리는 그런 오류를 지적해야 한다. 또한, 우리가 불신앙 자체의 기원을 지적할 수 있을 때 그렇게 해야 한다.

여기서도 성경, 고고학, 예술, 현대 문화, 역사 등에 관한 표준 작품들과 함께 우리의 "증거주의" 형제들의 글은 도움이 된다. 하나님이 창조하신 세계에 관해 더 많이 배울수록 사실에 입각한 오류를 더 잘 반박할 수 있을 것이다.

(3) 논리적인 오류

여기서 유사한 주장을 할 수 있다. 모든 사람이 논리적인 오류를 범한다. 하지만 불신자들은 논리적인 오류를 범하는 특별한 이유가 있다. 변증가가 타당하지 못한 논증을 반박하고 그런 비타당성을 만들어 내는 불신앙의 영향을 보여 주기 위해 논리를 충분히 아는 것이 중요하다. 불트만이 라디오를 사용하는 세상에 살고 있으므로 천사를 믿을 수 없다고 말할 때 우리는 이것이 완전히 불합리한 추론(non sequitur)이라고 답변해야 한다.

어째서 그런 지성적인 사람이 그렇게 분명히 잘못된 논증을 사용하는가?

그가 하나님의 말씀에 신실하려 하기보다 오히려 "현대적"이 되려고 결단하기 때문이다.

3) 실존적 관점—접촉점

첫째, 변증가는 자신이 다루는 사람들도 알려고 애써야 한다.

그는 개별적인 사람들을 알려고 애써야 한다. 모든 질문자는 서로 다르지만, 본질적으로 동일한 문제와 필요를 가지고 있다. 따라서 우리는 각 사람이 이해할 수 있는 방식으로 말하고 각각의 특별한 상황을 해결하려고 노력해야 한다. 우리는 사랑으로 이것을 하고 하나님의 형상으로서 각 사람을 존경한다. 우리는 또한 소통이 가진 바로 그 본질 때문에 그렇게 한다. 우리가 질문자의 생각과 삶에서 그가 어디에 있는지 발견하기 위해 질문하는 것은 일반적으로 중요하다. 대화는 서로 주고받는 것이 되어야 한다. 설교하는 것뿐 아니라 시간이 허락하는 만큼 많은 시간을 듣는 데 보내라. 합리주의와 비합리주의 개념이 여기서 우리를 도울 것이다. 기니스(Guinness)는 내가 합리주의와 비합리주의로 불렀던 것을 설명하기 위해 "딜레마"(dilemma)와 "전환"(diversion)이라는 범주를 사용한다.

일부 불신자들은 어느 정도 자신들의 상황을 알고 자신들의 불신앙을 유지하면서 어떻게 자신들이 하나님이 창조하신 세상에서 살 수 있을지에 관한 문제를 가지고 씨름한다. 그런 사람들은 자신들의 "딜레마"에 민감하고 여전히 자기 방식으로 그 딜레마를 해결하려 노력한다(합리주의). 다른 사람들은 때때로 또는 항상 그런 문제에서 도피하려 한다. 데이비드 흄(David Hume)의 회의적인 사고가 담고 있는 함의는 그 자신을 귀찮게 했다. 하지만 그는 좋은 주사위 놀이가 잠깐 그런 걱정을 몰아낼 수 있다고 말했다. 이것은 비합리주의이고 진리에서 도피하려는 시도다. 우리는 이런 척도로써 질문자가 어디에 있는지 발견하려고 노력해야 한다.

불신자의 이론 작업에서뿐 아니라 특별히 그의 이론 작업과 삶 사이에서도 불신자 안에는 어떤 이율배반이 항상 존재할 것이다. 버섯을 재배할 때는 질서 있는 세계를 전제하지만 음악을 통해 혼란을 가르치는 존 케이지를 다시 기억하라. 모든 불신자는 이와 같다. 왜냐하면, 모든 불신자는 합리적인 세상에 살 필요가 있는 비합리주의자이기 때문이다. "무언가에 전혀 신경 쓰지 않는" 주정꾼은 적어도 술을 사고 마시기 위해 술에 대해 많이 신경을 쓴다. "모든 것은 상대적"이라고 생각하는 철학자는 적어도 자신의 상대주의가 절대적인 사실이라고 믿는다. 자살을 시도하는 많은 사람이 유서를 작성한다. 따라서 이것은 그들이 의미에 대해 완전히 절망하지 않았다는 것을 보여 준다. 변증학은 개인뿐 아니라 가족, 단체, 국가(구약성경처럼), 이 세상에 말을 한다. 변증가는 종종 일대일뿐 아니라 연설, 출판, 미디어 출연으로써 자신의 메시지를 제시하라고 요구받는다. 이것을 효과적으로 하려면 다루는 집단의 사고방식에 관한 무언가를 아는 것이 중요하다.

현대 문화의 뚜렷이 구분되는 특징은 무엇인가?

현재 미국 사회가 가진 뚜렷이 구분되는 특징은 무엇인가?

그런 질문에 관한 답변은 또한 개인들에 대한 우리 증거의 효과성을 개선할 수 있다. 쉐퍼 그룹(프란시스 쉐퍼[Francis Schaeffer], 에디스[Edith] 쉐퍼, 프랭크[Franky] 쉐퍼, 오스 기니스[Os Guinness], 도널드 드류[Donald Drew], 우도 미들맨[Udo Middelmann], 한스 로크마커[Hans Rookmaaker])와 러시도니 그룹(러시도니[R. J. Rushdoony], 게리 노스[Gary North], 그레그 반센[Greg Bahnsen], 짐 조단[Jim Jordan], 데이비드 칠톤[David Chilton]과 다른 학자들—특별히 허버트 스콜스버그[Herbert Schlossberg]의 훌륭한 저서 『파멸의 우상들』[*Idols for Destruction*])의 책과

글들은 이런 목적을 위해 개혁파 공동체 안에서 가장 유용한 자료들이다.

또한, 우리는 주로 성공회 신자들과 가톨릭 신자들로 구성된(그들 대부분이 영국인들이다), 규정하기 어렵지만 두드러지게 단결되어 있는 또 다른 그룹을 간과하지 말아야 한다. 왜냐하면, 그들은 현대 문화의 안일함에 도전하는 좋은 문헌을 많이 만들었기 때문이다(예로, 체스터톤[G. K. Chesterton], 조지 맥도날드[George MacDonald], 찰스 윌리엄스[Charles Williams], 도로시 사이어즈[Dorothy Sayers], 루이스[C. S. Lewis], 톨킨[J. R. R. Tolkien], 해리 블라마이어즈[Harry Blamires], 말콤 머기릿지[Malcolm Muggeridge], 토마스 하워드[Thomas Howard], 마이클 노박[Michael Novak], 제임스 히치콕[James Hitchcock], 피터 크리프트[Peter Kreeft]).

어떤 점에서는 알렉산드르 솔제니친(Alexander Solzhenitsen)이 포함되어야 하는 것처럼 윌리엄 버클레이[William F. Buckley]도 이 전통에 포함해야 한다!

이 저자들은 세속화, 다원화, 종교의 사유화(지금 점차 극복되고 있다고 생각하는), 심리적 진리(좋게 느껴지는 것—주관주의), 생명에 대한 줄어드는 존경, 정부에 대한 지나친 과신(아마 1980년대만큼 두드러지지 않음)과 짝하며 어울리는 세상의 모습을 그린다. 변증가는 이런 일반화에 동의하지 않을 수 있지만, 현대 사회에 박식한 사람들에게 효과적으로 소통하려면 이런 영역에서 어느 정도 책임 있는 의견(성경에 근거한)을 만드는 것이 중요하다.

이 단락에서 논의했던 문제들은 때때로 신자들과 불신자들 사이의 "접촉점"(Point of Contact)이라고 불린다. 내가 이 용어가 매우 모호하다는 것을 알기 때문에 "접촉점"이라는 용어를 사용하는 것을 피해 왔지만, 변증학에서는 이 용어가 매우 일반적으로 사용된다. 이 용어는 전도의 길을 열어 줄 수 있는 단순한 공동의 관심사(예로, 낙태, 레이건 행정부, 핵 군축 등)를 의미할 수 있다(현재 맥락처럼). 아니면 이것은 불신앙도 아니고 신앙도 아닌 것을 전제하는 진리에 대한 어떤 중립적인 기준을 의미할 수 있다(그런 의미에서 나는 신자들과 불신자들 사이에 어떤 접촉점도 존재하지 않는다고 말할 것이다). 아니면 그것은 신자와 불신자가 아는 어떤 사실이나 규범을 의미할 수 있다(그런 의미에서 많은 접촉점이 존재한다. 불신자는 이런 지식을 억누르지만, 이런 지식을 억누르는 것이 반드시 그 지식을 깨닫지 못하게 만드는 것은 아니다. 제1장 3. "2) 차이점"을 보라). 아니면 이것은 하나님의 뜻이라면 복음의 제시나 변증적 논증이 도달할 수 있는 어떤 심리적인 능력(아마 마음 그 자체)을 의미할 수 있다. (그렇다. 그런 의미에서 접촉점은 존재한다.)

둘째, 변증가는 청중에 대해 어느 정도 이해한 후 모든 신학자처럼 자신의 메시지를 제시할 형식을 결정해야 한다.

여기에 많은 가능성이 존재하는데, 좋은 상상은 변증가로 하여금 그 가능성을 가시화하는 데 일조할 것이다. 대화, 강의, 판타지 이야기, 시각 자료(렘 27:1-7; 겔 4:1-3; 사 8:18을 보라), 극적인 동작(겔 4:4-17), 다양한 종류의 언론 발표, 독자 투고란, 책, 다른 많은 접근 방식이 변증 내용의 타당한 도구다. 여기서 융통성이 중요하다. 사도 바울은 어떻게 해서라도 몇 사람을 구원할 수 있도록 모든 사람에게 여러 모습이 되었다(고전 9:22). 그런 원칙을 따르는 것은 불편함이나 존엄의 상실을 의미할 수도 있고, 사역을 위해 박해를 받는 것을 의미할 수 있다. 전통과 개인적인 안락은 뒷전으로 물러나야 한다.

중요한 것은 가능한 한 분명하게 메시지를 제시해야 한다. 이것은 우리가 마음을 얻으려는 사람들에게 가능한 한 가깝게 "동질감을 느끼는" 것을 의미한다. 물론 우리는 그들의 불신앙에는 동질감을 느끼지 말아야 한다. 하지만 복음과 관련 없는 문화 또는 전통 요인들이 메시지를 모호하게 하지 않도록 우리는 가능한 한 많이 그들의 시야를 통해 이 세상을 보려고 해야 한다. 역사, 관습, 문학, 심지어 우리가 마음을 얻으려는 사람들의 종교도 가치 있는 도구다. 또한, 우리는 선지자들, 관습, 불신자들이 가진 생각에 항상 반대해야 하는 것은 아니다. 불신자가 진리를 억누르는 것은 필연적으로 그가 말하는 모든 것이 거짓임을 함의하지 않는다(제1장 3. "2) 차이점"을 보라). 그것은 심지어 그가 마땅히 그러해야 하듯이 자신 안에서 진리를 발견하지만 단순히 그가 진리를 반대하고 저항한다는 것을 의미한다.

따라서 전제적 변증가는 사도행전 17:16-34로 당혹스러워할 필요가 없다. 그 구절에서 바울은 진리의 어떤 "중립적인" 기준에 호소하는 것이 아니라 심지어 이교도들(불신자들)도 피할 수 없는 계시된 하나님을 아는 지식에 호소한다. 사도행전 구절에서 이교도들 자신의 성향과 반대로 바울이 상대하는 이교도 청중은 자신들의 무지(23절)와 하나님의 내재성(28절)과 같은, 기독교 신앙이 가진 두 가지 진리를 인정한다.

하지만 로마서 1장처럼 바울은 그들이 이런 계시를 **저항**했다는 이유로 비판한다. 그들의 우상숭배는 무지하고 죄를 짓는 것이다(행 17:30). 그들은 자신들의 우상숭배를 회개해야 한다. 바울은 그들의 종교를 절대 인정하지 않으면서 그 종교를 비판하고 시정한다(23ff.절). 바울은 이교도의 예배와 에피쿠로스주의자들과 스토아주의자들의 세련된 철학 개념과 반대로 비물질적이고 인격적이고 주권을 가지신 하나님을 가르친다(18절). 부활과 인간 예수님의 최후 심판에 대한 바울의 선언은 조롱을 자아냈다(30f.

절). 구약성경에 대한 바울의 암시가 증거하듯이 바울의 관점은 완전히 성경적이다(출 20:3f.; 신 32:8; 왕상 8:27; 시 50:9-12).

불신자들이 자신들이 아는 진리를 억누르려 한다는 사실을 변증가가 고려하는 한, 그가 불신앙적인 사고가 함유한 어떤 요소에 동의하지 못할 이유가 없다. 그렇다면 그런 동의는 일반적인 기준이나 중립적인 기준에 호소하는 것이 아니라 오히려 성경이 보증하는 진리에 호소하는 것이다(비록 그 진리를 불신앙의 입술에서 발견한다 해도).

부록 5

신학 작품 평가하기

부록 5, 6, 7에서 나는 특별히 "젊은 신학자들," 즉 첫 신학 과제물을 작성하는 신학생들과 관련 있는, 책의 몇 가지 원칙을 다시 언급하려 한다.

나는 그 원칙이 이전의 몇몇 과제물에도 도움이 되길 바란다!

나는 본서에서 이 요점 중 대부분을 주장했지만, 여기서 이 요점을 더 편리할 수 있는 형식으로 언급하길 희망한다. 이 형식은 점검표이고, 학생들은 자신이 쓴 신학적인 글들과 다른 학생들이 쓴 신학적인 글들을 이 점검표를 사용하여 평가할 수 있다.

첫 번째 점검표는 신학적인 글, 강의, 책들을 평가할 수 있는 방법 목록이다.

① **성경적임**(scripturality)

이런 생각들은 성경의 가르침인가?

그것들은 적어도 성경과 일치하는가?

물론 이것은 주요한 기준이다.

② 참됨

가령, 하나의 생각을 성경에서 발견하지 못한다 해도 그것이 사실일 수 있다. 가령, 불트만이 판넨베르크에 미친 영향에 관한 이론.

③ 타당성(cogency)

저자의 주장을 합당하게 주장하는가, 그의 전제는 참된가, 그의 주장은 타당한가?

④ 건덕(엡 4:29)

그것은 영적으로 유익한가, 해로운가, 말하기 어려운가?

⑤ 경건성

이 글은 성령의 열매를 보여 주는가?

아니면 이 글은 신성 모독적이고 남의 말을 하기 좋아하며 비방적이며 불친절한가?

⑥ 중요성

이런 생각은 중요한가, 사소한가, 중간 어디쯤 있는가?

일부 사람에게는 중요하지만 다른 사람들에게는 중요하지 않는가?

⑦ 명확성

핵심적인 용어가 적어도 내포적으로 잘 정의되었는가?

형식적인 구조가 이해할 만하고 세심히 계획된 것인가?

저자의 입장이 분명한가?

저자가 다룰 문제를 잘 표현하고 그 문제들을 다른 것들과 구별하는가?

⑧ 깊이(profundity)

글이 난해한 질문으로 씨름하는가?

아니면 단지 쉬운 질문으로 씨름하는가? (위대한 구약성경 학자 로버트 딕 웰슨[Robert Dick Wilson]는 "나는 어려운 질문들을 회피하지 않았다"는 문장을 자신의 모토로 사용했다[모든 신학자가 기억해야 할 좋은 모토])

글이 문제의 핵심을 찌르는가?

글이 다른 저자들이 놓치는 미묘한 구분과 뉘앙스를 말하는가?

글이 어떤 종류의 특별한 통찰력을 보여 주는가?

⑨ **양식과 문체**

글이 주제에 합당한가?

글이 창의성을 보여 주는가?

물론 이런 점검 목록 가운데 가장 중요한 것은 ①이다. 신학교 가르침에서 나는 과제물을 대개 ⑦ **명확성**, ③ **타당성**, ⑧ **깊이**에 근거하여 점수를 주는 경향이 있다. 왜냐하면 교리적 테스트와 실천적 테스트를 학문적 배경에 적용하는 데 어려움이 있기 때문이다.

본서에서 논의했던 이유로 인해, 다음 기준들은 **건전하지** 않다. 신학 작품을 평가할 때 다음의 기준들을 사용하지 **말라**.

⑩ **강조**

제6장 "1. 반추상주의"를 보라. 이런 종류의 비판에 있어서 어떤 신학자는 합당하지 않은 "강조"를 갖고 있다고 다른 신학자를 공격한다. 그러나 단 하나의 규범적 강조와 같은 그런 것은 존재하지 않는다. 단지 강조가 다른 종류의 문제들, 즉 위의 ①-⑨에서 언급한 문제들로 이어질 때만 문제가 된다.

⑪ **공통점**

제8장 9. "3) 비교하는 역공 논증"-"5) 부정적 상황의 역공 논증"을 보라. 여기서는 좋지 않은 것으로 여겨진 작품과 비슷하다는 이유로 한 작품이 비판을 받았다. 그런 유사점은 결코 비판하기에 충분한

근거가 아니다. 각 작품이 가진 장점과 약점은 개별적으로 평가되어야 한다.

⑫ **용어**

제6장 3. "1) 문장 차원의 주해"와 제7장 "3. 전문적인 용어"와 "4. 은유, 유비, 모형"(특히, "**다섯째**")를 보라. 만약 용어가 위의 기준 ①-⑨에서 나열했던 문제 가운데 일부 문제를 일으키지 않는다면 어떤 신학 작품의 용어를 비판하는 것—그 용어의 은유, "주제"(motif), 정의(definition)—는 결코 타당하지 않다. 용어 자체는 결코 문제가 아니다. 이런 종류의 비판은 "문장 차원"의 비판이라기보다는 오히려 "단어 차원"에 대한 비판에 해당한다.

부록 6

신학 논문 작성법

이어지는 부분은 신학 연구와 글쓰기에 관해 **내가** 사용하는 방법이다. 물론 다른 많은 방법이 있다. 그리고 나는 내가 쓰는 접근 방식을 누군가에게 부과하는 것을 꿈도 꾸지 않았다. 그런데도 우리는 우리 머릿속에서 어떤 종류의 모델을 가지고 어딘가에서 시작해야 한다. 또한, 나는 신학 분야에서 몇 년간 작업을 한 후에도 여전히 다음의 계획이 어느 정도의 장점이 있다고 생각한다. 모든 신학 논문, 심지어 저자가 가진 원래 생각에 완전히 충실한 논문도 얼마만큼의 연구를 수반할 것이다(이것은 심지어 전통적인 학문 문체로 쓰이지 않는 논문과 다른 프레젠테이션에도 마찬가지다). 적어도 모든 신학 논문은 주해 연구와 성경 본문의 지적인 상호교류를 수반할 것이다.

그렇지 않다면 신학 작품은 성경적인 것(scriptuality)에 대한 주장을 거의 할 수 없다. 또한, 신학 작품이 성경적이지 않다면 그것은 전혀 가치가 없다. 게다가 일반적으로 개별적인 일탈을 예방하기 위해 다른 정통주의 신학자들과 어느 정도의 상호교류가 있어야 한다. 또한, 대조, 비판, "접촉점"을 통해 비정통주의 신학, 세속 학문, 정치, 경제, 철학, 문화 경향 등과 상호 교류가 있을 수 있다(제11장 2. "3) 실존적 관점―접촉점"을 보라).

게다가 모든 논문은 신학자 자신에 관한 무언가를 포함해야 한다. 단순히 독자에게 누군가 언급하는 것을 말해 주는 것(내가 이것을 "단순 나열[expository] 논문"이라고 부르는 것처럼)은 충분하지 않다. 또한, 신학교 수준의 논문에서 한 문제에 관해 일련의 "표준" 논증—반복해서 사용했던 논증—을 작성하는 것도 합당하지 않다.

나는 이런 종류의 논문을 "정당 강령"(party lines)으로 묘사한다. 정당 강령이 종종 유용하다. 가령, 유아세례를 찬성하는 표준 논증을 가까이에 두는 것이 좋다. 나는 질문자들과 이야기할 때 이런 종류의 논증을 빈번하게 사용한다. 그러나 일반적으로 정당 강령식 논증은 신학 논문에 속하지 않는다. 주해, 요약, 조사, 정당 강령—이 모든 것은 본질적으로 다른 출처에서 얻는 생각을 되풀이하는 것이다. 이런 것들은 분석적 또는 비판적인 사고를 거의 포함하지 않는다. 그러나 논문이 교회 지식에 발전을 가져온다면 그런 사고는 정확하게 필요한 것이다. 그렇다면 연구와 우리 자신의 창의적인 사고 사이의 통합은 그 목적이다—또는 오히려 건덕이라는 궁극적인 목적을 위한 중요한 수단이다. 이런 목적을 성취하기 위해 나는 다음과 같은 단계에 따라(더 많거나 더 적을 수 있다) 작업한다.

① **주의 깊게 주제를 선택하라**

사람들에게 유용할 수 있는 주제, 우리에게 이용 가능하고 시간과 우리가 쓰려고 의도하는 자료의 길이(또는 기록하지 않은 프레젠테이션 규모)에 있어 합당하게 다룰 수 있는 주제.

② **자료를 이해하라**

성경 본문은 완전히 주해되어야 한다. 나는 다른 자료들을 가지고 일반적으로 가장 중요한 것들의 완성된 개요를 작성한다.

나는 책을 비평할 때(적어도 상당히 자세하게) 일반적으로 책 전체의 개요를 설명하고 논증의 구조, 언급하고 있는 것과 언급하고 있는 방법을 정확하게 이해하려고 노력한다.

덜 중요한 이런 자료들, 즉 단지 지나가면서 언급할 것들 또는 흥미 있는 단지 작은 부분들의 것들은 그것에 비례해서 덜 강렬하게 다룰 수 있다. 하지만 신학자는 심지어 부수적인 자료들도 **바르게** 사용할 책임이 있다.

③ 흥미로운 발견을 기록해 두라

일반적으로 나는 자료들의 개요를 설명한 후 나에게 흥미를 주는 것들을 찾기 위해 자료들을 다시 읽는다(두 번째 읽을 땐 더 빨리 읽는다. 왜냐하면, 개요가 돕기 때문이다).

나는 특별히 유용해 보이는 것, 특별히 나쁘게 보이는 것, 혼란스럽거나 복잡하게 보이는 것, 나의 글에 양념을 첨가할 수 있는 어떤 토막글을 적어 둔다(참조할 면수와 함께). 이것은 실제 신학적인 창의성의 시작이다(비록 이런 종류의 창의성은 심지어 ①-②에서 완전히 빠진 것은 아니지만).

④ 자료에 대하여 질문하라

저자의 목적은 무엇인가?

저자가 어떤 질문에 답하려 하는가?

또한, 어떻게 그는 그 질문에 답하는가?

할 수 있는 최선으로 저자의 입장을 다른 말로 바꾸어 표현해 보라.

그의 입장이 분명한가?

모호한 부분을 분석하라.

가능한 가장 좋게 해석한다면, 그가 말하는 것은 무엇인가?

가능한 가장 나쁘게 해석한다면, 그가 말하는 것은 무엇인가?

가장 가능할 법한 해석을 한다면, 그가 말하는 것은 무엇인가?

특히 흥미로운 무언가를 우연히 발견한다면 그것을 ③에서 언급했던 노트에 추가하라.

⑤ 자료에 대한 비판적인 관점을 진술하라

어떻게 자료들을 평가하는가?

"부록 5"의 기준 ①-⑨를 사용하라.

항상 긍정적 또는 부정적인 평가가 있어야 한다. 왜냐하면, 우리는 자료에 관해 좋은 것 또는 나쁜 것을 모른다면 그 자료를 책임 있게 사용할 수 없기 때문이다. 물론 하나의 자료로서 성경의 본문을 가진다면 평가는 항상 긍정적일 것이다.

다른 본문을 가진다면 일반적으로 부정적인 평가의 몇몇 요소가 있을 것이다(제7장 "5. 신학에서의 부정").

⑥ 흥미 있는 주제들에 따라 노트를 정리하라

나는 일반적으로 나의 노트를 검토하고 특정한 주제와 관련 있는 모든 것을 적는다. 이 때 컴퓨터가 도움이 될 수 있다.

⑦ 그런 후에, 나의 연구를 기초로 내가 청중에게 말하고 싶은 것이 무엇인지 물어라

독자들, 청자들, 보는 이들(기타 등등)이 알아야 한다고 생각하는, 하나 또는 그 이상의 요점을 결정하라.

그런 목적이 완전히 프레젠테이션의 구조를 결정해야 한다.

관련 없는 것을 생략하라.

우리가 배웠던 **모든 것**을 청중에게 말할 필요는 없다. 이 시점에서 우리가 하기로 선택할 수 있는 몇 가지가 있다.

첫째, **질문하라**.

때때로 가령, 신학자가 어떤 답도 가지고 있지 않더라도 잘 정형화된 질문은 건덕에 유익한 것이 될 수도 있다. 설명하기 어려운 것, 우리의 이해를 넘어서는 것을 배우는 것이 좋다.

둘째, 하나 또는 여러 개의 신학적 본문을 **분석**하라.

분석은 "단순 나열"(exposition, 위에서 언급함)이 아니라 "해설"(explanation)이다.

분석은 **왜** 그 본문이 어떤 일정한 방식으로—본문의 역사적 배경, 다른 본문과 맺고 있는 관계 등—조직되었고 표현되었는지 설명한다.

셋째, 두 개 또는 그 이상의 입장을 **비교**하거나 **대조**하라.

그 입장들 간의 유사점과 차이점을 나타내라.

넷째, 본문들의 **함의**와 **적용**을 발전시키라.

다섯째, 모종의 방식으로 본문들을 **보충**하라.

중요하다고 생각하는 그 본문들의 가르침에 무언가 첨가하라.

여섯째, **비평**, 즉 긍정적인 평가 또는 부정적인 평가를 제공하라.

일곱째, 위의 것들의 어떤 조합을 제시하라.

물론 요점은 우리가 하는 것에 관해 명확해야 한다는 것이다.

⑧ 자기비판적이 되라

글을 쓰기 전에 또한 쓰는 동안 **반론을 예상하라**.

만약 우리가 바르트(Barth)를 비판한다면, 바르트가 우리 어깨너머로 바라보며 원고를 읽고 반응한다고 상상하라.

이 점은 중요하다. 참된 자기비판적인 태도는 불명확성과 타당하지 못한 논증에서 우리를 구해 줄 수 있다.

또한 참된 자기비판적인 태도는 우리가 오만과 근거 없는 독단주의—모든 신학(보수적인 신학뿐 아니라 자유주의 신학)에서 공통적인 결점—에 빠지는 것을 막아 줄 것이다.

상황이 합당할 때 주저하지 말고 "아마" 또는 심지어 "모르겠다"라고 말하라. 또한 자기비판은 우리를 더 "심오하게" 만들 것이다. 왜냐하면, 종종—아마 일반적으로— 이것은 우리의 입장을 다시 생각하게 하고, 피상적인 생각을 뛰어넘게 하며, 정말 깊은 신학적인 문제와 씨름하게 하는 반론이기 때문이다.

우리의 답변에 대한 반론 등을 예상함에 따라 우리 자신이 불가피하게 "어려운 문제," 즉 신학적인 심오함의 영역으로 밀려 들어감을 발견할 것이다. 자기비판에서 신학적인 상상력을 창의적으로 사용하는 것은 엄청나게 중요하다. 이와 같은 질문들을 계속 던지라.

첫째, 내가 내 자료의 사상을 더 호의적인 의미로 이해할 수 있는가? 또한, 덜 호의적인 의미로 이해할 수 있는가?

둘째, 내 생각이 어려움에서 벗어나게 하는 유일한 탈출구를 제공하는가?

아니면 다른 어려움이 존재하는가?

셋째, 나는 하나의 나쁜 극단에서 벗어나려 시도할 때 다른 측면의 다른 나쁜 극단에 빠질 위험 가운데 있는가?

넷째, 내가 제시한 일반화에 대한 어떤 반례(反例)를 생각할 수 있는가?

다섯째, 나의 개념이 잘못 이해되지 않도록 내가 개념들을 명확히 해야 하는가?

여섯째, 나의 결론이 논란이 될 것이기에, 내가 계획했던 것보다 더 많은 논증이 있어야 하는가?

⑨ **독자를 정라**

어떤 연령의 아이들?

불신자들?

새신자들?

학식 있는 사람들?

학식 없는 사람들?

신학적으로 훈련을 받았는가?

전문적인 학자들?

미국인들?

다른 국가들?

선택된 청중은 프레젠테이션의 구성방식(format)과 스타일(style)에 큰 영향을 미칠 것이다.

⑩ **구성방식과 스타일을 선택하라**

다시 말하지만 융통성이 중요하다. 다양한 가능성을 고려하라. 학문적 연구 논문, 대화 형식(많은 이유로 가치가 있다. 특히 대화는 우리가 더 자기비판적이 되도록 권장한다), 드라마, 시, 판타지(fantasy), 풍유, 혼합매체(mixed media), 인기 있는 기사 등 다른 많은 것이 있다.

⑪ **진술하라—종이에 또는 선택한 모든 매체를 사용하라**

개요를 미리 서술하는 것은 유용하다. 하지만 일반적으로 내가 볼 때 본문이 가장 자연스럽게 진행되는 것처럼 보이도록 개요를 수정하는 나 자신을 발견한다. **다시 쓰는 것**(rewriting)은 더 편리하다. 이 시점에서 워드 프로세서가 엄청나게 도움이 될 수 있다. 문장 구조, 절의 구조에 문제가 있다면 가급적 누군가에게 글을 큰 소리로 읽어 주는 것이 종종 도움이 된다.

결국, 연구의 요약("단순 나열" 논문이 될 수 있는)이 아니라 연구에 대한 우리 자신의 창의적인 반응이 되어야 한다는 것이다. 단순 나열을 위해서는 열 페이지 사용하면서 평가나 분석을 위해서는 한 페이지만 사용하지 말라. 당신의 결론을 해설하고 정당화하는 데 충분할 만큼의 정보를 포함시키라. 전체 작품은 기도로 뒷받침되어야 한다. 우리는 신학과 변증학의 좋은 결과가 있게 하는 하나님의 주권적인 일하심의 중요성을 살펴보았다.

하나님 자신 외에 그 누가 하나님을 아는 지식을 갖게 할 수 있겠는가?

부록 7

신학자와 변증가를 위한 격언

이번 점검 목록에서 나는 본서의 논의에 기초해서 신학자와 변증가가 "해야 할 것들"(do's)과 "하지 말아야 할 것들"(don't)을 나열할 것이다. 사실 이 목록은 본서가 제안한 것들의 요약이 될 것이다.

1. 우리 언약 주님의 영광을 위해 모든 것을 하라(제1장).
2. 하나님의 불가해성과 가지성(knowability) 교리에서 손쉬운 인식론적 결론을 도출하지 말라(제1장 2. 1)).
3. 모든 신학을 하나님의 주 되심의 속성에 대한 설명으로 보라(제1장 2. 2) (1)).
4. 신적 조명에 대한 신학자와 변증가의 의존을 인식하라(제1장 2. 2) (2)).
5. 하나님께 순종하는 가운데 신학—사실 우리의 모든 사유, 또한 우리의 모든 삶—을 하라(제1장 2. 2) (2); 제10장 3, 4[특히, 5], 6)].; 제11장 1. 3)).
6. 그리스도를 통한 우리의 친구로서 인격적인 하나님을 아는 지식이 없이는 신학을 하려 하지 말라(제1장 2. 2) (2)).
7. 불신자들은 항상 진리를 회피하고, 억누르고, 방해하려고 한다는 것

을 인식하라(제1장 3.). 따라서 하나님의 계시가 불신자들의 신학적 인식에 영향을 주지만 그들의 신학적 인식은 신뢰할 수 없다.
8. 가령, 불신자의 부패를 근거로 불신자가 말하는 모든 것이 거짓이라는 단순한 결론을 도출하지 말라(제1장 3. 2J; 제11장 2. 3J).
9. 비기독교 사상에서 합리주의와 비합리주의의 역학, 즉 반드시 불신앙과 관련된 소망 없는 입장을 추적하라(제1장 1. 2J; 제1장 3. 3J; 제11장 2. 1J).
10. 사실, 법, 또는 주관성을 다른 것들보다 "우선하는" 것으로, 또는 다른 것들보다 더 많은 권위를 가진 것으로 여겨 분리시키지 말라. 이런 것들의 상호의존성을 "관점"으로 인식하라(제2장).
11. 신학을 단순히 감정의 표현으로 생각하지 말라(제3장 1. 1J).
12. 신학을 단순히 과학적으로 이론을 만드는 것(제3장 1. 2J; 제9장 2.) 또는 어떤 "완전히 객관적인" 진리를 추구하는 것으로 생각하지 말라.
13. 신학을 "사람들이 하나님의 말씀을 삶의 모든 영역에 적용하는 것"으로 생각하라(제3장 1. 3J).
14. 의미와 적용을 구별하지 말라(제3장 1. 3J; 부록 3; 제7장 1.).
15. 주장을 정당화하려고 하라. 그러나 어떤 경우에 우리는 타당성을 제공하지 못하면서 무언가 믿을 수도 있음을 기억하라(제4장 1.; 제10장 4. 7J; 부록 9).
16. 성경의 자증하는 권위보다 더 깊이 타당성을 추구하지 말라(제4장 1.; 제5장 1.).
17. 타당성에 관한 "세 가지 관점" 가운데 하나를 다른 두 관점보다 더 궁극적인 것으로 만들지 말라(제4장 2.-4.; 제5장 4.; 제6장 2.). 참조, 위의 격언 10.

18. "협의"의 순환보다 오히려 "광의"의 순환으로 추론하라. 주장에 할 수 있으면 많은 사실, 많은 자료를 포함하라(제5장 1. 6)과 2. 5)).

19. 가령, 어리석게 보여도 순환론적으로 추론하라. 성경이 불신자가 실제로 하나님을 알고 있으며 또한 하나님을 경외하는 순환이 유일하게 합당하고 합리적인 추론 방법이라고 말할 때 성경이 옳다는 믿음을 가지라(제5장 1. 6)과 5.; 제11장 1. 1)). 참조, 위의 격언 16.

20. 우리가 가진 전제와 믿음이 우리 안에서 확실성 의식을 일으키도록 하라. 또한, 이런 과정에 저항하지 말라. 그러나 또한 믿음으로 가르칠 수 있는 상태가 되라(제5장 1. 8)).

21. 우리가 증거하는 사람들에게 동일한 확실성을 제공하라(제5장 2. 3)).

22. 사실을 성경적인 해석과 함께 제시하라. 우리가 성경 외적 정보를 성경적인 틀에서 해석한다면 신학에서 성경 외적 정보에 대해 당혹해 하지 말라(제5장 2. 4); 제9장; 제11장 1. 2)와 2. 2)); 참조, 위의 격언 18. 진리에 관한 성경의 해석 없이 우리가 "순수 사실"(해석되지 않는 사실, brute facts) 또는 진리에 도달했다는 인상을 주지 말라(위의 언급들, 또한, 제10장 4. 2)).

23. 우리의 증거를 다름 아닌 질문자를 완전히 구원하는 믿음으로 이끈다는 목적으로 제시하라(제5장 2. 5)와 3.; 제11장 1. 3)).

24. 우리의 증거를 질문자가 모든 사람과 나누는 그런 필요뿐 아니라 질문자가 가진 개별적이고 개인적인 필요와 관련시키라(제5장 3.; 제11장 1. 3)과 2. 3)).

25. 불신자가 가진 불신앙이 그의 실제 필요를 충족할 수 없다는 것을 보여 주기 위해 그의 삶과 그의 교리 사이의 모순을 지적하라(제5장 3. 1); 제11장 2. 2)).

26. 하나의 관점에서 신념은 느낌임을 인정하는 것을 부끄러워하지 말라. 그러나 그런 관점이 우리를 규범과 사실에 무책임한 사람으로 만들게 하지 말라(제5장 3. 3); 제10장 4. 3)과 7)).

27. 신학적인 성숙에 대한 수단으로서 거룩을 추구하라. 어떤 신학적인 논쟁은 한 당사자 또는 모든 당사자가 더 큰 영적 성숙을 성취할 때까지 해결할 수 없다는 것을 깨달으라(제5장 3. 4)). 참조, 위의 격언 1, 5.

28. 사람들이 성경 패턴 안에 있는 사실을 볼 수 있도록 돕기 위한 솜씨 좋은 프레젠테이션을 사용하라(제5장 3. 5)).

29. 개인뿐 아니라 단체나 기관의 갱신을 추구하고 개인적인 갱신과 단체 갱신이 분리할 수 없음을 인식하라(제5장 3. 6); 제11장 2. 3)).

30. 추상을 완전히 나쁜 것으로 간주하지 말라(제6장 1, 5. 2); 제7장 1., 4., 5., 6.; 제8장 5., 9. 8)).

31. 누군가의 강조가 분명히 "부록 5"의 기준 ①-⑨(또한, 제6장 3. 3), 6); 제8장 9. 17))에 따라 해를 끼치고 있다는 것을 증명할 수 없다면 그 사람이 "잘못된 강조"를 한다고 비판하지 말라.

32. 우리가 논의하는 어떤 맥락에 관해 어느 정도 분명하게 알고 있지 않다면 무언가의 "맥락"에 관해 말하지 말라(제6장 1., 2., 3.).

33. 성경의 "중심 메시지"는 성경의 모든 특별한 메시지와 관련이 있으며 또한 성경의 모든 특별한 메시지가 성경의 "중심 메시지"와 관련되어 있음을 기억하라(제6장 2.).

34. 성경의 "중심 메시지"가 단지 한 가지 방식으로만 표현되어야 한다고 요구하지 말라. 성경적 진술의 다양성을 인식하라(제6장 2.).

35. "단어 차원"의 비판을 사용하지 말라. 우리가 신학자의 용어가 "부

록 5"의 기준 ①-⑨에 따라 분명히 해를 끼친다는 것을 증명할 수 없다면 그 신학자의 용어(은유, 구분, 비교)를 비판하지 말라(또한, 제6장 3. 1); 제7장 3., 4., 5., 9.를 보라). 단순히 그런 용어의 어원 또는 과거의 역사적 사용 때문에 비판하지 말라(위의 언급들; 또한, 제8장 9. 3), 6)을 보라).

36. 모든 성경에 비추어서 성경 인물들의 행동에 관한 합당한 평가를 확인한 후에 그리스도의 삶을 위한 예로 성경 인물들을 사용하라(제6장 3. 4)).

37. 성경 본문이 풍유적으로 사용하는 일에 맞는다면 성경 본문을 풍유적으로 또는 다른 방식으로 사용하는 것을 부끄러워하지 말라(제5장 3. 5)).

38. 성경 본문의 목적에 따라 성경을 사용하고 그런 목적이 매우 풍부하고 복잡할 수도 있다는 것을 인식하라(참조, 위의 격언 37; 제6장 3. 6)과 4.).

39. 성경신학에 관여하라. 그러나 사이비 광신도적인 정신을 가지고는 관여하지 말라. 성경신학을 성경의 적용을 가져오는 많은 방법 가운데 하나로 보라(제6장 5. 2)).

40. 우리가 가진 신학 체계를 어떤 식으로(구체적으로 또는 형식적으로) 성경 자체보다 뛰어난 것으로 간주하지 말라. 우리의 감정적인 애착과 태도가 이런 결단과 일치하게 하라(제3장 1. 2); 제6장 5. 3); 제7장 3.; 제9장 1. 2) (2)-(6)).

41. 이해 가능성을 추구하라. 그러나 언어의 본질과 성경의 모호성 때문에 어느 정도의 모호성은 피할 수 없음을 기억하라(제7장 1.; 제8장 9. 14)-17); 제9장 1. 2) (4)). 불필요한 모호성과 거짓된 엄밀성을 동일하게 비판하라.

42. 필요한 곳에서 부정적이 되는 것을 부끄러워하지 말라(제7장 5.). 그러나 부주의한 분리는 피하라(참조, 제8장 9.).
43. 단지 "타당한" 것 또는 신학 진술에 관한 "느낌"에 기초해서 신학 진술에 대한 비판을 제시하지 말라(제7장 9.).
44. 목록을 만들라. 우리가 분석하려 애쓰는 표현이 의미할 수 있는 모든 가능한 것을 적어라. 그 표현의 가장 좋은 의미, 가장 안 좋은 의미, 가장 있을 법한 의미를 결정하라(제7장 9.).
45. 비정통주의 신학의 체계적인 모호성을 지적하라(제7장 7.).
46. 우리 자신의 오류성을 의식하지만 비합리적인 두려움 없이 신학의 도구로 논리를 사용하라(제8장; 제10장 4. 1)). 언어, 역사, 과학, 철학에도 마찬가지다(제7-9장).
47. 반대를 예상하라(제8장 3.).
48. 신학적 실재 가운데서 또는 신학상의 진리 제시 안에서 "논리적 순서"에 관한 주장을 의심하라. 이런 실재와 가르침 가운데 상호의존성의 가능성에 열려 있어라(제3장 1. 2); 제6장 2.; 제8장 5., 6., 9. 13); 제10장 4.). 참조, 위의 격언 10.
49. 입증 책임을 확인하라(제8장 7., 9. 6)).
50. 단순히 대안적인 견해를 찬성하는 논증을 제공함으로써 우리가 누군가의 입장을 반박했다고 생각하지 말라.
51. 가능한 논증 형태와 오류를 의식하고 엄밀하게 불합리한 논증도 종종 어떤 가치가 있음을 기억하라(제8장 8., 9.).
52. 우리의 신앙고백적인 전통에 충실하라. 그러나 신앙고백적인 전통의 오류성을 의식하라(제9장 1. 2)). 따라서 어떤 인간적인 신앙고백의 "모든 진술"에 동의 서명을 하지 말라.

53. 신학을 한 세대로부터 다음 세대로 이어진 발견의 축적으로 간주하지 말라(제9장 1. 2) (8); 위의 격언 13).
54. 신학은 비인격적이거나 학문적이어야 한다고 요구하지 말라(제10장 1., 4. 3)).
55. 공정하라. 심지어 우리의 반대자들에게도 사랑을 보여 주라(제10장 3.).
56. 우리가 신학의 "도구"(위의 격언 44)를 사용함에 따라—당혹감 없이, 그러나 우리 자신의 오류성을 의식하며—우리의 모든 인간적 능력(이성, 인식, 감정, 상상, 의지, 습관, 직관)을 사용하라(제10장 3.).
57. 우리의 능력 가운데 하나(위의 격언 52)에 다른 능력보다 우위를 부과하려는 시도를 피하라(제10장 3.). 참조, 위의 격언 10, 17, 48.
58. 단지 성경의 기초 위에서 불신자들과 추론하고 합당한 논증으로 성경 자체를 사용하라(제5장 5.; 제11장 1. 1)). 참조, 위의 격언 19.
59. 우리가 답을 모를 때 그것을 인정하라. 그런 무지는 우리 변증의 장점이다(제11장 1. 1)).
60. 변증학에서 증거주의 작품을 신중하게 사용하고 증거주의 작품이 가진 사실을 그런 사실에 관한 성경적인 해석과 함께 제시하라(제11장 1. 2)). 위의 격언 22를 보라.
61. 불신자들이 자기들이 억눌렸던 진리에 관심을 갖게 하기 위해 불신자의 "선지자를 사용"하라(제11장 2. 3)).
62. 의사소통을 위해 우리가 사용하는 형식에 있어서 유연하라(제11장 2. 3); 참조, 부록 6의 ⑩).

부록 8

서평: 조지 린드백(George Lindbeck)의 『교리의 본성』(The Nature of Doctrine)[1]

나는 아래의 비평을 「장로교 저널」(Presbyterian Journal)의 출판을 위해 제출했다. 또한, 여기에 이것을 수록하는 것이 좋아 보였다. 왜냐하면, 이 서평은 이 책에서 분명하게 드러나지 않았던 일부 메타신학적인(metatheological) 문제를 논의하고 나의 세 가지 관점에 대해 또 다른 적용을 하기 때문이다. 서평은 다음과 같다.

*****

이 책은 매우 전문적이고 난해하다. 하지만 종교의 본질 이론과 앞으로 영향력을 줄 수 있는 신학을 설명하고 있다.

린드백은 예일에서 가르쳤는데, 거기서 많은 교수가 "메타신학"(metatheology), 즉 신학 자체의 이론에 흥미로운 기여를 해 왔다. 그는 성경에 관한 "근본주의" 견해를 인정하지 않는다. 또한, 그는 현대 세계관과 조화될 수 있는 믿음을 종용한다. 동시에 그는 어떤 "보수주의적인" 성향을 갖고 있다.

---

[1] Philadelphia: Westminster Press, 1984.

1975년에 린드백은 그 당시의 "세속 신학"과 "급진주의 신학"에 사실 "이제 그만"(enough is enough)이라고 선언했던 하트포드 선언(Hartford Declaration)의 서명자 가운데 한 사람이었다. 그는 이런 두 개의 관심사를 루터-로마 가톨릭 에큐메니칼 대화의 맥락으로 가져갔다. 자유주의 신학자처럼 그는 이런 교리적 전통이 조화될 수 있다고 믿는다.

　　하지만 보수주의 신학자처럼 그는 이런 전통을 진지하게 받아들이고 유지해야 한다고 믿는다. 린드백은 자신이 교리의 본질에 관한 특별한 이론을 통해 이런 외관상의 모순을 해결할 수 있다고 믿는다. 그는 과거에 교리를 명제적 진리(정통주의) 또는 종교적 경험의 표현(자유주의 신학)으로 이해했다고 말한다.

　　그러나 제3의 대안이 있다. 교리는 일종의 **언어**다. 언어는 우리의 일상 삶에서 다른 일을 하기 위해 사용하는 상징체계다. 따라서 린드백은 많은 것이 행해지게 하고 말해지게 할 수 있는 일련의 "규칙"을 교리가 종교 공동체에 제공한다고 말한다.

　　따라서 **보수주의자** 린드백은 교리가 중심이고 어떤 경우에 그 무엇으로도 대체할 수 없다고 주장할 수 있다. 또한, 언어가 없다면 우리는 어떤 것도 언급할 수 없다. 그러나 **자유주의자** 린드백은 언어 자체는 어떤 명제적 진리도 수반하지 않으면서 우리가 (다른 것들 가운데) 그런 진리를 진술할 수도 있게 하는 도구를 제공할 뿐이라고 주장할 수 있다.

　　가령, 신조는 일부 교리적 진술을 배제하고 다양한 다른 것들을 허락하는 것 외에 어떤 긍정적인 진리 주장도 하지 않는다고 믿는다. 신조는 단순히 반복해야 할 것이 아닌 다른 것들을 말하기 위한 도구로 사용되어야 한다.

　　라틴어 활용을 끊임없이 반복하기 위해서가 아니라 '로고'(rogo, 나는 묻는다), '로가스'(*rogas*, 너는 묻는다), '로가트'(*rogat*, 그는 묻는다)와 같은 것들을 말하는 것을 배우기 위해 '아모'(*amo*, 나는 사랑한다), '아마스'(*amas*, 너는 사랑한다), '아마트'(*amat*, 그는 사랑한다)와 같은 라틴어 활용을 배운다. 이 모든 것에서 린드백은 유사한 방향에서 움직여 왔던 현대 인류학자들(예로, 기어츠[Geertz]), 언어학자들(예로, 촘스키[Chomsky]), 철학자들(예로, 비트겐슈타인[Wittgenstein], 쿤[Kuhn])을 많이 이용한다.

린드백은 자신의 이론에서 어떤 교리는 다른 교리보다 뛰어난 것으로서, 심지어 오류가 없는 것으로서 간주될 수도 있음을 보여 주기 위해 매우 노력한다. 나는 그가 성공하고 있다고 생각하지 않는다.

린드백은 우리에게 "규칙"을 제공한다. 하지만 그는 우리가 어떤 규칙을 사용해야 하는지 판단할 합당한 수단을 전혀 제공하지 않는다. 그러나 일단 성경에 관한 정통주의 견해를 수용한다면(린드백이 수용하지 않으므로) 그의 이론에서 많은 것을 배울 수 있다고 생각한다.

사실 내가 볼 때 그가 언급한 다른 두 개를 대체하기보다 오히려 보충하는 교리의 본질에 관해, 우리 대부분에게 새롭고, 어쨌든 흥미로우며, **설득력 있는** 것을 제시했다. 교리는 다음과 같이 세 가지다. 즉 명제적 진리 주장, 중생의 내적 경험에 관한 표현, 하나님의 피조물의 언어나 행동을 위한 규칙들이다. 이런 것 가운데 어떤 것도 다른 것에 우선하지 않는다.

린드백의 책은 의심할 여지없이 오늘날 신학에 가장 등한시되는 제3의 관점에 관한 탁월한 연구다.

우리는 린드백의 주장에서 사실 교리의 목적이 단순히 반복하는 것일 뿐 아니라 "적용"하는 것—이 세상에서 하나님의 모든 목적을 위하여 **사용되는** 것—임을 배울 수 있다. 또한, 우리가 교리를 **사용**할 수 없다면 심각한 의미에서 교리를 "이해"한다고 주장할 수 없다.

부록 9

신 개혁파 인식론

최근에 앨빈 플란팅가(Alvin Plantinga)와 니컬러스 월터스토프(Nicholas Wolterstorff)가 편집한 책 『믿음과 합리성: 이성 그리고 하나님에 대한 신념』(*Faith and Rationality: Reason and Belief in God*)에 대해 많은 논의가 있었다.[2] 이 책의 관심사가 분명히 나의 책 『신지식론』(*The Doctrine of the Knowledge of God*)의 관심사와 중첩되므로 나는 이 두 책 사이의 관계에 대해 논평했던 부록을 첨가하는 것이 가장 좋다고 생각했다.

내가 『신지식론』의 집필을 마칠 때까지 『믿음과 합리성』을 읽어보지 않았다. 하지만 『신지식론』은 『믿음과 합리성』의 전조가 되었던 일부 초기 글과 책에 다소 영향을 받았다. 『신지식론』에서 나는 마브로즈의 책 『하나님에 대한 신념』(*Belief in God*),[3] 특별히 『믿음과 합리성』에서 두드러진 "인격변수"(person-variable) 증명에 대한 그의 개념을 상당히 많이 사용했다. 또한 나는 『종교의 한계 안에서의 이성』(*Reason Within the Bounds of Re-*

---

[2] Notre Dame and London: University of Nortre Dame Press, 1983.
[3] 1983년에 『믿음과 합리성』이 출판되었지만, 첫 인쇄는 분명히 재빨리 매진되었다. 나는 초기 1986년까지 이 책을 구입할 수 없었지만, 『신지식론』은 1984년 12월에 출판되었다. 따라서 나는 『신지식론』 본문에서 이 책을 직접 고려할 수 없었다..

ligion)⁴의 "토대주의"(foundationalism)에 대한 월터스토프의 비판에 대해 간단하게(또한, 우호적으로) 언급했다.⁵

또한, 나는 이 책들을 직접 인용하진 않았지만, 『신지식론』을 집필하는 동안 플란팅가의 "하나님에 대한 신념은 합리적인가"(Is Belief in God Rational?)⁶와 헨드릭 하트(Hendrick Hart), 요안 벤더 호이븐(Johan Vander Hoeven), 월터스토프⁷가 편집한 『칼빈 전통에서 합리성』(*Rationality in the Calvinian Tradition*)에 실린 월터스토프, 알스톤(Alston), 플란팅가의 글들을 매우 잘 알고 있었다. 그 책에는 나의 글 "합리성과 성경"(Rationality and Scripture)도 실렸다.

이 책 『칼빈 전통에서 합리성』은 1981년 여름 동안 토론토 소재 기독교학문연구소(Institute for Christian Studies)에서 열렸던 콘퍼런스의 발표 논문들로 구성되어 있다. 나도 그 컨퍼런스에 참가했다. 그리고 토론토 소재 기독교학문연구소(Institute for Christian Studies)에서 이런 문제들은 논의의 중심 주제였다. 사실 나는 이런 글들에 대한 반응으로 『신지식론』을 구성했을 수 있다. 하지만 나는 그들의 의제(agenda)와는 의미심장하게 다른 나 자신의 의제를 갖고 있었다.

일반적으로 나는 그들의 접근 방식을 찬성하지만, 강조와 관점에서 차이점이 있는 일부 영역이 있다. 여기서 나는 그들의 주장을 요약할 것이고 나의 평가를 제공할 것이다.

---

4   New York: Random House, 1970.
5   Grand Rapids: Wm. B. Eerdmans Pub. Co., 1976.
6   In *Rationality and Religious Belief*, ed. C. F. Delaney (Notre Dame and London: University of Notre Dame Press, 1979), 7-27.
7   Lanham, Md., and London: University Press of America, 1983.

1. 몇몇 개괄적인 비교

첫째, 나는 몇 가지 도입 논평을 할 것이다.

『믿음과 합리성』는 "'신앙과 이성에 대한 개혁파 견해에 대해'[8]를 주제로 하는, 기독교연구칼빈(대학)센터(Calvin [College] Center for Christian Studies)의 1년짜리 연구 프로젝트에서 나왔다." 기고자는 철학자 앨빈 플란팅가(전 칼빈대학 교수, 현 노트르담대학교 교수), 월터스토프(칼빈대학), 마브로즈(미시건대학교), 윌리엄 알스톤(William P. Alston, 시라쿠스대학교), 역사학자 조지 말스덴(George Marsden, 칼빈대학), 신학자 데이비드 홀워다(David Holwerda, 칼빈대학)이다. 이 사람들은 매우 잘 알려진 일군의 사상가들이고 기독교 진영뿐 아니라 세속 학계에서도 **매우** 높이 평가받고 있다. 주장하건대 이런 철학자들은 종교철학 영역에서 가장 존경받는 사상가들이다. 몇 년 전에 유신론 논증에 대한 작품으로 「타임 매거진」(*Time Magazine*)은 플란팅가에 대해 자세히 보도했다. 그런 대중의 찬사는 그의 전문적인 명성과 일치하는 것이었다. 다른 사상가들도 동일하게 탁월하고 인상 깊은 사상가들이다.

이런 철학자들이 했던 복음주의적 기독교적 헌신(참조, 제1장 각주 43번 - 역주)은 확실히 참되지만, 그것이 그들의 글에서 항상 분명한 것은 아니었다. 그들은 마치 자신들이 단순히 논증의 결과에 어떤 특별한 종교적인 이해관계 없이 종교적 명제를 위해, 종교적 명제의 논리적 분석에 관심 있는 중립적인 관찰자인 것처럼 글을 쓰는 경향이 있다(심지어 『믿음과 합리성』에서도). 그들이 가진 개인적인 확신이 무엇이든지 간에 이런 입장은 현대 종

---

[8] 『믿음과 합리성』, 9.

교철학자들 가운데 일반적인 입장이다. 하지만 이런 입장은 코넬리우스 반틸(Cornelius Van Til)의 입장과 매우 반대되는 것이고 사실 『신지식론』의 입장과 반대된다.

그런데도 『믿음과 합리성』에서 철학자들은 약간 경계를 늦추고 심지어 약간 신학을 향해 나아간다.[9] 우리는 이런 글에서 그들이 단순히 개념을 명확하게 하려 할 뿐 아니라(비록 그들이 이것을 훌륭히 하고 있지만) 신앙의 실제적인 도전으로 분투하고 있는 동료 신자들을 상담하려고 한다는 인상을 받는다(물론, 어쨌든 나도 그런 인상을 받는다).

또한, 이런 저자들은 뚜렷하게 **기독교적** 상담을 제공하길 원하는 것처럼 보인다. 그들은 성경 자체와 거의 어떤 상호교류가 없지만(그러나 서문의 10-15페이지 보라), 진정으로 분명한 성경적인 관심사를 가진다. 플란팅가와 월터스토프는 하나님을 믿는 것을 "기본적인"(basic) 신념, 즉 어떤 의미에서 다른 신념보다 "우선"하는 신념으로 간주하길 원한다(홀위다는 이 요점을 더 분명히 한다. 즉 판넨베르크**와 반대로** 하나님의 계시된 약속을 믿는 것이 역사 해석보다 우선한다).[10]

그리고 적어도 플란팅가와 월터스토프는 (역사가 말스덴과 함께) 심지어 개혁신학 전통에 대한 책임 의식을 표현한다. 플란팅가[11]와 말스덴[12]이 한 것처럼 월터스토프는 자신의 견해가 대륙의 개혁파 전통[13]과 일부 관련성이 있는 것을 장점으로 간주한다. 월터스토프는 심지어 기꺼이 자신의 견해를("매우 적절한 것이 아닌 자기가 인정하는 바와 같이") "칼빈주의 인식론" 또

---

9 물론 이 논평에서 철학과 신학의 정의는 『신지식론』에서 옹호하는 정의가 아니다!
10 『믿음과 합리성』, 304-11.
11 『믿음과 합리성』, 63-73..
12 『믿음과 합리성』, 247-57.
13 『믿음과 합리성』, 7f.

는 "개혁파 인식론"으로 표현한다.[14] 물론 이 모든 것은『신지식론』의 입장과 매우 유사하다.

『믿음과 합리성』이 인식론이 가진 **윤리적** 차원에 초점을 맞추는 것도 『신지식론』과 유사하다. 나처럼 이 저자들은 다른 인간 행동이 윤리적인 평가를 받아야 하는 듯이 인식적인 행동(믿는 것, 인식하는 것, 이해하는 것, 추론하는 것)은 윤리적인 평가를 받아야 하는 것으로 본다. 나는 이런 초점이 이 두 책의 "신학적인" 특색에 덧붙여진다고 생각한다.

하지만 여기서 중요한 차이점이 또한 등장한다.『신지식론』에서 강조점은 인식상의 **의무**에 있다. 하지만『믿음과 합리성』에서 강조점은 인식상의 **권리**에 있다는 것이다. 나는 우리가 믿어**야 하는** 것에 관심이 있다. 반면에『믿음과 합리성』은 우리가 믿**을 수도** 있는 것에 관심이 있다. 차이점은 뚜렷하지 않다. 왜냐하면『신지식론』이 가끔 허용(믿을 수도 있는 것 - 역주)을 숙고하고『믿음과 합리성』은 가끔 의무를 숙고하기 때문이다. 하지만 강조의 차이점이 존재한다.

더 큰 차이점은 허용이든 의무이든 간에 인식상의 윤리적 가치의 **출처**에 대한 것이다. 나는 복음주의 그리스도인들로서『믿음과 합리성』저자들이 그런 출처를 궁극적으로 어떻게든 하나님의 계시에서 발견할 것으로 믿는다. 그러나『믿음과 합리성』은 그런 사실을 언급하지 않는다.[15] 이와는 대조적으로 무엇보다도『신지식론』은 계시―특히 성경―와 인간 지식 사이의 관계를 설명하는데 관심이 있다.

이런 차이점들은 부분적으로 이 두 책 사이의 **분위기**(tone)에서 차이점을 설명한다. 반틸의 글처럼 나의 글은 교훈적(homiletic)이고, 또는 아주

---

14 『믿음과 합리성』, 7. 참조, Plantinga, 74-91.
15 월터스토프(Wolterstor)는 서문, 9페이지에서 이것을 인정한다.

"설교적"(preachy)이다. 내가 하나님의 말씀을 인식론적 질문에 관련된 것으로 이해하는 것처럼 나는 하나님의 권위적인 말씀을 설명한다. 나는 나의 책이 철학적으로 특징지어져 있다고 믿는다.

하지만 이 책은 아마 철학보다는 더 신학에 가까울 것이다. 왜냐하면 그 용어들은 일반적으로 이해되기 때문이다. 그러나 내가 앞에서 언급했던 것처럼 마치 『믿음과 합리성』의 저자들이 신학 쪽으로 나아가는 것처럼 나도 분명히 반틸이 사용했던 것보다 더 철학적인 제시로 나아간다.

따라서 나는 이 두 책이 반틸주의 전통의 기독교 사상가들과 논리 분석 전통의 사상가들 사이에 소통 가능성을 향상시킨다고 생각한다.

『믿음과 합리성』이 『신지식론』보다 결론을 주장하는 데 있어 더 철저하고 명쾌하고 설득력이 있라는 사실은 위에서 언급한 것과 다소 관련이 있다. 『믿음과 합리성』은 주장의 모든 세부 사항을 규명하기 위해 더 많은 시간을 할애한다. 나는 내가 『신지식론』에서 했던 것보다 논리적으로 더 철저한 스타일의 논증을 사용할 수 있지만(아마 『믿음과 합리성』의 철학자들만큼 거의 능숙하게는 아니지만) 그렇게 하지 않기로 했다. 왜냐하면, 그런 스타일은 많은 잠재적 독자를 소원하게 만들고, 책을 너무 길게 만들며, 더 중요하게는 **설교로써** 『신지식론』의 영향을 훼손할 것이기 때문이다.

1) 신앙의 논증과 합리성

(1) 증거주의의 도전

그러나 이제 우리는 『믿음과 합리성』의 논증을 살펴보아야 한다. 아마 『믿음과 합리성』의 주요 주제는 소위 "종교적 신념에 대한 증거주의 도전"에 답변하려는 시도일 것이다.¹⁶ "증거주의자"(신자이거나 불신자일 수 있는)는 종교적인 신념이 증거와 논증에—어떤 종류의 이유에—기초하지 않는다면 종교적인 신념을 받아들이는 것은 합리적이지 않다고 주장한다.

존 로크(John Locke), 데이비드 흄(David Hume), 클리포드(W. K. Clifford), 안토니 플루(Antony Flew), 마이클 스크리븐(Michael Scriven), 심지어 토마스 레이드(Thomas Reid, 레이드의 입장은 다른 측면에서 『믿음과 합리성』의 입장에 알맞은 것으로 인용된다)는 이런 의미에서 증거주의자들로 묘사된다.¹⁷ 그렇다면 한편, 비기독교 증거주의자는 기독교를 믿는 것은 비합리적이라고 주장할 수도 있다. 왜냐하면, 증거가 기독교를 합당하게 지지하지 않기 때문이다. 다른 한편, 기독교 증거주의자는 그런 도전에 응할 수 있고 증거의 중요성이 분명히 결국 기독교를 지지한다고 주장할 수 있다.

(2) 고전적 토대주의

하지만 『믿음과 합리성』의 접근 방식은 증거주의식 반대를 타당하지 못한 것으로 거절하는 것이다. 우선 저자들은 이런 반대가 그들이 "고전적 토대주의"(classical foundationalism)로 부르는 신빙성 없는 인식론에 근거하고 있다고 주장한다.¹⁸ 고전적 토대주의는 우리의 신념이 두 개의 범주로 나눌 수 있다고 가르친다. 즉 다른 신념에 의존하는 신념과, 의존하지

---

16 『믿음과 합리성』, 5-7, 24-39, 137-40.
17 플란팅가(Plantinga)는 아퀴나스(Aquinas)를 또 다른 예로 인용한다(44-48). 그러나 월터스토프(Wolterstorff)는 동의하지 않는 것처럼 보이고, 어떤 증거나 논증 없이 이미 믿는 것을 아퀴나스(Aquinas, 그리고 안셀무스[Anselm])가 증거나 논증으로 단지 증명하려 한다고 주장한다(140f). 월터스토프(Wolterstoff)의 견해에 기초할 때 "증거주의식 반대"는 "현대성에는 특이하다."
18 『믿음과 합리성』, 1-5, 47-63, 또한 앞에서 인용했던 월터스토프의 『종교의 한계 안에서의 이성』.

않고 따라서 "기본적인" 또는 "토대적인"이라고 부를 수 있는 신념으로 나눌 수도 있다.

첫 번째 종류의 신념은 기본적인 신념과 맺고 있는 관계 때문에 정당화된다. 비기본적인 신념은 합리적인 것이 되려면 기본적인 신념에서 추론해야 하거나 적어도 기본적인 신념에 의해 개연성 있는 것이 되어야 한다. 이런 기본적인 신념은 일반적으로 "1+1=2," "나는 어지럽다," "나는 나무를 본다"(또는 더 알맞게 "나는 나무를 보는 것처럼 보인다")와 같은 신념들―자명하고, 선험적이며(a priori), 교정 불가능한(incorrigible), 또는 감각에 분명한 것으로 설명할 수도 있는―을 포함하고 있다고 말해진다. 이런 신념들은 어떤 증거나 논증도 요구하지 않는 것과 같은 그런 정도의 확실성을 보증하는 것으로 생각된다.

고전적인 토대주의에서 종교적인 신념은 토대에서 제외된다. 왜냐하면, 종교적인 신념은 다른 유형의 토대적인 신념과 관련 있는 확실성이 결핍된 것으로 생각되기 때문이다. 그렇다면 종교적인 신념들은 "기본적"일 수 없으므로 "합당하게 기본적인" 신념이 종교적인 신념들을 증명해야 하고 또는 개연성 있게 해야 한다. 따라서 종교적인 신념을 합리적으로 간주하려면 종교적인 신념("기본적인" 신념과는 반대로)은 증거, 증명, 논증을 요구한다. 따라서 고전적인 토대주의는 증거주의를 요구한다. 또한 플란팅가는 이것의 역도 사실이라고 주장한다. 즉 증거주의는 고전적인 토대주의를 전제한다.[19]

하지만 이런 저자들에 의하면 고전적 토대주의는 거짓이다. 『종교의 한계 안에서의 이성』에서 월터스토프는 토대주의 명제에서 모든 인간 지식

---

[19] 『믿음과 합리성』, 47f.

을 도출하는 것이 불가능하다고 주장했다. 즉 우리는 "토대"를 구성하는 충분한 명제를 발견할 수 없다. 또한, 아무리 해석해도 토대에서 우리는 지식의 총합을 도출할 수 없다. 『믿음과 합리성』에서 플란팅가는 우리의 일상적인 많은 신념("나는 오늘 아침 식사를 했다" "이 세상은 5분 이상 존재했다" 와 같은)은 자명한 명제 또는 교정 불가능한(incorrigible) 명제에서 타당하게 도출할 수 없음을 지적한다. 게다가 그는 "합당한 기초성(basicality)"에 대한 고전적 토대주의자가 가진 **기준**을 위한 근거가 무엇인지 묻는다.

가령, 이런 토대에서 종교적인 신념을 배제하는 그의 이유(reason)는 무엇인가?

플란팅가는 자신이 가진 기준 자체는 토대주의 근간에 기초해서 정당화될 수 없다고 주장한다. 왜냐하면, 그 기준은 "기초" 명제도 아니고 또한 기초 명제에서 도출할 수 있다고 타당하게 주장할 수도 없기 때문이다.[20] 그렇다면 토대주의는 자멸적인 입장(self-defeating position)이다. 왜냐하면, 토대주의 이론은 "합당한 기초성"이 가진 중요한 기준을 정당화할 수 없기 때문이다.

그렇다면 고전적 토대주의가 결함이 있으므로 증거주의식 반대는 어떤 효력도 없다. 기독교에 대한 신념 자체가 "합당하게 기초적"이지 말아야 하고 인지적(noetic) 구조의 "근간" 안에 포함되지 말아야 할 어떤 이유도 존재하지 않는다. 또한, 만약 이것이 그렇다면 어떤 증거나 이유 없이도 기독교를 믿는 것은 당연하다(인식론적으로 허락된다).

---

20 『믿음과 합리성』, 59-63. 이것은 논리 실증주의의 검증 원리를 반박하기 위해 효과적으로 사용했던 종류의 논증이다.

(3) 기독교적 경험

알스톤(Alston)은 "기독교적 경험"에 기초해서 기독교를 믿는 것은 감각 인식을 기초해서 물리적인 사물을 믿는 것만큼 합리적이라는 취지로 신중한 논증을 덧붙인다.[21] 그의 논증은 사실 기독교적 경험은 토대적이거나 기초적인 것으로 수용되는 감각 인식만큼 많은 권리를 가진다고 제안함으로써 플란팅가의 논증을 지지한다.

(4) 월터스토프의 대안적인 기준

월터스토프의 기여는 합리성이라는 신빙성을 상실한 토대주의 기준에 긍정적인 대안을 제시하는 것이다.

> 사람이 어떤 명제를 믿는 것을 그만두어야 할 합당한 이유가 없다면 그가 그 명제를 믿는 것은 합리적으로 정당화된다. 우리가 그만두어야 할 이유가 없다면 우리의 신념은 합리적이다. 우리가 믿기 **위한** 이유가 없다면 우리의 신념은 비합리적이지 않다. 우리의 신념은 유죄가 입증될 때까지 무죄이고, 무죄가 입증될 때까지 유죄가 아니다.[22]

이런 기준에서 세 살 먹은 아이는 가령, 창밖에 새들이 있다는 신념에 대한 이유를 제공하라고 요청받을 때, 그런 신념에 대한 이유 같은 무언가 제공할 수 없어도, 그렇게 믿는 것을 합리적으로 정당화할 수 있다. 물론

---

21 『믿음과 합리성』, 103-34.
22 『믿음과 합리성』, 163. 월터스토프는 분명히 이 규칙에 몇 가지 예외를 인식하고 다음 페이지에서 이런 예외들을 고려하는, 이 규칙의 더 전문적인 버전을 진술한다. 이런 조건들이 여기서 우리를 지체하게 할 필요는 없다.

이것은 상식과 잘 일치하고 증거주의 입장과 대조가 된다. 왜냐하면, 증거주의 입장은 이 어린아이가 그 신념에 대한 꽤 괜찮은 논증을 제시할 때까지 그가 가진 신념을 버릴 것을 요구하기 때문이다. 또한, 플란팅가의 논증처럼 이런 기준은 그렇게 믿어야 할 어떤 이유를 제공하지 않고 기독교를 믿어야 할 권리를 보증한다.

(5) 호박 대왕

물론 다음과 같은 것에 주목해야 한다. 이런 견해에서 우리의 신념은 "결점이 있는 것으로 입증될 때까지 흠이 없지만," 사실 결점이 있는 것으로 입증될 가능성이 있다. 신념이 "기초적"이라고 말하는 것은 신념이 오류가 없거나 심지어 오류가 불가능하다고 말하는 것이 아니다. 우리가 가진 기본적인 신념에 부합하는 "타당성"은 '언뜻 보기에 증거가 확실한'(prima facie) 또는 "무효로 할 수 없는" 타당성이다. 나는 믿지 못할 타당한 이유를 발견한다면 기본적인 신념, 심지어 하나님에 대한 신념을 포기하는 데 있어 합리적으로 타당화된다.[23]

따라서 우리는 "합당하게 기본적인" 것으로 어떤 신념을 받아들일 의무는 없다. 플란팅가는 이런 취지의 "호박 대왕(the Great Pumpkin, 만화 "피너츠"[Peanuts]에 등장하는 가상의 존재 - 역주) 반론"을 논의한다. 호박 대왕 반론은 다음과 같다. 하나님의 존재를 기본적인 명제로 수용하는 것이 합리적이라면 호박 대왕 또는 합당하게 기본적인 것으로 다른 신념의 존재를 수용하는 것도 합리적이어야 한다는 것이다.

아니다. 플란팅가는 다음과 같이 말한다. 신념들을 믿지 못할 이유가 존

---

[23] 참조, 플란팅가(Plantinga), 75-78, 82-87; 알스톤(Alston), 111-13.

재한다면 우리는 그런 신념을 거절할 수도 있다.²⁴ 월터스토프는 다음과 같이 덧붙인다. 만약 우리가 단지 무언가를 자의적으로 믿는 관행을 채택한다면 "신념 형성에서 가장 신뢰할 수 없는 "기제"(mechanism)를²⁵ 채택하는 것이다. 또한, 이것은 그런 관행을 거절하고 그런 관행에 기초한 신념들을 채택하지 말아야 할 이유다.

(6) 믿음에 대한 근거

그렇다면 심지어 신념을 기본적인 것으로 제안할 때도 신념을 거절할 부정적인 근거들이 존재한다.

그러나 내가 기본적인 것으로 받아들인 이런 제안을 믿을 긍정적인 근거들이 존재하는가?

또는 이런 제안들은 "근거가 없는가"?

플란팅가는 실제로 긍정적인 근거들이 분명히 존재한다고 대답한다. 그는 종교적인 신념들을 인식에 근거한 신념들과 비교한다.

> 그렇다면, 내가 이런 특징적인 방식(다른 상황과 함께)으로 나타나고 있는 것(being appeared to)은 나에게 문제가 되는 이런 신념을 가질 권리를 부여하는 것이다. 이것이 그런 신념을 받아들이는 데 있어 나를 타당화하는 것이다. 우리가 원한다면 이런 경험이 그런 신념을 갖는 나를 타당화하는 것이라고 말할 수 있다. 이것은 나의 타당화의 **근거**이고, 확장해서는, 신념 자체의 근거라고 말할 수 있다.²⁶

---

24 참조, 플란팅가(Plantinga), 75-78, 82-87; 알스톤(Alston), 73-87.
25 참조, 플란팅가(Plantinga), 75-78, 82-87; 알스톤(Alston), 172.
26 참조, 플란팅가(Plantinga), 75-78, 82-87; 알스톤(Alston), 79.

그는 또한 다른 사람들의 마음 상태에 대한 신념과, 기억에 기초한 신념을 비교한다. 다른 사람들의 마음 상태에 대해 그는 다음과 같이 언급한다.

> 누군가 전형적인 고통스러운 행위를 드러내는 것을 내가 본다면 그가 아프다고 추정한다. 다시 말하지만 나는 드러난 행위를 그런 신념에 대한 **증거**로 받아들이지 않는다. 내가 가진 다른 신념으로부터 그런 신념을 추론하지 않는다. 나는 다른 신념의 기초 위에서 그것을 수용하지 않는다. 그런데도 고통스러운 행위를 내가 인식하는 것은 … 문제가 되는 그런 신념을 위한 내가 가진 타당성의 근거를 형성한다.[27]

이런 구분에 주목하라. 우리의 기본적인 신념은 "근거"(grounds)가 있지만 "증거"가 없다. 그는 후반에 (인식과 관련된 신념과 관련하여) 더 자세히 설명한다.

> 존재하는 나무가 있다는 것을 믿는 데 있어 나를 타당화하는 것은 단지 내가 어떤 방식으로 나타난다는 사실이다. 또한, 내가 나타나고 있다는 사실을 내가 인식하거나 믿거나 고려하는 것이 필요하지 않다.[28]

하지만 플란팅가는 이런 논증이 완전히 기본적인 신념과 관련이 없다고 말하고 싶어 하지 않는다. 우선 하나의 논증은 나의 기본적인 신념에

---

[27] 참조, 플란팅가(Plantinga), 75-78, 82-87; 알스톤(Alston), 강조는 그가 한 것임. 그는 85f에서 증거를 포함하여 '타당성을 부여하는 다른 조건(justication-conferring conditions)들'을 언급한다..
[28] 참조, 플란팅가(Plantinga), 75-78, 82-87; 알스톤(Alston), 86.

대한 가능한 반박이 결함이 있다고 나를 설득할 수 있다. 반박을 반박하는 논증은 확실히 나의 신념이 도전을 받을 때 나의 신념의 타당성과 관련이 있다.

그런 논증은 나의 신념이 진리인지 증명하진 않지만, 내가 가진 그런 신념을 갖는 것에 대한 장애물을 제거한다.[29] 또한, 플란팅가는 기본적인 것으로, '하나님이 존재하신다는 것을 믿는 것'이 "이성"이 아니라 "믿음"(-faith)에 기초하고 있다는 것을 인정하고 싶어 하지 않는다(하나님의 존재를 믿는 것은 "신앙주의적"[fideistic]이다).

오히려 그는 하나님의 존재를 믿는 것을 전통적으로 "이성의 진술"(delieverances of reason)로 설명하는 그런 종류의 신념 가운데 놓으려 한다. 자명한 명제, 지각 명제(perceptual proposition) 등은 일반적으로 합당하게 기본적인 것으로 받아들인다. 왜냐하면 이런 명제들은 "이성의 진술"이기 때문이다. 즉 그런 명제들을 믿는 것이 합리적이기 때문에 그것들을 믿어야 한다는 것은 철학자들 가운데서 일반적으로 인정된다.

우리는 외부 세계, 다른 사람들, 과거를 믿는다. 왜냐하면, 우리는 이런 것들을 믿어야 할 자연스러운 **합리적** 경향이 있기 때문이다. 플란팅가는 이것이 하나님의 존재에 대한 칼빈의 논의와 유사하다는 것을 발견한다. 하나님의 존재 논의에서 칼빈은 하나님이 심어 놓으신, 하나님을 아는 지식(sensus deitatis), 즉 하나님을 믿는 자연적인 경향에 기초해서 하나님에 대한 신념에 타당성을 부여한다.

플란팅가 유형의 칼빈주의에서 하나님에 대한 신념은 믿음이 아닌 이성으로 이루어진다! (또한, 흥미롭게도 이것은 "비유신론자는 유신론을 **자기** 이성의

---

[29] 참조, 플란팅가(Plantinga), 75-78, 82-87; 알스톤(Alston), 82-87.

진술로 받아들이지 않을 것이므로 유신론자와 비유신론자들은 이성에 대한 다른 개념을 가진다"라는 것을 함의한다.)[30]

(7) 특정한 상황에 놓여 있는 합리성

이런 견해에서 신념의 타당성은 **인격 변수**(person variable)임을 관찰하는 것이 또한 중요하다. 월터스토프는 다음과 같이 언급한다.

> 내가 어렸을 때 내가 믿기에 합리적인 것들이 있었다. 하지만 이제 나이를 먹으면서 지금은 더 이상 내가 믿기에 합리적이지 않다. 또한, 결코 다른 사회나 문화에 접촉하지 않은, 전통적인 부족 사회에서 양육된 사람들이 믿기에 합리적인 것들이 존재하는데, 그것들은 현대 서양 지식 계급의 일원인 나에게는 믿기에 합리적이지 않을 것이다. 신념의 합리성은 단지 맥락, 즉 역사적 맥락과 사회적 맥락 그리고 훨씬 더 좁게는 개인적 맥락에서 결정될 수 있다. 하나님이 존재하는 것을 믿는 것이 합리적인 것인지, 외부 세계가 존재하는 것을 믿는 것이 합리적인 것인지, 다른 사람들이 존재하는 것을 믿는 것이 합리적인 것인지 등을 추상적이고 일반적인 방식으로 묻는 것은 철학자들의 오랜 습관이었다.
>
> 많은 혼동이 그 결과로 발생했다. 합당한 문제는 항상 그리고 오직 다음과 같다. 즉 이런저런 상황에서 이런저런 특정한 사람이 합리적인지 또는 이런저런 유형의 상황에서 이런저런 특정한 유형의 사람이 무엇 무엇을 믿는 것이 합리적인지에 대한 것이다. 합리성은 항상 특정한 상황에 처한 합

---

[30] 참조, 플란팅가(Plantinga), 75-78, 82-87; 알스톤(Alston), 87-91; 이 인용문은 90페이지에 있다.

리성이다.³¹

따라서 월터스토프에게 더 이상

증거주의가 거짓인지 숙고하며 시간을 보내는 것은 많이 흥미롭지 않다. 증거주의가 거짓일 가능성이 매우 높아 보인다. 그러나 흥미롭고 중요한 문제는 다음과 같은 것이 되었다. 하나님이 존재하신다는 것을 즉시 믿는 어떤 특정한 사람—나 또는 당신, 또는 누군가—도 그런 신념에서 합리적인가다. 하지만 특정한 사람이 사실 그런 신념에서 합리적인지는 일반적으로 또한 개략적으로 답변할 수 없다. 개별 신자가 가진 신념 체계와 신자가 자신의 인지적 능력(noetic capacities)을 사용했던 방식을 조사함으로써만 이것에 답할 수 있다.³²

월터스토프는 다음과 같이 생각한다. 가령, 하나님이 존재하신다 해도 어떤 사람들은 그의 존재를 믿지 않은 것이 합리적일 수 있다.³³ 누군가 하나님의 존재에 반대하는 주장을 듣고 그런 주장에 반박할 수 없다면 그에게 하나님의 존재를 믿는 신념은 합리적인 것이 아니다.

가령, 그런 신념이 비합리적이라 하더라도 그가 하나님을 믿는 것은 옳을 수 있다!

31　강조는 그가 한 것임. 참조, 치즈홀름(Chisholm)에 대한 그의 논평을 보라(147). 플란팅가는 심지어 고전적인 토대주의자도 실재를 "특정한 상황에 처한" 것으로 생각하는 것을 피할 수 없다고 주장한다. 그는 아퀴나스에게 명제는 한 사람에게 자명할 수 있고 다른 사람에게는 자명하지 않을 수 있다는 것을 지적한다.
32　참조, 플란팅가(Plantinga), 75-78, 82-87; 알스톤(Alston), 176.
33　참조, 플란팅가(Plantinga), 75-78, 82-87; 알스톤(Alston), 177.

아마 그가 보기에 그런 신념에 비합리성이 있음에도 계속 하나님이 존재하신다는 것을 믿어야 한다. 아마 이것과 상충하는 어떤 명제보다 하나님이 존재하신다는 것을 더 확고하게 믿는 것이 우리의 의무다. 또한/또는 분명히 이것과 **상충하는** 어떤 명제를 우리가 믿는 것보다 더 확고하게 하나님이 존재하신다는 것을 믿는 것이 우리의 의무다 … 때때로 하나님이 존재하신다는 우리가 가진 확신의 비합리성은 견디어야 할 시련이 … 아니겠는가?[34]

2) 마브로즈의 교정

(1) 적극적인 변증학: 왜 안되겠는가?

이 시점에서 마브로즈의 글을 논의하는 것이 합당하다. 마브로즈는 플란팅가, 알스톤, 월터스토프가 취한 일치된 입장에 약간 반대한다. 그는 이 세 사람이 "합리적"이라는 단어에 대한 그들 자신의 정의로써 기독교적 신념이 합리적임을 보여 주었다는 것을 인정한다. 하지만 그는 그 이상의 무언가 필요하다고 제안한다.

> 하나님을 믿는 것이 합리적일 것이라고 누군가 설득시키는 것은 하나님을 믿는 이유를 그에게 제공하는 것과 같지는 않다.[35]

따라서 무신론자는 플란팅가와 다른 사람들에 의해 기독교를 믿는 것이 합리적이라고 설득당할 수 있다. 하지만 그는 (합리적으로) 그의 무신론을

---

[34] 참조, 플란팅가(Plantinga), 75-78, 82-87; 알스톤(Alston).
[35] 참조, 플란팅가(Plantinga), 75-78, 82-87; 알스톤(Alston), 195.

유지한다. 플란팅가식 논증은 분명히 기독교를 믿지 **않는** 한 가지 가능한 이유를 제거하지만, 기독교를 믿는 것**에 대한** 이유를 제공하지는 않는다.

마브로즈는 이 기독교 철학자들이 소극적인 변증학(반박을 반박하는)이 가진 타당성을 받아들이지만, 적극적인 변증학(이유를 제시하는)의 가치를 부정하는 이유에 의문을 제기한다. 그는 가장 그럴듯한 답변은 다음과 같다고 말한다. 플란팅가 진영에게 이런 신념들은 이유가 필요하지 않다는 것이다. 왜냐하면, 이런 신념들은 "합당하게 기본적"이기 때문이다.

그러나 그는 피녹의 책 『충분한 이성』(Reason Enough)에 대한 서평에서 (이상하게도) 월터스토프가 다른 방향을 취한다고 지적한다. 불신자들은 이미 충분한 증거가 있지만, 그것에 저항하기 때문에 증거는 필요가 없다는 것이다.

마브로즈는 다음과 같이 말한다.

> 아마 [이런 불일치]는 개혁파적 사고의 깊은 양면성, 즉 많은 증거가 하나님에 대한 신념을 지지한다고 주장하는 것과 하나님에 대한 신념은 전혀 어떤 증거도 포함하고 있지 않다고 주장하는 것 사이를 계속 오가는 경향성을 나타낸다.[36]

하지만 마브로즈는 다음과 같이 생각하는 것처럼 보인다. 월터스토프에 대한 비평에서 이런 언급은 단지 실수였을 가능성이 높고, 아마 그의 실제적인 입장은 증거가 기독교적 신념을 타당하게 하는 것이 아니라, 이 세상에 대한 계획으로 그런 사실들이 불신자가 죄악 되게 저항하는 자연적 성

---

[36] 참조, 플란팅가(Plantinga), 75-78, 82-87; 알스톤(Alston), 198.

향, 즉 우리 안에서 믿으려는 자연적 성향을 작동시킨다는 것이다.[37]

그런데도 마브로즈는 월터스토프가 분명히 **소극적**(negative) 변증학의 타당성을 인정한다고 계속 주장한다.

불신자의 죄악된 합리화가 적극적(positive) 논증 사용을 방해한다면 어째서 그것은 소극적인 논증을 방해하지 말아야 하는가?

증거에 대한 적극적인 강조는 확실히 합리화와 싸울 수 있는 한 가지 방식이다.

또한, 월터스토프(그리고 그의 동료들)가 기꺼이 기독교적 신념이 가진 **합리성**을 변호하기 위해 소극적인 논증뿐 아니라 적극적인 논증을 사용한다면 어째서 그들은 그런 신념이 가진 **진리**를 찬성하는 동일하게 다양한 논증을 허용하지 말아야 하는가?[38]

이것은 그런 논증이 어떤 논증도 모든 불신자에게 효과적이지 않을 것이라는 인격 변수이기 때문인가?

그렇다면 논증을 특별한 개인들에게 맞추기 위해 논증을 조정하는 것에 무엇이 문제가 될 수 있는가?[39]

결국, 우리 대부분은 단지 (플란팅가식 의미에서 정의되는) 합리성이 아닌 진리에 관심이 있다.[40] 마브로즈는 우리에게 발생하는 모든 합리적인 신념을 단순히 받아들이는 절차보다 우리를 더 진리로 가까이 이끄는 절차

---

[37] 참조, 플란팅가(Plantinga), 75-78, 82-87; 알스톤(Alston), 199.
[38] 참조, 플란팅가(Plantinga), 75-78, 82-87; 알스톤(Alston), 199-202, 204f.
[39] 참조, 플란팅가(Plantinga), 75-78, 82-87; 알스톤(Alston), 204-8.
[40] 참조, 플란팅가(Plantinga), 75-78, 82-87; 알스톤(Alston), 플란팅가-월터스토프식 의미에서 믿음은 합리적일수도 있지만, 참이 아닐 수 있고 참일 수 있지만 합리적이 아닐 수 있다는 것을 기억하라. 내가 앞에서 인용했던 책 안에 그가 쓴 글에서(딜라니[Delaney]가 편집했던 글) 마브로즈는 '합리성-지향' 접근 방식과 '진리-지향' 접근 방식 사이를 구별하고 특징 없는 퉁명스런 논평을 한다. 즉 "다른 대안이 없다면 나는 매 시간 합리성보다 진리를 선택할 것이라고 생각한다"(33).

가 존재한다고 제안한다. 아마 우리는 이런 절차(인식, 논리적 추론 등)가 신뢰할 만하다는 것을 **증명**할 수 없지만, 사실 우리는 분명히 그런 절차들을 의지하려는 "자연적 성향"이 있다.

그렇다면 우리는 자연신학을 다음과 같이 재해석할 수 있다. 즉 자연신학은 신념을 형성하는 자연적 기제들(mechanisms)이 만들어낸 신념이 존재한다는 것을 보여 주는 시도이며, 그 기제들은 기독교적 신념이 담고 있는 진리를 암시하거나 개연성 있게 만든다는 것이다.

월터스토프와 플란팅가는 우리가 이런 "자연적 기제"를 신뢰하도록 종용하고 사실 우리로 하여금 우리의 "기본적인" 신념을 그런 기제에 근거하게 하기 때문에, 그들이 그런 절차에 대해 어떤 반론을 제기할 수 있겠는가?[41]

따라서 그들은 증거에 기초해서 받아들여진 신념이 믿음의 완전한 확신에 의해서가 아니라 단지 잠정적이고 약한 믿음에 의해서 유지될 것이라고 반론을 제기할 수 있다. 그러나 마브로즈는 이것이 반드시 참인지에 대해 의문을 제기한다.

비록 사람들이 논증을 통해서 신념들을 믿게 된다 해도 어째서 그들은 완전한 확신으로 신념을 가질 수 없는가?

이는 이런 논증들이 단지 개연적이고, 따라서 단지 부분적으로 받아들일 만하기 때문인가?

그러나 월터스토프와 플란팅가에 의하면 **어떤 증거에도** 기초하지 **않은** 신념을 완전히 믿는 것이 타당하다.

그렇다면 어째서 부분적인 증거에 기초한 논증이 어떤 증거에도 기초하

---

[41] 참조, 플란팅가(Plantinga), 75-78, 82-87; 알스톤(Alston), 208-14.

지 않는 논증보다 덜 확고한 신뢰를 받을 만하다고 가정해야 하는가?**⁴²**

(2) "기본적인" 신념과 "비기본적인" 신념은 뚜렷하게 구별되는가?

따라서 마브로즈는 이유 없이 기독교를 믿을 수 있다는 플란팅가-월터스토프식 견해에 동의하지만, 그들이 적극적인 변증학에 반대하는 것에 동의하지 않는다. 그는 또한 또 다른 중요한 제안을 제시한다. 그는 아무리 월터스토프와 플란팅가가 고전적 토대주의에 대해 비판적이라 하더라도, 우리의 모든 신념을 "기본적"이거나 "파생된" 것으로 볼 정도까지 토대주의적 구조 안에서 작업한다고 말한다.

그러나 이것이 정말로 그렇게 단순한 것인가?

> 유신론자들인 이 책의 독자들은 유용하게 자신들에게 다음과 같은 실험을 시도할 수 있다. 마치 지금 있는 그대로 ... 잠시 멈춰 서서 하나님이 존재하신다는 당신 자신의 신념을 숙고하자.
> 이런 신념은 ... 당신이 가진 어떤 다른 신념에 근거하는가?
> 또한, 만약 그렇다면 이런 다른 신념들은 무엇이고 **어떻게** 하나님의 존재를 믿는 신념이 그런 다른 신념에 근거하는가?
> (가령, 그런 신념들은 하나님의 존재를 믿는 신념을 수반하는가, 아니면 하나님의 존재를 믿는 신념을 개연적이게 만드는가, 아니면 다른 무엇인가?)**⁴³**

마브로즈는 우리 대부분에게 이런 질문들에 대해 어떤 분명한 답변이 없을 것이라고 추정한다(또한 나는 올바르게 그렇다고 생각한다). 이런 사실은

---

42 참조, 플란팅가(Plantinga), 75-78, 82-87; 알스톤(Alston), 214-17.
43 참조, 플란팅가(Plantinga), 75-78, 82-87; 알스톤(Alston), 203.

"기본적인" 신념과 "파생된" 신념 사이의 대조가 인식론적 상황을 너무 단순화하고 있다는 것을 암시한다.

3) 나의 답변

일반적으로 나의 답변은 『믿음과 합리성』의 "개혁파 인식론," 특히 마브로즈가 했던 교정을 칭찬하는 것이다. 인식적 권리에 대한 『믿음과 합리성』의 설명은 인식론적 의무에 초점을 맞추고 있는 『신지식론』 안에 있는 나의 설명을 유용하게 보충한다(역으로 나는 나의 설명이 『믿음과 합리성』의 그 설명을 보충한다고 믿는다). 그러나 나는 이 문제들을 추가적으로 분석함으로써 일부 논평을 제시하고 싶다.

(1) 근거와 이유

기본적인 신념은 "근거"가 있지만, "이유"는 없다는 플란팅가의 주장은 역설적으로 들리는데, 여기서 정의(definition)에 일부 문제가 있음을 암시한다. 나의 사전은 **증거**(evidence)와 **충분한 이유**(sufficient reason)를 **근거**(ground)가 가진 한 의미의 유의어로 기재한다. 또한 나의 사전은 **근거**를 **이유**가 가진 한 의미에서 유의어로 기재한다. 분명히 플란팅가는 오로지 "의식적으로 분명하게 표현된 이유들" 또는 "주장들"이라는 의미에서 **이유**를 받아들이길 원한다. 그러나 나는 이 용어를 그렇게 협소하게 정의하는 것이 필요하다고 생각하지 않는다. 보통 우리는 심지어 누군가 자신이 가진 이유를 분명히 표현하지 않고 심지어 분명히 표현할 수 없는 경우에도 그가 신념이나 행동에 이유가 있다고 말한다. 또한, 가령, "나의 개는 공이 덤불 어딘가에 있다고 생각한다. 왜냐하면, 개는 내가 공을 그 방향으로 던졌다고 생각하기 때문이다"에서처럼 동물들이 신념에 대한 이유를 갖고 있는 것으로 말하는 것이 터무니없지는 않다. 또한, 플란팅가가 한 것처럼 **이유**를 협소하게 정의하지 **않을** 때 가치가 있다. 왜냐하면, 분명하게 표현한 이유와 분명하게 표현하지 않은 이유 사이의 경계는 뚜렷한 경계가 아니기 때문이다.[44]

내가 아이에게 왜 아침이라고 생각하느냐고 묻고 그가 밖에 떠오르는 태양을 가리킨다면 이것은 분명하게 설명된 근거인가 아니면 분명하게 표현되지 않은 근거인가?

나의 개가 마치 자신이 덤불 밑에 공이 있다고 생각하고 코를 킁킁거리며 냄새를 맡는다면(말하자면 이것은 개가 그렇게 믿는 근거는 냄새라는 것을 보여 준다).

이것은 분명한 추론인가, 아니면 분명하지 않은 추론인가?

게다가 나는 이유에 대한 우리의 분명한 표현(논리학을 포함해서)은 합리적인 것에 대한 우리의 분명하지 않은 의식에서 유기적으로 나온다고 추측한다. 내가 『신지식론』에서 논의하듯이 형식 논리는 비형식 논리에 기초한다. 또한, 형식 논리는 합리적 신념을 가지려는 우리의 "자연적 성향"의 결과를 조직화하고 용이하게 하고 평가하려고 시도한다. 플란팅가와 월터스토프는 우리의 자연적 성향의 진술(deliverance)을 받아들이는 것과 논증에 기초해서 결론을 받아들이는 것 사이에 중요한 차이점이 존재한다

---

[44] 아마 플란팅가(Plantinga)와 다른 신학자들이 이것이 추론을 분명히 표현하는 그들 자신의 높은 기준이라고(또는 마치 이것이 사실이었던 것처럼 쓰는) 생각하는 이유일 것이다. 내가 믿음을 찬성하는 분명한 논증을 제시하려는 『믿음과 합리성』의 논증만큼 엄밀하고 설득력 있는 철학 논문을 써야 했다면 나 또한 기독교는 논증을 요구하지 않는다고 말하고 싶은 유혹을 받았을 것이다. 확실히 적어도 기독교는 그런 종류의 논증을 요구하지 않는다. 나의 기준이 그렇게 높았다면 나는 기독교 믿음의 타당성은 논증과 완전히 다른 무언가에 의해 이루어진다고 말하고 싶은 유혹을 훨씬 더 받았을 것이다.

고 생각하는 것처럼 보인다. 그들은 지각과 관련된 지식의 경우에 우리의 지각 경험이 물리적 대상의 존재를 암시하거나 개연적으로 만드는 것이 아니라 오히려 우리가 그런 경험에 직면할 때 우리는 그런 대상을 믿으려는 자연적 성향이 있다고 주장한다. 또한, 그들은 이것이 기독교적 신념에도 마찬가지라고 주장한다. 그러나 그런 자연적 성향의 진술을 말로 표현하는 것이 하나의 시도가 아니라면 주장(argument)은 무엇인가?

또한, 이유 자체(전제에서 결론을 도출하는 인간의 능력으로 간주된)는 그런 자연적 성향이 아닌가?

전제에서 결론을 도출하려는 자연적 성향으로 인해 우리는 우리 신념이 가진 논리적 함축을 받아들이지 않는가?

증거에 반응하는 것은 자연적 성향이다. 또한, **증거**는 그런 자연적 성향을 관련지우는 자료를 의미한다. 따라서 마브로즈가 언급했던 월터스토프의 "실수"(slip)는 놀라운 것이 아니다. 우리의 신념을 형성하는 성향을 자극하는 것을 "증거"로 언급하는 것은 종종 완전히 자연스럽고 합당하다(나는 "종종"을 언급한다. 왜냐하면, 그런 모든 자극제가 증거를 구성하는 것은 아니기 때문이다. 199페이지에 있는 마브로즈의 반례[反例]를 보라. 그러나 그런 모든 자극제가 증거가 되는 것은 아니지만, 모든 증거가 신념을 만들 때 모든 증거는 그런 자극제가 된다). 만약 내가 제안하는 것처럼 우리가 **이유**를 사용한다면, 문제가 되는 플란팅가-월터스토프식 논지는 다음과 같은 것이 된다. 기독교적 신념은 분명한 이유가 아닌 분명하지 않은 이유들에 근거하고 있다는 것이다. 이런 식으로 표현하면, 그들의 논지는 타당성을 상실한다. 나는 이 논지 주장할 어떤 타당한 이유(!)를 생각할 수 없다. 이런 이유를 표현하든 그렇지 않든 간에 기독교 신앙은 확실히 이유에 기초한다(나의 정의).

물론 그들의 더 일반적인 요점은 다소 이런 방식으로 달리 표현될 것이다. 가령, 우리가 하나님을 믿는(상대적으로!) 분명한 이유를 만들 수 없거나 명확하게 표현할 수 없다 해도 하나님을 믿는 데 있어서 우리가 가진 인식론적 권리 안에 있다는 것이다. 나는 마브로즈가 "이유가 있는 것"과 "이유를 제공하는 것" 사이에 그가 제공하는 구분과 함께 『하나님에 대한 신념』[45]에서 이것에 대한 가장 좋은 표현을 제공했다고 생각한다. 우리가 기독교적 신념을 위한 "근거는 있지만 이유는 없다"고 말하기보다 오히려 이유를 "제공"할 수 없을 때도 우리는 이유를 "가질 수" 있다고 말하는 것이 더 분명할 것이다. 이런 구분이 『믿음과 합리성』에서 주요한 역할을 하지 않은 것은 나를 놀라게 한다. 왜냐하면, 내가 생각하기에 이런 구분이 저자들이 말하길 원했던 것을 표현하기 때문이다(이 책에서 사용했던 용어보다 훨씬 좋게). 그렇다면 증거주의자가 신념이 합당한 이유에 기초해야 하고, 또한 우리가 "신념과 증거의 균형을 맞추어야 한다"라고 주장하는 것은 틀린 것이 아니다. 그가 범하는 오류는 다음과 같이 주장하는 것이다. 이런 이유들을 진술해야 하고, 아마 이런 이유를 반대자가 수용할 수 있게 만드는 방식으로 진술해야 한다는 것이다.

(2) 특정한 상황에 처해 있는 합리성과 객관적인 합리성

일단 우리가 플란팅가의 근거와 이유 사이의 뚜렷한 구분을 제거하면 합리성에 대한 약간 더 "객관적인" 개념을 위한 기회가 열린다. 우리는 월터스토프가 특별히 "특정한 상황에 처해 있는" 합리성 개념을 지지하고 있다는 것을 기억할 것이다. 그는 어떤 명제를 믿는 것이 합리적인가를 "개략적으로" 묻는 것은 잘못이라고 말한다. 대신 우리는 단지 특정한 상

---

[45] 앞에서 인용함.

황에 있는 특정한 개인이(또는 약간 더 자유주의적으로 특정한 **종류**의 상황에 있는 특정한 **유형**의 개인이) 그 명제를 믿는 것이 합리적인지 물을 수 있다.

이제 특정한 상황에 처해 있는 합리성 개념이 중요하다. 각 개인의 인식상의 권리와 의무는 다른 모든 개인의 인식상의 권리와 의무와 약간 다르다. 가령, 나는 언제 웨스트민스터신학교에서 나의 수업을 가르쳐야 할지와 어디서 그들을 만날지 알아낼 의무가 있다. 일주일 된 나의 아들 저스틴(Justin)은 그런 의무가 없다.

그러나 모든 사람에게 똑같은 인식상의 의무와 권리가 있다. 모든 사람은 하나님을 알아야 하고, 그들을 위한 하나님의 뜻을 알아야 하며, 그들이 죄를 범했고 하나님의 용서가 필요하다는 것을 알아야 한다. 게다가 우리 모두 지혜롭게 살아야 할 의무가 있다. 그런 의무는 우리의 인식상의 활동에서 하나님에게 신실함을 수반한다. 따라서 나는 이런 의무가 우리의 모든 사고에서 하나님 계시의 진리를 전제하는 것을 포함한다고 말할 것이다. 월터스토프가 그런 의무의 가능성을 감안하고 있다는 것을 기억하자.

> 아마 이런 의무와 상충하는 어떤 명제를 믿는 것보다 하나님은 존재하고 있다는 것을 더 확고하게 믿는 것이 우리의 의무다.[46]

그런 의무가 존재한다면 그런 의무는 단지 일부 개인과 관련이 있는가? 『신지식론』에서 나는 그런 의무가 분명히 존재하고 그런 의무는 모든 개인과 관련이 있다는 것을 보여 주었다고 믿는다. 또한, 모든 사람이 하나님을 믿을 **의무**가 있다면 확실히 그런 의무는 하나님을 믿을 때 그들을

---

[46] 『믿음과 합리성』, 177.

정당화한다. 따라서 단지 일부 사람들을 위한 의무적이고 타당한 어떤 신념이 존재할 뿐 아니라 모든 사람을 위한 의무적이고 타당한 어떤 신념도 존재한다. 개인으로부터 개인에 이르기까지 서로 다른 인식상의 의무와 권리는 우리 모두 공유하는 이런 의무와 권리에 의존한다. 인식상의 권위를 포함해서 인간 삶의 모든 영역에서 궁극적 권위는 성경이다. 내가 『신지식론』에서 논의했듯이 타당하다면 성경은 다양한 방식으로 모든 인간 행동과 신념을 정당화한다. 그렇다면 어떤 의미에서 합리성은 모든 사람에게 똑같다. 신념이 성경에서 진술한 규범과 일치한다면 신념은 합리적이다. 또 다른 의미에서 합리성은 사람과 사람에 따라 다양하다.

왜냐하면, 내가 상황적 관점과 실존적 관점이라는 개념을 사용함으로써 설명하는 것처럼 성경의 규범은 다른 사람과 상황에 다르게 **적용**되기 때문이다. 그러나 개별적인 의미에서 합리성은 궁극적인 의미에서 합리성에 의존한다. 성경은 궁극적으로 어떻게 합리성을 특별한 상황에서 사용해야 하는지 결정한다. 따라서 우리가 우리의 독특한 소명을 수행하고 하나님 말씀의 규범에 따라 우리가 가진 개별적인 신념을 형성하는 데 있어서 신실할 때 어떤 의미에서 우리는 단지 보편적인 합리성의 명령을 수행하고 있는 것이다.

이런 기초에서 합리성과 진리는 서로 일치하는가?

물론 『믿음과 합리성』 접근 방식에 기초할 때 거짓된 신념을 합리적으로 정당화할 수 있다. 또한, 참된 신념을 정당화하지 못할 수 있다. 단순히 "합리적 신념"을 "참된 신념"을 의미하는 것으로 정의하고 아마 "가장 합리적인" 신념은 진리에 가장 근접해 있는 신념이 되기 위해 정도의 차이를 인정하는 것이 불합리하지는 않을 것이다.

나는 『믿음과 합리성』 저자들이 그들 자신의 합리성 외에 **합리성**에 대한 다른 타당한 사용이 있다는 것을 인식했어야 한다고 생각한다. 그러나 우리가 단순히 **합리성**을 재정의함으로써 이런 문제를 실제로 해결할 수 없다. 이것은 단지 언어유희일 뿐이다. 사실 그들이 **합리성**이라고 부르는 것, 즉 특정한 상황에 처해 있는 합리성은 그것을 "합리성"이라고 부르길 원하든지 그렇지 않든지 간에 우리가 다루어야 하는 하나의 사실이다.

나는 우리가 필요한 것이 다른 차원의 타당성, 따라서 다른 차원의 합리성을 구별하는 것이라고 생각한다. 우리는 지구가 코끼리 등 위에 있다고 믿는 원시 부족 구성원이 그가 결코 그와 반대되는 어떤 것을 듣지 못했거나 그의 신념을 의심하기 위한 어떤 근거도 접하지 못했다는 것을 고려해 볼 때 어떤 차원에서 그는 자신의 신념에서 정당화된다고 말할 수도 있다.⁴⁷ 그러나 물론 『믿음과 합리성』 저자들이 인정하는 것처럼 이런 "타당성"은 "설득력이 없는" 의미에서의 타당성이다. 이 부족 구성원이 자신의 신념에서 정당화된다는 것은 그런 신념을 정교한 현대 천문학자가 완전히 신뢰할 만한 것으로 전혀 만들지 못할 것이다. 또한, 성경이 우리에게 지혜롭게 살고 모든 것을 증명하고 진리 가운데 걷기를 요구하므로 일반적으로 우리는 타당성이 약한 그런 신념에 안주하지 않을 의무가 있다. 나는 월터스토프가 언급하는 것처럼 다른 의무가 우선할 수도 있으므로 "일반적으로" 말하고 있다. 에스키모 문화에 대한 나의 신념은 아마 대부분 사실이 아닐 것이다. 하지만 현재 다른 의무가 에스키모 문화라는 영역에서 나의 신념의 질을 개선하려는 나의 표면상의(*prima facie*) 의무보다 더 중요하다. 나는 시간을 내어 에스키모 문화에 대해 더 많은 것을 배울 때까지

---

47 『신지식론』에서 나는 심지어 타락하지 않은 아담도 자신의 신념에서 오류를 범했을 수 있다고 진술했지만 그는 하나님에 대한 자신의 책임을 분별하는 데 있어 오류를 범했을 수 없다.

에스키모 문화라는 주제로 사회학자들의 회의에서 연설하려고 애쓰지 않는 것이 지혜로울 것이다. 또한, 나는 사회학자들에게 연설하지 않는 이유를 다음과 같은 방식으로 말할 수 있다. 이 영역에서 나의 신념은 충분히 정당화되지 않았고 이는 내가 그런 모임을 위한 충분한 능력과 설득력으로 이 영역에서 변호할 수 있는 신념이 없다는 것을 의미한다.

따라서 타당성에 대한 논의(그리고 따라서 합리성)는 논의라는 맥락을 전제한다. 부족원이 가진 신념은 부족의 삶이라는 맥락에서 정당화가 되지만, 천문학자는 이런 신념을 타당하지 못한 것으로 특징짓는 것도 당연하다. 왜냐하면, 그가 가진 담화라는 경험세계는 다르기 때문이다. 또한, 우리는 이런 신념이 한 관점에서는 합리적이지만, 다른 관점에서는 비합리적이라고 말할 수 있다. 따라서 우리는 낮은 차원의 합리성과 더 높은 차원의 합리성 사이를 구별해야 한다. 또한, 사실 다른 조건이 같다면 우리는 더 높은 차원을 추구해야 한다.

사람이 성경 규범과 일치하는 신뢰할 만한 신념을 형성하는 기제(mechanism) 사용을 통해 진리를 획득할 때 인간 정신을 위한 가장 높은 차원의 타당성-합리성이 존재한다. 이런 차원에서 모든 참된 신념, 단지 참된 신념은 타당화되고, 따라서 합리적인 것이 된다. 물론 이것이 인간 지식의 목적이다. 따라서 특정한 상황에 처한 합리성에 대한 『믿음과 합리성』의 논의는 유용하고 흥미롭다. 하지만 그들이 어떤 다른 종류의 합리성을 거절하는 것에 동의하지 말아야 한다. 살펴보았듯이 월터스토프는 분명히 무언가 믿는 것이 합리적인지에 대해 일반적으로 묻는 것의 타당성을 부인한다. 이와는 반대로 가령, 물리적 사물의 존재를 믿는 것이 합리적인지에 대해 묻는 것은(그렇다. "개략적으로"!) 일반적으로 그런 신념이 더 높은 (또는 가장 높은) 타당성의 기준을 충족하는지 묻는 것이다. (나는 "일반적으로"라고 말한다. 왜냐하면, 물론 이런 질문을 현대 분석 철학자들과 같은 분명한 집단에게는 "특정한 상황에 처한 합리성"에 대해 묻는 짧고 빠른 방식일 수 있다.)

"특정한 상황에 처한" 의미에서 또는 "객관적인" 의미에서 하나님의 존재를 믿지 않는 것은 합리적인가, 아니면 하나님의 존재를 믿는 것이 비합리적인가?

하나님이 존재하신다는 것을 인정해도 객관적인 의미에서 분명히 아니다. 특정한 상황에 처한 의미에 대해 질문은 다음과 같은 것이 된다.

누군가 하나님이 존재하는 것을 믿기 위한 근거가 부족한 상황 가운데 있는가?

나는 로마서 1장을 근거로 아니라고 말할 것이다. 왜냐하면, 로마서 1장은 모든 사람이 하나님을 믿기 위한 근거가 있을 뿐 아니라(말하자면, 인식상의 허용) 모든 사람이 실제로 의식의 어떤 차원에서 하나님을 안다고 가르치기 때문이다.

(3) 궁극적인 전제

『믿음과 합리성』의 "기본적인 신념"은 『신지식론』의 "궁극적인 전제"와 똑같지 **않다**는 것이 분명해졌을 것이다. 플란팅가는 기본적인 신념과 기본적이지 않은 신념 사이의 구별은 단지 누군가의 "인지적 구조"(noetic structure)에 대한 묘사와 관련 있는 구별 가운데 하나라고 말한다. 다른 구별은 신념의 다른 정도(강도, 확고함)와 다른 "이입(移入)의 깊이"(depths of ingression)를 가진 신념 사이에 존재한다. 그는 후자의 개념을 이런 방식으로 설명한다.

> 나의 신념 가운데 일부가 나의 인지적 구조의 주변부에 있다고 말할 수 있다. 나는 그런 신념들을 수용하고 심지어 그것들을 확고하게 수용할 수 있다. 하지만 나의 인지적 구조의 다른 곳에서 많은 변화가 없다면 나는 그런 신념을 포기할 수 있을 것이다 … 따라서 나의 인지적 구조 안으로 들어오는 (그런 신념의) 이입의 깊이는 크지 않다.[48]

낮은 깊이의 이입을 가진 신념에 대해 그가 제시한 예는 "그랜드 테턴(Grand Teton)의 꼭대기에 어떤 커다란 바위가 존재한다"는 신념이다. 큰 깊이의 이입을 가진 신념은 다른 사람들이 존재한다는 그의 신념일 것이다. 무엇보다 『신지식론』의 "궁극적인 전제"는 하나님을 찬성하거나 반대하는 마음의 헌신이다. 하나님을 향한 이런 마음의 헌신은 하나님의 말씀에 대한 신뢰를 수반하고, 따라서 하나님이 말씀하는 것의 진리를 신뢰하는 것이다. 따라서 하나님의 말씀을 전제하는 것은 우리의 다른 신념을 "지배"하는 하나님 말씀의 진실성에 대한 신념을 포함한다.[49]

그렇다면 플란팅가의 관점에서 나의 모든 신념 가운데 성경의 진리에 대한 나의 신념은 나의 인지 구조 안으로 들어오는 가장 큰 깊이의 이입을 갖게 될 것이다. 이것은 또한 내가 가장 확고하게 믿는 신념일 것이다.

물론 이것은 신자의 삶 속에 다른 종류의 죄뿐 아니라 인지적으로 계속되는 죄로 복잡하게 된다. 때때로 죄악 된 생각, 즉 믿지 않는 생각이 일시

---

[48] 참조, 플란팅가(Plantinga), 75-78, 82-87; 알스톤(Alston), 50f. 참조, 82f. 참조, 월터스토프(Wolterstor), 174. 신념의 강도에 대해 참조하려면 월터스토프(Wolterstor), 143f., 156, 그리고 마브로즈(Mavrodes), 214ff.를 보라.

[49] 나는 계속해서 롬 6:14이 신자와 불신자 사이의 가장 기본적인 차이점을 제시한다고 주장한다. 불신자는 죄의 지배 아래에 있지만 신자는 그렇지 않다. 여기서 나는 이런 구분을 인지적 영역에 적용한다.

적으로 내가 가진 경건한 전제를 압도할 것이다. 하지만 내가 수년에 걸쳐 새롭게 되는 동안 전체로 나의 삶은 하나님의 계시가 나의 가장 확고하고 가장 "깊이 이입"된 약속(commitment)임을 보여 줄 것이다(적어도 마음을 보시는 하나님에게는).

플란팅가의 관점에서 볼 때, 궁극적 전제는 또한 "기본적"인가?

물론 나는 우리의 모든 신념을 "기본적인" 범주와 "비기본적인" 범주로 나누는 이런 완전한 시도에 대해 마브로즈가 보여 주었던 의심을 공유한다. 하나님의 존재는 나의 전제이지만 『신지식론』에서 언급했듯이 나는 기꺼이 그 전제를 찬성하는 주장을 한다. 또한, 플란팅가가 구별하는 것처럼 나는 "근거"와 "이유" 사이를 구별하지 못하므로 하나님에 대한 나의 신념을 이유가 결핍된 것으로 특징짓기를 원하지 않을 것이다. 왜냐하면, 이것은 나의 신념이 근거가 없다는 것을 인정하는 것이기 때문일 것이다.

하지만 가령, 누군가 하나님을 믿는 신념에 대한 "이유를 제공할 수 없다" 해도 그가 하나님을 믿는 것은 합리적일 수 있다는 플란팅가의 주장에 나는 동의할 것이다. 만약 이것이 이런 믿음을 "기본적"이라고 말하기 위한 충분한 토대라면, 나는 그것을 그렇게 부르는 것에 반대하지 않는다.

또한, "합당하게 기본적인"이라는 표현은 또한 하나님의 계시는 하나님 계시 그 자체보다 더 권위적인 무언가에 의한 증명의 대상은 아니라는 요점을 전달하는 데 있어 유용할 수 있다. 내가 『신지식론』에서 주장했던 것처럼 성경에 대한 이런 증거적인 증명은 실제로 성경 자체의 자증을 적용하는 것이다. 그렇다면 나는 플란팅가의 관점에서 『신지식론』의 "궁극적인 전제"는 다음과 같은 신념이라고 말할 것이다.

첫째, 가장 높은 정도의 확고함과 일치하는 신념.
둘째, 가장 커다란 깊이의 이입을 드러내는 신념.
셋째, 기본적 신념.

솔직히 나는 궁극적인 전제라는 개념을 체계적으로 논의하지 않은 것이 『믿음과 합리성』의 약점이라고 간주하는데, 그 약점을 『신지식론』이 바로잡는 데 일조할 수 있다. 『믿음과 합리성』은 분명히 가끔 궁극적인 전제와 **같은 무언가**를 암시한다. 가령, 다음과 같은 월터스토프의 제안을 기억하라.

> 아마 이런 의무와 상충하는 어떤 명제를 믿는 것보다 하나님은 존재하고 있다는 것을 더 확고하게 믿는 것이 우리의 의무다.[50]

아마 정말로 그럴 것이다!
또한 플란팅가는 다음과 같은 자기 전임 교수의 진술을 회상한다.[51]

> 유신론자와 비유신론자는 다른 이유 개념을 갖고 있다.

물론 궁극적으로 하나님을 믿는 것은 심지어 이유 자체에 대해 우리가 가진 개념을 지배하는 전제다. 또한, 조지 말스덴의 역사적인 글은 이 책의 전제적인 특징을 강화한다. 그는 19세기 미국 복음주의자들이 유행하는 과학적 방법에 이의를 제기하지 않았고 대신 기독교를 증명하기 위해

---

50 참조, 플란팅가(Plantinga), 75-78, 82-87; 알스톤(Alston), 177.
51 참조, 플란팅가(Plantinga), 75-78, 82-87; 알스톤(Alston), 90.

과학적 방법을 사용하려고 애썼다고 주장한다.

여기서 반틸의 옛 제자인 말스덴은 본질적으로 전제주의적인 요점을 주장하고 있다. 하나님의 계시를 믿는 우리의 신념이 그 밖에 모든 것에 대한 우리의 사고를 지배해야 한다. 그러나 이것은 플란팅가의 "합당하게 기본적인" 신념에 대해 주장할 수 있는 요점이 아니다. 왜냐하면, 이런 신념을 확고하게 지닐 수 있거나 확고하게 지니지 않을 수 있으며 또는 이런 신념이 깊이 들어올 수 있기 때문이다. 이런 신념은 가장 효과적으로 파기될 수 있다. 따라서 이런 신념이 그리스도의 이름으로 소위 과학적인 방법을 뒤집을 수 있을 정도로 반드시 충분히 중요한 것은 아니다.[52]

판넨베르크에 대한 홀위다(Holwerda)의 글도 플란팅가의 "적절하게 기본적인 신념"보다 더 강한 전제의 개념을 요구한다. 왜냐하면, 홀위다는 하나님의 계시가 역사에 대한 우리의 사고를 지배해야 한다고 주장하기 때문이다. 단지 이런 계시에 대한 우리의 신념이 적절하게 기본적일 뿐 아니라 특징상 전제적일 경우에만 이것은 가능하다.

이 문제 안에 있는 일부 불가해성에도 『믿음과 합리성』은 확실히 전제주의적인 방향으로 기울어지는 것처럼 보인다. 그리고 나는 그것에 대해 만족한다. 아마 반틸•, 항상 희망했듯이 현재 웨스트민스터신학교와 칼빈신학교 사이 또한 반틸을 따르는 전제주의자들과 기독교 개혁파 기관에 속한 철학자들 사이에 소통이 새롭게 될 것이다. 나는 분명히 두 집단이 서로에게서 많은 것을 배울 수 있다고 믿는다.

---

52 여기서 그의 책 『종교의 한계 안에서 이성』(앞에서 인용했던)에 등장하는 "지배적 신념들"(control beliefs)에 대한 월터스토프의 설명을 언급하지 않는 것도 공정하지 않을 것이다. 왜냐하면, 이것은 내가 전제에 대해 언급하길 원하는 것에 근접하기 때문이다.

부록 10

존재론적 명료성

　본서는 존재론(사물의 본성에 대한 이론)이라기보다 오히려 인식론(지식론)에 대한 책이다. 물론 이 둘을 뚜렷하게 분리할 수 없다. 실재에 대해 우리가 가진 견해는 크게 지식에 대해 우리가 가진 견해를 결정할 것이고 지식에 대해 우리가 가진 견해와 실재에 대해 우리가 가진 견해를 결정할 것이다.

　내가 기록했던 것을 다시 읽을 때 내가 가진 인식론적 공식화가 어떤 독자들에게 존재론적 문제를 부과할 수도 있다는 생각이 나에게 떠올랐다. 나는 규범, 상황, 자아가 "관점적으로" 관련되어 있다고 썼다. 이것은 규범, 상황, 자아가 실제로 동일하다는 것을 암시한다.

　그런데도 다른 곳에서 나는 규범, 상황, 자아가 뚜렷이 구별되고 혼동하지 말아야 한다고 주장했다.¹ 이런 외관상의 모순은 언급할 가치가 있다.

　나는 규범, 상황, 자아가 "관점적으로" 서로 관련이 있다고 말할 때, "모든 것이 규범적이다," "모든 것이 객체다," "모든 것이 주체다"라는 사실에 주의를 환기시키려는 것이다. "모든 것이 규범적이다"라는 진술은

1　특히, 제5장 1. 9) "(1) 자연과 성경"과 2. "1) 사실과 규범"을 보라.

하나님의 법이 우리의 모든 경험 안에 계시되었고, 따라서 실재에 대한 우리의 모든 경험은 어떤 일정한 방식으로 우리가 우리 삶을 지배하는 것을 돕도록 의도되었다는 것을 의미한다. "모든 것이 객체다"라는 진술은 단순히 모든 것이 우리 사고의 대상이 될 수 있다는 것을 의미한다(심지어 "하나님의 비밀스러운 것들"은 비밀로 간주될 수 있다).

"모든 것이 주체다"라는 진술은 우리가 가진 모든 경험이 우리 자신의 경험, 사고 등에 관한 지식이라는 것을 의미한다. 하지만 모든 것이 동시에 규범, 주체, 객체라면 어떻게 규범이 실제 우리의 주체성과 객관적인 세계에 대한 우리의 이해를 **다스릴** 수 있는지 물을 수 있다.

규범성이 담고 있는 바로 그 **의미**(또한, 유사하게 객관성과 주관성이 담고 있는 바로 그 의미)는 이런 해석 안에서 의미를 상실하게 되는가? "규범"은 "객체" 및 "주체"와 구별될 수 없게 되는가? 이 세 개의 용어가 단순히 유의어가 되는가?

나는 일단 서로 다른 **차원**의 규범성이 존재한다는 것을 인식한다면 이 문제를 극복할 수 있다고 생각한다. "모든 것이 규범적"이지만 모든 것은 **균등하게** 규범적이지 않다. 규범의 "위계"가 존재한다.

가령, 하나님은 우리가 위정자들에게 순종하길 기대하신다. 위정자들은 참된 권위가 있다. 그들의 말은 실제로 규범적이다. 하지만 그들이 하나님께 불순종을 요구할 때, 하나님의 말씀이 우선한다. 과학도 어떤 권위가 있지만 그것은 "폐기할 수 있는" 권위, 즉 특별 계시로 극복할 수 있는 권위다. 이와 마찬가지로 모든 실재가 우리에게 요구하지만 어떤 형태의 계시가 다른 형태의 계시보다 우선한다고 말함으로써 일반화할 수 있다. 이것에 대한 이유는 자연계시 자체가 특별계시보다 덜 권위적이어서가 아니라 자연계시에 대한 우리의 인식이 죄에 의해 모호하게 되었기 때문이다.

또한, 특별계시는 정확히 자연에 대한 우리의 죄로 왜곡된 오해를 시정하기 위해 하나님이 사용하시는 수단이다. 따라서 우리는 결코 하나님의 말씀을 자연 또는 우리 자신의 주관성과 혼동할 필요가 없다. "모든 것이 규범적"이지만 규범의 위계는 우리가 하나님의 말씀과 우리 마음의 충동 사이를 명확히 구별할 수 있게 한다. 이런 구분은 우리가 "규범"은 "객체" 또한/또는 "주체"와 동일한 것이 **아니**라고 말하게 한다. 규범과 객체 사이의 차이점은 위계에서 규범성의 차원들 사이의 차이점이다.

또한, 이것은 **기능**에서 차이점이다. "규범," "객체," "주체"는 모두 똑같은 실재를 의미한다. 이것들은 똑같은 영역을 다룬다. 하지만 각각 실재에 다른 기능을 돌린다. "규범"은 지성을 가진 주체를 다스리는 능력을 실재에 돌린다. "객체"는 지성을 가진 주체가 **알 수 있는** 존재의 속성을 실재에 돌린다. "주체"는 실재가 주체 자신과 분리될 수 없음과 그 자신의 경험 안에서 그리고 경험을 통해 발견되어야 함을 보여 준다.

참고 문헌

Abraham, W. J. *Canon and Criterion in Christian Theology: From the Fathers to Feminism.* Oxford: Clarendon, 1998.

Abramsky, S. "The Woman Leaning out the Window" [Hebrew]. *Beth Mikra* 80.2 (1980): 114–24.

Ackroyd, P. R. "Two Hebrew Notes." *Annual of the Swedish Theological Institute* 5 (1976): 82–86.

Aelred of Rievaulx. *Spiritual Friendship.* Translated by M. E. Laker. Cistercian Fathers 5. Kalamazoo, MI: Cistercian Publications, 1974.

Aland, B., et al., eds. *Novum Testamentum Graece post Eberhard et Erwin Nestle.* 27th ed. Stuttgart: Deutsche Bibelgesellschaft, 1993.

Allenbach, J., et al., eds. *Biblia Patristica: Index des Citations et Allusions Bibliques dans la Littérature Patristique.* 6 vols. plus supplement. Centre D'Analyse et de Documentation Patristiques. Paris: Centre National de la Recherche Scientifique, 1975–95.

Alonso-Schökel, L. *A Manual of Hebrew Poetics.* Subsidia biblica 11. Rome: Pontifical Biblical Institute Press, 1988.

Alter, R. *The Art of Biblical Poetry.* New York: Basic Books, 1985.

Anat, M. A. "The Lament over the Death of Human Beings in the Book of Qoheleth" [Hebrew]. *Beth Mikra* 15 (1970): 375–80.

Andersen, F. I. *Job: An Introduction and Commentary.* Tyndale Old Testament Commentaries. Downers Grove, IL: InterVarsity, 1976.

Anderson, H., and E. Foley. *Mighty Stories, Dangerous Rituals: Weaving Together the Human and the Divine.* San Francisco: Jossey-Bass, 1998.

Anderson, W. H. U. "The Curse of Work in Qoheleth: An Exposé of Gen. 3:17–19 in Ecclesiastes." *Evangelical Quarterly* 70 (1998): 99–113.

———. "Ironic Correlations and Scepticism in the Joy Statements of Qoheleth." *Scandinavian Journal of the Old Testament* 14.1 (2000): 67–100.

Archer, G. L. "The Linguistic Evidence for the Date of 'Ecclesiastes.'" *Journal of the Evangelical Theological Society* 12 (1969): 167–81.

Aristotle. *Nicomachean Ethics.* Translated by T. Irwin. Indianapolis: Hackett, 1985.

Astour, M. C. "Two Ugaritic Serpent Charms." *Journal of Near Eastern Studies* 27.1 (1968): 13–36.

Aune, D. E. "On the Origins of the 'Council of Javneh' Myth." *Journal of Biblical Literature* 110.3 (1991): 491–93.

Backhaus, F. J. *Denn Zeit und Zufall trifft sie alle: Zu Komposition und Gottesbild im Buch Qohelet*. Bonner biblische Beiträge 83. Frankfurt a.M.: Anton Hain, 1993.

Bakan, D. *Disease, Pain, and Sacrifice: Toward a Psychology of Suffering*. Chicago: University of Chicago Press, 1968.

Baldwin, J. G. "Is There Pseudonymity in the Old Testament?" *Themelios* 4.1 (1978): 6–12.

Barclay, W. *The Gospel of Matthew*. Vol. 1. New Daily Study Bible. Louisville: Westminster John Knox, 2001.

Barolín, D. "Eclesiastés 8:1–8: Consejos para leer entre líneas." *Cuadernos de teología* 20 (2001): 7–22.

Barr, J. *Biblical Words for Time*. Studies in Biblical Theology 1/33. London: SCM, 1962.

Barth, K. *Church Dogmatics*. Edited by G. W. Bromiley and T. F. Torrance. Translated by G. W. Bromiley et al. 4 vols. in 14. Repr., Edinburgh: T&T Clark, 2004.

———. *Homiletics*. Translated by G. Bromiley and D. E. Daniels. Louisville: Westminster John Knox, 1991.

Barthélemy, D. *Les devanciers d'Aquila: Première publication intégrale du texte des fragments du Dodécaprophéton trouvés dans le Désert de Juda, précédée d'une étude sur les traductions et recensions grecques de la Bible réalisées au premier siècle de notre ère sous l'influence du rabbinat palestinien*. Leiden: Brill, 1963.

Bartholomew, C. G. "Babel and Derrida: Postmodernism, Language and Biblical Interpretation." *Tyndale Bulletin* 49.2 (1998): 305–28.

———. "The Composition of Deuteronomy: A Critical Analysis of the Approaches of E. W. Nicholson and A. D. H. Mayes." MA thesis, Potchefstroom University, 1992.

———. "Covenant and Creation: Covenant Overload or Covenantal Deconstruction." *Calvin Theological Journal* 30 (1995): 11–33.

———. *Reading Ecclesiastes: Old Testament Exegesis and Hermeneutical Theory*. Analecta biblica 139. Rome: Pontifical Biblical Institute Press, 1998.

———. *Reading Proverbs with Integrity*. Cambridge, UK: Groves Books, 2001.

———. "A Time for War and a Time for Peace: Old Testament Wisdom, Creation and O'Donovan's Theological Ethics." In *A Royal Priesthood? The Use of the Bible Ethically and Politically: A Dialogue with Oliver O'Donovan*, edited by C. G. Bartholomew, J. Chaplin, R. Song, and A. Wolters, 91–112. Scripture and Hermeneutics Series 3. Grand Rapids: Zondervan, 2002.

Bartholomew, C. G., and M. W. Goheen. *The Drama of Scripture: Finding Our Place in the Biblical Story*. Grand Rapids: Baker Academic, 2004.

Bartholomew, C. G., and T. Moritz, eds. *Christ and Consumerism: A Critical Analysis of the Spirit of the Age*. Carlisle, UK: Paternoster, 2000.

Barton, G. A. *A Critical and Exegetical Commentary on the Book of Ecclesiastes*. International Critical Commentary. New York: Charles Scribner's Sons, 1908.

———. "The Text and Interpretation of Ecclesiastes 5:19." *Journal of Biblical Literature* 27.1 (1908): 65–66.

Barton, J. *Reading the Old Testament: Method in Biblical Study*. Rev. ed. Louisville: Westminster John Knox, 1997.

Barucq, A. *Ecclésiaste: Traduction et commentaire Qohéleth*. Verbum salutis 3. Paris: Beauchesne, 1968.
Bass, D. C. *Receiving the Day: Christian Practices for Opening the Gift of Time*. San Francisco: Jossey-Bass, 2001.
Baumgartner, W. "The Wisdom Literature." In *The Old Testament and Modern Study: A Generation of Discovery and Research*, edited by H. H. Rowley, 210–37. London: Clarendon, 1951.
Bavinck, H. *Reformed Dogmatics*. Edited by J. Bolt. Translated by J. Vriend. 4 vols. Grand Rapids: Baker Academic, 2003–8.
Beal, T. K. "C(ha)osmopolis: Qohelet's Last Words." In *God in the Fray: A Tribute to Walter Brueggemann*, edited by T. Linafelt and T. K. Beal, 290–304. Minneapolis: Fortress, 1998.
Becker, J. *Gottesfurcht im Alten Testament*. Analecta biblica 25. Rome: Pontifical Biblical Institute Press, 1965.
Beckwith, R. T. *The Old Testament Canon of the New Testament Church*. London: SPCK, 1985.
Beentjes, P. C. "Recente visies op Qohelet." *Bijdragen: Tidschrift voor Filosophie en Theologie* 41 (1980): 436–44.
———. "'Who Is Like the Wise?': Some Notes on Qohelet 8,1–15." In *Qohelet in the Context of Wisdom*, edited by A. Schoors, 303–15. Bibliotheca ephemeridum theologicarum lovaniensium 136. Leuven: Leuven University Press, 1998.
Bender, S. *Plain and Simple: A Woman's Journey to the Amish*. San Francisco: Harper & Row, 1989.
Berger, B. L. "Qohelet and the Exigencies of the Absurd." *Biblical Interpretation* 9.2 (2001): 141–79.
Berkouwer, G. C. *The Return of Christ*. Grand Rapids: Eerdmans, 1972.
Berry, W. *Another Turn of the Crank: Essays*. Washington, DC: Counterpoint, 2005.
———. *Life Is a Miracle: An Essay against Modern Superstition*. Washington, DC: Counterpoint, 2000.
———. *What Are People For? Essays by Wendell Berry*. New York: North Point, 1990.
Bianchi, F. "The Language of Qohelet: A Bibliographical Survey." *Zeitschrift für die alttestamentliche Wissenschaft* 105.2 (1993): 210–23.
Bickell, G. *Koheleth's Untersuchung über den Wert des Daseins*. Dem siebenten Internationalen orientalisten-congresse zu Wien hochachtungsvoll überreicht. Innsbruck: Wagner, 1884.
Blenkinsopp, J. "Ecclesiastes 3:1–15: Another Interpretation." *Journal for the Study of the Old Testament* 66 (1995): 55–64.
———. *Wisdom and Law in the Old Testament: The Ordering of Life in Israel and Early Judaism*. Oxford: Oxford University Press, 1995.
Blocher, H. *In the Beginning: The Opening Chapters of Genesis*. Translated by D. G. Preston. Downers Grove, IL: InterVarsity, 1984.
Bloom, H. "The Breaking of Form." In H. Bloom et al., *Deconstruction and Criticism*, 1–31. New York: Continuum, 1979.
Boehl, E. *De aramaismis libri Koheleth: Dissertatio historica et philologica qua librum Salomoni vindicare*. Erlangen: Th. Blaesing, 1860.
Bolin, T. M. "Rivalry and Resignation: Girard and Qoheleth on the Divine-Human Relationship." *Biblica* 86.2 (2005): 245–59.
Bonaventura. *Commentary on Ecclesiastes*. Works of St Bonaventure 7. Translated by R. J. Karris and Campion Murray. St. Bonaventure, NY: Franciscan Institute Publications, 2005.

Bonhoeffer, D. *Ethics*. Edited by E. Bethge. Translated by N. H. Smith. Library of Philosophy and Theology. London: SCM, 1995.

Booth, W. C. *The Rhetoric of Fiction*. 2nd ed. Chicago: University of Chicago Press, 1983.

Bosch, D. J. *Believing in the Future: Toward a Missiology of Western Culture*. Valley Forge, PA: Trinity Press International, 1995.

———. *Transforming Mission: Paradigm Shifts in Theology of Mission*. American Society of Missiology Series 16. New York: Orbis, 2003.

Botha, M. E. *Sosio-Kulturele Metavrae*. Amsterdam: Buijten en Schipperheijn, 1971.

Bozanich, R. "Donne and Ecclesiastes." *Proceedings of the Modern Language Association* 90.2 (1975): 270–76.

Braaten, C. E., and R. W. Jenson. "Preface." In *Either/Or: The Gospel or Neopaganism*, edited by C. E. Braaten and R. W. Jenson, 1–5. Grand Rapids: Eerdmans, 1995.

Braiterman, Z. *(God) After Auschwitz: Tradition and Change in Post-Holocaust Jewish Thought*. Princeton, NJ: Princeton University Press, 1998.

Branick, V. P. "Wisdom, Pessimism, and 'Mirth': Reflections on the Contribution of Biblical Wisdom Literature to Business Ethics." *Journal of Religious Ethics* 34.1 (2006): 69–87.

Braun, R. *Kohelet und die frühhellenistische Popularphilosophie*. Beihefte zur Zeitschrift für die alttestamentliche Wissenschaft 130. Berlin: de Gruyter, 1973.

Bream, H. N. "Life without Resurrection: Two Perspectives from Qoheleth." In *Light unto My Path: Old Testament Studies in Honor of Jacob M. Myers*, edited by H. N. Bream, Ralph D. Heim, and C. A. Moore, 49–65. Gettysburg Theological Studies 4. Philadelphia: Temple University Press, 1974.

Brenner, A. *Colour Terms in the Old Testament*. Journal for the Study of the Old Testament Supplement 21. Sheffield: JSOT Press, 1982.

Brin, G. *The Concept of Time in the Bible and the Dead Sea Scrolls*. Studies on the Texts of the Desert of Judah 39. Leiden: Brill, 2001.

Brown, C. *Philosophy and the Christian Faith: A Historical Sketch from the Middle Ages to the Present Day*. Downers Grove, IL: InterVarsity, 1969.

Brown, F., S. R. Driver, and C. A. Briggs. *A Hebrew and English Lexicon of the Old Testament*. Oxford: Clarendon, 1907.

Brown, W. P. *Ecclesiastes*. Interpretation: A Bible Commentary for Teaching and Preaching. Louisville: Westminster John Knox, 2000.

———. "'Whatever Your Hand Finds to Do': Qoheleth's Work Ethic." *Interpretation* 55.3 (2001): 271–84.

Broyde, M. J. "Defilement of the Hands, Canonization of the Bible, and the Special Status of Esther, Ecclesiastes, and Song of Songs." *Judaism* 44.1 (1995): 65–79.

Brueggemann, W. *The Creative Word: Canon as Model for Biblical Education*. Philadelphia: Fortress, 1982.

———. "Response to J. Richard Middleton." *Harvard Theological Review* 87 (1994): 279–89.

———. "The Social Significance of Solomon as a Patron of Wisdom." In *Sage in Israel and the Ancient Near East*, 117–32. Winona Lake, IN: Eisenbrauns, 1990.

———. "Trajectories in Old Testament Literature and the Sociology of Ancient Israel." *Journal of Biblical Literature* 98.1 (1979): 161–85.

Bruns, J. E. "Some Reflections on Coheleth and John." *Catholic Biblical Quarterly* 25 (1963): 414–16.

Bryce, G. E. "'Better'-Proverbs: An Historical and Structural Study." In *Society of Biblical Literature Seminar Papers*, edited by L. C. McGaughy, 343–54. Missoula, MT: Society of Biblical Literature, 1972.
Buckley, M. J. *At the Origins of Modern Atheism*. New Haven: Yale University Press, 1987.
Bühlman, A. "The Difficulty of Thinking in Greek and Speaking in Hebrew (Qoheleth 3.18; 4.13–16; 5.8)." *Journal for the Study of the Old Testament* 90 (2000): 101–8.
Bukdahl, J. *Søren Kierkegaard and the Common Man*. Grand Rapids: Eerdmans, 2001.
Bultmann, R. *Der Stil der paulinischen Predigt und die kynisch-stoische Diatribe*. Göttingen: Vandenhoeck & Ruprecht, 1984.
Burkes, S. L. *Death in Qoheleth and Egyptian Biographies of the Late Period*. Society of Biblical Literature Dissertation Series 170. Atlanta: Scholars Press, 1999.
Burkitt, F. C. "Is Ecclesiastes a Translation?" *Journal of Theological Studies* 23 (1922): 22–28.
Burrell, D. B. *Friendship and Ways to Truth*. Notre Dame, IN: University of Notre Dame Press, 2000.
Burtchaell, J. T. *The Dying of the Light: The Disengagement of Colleges and Universities from Their Christian Churches*. Grand Rapids: Eerdmans, 1998.
Busto Saiz, J. R. "Estructura métrica y estrófica del 'poema sobre la juventud y la vejez': Qohelet 11,7–12,7." *Serafad* 43 (1983): 17–25.
Butler, C. *Western Mysticism: The Teaching of Augustine, Gregory and Bernard on Contemplation and the Contemplative Life*. 2nd ed. New York: Harper, 1966.
Carasik, M. "Qohelet's Twists and Turns." *Journal for the Study of the Old Testament* 28 (2003): 192–209.
Carlebach, J. *Das Buch Koheleth*. Frankfurt: Hermon-Verlag, 1936.
Casey, E. S. *Getting Back into Place: Toward a Renewed Understanding of the Place-World*. Bloomington and Indianapolis: Indiana University Press, 1993.
———. *Spirit and Soul: Essays in Philosophical Psychology*. Dallas: Spring Publications, 1991.
Castellino, G. "Qohelet and His Wisdom." *Catholic Biblical Quarterly* 30 (1968): 15–28.
Catechism of the Catholic Church: With Modifications from the Editio typica. New York: First Image, 1995.
Caws, M. A. *Reading Frames in Modern Fiction*. Princeton, NJ: Princeton University Press, 1985.
Ceresko, A. R. "The Function of *Antanaclasis* (*mṣ'* 'To Find' // *mṣ'* 'To Reach, Overtake, Grasp') in Hebrew Poetry, Especially in the Book of Qoheleth." *Catholic Biblical Quarterly* 44.4 (1982): 551–69.
Childs, B. S. *Introduction to the Old Testament as Scripture*. Philadelphia: Fortress, 1979.
Christianson, E. S. *Ecclesiastes through the Centuries*. Blackwell Bible Commentaries. Malden, MA: Blackwell, 2007.
———. "Qoheleth and the Existential Legacy of the Holocaust." *Heythrop Journal* 38 (1997): 35–50.
———. *A Time to Tell: Narrative Strategies in Ecclesiastes*. Journal for the Study of the Old Testament Supplement 280. Sheffield: Sheffield Academic Press, 1998.
Christianson, E., and T. McWilliams. "Voltaire's Précis of Ecclesiastes: A Case Study in the Bible's Afterlife." *Journal for the Study of the Old Testament* 29 (2005): 455–84.
Clemens, D. M. "The Law of Sin and Death: Ecclesiastes and Genesis 1–3." *Themelios* 19.3 (1994): 5–8.

Clements, R. E. *A Century of Old Testament Study*. Cambridge: Lutterworth, 1976.
Clines, D. J. A. *Job 1–20*. Word Biblical Commentary 17. Waco: Word, 1989.
Clouser, R. A. *The Myth of Religious Neutrality: An Essay on the Hidden Role of Religious Belief in Theories*. Rev. ed. Notre Dame, IN: University of Notre Dame Press, 2005.
Cogan, M. "A Technical Term for Exposure." *Journal of Near Eastern Studies* 27.2 (1968): 133–35.
Collins, G. R. *Christian Counseling: A Comprehensive Guide*. Waco: Word, 1980.
Collins, J. J. *Proverbs and Ecclesiastes*. Atlanta: John Knox, 1980.
Cook, G., et al. *Let My People Live: Faith and Struggle in Central America*. Project coordinator G. Spykman. Grand Rapids: Eerdmans, 1988.
Cox, D. "Sedaqa and Mispat: The Concept of Righteousness in Later Wisdom." *Liber annuus* 27 (1977): 33–50.
Crenshaw, J. L. *Ecclesiastes: A Commentary*. Old Testament Library. Philadelphia: Westminster, 1987.
———. "Ecclesiastes, Book of." In *Anchor Bible Dictionary*, edited by D. N. Freedman, 2:271–80. New York: Doubleday, 1992.
———. "Ecclesiastes: Odd Book In." *Bible Review* 6 (1990): 28–33.
———. "The Eternal Gospel (Eccl 3:11)." In *Essays in Old Testament Ethics: J Philip Hyatt, in Memoriam*, edited by J. L. Crenshaw and J. T. Willis, 23–55. New York: Ktav, 1974.
———. "The Expression *mî yôdēaʿ* in the Hebrew Bible." *Vetus Testamentum* 36.3 (1986): 274–88.
———. "In Search of Divine Presence: Some Remarks Preliminary to a Theology of Wisdom." *Review & Expositor* 74 (1977): 353–69.
———. "Method in Determining Wisdom Influence upon Historical Literature." *Journal of Biblical Literature* 88.1 (1969): 129–42.
———. "Popular Questioning of the Justice of God in Ancient Israel." *Zeitschrift für die alttestamentliche Wissenschaft* 82.3 (1970): 380–95.
———. "Prohibitions in Proverbs and Qoheleth." In *Priests, Prophets and Scribes: Essays on the Formation and Heritage of Second Temple Judaism in Honour of Joseph Blenkinsopp*, edited by R. P. Carroll et al., 115–24. Journal for the Study of the Old Testament Supplement 149. Sheffield: JSOT Press, 1992.
———. "Qoheleth's Understanding of Intellectual Inquiry." In *Qohelet in the Context of Wisdom*, edited by A. Schoors, 204–24. Bibliotheca ephemeridum theologicarum lovaniensium 136. Leuven: Leuven University Press, 1998.
———. "Unresolved Issues in Wisdom Literature." In *An Introduction to Wisdom Literature and the Psalms: Festschrift Marvin E. Tate*, edited by H. W. Ballard Jr. and W. D. Tucker Jr., 215–27. Macon, GA: Mercer University Press, 2000.
———. "Wisdom and Authority: Sapiential Rhetoric and Its Warrants." In *Congress Volume: Vienna, 1980*, edited by J. A. Emerton, 10–29. Vetus Testamentum Supplement 32. Leiden: Brill, 1981.
———. "The Wisdom Literature." In *The Hebrew Bible and Its Modern Interpreters*, edited by D. A. Knight and G. M. Tucker, 369–407. Philadelphia: Fortress, 1985.
———. "Youth and Old Age in Qoheleth." *Hebrew Annual Review* 10 (1986): 1–13.
———, ed. *Studies in Ancient Israelite Wisdom*. New York: Ktav, 1976.
Crouch, W. B. "To Question an End, to End a Question: Opening the Closure of the Book of Jonah." *Journal for the Study of the Old Testament* 62 (1994): 101–12.

Crüsemann, F. "Hiob und Kohelet." In *Werden und Wirken des Alten Testaments: Festschrift für Claus Westermann zum 70 Geburtstag*, edited by R. Albertz, 373–93. Göttingen: Vandenhoeck & Ruprecht, 1980.

———. "The Unchangeable World: The 'Crisis of Wisdom' in Koheleth." In *God of the Lowly: Socio-Historical Interpretations of the Bible*, edited by W. Schottroff and W. Stegemann, 57–77. Translated by M. J. O'Connell. Maryknoll, NY: Orbis, 1984.

Cullmann, O. *Christ and Time: The Primitive Christian Conception of Time and History*. Rev. ed. Translated by F. V. Filson. Philadelphia: Westminster, 1957.

Dahood, M. J. "Canaanite-Phoenician Influence in Qoheleth." *Biblica* 33 (1952): 30–52, 191–221.

———. "Language of Qoheleth." *Catholic Biblical Quarterly* 14.3 (1952): 227–32.

———. "The Phoenician Background of Qoheleth." *Biblica* 47.2 (1966): 264–82.

———. "Qoheleth and Northwest Semitic Philology." *Biblica* 43 (1962): 349–56, 358–59.

———. "Qoheleth and Recent Discoveries." *Biblica* 39.3 (1958): 302–18.

Davidson, R. *The Courage to Doubt: Exploring an Old Testament Theme*. London: SCM, 1989.

Davis, E. F. *Wondrous Depth: Preaching the Old Testament*. Louisville: Westminster John Knox, 2005.

Davis, S. T. "Free Will and Evil." In *Encountering Evil: Live Options in Theodicy*, edited by S. T. Davis, 69–83. Atlanta: John Knox, 1981.

———. Introduction to *Encountering Evil: Live Options in Theodicy*, edited by S. T. Davis, 1–6. Atlanta: John Knox, 1981.

Day, J., R. P. Gordon, and H. G. M. Williamson, eds. *Wisdom in Ancient Israel: Essays in Honour of J. A. Emerton*. Cambridge: Cambridge University Press, 1995.

De Geus, C. H. J. *Towns in Ancient Israel and in the Southern Levant*. Palestina Antiqua 10. Leeuven: Peeters, 2003.

Delitzsch, F. *Proverbs, Ecclesiastes, Song of Solomon*. Translated by M. G. Easton. Grand Rapids: Eerdmans, 1975 (1872).

Dell, K. J. "Ecclesiastes as Wisdom: Consulting Early Interpreters." *Vetus Testamentum* 44.3 (1994): 301–29.

Derrida, J. *Dissemination*. Translated by B. Johnson. Chicago: University of Chicago Press, 1981.

———. *The Gift of Death*. Translated by D. Wills. Chicago: University of Chicago Press, 1996.

———. *Of Grammatology, Corrected Edition*. Translated by G. C. Spivak. Baltimore: Johns Hopkins University Press, 1998.

———. "Structure, Sign and Play in the Discourse of the Human Sciences." In *Writing and Difference*, 278–93. Translated by A. Bass. Chicago: University of Chicago Press, 1978.

———. *Writing and Difference*. Translated by A. Bass. Chicago: University of Chicago Press, 1978.

Dillard, A. *The Annie Dillard Reader*. San Francisco: HarperPerennial, 1994.

Dillard, R. B., and T. Longman III. *An Introduction to the Old Testament*. Grand Rapids: Zondervan, 1994.

Dollimore, J. *Death, Desire and Loss in Western Culture*. London: Allen Lane, 1998.

Drewes, B. F. "Reading the Bible in Context: An Indonesian and a Mexican Commentary on Ecclesiastes: Contextual Interpretations." *Exchange* 34.2 (2005): 120–33.

Crüsemann, F. "Hiob und Kohelet." In *Werden und Wirken des Alten Testaments: Festschrift für Claus Westermann zum 70 Geburtstag*, edited by R. Albertz, 373–93. Göttingen: Vandenhoeck & Ruprecht, 1980.

———. "The Unchangeable World: The 'Crisis of Wisdom' in Koheleth." In *God of the Lowly: Socio-Historical Interpretations of the Bible*, edited by W. Schottroff and W. Stegemann, 57–77. Translated by M. J. O'Connell. Maryknoll, NY: Orbis, 1984.

Cullmann, O. *Christ and Time: The Primitive Christian Conception of Time and History*. Rev. ed. Translated by F. V. Filson. Philadelphia: Westminster, 1957.

Dahood, M. J. "Canaanite-Phoenician Influence in Qoheleth." *Biblica* 33 (1952): 30–52, 191–221.

———. "Language of Qoheleth." *Catholic Biblical Quarterly* 14.3 (1952): 227–32.

———. "The Phoenician Background of Qoheleth." *Biblica* 47.2 (1966): 264–82.

———. "Qoheleth and Northwest Semitic Philology." *Biblica* 43 (1962): 349–56, 358–59.

———. "Qoheleth and Recent Discoveries." *Biblica* 39.3 (1958): 302–18.

Davidson, R. *The Courage to Doubt: Exploring an Old Testament Theme*. London: SCM, 1989.

Davis, E. F. *Wondrous Depth: Preaching the Old Testament*. Louisville: Westminster John Knox, 2005.

Davis, S. T. "Free Will and Evil." In *Encountering Evil: Live Options in Theodicy*, edited by S. T. Davis, 69–83. Atlanta: John Knox, 1981.

———. Introduction to *Encountering Evil: Live Options in Theodicy*, edited by S. T. Davis, 1–6. Atlanta: John Knox, 1981.

Day, J., R. P. Gordon, and H. G. M. Williamson, eds. *Wisdom in Ancient Israel: Essays in Honour of J. A. Emerton*. Cambridge: Cambridge University Press, 1995.

De Geus, C. H. J. *Towns in Ancient Israel and in the Southern Levant*. Palestina Antiqua 10. Leeuven: Peeters, 2003.

Delitzsch, F. *Proverbs, Ecclesiastes, Song of Solomon*. Translated by M. G. Easton. Grand Rapids: Eerdmans, 1975 (1872).

Dell, K. J. "Ecclesiastes as Wisdom: Consulting Early Interpreters." *Vetus Testamentum* 44.3 (1994): 301–29.

Derrida, J. *Dissemination*. Translated by B. Johnson. Chicago: University of Chicago Press, 1981.

———. *The Gift of Death*. Translated by D. Wills. Chicago: University of Chicago Press, 1996.

———. *Of Grammatology, Corrected Edition*. Translated by G. C. Spivak. Baltimore: Johns Hopkins University Press, 1998.

———. "Structure, Sign and Play in the Discourse of the Human Sciences." In *Writing and Difference*, 278–93. Translated by A. Bass. Chicago: University of Chicago Press, 1978.

———. *Writing and Difference*. Translated by A. Bass. Chicago: University of Chicago Press, 1978.

Dillard, A. *The Annie Dillard Reader*. San Francisco: HarperPerennial, 1994.

Dillard, R. B., and T. Longman III. *An Introduction to the Old Testament*. Grand Rapids: Zondervan, 1994.

Dollimore, J. *Death, Desire and Loss in Western Culture*. London: Allen Lane, 1998.

Drewes, B. F. "Reading the Bible in Context: An Indonesian and a Mexican Commentary on Ecclesiastes: Contextual Interpretations." *Exchange* 34.2 (2005): 120–33.

Driver, S. R. *An Introduction to the Literature of the Old Testament*. Repr., Gloucester: Peter Smith, 1972.

Du Plessis, S. J. "Aspects of Morphological Peculiarities of the Language of Qoheleth." In *De fructu oris sui: Essays in Honour of Adrianus van Selms*, edited by I. H. Eybers et al., 164–80. Pretoria Oriental Series 9. Leiden: Brill, 1971.

Eaton, M. A. *Ecclesiastes*. Tyndale Old Testament Commentaries. Downers Grove, IL: InterVarsity, 1983.

Eco, U. *Interpretation and Overinterpretation*. Edited by S. Collini. Cambridge: Cambridge University Press, 1992.

Edinger, E. F. *Ego and Archetype: Individuation and the Religious Function of the Psyche*. 1972. Repr., Boston: Shambala, 1992.

Ehlich, K. "*Hbl*—Metaphern der Nichtigkeit." In *"Jedes Ding hat seine Zeit . . .": Studien zur israelitischen und altorientalischen Weisheit: Diethelm Michel zum 65 Geburtstag*, edited by A. A. Diesel et al., 49–64. Beihefte zur Zeitschrift für die alttestamentliche Wissenschaft 241. Berlin: de Gruyter, 1996.

Ehrlich, A. *Randglossen zur hebräischen Bibel*. Vol. 7. Leipzig: Hinrich, 1914.

Ellermeier. F. *Qohelet*. Part 1. 2 sections. Herzberg am Harz: Erwin Junger, 1967–70.

Ellul, J. *The Ethics of Freedom*. Translated by G. W. Bromiley. Grand Rapids: Eerdmans, 1976.

———. *The Reason for Being: A Meditation on Ecclesiastes*. Translated by J. M. Hanks. Grand Rapids: Eerdmans, 1990.

Everson, S., ed. *Epistemology*. Companions to Ancient Thought 1. Cambridge: Cambridge University Press, 1990.

Farmer, K. A. *Who Knows What Is Good: A Commentary on the Books of Proverbs and Ecclesiastes*. International Theological Commentary. Grand Rapids: Eerdmans, 1991.

Fisch, H. *Poetry with a Purpose: Biblical Poetics and Interpretation*. Bloomington: Indiana University Press, 1988.

Fischer, S. "Qohelet and 'Heretic' Harpers' Songs." *Journal for the Study of the Old Testament* 98 (2002): 105–21.

Fishbane, M. *Biblical Interpretation in Ancient Israel*. Oxford: Clarendon, 1991.

Ford, D. F. *Self and Salvation: Being Transformed*. Cambridge: Cambridge University Press, 1999.

Forman, C. C. "Koheleth's Use of Genesis." *Journal of Semitic Studies* 5 (1960): 256–63.

Forsyth, P. T. *The Justification of God: Lectures for War-Time on a Christian Theodicy*. New York: Scribner's Sons, 1917.

———. *Positive Preaching and the Modern Mind*. Repr., Carlisle, UK: Paternoster, 1998.

Fox, M. V. "The Book of Qohelet and Its Relation to the Wisdom School" [Hebrew]. PhD diss., Hebrew University of Jerusalem, 1972.

———. *Ecclesiastes*. Jewish Publication Society Torah Commentary. Philadelphia: Jewish Publication Society, 2004.

———. "Frame-Narrative and Composition in the Book of Qohelet." *Hebrew Union College Annual* 48 (1977): 83–106.

———. *Proverbs 1–9: A New Translation with Introduction and Commentary*. Anchor Bible 18A. New York: Doubleday, 2000.

———. "Qohelet 1.4." *Journal for the Study of the Old Testament* 40 (1988): 109.

———. *Qohelet and His Contradictions*. Journal for the Study of the Old Testament Supplement 71. Sheffield: Sheffield Academic Press, 1989.

———. "Qohelet's Epistemology." *Hebrew Union College Annual* 58 (1987): 137–55.

———. "Time in Qohelet's 'Catalogue of Times.'" *Journal of Northwest Semitic Languages* 24.1 (1998): 25–39.

———. *A Time to Tear Down and a Time to Build Up: A Rereading of Ecclesiastes*. Grand Rapids: Eerdmans, 1999.

———. "Wisdom in Qoheleth." In *In Search of Wisdom: Essays in Memory of John G. Gammie*, edited by L. G. Perdue, B. B. Scott, and W. J. Wiseman, 115–31. Louisville: Westminster John Knox, 1993.

Fox, M. V., and B. Porten. "Unsought Discoveries: Qohelet 7:23–8:1a." *Hebrew Studies* 19 (1978): 26–38.

France, R. T. *Matthew: An Introduction and Commentary*. Tyndale New Testament Commentaries. Grand Rapids: Eerdmans, 1985.

Frede, M. "An Empiricist View of Knowledge: Memorism." In *Epistemology*, edited by S. Everson, 225–50. Companions to Ancient Thought 1. New York: Cambridge University Press, 1990.

Fredericks, D. C. "Chiasm and Parallel Structure in Qoheleth 5:9–6:9." *Journal of Biblical Literature* 108.1 (1989): 17–35.

———. *Coping with Transcience: Ecclesiastes on the Brevity of Life*. Biblical Seminar 18. Sheffield: JSOT Press, 1993.

———. "Life's Storms and Structural Unity in Qoheleth 11:1–12:8." *Journal for the Study of the Old Testament* 52 (1991): 95–114.

———. *Qoheleth's Language: Re-evaluating Its Nature and Date*. Ancient Near Eastern Texts and Studies 3. Lewiston, NY: Edwin Mellen, 1988.

Freud, S. *Interpretation of Dreams*. Translated by A. A. Brill. Hertfordshire, UK: Wordsworth, 1997.

Frydrych, T. *Living under the Sun: Examination of Proverbs and Qoheleth*. Vetus Testamentum Supplement 90. Leiden: Brill, 2001.

Gadamer, H.-G. "Dialogues in Capri." In *Religion*, edited by J. Derrida and G. Vattimo, 200–211. Cambridge, UK: Polity Press, 1998.

———. *Truth and Method*. Translated by J. Weisenheimer and D. G. Marshall. 2nd ed. London: Sheed and Ward, 1989.

Gaede, S. D. *Where Gods May Dwell: Understanding the Human Condition*. Grand Rapids: Zondervan, 1985.

Galling, K. "Kohelet-Studien." *Zeitschrift für die alttestamentliche Wissenschaft* 50 (1932): 276–99.

———. *Der Prediger*. In *Die fünf Megilloth*, by M. Haller and K. Galling, 73–125. 2nd ed. Handbuch zum Alten Testament 18. Tübingen: Mohr/Siebeck, 1969.

Gammie, J. G. "Stoicism and Anti-Stoicism in Qoheleth." *Hebrew Annual Review* 9 (1985): 169–87.

Gentry, P. J. "Hexaplaric Materials in Ecclesiastes and the Role of the Syro-Hexapla." *Aramaic Studies* 1.1 (2003): 5–28.

George, M. K. "Death as the Beginning of Life in the Book of Ecclesiastes." In *Strange Fire: Reading the Bible after the Holocaust*, edited by T. Linafelt, 280–93. New York: New York University Press, 2000.

Gergen, K. J. *The Saturated Self: Dilemmas of Identity in Contemporary Life*. New York: Basic Books, 1991.

Gese, H. "The Crisis of Wisdom in Koheleth." In *Theodicy in the Old Testament*, edited by J. L. Crenshaw, 141–53. Issues in Religion and Theology 4. Philadelphia: Fortress, 1983.

Giese, C. P. "The Genre of Ecclesiastes as Viewed by Its Septuagint Translator and the Early Church Fathers." PhD diss., Hebrew Union College, 1999.

Gilkey, L. *Maker of Heaven and Earth: A Study of the Christian Doctrine of Creation*. Garden City, NY: Doubleday, 1959.

———. *Shantung Compound: The Story of Men and Women under Pressure*. New York: Harper & Row, 1966.

Gilson, E. *The Spirit of Mediaeval Philosophy*. Translated by A. H. C. Downes. Notre Dame, IN: University of Notre Dame Press, 1991.

Ginsberg, H. L. *Koheleth*. Tel-Aviv and Jerusalem: M. Newman, 1961.

———. *Studies in Koheleth*. Texts and Studies of the Jewish Theological Seminary of America 17. New York: Jewish Theological Seminary of America, 1950.

Ginsburg, C. D. *Coheleth, Commonly Called the Book of Ecclesiastes*. London: Longman, Green, Longman and Roberts, 1861.

———. *The Song of Songs and Coheleth (Commonly Called the Book of Ecclesiastes)*. Repr., New York: Ktav, 1970.

Gladson, J. A. "Retributive Paradoxes in Prov. 10–29." PhD diss., Vanderbilt University, 1978.

Glymour, C. "The Epistemology of Geometry." In *The Philosophy of Science*, edited by R. Boyd, P. Gasper, and J. D. Trout, 485–501. Cambridge, MA: MIT Press, 1991.

Goheen, M. W., and C. G. Bartholomew. *Living at the Crossroads: An Introduction to Christian Worldview*. Grand Rapids: Baker Academic, 2008.

Goldingay, J. *Theological Diversity and the Authority of the Old Testament*. Grand Rapids: Eerdmans, 1987.

Good, E. M. *Irony in the Old Testament*. Philadelphia: Westminster, 1965.

———. "The Unfilled Sea: Style and Meaning in Ecclesiastes 1:2–11." In *Israelite Wisdom: Theological and Literary Essays in Honor of Samuel Terrien*, edited by J. G. Gammie, 59–73. Missoula, MT: Scholars Press, 1978.

Gordis, R. *Koheleth—the Man and His World*. 3rd ed. New York: Schocken, 1968.

———. "Qoheleth and Qumran—A Study of Style." *Biblica* 41.4 (1960): 395–410.

———. "Quotations as a Literary Usage in Biblical, Oriental, and Rabbinic Literature." *Hebrew Union College Annual* 22 (1949): 157–219.

———. "Quotations in Wisdom Literature." *Jewish Quarterly Review* 30.2 (1939): 123–47.

Goudzwaard, B., and H. M. de Lange. *Beyond Poverty and Affluence: Toward a Canadian Economy of Care*. Translated and edited by M. R. Vander Vennen. 3rd ed. Toronto: University of Toronto Press, 1995.

Gourevitch, P. *We Wish to Inform You That Tomorrow We Will Be Killed with Our Families: Stories from Rwanda*. New York: Picador, 1998.

Graetz, H. *Kohelet oder der Salomonische Prediger: Übersetzt und kritisch erläutert*. Leipzig: C. F. Winter'sche Verlagshandlung, 1871.

Greenberg, M. "*Nsh* in Exodus 20:20 and the Purpose of the Sinaitic Theophany." *Journal of Biblical Literature* 79.3 (1960): 273–76.

Greenfield, J. C. "Lexicographical Notes I." *Hebrew Union College Annual* 29 (1958): 203–38.

Griffin, D. R. "Creation out of Nothing, Creation out of Chaos, and the Problem of Evil." In *Encountering Evil: Live Options in Theodicy*, edited by S. T. Davis, 101–19. Edinburgh: T&T Clark, 1981.

Guillaume, A. "A Note on *blʿ*." *Journal of Theological Studies* 13 (1962): 320–22.

Gunton, C. E. *The One, the Three, and the Many: God, Creation, and the Culture of Modernity*. Bampton Lectures 1992. Cambridge: Cambridge University Press, 1993.

Habel, N. C. *The Book of Job: A Commentary*. Old Testament Library. Philadelphia: Westminster, 1985.

Haden, N. K. "Qoheleth and the Problem of Alienation." *Christian Scholar's Review* 17.1 (1987): 52–66.

Haran, M. *The Biblical Collection: Its Consolidation to the End of the Second Temple Times and Changes of Form to the End of the Middle Ages* [Hebrew]. 2 vols. Jerusalem: Mosad Byalik, 1996–2003.

Harris, R. C. "Ecclesiastical Wisdom and *Nickel Mountain*." *Twentieth Century Literature* 26.4 (1980): 424–31.

Harrison, C. R. "Qoheleth among the Sociologists." *Biblical Interpretation* 5.2 (1997): 160–80.

———. "Qoheleth in Social-Historical Perspective." PhD diss., Duke University, 1991.

Harrison, R. K. "Garden." In *The International Standard Bible Encyclopedia*, edited by G. W. Bromiley, 2:399–400. Grand Rapids: Eerdmans, 1982.

Harsanyi, M. A., and S. P. Harter. "Ecclesiastes Effects." *Scientometrics* 27.1 (1993): 93–96.

Hauerwas, S. *Naming the Silences: God, Medicine, and the Problem of Suffering*. Grand Rapids: Eerdmans, 1990.

Haupt, P. "Assyr. *lâm içcûri çabâri*, 'Before the Birds Cheep.'" *American Journal of Semitic Languages and Literatures* 32.2 (1916): 143–44.

———. *The Book of Ecclesiastes: A New Metrical Translation, with an Introduction and Explanatory Notes*. Baltimore: Johns Hopkins Press, 1905.

Hayman, A. P. "Qohelet, the Rabbis and the Wisdom Text from the Cairo Geniza." In *Understanding Poets and Prophets: Essays in Honour of George Wishart Anderson*, edited by A. G. Auld, 149–65. Journal for the Study of the Old Testament Supplement 152. Sheffield: JSOT Press, 1993.

Heidegger, M. *Being and Time*. Translated by J. Macquarrie and E. Robinson. Oxford: Blackwell, 1962.

Helsel, P. B. "Warren Zevon's *The Wind* and Ecclesiastes: Searching for Meaning at the Threshold of Death." *Journal of Religion and Health* 46.2 (2007): 205–18.

Hengel, M. *Judaism and Hellenism*. Translated by J. Bowden. 2 vols. Philadelphia: Fortress, 1974.

Hengstenberg, E. W. *A Commentary on Ecclesiastes*. 1869. Repr., Evansville, IN: Sovereign Grace, 1960.

———. "Ecclesiastes." In *A Cyclopaedia of Biblical Literature*, edited by J. Kitto, 1:593–97. Edinburgh: Adam and Charles Black, 1845.

Herrera, R. A. *Reasons for Our Rhymes: An Inquiry into the Philosophy of History*. Grand Rapids: Eerdmans, 2001.

Hertzberg, H. W. *Der Prediger*. Kommentar zum Alten Testament 17.4. Gütersloh: Mohn, 1963.

Hesse, M. B. "Cognitive Claims of Metaphor." *Journal of Speculative Philosophy* 2.1 (1988): 1–16.

———. *Models and Analogies in Science*. Notre Dame, IN: University of Notre Dame Press, 1966.

Hick, J. H. "An Irenaean Theodicy." In *Encountering Evil: Live Options in Theodicy*, edited by S. T. Davis, 39–52. Edinburgh: T&T Clark, 1981.

Hillesum, E. *An Interrupted Life: The Diaries, 1941–1943 and Letters from Westerbork*. Translated by A. J. Pomerans. New York: Holt, 1996.

Himmelfarb, G. *On Looking into the Abyss: Thoughts on Culture and Society*. New York: Knopf, 1994.

Hirshman, M. "The Greek Fathers and the Aggada on Ecclesiastes: Formats of Exegesis in Late Antiquity." *Hebrew Union College Annual* 59 (1988): 137–65.

———. "The Preacher and His Public in Third-Century Palestine." *Journal of Jewish Studies* 42.1 (1991): 108–14.

———. "Qohelet's Reception and Interpretation in Early Rabbinic Literature." In *Studies in Ancient Midrash*, edited by J. L. Kugel, 87–99. Cambridge, MA: Harvard University Center for Jewish Studies, 2001.

———. "Rabbinic Views of Qohelet." *Jewish Quarterly Review* 91.3–4 (2001): 477–78.

———. *A Rivalry of Genius: Jewish and Christian Biblical Interpretation in Late Antiquity*. Translated by B. Stein. Albany: State University of New York Press, 1996.

Hitzig, F. *Der Prediger Salomo's*. Kurzgefasstes exegetisches Handbuch zum Alten Testament 7. Leipzig: Weidmann, 1847.

Hoffman, Y. *A Blemished Perfection: The Book of Job in Context*. Journal for the Study of the Old Testament Supplement 213. Sheffield: Sheffield Academic Press, 1996.

Holm-Nielsen, S. "The Book of Ecclesiastes and the Interpretation of It in Jewish and Christian Theology." *Annual of the Swedish Theological Institute* 10 (1976): 38–96.

Homan, M. M. "Beer Production by Throwing Bread into Water: A New Interpretation of Qoh. XI 1–2." *Vetus Testamentum* 52.2 (2002): 275–78.

Hubbard, D. A. "The Wisdom Movement and Israel's Covenant Faith." *Tyndale Bulletin* 17 (1966): 3–33.

Huehnergard, J. "Asseverative *la and Hypothetical *lu/law in Semitic." *Journal of the American Oriental Society* 103.3 (1983): 569–93.

Hume, D. *Dialogues concerning Natural Religion*. London: Penguin Classics, 1990.

Hurvitz, A. Review of *Qoheleth's Language: Re-evaluating Its Nature and Date*, by D. C. Fredericks. *Hebrew Studies* 31 (1990): 144–54.

Hyvärinen, K. *Die Übersetzung von Aquila*. Uppsala: Almqvist & Wiksell, 1977.

Ilibagiza, I., and S. Erwin. *Left to Tell: Discovering God amidst the Rwandan Holocaust*. Carlsbad, CA: Hay House, 2007.

Ingraffia, B. D. *Postmodern Theory and Biblical Theology: Vanquishing God's Shadow*. Cambridge: Cambridge University Press, 1995.

Ingram, D. *Ambiguity in Ecclesiastes*. Library of Hebrew Bible/Old Testament Studies 431. New York: T&T Clark, 2006.

Irwin, W. A. "Ecclesiastes 4:13–16." *Journal of Near Eastern Studies* 3 (1944): 255–57.

———. "Ecclesiastes 8:2–9." *Journal of Near Eastern Studies* 4 (1945): 130–31.

Isaksson, B. *Studies in the Language of Qoheleth: With Special Emphasis on the Verbal System*. Acta Universitatis Upsaliensis. Studi Semitica Upsaliensia 10. Stockholm: Almqvist & Wiksell, 1987.

Jacob, M. "Post-Traumatic Stress Disorder: Facing Futility in and after Vietnam." *Currents in Theology and Mission* 10 (1983): 291–98.

Japhet, S., and R. B. Salters, trans. *The Commentary of R. Samuel Ben Meir (Rashbam) on Qoheleth*. Jerusalem: Magnes, 1985.

Jarick, J. "Aquila's Koheleth." *Textus* 15 (1990): 131–39.

———. "The Hebrew Book of Changes: Reflections on *Hakkōl Hebel* and *Lakkōl Zemān* in Ecclesiastes." *Journal for the Study of the Old Testament* 90 (2000): 79–99.

———. "Theodore of Mopsuestia and the Interpretation of Ecclesiastes." In *The Bible in Human Society: Essays in Honour of John Rogerson*, edited by D. J. A. Clines, P. R. Davies, and M. D. Carroll R., 306–16. Journal for the Study of the Old Testament Supplement 300. Sheffield: Sheffield Academic Press, 1995.

———. "Theodore of Mopsuestia and the Text of Ecclesiastes." In *VIII Congress of the International Organization for Septuagint and Cognate Studies: Paris 1992*, edited by L. J. Greenspoon and O. Munnich, 367–85. Society of Biblical Literature Septuagint and Cognate Studies 41. Atlanta: Scholars Press, 1995.

Jaspers, K. *Nietzsche: An Introduction to the Understanding of His Philosophical Activity*. Translated by C. F. Wallraff and F. J. Schmitz. Baltimore: Johns Hopkins University Press, 1997.

Jastrow, M. *A Dictionary of the Targumim, the Talmud Babli and Yerushalmi, and the Midrashic Literature*. New York: Choreb, 1926.

Jeffrey, D. L. *People of the Book: Christian Identity and Literary Culture*. Grand Rapids: Eerdmans, 1996.

Jenkins, P. *The New Faces of Christianity: Believing the Bible in the Global South*. Oxford: Oxford University Press, 2006.

———. *The Next Christendom: The Coming of Global Christianity*. Oxford: Oxford University Press, 2002.

Jerome. "Commentarius in Ecclesiasten." In *Patrologiae Latine*, edited by J.-P. Migne, 23:1063–1173. Paris: Migne, 1863.

John of the Cross, Saint. *Ascent of Mount Carmel*. Translated by E. A. Peers. London: Burns & Oates, 1983.

John Paul II. *Centesimus Annus*. In *John Paul II and World Politics: Twenty Years of a Search for a New Approach*, edited by U. Colombo Sacco, 76–116. Leuven: Peeters, 1999.

———. *Consecrated Life: Post-Synodal Apostolic Exhortation Vita Consecrata . . . on the Consecrated Life and Its Mission in the Church and in the World*. Sherbrooke, ON: Médiaspaul, 1996.

Johnson, R. A. *Owning Your Shadow: Understanding the Dark Side of the Psyche*. San Francisco: HarperSanFrancisco, 1991.

Johnson, R. E. "The Rhetorical Question as a Literary Device in Ecclesiastes." PhD diss., Southern Baptist Theological Seminary, 1986.

Johnston, P. S. *Shades of Sheol: Death and Afterlife in the Old Testament*. Downers Grove, IL: InterVarsity, 2002.

Johnston, R. K. *Useless Beauty: Ecclesiastes through the Lens of Contemporary Film*. Grand Rapids: Baker Academic, 2004.

Jong, S. de. "A Book on Labour: The Structuring Principles and the Main Theme of the Book of Qohelet." *Journal for the Study of the Old Testament* 54 (1992): 107–16.

———. "God in the Book of Qohelet: A Reappraisal of Qohelet's Place in Old Testament Theology." *Vetus Testamentum* 47.2 (1997): 154–67.

Joüon, P. *A Grammar of Biblical Hebrew*. Translated and revised by T. Muraoka. 2 vols. Subsidia biblica 14/1–2. Rome: Pontifical Biblical Institute Press, 1991.

———. "Sur le nom de Qoheleth." *Biblica* 2.1 (1921): 53–54.

Jung, C. G. *Answer to Job*. Translated by R. F. C. Hull. Bollingen Series 20. Princeton, NJ: Princeton University Press, 1991.

---. *Dreams*. Translated by R. F. C. Hull. Bollingen Series 20. Princeton, NJ: Princeton University Press, 1974.

---. *Memories, Dreams, Reflections*. Rev. ed. New York: Vintage, 1965.

---. *Mysterium Coniunctionis: An Inquiry into the Separation and Synthesis of Psychic Opposites in Alchemy*. Translated by R. F. C. Hull. Bollingen Series 20. Collected Works 14. Princeton, NJ: Princeton University Press, 1963.

Kabasele Lumbala, F., and N. Grey. "Ecclesiastes 3:1–8: An African Perspective." In *Return to Babel: Global Perspectives on the Bible*, edited by J. R. Levison and P. Pope-Levison, 81–85. Louisville: Westminster John Knox, 1999.

Kallas, E. "Ecclesiastes: Traditum et Fides Evangelica. The Ecclesiastes Commentaries of Martin Luther, Philip Melanchthon, and Johannes Brenz Considered within the History of Interpretation." PhD diss., Graduate Theological Union, Berkeley, 1979.

Kalsbeek, L. *Contours of a Christian Philosophy: An Introduction to Herman Dooyeweerd's Thought*. Amsterdam: Duiten and Schipperheijn, 1975.

Kamenetzky, A. S. "Die P'šita zu Koheleth." *Zeitschrift für die alttestamentliche Wissenschaft* 24 (1904): 181–239.

---. "Der Rätselname Koheleth." *Zeitschrift für die alttestamentliche Wissenschaft* 34 (1914): 225–28.

Keefer, M. H. "Deconstruction and the Gnostics." *University of Toronto Quarterly* 55.1 (1985): 74–93.

Kendall, G. A. "Alienation and the Struggle for Existence: Biblical and Ideological Views in Contrast." *Thomist* 47 (1983): 66–76.

Kermode, F. *The Sense of an Ending: Studies in the Theory of Fiction with a New Epilogue*. Oxford: Oxford University Press, 1967.

Kidd, S. M. *When the Heart Waits: Spiritual Direction for Life's Sacred Questions*. San Francisco: Harper & Row, 1990.

Kidner, D. *A Time to Mourn and a Time to Dance*. Downers Grove, IL: InterVarsity, 1976.

Kierkegaard, S. *Edifying Discourses*. Translated by D. F. Swenson and L. M. Swenson. 4 vols. Minneapolis: Augsburg, 1943–46.

---. *Fear and Trembling*. Edited by C. S. Evans and S. Walsh. Translated by S. Walsh. Cambridge: Cambridge University Press, 2006.

---. *The Point of View of My Work as an Author*. New York: Harper & Row, 1962.

---. *The Sickness unto Death: A Christian Psychological Exposition of Edification and Awakening*. Penguin Classics. London and New York: Penguin, 1989.

Kittel, G., and G. Friedrich, eds. *Theological Dictionary of the New Testament*. Translated and edited by G. W. Bromiley. 10 vols. Grand Rapids: Eerdmans, 1964–76.

Kline, M. M. "Is Qoheleth Unorthodox? A Review Article." *Kerux* 13 (1998): 16–39.

Konstan, D. *Friendship in the Classical World*. Cambridge: Cambridge University Press, 1997.

Koosed, J. L. *(Per)mutations of Qoheleth: Reading the Body in the Book*. Library of Hebrew Bible/Old Testament Studies 429. New York: T&T Clark, 2006.

Kraus, M. "Christians, Jews, and Pagans in Dialogue: Jerome on Ecclesiastes 12:1–7." *Hebrew Union College Annual* 70–71 (1999–2000): 183–231.

Kreitzer, L. J. *The Old Testament in Fiction and Film: On Reversing the Hermeneutical Flow*. Biblical Seminar 24. Sheffield: Sheffield Academic Press, 1994.

Krell, D. F. "General Introduction: The Question of Being." In *Martin Heidegger: Basic Writings from Being and Time (1927) to The Task of Thinking (1964), Revised and Expanded Edition*, edited by D. F. Krell, 1–35. London: Routledge, 1993.

Kroeber, R., ed. *Der Prediger. Hebräisch und Deutsch*. Schriften und Quellen der Alten Welt 13. Berlin: Akademie, 1963.

Krüger, T. "'Frau Weisheit' in Koh 7:26." *Biblica* 73.3 (1992): 394–403.

———. *Kohelet*. Biblischer Kommentar Altes Testament 19. Neukirchen-Vluyn: Neukirchener Verlag, 2000.

———. *Qoheleth: A Commentary*. Translated by O. C. Dean Jr. Hermeneia. Minneapolis: Fortress, 2004.

Kugel, J. *The Great Poems: A Reader's Companion with New Translations*. New York: Free Press, 1999.

———. "Qohelet and Money." *Catholic Biblical Quarterly* 51 (1989): 32–49.

Kutler, L. "A 'Strong' Case for Hebrew *mar*." *Ugarit-Forschungen* 16 (1984): 111–18.

Lacy, P. de. "Thematic and Structural Affinities: *The Wanderer* and Ecclesiastes." *Neophilologus* 82 (1998): 125–37.

Lamparter, H. *Das Buch der Weisheit: Prediger und Spruche*. Botschaft des Alten Testaments 16. Stuttgart: Calwer Verlag, 1959.

Lampe, G. W. H., ed. *The Cambridge History of the Bible*. Vol. 2: *The West from the Fathers to the Reformation*. New York: Cambridge University Press, 1969.

Landsberger, B. "Zur vierten und siebenten Tafel des Gilgamesh-Epos." *Revue d'Assyriologie et d'Archéologie orientale* 62 (1968): 97–135.

Lane, D. J. "'Lilies That Fester': The Peshitta Text of Qoheleth (Peshitta Institute Communication 15)." *Vetus Testamentum* 29.4 (1979): 481–90.

Lasch, C. *The Culture of Narcissism: American Life in an Age of Diminishing Expectations*. New York: Norton, 1979.

Laue, L. *Das Buch Koheleth und die Interpolationshypothese Siegfrieds: Eine exegetische Studie*. Wittenberg: Wunschmann, 1900.

Lauha, A. *Kohelet*. Biblischer Kommentar Altes Testament Band 19. Neukirchen-Vluyn: Neukirchener Verlag, 1978.

Lee, E. P. *The Vitality of Enjoyment in Qohelet's Theological Rhetoric*. Beihefte zur Zeitschrift für die alttestamentliche Wissenschaft 353. Berlin: de Gruyter, 2005.

Leibniz, G. W. F. *Essais de théodicée sur la bonté de Dieu, la liberté de l'homme et l'origine du mal*. Paris: Garnier-Flammarion, 1969.

Leiman, S. Z. *The Canonization of Hebrew Scripture*. Hamden, CT: Archon Books, 1976.

Leupold, H. C. *Exposition of Ecclesiastes*. Grand Rapids: Baker Academic, 1952.

Levinas, E. *Totality and Infinity: An Essay on Exteriority*. Translated by A. Lingis. Pittsburgh: Duquesne University Press, 1969.

Levine, É. "The Humor in Qohelet." *Zeitschrift für die alttestamentliche Wissenschaft* 109.1 (1997): 71–83.

Levy, L. *Das Buch Qoheleth. Ein Beitrag zur Geschichte des Sadduzäismus*. Leipzig: J. C. Hinrich'sche Buchhandlung, 1912.

Lewis, C. S. "The Weight of Glory." In *The Weight of Glory and Other Addresses*, 1–15. New York: Macmillan, 1949.

Lewis, J. P. "What Do We Mean by Jabneh?" *Journal of Bible and Religion* 32 (April 1964): 125–32.

L'Hour, J. "Yahweh Elohim." *Revue biblique* 81 (1974): 525–56.

Lichtheim, M. *Ancient Egyptian Literature*. 3 vols. Berkeley: University of California Press, 1973–80.

Limburg, J. *Encountering Ecclesiastes: A Book for Our Time*. Grand Rapids: Eerdmans, 2006.

Loader, J. A. *Ecclesiastes*. Translated by J. Vriend. Text and Interpretation. Grand Rapids: Eerdmans, 1986.

———. *Polar Structures in the Book of Qohelet*. Beihefte zur Zeitschrift für die alttestamentliche Wissenschaft 152. Berlin/New York: de Gruyter, 1979.

———. "Qohelet 3:2–8: A Sonnet in the Old Testament." *Zeitschrift für die alttestamentliche Wissenschaft* 81.2 (1969): 240–42.

Loewenclau, I. von. "Kohelet und Sokrates—Versuch eines Vergleiches." *Zeitschrift für die alttestamentliche Wissenschaft* 98.3 (1986): 327–38.

Lohfink, G. *Jesus and Community: The Social Dimensions of Christian Faith*. Translated by J. P. Galvin. London: SPCK, 1985.

Lohfink, N. "Freu dich, Jüngling—doch nicht, weil du jung bist: Zum Formproblem im Schlussgedicht Kohelets (Koh 11,9–12,8)." *Biblical Interpretation* 3 (1995): 158–89.

———. *Kohelet*. Neue Echter Bibel. Würzburg: Echter, 1980.

———. "Kohelet und die Banken: Zur Übersetzung von Kohelet 5:12–16." *Vetus Testamentum* 39.4 (1989): 488–95.

———. *Qoheleth*. Translated by S. E. McEvenue. Continental Commentary. Minneapolis: Fortress, 2003.

———. "Qoheleth 5:17–19—Revelation by Joy." *Catholic Biblical Quarterly* 52 (1990): 625–35.

———. *Studien zu Kohelet*. Stuttgarter biblische Aufsatzbände 26. Stuttgart: Katholisches Bibelwerk, 1998.

———. "War Kohelet ein Frauenfeind: Ein Versuch, die Logik und den Gegenstand von Koh. 7,23–8,1a herauszüfinden." In *Sagesse de l'Ancien Testament*, edited by M. Gilbert, 259–87. Bibliotheca ephemeridum theologicarum lovaniensium 51. Gembloux: Duculot, 1979.

Longman, T., III. *The Book of Ecclesiastes*. New International Commentary on the Old Testament. Grand Rapids: Eerdmans, 1998.

———. "Comparative Methods in Old Testament Studies: Ecclesiastes Reconsidered." *Theological Students Fellowship Bulletin* 7.4 (1984): 5–9.

———. *Fictional Akkadian Autobiography: A Generic and Comparative Study*. Winona Lake, IN: Eisenbrauns, 1990.

———. *Proverbs*. Baker Commentary on the Old Testament Wisdom and Psalms. Grand Rapids: Baker Academic, 2006.

Loretz, O. "'Frau' und griechisch-jüdische Philosophie im Buch Qohelet (Qoh 7,23–8,1 und 9,6–10)." *Ugarit-Forschungen* 23 (1992): 245–64.

———. "Poetry and Prose in the Book of Qohelet (1:1–3:22; 7:23–8:1; 9:6–10; 12:8–14)." In *Verse in Ancient Near Eastern Prose,* edited by J. C. de Moor and W. G. E. Watson, 155–89. Alter Orient und Altes Testament 42. Kevelaer: Butzon & Bercker, 1993.

———. *Qohelet und der alte Orient: Untersuchungen zu Stil und theologischer Thematik des Buches Qohelet*. Freiburg: Herder, 1964.

Lundin, R. *The Culture of Interpretation: Christian Faith and the Postmodern World*. Grand Rapids: Eerdmans, 1993.

Luther, M. *An Exposition of Salomons Booke Called Ecclesiastes or the Preacher*. London: John Daye, 1573.

———. "Notes on Ecclesiastes." In *Luther's Works*. Vol. 15, edited and translated by J. Pelikan, 3–193. St. Louis: Concordia, 1972.

———. *Tischreden*. In *D. Martin Luthers Werke: Kritische Gesamtausgabe*. Vol. 1. Weimar: Böhlau, 1883–1993.

Lyons, W. J. "'Outing' Qoheleth: On the Search for Homosexuality in the Wisdom Tradition." *Theology & Sexuality* 12.2 (2006): 181–202.

Lys, D. *L'Ecclésiaste ou que vaut la vie?* Paris: Letouzey et Ané, 1977.

MacDonald, D. B. "Old Testament Notes." *Journal of Biblical Literature* 18.1–2 (1899): 212–15.

MacIntyre, A. *After Virtue: A Study in Moral Theory*. 2nd ed. Notre Dame, IN: University of Notre Dame Press, 1985.

Mackie, J. L. "Evil and Omnipotence." *Mind* 64 (1955): 200–212. Repr. in *Philosophy of Religion*, edited by B. Mitchell, 92–104. London: Oxford University Press, 1971.

Manning, B. *Ruthless Trust: The Ragamuffin's Path to God*. San Francisco: HarperSanFrancisco, 2002.

Marcus, L. *Auto/Biographical Discourses: Theory, Criticism, Practice*. Manchester, UK: Manchester University Press, 1994.

Maussion, M. *Le Mal, le bien et le jugement de Dieu dans le livre de Qohélet*. Orbis biblicus et orientalis 190. Fribourg: Editions Universitaires; Göttingen: Vandenhoeck & Ruprecht, 2003.

Mayes, A. D. H. *Deuteronomy*. New Century Bible Commentary. Grand Rapids: Eerdmans, 1979.

McConville, J. G. *Deuteronomy*. Apollos Old Testament Commentary 5. Downers Grove, IL: InterVarsity, 2002.

———. "The Old Testament and the Enjoyment of Wealth." In *Christ and Consumerism: A Critical Analysis of the Spirit of the Age*, edited by C. G. Bartholomew and T. Moritz, 34–53. Carlisle, UK: Paternoster, 2000.

McKane, W. *Prophets and Wise Men*. Studies in Biblical Theology 1/44. London: SCM, 1965.

McKenna, J. E. "The Concept of *Hebel* in the Book of Ecclesiastes." *Scottish Journal of Theology* 45.1 (1992): 19–28.

McNeile, A. H. *An Introduction to Ecclesiastes, with Notes and Appendices*. Cambridge: Cambridge University Press, 1904.

Mearsheimer, J. J., and S. M. Walt. *The Israeli Lobby and U.S. Foreign Policy*. Toronto: Viking Canada, 2007.

Meilander, G. C. *Friendship: A Study in Theological Ethics*. Notre Dame, IN: University of Notre Dame Press, 1981.

———. *Things That Count: Essays Moral and Theological*. Washington, DC: Isi Books, 2000.

———, ed. *Working: Its Meaning and Its Limits*. Notre Dame, IN: University of Notre Dame Press, 2000.

Melanchthon, P. "Enarratio Brevis . . . Ecclesiasten." In *Corpus Reformatorum*, vol. 14, edited by C. G. Bretschneider, 89–159. Halle: Schwetschke, 1847.

Merton, T. *Conjectures of a Guilty Bystander*. New York: Doubleday, 1968.

Mettinger, T. N. D. *Solomonic State Officials: A Study of the Civil Government Officials of the Israelite Monarchy*. Coniectanea biblica: Old Testament 5. Lund: Gleerup, 1971.

Michel, D. *Qohelet*. Erträge der Forschung 258. Darmstadt: Wissenschaftliche Buchgesellschaft, 1988.

———. *Untersuchungen zur Eigenart des Buches Qohelet*. Beihefte zur Zeitschrift für die alttestamentliche Wissenschaft 183. Berlin: de Gruyter, 1989.

Middlemas, J. "Ecclesiastes Gone 'Sideways.'" *Expository Times* 118.5 (2007): 216–21.

Middleton, J. R. "Is Creation Theology Inherently Conservative? A Dialogue with Walter Brueggemann." *Harvard Theological Review* 87 (1994): 257–77.

Milbank, J. *The Word Made Strange: Theology, Language, Culture*. Oxford: Blackwell, 2002.

Miles, S. *Consumerism—as a Way of Life*. London: Sage, 1998.

Miller, D. B. "Power in Wisdom: The Suffering Servant of Ecclesiastes 4." In *Peace and Justice Shall Embrace: Power and Theopolitics in the Bible: Essays in Honor of Millard Lind*, edited by T. Grimsrud and L. L. Johns, 145–73. Telford, PA: Pandora, 1999.

———. "Qohelet's Symbolic Use of *hbl*." *Journal of Biblical Literature* 117.3 (1998): 437–54.

———. *Symbol and Rhetoric in Ecclesiastes: The Place of Hebel in Qohelet's Work*. Society of Biblical Literature. Atlanta: Society of Biblical Literature, 2002.

Miller, J. H. "The Critic as Host." In *Deconstruction and Criticism*, edited by H. Bloom et al., 177–216. New York: Continuum, 1979.

Miller, P. D. *Interpreting the Psalms*. Philadelphia: Fortress, 1986.

Moran, W. L. "Note on Ps. 119:28." *Catholic Biblical Quarterly* 15 (1953): 10.

Mühlenberg, E. "Homilie II: Ecclesiastes 1,12–2,3." In *Gregory of Nyssa, Homilies on Ecclesiastes: An English Version with Supporting Studies,* edited by S. G. Hall, 159–70. Proceedings of the Seventh International Colloquium on Gregory of Nyssa (St Andrews, 5–10 September 1990). Berlin: de Gruyter, 1993.

Muilenburg, J. "A Qoheleth Scroll from Qumran." *Bulletin of the American Schools of Oriental Research* 135 (1954): 20–28.

Müller, H.-P. "Plausibilitätsverlust herkömmlicher Religion bei Kohelet und den Vorsokratikern." In *Gemeinde ohne Tempel = Community without Temple: Zur Substituierung und Transformation des Jerusalemer Tempels und seines Kults im Alten Testament, antiken Judentum und frühen Christentum*, edited by B. Ego et al., 99–113. Wissenschaftliche Untersuchungen zum Neuen Testament 118. Tübingen: Mohr, 1999.

Murphy, R. E. *Ecclesiastes*. Word Biblical Commentary 23A. Dallas: Word, 1992.

———. "The Old Testament as Scripture." *Journal for the Study of the Old Testament* 16 (1980): 40–44.

———. "On Translating Ecclesiastes." *Catholic Biblical Quarterly* 53.4 (1991): 571–79.

———. "Proverbs and Theological Exegesis." In *The Hermeneutical Quest: Essays in Honor of James Luther Mays on His Sixty-fifth Birthday*, edited by D. G. Miller, 87–95. Princeton Theological Monograph Series 4. Allison Park, PA: Pickwick, 1986.

———. "Qohelet Interpreted: The Bearing of the Past on the Present." *Vetus Testamentum* 32.3 (1982): 331–37.

———. "Qohelet's 'Quarrel' with the Fathers." In *From Faith to Faith: Essays in Honor of Donald G. Miller on His Seventieth Birthday*, edited by D. Y. Hadidian, 235–45. Pittsburgh: Pickwick, 1979.

———. *Seven Books of Wisdom*. Milwaukee: Bruce, 1960.

———. "Wisdom in the OT." In *Anchor Bible Dictionary*, edited by D. N. Freedman, 6:920–31. New York: Doubleday, 1992.

———. *Wisdom Literature: Job, Proverbs, Ruth, Canticles, Ecclesiastes, Esther*. Forms of the Old Testament Literature 13. Grand Rapids: Eerdmans, 1981.

———. "Wisdom—Theses and Hypotheses." In *Israelite Wisdom: Theological and Literary Essays in Honor of Samuel Terrien*, edited by J. G. Gammie, 35–42. Missoula, MT: Scholars Press, 1978.

Myers, D. G. "Money & Misery." In *The Consuming Passion: Christianity & the Consumer Culture*, edited by R. Clapp, 51–75. Downers Grove, IL: InterVarsity, 1998.

Newsom, C. A. "Job and Ecclesiastes." In *Old Testament Interpretation: Past, Present, and Future: Essays in Honor of Gene M. Tucker*, edited by J. L. Mays, D. L. Petersen, and K. H. Richards, 177–94. Nashville: Abingdon, 1995.

Nordheimer, I. "The Philosophy of Ecclesiastes." *American Biblical Repository* 12.31–32 (1838): 197–219.

Norris, K. *The Quotidian Mysteries: Laundry, Liturgy, and "Women's Work."* New York: Paulist Press, 1998.

Nouwen, H. J. M. *Clowning in Rome: Reflections on Solitude, Celibacy, Prayer and Contemplation*. London: Darton, Longman and Todd, 2001.

———. *The Road to Daybreak: A Spiritual Journey*. New York: Doubleday, 1990.

———. *The Way of the Heart: Connecting with God through Prayer, Wisdom, and Silence*. New York: Ballantine, 1981.

Noyes, G. R. *A New Translation of Job, Ecclesiastes, and the Canticles*. 3rd ed. Boston: American Unitarian Association, 1867.

O'Callaghan, P. D. *The Feast of Friendship*. Wichita: Eighth Day, 2002.

O'Donovan, O. *The Desire of the Nations: Rediscovering the Roots of Political Theology*. Cambridge: Cambridge University Press, 1996.

———. "Political Theology, Tradition and Modernity." In *The Cambridge Companion to Liberation Theology*, edited by C. Rowland, 235–47. Cambridge: Cambridge University Press, 1999.

———. "Response to Peter Scott." In *A Royal Priesthood? The Use of the Bible Ethically and Politically: A Dialogue with Oliver O'Donovan*, edited by C. G. Bartholomew, J. Chaplin, R. Song, and A. Wolters, 374–76. Scripture and Hermeneutics Series 3. Grand Rapids: Zondervan, 2002.

———. *Resurrection and Moral Order: An Outline for Evangelical Ethics*. Grand Rapids: Eerdmans, 1986.

———. *The Ways of Judgment*. Bampton Lectures 2003. Grand Rapids: Eerdmans, 2005.

O'Dowd, R. P. "The Wisdom of Torah: Epistemology in Deuteronomy and the Wisdom Literature." PhD diss., University of Liverpool, 2005.

Ogden, G. S. "The 'Better'-Proverb (Tôb-Spruch), Rhetorical Criticism, and Qoheleth." *Journal of Biblical Literature* 96.4 (1977): 489–505.

———. "Historical Allusion in Qoheleth IV 13–16?" *Vetus Testamentum* 30.3 (1980): 309–15.

———. "The Interpretation of *dwr* in Ecclesiastes 1.4." *Journal for the Study of the Old Testament* 34 (1986): 91–92.

———. "The Mathematics of Wisdom: Qoheleth IV 1–12." *Vetus Testamentum* 34.4 (1984): 446–53.

———. *Qoheleth*. Sheffield: JSOT Press, 1987.

———. "Qoheleth IX 1–16." *Vetus Testamentum* 32.2 (1982): 158–69.

———. "Qoheleth IX 17–X 20: Variations on the Theme of Wisdom's Strength and Vulnerability." *Vetus Testamentum* 30.1 (1980): 27–37.

———. "Qoheleth XI 1–6." *Vetus Testamentum* 33.2 (1983): 222–30.

———. "Qoheleth XI 7–XII 8: Qoheleth's Summons to Enjoyment and Reflection." *Vetus Testamentum* 34.1 (1984): 27–38.

―――. "Qoheleth's Use of the 'Nothing Is Better'-Form." *Journal of Biblical Literature* 98.3 (1979): 339–50.
Origen. *The Song of Songs: Commentary and Homilies*. Translated by R. P. Lawson. Ancient Christian Writers 26. Westminster, MD: Newman Press, 1957.
Pahk, J. Y.-S. "A Syntactical and Contextual Consideration of *'šh* in Qoh. IX 9." *Vetus Testamentum* 51.3 (2001): 370–80.
Paulson, G. N. "The Use of Qoheleth in Bonhoeffer's *Ethics*." *Word & World* 18.3 (1998): 307–13.
Perdue, L. G. *Wisdom and Creation: The Theology of Wisdom Literature*. Nashville: Abingdon, 1994.
―――. *Wisdom and Cult: A Critical Analysis of the Views of Cult in the Wisdom Literature of Israel and the Ancient Near East*. Society of Biblical Literature Dissertation Series 30. Missoula, MT: Scholars Press, 1977.
Perry, T. A. *Dialogues with Kohelet: The Book of Ecclesiastes: Translation and Commentary*. University Park: Pennsylvania State University Press, 1993.
Peterson, E. H. *The Contemplative Pastor: Returning to the Art of Spiritual Direction*. Grand Rapids: Eerdmans, 1989.
―――. *Eat This Book: A Conversation in the Art of Spiritual Reading*. Grand Rapids: Eerdmans, 2006.
―――. "The Pastoral Work of Nay-Saying." In *Five Smooth Stones for Pastoral Work*, 149–90. Grand Rapids: Eerdmans, 1980.
―――. *Run with the Horses: The Quest for Life at Its Best*. Downers Grove, IL: InterVarsity, 1983.
―――. *Take and Read. Spiritual Reading: An Annotated List*. Grand Rapids: Eerdmans, 1996.
―――. *Working the Angles: The Shape of Pastoral Integrity*. Grand Rapids: Eerdmans, 1987.
Pfeiffer, E. "Die Gottesfurcht im Buche Kohelet." In *Gottes Wort und Gottes Land: Hans Wilhelm Hertzberg zum 70 Geburtstag*, edited by H. G. Reventlow, 133–58. Göttingen: Vandenhoeck & Ruprecht, 1965.
Pieper, J. *Happiness and Contemplation*. Chicago: Regnery, 1968.
Pippert, W. G. *Words from the Wise: An Arrangement by Word and Theme of the Entire Book of the Proverbs*. Longwood, FL: Xulon Press, 2003.
Plantinga, A. "The Free Will Defense." In *The Analytic Theist: An Alvin Plantinga Reader*, edited by J. F. Sennett, 22–49. Grand Rapids: Eerdmans, 1998.
Plantinga, C., Jr. *Not the Way It's Supposed to Be: A Breviary of Sin*. Grand Rapids: Eerdmans, 1995.
Ploeg, J. P. M. van der. *Prediker*. Boeken van het Oude Testament 8. Roermond: Romen, 1953.
Plumptre, E. H. *Ecclesiastes, or The Preacher. With Notes and Introduction*. Cambridge Bible for Schools and Colleges. Cambridge: Cambridge University Press, 1881.
Podechard, E. *L'Ecclésiaste*. Paris: Lecoffre, 1912.
Poincaré, H. *Science and Hypothesis*. London: Scott, 1905.
Polk, T. "The Wisdom of Irony: A Study of *Hebel* and Its Relation to Joy and the Fear of God in Ecclesiastes." *Studia Biblica et Theologica* 6.1 (1976): 3–17.
Popper, K. R. *Objective Knowledge: An Evolutionary Approach*. Oxford: Clarendon, 1972.
Porten, B., and A. Yardeni, eds. *Textbook of Aramaic Documents from Egypt*. 3 vols. Jerusalem: Israel Academy of Sciences and Humanities, 1986–93.

Power, A. D. *Ecclesiastes, or the Preacher: A New Translation, with Introduction, Notes, Glossary, and Index.* London: Longmans, 1952.

Preuss, H. D. *Einführung in die alttestamentliche Weisheitsliteratur.* Stuttgart: Kohlhammer, 1987.

Prior, J. M. "'When All the Singing Has Stopped': Ecclesiastes: A Modest Mission in Unpredictable Times." *International Review of Mission* 91.360 (2002): 7–23.

Pritchard, J. B., ed. *Ancient Near Eastern Texts Relating to the Old Testament with Supplement.* 3rd ed. Princeton, NJ: Princeton University Press, 1969.

Qimron, E., and J. Strugnell. "Unpublished Halakhic Letter from Qumran." In *Biblical Archaeology Today: Proceedings of the International Congress on Biblical Archaeology, Jerusalem, April, 1984,* 400–407. Jerusalem: Israel Exploration Society, 1985.

Rad, G. von. *Wisdom in Israel.* Translated by J. D. Martin. Nashville: Abingdon, 1972.

Ramsey, I. T. *Religious Language.* London: SCM, 1957.

Ranston, H. *Ecclesiastes and the Early Greek Wisdom Literature.* London: Epworth, 1925.

Ratschow, C. H. "Anmerkungen zur theologischen Auffassung des Zeitproblems." *Zeitschrift für Theologie und Kirche* 51 (1954): 36–87.

Ravasi, G. *Qohelet.* Torino: Paoline, 1988.

Redford, D. B. "The Literary Motif of the Exposed Child (Cf. Ex. ii 1–10)." *Numen* 14.1 (1967): 209–28.

Reichenbach, H. *The Philosophy of Space and Time.* Translated by M. Reichenbach and J. Freund. New York: Dover, 1958.

Reventlow, H. G. *Problems of Biblical Theology in the Twentieth Century.* London: SCM, 1986.

———. *Problems of Old Testament Theology in the Twentieth Century.* London: SCM, 1985.

———. "Righteousness as Order of the World: Some Remarks Towards a Programme." In *Justice and Righteousness: Biblical Themes and Their Influence,* edited by H. G. Reventlow and Y. Hoffman, 163–72. Journal for the Study of the Old Testament Supplement 137. Sheffield: Sheffield Academic Press, 1992.

Ricoeur, P. "Biblical Time." In *Figuring the Sacred: Religion, Narrative, and Imagination,* edited by M. I. Wallace, 167–80. Translated by D. Pellauer. Minneapolis: Fortress, 1995.

———. *Time and Narrative.* Translated by K. McGlaughlin and D. Pellauer. 3 vols. Chicago: University of Chicago Press, 1984–88.

———. "Toward a Hermeneutic of the Idea of Revelation." In *Essays on Biblical Interpretation,* edited by L. S. Mudge, 73–118. Philadelphia: Fortress, 1979.

Rist, J. M. *Epicurus: An Introduction.* Cambridge: Cambridge University Press, 1977.

———. *Stoic Philosophy.* Cambridge: Cambridge University Press, 1969.

Rofé, A. "'The Angel' in Qoh 5:5 in Light of a Wisdom Dialogue Formula" [Hebrew]. *Eretz Israel* 14 (1978): 105–9.

Rogers, P. "The Parthian Dart: Endings and Epilogues in Fiction." *Essays in Criticism* 42.2 (1992): 85–106.

Romero, O. *A Martyr's Message of Hope: Six Homilies by Archbishop Oscar Romero.* Kansas City, MO: Celebration Books, 1981.

Root, E. T. "Ecclesiastes Considered Psychologically." *The Old and New Testament Student* 9.3 (1889): 138–42.

Rosin, R. *Reformers, the Preacher and Skepticism: Luther, Brenz, Melanchthon and Ecclesiastes.* Veröffentlichungen des Instituts für Europäische Geschichte Mainz 171. Mainz: Philipp von Zabern, 1997.

Roth, J. K. "A Theodicy of Protest." In *Encountering Evil: Live Options in Theodicy*, edited by S. T. Davis, 7–22. Edinburgh: T&T Clark, 1981.

Rudman, D. "A Contextual Reading of Ecclesiastes 4:13–16." *Journal of Biblical Literature* 116.1 (1997): 57–73.

———. *Determinism in the Book of Ecclesiastes*. Journal for the Study of the Old Testament Supplement 316. Sheffield: Sheffield Academic Press, 2001.

———. "A Note on the Dating of Ecclesiastes." *Catholic Biblical Quarterly* 61.1 (1999): 47–52.

———. "Qohelet's Use of *lpny*." *Journal of Northwest Semitic Languages* 23.2 (1997): 143–50.

Salters, R. B. "Notes on the Interpretation of Qoh 6:2." *Zeitschrift für die alttestamentliche Wissenschaft* 91 (1979): 282–89.

———. "The Word for 'God' in the Peshiṭta of Koheleth." *Vetus Testamentum* 21.2 (1971): 251–54.

Salyer, G. D. "Vain Rhetoric: Implied Author/Narrator/Narratee/Implied Reader Relationship in Ecclesiastes' Use of First-Person Discourse." PhD diss., Graduate Theological Union, 1997.

———. *Vain Rhetoric: Private Insight and Public Debate in Ecclesiastes*. Journal for the Study of the Old Testament Supplement 327. Sheffield: Sheffield Academic Press, 2001.

Sawyer, J. F. A. "Ruined House in Ecclesiastes 12: A Reconstruction of the Original Parable." *Journal of Biblical Literature* 94.4 (1975): 519–31.

Schacht, R. *Making Sense of Nietzsche: Reflections Timely and Untimely*. Urbana: University of Illinois Press, 1995.

Schellenberg, A. *Erkenntnis als Problem: Qohelet und die alttestamentliche Diskussion um das menschliche Erkennen*. Orbis biblicus et orientalis 188. Göttingen: Vandenhoeck & Ruprecht, 2002.

Schiffer, S. *Das Buch Kohelet: Nach der Auffassung der Weisen des Talmud und Midrasch und der jüdischen Erklärer des Mittelalters*. Frankfurt a.M.: Kaufmann; Leipzig: Schulze, 1884.

Schmemann, A. *For the Life of the World*. New York: National Student Christian Federation, 1964.

Schmid, H. H. *Gerechtigkeit als Weltordnung*. Tübingen: Mohr, 1968.

———. *Wesen und Geschichte der Weisheit. Eine Untersuchung zur altorientalischen Weisheitsliteratur*. Beihefte zur Zeitschrift für die alttestamentliche Wissenschaft 101. Berlin: Töpelmann, 1966.

Schoors, A. "Koheleth: A Perspective of Life after Death?" *Ephemerides theologicae lovanienses* 61.4 (1985): 295–303.

———. *The Preacher Sought to Find Pleasing Words: A Study of the Language of Qohelet*. Vol. 1: *Grammar*. Orientalia lovaniensia analecta 41. Louvain: Peeters, 1992.

———. *The Preacher Sought to Find Pleasing Words: A Study of the Language of Qohelet*. Vol. 2: *Vocabulary*. Orientalia lovaniensia analecta 143. Louvain: Peeters, 2004.

———. "La structure littéraire de Qohéleth." *Orientalia lovaniensia periodica* 13 (1982): 91–116.

———. "The Use of Vowel Letters in Qoheleth." *Ugarit-Forschungen* 20 (1988): 277–86.

———. "The Verb *hāyâ* in Qoheleth." In *Shall Not the Judge of All the Earth Do What Is Right? Studies on the Nature of God in Tribute to James L. Crenshaw*, edited by D. Penchansky and P. L. Redditt, 229–38. Winona Lake, IN: Eisenbrauns, 2000.

———. "The Verb *r'h* in the Book of Qoheleth." In *"Jedes Ding hat seine Zeit . . .": Studien zur israelitischen und altorientalischen Weisheit: Diethelm Michel zum 65 Geburtstag*, edited by A. A. Diesel et al., 227–41. Beihefte zur Zeitschrift für die alttestamentliche Wissenschaft 241. Berlin: de Gruyter, 1996.

———. "The Word *ṭôb* in the Book of Qoheleth." In *"Und Mose schrieb dieses Lied auf": Studien zum Alten Testament und zum Alten Orient: Festschrift für Oswald Loretz zur Vollendung seines 70 Lebensjahres mit Beiträgen von Freunden, Schülern und Kollegen*, edited by M. Dietrich and I. Kottsieper, 685–700. Alter Orient und Altes Testament 250. Münster: Ugarit-Verlag, 1998.

Schultz, R. L. "A Sense of Timing: A Neglected Aspect of Qoheleth's Wisdom." In *Seeking Out the Wisdom of the Ancients: Essays Offered to Honor Michael V. Fox on the Occasion of His Sixty-fifth Birthday,* edited by R. L. Troxel, K. G. Friebel, and D. R. Magary, 257–67. Winona Lake, IN: Eisenbrauns, 2005.

Schwartz, M. J. "Koheleth and Camus: Two Views of Achievement." *Judaism* 35.1 (1986): 29–34.

Schwarzschild, R. "The Syntax of *'shr* in Biblical Hebrew with Special Reference to Qoheleth." *Hebrew Studies* 31 (1990): 7–39.

Scott, R. B. Y. *Proverbs, Ecclesiastes*. Anchor Bible 18. Garden City, NY: Doubleday, 1965.

Segal, J. B. *Aramaic Texts from North Saqqâra*. London: Egypt Exploration Society, 1983.

Seow, C. L. *Ecclesiastes*. Anchor Bible 18C. New York: Doubleday, 1997.

———. "Qohelet's Autobiography." In *Fortunate the Eyes That See: Essays in Honor of David Noel Freedman in Celebration of His Seventieth Birthday*, edited by A. B. Beck et al., 275–87. Grand Rapids: Eerdmans, 1995.

———. "Qohelet's Eschatological Poem." *Journal of Biblical Literature* 118.2 (1999): 209–34.

Serrano, J. J. "I Saw the Wicked Buried (Ecclesiastes 8:10)." *Catholic Biblical Quarterly* 16.2 (1954): 168–70.

Shaffer, A. "The Mesopotamian Background of Qohelet 4:9–12" [Hebrew]. In *E. L. Sukenik Memorial Volume*, edited by N. Avigad et al., 246–50. Eretz-Israel 8. Jerusalem: Israel Exploration Society, 1967.

———. "New Light on the 'Three-Ply Cord'" [Hebrew]. In *W. F. Albright Volume*, edited by A. Malamat, 159–60. Eretz-Israel 9. Jerusalem: Jerusalem Exploration Society, 1969.

Sharp, C. J. "Ironic Representation, Authorial Voice, and Meaning in Qohelet." *Biblical Interpretation* 12.1 (2004): 37–68.

Sheppard, G. T. "Epilogue to Qoheleth as Theological Commentary." *Catholic Biblical Quarterly* 39.1 (1977): 182–89.

———. *Wisdom as a Hermeneutical Construct: A Study in the Sapientalizing of the Old Testament*. Beihefte zur Zeitschrift für die alttestamentliche Wissenschaft 151. Berlin: de Gruyter, 1980.

Sherwood, Y. "'Not with a Bang but a Whimper': Shrunken Apocalypses of the Twentieth Century and the Book of Qoheleth." In *Apocalyptic in History and Tradition*, edited by C. Rowland and J. M. T. Barton, 94–116. Journal for the Study of the Pseudepigrapha Supplement 43. London: Sheffield Academic Press, 2002.

Siegfried, K. *Prediger und Hoheslied übersetzt und erklärt*. Handbuch zum Alten Testament II, 3/2. Göttingen: Vandenhoeck & Ruprecht, 1898.

Silberman, L. H. "Death in the Hebrew Bible and Apocalyptic Literature." In *Perspectives on Death*, edited by L. O. Mills, 13–32. Nashville: Abingdon, 1969.
Sire, J. *Naming the Elephant: Worldview as a Concept*. Downers Grove, IL: InterVarsity, 2004.
Skillen, J. W. *In Pursuit of Justice: Christian-Democratic Explorations*. Lanham, MD: Rowman & Littlefield, 2004.
———. *With or against the World? America's Role among the Nations*. Lanham, MD: Rowman & Littlefield, 2005.
Smalley, B. *The Study of the Bible in the Middle Ages*. 3rd ed. Oxford: Blackwell, 1983.
Smelik, K. A. D. "A Re-interpretation of Ecclesiastes 2,12b." In *Qohelet in the Context of Wisdom*, edited by A. Schoors, 385–89. Bibliotheca ephemeridum theologicarum lovaniensium 136. Leuven: Leuven University Press, 1998.
Smit, E. J. "The Tell Siran Inscription: Linguistic and Historical Implications." *Journal of Semitics* 1 (1989): 108–17.
Smit, M. C. *Toward a Christian Conception of History*. Edited and translated by H. D. Morton and H. Van Dyke. Christian Studies Today. Lanham, MD: University Press of America, 2002.
Sneed, M. "(Dis)Closure in Qohelet: Qohelet Deconstructed." *Journal for the Study of the Old Testament* 27 (2002): 115–26.
Snell, D. C. *Twice-Told Proverbs and the Composition of the Book of Proverbs*. Winona Lake, IN: Eisenbrauns, 1993.
Song, C.-S. "Ecclesiastes 3:1–8: An Asian Perspective." In *Return to Babel: Global Perspectives on the Bible*, edited by P. Pope-Levison and J. R. Levison, 87–92. Louisville: Westminster John Knox, 1999.
Sontag, F. "Anthropodicy and the Return of God." In *Encountering Evil: Live Options in Theodicy*, edited by S. T. Davis, 137–51. Edinburgh: T&T Clark, 1981.
Soskice, J. M. *The Kindness of God: Metaphor, Gender, and Religious Language*. Oxford: Oxford University Press, 2007.
Southern, R. W. *Saint Anselm: Portrait in a Landscape*. Cambridge: Cambridge University Press, 1990.
Spangenberg, I. J. J. *Die Boek Prediker*. Skrifuitleg vir Bybelstudent en Gemeente. Kaapstad: N. G. Kerk-Uitgewers, 1993.
———. "A Century of Wrestling with Qohelet: The Research History of the Book Illustrated with a Discussion of Qoh 4,17–5,6." In *Qohelet in the Context of Wisdom*, edited by A. Schoors, 61–91. Bibliotheca ephemeridum theologicarum lovaniensium 136. Leuven: Leuven University Press, 1998.
———. "Irony in the Book of Qohelet." *Journal for the Study of the Old Testament* 72 (1996): 57–69.
———. "Quotations in Ecclesiastes: An Appraisal." *Old Testament Essays* 4 (1991): 19–35.
Spears, A. D. "The Theological Hermeneutics of Homiletical Application and Ecclesiastes 7:23–29." DPhil diss., University of Liverpool, 2006.
Spykman, G. J. *Reformational Theology: A New Paradigm for Doing Dogmatics*. Grand Rapids: Eerdmans, 1992.
Staples, W. E. "The 'Vanity' of Ecclesiastes." *Journal of Near Eastern Studies* 2.2 (1943): 95–104.
Stearns, A. K. *Living through Personal Crisis*. New York: Ballantine, 1984.
Steiner, G. *Grammars of Creation*. New Haven: Yale University Press, 2001.

———. *Lessons of the Masters*. Charles Eliot Norton Lectures, 2001–2002. Cambridge, MA: Harvard University Press, 2003.

———. *Real Presences*. London: Faber & Faber, 1989.

Steinmann, J. *Ainsi parlait Qohèlèt*. Lire la Bible 38. Paris: Cerf, 1955.

Sternberg, M. *The Poetics of Biblical Narrative: Ideological Literature and the Drama of Reading*. Bloomington: Indiana University Press, 1985.

Stiglitz, J. E. *Globalization and Its Discontents*. New York: Norton, 2003.

———. *Making Globalization Work*. New York: Norton, 2006.

Strange, M. "The Question of Moderation in Ecclesiastes 7:15–18." DSacTh diss., Catholic University of America, 1969.

Strodach, G. K. *The Philosophy of Epicurus: The Epicurean and Lucretian Texts Newly Translated with a Commentary and a Study of Classical Materialism*. Evanston, IL: Northwestern University Press, 1963.

Strothmann, W., ed. *Das syrische Fragment des Ecclesiastes-Kommentars von Theodor von Mopsuestia: Syrischer Text mit vollständigem Wörterverzeichnis*. Göttinger Orientforschungen, 1. Reihe, Syriaca 29. Wiesbaden: Harrassowitz, 1988.

Stuart, M. *A Commentary on Ecclesiastes*. New York: Putnam, 1851.

Swinburne, R. *Is There a God?* New York: Oxford University Press, 1996.

Tamez, E. "Ecclesiastes 3:1–8: A Latin American Perspective." In *Return to Babel: Global Perspectives on the Bible*, edited by P. Pope-Levison and J. R. Levison, 75–79. Translated by G. Kinsler. Louisville: Westminster John Knox, 1999.

———. "La teología del éxito en un mundo desigual: Relectura de Proverbios." *Revista de Interpretación Bíblica Latino-Americana* 30 (1998): 25–34.

———. *When the Horizons Close: Rereading Ecclesiastes*. Maryknoll, NY: Orbis, 2000.

———. "When the Horizons Close upon Themselves: A Reflection on the Utopian Reason of Qohélet." In *Liberation Theologies, Postmodernity, and the Americas*, edited by D. B. Batstone et al., 53–68. Translated by P. Lange-Churión. New York: Routledge, 1997.

Tarnas, R. *The Passion of the Western Mind: Understanding the Ideas That Have Shaped Our World View*. New York: Ballantine, 1991.

Taylor, C. "The Dirge of Coheleth." *Jewish Quarterly Review* 4.4 (1892): 533–49.

———. *The Dirge of Coheleth in Ecclesiastes XII: Discussed and Literally Interpreted*. Edinburgh: Williams & Norgate, 1874.

Taylor, C. C. W. "Aristotle's Epistemology." In *Epistemology*, edited by S. Everson, 116–42. Cambridge: Cambridge University Press, 1990.

Taylor, Charles. "A Catholic Modernity?" In *A Catholic Modernity? Charles Taylor's Marianist Award Lecture*, edited by J. L. Heft, 13–37. New York: Oxford University Press, 1999.

Thiselton, A. C. *A Concise Encyclopedia of the Philosophy of Religion*. Oxford: Oneworld, 2002.

———. *The First Epistle to the Corinthians: A Commentary on the Greek Text*. New International Greek Testament Commentary. Grand Rapids: Eerdmans, 2000.

———. *New Horizons in Hermeneutics: The Theory and Practice of Transforming Biblical Reading*. Grand Rapids: Zondervan, 1997.

Thompson, H. O., and F. Zayadine. "The Tell Siran Inscription." *Bulletin of the American Schools of Oriental Research* 212.1 (1973): 5–11.

Torrey, C. C. "The Question of the Original Language of Qoheleth." *Jewish Quarterly Review* 39 (1948): 151–60.

Towner, W. S. "Ecclesiastes." In *New Interpreter's Bible*, edited by L. E. Keck, 5:265–360. Nashville: Abingdon, 1997.

Turner, S. P., and D. E. Chubin. "Another Appraisal of Ortega, the Coles, and Science Policy: The Ecclesiastes Hypothesis." *Social Science Information* 15.4–5 (1976): 657–62.

Uehlinger, C. "Qohelet im Horizont mesopotamischer, levantinischer und ägyptischer Weisheitsliteratur der persischen und hellenistischen Zeit." In *Das Buch Kohelet: Studien zur Struktur, Geschicht, Rezeption und Theologie*, edited by L. Schwienhorst-Schönberger, 155–247. Beihefte zur Zeitschrift für die alttestamentliche Wissenschaft. Berlin: de Gruyter, 1997.

Ullendorff, E. "Meaning of *qhlt*." *Vetus Testamentum* 12.2 (1962): 215.

Ulrich, E. C. "Ezra and Qoheleth Manuscripts from Qumran (4QEzra and 4QQoh[a, b])." In *Priests, Prophets and Scribes: Essays on the Formation and Heritage of Second Temple Judaism in Honour of Joseph Blenkinsopp*, edited by E. Ulrich et al., 139–57. Journal for the Study of the Old Testament Supplement 149. Sheffield: JSOT Press, 1992.

Vanhoozer, K. J., ed. *Dictionary for Theological Interpretation of the Bible*. Grand Rapids: Baker Academic, 2005.

Vanier, J. *Community and Growth*. Rev. ed. New York: Paulist Press, 2003.

———. *Drawn into the Mystery of Jesus through the Gospel of John*. Ottawa, ON: Novalis, 2004.

Van Leeuwen, R. C. "In Praise of Proverbs." In *Pledges of Jubilee: Essays on the Arts and Culture in Honor of Calvin G. Seerveld*, edited by L. Zuidervaart and H. Luttikhuizen, 308–27. Grand Rapids: Eerdmans, 1995.

———. "Liminality and Worldview in Proverbs 1–9." *Semeia* (1990): 111–44.

———. "Proverbs." In *The New Interpreter's Bible*, edited by L. E. Keck, 5:17–264. Nashville: Abingdon, 1997.

———. "Proverbs 30:21–23 and the Biblical World Upside Down." *Journal of Biblical Literature* 105.4 (1986): 599–610.

———. "Wealth and Poverty: System and Contradiction in Proverbs." *Hebrew Studies* 33 (1992): 25–36.

———. "Wisdom Literature." In *Dictionary for Theological Interpretation of the Bible*, edited by K. J. Vanhoozer, 847–50. Grand Rapids: Baker Academic, 2005.

Vegni. *L'Ecclesiaste secondo il testo ebraico*. Florenz, 1871.

Verheij, A. J. C. "Paradise Retried: On Qohelet 2:4–6." *Journal for the Study of the Old Testament* 50 (1991): 113–15.

Vílchez Líndez, J. *Eclesiastés o Qohélet*. Nueva Biblia Española. Estella, Spain: Verbo Divino, 1994.

Vitz, E. B. *A Continual Feast: A Cookbook to Celebrate the Joys of Family and Faith throughout the Christian Year*. San Francisco: Ignatius, 1985.

Vlastos, G. "Socratic Irony." *Classical Quaterly*, n.s., 37.1 (1987): 79–96.

Vriezen, T. C. *An Outline of Old Testament Theology*. 2nd ed. Oxford: Blackwell, 1970.

Waal, C. van der. *Search the Scriptures*. Translated by T. Plantinga. 10 vols. St. Catharines, ON: Paideia, 1978–79.

Waard, J. de. "The Translator and Textual Criticism (with Particular Reference to Eccl 2:25)." *Biblica* 60.4 (1979): 509–29.

Wadell, P. J. *Friendship and the Moral Life*. Notre Dame, IN: University of Notre Dame Press, 1989.

Wagner, M. *Die lexikalischen und grammatikalischen Aramäismen im alttestamentlichen Hebräisch*. Beihefte zur Zeitschrift für die alttestamentliche Wissenschaft 96. Berlin: Töpelmann, 1966.

Waldman, N. M. "The *Dābār Ra'* of Eccl 8:3." *Journal of Biblical Literature* 98.3 (1979): 407–8.

Waltke, B. K. *The Book of Proverbs: Chapters 1–15*. New International Commentary on the Old Testament. Grand Rapids: Eerdmans, 2004.

Waltke, B. K., and M. O'Connor. *Introduction to Biblical Hebrew Syntax*. Winona Lake, IN: Eisenbrauns, 1990.

Ward, G. *Cities of God*. Radical Orthodoxy Series. London: Routledge, 2000.

Ward, W. A. "Egypto-Semitic *mr*, 'Be Bitter, Strong.'" *Ugarit-Forschungen* 12 (1980): 357–60.

Watson, F. *Text and Truth: Redefining Biblical Theology*. Grand Rapids: Eerdmans, 1997.

———. *Text, Church, and World: Biblical Interpretation in Theological Perspective*. Grand Rapids: Eerdmans, 1994.

Watson, W. G. E. *Classical Hebrew Poetry: A Guide to Its Techniques*. New York: T&T Clark, 2005.

———. *Traditional Techniques in Classical Hebrew Verse*. Journal for the Study of the Old Testament Supplement 170. Sheffield: Sheffield Academic Press, 1994.

Weaver, D. F. *Self-Love and Christian Ethics*. New Studies in Christian Ethics. Cambridge: Cambridge University Press, 2002.

Weeks, S. *Early Israelite Wisdom*. Oxford: Clarendon, 1994.

Weil, S. *Gravity and Grace*. Translated by E. Craufurd. London: Routledge & Kegan Paul, 1952.

———. *Waiting for God*. Translated by E. Craufurd. New York: Harper & Row, 1973.

Weinberg, J. P. "Authorship and Author in the Ancient Near East and in the Hebrew Bible." *Hebrew Studies* 44 (2003): 157–69.

Weinfeld, M. *Deuteronomy and the Deuteronomic School*. Oxford: Clarendon, 1972.

Weitzman, M. P. *The Syriac Version of the Old Testament: An Introduction*. Cambridge: Cambridge University Press, 1999.

Welch, J. *Spiritual Pilgrims: Carl Jung and Teresa of Avila*. New York: Paulist Press, 1982.

Wellek, R., and A. Warren. *Theory of Literature*. 3rd ed. San Diego: Harvest Book, 1984.

Wenham, G. J. *The Book of Leviticus*. New International Commentary on the Old Testament. Grand Rapids: Eerdmans, 1979.

———. *Genesis 1–15*. Word Biblical Commentary 1. Waco: Word, 1987.

Wernik, U. "Will the Real Homosexual in the Bible Please Stand Up?" *Theology & Sexuality* 11.3 (2005): 47–64.

Westphal, M. *Becoming a Self: A Reading of Kierkegaard's Concluding Unscientific Postscript*. West Lafayette, IN: Purdue University Press, 1996.

———. *Suspicion and Faith: The Religious Uses of Modern Atheism*. Grand Rapids: Eerdmans, 1993.

White, C. *Christian Friendship in the Fourth Century*. Cambridge: Cambridge University Press, 1992.

White, G. "Luther on Ecclesiastes and the Limits of Human Ability." *Neue Zeitschrift für systematische Theologie und Religionsphilosophie* 29.2 (1987): 180–94.

White, S. J. "A New Story to Live By?" *The Bible in TransMission* (1998): 3–4.

Whitley, C. F. *Koheleth: His Language and Thought*. Beihefte zur Zeitschrift für die alttestamentliche Wissenschaft 148. Berlin: de Gruyter, 1979.

Whybray, R. N. *Ecclesiastes*. New Century Bible Commentary. Grand Rapids: Eerdmans, 1989.

———. *Ecclesiastes*. Old Testament Guides. Sheffield: JSOT Press, 1989.

———. "Ecclesiastes 1:5–7 and the Wonders of Nature." *Journal for the Study of the Old Testament* 41 (1988): 105–12.

———. "The Identification and Use of Quotations in Ecclesiastes." In *Congress Volume: Vienna, 1980*, edited by J. A. Emerton, 455–61. Vetus Testamentum Supplement 32. Leiden: Brill, 1981.

———. *The Intellectual Tradition in the Old Testament*. Beihefte zur Zeitschrift für die alttestamentliche Wissenschaft 135. Berlin: de Gruyter, 1974.

———. *Proverbs*. New Century Bible Commentary. Grand Rapids: Eerdmans, 1994.

———. "Qoheleth as a Theologian." In *Qohelet in the Context of Wisdom*, edited by A. Schoors, 239–65. Bibliotheca ephemeridum theologicarum lovaniensium 136. Leuven: Leuven University Press, 1998.

———. "Qoheleth, Preacher of Joy." *Journal for the Study of the Old Testament* 23 (1982): 87–98.

———. "Qoheleth the Immoralist? (Qoh 7:16–17)." In *Israelite Wisdom: Theological and Literary Essays in Honor of Samuel Terrien*, edited by J. G. Gammie, 191–204. Missoula, MT: Scholars Press, 1978.

———. *Two Jewish Theologies: Job and Ecclesiastes*. Hull: University of Hull Press, 1980.

Wickham, L. R. "Homily IV." In *Gregory of Nyssa, Homilies on Ecclesiastes: An English Version with Supporting Studies, Proceedings of the Seventh International Colloquium on Gregory of Nyssa (St Andrews, 5–10 September 1990)*, edited by S. G. Hall, 177–84. Berlin: de Gruyter, 1993.

Wiesel, E. *Night*. Translated by M. Wiesel. New York: Hill and Wang, 2006.

Wilch, J. R. *Time and Event: An Exegetical Study of the Use of ʿēth in the Old Testament in Comparison to Other Temporary Expressions in Clarification of the Concept of Time*. Leiden: Brill, 1969.

Williams, A. L. *Ecclesiastes: In the Revised Version, with Notes and Introduction*. Cambridge Bible for Schools and Colleges. Cambridge: Cambridge University Press, 1922.

Williams, J. G. *Those Who Ponder Proverbs: Aphoristic Thinking and Biblical Literature*. Sheffield: Almond, 1981.

Williams, R. J. *Hebrew Syntax: An Outline*. 2nd ed. Toronto: University of Toronto Press, 1976.

Wilson, G. H. "'The Words of the Wise': The Intent and Significance of Qohelet 12:9–14." *Journal of Biblical Literature* 103.1 (1984): 175–92.

Windelband, W. *History of Ancient Philosophy*. Translated by H. E. Cushman. New York: Dover, 1956.

Wingren, G. *Luther on Vocation*. Translated by C. C. Rasmussen. Philadelphia: Muhlenberg, 1957.

Witherington, B. *Jesus the Sage: The Pilgrimage of Wisdom*. Edinburgh: T&T Clark, 1994.

Witzenrath, H. H. *"Süß ist das Licht . . ." Eine literaturwissenschaftliche Untersuchung zu Koh 11,7–12,7*. Arbeiten zu Text und Sprache im Alten Testament 11. St. Ottilien: EOS, 1979.

Wölfel, E. *Luther und die Skepsis: Eine Studie zur Kohelet-Exegese Luthers*. Forschungen zur Geschichte und Lehre des Protestantismus 10 Reihe 12. Munich: Chr. Kaiser, 1958.

Wolters, A. M. *Creation Regained: Biblical Basics for a Reformational Worldview.* Grand Rapids: Eerdmans, 1985.

———. *The Song of the Valiant Woman: Studies in the Interpretation of Proverbs 31:10–31.* Carlisle, UK: Paternoster, 2001.

Wolterstorff, N. "The Remembrance of Things (Not) Past: Philosophical Reflections on Christian Liturgy." In *Christian Philosophy*, edited by P. Flint, 118–61. Notre Dame, IN: University of Notre Dame Press, 1990.

———. *Until Justice and Peace Embrace: The Kuyper Lectures for 1981 Delivered at the Free University of Amsterdam.* Grand Rapids: Eerdmans, 1983.

Wright, A. G. "'For Everything There Is a Season': The Structure and Meaning of the Fourteen Opposites (Ecclesiastes 3,2–8)." In *De la Torah au Messie: Mélanges Henri Cazelles*, edited by J. Doré et al., 321–28. Paris: Desclée, 1981.

———. "The Poor but Wise Youth and the Old but Foolish King (Qoh 4:13–16)." In *Wisdom, You Are My Sister: Studies in Honor of Roland E. Murphy, O. Carm., on the Occasion of His Eightieth Birthday*, edited by M. L. Barré, 142–54. Catholic Biblical Quarterly Monograph Series 29. Washington, DC: Catholic Biblical Association of America, 1997.

———. "Riddle of the Sphinx: The Structure of the Book of Qoheleth." *Catholic Biblical Quarterly* 30 (1968): 313–34.

Wright, C. H. H. *The Book of Koheleth Considered in Relation to Modern Criticism, and to the Doctrines of Modern Pessimism, with a Critical and Grammatical Commentary, and a Revised Translation.* London: Hodder & Stoughton, 1883.

Wright, C. J. H. *God's People: Family, Land, and Property in the Old Testament.* Grand Rapids: Eerdmans, 1990.

Wright, G. E. *God Who Acts: Biblical Theology as Recital.* Studies in Biblical Theology 1/8. London: SCM, 1952.

Wuthnow, R. "Introduction: A Good Life and a Good Society: The Debate over Materialism." In *Rethinking Materialism: Perspectives on the Spiritual Dimension of Economic Behavior*, edited by R. Wuthnow, 1–21. Grand Rapids: Eerdmans, 1995.

Yoder, J. H. "Trinity versus Theodicy: Hebraic Realism and the Temptation to Judge God." http://theology.nd.edu/people/research/yoder-john/documents/TRINITYVERSUSTHEODICY.pdf

Young, E. J. *Introduction to the Old Testament.* Grand Rapids: Eerdmans, 1949.

Zaharopoulos, D. Z. *Theodore of Mopsuestia: A Study of His Old Testament Exegesis.* New York: Paulist Press, 1989.

Zimmerli, W. *Das Buch des Predigers Salomo.* Das Alte Testament Deutsch 16/1. Göttingen: Vandenhoeck & Ruprecht, 1962.

———. "Concerning the Structure of Old Testament Wisdom." In *Studies in Ancient Israelite Wisdom*, edited by J. L. Crenshaw, 175–99. New York: Ktav, 1976.

———. "The Place and Limit of Wisdom in the Framework of the Old Testament Theology." *Scottish Journal of Theology* 17 (1964): 146–58.

Zimmermann, F. "The Aramaic Provenance of Qohelet." *Jewish Quarterly Review* 36.1 (1945): 17–45.

———. *Biblical Books Translated from the Aramaic.* New York: Ktav, 1975.

———. *The Inner World of Qohelet.* New York: Ktav, 1973.

———. "The Question of Hebrew in Qohelet." *Jewish Quarterly Review* 40.1 (1949): 79–102.

Zuidema, M. "Athletics from a Christian Perspective." In *Christianity and Leisure: Issues in a Pluralistic Society*, edited by P. Heintzman, G. Van Andel, and T. Visker, 164–91. Sioux Center, IA: Dordt College Press, 1994.

Zurro, E. *Procedimientos iterativos en la poesía ugarítica y hebrea*. Biblica et orientalia 43. Rome: Pontifical Biblical Institute Press, 1987.